目錄

前言

本書是作者若干歷史專業文字的集子，從大學時代以至最近的工作，凡是屬於歷史研究的拙作，都由聯經出版公司費神找著了。早期的文章，見解和方法太幼稚；即使比較晚一些的論文，也仍舊不過嘗試著把若干歷史現象和歷史資料董理出一些頭緒，仍舊不過是嘗試著提出一些看法。整個成績距離成熟的地步，還非常遙遠。自從我進入臺大歷史系以後，三十年來受益於師長培育及友生切磋之處，幾乎無日無之。這本集子中的每一篇文字，都可說是經師友啟發、鞭策及鼓勵而作。二十年中也有幾次頻遭横逆，不論攻訐者動機如何，終究在批評中讓我看到了許多自己的毛病，而這毛病往往竟是師友們因蔽於愛護之心而不忍指責的。因此，我受惠於横逆之處竟不下於師友之教益。三十年來，拜社會之賜，能始終在歷史研究的本行中工作，如有差可告慰師友者，也不過這一番敬業與執著。也為了這個原因，我同意由聯經出版這本論文集，以誌一個專業人員三十年來的工作累積。這些研究中，若有錯誤，希望自己及後來的人能不再重蹈錯失；若有若干可以站得住的看法，希望自己及後來的人可以站在這個基礎上更往前推一步。天地間的學問由累積而成。我不相信學問上有任何永遠站得住的理論，但是學問上應有永遠站得住的工作態度——不斷的嘗試。江河不捐細流，一點一滴的工作，由無數學術園地內的從業人員一代一代往上累積，才讓人類繼續不斷的更新對自己和對宇宙的了解。本書作者如能盡天年，以現代的醫藥護持下，當還可能再從事二、三十年的研究工作，願下一個三十年論文集中，再有一點新的累積。

在若干文章中的意見，我後來已有改變。例如西周文化起源的問題，我在撰《西周史》的過程中，全盤重估了先周文化的淵源；在這編文集中的舊作應該淘汰。這種例子並不少，好幾篇文字都不再代表我今天的意見。但是為了存真，仍在本集中重印，以記錄我自己研究生涯的成長過程，兼誌吾過也。

本書出版時，正值家慈九十大壽，謹以此書獻給她老人家，稍表幼子孺慕之心。

我也借這個篇幅，向平生的老師們和友人們，敬申謝意。惠我者太多，這個名單會超過一頁，因此也不一一列舉了。總之，我自己心裡有一個殿堂，銘刻著無數我該感激的名字。其中有些已離開我們，但他們的音容永在我的記憶中。願健在的長者活得健朗，願還在中青年的朋友們前程無量。

許倬雲

一九八〇北美客次

代序　傳統中國社會經濟史的若干特性

中國的歷史不僅是一個民族或一個國家的歷史。中國是一個龐大的組織，其中社會的、經濟的與意識形態的脈絡，交織成一個複雜的文化體系。因此，處理中國的歷史，當與處理整個西歐史，或整個阿拉伯世界的歷史屬於同一層次，而不同於某一個國家的國別史。

有了這樣一個前提，我們研究中國史，就必須有一層空間觀念：中國這個地區，不能囫圇吞棗的當作一個性質單純的單位。William Skinner在其近作*The City in Late Imperial China*中，按自然地形，把中國劃成八個地區：西北、華北、雲貴、嶺南、長江中游、長江上游、東南沿海、長江下游，每一地區都有其經濟功能。（Skinner, 1977: 275 ff）。他的分區法，為清代設計，甚為允當。在每一個歷史的時代，中國由文化與經濟的功能來劃分，都各有其特殊的區域分野。同時，由先秦開始，中國已有在核心區與邊陲區的不同發展。大率言之，核心區人多地狹，可是文化發展居領導地位，也是政治權力的中心。邊陲區則人少地廣，又往往必須與民族主流以外的人群雜居混處，中樞政治權力在邊陲不光打折扣，而社會性的組織（如家族或鄉里）可能取代若干政府的功能。邊陲區的經濟發展，往往比較落後，因此一方面可能有地方性若干程度自給自足的性質，另一方面，邊陲區由於經濟發展的劣勢，其資源與財力會被核心區吸取。在核心區與邊陲區之間，另有一層中間區。中間區在經濟發展上居於核心區的高水平與邊陲區的低水平之間。政治上已明確的地方政府，代表核心區的政治權力，卻已不能再具有邊陲區的自治程度。這樣一個過渡地區，在團體對個人的控制而言，個人反而有較大的自由度。若作為圖解，核心與邊陲的兩端，各別代表政治權力與社會權力的消長延續線，中間區則居於政治權力與社會權力皆弱的中間帶。

在經濟發展方面看，核心區屬全國性整體交換網的中心，專業化程度高，獨立性較弱。反之，邊陲區只在有限的程度上參加全國性的整合交換網，基本上保持了區域性的自足性，在特殊情形下，甚至參加了附近國際上的經濟體系。因此，邊陲地區的經濟獨立性較強，在整合體系中的專業性則較弱。若以圖解示之，當如下圖：

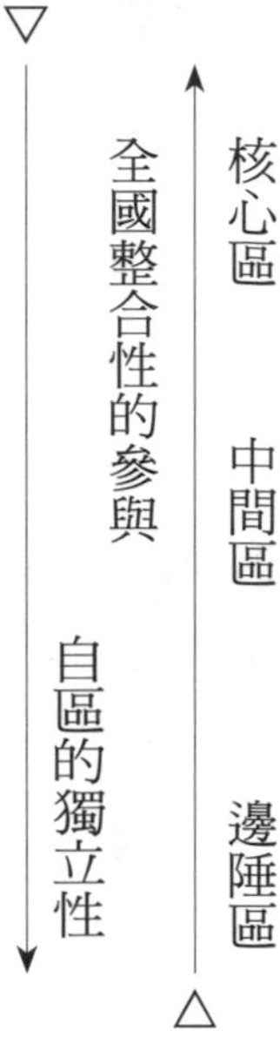

茲以實例來說明。兩漢的核心區為關中與三河，邊陲區為會稽、南方諸郡國及北方沿邊諸郡國。在核心區已有高度發展的農業時；邊陲區還只有比較落後的農耕。在核心區只有與皇權有直接關係的豪門大族；在邊陲區則有一些地方性的豪強，儼然土皇帝。而在中間區，災荒饑饉之時，鋌而走險的現象最多，說明了政治權力與社會權力的約束都較弱。

再以清代為例。核心區是政治大腦的京畿與經濟心臟的江南，由運河一線溝通連繫。邊陲區是沿邊各省，而中間區是內地各省。論經濟水平，江南不僅有高度農業，也有所謂市民經濟的工商企業。京畿則由江南哺養，京津一帶也有高度經濟發展。兩地都無極大的大地主，歲歉時，兩地也少饑饉。邊陲地區中，不論蒙疆或沿海，都有若干對外的貿易，不全屬於中國的經濟體系。閩廣的家族組織及北疆與西南的地方豪強，其對於個人的約束與控制力之強，為內地所無。中間區如陝、豫、鄂、皖及長江中游，每有歉歲，即有大兵。幾次大規模的民變，或者起於此地（如白蓮，如捻），或者起別處而以此地為主要活動地區（如太平天國的主要攻略）。

漢代、清代二例，頗足說明三層分區觀念的意義。Charles Tilly在討論西歐幾個近代民族國家形成過程時，頗注意各地區的地緣政略條件，並由此說明各國內部結構的歧異（Tilly, 1975: 601-638）。中國內部沒有分裂為若干獨立國，其緣故一則在文化的凝聚力，一則在全國性經濟交換網繼續的擴展，不斷將全國吸入一個整合的經濟結構。然而各地區域的地理特色及其在全國政治與經濟體系上的相對地位，終究會造成若干區域性的分歧，從而影響及於若干歷史事件的發生及發展過程。

以上所指陳為空間性的因素。另一個該注意的現象是時間性的因素。歷史本是綿綿延續的時間流，抽刀斷水，永遠不能切斷前浪與後浪的推移。功能學派在社會科學的領域有重要的貢獻，然而功能學派的理論只能解釋某一時刻內各制度之間的依伏呼應，對於歷史性的演變頗難有令人滿意的解釋。Max Weber的「制度化」（institutionalization）及「傳統化」（traditionalization）的理論幾乎指出了事物在時間流上的發展。Robert Merton提出負性功能（dysfunction）也幾乎說明了事物不能永遠具有同樣的功能。然而一直到最近，才有社會學的理論正面的處理「時間」這一個因素（Giddens, 1979: 198-222）。

歷史學是特別針對演變的研究，其著眼點本是時間。同一事物，經過歲月的遷移，其本質即已不同。在中國歷史上，朝代由興而衰，由治而亂，大家已視同常識。又如中國列代都有內朝逐漸演變為外朝，而由皇帝身邊祕書組織取代為新內朝的現象。這也是制度演變的常例。若以功能逐漸轉變為負功能而言，中國歷史上的文官系統，往往由小而變大，冗員日增，其後果即是由正面的服務功能逐漸變成尾大不掉運轉不靈的惡性官僚化。漢代的刺史、清代的督撫都是由督察性的職位轉變為實務的行政職位，也當視作出現負性功能的現象。清代國家的軍隊，由八旗被綠營取代，綠營被團練取代，團練被新軍取代。新者已生，舊者不去，陳陳相因，成為國家的大負擔。皆是制度在時間流中轉化的例證。

上述只是隨著時間進行而生的轉變，人際關係也有由一種形式轉變為另一形式的現象。人與人相處，其間終有制人及制於人兩種地位。制人的地位，也就是權力（power）。一般對於權力的了解，每以為是一種單向的約束與控制。Giddens始指出，權力也是相對的，施者與受者都有一分影響在內。為此，權力有逐漸穩定的趨向，由特定的約束與控制轉變為具有名分的優劣（Giddens, 1979: 88-110）。Giddens的觀察與Etzioni的分析頗可互相發明。Etzioni認為權力有三種：強制的（coersive），以力制人；利祿的（remunerative），以利誘人；名分的（normative），以義服人。同時，接受約束及控制的一方，在其服從的程度上，大有差別。對於強力的反應是面服心不服，對於利祿的反應是計利害，對於名分的反應則是道義上的誠心悅服。三種服從方式與三種權力型態是相應的。理論上，其他六種配合方式未嘗不能存在，事實上則以這三種相應方式為常見（Etzioni 1975: 3-16）。這三種相應的方式，都會有漸趨合法化的趨勢；甚至因為合法化的過程，以力與以利建立的權力很有可能發展為名分的權力，使社會組織更為穩定（Etzioni, 1968: 360-381）。

上述由某種權力型態轉化為另一種型態的過程，並不是「老化」的後果，然而也仍是時間流上的轉變，屬於結構內在的轉化。處理歷史上的許多變化，這種轉化觀念極為有用。舉例言之，中國朝代的建立，未嘗不經過以力制人的階段，而到政權合法化之後，政治權力就演變為名分型了。清代以異族入主中國，經過順治、康熙兩代，政權就已經合法化，此是最顯著的例子。中國的田東與佃戶之間，原本只有經濟上的租佃關係，然而這一層關係也會轉化為近於主從的名分關係。社會關係的轉化，與時間流有關，時間卻不能必然的導致轉變。中國歷史上，儒家的人倫與名分觀念，殆使這種轉變更易於發生。

歸結上述討論，可知時間的進展，可以使事物與制度的正面功能老化而成為負性功能，也可使社會關係由特定的畏威與功利的型態轉變為穩定的名分關係。各種事物與制度的老化速度不屬同步，各種不同的社會關係也未必同時轉變。變化步調的參差遂可以造成大體系中原本已經適調的各個部分之間，發生抗拒或推移，以求獲得新的均衡與適應。以漢代早期的歷史為例。漢室政權由戰場上的勝利得來，是以高祖以至文帝，三世的政權都由帝室與功臣共同維持。但在漢室的合法性確實建立之後，漢室勢須擺脫少數的功臣子孫把持政權的局面，轉而發展更廣泛的社會基礎，培育以察舉為登庸孔道的士大夫集團。景武二世誅滅漢初功臣子孫及地方舊豪族，都是這個求調適體系中的新成分。再以清代軍隊為例。軍隊的老化過程極為短促，無論八旗或綠營都不能長久的維持正面功能。相對地，文臣系統由於科舉的制度化，長期保持其活力。於是穩定而保持正面功能的文臣系統終於占了上風，到太平軍起的時候，團練就歸文人組織與指揮了。這一番轉變的後果，使清室皇權淪落到易受士大夫操縱的局面。當然，清代的權力體系面臨種種新的調適，牽一髮而動全身，衍生的後果還不止於此。此處只舉其一端以說明任何均衡（equilibrium）事實上都處於動盪之中，無時不因其中某一部分的失去同步功能，而必須重新安排各部分之間的關係，尋覓新的均衡局勢。

以上論列研究中國歷史時必須注意的空間與時間兩方面。在討論過程中，本文涉及了社會、經濟、政治與意識形態四個領域。這四個領域恰是任何複雜體系的四個面。複雜的體系，都為了組織人群以運用其資源。利用資源生產更多的資源及促成資源的流動，是經濟的範疇，分配資源是社會的範疇。維持資源的運轉及分配的秩序，是政治的範疇。說明及解釋以上各種行為，而以符號作為解釋的表徵則是文化的範疇。這四個面的內容及如何安排這四個面之間的相對關係，則每一個文化體系各有特色，也各有其發展的過程。下文將討論中國體系中這四個面的內容及其間的關聯性。

先討論經濟面。《尚書》〈大禹謨〉：「水、火、金、木、土、穀惟修，正德利用厚生惟和。」頗說明了人類文化的目的在於利用資源，促進人群的生活及保持人群的和諧關係。利用自然資源的方式甚多：農牧漁林工商無不為已見的方式。中國人的祖先由新石器時已選擇了農業為基本生產方式。至晚在戰國時代，中原的牧地及林地已逐漸變為農地。漢代的農耕技術，已發展到精耕細作的水平，而在人多地狹的核心地區精耕農業已將畜牧業及工商業逐漸排斥。勞力密集的精耕制，固然能得較高的單位面積產量，然而相對的要維持較多的勞動力，俾在農忙時投入生產。為了在農閒時，勞動力不致投閒置散，中國農戶發展了農舍手工業，以代替城市中萎縮的工場生產，提供加工產品。另一方面，最經濟的精耕制必然會逐漸專業化，生產當地土壤及氣候最適宜的作物。於是專業作物區與另一個專業作物區之間，也就難免因交換而產生貿易。在漢代遂因此而發展了精耕農業與市場交易相配合的農村經濟。我以為漢代以後的中國經濟上繼續保持了這種農村經濟的特色。

在中國兩三千年的歷史上，這個經濟制度有其來龍去脈。大率言之，西周的農業相當粗放，比較適於大規模的農田經營，相對應的是貴族莊園制，農莊內部是相當自足的。交易行為大約也在貴族手上，主要的交易項目不外珍貴的特產，供上層階級享用。在春秋列國都有開拓土地的需要時，莊園制下的大量勞力，投入了闢草萊的開墾工作。林地及牧地在《左傳》中還頗多見，而在孟子時已變成濯濯牛山，只在記憶中還有過林木豐美的景觀。戰國時代是由粗放農業進入精耕農業的轉型期。各國之間的疆界使中原三晉及齊國的眾多人口盡可能利用已用的土地。精耕技術由此逐漸發展。諸國之間交通頻繁車轍馬跡交於中國，對於發展區間貿易自然有重要的相關性。

漢代的精耕農業發展有其時代的背景。一方面由於中原核心區因人口眾多而有增產的必要，另一方面政治權力對工商業的壓制政策，使農村生產一枝獨秀。精耕農業不能在大面積的農田上進行。勞力密集的工作有頗高度的工作動機，更不能靠農奴或奴隸的集體勞動。因此漢代的農莊基本上是小面積的。即使常有大地主握有大量土地，農田經營的方式大約以佃戶耕種小片土地為主，而不是大面積上的集體耕作。三國以後，中國分裂為南北。南渡的漢人，進入廣大的南方，土地有餘，土壤肥沃，精耕農業無其必要，是以大面積的莊園由農奴耕作。北方的人口減少了，進入中原的五胡，武力掠奪土地，強迫漢人生產；而漢人孑遺集結在地方領袖（大族）的農莊上，也發展了莊園制的經濟。

隋唐以後，南北已墾地與人口比例逐漸減少時，小農莊的精耕制才逐漸恢復；而自給自足的莊園又逐漸被交換經濟取代。三國至唐代的自然經濟，當視作精耕制衰退的後果；而五代與宋以後復現的貨幣經濟，當視作精耕農業恢復後的結果。同理，宋代以後，中國核心區，幾乎只有租佃或自耕小農莊的經營，沒有大型的莊園及集體耕作。

中國的精耕制，與眾民少土的現象相伴相隨。中國的邊陲地區土地廣袤，按理應有大量的移民移殖到邊陲。然而精耕制下的農田，往往是幾代人的辛苦經營，農夫不願離開這一片經營許久的好地。因此中國人安土重遷，移殖的人口只是溢餘的人口，移民並不能降低人口的飽和密度。移殖的人口在新土地上，往往也密集的居住在最好的谷地或平原，人口不到飽和點，不再更進一步的移殖不毛之地。於是，即使在新土地上，移民又很快地用密集勞力改變粗放農業為精耕農業。中國土地不為不大，移民開拓新土地的速度則相當緩慢。三千多年向南方開拓；到今天，西南各省人口的分布仍舊很不均勻。這種安土重遷的習慣，使中國經濟型態始終為小農精耕與市場交換的農村經濟。技術的進步及新土地的開拓，只是增加農業人口的數量，不能改變農業經濟的本質（Elvin, 1973: 285-319）。

在農村經濟網絡之下，中國城市只是全國交換網裡面的集散中心。城市與農村互相依賴，Skinner稱之為一個金字塔下的各個層級（Skinner, 1964: 3-43）。中國的城市與農村關係，迥異於西歐近代以前城鄉對立的局面。為此之故，傳統中國的財富與人材並不集中於城市，反而相當的擴散分布於廣大的農村。在近代，中國經濟結構因納入世界系統而起了極大的變化。對外貿易的通商口岸，並不是傳統中國的產物。近代中國有城鄉對立與疏離，這是今天許多開發中國家共有的現象。中共三十年來閉關自守，農村經濟有若干程度的復蘇。其中關鍵，還在重建了中國本身的整體體系，置身於世界經濟體系之外。不過，中共能否長期置身世外，大是疑問。

其次，論社會組織與社會關係。人群的結合可有許多不同的方式。以血緣結合的為家族，但是家族的周延仍有許多方式，地緣結合為鄰里鄉黨，其周延也大有伸縮。此外，以信仰結合的，是敬香團；以年齡結合的，為人類學上的年齡群；以出生結合的，為種姓（cast）；以職業結合的，為工會；以志趣結合的，為近代的黨派及種種俱樂部。各種可能性中，本無孰優孰劣的區別。中國的社會組織，選擇了血緣與地緣兩個方式，而尤以血緣團體的家族與宗族為最重要。

中國歷史上宗族的出現，商代組織如何，頗難稽考。周代的宗法制，本是姬姓貴族為了保持團結與認同而發展的組織。小民百姓並不在宗法系統之內。到了春秋戰國，社會變動劇烈，貴族宗法系統已不再生效，小民百姓也可能有家庭，而未嘗有家族或宗族。

秦法鼓勵分異，更不利於宗族的發展。漢初重鄉里組織，可能地緣團體比血緣組織更有影響力。另一方面，皇權的建立，天子之下，齊民均業，家族與宗族不再是貴族階級所獨占。儒家倫理中，「孝」的觀念，與精耕農作對勞力的需求，二者配合遂使家族組織普及於中國。東漢開始的向南開拓，延續到南朝。移殖的人群，往往依賴家族組織向新土地進發，也在新土地上落戶生根。政治權力鞭長莫及的地方，家族擔任了主要的社會控制功能。五胡進入中國，北方的漢人也依靠家族為自衛的組織型態。《顏氏家訓》〈風操篇〉指出南北風俗不同，在親屬稱謂方面，南人在三代之內尊卑長幼極為清楚，此外則凡同昭穆，不論親疏，以兄弟相稱，長輩則以尊為稱。對外人則一概稱為族人。北方風俗，不論遠近，概以從叔為稱。表面看來，北人互稱較親密，實際上則只是一個廣泛而鬆懈的組織。南人的宗族組織，三代之內關係清楚，當是較嚴密的親屬單位。踰此便只以族人相稱，便僅是核心單位的外延了。兩者相較，南人的實際親屬單位較小，北方的則周延較廣泛。大約南方為新開拓的移殖地，一起行動的單位，不會超越三代親屬。北人留在原來居地，歌於斯，笑於斯，聚族於此，遂族屬較多。《顏氏家訓》同篇，南人重別離。在新開拓的地方，一去故地，別易會難，足以說明南方族屬較小的原因。隋唐高門大族，重視譜系，當兼顧南北之俗，一方面肯定近親族屬，另一方面與別的房分，保持了「聯盟」的鬆懈關係。中唐以後，譜學衰微，則是聯盟關係不復存在了。宋以後，宗族不是高門大族所獨有，庶民以儒家親親之誼，也把三代五服之內的親屬視同家人。然而更大的宗姓組織則事實上已不過具文而已。宋以後的制度，雖仍有南北之分，大體言之，在上層階級族制較嚴，在鄉村族屬較大。在南方閩廣新拓地區，族大而時有房分的分裂為新單位，仍與南北朝時南方情形相同（Maurice Freeman, 1958 & 1966）。至於近代，都市化現象日劇，族制漸消失，只有核心家庭是真正的親屬單位了。

在強烈的親親觀念下，中國發展了不少模仿親屬的擬似親屬組織。海外的宗親會，只認姓不問譜，是一種擬親組織。祕密社團成員以兄弟互稱。各業師父與學徒之間，親同父子。都是模擬血緣團體的社會關係。如謂血緣組織之為中國最重要的社會團體型態，也就不為過言了。

相對言之，地緣組織的約束就小得多了。漢初鄰里鄉黨的作用甚大。此後則地緣與血緣有時重疊，表現為單姓村。大體言之，雖然有遠親不及近鄰的諺語，鄰居到底不如親屬。然而在血緣組織較弱時，如在宋以後都市化的現象較強的情況下，鄰里的作用就大了。通俗文學作品中的里閭小民（如武松殺嫂一段），鄰里有相當密切的關係。在Skinner的集鎮系統理論中，地緣單位可大可小，頗有伸縮餘地（Skinner, 1971 ff）。此中經濟意義，大於社群結合的意義。不過，凡遇全國商品交換網因內亂外患而分裂為地域性的網絡時，地緣組織無疑會有更大作用。此外，中國方言歧出，也是突出地緣關係的因素。海外僑民組織，同鄉會的力量不比宗親會小，即因海外已不在國內全國交換網中，地緣單位不能再有伸縮餘地，反而成為固定易知的社群了。

在經濟與社會之外，當再論政治組織。西周封建，貴族對於小人，全是以力制人。貴族彼此之間，則有以利相結的封建，而以親屬與名分，加強其聯繫。封建既久，上下之分已定，政治權力的合法性也就奠定了。春秋戰國兩期，各國政治權力不斷地經歷重組過程，最後確立在君主為雇主，臣僚為被雇者的相對關係。這種關係，經秦漢統一，成為皇帝與臣僚之間的基本型態，誠如俗諺所謂學成文武藝，貨與帝王家。儒家的倫常觀念，對這種利祿結合的型態加上了一層名分關係。天命無常的維德理論，又對居於雇主的君主加了一層約束，使君臣二方面都從屬在德行的原則下。漢代政治已開始有此特色，此後則以宋代的政治最為儒家倫理化。君臣之分已定，也可看作Weber所稱的制度化。

中國的政治權力，因其著重德行而導致中國官僚組織發展為具有獨特勢力的政治因子，足可與君權相抗衡。政治權力遂常在強制型與名分型二端之間動盪。君權每欲逞威肆志，儒家化的臣僚則每以德行約束，以名分之故自制不過分壓倒君權。表演於實際政治鬥爭上，則為君主挾其恩倖、外戚與宦寺構成軒輊的一端，內外臣工則依仗行政權力構成軒輊的另一端。Weber認為典型的官僚組織是純粹技術性與服務性的（Henderson & parsons, 1974: 329-341），然而在中國的官僚組織，因其擁有儒家理論的解釋權，其重要性就遠超過Weber的典型官僚組織的專業性了。中國的官僚組織因此有意理性格，也有特定的取捨標準。並不是為任何政治權力服務的盲目機器。

官僚組織可發展為完全順服於君主政治工具，也可發展為求自我利益的自主性組織，歷史上的情形當然在二端之間（Eisenstadt, 1963: 276-281）。在中國，官僚組織毋寧具有偏於後者的傾向，主要原因當在於有其自我延續的制度，或以察舉徵辟，或以考試登庸，選擇一代一代的接棒人。尤重要者為，有儒家的意識形態為思想的依歸，以保持其目標方向。當然，歷代官僚組織又可大致分為二類型。南朝至中唐，世家大族把持進身之階，使官僚組織由一小群社會上層壟斷——這是以團體自身利益為目標的自主型。唐宋以下，以經義取士——這是以延續團體自身意識的自主型。漢代察舉當屬於這兩者之間的混合型。

官僚組織有其特殊的功用，在馬上得天下的皇權必須依賴士大夫治天下。官僚組織有其自我延續性；皇帝可以任命官員，皇帝不能任命士大夫的身分。兩個因素加在一起，中國的官僚組織有兩個方面：一方面，百官臣僚的正式組織，是政權運行的重要成分；另一方面，士大夫（或搢紳）構成正式政權系統以外的非正式政治權力。二者之間當然是不可分割的：正如Peter Blau在其對官僚制度研究所下的重要修正，非正式的人際交往與消息傳遞，不僅可以補正式系統運行之不足，有時甚而更有過之（Blau, 1964: 221-222, 285-286）。在鄉的搢紳，與在朝的官員之間，或則本為親友，或則有互利的交往、交情構成了非正式的權力網絡。非正式網絡與政府的正式機構同樣上通下達，二者原是平行的。不過由在鄉搢紳發動的交情網以地方為出發點，其動向是由下而上的，異於政府行為之由上而下的動向。本文曾提到中央與地方的對立關係。正式官僚組織與其孿生的搢紳非正式網絡，遂構成雙向的交通，皇權至多只在正式官僚組織上產生作用；皇權根本不能介入由下而上的非正式系統。因此，中央與地方有不可解決的衝突時，無論孰勝，當時的皇權大約總成為犧牲者。東漢地方勢力高漲，倒楣的是劉姓政權。清末疆吏權重，變法者多以省分為變法單位，終於導致清室覆亡。中國歷史上，分裂的局面約占整個時間的三分之一。本文前面曾引Skinner的理論，謂經濟自足的地方單位，其周延頗有伸縮餘地，大者兼數省，小者不過州縣之一鄉。凡中國分裂時，地方政權未嘗有人材不足之嘆，主要即由於搢紳的非正式網絡原是以本鄉本土為其運作的基礎。

論政治權力時，當然不能不論及軍隊的功能，因為中國的政治權力，即使由征伐起家，往往很快即轉化為名分型的權力，象徵強制型權力的軍隊遂不能不退居於次要的地位。不過，如逢皇權與士大夫權力發生衝突時，軍隊的偏向就舉足輕重了。武人以軍閥身分扮演主要角色，每在國家分裂之時。基本上，武人主政的情勢，當視作強制性政治權力尚未合法化（或也可認為合法化過程流產）。在武人主政的割據地區，武人不能不用當地士大夫輔政。事實上，這也是皇權與士大夫勢力共天下的一個雛形。

最後，必須討論中國歷史上的意識形態。經濟決定論的唯物史觀，以及結構決定論的功能學派，都以為歷史過程中個人不能有多大的抉擇，以影響演變的方向。Max Weber及Emile

Dukheim強調意識形態對行為的影響。前者認為信仰確定了行為的價值；後者認為意念的規範使個人的行為有所遵循。Giddens由Weber的理論基礎上更進一步，以為人在有所抉擇時，對於其所處的社會體系具有充分的了解，而其所作所為，往往依據其意志，並因此而對於其社會體系有所興造或再現（Giddens, 1979: 1944）。由此推衍，一個文化系統的意識形態與社會成員的作為，事實上當有行為不斷適應意念，卻也不斷修改意念的過程。中國歷史似乎可為這個觀點提供佐證。

以天命靡常為政權合法化的依據，自此以後，中國的政治哲學始終在這個基礎上開展。孟子的君臣行為相對論及漢代的天人感應，逐步走向天視自我民視，更走向宋代以性理及倫常綱紀為政權的根本。這個過程中，一方面可以有黃巾以至白蓮教的肯定臣民的權利，另一極端可以有綱常萬古不能改變的保守論調。不同的理論支持不同的行為，而不同的行為也提出不同的理論。不僅儒家思想有如此彈性；道家釋道也都有廣大的伸縮幅度。

然而，反過來說，中國歷史上的治亂也總是在這幾家意識形態的規範下發展。以歷史上的農民戰爭作為例子。漢代的思想界關懷的是形而上的宇宙秩序，遂有董仲舒、揚雄諸人為漢室肯定一個皇帝治下的宇宙秩序，而黃巾起事的口號也是迎接新秩序的來臨。佛教傳入中國，宇宙秩序被眾人的內心世界取代了。不論是彌勒抑是明王，救世主帶來的是拯救個人的苦難，新天地並不必定是新秩序，而只是排除了現世諸苦。再以人性觀念的演變為例，由漢代天地人三才的理論，變到宋代的性理，而變到明代王學以人人都可為堯舜。以佛教教義的演變為例，唐代諸宗派，逐漸澌滅，而興起的是淨土與禪宗。凡此，都說明了中國歷史上意識形態的特點是由形而上走向俗世，由集體意念走向個人意念，整個趨勢與社會群體的逐步平等化及皇帝下特權階層人數日少，齊民百姓漸多，演變的總方向是一致的。同樣的趨勢表現於經濟發展方面，則是核心區逐漸擴散，全國各區間的富足差距逐漸縮小。城市日多，行業日眾，小民生活也大致日益提高。Karl Mannheim把思想分為烏托邦與一般意識形態二種。前者揭櫫新體系為嚮往的目標，後者則為傳統的體系辯解與肯定（K. Mannheim, 1936）。在中國歷史上，一般意識形態出現頻率遠比烏托邦出現的頻率為大。其中緣故，當由於中國的社會經濟體系，須在安定與平衡中發揮最大功能。動亂，即使為了求改進而起的動亂，總不免攪動平衡的狀態。因此，即使具有反叛性的釋道及農民信仰系統，往往發展一套自有的傳統，難得出現完全翻新的思想體系。儒家有一個道統的觀念，士大夫持此觀念站在與皇權法統平等的地位，爭社會的領導權。同樣地，釋道以至白蓮、洪門，都多有相承的傳統。欺師滅祖是祕密社會最忌的戒條。中國思想基本上具有維持現世已有秩序的穩定性格，與社會、經濟、政治三環的特性相應而發展。

總之，中國文化的四個範疇，相應相生，合為一體的四面，其主要內容都在維持一個流轉運行的平衡體系。各面之間的相互關係，可參考附圖：

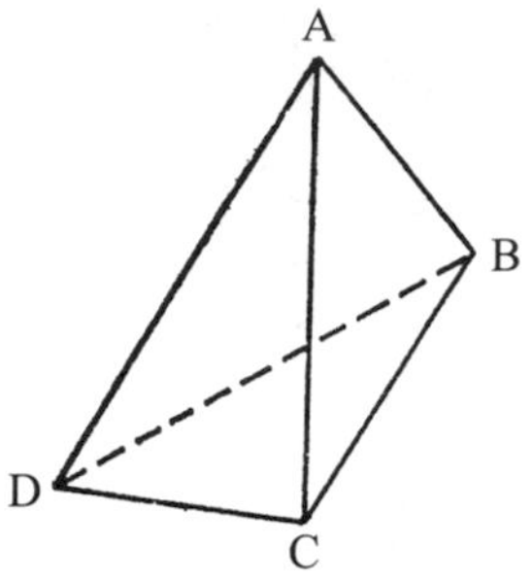

體系分解示意圖

ABC面：經濟範疇

ACD面：社會範疇

ABD面：政治範疇

BCD面：意念範疇

AB：市場網、城鄉的整合系統

AC：精耕細作的小農經管

AD：官僚制度下君權與士大夫社會勢力的相合或對抗

BC：義利之間

CD：五倫與修齊治平的擴散程序

BD：道統與法統

附註：本文係為中央研究院中國社會經濟史暑期研討會而作，在第一次討論時，提出作為討論的提綱。本書諸篇，撰作時間前後不一，但多年來治史意旨，敝不違本文所述，是以借此文代敘論。本文涵蓋廣泛，文字卻甚簡短，語焉不詳之處，在所難免，但祈讀者舉一反三，自作衍伸。

參考書目

1. Peter Blau, 1964, *Exchange & Power in Socrial Life*（N. Y.: Wiley & Sons）.

2. S. N. Eisenstadt, 1963, *The Political System of Empires*（The Free Press of Glencoe）.

3. Mark Elvin, 1973, *The Pattern of Chiness Past*（Stanford: Stanford University Press）.

4. Amitai Etzioni, 1968, *The Active Society: A Theory of Societal and Political Processes*（The Free Press）.

5. ——, 1975, *A Comparative Analysis of Complex Organization*（New & enlarged edition, Free Press）.

6. Maurice Freedman, 1958, *Lineage Orgainzation in Southeastern China*（London: University of London）.

——, 1966, Chinese Lineage & Society: *Fukien & Kwantung*（London: University of

London）.

7. Anthony Giddens, 1979, *Central Problems in Social Theory: Action, Structure and Contradition in Social Analysis*（Berkeley: University of California Press）.

8. A. M. Henderson & T. Parsons, 1947, *Max Weber: The Theory of Social and Economic Organization*（Glencoe: The Free Press）.

9. Karl Mannheim, 1936, *Ideology and Utopia*（N. Y.: Harcourt Brace & World）.

10. G. William Skinner, 1964, "Marketing and Social Structure in Rural China, Part 1," *Journal of Asian Studies*, 24: 一（1964）, pp. 3-43.

11. ——, 1971, "Chinese Peasants and the Closed Community: An Open and Shut Case," *Comparative Studies in Society and History*, XII（1971）, pp. 270ff.

12. ——, 1977, *The City in Late Imperial China*（Stanford: Stanford University Press）.

13. Charles Tilly, ed., 1975, *The Foundation of National State in Western Europe*（Princeton: Princeotn University Press）, "Western State-making and Theories of Political Transformation," pp. 601-638.

試擬中國社會發展的幾個論點

這只是一篇大綱式的文字，因此腳注不附在裡面。筆者用這一個大綱教授一群研究中國文化的美國人，分期名稱及行文為此不免透露出英文句法的風味。文中所說的只是各時期的重點，至於著重的方面，見仁見智，各人會有各人的看法，這裡所臚列的僅是筆者個人的態度。其實文章的整個骨架也只代表筆者個人至今為止假設的觀念，其中有許多點還有待於未來的探討與證驗。

中國的新石器文化與殷商文化在考古學已頗有發現，但是材料不足以讓我們有系統的探討其社會構造。以殷虛材料之豐富，佐以甲骨學的資料，殷商的社會面且仍只不過透露一鱗半爪的消息而已。因此我們的材料將自中國第一部系統的史書——《左傳》——說起，而我們的探討也將以春秋至秦政統一為第一個時期——我們稱之為古典中國。

在這一個時期，我們的觀察將以「單純社群」現象為中心。所謂單純社群是指一群人生活於固定的社會關係下，構成成分也比較單純，承襲「傳統」是最要緊的觀念原則。其恰當的例證為家族團體。與所謂單純社群對立的現象是「複雜社會」，其中成分複雜，游離個人之間的關係流動，常基於游離個人的選擇，「傳統」的威權讓位給嘗試新創造的熱誠。這兩個型態只是理論上假想的兩個極端，極端與極端之間，可以容納無數不同程度的配合，也就是無數不同的實際個案。古典中國的前一個時期是習慣上稱為春秋的時期，其社會情況，由以《左傳》為主體所得的資料看，屬於靠近「單純社群」的一端。在春秋以前是否有過更接近粹純「單純社群」的社會型態，由於史闕有間，我們不能清楚地知道。春秋時期的「單純社群」型則不但並不十分純粹，而且顯示許多轉型期的跡象。宗族與政治單位雖是二而一，一而二，但是二者的分離亦已逐漸明顯。宗族本身也逐漸分裂為氏族，氏族逐漸成為基本的血緣——或假想性血緣——團體。個人受團體的保障與約束因此都比較減弱。易言之，個人在社會結構中逞自由意志活動的可能性與空間都增大了。證驗的跡象將在姓與氏的混合不分及社會流動性的增加觀之。在後一時期——戰國時期，我們看到了一個新的社會型態。血緣團體與政治單位已不再是合一的，社會上存在著至少兩個各自獨立的結構，因此單元性的春秋變成多元性的戰國。向政治結構挑戰的還有其他權力，例如財富的權力，這是以前沒有的。七國並立，沒有一個中央政權，因此權力結構在地緣上的分布也是多元性的。改良與變法是戰國觀念的特徵，「傳統」在戰國已喪失了固有的約束力。

秦政的統一中國，在政治權力上造成了改變，但是在整個社會型態上並沒有出現劇烈的變動，雖然為時代劃分的方便計，我們把秦政以後到東漢末年稱為「第一個帝國」的時期，漢初的政治權力並不是君臨一切的。中央政府控制的地域只直接及於關中，間接及於有限的幾個郡。分封的諸侯王在他們國內有不小於中央政府的力量，而游俠豪族的勢力與富商巨賈的財力經常使政治權力警覺到本身以外的力量。思想與觀念呈現極為龐雜的情況，各家都可以並行不悖。整個漢初社會依然存在著高度的多元性，個人因此也可各自循不同的階梯進身；縱然最後的歸結往往是政治權力結構的一個位置，但是出發點可以各自不同。在漢初一個世紀內，這個「複雜社會」經過一番努力，改頭換面為巨大的「單純社群」。

第一步改變為政治權力的集中。王國經過中央的武力行動逐漸消除，變為地方政府。督察制度把中央鎮撫地方的太守變成地方行政官員，而郡政府中的督郵成為中央刺史的翻版，於是中央對基層的地方單位也可收節制之效。政治權力又運用暴力、重稅、專賣，以及賣爵等等的手段，把商業資本吸收淨盡。缺少適當的多餘資本，商業的發展受到了限制，商人的富力也從此不再能向政治權力挑戰。游俠與豪族是刺史二千石最注意的人物，他們的勢力削弱，也正與政治權力擴張相關聯。各派不同的觀念由混合、交錯，而最終產生了正統。於是在武帝以後的中國只有一個籠罩一切的政治權力結構，其他權力結構都屈服於政治權力下。個人的行動因此再度受團體的約束，個人的觀念受正統的支配，「傳統」又再度壓倒了「創造」。

服屬於這一個巨大的政治權力結構下，執行權力與傳襲正統的是一種文職人員造成的世家，因此氏族力量也再度抬頭，氏族本身成為傳襲權力與觀念的主要機構。這種氏族是中國歷史上維持甚久的士大夫階層。

第三個時期，由三國到隋初，事實上延長到安史之亂，政治權力結構分裂為若干並立的單元，為此其力量削弱不少。為了異族入侵，安定秩序及遷移新地的工作都落在氏族組織上。強大的氏族可以吸收，甚至奴役，不屬本氏族的分子，社會結構遂起了新的屬次化。高階層由統治氏族占據，此外的人民卻不能構成氏族的機會。其證驗在社會流動性變得異常遲滯。經濟活動也以氏族為中心，於是有集體屯墾，及大型莊園成為自給自足單位的現象。異族征服者只在政治結構上暫時性的加了一層統治集團，社會結構並未因此有大改變。反之，北方的征服者中產生了與漢人同一型態的氏族；而南方的被征服異族又適足以增強南方漢人氏族的實力。

權力中心是多元的，因此正統思想不能輕易地籠罩全局。這個空隙使外來的佛教與非正統的老莊得到生長的機會。也許，對固有正統的懷疑與拒絕使佛教一度幾乎成為新正統。但是缺乏君臨一切的權力結構，新的正統沒有生根的可能。用卡爾・曼海姆（Karl Mannheim）的話說，佛家思想始終不能由「烏托邦」變成「意諦絡結」（Ideology）。這一點與基督教在西歐建立正統的過程，呈現極有趣的對比。

第四個時期是中國的黃金時代——唐與宋。由於政治權力再度集中在中央政府手裡，更由於這中央政府發展出一套考試錄用文官的科舉制度。經由政治途徑進身的新型士大夫漸漸占優勢，終於形成了一個流動性極大的新階層，作為最高統治階層與被統治階層——一般平民，而以農夫為主——兩者之間的虹吸機關。舊士大夫的氏族，在抗衡失敗後，逐漸消失。附帶消失的是舊氏族控制下的社會階層化現象。同時，氏族似乎正演化為擴大的家族，在名義上也許仍保留著氏族的若干跡象，例如房分，但是事實上將只包括直系親屬及旁系的兄弟與其配偶子女。

經濟勢力仍服屬於政治權力下，資本的形成以國家資本及官僚資本為主體，海外貿易因此並不能刺激商業資本的成長。正統思想於吸收非正統的佛教思想後，形成綜合性的正統，藉印刷術的廣布與科舉的刺激，非常徹底的滲入全體老百姓。但是不屬於正統的思想，主要借助民間的宗教信仰，仍賡續存在於社會的下層。我們必須注意，這裡所說的上層下層兩種觀念，並不是隔絕不能交通的，由於高度的社會流動性，又由於知識的廣泛分布，這兩種傳統經常有交流與影響之處。

或許與政治權力以外，任何其他集團的崩解有關，都市喪失了堡壘的作用，變成行政中心與區域內的商業中心。於是四四方方隔成一塊塊的坊與里，演化為沿大街小巷發展的線條型。這一改變，加上稅制的改變，人民不再有如同以前一般強力的土地附著性；易言之，人民的橫性流動也比前大了。

第五個時期是蒙古統治的時期，往上也可包括進遼金統治的北方。遼金與蒙古都採取一種雙軌式統治，把異族的統治階級置在漢人之上。由元，我們看見中國有了種族性的橫切結構。社會的階層化極為顯明。政治經濟的權力，在野蠻的軍事統制下，萎縮不堪。正統思想無所附麗，也遭遇到衰退的情況。非正統的民間思想卻與民間的宗教組織相伴成長為一股勢力。

第六個時代是明代與清代。蒙古離開中國後，漢人又把中國的社會結構復原了。此後在滿清統治下的中國，除了漢人之上加了一層統治的滿族外，社會的結構並無顯著的改變。士大夫亦即知識分子，不斷地自一般人民中產生，一度煊赫的世宦又不斷地崩解衰落而降回平民之中。政治權力，借助於相當高度的社會流動，一方面保持與民間的接觸，另一方面吸收了民間大部分精英，得以維持強固不墜。政治權力一枝獨秀的現象是中國社會史上最重要的項目，由漢武以後從沒有十分重大的變化。

清初以後，中國人口的統計數字突然增加。其原因，此處不擬討論。其後果則是百姓的普遍趨於貧窮，及因之引起的社會流動性減低。中國的農民也因此變成小農及雇農為主體的集團。社會的下層有大群貧窮的農民，加上一大批在社會上進之梯上跌下來的精英分子，使社會結構的基層時時有震動可能。

第七個時期是一八四〇年以後迄於抗戰。中國傳統社會在上一期已經岌岌可危，致命的一擊則來自西方文化與中國的接觸。政治權力結構由依附在正統思想的士大夫手中轉移到以受現代教育的都市和知識分子及新型工商人士的手中。京滬平津以及其他通商口岸變成現代性的都市，但是鄉村對都市的正常交流關係從此切斷。都市從農村除吸收米糧菜蔬外，農村中的精英不是被拒於進入都市，就是淪為都市中的寄生蟲，永遠不再回到農村。經由政治途徑或工商途徑上進的人士，局限於都市的人口。農村占了全國人口最大部分，但是在各種權力結構中很少有發言人。農村中固有的社會結構還一度保持作用，但日本的侵略引起廣泛的人口移動，農村中固有結構遭遇到徹底的破壞；其中最嚴重的是領袖分子離開家鄉徙往內地，使農村結構陷入群龍無首的真空狀態。抗戰時陷入敵手的土地只有東南半壁及華北，但是這是中國人口最多最有影響的區域，因此上述的概論雖只包括戰時淪陷的區域，其影響則及於全國。

固有的正統觀念已隨著固有社會結構的崩潰而失去約束力，因此，在各種不同型態的新思想沒有發展為正統以前，中國的社會成為一個缺少重心的結構，宗教思想的混亂可資證驗。

今後的中國將成為現代世界文化的一部分，現代文化中都市化與工業化均占重要地位。二者在中國的發展趨向已可於台灣近年的發展見到端倪。將來中國或者將有建基於單個個人之上，以工商業經濟權力結構與政治權力結構互相平衡的社會。現在我們看得見的跡象，包括鄉誼觀點的薄弱，橫性流動的增加，契約關係逐漸取代情感與傳統的關係，儀式簡化等等最重要的一點，當推擴大型家族崩解為核心型家庭，也就是說：家只包括夫婦及未成年的子女。不過在目前，擴大型家族的成員，在組織核心型家庭之後，仍維持家庭與家庭之間的守望互助及親密關係。這種過渡時期的家族型態，或可稱之為「聯合性的核心家庭」？

在海外有兩千萬中國華僑，他們一向在僑居地保持一種「格堵」的形式，盡量保留中國的固有組織及觀念，遙遙隸屬於中國的固有社會結構內。母國社會結構起了變化，這些附屬的華僑社會也得有所改變。各居留地政治地位由殖民地變成獨立國後，華僑社會更非有改變以求適應不可。縱然有不少拒絕適應的情緒，華僑社會大致上都將突破唐人街的邊界，混合進當地的社會結構中。以後華僑在當地社會結構內的地位與角色，或者將視個人的職業與表現而定，易言之，華僑勢將以個人的身分進入當地社會結構。而華僑以集體的身分進入當地社會，在一個短時期內，仍將是很可能的過渡現象。過渡時期的長短就將視各地華僑社會結構嚴密程度與當地社會的交互作用狀況而定了，任何概括式的斷語都將失之太泛。

（原載《思與言》，卷一，第二期）

中國古代民族的融合

中國是一個大熔爐，從秦一天下以來，中華民族吸收了長江以南的蠻、越、傒、僚等族類，這一個過程由秦漢開始，經過東吳，以迄南朝，方才完成。自漢末以來又陸續容納了西北東三方面的少數民族，在晉掀起了所謂「五胡亂華」，但經整個北朝，隋唐統一時，這些民族已經泯然無跡，完全融化在中華民族之內。遼、金、西夏、元、清又把滿、蒙、藏、維各族同胞引進中華民族的大家庭。

但在秦漢以來，占據中央區域的這一支中華民族主幹，也曾經歷無數涵融的過程，由無數的單元陸續混合；猶如無數小溪經歷重重山陵，終於滙成奔騰巨流——完整的中華民族。

這一初期的涵融過程終止於春秋戰國時代。本文所想說明的就是這一段概勢。因是泛說，論證從略。主要作為依據的是傅故校長孟真先生的若干論著，以及各位師長平時的教導指示。尤以受李玄伯、董彥堂、芮逸夫三師之賜為多；諸師之惠，敬此致謝。至於傅故校長勞瘁以逝，未能如願完成古代史上若干著作，則不僅為筆者個人有山頹木壞之痛而已。

在更早的時期，歷史迷失在迷茫的雲霧中，只能依稀彷彿作些推論，難有明白的跡象。因此本文的開端當在夏商之時。

先說中國的地理概勢，中國東邊鄰海地區，北自松遼，南迄浙江，有一片廣袤的平原。在地形圖上，這是一片綠色，除了山東半島上有一點淡褐的山地外，幾乎都是一兩百尺以下的平地。但在山海關外，因為熱河山地的隔絕，成為另一單獨地區；南踰淮水又出現許多河流港灣。因此整個呵成一氣的平原只包括豫中以東的地區。由豫西上連山西的太行山，下接川鄂間的叢山，又把甘肅以東，山西之西，劃為另一具有高山及河谷的地區。而漢水淮水以南，古時雲夢具區諸澤，又呈顯一種完全不同的地理景觀：雨量多，河流沼澤多，黑沃的水田代替了北方的黃土，舟楫代替了車馬，材木魚鹽之利勝於北方不啻倍蓰。這三片不同的地區恰好供給中國古代史上三個主要族系作為活動的舞台，尤以黃河平原是上演主戲的部分。

首先出現在河濟平原上的是祝融八姓，據李玄伯先生推斷，他們是「屯居黃河左近，北以衛為中心，南以鄭為中心，確係中國的舊民族」。（《中國古代社會史》，頁二三）據說虞以前的陶唐氏就是祝融族中一分子。但是祝融氏在夏商兩代，西受夏系民族的攻擊，東受夷系民族的侵襲，到周時已被翦滅得銷聲匿跡，不是弱小，就是僻遠，所謂「其後八姓於周未有侯伯」了。這一個民族的再度煊赫要待諸春秋時的楚國了。倒霉的祝融暫時只能退居在南方的沼澤地。

現在讓我們回首西顧；山西的汾水流域及河南的伊洛嵩高一帶是所謂「夏虛」，也就是唐叔的封地晉。在這一個區域，居住著一群部族，總名是夏，因此他們的領袖部稱為夏后氏。在他們的傳說中，始祖是一位治平水土的大禹；水土既平，人民才能從事耕種，因此這一族和農業有點特殊的關係。這一族人以他們的故土為根據地，逐漸向東方發展，勢力竟到達了河濟一帶，進入中央區域。他們把舊住的祝融八姓消滅了許多，（但其中也有降服於夏而依然很強的，如號為夏伯的昆吾。）夏系東出之後，就勢必與東方的夷系諸族相衝突了。

在淮濟以東，山東半島上接薊遼，就是前述的一片瀕海大平原。這裡的居民是一群以鳥作圖騰的族類。鳳姓的太皞後裔以鳳鳥作為圖騰。據說他們的祖先伏羲氏曾經發明過八卦及熟食，但更值得紀念的似應是「作結繩而為罔罟，以佃以漁，蓋取諸離」。（《易》〈繫辭〉下）使這些瀕海民族能以漁業作為主要生產方式。太皞集團在周代已所餘無幾，但僅存的幾個小國仍能因為他們久遠的歷史而被人尊敬。

太皞之後居住此區的是少皞集團，據《左傳》昭公十七年的記載，少皞後裔郯子曾自述祖宗之制，說明少皞集團中有鳳鳥氏、玄鳥氏、伯趙氏、青鳥氏、丹鳥氏、五鳩、五雉、九扈等各部團，都是用鳥作為圖騰的。在春秋時，少皞之裔，除郯外，還有徐、萊、江、黃、費、群舒、六、蓼等，而商末的奄更曾奄有魯境。有一支更曾在商初隨商西征夏后，「在西戎，保西垂。」（《史記》〈秦本紀〉）即是秦趙王室的始祖。這一族類的文化不低，據說曾經發明弓矢，而他們的英雄伯益皋陶等在中國歷史上也是大名鼎鼎的。

這一群東方族類曾屢次和西方的夏系爭勝，據傅孟真先生排列，曾有夏后啟與伯益之爭，及羿、臯二宗與夏后相，少康之爭。（「夷夏東西說」）但東方的最後勝利猶須等待商的興起。

商是用燕作為圖騰的部族，所謂「天命玄鳥，降而生商」。原來也許居住在幽薊一帶，到湯時開始強大，首先把少皞族群中的葛開了刀，然後逐漸征服整個東夷區域。商再憑藉東夷的人力物力，西向打敗夏后氏，據有中央區域，連夏后故土的民族也只能降服商人。

商雖進入河濟區域，但盤庚以前，都城屢遷，農業不可能有良好發展。直待盤庚遷殷，才有定居務農的事，但漁獵仍是重要的生產方式。因此國都附近仍保留大片獵地供商王馳騁，獵獲的禽獸也動輒百計。他們仍以部團為重要政治單位，但商王也有相當不小的權力；他們大致兄弟共權，但長支的優先也已抬頭。商的生活相當優裕；銅製的器用異常精美，居住也極華麗，出行有牛馬所駕的車，宗教有繁複的祭祀和占卜。商人的性格則因為優裕的生活而耽於逸樂，盤游飲酒成為風氣，終於引來了敵人的攻擊，而敵人替他們找的罪狀正是「不知稼穡之艱難，惟耽樂之從」。

在夏后氏的故墟上住著一群知道稼穡艱難的農夫。姬姓的周人和以羊為圖騰的姜姓也許是一族的兩部，他們居住在渭水流域，離夏虛不遠。他們稱夏為「時夏」，正如他們自稱「時周」相同，有時甚至乾脆自號「區夏」；由此看來，這一族屬於西方夏系是極可能的事。周人的祖先后稷是穀神，曾經「教民稼穡」，因此這一族不獨以農立國，而且以農自豪。農業民族的個性比較嚴肅踏實，因此極看不慣商人的「耽於逸樂」，也因此能有計畫，有步驟的實行「翦商」。他們最初服屬商王，卜辭中曾有「命周侯」的記載。但卜辭中同樣有商周戰爭的記載，可見二者間的關係並不十分融洽。在商末時，周人開始強大，一面吸收商人的文化，一面逐步向東發展，先化了數十年造成對商的包圍形勢，然後乘商王紂對東方北方有戰事時，大舉伐商，結果是商紂自殺，周代商成了天下共主，各國的領袖。但是東西相爭的局面還未完全底定；還需一段漫長的歲月，方才能把夷夏熔鑄為一。

滅商之後，西方似乎戰勝了，但是東方的勢力仍不容忽視。東方仍是商和奄的區域，周人不過留下了三個監視者而已。不幸，監視者和倒下的失敗者竟聯合叛變，周公費了三年的時間方才底定東方。從此周把自己人分封在東方的各國間，交錯分布，控制住這一片新征服的地區。西方的民族在東方的土地上扎下了深根，此後方才有數百年間廣泛的接觸和安定的交換，把兩個民族的文化混合為一，構成中原的文化。

這時江漢之間那群被遺忘了的祝融後裔又將進入主要舞台，扮演被中原文化吸收的角色。祝融八姓在夏商之時交足了霉運，東方也翦，西方也伐，結果只剩了避居在漢水以南的芈姓——楚。祝融族群在古時文化固不低，但自東西兩系出入中央地區，交織成一個中原文化後，祝融文化就相形見絀了。但由於地理上的安全和出產的富饒，他們仍能保持文化的獨特性，張蔭麟氏曾有一段極優美的描述，可以引來一讀：「這兩種的安全使得楚人的生活充滿了優游閒適的空氣，和北人的嚴肅緊張的態度成為對照。這種差異從他們的神話可以看出。楚國全族的始祖不是胼手胝足的農神，而是飛揚縹緲的火神；楚人想像中的河神不是治水平土的工程師，而是含睇宜笑的美女。楚人神話裡沒有人面虎爪，遍身白毛，手執斧鉞的蓐收（上帝的刑神）；而有披著荷衣，繫著蕙帶，張著孔雀蓋和翡翠旍的司命（主持命運的神）。適宜於楚國的神祇不是牛羊犬豕的羶腥，而是蕙肴蘭藉和桂酒椒漿的芳烈；不是蒼髯皓首的祝史，而是采衣姣服的巫女。再從文學上看：後來戰國時楚人所作的《楚辭》也以委婉的音節，纏綿的情緒，繽紛的詞藻，而別於樸素、質直、單調的《詩》三百篇。」「楚國的語言和諸夏相差很遠，例如楚人叫哺乳做穀，叫虎做於菟。」

在春秋初期，楚國開始強大，逐漸把漢上諸姬吞滅，而且寖寖有經略中原的意思。幸而齊桓公聯合中原加以抵制，方才壓滅了她的慾念。但楚始終是春秋時各國的敵人，楚也始終不向周王低頭，因此以前東西相爭的局面一變而為南北相爭。東西聯合稱為「華夏」，把南方的楚斥為「荊蠻」。事實上，早期的楚在文化上確實相當落後，例如有一次楚國打敗了魯國，魯國的賠款中包括一百名織工和縫工。但經過了三百年的陶熔，楚國不僅消化了中原文化，在許多方面居然極有成就，例如建築；而楚國的強大始終被諸侯畏懼。

春秋和戰國確可稱為中華文化的陶熔期，在這五百餘年中，我們不該遺忘還有許多分散各處的少數部族。當夷、夏、祝融已熔合成中華文化後，他們的弟兄卻依然滯留在較原始的階段，例如姬姓的驪戎、姜姓的姜戎、夷人的萊、祝融的蠻芈等。他們的生活大約頗異於中原開化的各國，正如《左傳》襄公十四年所說：「我諸戎飲食衣服不與華同，贄幣不通，言語不達。」但是廣布在各處的數十種戎狄蠻夷，到春秋末期都已不見。在戰國時，中國文化所被覆的區域已不再局限於河濟，而須兼包北極幽燕，東抵山東，西盡隴蜀，南包楚越的廣大地區。春秋戰國時分裂的各國，表面上造成中國的分崩離析，事實上則由於戰時廣泛的接觸，使中國各地區間有更徹底文化交流的機會。經過了春秋戰國，各地的族別觀念消除殆盡，繼起代之的是一個中國的整體意識。

由上所述，可見中國古代雖有三個主要族系，但是三族相繼出入於中央區域，陸續遺下本身的文化，使後來者繼長增高，摻入新的因素，再予以發揚光大。因此中央地區雖然頻頻易主，但是中國文化始終成一線發展，這一點可由中國的文字找到最好的證據：縱的方面說，甲骨文是今日所見最古的文字，但由甲骨文的本身看來，在商以前必然還有一段漫長歲月的演變，方完成這種純線條的文字；往下看，金文甲骨文和篆籀也是一脈相承的。橫的方面說，春秋戰國的銅器金文，秦器與齊器文體無殊，燕器和楚器也字形全同，甚至最微小的附加筆畫也是一般無二。由此可見，中國遠在秦統一之前許久，早就是「書同文」了。

（原載《主義與國策》，第四十四期）

關於〈商王廟號新考〉一文的幾點意見

自從《民族學研究所集刊》第十五期刊出〈商王廟號新考〉後，時常聽見有人談論到該文；近頃更知《民族學研究所集刊》將同期刊出四篇評〈新考〉的論文。以一篇論文而引起偌多注意，這是自由中國學術界罕見的現象。我於欣喜之餘，更盼望這種討論的風氣，能繼長增高，不僅有更多的各科專家參加討論商史，也有更多的其他論爭，也許竟由各種相異學科間意見的交換，自由中國的學術界也可以發展出一些科際的新學科，新看法，新解釋。問疑責難，原是中國學術界的好傳統，清代及抗戰以前的學者之間，常有移書問難，往復數度的事；到台以後，似乎此風漸息。一方面也許為了很多論文只是材料的整治，少有進一步的解釋，其中異見自然也就少了。另一方面，也不無可能由於圖書不易得，不免見聞日寡。後者現在已不應成為問題，前者則似仍存在。辭費至此，立此存記，免得將來的人僅把這一時期的缺少問難，盡歸之於孔子所不取的「鄉愿」作風。

讀了「補充意見」本文以後，不無感想，茲雜誌如下：

一、丁先生曾經一度據李學勤卜日說，以為新考中對於武乙為康丁擇日之卜辭，有乙、辛二號；實則李氏所引庫方二氏的兩片卜辭，未必能綴合在一起。《庫》九八五，「乙巳卜，帝日叀丁」是一片，一一〇六，「乙巳卜……叀乙丑……叀辛口……」，據庫方摹本，並無契合可能（見附圖）。尤其，「叀乙」之下有「丑」字大半，「辛」下有另一字殘畫，當也是一個地支字；其與「帝日叀丁」之下面不帶地支，判然有別。帝日之解，也未必適如李學勤所說，為帝祭先王的卜問；帝祭的對象是相當多的。《庫》九八五更有一個毛病：陳夢家在〈述方法斂所摹甲骨卜辭補〉（《圖書季刊》新卷二第三期）一文中，列此片為可疑者（頁三二八）。這個意見，陳氏在《綜述》中亦仍保持未改（頁六五二）。丁先生仍據這兩片提出新的黏合法，以鄙意似亦不必，丁先生勇於更正，殊所佩服，特此附記，以示敬意。

二、許先生以為舅甥而稱父子，背乎

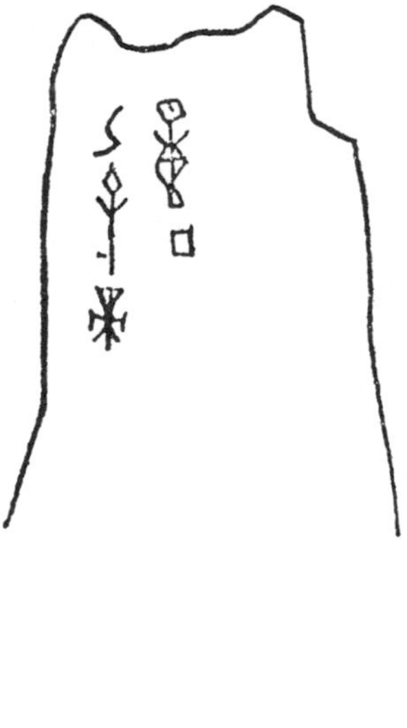

《庫方》985

《庫方》1106

常情。然而卜辭中親屬稱謂除父子外，未見有伯叔舅姑諸詞，生亦只作𠦪生、受生用，不作甥解。舅甥之關係，只須有夫婦，有子女，即可附帶有之。卜辭不見，當係有其他名詞代之。以父子表示尊卑二代，則舅甥自亦在其範疇內。以典籍所記說之，《國語》〈魯語〉上：「有虞氏禘黃帝而祖顓頊，郊堯而宗舜；夏后氏禘黃帝而祖顓頊，郊鮌而宗禹。」鮌禹是父子；堯舜是舅甥。以鬼不歆非類之說，有虞氏之後無乃多事。舜之繼堯，殆用後世禮家所謂「為人後者，為之子」之義。魯之閔公僖公，僖長閔幼；然以僖繼閔位，故夏父弗忌主張躋僖公於廟時，君子以為失禮。《春秋》三傳文公二年所記頗稱一致：《穀梁傳》：「大事者何，大是事也；著祫嘗。祫祭者，毀廟之主陳于大祖；未毀廟之主皆升，合祭於大祖；躋升也，先親而後祖也，逆祀也。逆祀則是無昭穆也。無昭穆則是無祖也。無祖則無天也。故曰文無天。無天者，是無天而行也。君子不以親親害尊尊，此春秋之義也。」《公羊傳》：「……躋者何，升也。何言乎升僖公，譏。何譏爾，逆祀也。其逆祀奈何，先禰為後祖也。」《左傳》：「秋八月丁卯，大事于大廟，躋僖公，逆祀也。於是夏父弗忌為宗伯，尊僖公，且明見曰，吾見新鬼大，故鬼小；先大後小，順也；躋聖賢，明也；明順，禮也。君子以為失禮，禮無不順。祀，國之大事也，而逆之，可謂禮乎。子雖齊聖，不先父食，久矣。故禹不先鯀，湯不先契，文武不先不窋；宋祖帝乙，鄭祖厲王，猶上祖也。」閔僖明明是同輩，然《公羊》稱之謂祖禰，左氏比之為父子，皆緣「為人後者為之子」之義；同理，《公羊》成公十五年，也說明了公孫嬰齊改名仲嬰齊，即是把嬰齊降級為其兄公孫歸父的兒子輩。同輩可以成為法律上的父子，原有上下輩別的舅甥又豈獨不可？

三、林先生以為交表婚即自然有舅甥相繼現象，謂〈廟號新考〉多所辭費。按，林先生所指殆為雙系交表，即兩群交換婚姻。「廟號新考」所指為父系交表，其多所說明，實甚必要。為補苴計，列三種交表之圖解如下：

交表制之施行，必須是「制定的」（prescriptive），而不僅是「優先的」（preferential）。以此為先決條件，若以母系制及雙系制，同時的三個或兩個群，將因平等交換婦女而地位上無分軒輊。在父系制下，以交換的方向每一代轉變一次，而三群間至少兩群輪流獲得優勢地位，也就是說，有可能在三個「一字平肩王」中產生一個領袖——王，卻又顧及群間的團結。

四、也許有人以父系社會一分子的眼光，習以為

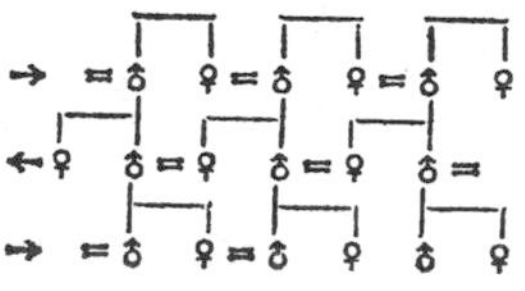

父系交表制（Patritateral system）

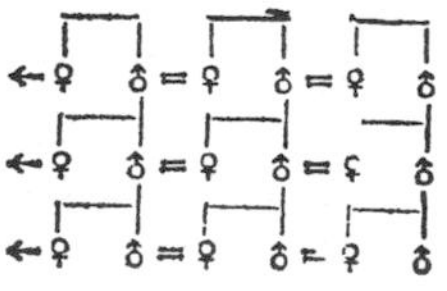

母系交表制（matrilateral system）

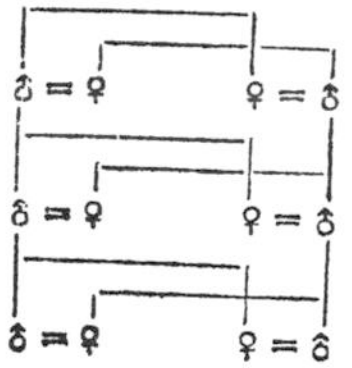

標準雙系制（classical bilateral system）

常，覺得這種有母系糾纏在內的算法有的難解。其實姓與氏各按一系計算者，不僅在理論上可行，在實際上亦有其例證。舉例言之，努把（Nuba）族人的繼承法，有一部分財產由父系傳承，另一部分則由母系傳承；外婚的禁婚集團，也擴大包括了雙方的親屬。（S. F. Nadel, "Dual Descent in the Nuba Hills," in A. R. Radcliffe-Brown and Dayll Forde, ed., *African Systems of Kinship and Marriage*〔Oxford University Press, 1960〕, pp. 338 ff.）在中國古代，以春秋時父系社會之久經確定，鄭公子蘭被內于鄭時，鄭大夫石癸仍以子蘭之母是姞姓「其後當有興者」，作為迎子蘭回國的理由。（《左傳》宣公三年）殆以同樣緣故，《禮記》〈曾子問〉及《公羊傳》僖公二十五年，均以婚姻可稱為兄弟，則兄弟之名可施於外親。（俞正燮，《癸巳類稿》，卷四，頁二〇以下；卷五，頁八以下；《皇清經解續編》本）情形頗與今日單純父系者不同。

五、宋承商後，在春秋時，商即是宋。宋之情況頗有保留殷商遺風者。宋在列國中，最具兩分法的跡象。宋有左師，僅衛國曾有左公子、右公子可以對比。衛居殷墟，有此亦不足怪。列國卿大夫爭權，如魯之三桓與東門氏，雖甚激烈，但只在新君舊君的兄弟之間（李宗侗，《中國古代社會史》，中華文化出版事業委員會，一九五四，頁二三二以下）。連續數代，各分朋黨者，以宋為烈。據《左傳》，魯文公七年，宋成公十七年，「穆襄之族」攻昭公，襄夫人又以「戴氏之族」攻昭公之黨，襄公之孫。魯文公十七年，宋文公二年，戴、莊、桓之族攻武、穆之族而出之。在穆襄之族攻昭公時，被殺的公孫固與公孫鄭都是莊公之族。把這些記載放在一起，可以看出，戴、莊、桓、文屬於一邊；武、穆、襄、昭，屬於另一邊。若以戴公為第一代，宋世系如下：

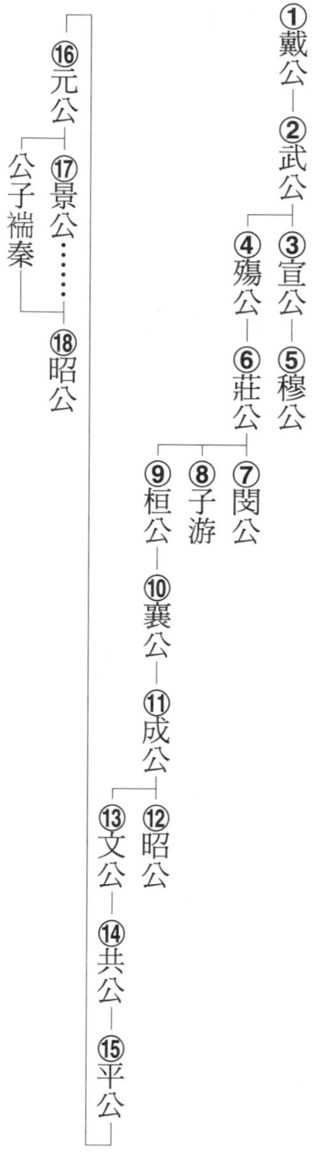

此中殤公被弒，莊公自居正統，殤公是否還被後世算作正統，頗是問題。子游未得廟號，似更不成君。此中又牽涉到兄弟相繼之間，是否一概算同一輩，抑據「為人後者為之子」之義。以此之故，宋室昭穆之序已不易推定。可知者，武、穆與襄、昭之間，都隔了一個國君；而與他們相對敵的戴是武的上一君，莊是穆的下一君，桓是襄的上一君，文又是昭的下一君。此中消息，頗似有相鄰者相仇，相間者相親的原則。根據《禮記》〈祭統〉，昭代與穆代，不僅是廟號，生人也按次序參加宗廟典禮，所謂群昭群穆，而受賜也是「一昭一穆」輪流的。也許宋國宗族即以此原則為群的結合，而產生敵愾之氣。宋有兩個昭公，其間並無雜出國君，其編號則是相應的。此點殆與楚懷王孫心號為懷王相同，惟宋此時並未有國人懷念故君的情形。廟號複出，或也與昭穆之序有關。戴族華、樂、皇始終擔任右師；桓之向、魚，莊之仲，輪流擔任左師；其中似又有劃然的界限在。

六、據《尚書》〈無逸篇〉，高宗曾經「舊勞於外，爰及小人」，祖甲也曾「不義惟王，舊為小人，作其即位，爰知小人之依。」如武丁得傅說於版築之說屬實，武丁似的確曾有與「小人」接觸的機會。武丁與祖甲，按世系，都並無流亡之苦，庶孽之難，如晉文漢宣者。然而兩人或曾在外。或曾為小人；以王子常情衡之，當均不合理。如以「新考」說釋之，兩人殆均新由在野的一群入主王統。祖甲頗多作為，如改祀典，用「新法」之類，因此種種，死後或稱之為賢君，（如〈無逸〉），或號為淫亂，（如《國語》〈周語〉。）此條解釋，半為臆測，然以「新考」說延申，似亦頗成章理。

七、商之有無王族內婚，猶待更多證據，然而宋國之公室則似乎確有內婚例，故《公羊傳》於僖公二十五年，文公七年，及文公八年，凡三度說起，「宋三世無大夫，三世內也。」《禮記》〈大傳〉也說到，「繫之以始而弗別，綴之以食而弗殊，雖百世而昏姻不通者，周道然也。」此中是否隱含「殷道」不然？殆不易知；然而玩其語氣，未嘗無此可能，而鄭注正作如是解。

（原載《中央研究院民族學研究所集刊》，第十九期）

殷曆譜氣朔新證舉例

甲骨學權威董彥堂先生曾窮十年之功，著成《殷曆譜》一書，用散亂之殘甲斷骨，委曲推求，居然能使無徵於孔子之殷禮重見於今日，如帝辛征人方事甚至可以按日排比，故厥功之艱偉素為學術界所稱道。然曆算之學，枯燥乏味，鮮有願嘗試者；重以殷代事隔三千年，益覺渺遠難稽，故對該書作正面擁護或反面駁難者均極罕覯。然有魯實先者，則與董氏立異垂十年，董氏每一文出，魯氏必加辯難。去歲魯氏復自資出版《殷曆譜糾譎》一書，據其評論，《殷曆譜》幾乎無一是處。魯氏素以曆術自負，故此書主要論據為以歷朝五十五種曆推算祖甲六祀氣朔，無一與董氏所推相合者，故謂董《譜》之不足信若揭。筆者卒然一讀，幾將以魯氏之文為信矣。然仔細推考，始悟魯氏雖於古術夙有研究，仍有一間未達，殆亦智者之偶失歟。今試說之；譬若一繩，以公尺度之得一尺，於是度者告人曰：「此繩長一公尺。」而旁觀者別以他尺度之，告人曰：「我以英尺度之，得若干；以市尺度之，得若干；以台尺度之，得若干；而無一與彼度合。故彼之尺度完全錯誤。」然此人所未悟及者，各種度制長短各殊，庸能強求其同。苟以公尺與英尺、市尺、台尺之比率求得，將此人所得諸數悉換算為公尺，則將見皆為一公尺矣。魯氏用各曆所推攻董氏者，殆亦類此。筆者不學，願以愚者一得，質於魯氏，以為如何？

故以另一意義言之，魯氏《糾譎》之作不啻為董《譜》之新證，因魯氏所推諸曆略加校正，即可作董《譜》正面之支持。此固非魯氏之始願，但虛心討論，不持成見，不作意氣之爭，固學者之素養，魯氏當亦首肯也。

下文試做換算工作，主要依據即為魯氏所推諸數，但古術大抵不甚精確，故以今測精數與各曆法數相較，盈者損之，虧者益之，求一正確數字，與董《譜》數字互比，以覘董《譜》得失。然魯氏亦有誤推者，如統天授時二術，則遵高平子先生方法用本術改正。至於推算對象，僅取祖甲六祀年前冬至及天正朔，其餘氣朔均可舉一反三也。

此次承高先生撥冗推演，指點不憚其詳，又蒙賜以審閱，斧削改正，重累神清，筆者感激之餘，敬誌以謝。

董氏《殷曆譜》下編卷一第三十一頁，祖甲六祀（前一二六八），正月朔辛未，儒略週日一二五八二七八。又據同卷第八頁譜例，冬至所在為儒曆元旦後一日或二日，即正月十一或十二，辛巳或壬午，儒略週日一二五八二八八或一二五八二八九。殷代無節置閏，故正月從小寒，當建丑；但若依無中置閏法，則冬至所在當為建子之月。[1]

以下即以魯氏推算各曆祖甲六祀正月朔及冬至，加以適當糾正後，與上述董氏所列對勘。

一、漢前古曆　魯氏所舉有黃帝、殷曆、周曆及魯曆，其實尚有顓頊及夏曆。六曆本法不傳，以散見於各史志及他處之數字覘之，其朔實同為二十九日九百四十分日之四百九十九，歲實同為三百六十五日四分之一，蓋四分術也。據劉宋祖沖之說：「古曆之作，皆在漢初周末，理不得遠。」其確切完成時代不可知，但據朱文鑫氏以殷曆冬至在牽牛初度，顓頊立春在營室五度，推之，其測定時代當在周烈王時。今舉殷曆以概其餘：魯氏推算殷曆，祖甲六祀正月朔在己巳，冬至在初五。按四分術歲餘大於實測，故朔望將三百餘年差一日，節氣將一百二十八年差一日。殷曆上元後二百七十六萬年，為初元二年前三百二十年，即殷曆第二次元始甲寅歲，當西元前三六七年，距祖甲六祀為九〇二年，上溯九百年中，朔當先天二或三日，則真朔當在辛未或壬申；氣當先天十日，則真冬至當在十二（壬午）。固符合於董《譜》也。

二、三統曆　漢太初改曆，鄧平作八十一分法，附會鐘律，劉歆因之而作三統，高平子先生嘗為文論其異同。[2]大體言之，二曆之歲實朔策皆相同：據《漢書》〈律曆志〉，三統上元庚戌至太初元年丁丑積十四萬三千一百二十八年，日法八十一，元法四千六百十七，統法一千五百三十九，章歲十九，章月二百三十五，月法二千三百九十二，周天五十六萬二千一百二十；據此，以章歲除周天，再除以日法，得歲實三六五・二五〇一六二四四，以日法除月法，

---

1 董《譜》祖甲六祀冬至在十一，或十二，故各曆校正後若冬至在十一或十二，均認為符合。

2 高平子，〈漢曆因革異同及其完成時期的新研究〉（《大陸雜誌》，卷七，第四、五期，一九五三年八、九月）。

得朔策二九・五三〇八六四一九。二者均較古曆四分尤為疏闊，故《續漢書》〈律曆志〉：「元和二年，太初失天蓋遠，冬至後天四分日之三，晦朔弦望差天一日，宿差五度。」據朱文鑫《曆法通志》〈漢曆志略〉一：「按各曆近距之元，以殷曆曆元移前五十七歲即為太初曆元，復以太初曆元移前五十七歲，即為四分曆元。」自四分庚申上元下推二百七十六萬年後得庚申為孔子獲麟，西元前四八一年，是四分曆元。據此，太初曆元當在西元前四二四年，上距祖甲六祀為八四五年。以太初歲實朔策與今用者相比，（今用歲實三六五・二四二二，朔策二九・五三〇五八八，後文不復舉。）上溯，氣當失之先天六・七日，朔當失之先天二・九日。魯氏推得正月朔戊辰，冬至初五。據此則真朔在庚午，冬至在十一。朔先董《譜》一日，氣同董《譜》。

三、元和四分曆　元和復古四分，以庚申為元，其曆元據前述在西元前四八一年。歲實朔策已見漢前古曆一節。魯氏推得祖甲六祀正月朔丁卯，冬至在初六。自西元前四八一年上溯，當得七八八年，朔當先天二・五日，氣當先天六・二日；則朔在己巳，冬至在十二；朔先董《譜》二日，氣合董《譜》。[3]

四、乾象曆　據《晉書》志，乾象創自會稽劉洪，改四分術斗分而作。其周天二十一萬五千一百四十，以紀法五百八十九除之，得歲實三六五日五百八十八分日之一百四十五；以紀月七千二百八十五除之，得朔策二十九日一千四百五十七分日之七百七十三。較之四分法，乾象密近今用歲實朔策，但歲實仍稍大，朔策則較小，上推千餘年仍不免有失。今以吳大帝黃武元年，西元二二三年上溯，朔當後天一日，氣當先天五日。魯氏推得祖甲六祀正月壬申朔，冬至在初六。損益其差天之數，真朔當在辛未，冬至當在十一，恰符董《譜》。

五、景初曆　魏景初元年楊偉造，自魏景初元年迄宋永初均用之。據晉宋二書志，紀法一千八百四十三，紀日六十七萬三千一百五十，紀月二萬二千七百九十五。以紀法除紀日，得歲實三百六十五日又一千八百四十三分日之四百五十五；以紀月除紀日，得朔策二十九日又四千五百五十九分日之二千四百十九。較今用之數，朔策更密近，而歲實猶大。以景初元年，西元二三七年，上溯祖甲六祀，氣先天七日，朔先天〇·二日。魯氏推得正月辛未朔，冬至在初六。據此校正，則朔仍在辛未，冬至當在十三。朔與董《譜》符合，氣後天一二日而已。

六、劉智曆　據《晉書》志：「劉智以三百年斗曆改憲，推四分法三百年而減一日」，以校四分曆疏失，號曰正曆。三百年少一日，一百五十年為五萬四千七百八十七日，故歲實得三百六十五日又一百五十分日之三十七。其紀日一百零四萬九百五十三除以紀月三萬五千二百五十（據《開元占經》），則得朔策二九·五三〇五八二〇〇。由泰始十年，西元二七四年，上

3　漢曆如以行用年為起算點，太初元年為西元前二〇四年，以太初層上溯之，冬至應先天八·五日，朔應先天三·六日。元和二年為西元八五年，以元和四分上溯，冬至應先天一〇·五日，朔應先天三·八日。

溯祖甲六祀，朔當後天〇・一日，氣當先天六・八日。魯氏推得正月壬申朔，冬至在初五。據此則真朔仍在壬申，冬至當在十一。氣同董《譜》，朔後一日。

七、姜岌三紀曆　晉太元中，後秦姜岌所造。其法數則據《晉書》志及《開元占經》：紀法二千四百五十一，紀日八十九萬五千二百二十，斗分六百五，得歲實三百六十五日二千四百五十一分日之六百五；由日法六千零六十三，通數十七萬九千零四十四，得朔策二十九日六千零六十三分日之三千二百十七。均較今用為鉅。由後秦姚萇白雀元年，西元三八四年，上溯祖甲六祀，計一千五十二年。差天之數，朔先天〇・一日，氣先天七・六日。魯氏推得祖甲六祀正月辛未朔，冬至在初六。當改正為正月辛未朔，冬至在十三。朔同董《譜》，氣後二日。

八、元始曆　北涼趙𢾺造。據《魏書》志及《開元占經》，蔀法七千二百，日法八萬九千零五十二，以除周天二百六十二萬九千七百五十九，則得歲實三百六十五日七千二百分日之一千七百五十九，朔策二十九日八萬九千零五十二分日之四萬七千二百五十一。均較今數為大。元始曆始破章法，不用十九年為章之率，此其足多者。由涼沮渠蒙遜元始元年，西元四一七年，上距祖甲六祀，計一千八十五年，差天之數，氣當先天三・六日，朔當先天〇・二日。魯氏推得正月辛未朔，冬至在初八。據此正月仍為辛未朔，冬至當改為十一。氣朔均合於董《譜》。

九、元嘉曆　宋何承天造，其特色為測中星以定歲差，因月食以檢冬至，並由古曆朔餘強弱之比較而得調日法。其法數據《宋書》志，日法七百五十二，通數二萬二千二百零七，周天十一萬一千零三十五，度法三百零四。故得朔策二十九日七百五十二分之三百九十九，歲實三百六十五日三百零四分日之七十五，均略大於今數。魯氏推得祖甲六祀正月辛未朔，冬至在初三。自宋文帝元嘉二十年，西元四五三年，上溯祖甲六祀，計一千七百二十二年。朔當先天七・八日，氣當先天〇・二日。以此校正魯氏所推，則正月仍為辛未朔，冬至改為初十。朔同董《譜》，氣先一二日。

一〇、大明曆　宋大明七年，祖沖之害元嘉之簡略也，更造此曆，師趙䂂元始之法，破除章法，以二十章加十一年及四閏，故較趙法之三十一章加十一年及四閏尤密。沖之又悟歲周與天周不同，首創歲差。故沖之亦自信其法之精。然為戴法興所阻，不克施行；至梁天監九年，始用此術，自此迄於陳亡不改。其法數據《宋書》志，紀法三萬九千四百五十一，周天一千四百四十二萬四千六百六十四，日法三千九百三十九，月法十一萬六千三百二十一。用紀法除周天得歲實三六五・二四二八一四八一，日法除月法得朔策二九・五三〇五九一五二。較之今用之數，頗屬接近。自大明七年，西元四六三年，上溯祖甲六祀，計一七三〇年，氣當失之先天一・一日，朔當先天〇・一日。魯氏據大明術推得是年正月辛未朔，冬至在初十。據此校之，則朔仍不變，冬至當在十一。董《譜》固亦相符。

一一、大同曆　梁大同十年，虞劇造，用趙䂂以六百十九為章歲，復用何承天法，月朔以遲速定其小餘。然遭侯景之亂，未及施行。據《隋書》志及《開元占經》，日法為一千五百三十六，紀法三萬六千六百十六。又據《疇人傳》：「大同術數殘闕，李尚之曰：以率推之，當以四十八萬九千九百八十四為紀月，一千四百四十六萬九千五百二十一為歲分，四萬五千三百五十九為月法。」據此，以紀法除歲分，得歲實三五六・二四四三七一，以日法除月法，得朔策二九・五三〇五九九。自大同十年，西元五四四年，上溯祖甲六祀，計一千八百十一年，差天之數，朔先天〇・一日，氣先天三・二日。魯氏據大同術推得正月辛未朔，冬至在初七。據此校之，正月期仍在辛未，冬至改在初十。朔與董《譜》相同，冬至則先一日。

一二、正光曆　北魏初用趙𠭳元始曆，然行之七十餘年，以疏闊不合於用。於是崔光造神龜，正光元年後以張龍翔等九家合為一法，即正光曆。改章閏之法，章歲五百五，章閏一百八十六，不重實測，全恃推演。據《魏書》志，其蔀法六千零六十，日法七萬四千九百五十二，周天分二百二十一萬三千三百七十七。以蔀法除周天分，得歲實三六五・二四三七二九三七，以日法除周天分，得朔策二九・五三〇五九二九一，均大於今測。自正光三年，西元五二二年，上溯祖甲六祀，計一千七百八十九年；差天之數，朔先天僅〇・一日，氣先天二・七日。魯比據正光術上推，得正月辛未朔，冬至在初八。據此校正，正月朔不變，冬至應在初十。朔符合董《譜》，氣先一日。

一三、興和曆　興和元年，正光漸差，李業興遂造興和曆，其術與正光不甚異。據《魏書》志，蔀法一萬六千八百六十，日法二十萬八千五百三十，章歲五百六十二，章閏二百零七，周天六百十五萬八千一十七。以蔀法除周天，得歲實三六五・二四一八七四二，以日法除周天，得朔策二九・五三〇六〇四七〇，均大於今數。自興和二年，西元五四〇年，上推至祖甲六祀，共計一八〇七年；差天之數，朔當僅先天〇・四日，氣當先天三・六日。魯氏依興和術推得正月朔亦為辛未，冬至在初七，校之則朔仍在辛未，冬至應為初十。朔符合董《譜》，氣先一日。

一四、九宮行棊曆　亦李業興造，見《魏書》及《北史》本傳，其章歲同於正光，蔀法四千四十，斗分九百八十七；又據汪曰楨古今推步諸術考，蔀法四千四十，斗分九百八十七；又據汪曰楨古今推步諸術考，蔀月當為四萬九千九百六十八，蔀日當為一百四十七萬五千五百八十五，朔餘二萬六千五百十三。故歲實得三六五日四千四十分日之九八七，朔策當得二十九日四萬九千九百六十八分日之二萬六千五百十三，亦大於今數。九宮未行用，今據武定五年，西元五四六年，上推祖甲六祀，計一千八百十三年；差天之數，朔僅先天〇・二日，氣當先天二日。魯氏據九宮術上推，正月辛未朔，冬至初八。據差校正，朔仍在辛未，氣應改為初十。朔符合董《譜》，氣先一日。

一五、天保曆　北齊代魏，宋景業上天保曆，以為齊受命之符。據《隋書》志及《開元占經》，章歲六百七十六，章閏二百四十九，蔀法二萬三千六百六十，日法二十九萬二千六百三十五，周天八百六十四萬一千六百八十七，斗分五千七百八十七。以蔀法除周天，得歲實三六五・二四四五九〇；以日法除周天，得朔策二九・五三〇五九九。始用於天保二年，今自天保元年，五五〇年，上距祖甲六祀共計一八一七年；差天之數，朔僅先天〇・二日，氣當先天四・三日。魯氏據天保術推得正月辛未朔，冬至在初八。據差校正，朔日不變，冬至應在十二。氣朔皆與董《譜》符合。

一六、孝孫曆　天保疏闊，曆家各造新曆正元，劉孝孫亦其中之一。其章歲閏法全襲大同，據《隋書》志，紀法八千四十七，日法一千一百四十四，歲餘一千九百六十六；又汪曰楨推月法當為三萬三千七百八十三。據此則歲實為三六五・二四四三一四一五，朔策二九・五三〇五九四〇。自武平七年，西元五七六年，上溯祖甲六祀，共計一八四三年；差天之數，朔僅先天〇・一日，氣當先天三・九日。魯氏以孝孫術上推，正月辛未朔，冬至在初八。據差校正，朔不變，冬至應在十一。氣朔均合董《譜》。

一七、天和曆　甄鸞於北周武帝時造，其章歲、章閏均與大明術同。據《隋書》志及《開元占經》，蔀法二萬三千四百六十，日法二十九萬零一百六十，朔餘十五萬三千九百九十一，斗分五千七百三十一。故歲實三百六十五日二萬三千四百六十分日之五千七百三十一，朔策二十九日二十九萬零一百六十分日之十五萬三千九百九十一。自天和元年，西元五六六年，上溯祖甲六祀，共一八三三年；差天之數，朔當先天三・四日，氣當先天三・八日。魯氏以天和術推得正月己巳朔，初八冬至。據差校之，正月朔當為壬申，冬至當為十一。氣同董《譜》，朔後一日。

一八、大象曆 周大象元年，馬顯上丙寅元曆，行用訖於周亡。據《隋書》志，日法五萬三千五百六十三，章歲四百四十八，斗分三千一百六十七，蔀法一萬二千九百九十二；又李銳推其月法為一百五十八萬一千七百四十九。以蔀法與斗分推之，得歲實三六五・二四三七六五三九；以日法與月法推之，得朔策二九・五三〇六二七四八。自大象元年，西元五七九年，上距祖甲六祀，共一八四六年；差天之數，朔先天僅〇・八日，氣先天二・九日。魯氏據大象術推得正月辛未朔，初八冬至。以差校之，朔仍在辛未，冬至在初十，甚至十一。朔同董《譜》，氣先董《譜》不足一日。

一九、開皇曆 隋統一南北，道士張賓以符命動高祖，遂造新曆。其術大致不出何承天法，而精密猶遜之，故劉孝孫等大加駁議。據《隋書》志，其章歲四百二十九，章月五千三百零六，通月五百三十七萬二千二百零九，日法十八萬一千九百二十，蔀法十萬零二千九百六十，斗分二萬五千零六十三。由蔀法除以斗分得歲實三六五・二四三四二四六三，由通月除以日法得朔策二九・五三〇六一二三五。按開皇四年，西元五八四年，上溯祖甲六祀，共一八五一年；差天之數，朔當先天半日，氣當先天二・三日。魯氏嘗據開皇推得祖甲六祀正月辛未朔，冬至在初八。校正後，朔仍在辛未，冬至則應在初十。朔與董《譜》符合，氣則不過先天一日而已。

二〇、皇極曆 隋劉焯等見大象之失而更造新曆，雖為執政所泥，未被見用，而法數之精妙為當世曆家所推重。其術詳載於《隋書》志，歲率六百七十六，氣日法四萬六千六百四十四，歲數一千七百三萬六千四百六十六又半，朔日法一千二百四十二，朔實三萬六千六百七十七。歲數除以氣日法得歲實三六五・二四四五四四〇；朔實除以朔日法則得朔策二九・五三〇五九六〇〇。由仁壽四年，西元六〇四年，上溯祖甲六祀，共一八七二年；差天之數，朔僅先天〇・二日，氣則先天四・四日。魯氏據皇極術上推是年正月辛未朔，冬至在初七。當依此改為正月辛未朔，冬至在十一，氣朔均合於董《譜》。

二一、大業曆 張胄元剽竊二劉之術，增損而作大業曆。據《隋書》志，章歲四百十，章閏一百五十一，日法一千一百四十四，月法三萬三千七百八十三，歲分一千五百五十七萬三千九百六十三，度法四萬二千六百四十。度首除歲分得歲實三六五・二四二〇三四七〇；日法除月法得朔策二九・五三〇五九九四〇。由大業四年，西元六〇八年，上溯祖甲六祀，共一八七五年；差天之數，朔僅先天〇・二日，氣當先天一・一日。魯氏據大業曆推得是年正月辛未朔，冬至在初十；校正後，正月仍為辛未朔，冬至應在十一。氣朔均與董《譜》符合。

二二、戊寅曆 唐武德初，道士傅仁均造，始用定朔；但行之數年，漸已失數，於是又由崔善為、祖孝孫考校。其術，據新舊《唐書》志，章歲六百七十六，章閏二百四十九，歲分三百四十五萬六千六百七十五，氣法九千四百六十四，月法三十八萬四千七十五，日法一萬三千零六。以氣法除歲分得歲實三六五・二四四六一一一五，以日法除月法得朔策二九・五三〇六〇一二六，均大於今測。自武德九年，西元六二六年，上溯祖甲六祀，共一八九三年；朔僅先天〇・三日，氣當先天四・六日。魯氏據戊寅術上推是年，正月辛未朔，冬至在初七、校正後，朔仍在辛未，冬至應在十一。朔氣均與董《譜》符合。

二三、麟德曆 戊寅術雖經崔祖校訂，但至高宗時仍漸差。李淳風遂作甲子元曆，廢自古章都紀元之法，用定朔，以總法合日法、紀法為一，期實、朔實均以總法為母，自是後世曆家皆從其法。據新舊《唐書》及《開元占經》，總法一千三百四十，除期實四十八萬九千四百二十八，而得歲實三六五・二四四七七六一一；總法除常朔實三萬九千五百七十一，而得朔策二九・五三〇五九七〇一。其法便捷，超越前代。但自麟德元年，西元六六四年，上溯祖甲六祀，共一九三二年，氣仍先天五日，朔則僅〇・二日。魯氏據麟德術上推是年正月辛未朔，冬至在初六；校正後，朔仍在辛未，冬至應在十一。氣朔均與董《譜》符合。

二四、神龍乙巳曆 麟德寖疎，故中宗復辟，南宮說奏改曆。曆甫成，睿宗即位，遂未施行。其法之特點為以百為差。據《舊唐書》志，母法為一百，期周三百六十五日餘二十四奇四十八，即歲實三六五・二四四八；月法二十九日餘五十三奇六，即朔策二九・五三〇六。自神龍元年，西元七〇五年，上溯祖甲六祀，共一九七四年；差天之數，朔僅先天〇・三日，氣當先天五・一日。魯氏據之推得正月辛未朔，冬至在初六；故當校正為正月辛未朔，冬至在十一。氣朔均符合董《譜》。

二五、大衍曆 釋一行所作，雖假借易象大衍之數，然亦得之實測，故其數較密，冠於唐曆。據新舊《唐書》志，通法三千四十，策實一百十一萬三百四十，以通法除之，得歲實三六五・二四四四〇七八九；揲法八萬九千七百七十三，以通法除之，得朔策二九・五三〇五八二一〇。自開元十二年，西元七二四年，上溯祖甲六祀，共一九九三年；差天之數，朔僅先天〇・一日，氣則先天四・四日。魯氏據大衍術上推得正月辛未朔，冬至在初七。朔之差數甚微，冬至則當為十一，皆符合董《譜》。

二六、正元曆 唐德宗時，徐承嗣等離合麟德、大衍而作正元。據《新唐書》志，通法一千九十五，策實三十九萬九千九百四十三，除以通法，得歲實三六五・二四四七四八八五；揲法三萬三千三百三十六，除以通法，得朔策二九・五三〇五八二一〇。自興元元年，西元七八四年，上溯祖甲六祀，共二〇五一年；朔僅先天〇・一日，氣當先天五・二日。魯氏據正元術上推，得正月辛未朔，冬至得初六。朔所差甚微，冬至當在十一，全與董《譜》符合。

二七、宣明曆 唐穆宗時造，《新唐書》志不載撰人名氏，宋元二史志並云徐昂造，昂亦嘗造觀象曆，憲宗時上之，其法唐志云已無傳者。宣明曆自長慶始行用，達七十一年，為唐曆之終。其制大率依大衍，據《新唐書》志，統法八千四百，章歲三百六萬八千五百五十五，章月二十四萬八千五十七；即歲實三六五・二四四六四二八五，朔策二九・五三〇五九五二五。自長慶二年，西元八二二年，上溯祖甲六祀，共二〇八九年；差天之數，朔先天〇・二日，氣先天五・一日。魯氏據宣明術上推是年正月朔辛未，冬至在初六；校正後，正月朔不變，冬至應在十一。氣朔均符合董《譜》。

二八、崇玄曆 昭宗以景明曆行之已久，更命邊岡等制新曆。景福元年，曆成，其法不出大衍規模。據《新唐書》志，通法一萬三千五百，歲實四百九十三萬八百零一，以通法除之，得一歲日數三六五・二四四五一八五一；朔實三十九萬八千六百六十一，以通法除之，得一月日數二九・五三〇五九二五九。自景福元年，西元八九二年，上溯祖甲六祀，共二一五九年；朔應先天〇・一日，氣應先天五・〇日。魯氏據崇玄術上推，得正月辛未朔，冬至在初六；校正後，朔仍未變，冬至應在十一。氣朔均符合董《譜》。

二九、欽天曆 五代分崩，無復考曆；及宋，諸曆並亡，僅後周王朴欽天曆為劉義叟求得本經。然《新五代史》〈司天考〉削其諸數，故法又不全。後人推者僅能求平朔，不能求定朔，據〈司天考〉，其統法七千二百，歲率二百六十二萬九千七百六十秒四十，朔率二十一萬二千六百二十秒二十八；故歲實三六五・二四四四五，朔實二九・五三〇五九四四四。自周顯德三年，西元九五六年，上溯祖甲六祀，共二二二三年，朔應先天〇・二日，氣應先天五・一日。魯氏據欽天術推得正月朔在辛未，冬至在初六；校正後，朔仍不變，冬至在十一。氣朔均與董

《譜》符合。

三〇、應天曆　宋王應訥造。據《宋史》志，元法一萬零二，歲盈二十六萬九千三百六十五，月率五萬九千七十三；但據李銳云：歲盈當作歲總七十三萬六百三十五，以五因之，得三百六十五萬三千一百七十五，如元法而一，得三百六十五，不盡二千四百四十五，即一歲之日及斗分；月率以五因之，得二十九萬五千三百六十五，如元法而一，得二十九日不盡五千三百零七，即一月之日及餘。故其歲實當得三六五・二四四五，朔策當得二九・五三〇七。自建隆三年，西元九六二年，上溯祖甲六祀，共二二二九年；差天之數，朔應先天〇・二日，氣應先天五日。魯氏據應天術上推，得正月辛未朔，冬至在初七；當校正為正月辛未朔，冬至在十二。氣朔均符合董《譜》。

三一、乾元曆　宋吳昭素造。據《宋史》志，元率二千九百四十，歲周二十一萬四千七百六十四，朔實一萬七千三百六十四；歲周朔實各以五乘之，元率除之，則得歲實三六五・二四四八九七七六，朔策二九・五三〇六一二三七。自太平興國六年，西元九八一年，上溯祖甲六祀，共二二四八年；差天之數，朔應先天〇・一日，氣應先天五・九日。魯氏據乾元術推得正月辛未朔，冬至在初六；校正後應為正月辛未朔，冬至在十一。氣朔均與董《譜》符合。

三二、儀天曆　宋史序造，與乾元並依應天為本。據《宋史》志，宗法一萬零一百，歲周三十六萬八千八百九十七，歲周乘十，除以宗法，則得歲實三六五・二四四五四四五五；合率二十萬八千二百五十九，除以宗法，則得朔策二九・五三〇五九四〇五。自咸平四年，西元一〇〇一年，上溯祖甲六祀，共二二六八年；差天之數，朔應先天〇・二日，氣應先天五・三日。魯氏據儀天術推得正月辛未朔，冬至在初六；校正後，正月朔不變，冬至當在十一。氣朔均與董《譜》符合。

三三、乾興曆　乾興初改曆，張奎造。據《宋史》志，以八千為日法，一千九百五十八為斗分，四千二百四十四為朔餘。故歲實當得三六五・二四四七五，朔策二九・五三〇五。朔餘之弱為從所未有，苟非譌誤，則其疏可知，故此曆未行。以其歲餘、朔餘言之，自乾興元年，西元一〇二二年，上溯祖甲六祀，共二二八九年；差天之數，朔應後天二・五日，氣應先天五・八日。魯氏推算，得正月辛未朔，冬至在初七；據此改正，正月己巳朔，冬至在十二。朔先董《譜》一日，氣合董《譜》。

三四、崇天曆　楚衍宋行古同造。據《宋史》志，樞法一萬零五百九十，歲周三百八十六萬七千九百四十，朔實三十一萬二千七百二十九。各除以樞法，即得歲實三六五・二四四五七〇三四，朔策二九・五三〇五九四九。自天聖二年，一〇二四年，上溯祖甲六祀，共二二九一年；朔應先天〇・二日，氣應先天五・四日。魯氏據之上推，正月辛未朔，冬至在初六；據此改正，正月朔不變，冬至應為十一，氣朔均符合董《譜》。

三五、明天曆　宋治平初，周琮造，但議論雖詳，而測算未精，故行之三年即罷。據《宋史》志，元法三萬九千，歲周一千四百二十四萬四千五百，朔實一百一十五萬一千六百九十三，歲餘九千五百，朔餘二萬六百九十三。以元法除之，當得歲實三六五・二四三五八九七四，朔策二九・五三〇五八九七四。自治平元年，西元一〇六四年，上溯祖甲六祀，共二三三一年；差天之數，朔幾乎不變，氣則先天三・二日；魯氏已推得正月辛未朔，冬至初八，故應改為十一。氣朔均與董《譜》符合。

三六、奉元曆 熙寧七年，月食不合，故命衛朴更造，次年行之，即奉元曆。南渡時失其法，故《宋史》志云奉元法不存。李銳據《元史》志所載積年、日法算補〈氣朔〉、〈發斂〉二篇，定歲實為八百六十五萬六千二百七十三，朔實為六十九萬九千八百七十五，撰為《補修熙寧奉元術》一卷。據此則一歲日數三六五・二四三五八五，朔策二九・五三〇五九〇七一。自熙寧八年，一〇七五年，上溯祖甲六祀，共二三九二年；差天之數，朔應先天〇・一日，氣應先天三・二日。魯氏據術推得正月辛未朔，冬至在初八；校正後，正月朔不變，冬至應為十一。氣朔均符合董《譜》。

三七、觀天曆 元祐中，皇居卿造。據《宋史》志，統法一萬二千三十，歲周四百三十九萬三千八百八十，朔實三十五萬五千二百五十三。是以歲實三六五・二四三五五七七七，朔策二九・五三〇五九〇一九。自元祐七年，西元一〇九三年，上溯祖甲六祀，共二三六一年；差天之數，朔應先天〇・一日，氣應先天三・二日。魯氏推得正月辛未朔，冬至在初八；校正後，朔不變，冬至應為十一。氣朔均與董《譜》符合。

三八、占天曆 徽宗時，觀天已疏，姚舜輔作占天曆，崇寧二年行用，旋以成於私家，未經考驗，罷，其法遂散失。據《元史》志及《玉海》，其日法二萬八千零八十；李銳補修崇寧占天術，推其歲實為一千零二十五萬六千零四十，朔實為八十二萬九千二百十九，即一歲日數三六五・二四三五九，朔策二九・五三〇五九一一六。自崇寧二年，西元一一〇三年，上溯祖甲六祀，共二三七〇年；差天之數，朔先天〇・一日，氣先天三・二日。魯氏據術推得正月辛未朔，冬至在初八；校正後，朔仍不變，冬至應在十一。氣期均與董《譜》符合。

三九、紀元曆 占天曆罷，更命姚舜輔作紀元曆。據《宋史》志及《玉海》，日法七千二百九十，期實二百六十六萬二千六百二十六，朔實二十一萬五千二百七十八；即歲實當為三六五・二四三六二一三九，朔策二九・二三〇五八九八四。自崇寧五年，西元一一〇六年，上溯祖甲六祀，共二三七三年；差天之數，朔應先天〇・一日，氣應先天三・三日。魯氏據紀元術推得正月辛未朔，冬至在初八；校正後，朔仍不變，冬至當為十一。朔氣均與董《譜》符合。

四〇、統元曆 宋南渡，紀元散亡，高宗復購得之，施用至紹興初，改行陳得一統元法。據《宋史》志，元法六千九百三十，歲周二百五十三萬一千一百三十八，朔實二十萬零四千六百四十七。故歲實三六五・二四三五七八六四，朔策二九・五三〇五九一六三。自紹興五年，西元一一三五年，上溯祖甲六祀，共二四〇二年；差天之數，朔應先天〇・一日，氣先天三・

三日。魯氏據術推得正月辛未朔，冬至在初八；校正後，正月朔不變，冬至當在十一。氣朔均符合董《譜》。

四一、乾道曆　宋室南遷，統元以後三次改曆（乾道、淳熙、紹熙），皆出劉孝榮一人之手。然「未嘗測景」，僅變換子母以增損之耳。據《宋史》志，乾道之術：元法三萬，期實一千零九十五萬七千三百零八，朔實八十八萬五千九百十七杪七十六（杪法一百）。得歲實三六五・二四三六，朔策二九・五三〇五九二。自乾道三年，西元一一六七年，上溯祖甲六祀，共二四三四年；差天之數，遡應先天〇・一日，氣應先天三・四日。魯氏據術上推，得正月辛未朔，冬至在初八；校正後，朔仍不變，冬至應在十一。氣朔均符合董《譜》。

四二、淳熙曆　亦劉孝榮造。據《宋史》志，其元法五千六百四十，歲實二百零五萬九千九百七十四，朔實十六萬六千五十二杪五十六（杪法一百）。即當得一歲之日數三六五・二四三六一七〇一，朔策二九・五三〇五九五四七。自淳熙三年，西元一一七五年，上溯祖甲六祀，共二四四三年；差天之數，朔應先天〇・二日，氣應先天三・二日；魯氏據術上推，得正月辛未朔，冬至在初八；校正後，朔仍不變，冬至當為十一。氣朔均符董《譜》。

四三、會元曆　光宗紹熙二年，劉孝榮又作會元曆。據宋元二史志，其統率三萬八千七百，氣率一千四百十三萬四千九百三十二，朔率一百十四萬二千八百三十四。即得歲實三六五・二四三七二〇九三，朔策二九・五三〇五九四三二。自紹熙二年，西元一一九一年，上溯祖甲六祀，共二四五八年；差天之數，朔先天〇・二日，氣先天三・七日，魯氏據術推算，得正月辛未朔，冬至在初八；校正後，朔仍未變，冬至當為十一。氣朔均符合董譜。

四四、統天曆　楊忠輔造統天曆，實曆法之一大改革。統天廢積年而用截元，已破自來習俗，又悟歲實有消長，定躔差，百年加減一分之法。故統天實名曆之一。而魯氏推得祖甲六祀，正月己巳朔，冬至在初六，顯有錯誤。茲遵高平子先生指導，循統天本術核算。按《宋史》志（卷八十四，〈律曆志〉第三十七，「統天曆」）；求天正冬至：「置上元距所求年積算，以歲分乘之，減去氣差，餘為氣汎積，以積算與距算相減，餘為距差，以斗分乘之，萬約，為躔差（小分半已上從秒一）。復以距差乘之（秒半已上從分一，後皆準此）。以減氣汎積，餘為氣定積。（如其年無躔差，及以距差乘躔差，不滿秒半以上者，以汎為定）。滿紀實去之；不滿，如策法而一，為大餘；不盡，為小餘。其大餘命甲子算外，即得日辰。因求次氣，以氣策累加之。小餘滿策法從大餘，大餘滿紀策去之，命日辰如前。（如求已往，以躔差加減歲餘，距差乘之，紀實去之，餘以加減氣積差二千萬七千四百八十九，如策法而一，餘同上法。其加減躔差乘積如少如距算者，加之；多如距算，減之。其加減氣積差，即反用。）」故可用算式表之如下：

$$\left[（積算\times歲分-氣差）-\frac{（積算-距算）^2}{1000}\times斗分）\right]\div紀實=Q+餘數$$

按統天演紀上元甲子歲距紹熙五年甲寅歲，積三千八百三十，（此為統天特有之「距算」），紹熙五年為西元一一九四年，故祖甲六祀積算為二二七〇。又統天歲分為四三八二九一〇，氣差二三七八一一，斗分差一二七，紀實七十二萬。故得大餘十六，日辰當在庚辰。故祖甲六祀天正冬至為庚辰。

又求天正經朔：「置天正冬至氣定積，以閏差減之，滿朔實去之，不滿為天正閏汎餘。用減氣定積，餘為天正十一月朔汎積，以百五乘距差，退位減之，為朔定積。滿紀實去之，不滿如策法而一，為大餘，不盡為小餘。其大餘命甲子算外，即得日辰。」亦可用算式表之：

$$（冬至氣定積－閏差）\div 朔策＝月數＋天正閏汎餘$$

$$\left(氣定積－天正閏汎餘－\frac{距差\times 105}{10}\right)\div 紀實＝Q＋餘數$$

按閏差二一七〇四，朔實三五四三六八，距差則為積算減距算。故得大餘七，日辰在辛未。易言之，依統天本術上推，祖甲六祀天正朔辛未，冬至庚辰為初十日。此處雖只算經朔，但定朔至多能移一位。

又統天朔實為三五四三六八，復以「百五乘距算，退位減之」之法，故每月須減〇・八七，朔實應為三五四三六七・二三，以策法除之，應得朔策為二九・五三〇五九四一六。歲實則由歲分與策法求得三六五・二四二五，又有躔差為消長加減，據高先生推得約為二・一二。由熙寧五年上算祖甲六祀，共二四六一年，仍不免有差，約為氣先天〇・八日，朔先天〇・二日。校正後，正月朔仍在辛未，冬至可能移入辛巳即十一，亦與董《譜》符合。至於董《譜》無此月為丑，而統天所推為子，則係由於殷用無節置閏所致。

四五、開禧曆　宋開禧三年，以鮑澣之言改曆，詔附統天術頒之。據《宋史》志，其日法一萬六千九百，歲率六百十七萬二千六百零八，朔率四十九萬九千零六十七。即歲實當為三六五・二四三〇七六九二，朔策二九・五三〇五九四九〇。自開禧三年，一二〇七年，上溯祖甲六祀，共二四七四年；差天之數，朔先天〇・一日，氣先天二・二日。魯氏據術推得正月辛未朔，冬至在初九；校正後，朔仍在辛未，冬至應在十一。氣朔均符合董《譜》。

四六、淳祐曆　開禧行用之後，至淳祐十年，李德卿又造淳祐曆。據宋元二史志，日法三千五百三十。李銳以演紀之法推之，歲實當為一百二十八萬九千三百零七，朔實為十萬零四千二百四十三。即一歲日數三六五・二四二七七六，朔策二九・五三〇五九四九〇。自淳祐十年，西元一二五〇年，上朔祖甲六祀，共二五一七年；差天之數，朝應先天〇・二日，氣先天一・四日。魯氏據術上推，得正月辛未朔，冬至在初十；校正後，朔仍未變，冬至則應在十一。氣朔均符合董《譜》。

四七、會天曆　淳祐頒行之初，立春食分均已差。於是譚玉又造會天曆。據宋元二史志，日法九千七百四十。李銳以演撰之法推之，當以三百五十五萬七千四百六十六為歲實，二十八萬一千六百二十八為朔實。即一歲之日數三六五·二四二九一六〇〇，朔策二九·五三〇五九五四八。自淳祐十二年，西元一二五二年，上溯祖甲六祀，共二五一九年；差天之數，朔應先天〇·二日，氣應先天一·八日。魯氏據術上推，得正月辛未朔，冬至在初十；校正後，朔仍不變，冬至應在十一或十二。氣朔均符合董《譜》。

四八、成天曆　宋咸淳六年，陳鼎以會天曆氣閏不合，復造成天曆。次年頒行，行用迄於德祐。據宋元二史志，其日法七千四百二十，歲率二百七十一萬零一百零一，朔率二十一萬九千一百十七。即得歲實三六五·二四二七二三七，朔策二九·五三〇五九二九九。自咸淳七年，西元一二七一年，上溯祖甲六祀，共二五三八年；差天之數，朔應先天〇·二日，氣應先天一·三日。魯氏據術上推，得正月辛未朔，冬至在初十；校正後，朔仍不變，冬至應為十一。氣朔均符合董《譜》。

四九、大明曆　金取汴京，得宋測器，乃據以造新曆。天會五年楊級乃造大明曆，十五年頒行。然以積年過鉅，故大定二十年趙知微重修改之，日法則同。據金元二史志，日法五千二百三十，而李銳以演紀法推其歲實朔策，亦與知微術同。據《金史》志，歲實一百九十一萬零二百二十四，朔實十五萬四百四十五。即一歲之日數三六五·二四三五九四六四，朔策二九·

五三〇五九二七三。自天會五年，西元一一二七年，上溯祖甲六祀，共二三九四年；差天之數，朔應先天〇・一日，氣應先天三・三日。魯氏據術上推，得正月辛未朔，冬至在初八，校正後，朔仍不變，冬至應在十一。氣朔均符合董《譜》。

五〇、乙未曆　大明曆行用後，日月食均不驗，趙知微被詔修正，而耶律履亦於大定二十年上乙未曆。然以不及知微曆精密，故未施行。據《金史》本傳及《元史》志，其日法二萬零六百九十。李銳以演撰之法推之，歲實七百五十五萬六千八百八十，朔實為七十六萬七千五百八十八。即一歲日數三六五・二四三一一二六一，朔策二九・五三〇五九四四九。自大定二十年，西元一一八〇年，上溯祖甲六祀，共二四四七年；差天之數，朔應先天〇・三日，氣應先天二・二日。魯氏據術上推，得正月辛未朔，冬至在初八；校正後，朔仍不變，冬至應在初十。朔符董《譜》，氣先一日。

五一、授時曆　元郭守敬作。行用迄於元亡，明大統曆亦襲其法，故三統以來，莫盛於此。且用實測，定百年消長之制，實曆法之大進步。其百年消長實襲統天躔差。而魯氏推算竟亦錯誤，以為正月辛未朔，冬至竟在初四。茲亦遵高平子先生指導，循本術算之。據《元史》〈曆志〉三，授時曆經上，推天正冬至：「置所求距算，以歲實（上推往古，每百年長一，下算將來，每百年消一。）乘之，為中積。加氣應為通積，滿旬周去之；不盡，以日周約之為日，不滿為分。其日命甲子算外，即所求天正冬至日辰及分。（如上考者，以氣應減中積，滿旬周去元；不盡，以減旬周，餘同上。）」以算式表之為：

上考者

距算×（歲實×1000＋1／100）＝中積（以分為單位）

（中積－氣應）÷旬周＝Q_1＋不盡

（旬周－不盡）÷日周＝Q_2＋小餘　Q_2＝冬至日

小餘＝冬至分

按授時以至元十八年辛巳為元，即西元一二八一年，故距算為二五四八年。歲周為三百六十五萬二千四百二十五分，氣應五十五萬六百分，旬周六十萬，日周一萬。由此得餘數十七，日辰得十七。故祖甲六祀天正冬至當在辛巳。

又，推天正經朔：「置中積，加閏應，為閏積，滿朔實去之，不盡，為閏餘。以減通積，為朔積，滿旬周去之，不盡，以日周約之為日，不滿為分，即所求天正經朔日及分杪。（上考者，以閏應減中積，滿實朔去之，不盡，以減朔實為閏餘。以日周約之為日，不滿為分，以減冬至日及分，不及減者，加紀法減之，命如上。）」亦以算式表之：

上考者　（中積－閏應）÷朔實＝Q＋不盡

朔實－不盡＝閏餘　閏餘÷日周＝閏餘日＋閏餘分

冬至日分－閏餘日分＝經朔日分

閏應為二十萬一千八百五十分，朔實為二十九萬五千三百五分九十三秒。由前，冬至日為十七，分為一六七五，故天正經朔為七，日辰在辛未。故冬至為十一。授時精密，故上推至祖甲六祀，氣朔均不差一日以上。董《譜》所列與此符合。此亦是經朔，定朔日辰至多移一位。

五二、癸卯曆　清初，西教士湯若望等服務欽天監，主撰曆法，中國曆制大變，號時憲曆。康熙時有甲子元曆，而雍正時則為癸卯元曆，完全不用積年，即以雍正元年為曆元。甲子元曆用第谷元數，歲實為三六五．二四二一八七五〇，而朔策為二九．五三〇五九三〇〇，與今數相去至邇，癸卯元曆用牛頓之數，歲實稍大，三六五．二四二三三四四二，朔策更近，二九．五三〇五九〇五三，故其推算亦極準確。自雍正二十年，西元一七四二年，上溯祖甲六祀，共三千零九年，而氣不過先天〇．四日，朔先天〇．〇八日。故魯氏所推亦為正月辛未朔，冬至在十一，與董《譜》無異也。

由上述諸曆所推校正後，可知大率與《殷曆譜》相去不遠。五十五種曆中，氣與董《譜》差一日者六，差一二日之間者三，差二日者；朔與董《譜》差一日者三，差二日者一。且僅憑魯氏所推加以校正，除統天及授時二曆外，未再加覆核，所差諸曆，難保不為魯氏所推有誤。

即退一步言，五十五種曆中，完全與董《譜》符合占十分之九，亦可謂非巧合矣。

高平子先生又嘗以現代之法數覆核董《譜》，由祖甲六祀至西元一九〇〇年，距算三一六七，距算乘今用歲實三六五・二四二二，以減西元一九〇〇年年前冬至之儒略周日二四一五〇一〇・九九五四五六，得祖甲六祀冬至儒略周日一二五八二八八・九四八〇五六，除以六十，得大餘二十八，故冬至在辛巳（因儒略日從甲寅起），又以西元一九〇〇年天正經朔之儒略周日二四一四九九二・〇六二三四五減去祖甲六祀冬至得一一五六七〇三・一一四二八九，除以朔實二九・五三〇五八八，其餘數即最近朔在冬至後十九日有半，此即丑月朔，故祖甲六祀天正朔之儒略周日為一二五八二七八・九三〇三八五，除以六十，得大餘十八，故朔在辛未，亦即冬至在十一。按，《殷曆譜》無節置閏，故謂此月為丑月，實即無中置閏制之子月。是以用現代法術推之儒略周日與日辰皆符合董《譜》。

又按此處所用歲實朔實是合於現代之平均數。此數亦微有消長，上長下消，但其消長率每百年均不及所用末尾數之一單位，故三千年之積差對於至朔日辰仍無甚影響。

且即以魯氏所推之本術言之，其時代越後，數越精密，則結果與《殷曆譜》所列越接近，以氣朔二者比較，中國自來各曆之朔策均極密近，歲實則大致較疏，故魯氏所推諸曆月朔均極準確，自景初以後無不為辛未者。再以現代法數推之，又與董《譜》若合符節。由此三端，及五十五種曆校正後之結果視之，殆不能謂《殷曆譜》所列出於嚮壁虛構。

魯氏原意為駁斥《殷曆譜》，而不意第三者竟能以其所推作為憑藉，反作《殷曆譜》正面之證據。此固非魯氏之始願，然筆者借其推得結果，作進一層申論，得以免去自行運籌之精神腦力，惠我無疆，敬此誌謝。

（原載《大陸雜誌》，卷一〇，第三期）

周人的興起及周文化的基礎

一、關中新石器時代文化與西周文化之新發現

周人在征服關東的殷商王國以前，是以後世所謂「關中」為地盤的，關中是今日陝西省的渭河涇河流域一條長約三百多公里的河谷盆地，夾在秦嶺與北山兩條山脈之間。

在討論西周的起源以前，我們也該先討論關中地區的底層文化：因為這些底層文化正是周文化發生前這個地區人類創造的業績，無論周人來自何處——下文對此將有論到——這個文化正是周人祖先進入關中地區時必須適應的土著環境。

對於關中史前文化遺址做普遍而系統化考察的工作，石璋如氏的工作為最有參考價值。民國三十二年一月至九月間，石氏在涇、渭、雍水諸流域，考察了六十六個遺址，石氏認為其中大都為彩陶遺址，並有好幾處可能即為周人舊都。關於周人舊都的確切地點，不在本文討論之列，然而石氏據其考察心得，把這些遺址的地形歸納為九類：1.溝圈泉源；2.一山三水；3.河濱台地；4.原邊灣嘴；5.泉邊溪旁；6.雙流交會；7.河濱灣嘴；8.山腳溝圈；及9.沼旁渠

濱。[1]

這些地形說明了關中史前聚落對水源的依賴，而有些遺址的地形不可能有極豐的水源，也正相對的說明了聚落不必甚大。

不幸石氏在初步考察後，未能再有機會從事實地的發掘，以致報告中的描述不能使讀者對於關中史前文化的全貌的了解有所饜足，最近十多年來，考古學家在關中地區繼續工作，對於關中史前文化的演變有了更多的資料，若以早期——仰韶文化的遺址來說，關中地區經過勘察的有四百多處，其中不少並已有了相當規模的發掘，這許多遺址的地形，證實了石璋如氏的發現，都在水源便利的河濱，或為沿岸土丘，或在馬蘭階地上，至少也在泉源附近。而最繁密的分布為支流與主流匯合的地方。整個涇、渭、雍水地區，遺址的分布極為稠密：若干濱河地帶，遺址之密不亞於現在村落的分布密度，足見聚落之多與人口之眾。遺址大小雖不等，小的也有三萬平方公尺，大的則幾乎有一百萬平公尺，不遜於現代村落的大小。[2]

這些遺址中的半坡遺址，曾經過考古學家很具規模的發掘，其中發現頗可說明關中地區仰韶文化的面貌。半坡距西安約六公里，在滻河東岸的階地上。一九五四至一九五七年間，共經過五次發掘，聚落遺址占地五萬平方公尺左右，而中心三萬平方公尺的地帶有極密集的建築物，居住區以外有大溝圍繞，溝外為墓葬遺址，溝東則有陶窯遺跡。[3]

半坡的房屋，復原後可有方圓二式的半地下居室的，有草泥作頂，藉支柱覆蓋土穴，地上有灶，屋內有隔室。另有一種地面木架建築，也有圓有方，屋頂覆蓋茅草或塗草泥土。室內地面都平整光滑，甚至經過純淨的黃色草泥土鋪墊。[4] 房屋分布方向一致，且成組存在，可能是一群小屋向著中心大屋開門，成組的現象似也有了比家庭更大單位的聚落現象。[5]

半坡居民以農業生產為主要的謀生方式，而輔以飼養家畜，但是採集野生植物及捕食水陸動物，仍占一定比重的食物來源。食物以粟為主體，頗有幾處窖穴中發現粟米的儲存，又可看出生產已到稍可積聚的地步。白菜或芥菜等則是食用的蔬菜。工具有石斧石以伐錛木，石鋤石鏟以掘土，石刀作為收割的工具；木製工具自然也可能存在，只是朽爛不可考；獸骨及廢陶片也是工具的材料。耕種方式則可能是燒荒式的刀耕火種。[6]

1 石璋如，〈周都遺扯與彩陶遺存〉（《大陸雜誌特刊》，第一輯，一九五二），頁三五九二以下。同氏，〈傳說中周都的實地考察〉（《中央研究院歷史語言研究所集刊》，第二十本，下冊，一九四八）。同氏，〈關中考古調查報告〉（同上，第二十七本，一九五六），頁二三六以下；二七二以下；三一三以下；最後一篇為詳細的調查報告。

2 《西安半坡》（《考古學專刊》，丁種第十四號，一九六三），頁二—五。

3 《西安半坡》，頁七—九。

4 同上，頁九—三五。

5 同上，頁四一—四二。

6 同上，頁二二二—二二六。

半坡的村落可能有四百人到八百人聚居，這種村落在滻河流域有二十餘個，很可能就構成一個以淮河為範圍的集團。[7]

據估計，半坡的時代在西元前三千至二千五百年；[8] 也就是說，在西周滅商前十五到二十個世紀，這一段漫長的歲月中，有許多事可以發生。因此，我們至多只能說這是周人祖先繼承的或進入的文化遺產，卻不能說這就是周人直接發生關係的文化。

壓在仰韶文化之上而又直接壓在西周文化遺存之下的，是客省莊第二期文化，因此客省莊第二期文化應該代表西周以前的關中文化面貌。一九五五至一九五七年，考古工作者在灃西一帶的工作，也供給了我們對於這一段歷史許多實地的資料。

客省莊第二期文化事實上是渭河流域的龍山文化，具有地方性，然而也與豫西晉南的龍山文化有密切的關係，同時與甘肅臨夏的齊家文化也有相似處。[9]

客省莊第二期文化在渭河流域堆積甚厚，大約一直持續到西周文化出現的時候。事實上，在灃河流域許多次調查中，客省莊第二期文化與西周文化之間，沒有出現過另外的文化遺存，二者在年代上極可能是啣接的。客省莊第二期文化的晚期部分，可能與河南三里橋的龍山文化同時，也接近甘肅臨夏大何莊的文化，而後者已有金屬器物出土，據考古學家的意見，客省莊第二期的遺物中也顯示了模仿金屬器物的現象，陶器上常有鉚釘形裝飾，陶器器沿有的薄而微折，因此，灃西報告的撰作者認為：這時在其鄰近地區已經出現了金屬業，至少也已與有了金屬業的地區發生接觸。[10]

在中原豫西晉南的龍山文化，可能即與鄭州早期殷商文化之間有承襲關係，而鄭州的青銅文化雖然粗糙，卻有人認為可能是安陽出土青銅器的不祧之祖，[11]由此推論，客省莊第二期文

7《西安半坡》，頁二二七—二二八。

8 同上，頁二三一。

9《灃西發掘報告》（《考古學專刊》，丁種第十二號，一九六二），頁五—七、八—九。

10《灃西發掘報告》，頁九。高去尋先生以為「直接壓在另一層文化層上的文化，與下層之間未必是直接啣接的」，並舉後崗第二期文化與小屯文化的關係為證。本文作者甚感謝高先生的提示，但據發掘工作者的意見，灃水流域許多次的調查未見客省莊二期與西周文化間有其他文化，其情形與後崗附近有其他層位關係者不同，則原文所說之可能性甚大。石璋如先生以為「客省莊第二期文化的分布，在關中地區相當的廣泛，遺址所在，大都沿著河邊，在高原上的很少。在地層上有壓在彩陶文化層之上的，有被壓在『西周文化之下的』，這裡所說的西周文化層，在陶器方面說是指：鬲、豆、盂等，它們的形制與殷代的銅器大同小異，認為是周代的陶器，當無問題，但『所謂渭水流域的龍山文化』與周人有沒有直接關係？文王未遷豐之前究竟是怎樣的文化系统，是一個很值得研究的事，周人统治關中自文王至幽王二百餘年，也可以說根深蒂固，但就地面調查的感覺，彩陶遺址與『龍山』遺址之多不下於『西周遺址』，並且有不相疊壓同至地面，好像有並存的情形，這是值得研究的，究竟『渭水流域的龍山』為陝西土著？與羌人有關呢？與周人有關呢？」本文作者甚感謝石先生的提示，但列舉各項問題尚非今日資料所能答覆。

11 Kwang-Chih Chang, *The Archaeology of Ancient China*（Yale University Press, 1963）, pp. 141-142.安志敏，〈黃河三門陝水庫考古調查報告〉（《考古通訊》，第十一期，一九五六），頁六。按高去尋先生以為「根據考古學上的發現，在豫西一帶河南龍山文化與鄭州的商代中期文化之間還有一個所謂洛達廟類型文化。最近偃師二里頭的發掘發現前後連續發展

化的下限，可能延長到中原已有青銅文化的時候。換句話說，客省莊第二期關中居民的晚近一群，可能與殷商青銅文化在鄭州的居民聲氣相通了。這時候，假如正是西周祖先太王遷入渭河流域的時代，這些移民看見的文化景觀，可能正是客省莊第二期文化遺存所表示的面貌，假如晚期的客省莊第二期文化還晚於太王的時代，那麼在客省莊村北出土的文化遺存簡直就是西周祖先的手澤了。因為西周文化的起端並未必即相當於西周朝代的起端，我們無法從上面兩個可能性中決定孰為更大的可能，但是客省莊第二期文化無疑與西周祖先的生活環境有極大關係；簡單地描述這個文化，無疑是值得的。

客省莊村北的遺址，代表客省莊第二期文化的晚出部分，這一批十座房屋，基址都是半地下式的建築，上面可能是木架草頂，可是地面跡象都已無存，房屋有單室與雙室兩種，其方形的房屋由內外兩室合成呂字，內室或圓或方，外室則都是長方形的。內室有灶，外室有「壁爐」。地面平整，但沒有白灰面。出口處有斜坡的通道。這種房屋的結構，上與半坡的遺存相似，下與鄭州的商代房屋及張家坡的西周房屋接近，顯然持續了極長的時間。[12]

客省莊第二期文化的經濟生活以農業為主，而主要的農具當是出土數量甚多的石刀，內凹的刀口大約用於割穗，家畜有狗、豬、羊和黃牛、水牛。石製與骨製的箭鏃及骨製魚鉤，說明了捕食野物仍是食物來源之一，成堆的田螺殼大約是採集作食用的殘餘，陶祖表示生產力信仰及可能具有的後嗣觀念，羊肩胛骨不經鑽治，即用為占卜的卜骨，這個骨卜的習慣是上達龍山，下至殷商，頗為古老的信仰生活。[13]

客省莊的西周文化層，時代與張家坡的西周文化層相同，而出土的資料不及張家坡的豐富。為了使西周文化面貌敘述較清，此處敘述以張家坡的遺址為主。

張家坡在客省莊西南約一公里半，西周的遺址出土甚豐，其中早期的可能在文王作邑於豐的時代。[14] 因此，我們可以借張家坡的文化遺存來觀察西周文化的面貌。

的三層堆積，早期堆積當屬於河南龍山文化晚期；中期保留若干龍山文化因素，但基本上接近商文化；晚期與洛達廟出土的接近，可以說是一種商文化。在晚期堆積中發現排有礎石的夯土基址，並有小銅刀，銅錐。目下大陸上考古學家認為二里頭可能是成湯所居的西亳」。本文作者謹向高先生致謝這一段補充，石璋如先生以為「鄭州白家莊出土的一批青銅器，形式簡陋，紋飾粗糙，大陸考古家認為是殷代中期的青銅器，比安陽出土的青銅器為早，但在安陽小屯丙組出土的青銅器與之頗為相似，就安陽來說，丙组的墓葬係較晚的，因此就有兩種説法：一種主張鄭州出土的青銅比安陽為早，除大陸的考古家主此説外，一般的日本青年考古家及美國的考古家多從之。另一種覺得它並不早，公認為世界研究銅器權威的李濟博士、瑞典的高本漢教授、日本的梅原末治等均主之」。

12 參看本文前節，及《灃西發掘報告》，頁七及頁四三以下。

13 《灃西發掘報告》，頁八、九，及頁五〇以下。

14 同上，頁一九、七四。石璋如先生以為「張家坡，客省莊甚至落水坡，鎬京觀等一帶，均為渭水南岸，客省莊則為灃水入渭的交插點，不過現在的交插點則北移很多很多。因為是舊日兩水相交點，故先民的遺存堆積豐富，遺址的規模相當的龐大，而且『仰韶』『龍山』等遺存分布得相當的稠密，可以說明在文王至豐以前此地已經是人口相當稠密的部落了，文王係在這種根基上出發而經營豐都的」。

張家坡的房屋遺存，在早期的也有半地下式的長方形淺土窰，有柱穴，表示原來有木架建構作屋頂，較淺穴稍晚的是深土窰式的房屋，大致的構造是在一個豎穴內向一壁掏挖，造成窰洞狀的居室，晚期的房屋中有圓形半土窰式，室內地面平坦堅硬，附近有夯土，似乎建築中也有以夯土作牆壁的。居住遺址附近有井，顯示當時除利用河川的水源外，已在自覓水源。[15]

張家遺址有手工業的遺跡和遺物，包括鑄銅的殘餘、鑄模和外范；骨器成品、半成品和廢品；殘餘的陶窰和壓錘。有的工場與居住遺跡比鄰，說明了這個遺址與手工業工人的關係。[16]

砍伐、切削和敲砸的工具以石器為多，如斧、錛、鑿之屬。可是也有一件銅斧，是鑄成的；十五件銅刀，也有鑄紋。農具包括挖土的鏟和收割用的刀與鐮，數量很多，石製、骨製及蚌製都有，刀用於割穗，鐮則用於割莖，並有石臼石磨作為輔助工具，有關紡織的工具有紡輪及銅製、骨製的錐；武器有銅鏃。[17]

玉石製、骨製的飾物，種類繁多，頗有雕琢紋飾，並有松綠石鑲嵌，也有琢成鳥形魚形的。有一件骨雕馬頭，手法簡樸而象形特徵很明顯。[18]

張家坡早期與晚期的堆積中，都發現有帶釉陶片；陶胎作青灰色，質細，釉為青色或黃綠色，有帶細方格即紋的紋飾。近年來帶釉陶器在屯溪丹徒的西周墓中大量出現。經過檢驗，專家們認為張家坡帶釉陶與南方釉陶有極大關係，甚至可能是在南方燒造了，流傳關中的。[19]

由於張家坡遺址，一般言之，比較簡陋，但也有很精緻的手工飾件。《灃西發掘報告》的撰寫人遂認為居住遺址中有一部分是手工業者的住家與工場。張家坡未必是豐鎬本身，但豐鎬的原址可能即在灃水附近，因為這一帶是遺址最密集的地區。[20]

張家坡墓葬可分五期，第一期可能相當於成康之世，第五期可能在西周王朝的末年或更晚，墓葬形式與殷墓相似，如腰坑、如俯身葬、如各種與安陽玉石相近的魚、鳥、蟬、蠶等玉製殉品、如用人殉葬、如車馬坑……。[21]但凡此說明了西周王朝文化與殷商文化間的血緣，也說明了西周早期文化是籠罩於殷商文化勢力範圍下。

總結半坡、客省莊第二期及張家坡的考古資料，關中涇渭流域，由仰韶文化以至西周文

---

15 同上，頁七五—八〇。

16 同上，頁七八—七九。

17 《灃西發掘報告》，頁八一—九二。

18 同上，頁一〇六—一一一。

19 同上，頁一〇五、一六二以下、一六五。

20 同上，頁一三。關於豐鎬原址，根據文獻及金文的資料，黃盛璋以為鎬在灃水北岸，不在灃水南岸，確切地點則不易定，參看〈周都豐鎬與金文中的葊京〉（《歷史研究》，卷三，第十期，一九五六），頁六三—八一。

21 《灃西發掘報告》，頁一一四—一一五，及頁一一一以下。

化，兩三千年來有其持續性：如密集在河濱的聚落，以農業為主體的經濟生活，半地下室的居住方式，……都說明了這個地區本身具有的發展過程。關中地區的文化與鄰近其他地方文化早有接觸，而與晉南豫西地區的關係，似乎與青銅的工具在本區出現相伴發生，最長久也最密切，而西周文化中有了殷商文化的特質，同時，也就在西周的時代，關中有了與南方江、淮流域接觸的跡象。

二、周人的祖先

周人的祖先，根據傳統的文獻資料，是一位名叫棄的后稷，主要的史料是《詩經》的〈大雅〉〈生民〉和〈魯頌〉〈閟宮〉，把兩段資料合在一起，我們可以很清楚地認識這個民族起源故事的神話性。后稷自己就是一位女郎——姜嫄——踐踏了巨大腳印而感生的聖胎。在他被棄置的時候，后稷也歷經試探：棄在路上，牛羊不踐踏他；棄入林中，恰巧有人來伐木；把他移置冰上，又有飛鳥來庇護他。磨煉只是證實了后稷的特質。等后稷長大了，他顯然變成一個極成功的農夫，懂得種豆種麥，他的莊稼一切豐碩。后稷兩字，譯成白話，即是「稷之神」或「稷之君王」，尊號變成了私名，也可以說明這位人物歷史性的未易徵考。[22]后稷的子孫，據

《史記》的世系傳到文王共經過十五君：[23]

后稷——不窋——鞠——公劉——慶節——皇僕——差弗——毀隃——公非——高圉——亞圉——公叔類祖——古公亶父——王季——文王

但是這個世系事實上很有問題，《國語》只說到后稷不窋是「先世」「先王」，中間別無世代的

22 《詩經》（十三經注疏本，藝文版）〈大雅〉〈民生〉：「厥初生民，時維美源，生民如何？克禋克祀，以弗無子。履帝武敏歆。攸介攸止；載生載育，時維后稷。誕彌厥月，先生如達。不拆不副，無菑無害。以赫厥靈。上帝不寧。不康禋祀，居然生子。誕寘之隘巷，牛羊腓字之；誕寘之平林，會伐平林，誕寘之寒冰，鳥覆翼之。鳥乃去矣，后稷呱矣。實覃實訏，厥聲載路。誕實匍匐，克岐克嶷，以就口食，蓺之荏菽，荏菽旆旆，禾役穟穟。麻麥幪幪，瓜瓞唪唪。誕后稷之穡，有相之道，茀厥豐草，種之黃茂。實方實苞，實種實褎，實發實秀，實堅實好，實穎實栗，即有邰家室。誕降嘉種，維秬維秠，維穈維芑，恆之秬秠，是穫是畝；恆之穈芑，是任是負。以歸肇祀。誕我祀如何？或舂或揄，或簸或蹂，釋之叟叟，蒸之浮浮。載謀載惟，取蕭祭脂，取羝以軷，載燔載烈。以興嗣歲。卬于盛豆，于豆于登。其香始升，上帝居歆。胡臭亶時。后稷肇祀，庶無罪悔，以迄于今。」卷一七之一，頁一—二〇；〈魯頌〉〈閟宮〉：「閟宮有侐，實實枚枚。赫赫姜嫄，其德不回。上帝是依，無災無害；彌月不遲，是生后稷。降之百福，黍稷重穋，植穉菽麥。奄有下國，俾民稼穡。有稷有黍，有稻有秬，奄有下土，纘禹之緒。」卷二〇之二，頁一—二。另參看傅斯年，〈姜原〉（《中央研究院歷史語言研究所集刊》，第二本，第一分，一九三〇），頁一三〇以下；顧頡剛〈周人的崛起及其克商〉（《文史雜誌》，卷一，第三期，一九四一），頁八；孫次舟，〈周人開國考〉（《歷史與考古》第二回，一九五七），頁二—三。

23 《史紀會注考證》（藝文版），卷四，頁一。

說明。高圉亞圉也似是一人。[24]公劉至古公亶父間的世系，《史記》的根據是《世本》，由后稷到文王只有十世。按：傳統古史系統中誤將后稷列於虞廷，與舜禹同時，[25]則依其年數計算，每代的時間都太長，早就招致史家的疑問，[26]因此，我們還不如採用《詩經》的辦法，把太王直截只說成是「后稷之孫」——后稷的後裔；把公劉與太王之間的世代也懸為待決之案。反正后稷只是一位由神蹟降生的始祖，公劉也只是太王的前代，其間代數不必推敲。[27]

公劉的事跡，於史較多記載，主要的來源是《詩經》〈大雅・公劉〉和《孟子》〈梁惠王〉下篇，甚至《史記》的記載也不過由此衍生。[28]從《詩經》本文，公劉是一個部族移殖活動的領袖，率領了武裝的族人，憑藉農業的積儲開拓了新的疆土，再在新的土地開闢田畝，做更多的儲積，準備做進一步的武裝開拓。據說后稷居邰，到不窋之世逃到了戎狄之間，公劉到達了邠的地方。邰、邠的所在地，下文再論，我們要注意的是在公劉傳說中，可以看到這個移殖活動是在有山有岡，有泉有河的地方，也可以看到部族的軍事組織及對於農業的依賴。

亶父即是後世所稱太王，是周文王的祖父，到太王之世，周的世系方是完全可考，而周的疆域也確實可在陝西的涇、渭流域，各家幾乎在大方位上都並無異說。[29]

有關太王事跡的史料，主要是《詩經》〈大雅・緜〉和《孟子》〈梁惠王〉下篇；由這兩大段記載，我們可以看到太王遷徙的辛苦，締造的艱難，建國的規模，和周與鄰族的關係。姑且把岐山的位置留在下文討論，我們至少知道太王受了狄人的逼迫，率領了族人和百姓，踰越岐山，在渭水流域建立了新的城邑，[30]而逼迫太王遷徙的敵人，一般都認為即是殷末著名的鬼方。[31]

24《國語》（天聖明道本，崇文版），卷一，頁二；卷四，頁七。高去尋先生以為周人可能報一人以上，如商代即可報上甲至報丁共四人。如此，韋注以高圉亞圉為二人，終未必非是。

25《史記會注考證》，卷四，頁五—六。

26同上，卷四，頁四；參看石璋如，前引「周都」，頁三七八。

27孫次舟，前引文，頁四—五。

28《詩經》〈大雅・公劉〉：「篤公劉，匪居匪康，迺境場疆，迺積迺倉。迺裹餱糧，于槖于囊，思輯用光。弓矢斯張，干戈戚揚，爰方啟行。篤公劉，于胥斯原。既庶既繁。既順迺宣，而無永嘆。陟則在巘，復降在原。何以舟之？維玉及瑤，鞞琫容刀。篤公劉，逝彼百泉。瞻彼溥原。迺陟南岡，乃覯于京。京師之野，于時處處，于時廬旅。于時言言，于時語語。篤公劉，于京斯依。蹌蹌濟濟，俾筵俾几。既登乃依，乃造其曹，執豕于牢。酌之用匏。食之飲之，君之宗之。篤公劉，既溥既長。既景迺岡，相其陰陽，觀其流泉。其軍三單。度其隰原，徹田為糧。度其夕陽，豳居允荒。篤公劉，于豳斯館。涉渭為亂，取厲取鍛。止基迺理，爰眾爰有。夾其皇澗，遡其過澗。止旅乃密，芮鞫之即。」卷一七之三，頁四—一五；《孟子》（藝文版），卷二之一，頁一四。

29顧頡剛，前引文，頁一〇；孫次舟，前引文，頁七—九；錢穆，〈周初地理考〉（《燕京學報》，第十期，一九三一），頁一九八五。

30《詩經》，卷一六之二，頁一二—二四；卷二〇之二，頁四。《孟子》，卷二上，頁一五，卷二下，頁一一—一二。

31徐中舒，〈殷周之際史蹟之檢討〉（《中央研究院歷史語言研究所集刊》，第七本，第二分，一九三八）。

太王建立都邑的記載，在《詩經》中寫得有聲有色，他帶著妻子，遷徙到岐山之下，渭水河谷的平原，土地肥沃得連苦菜都帶甜味。經過了適當的占卜，卜龜認為可。這是好地方，於是太王就在渭水邊上住了下來。《詩經》鄭箋把「緜」的「陶復陶穴，未有家室」說成太王未遷居前居住在地穴中，可是我們寧可把半地穴式的居屋作為關中地區普遍的居住方式，同時把這八個字解為這一地帶未建都邑前的一般風光。也許，太王挑選了一個適當的地方建設都城，而這裡可能本來就有一個以半地穴為主的聚落，於是詩人詠詩及之。我們不能以此解釋太王的故事的為周人初知居住地上的宮室，更妥當的看法：太王之世，平民居住半地下室或地下室，仍無妨有貴族居住在茅茨土階的地上宮室。[32]

從《詩經》這一段建設都邑的描述，後人不難在想像中重建這一段史事的圖象。在河谷的平原上，田畝之間開了一道一道的阡陌；同時在一片選定的土地上，管理工程的官員和指揮工役的官員受命於太王，忙碌地分配工作。直線劃定了牆基；夯土的木板一段一段接過去，打夯的哼唷，削木砍材的咚咚響聲……宮殿建成了，寢廟造成了，城牆造成了。鼓聲節制著工人的工作速度，最後，社壇也已經築好。好一幅新建都邑的圖畫！只是，由於亙幾千年在這一條河谷已密集地建立了許多聚落，我們還是寧可假定新的都邑僅是在舊有聚落之間加上新的宮室城廓。[33]

由后稷到太王的事跡，史家大抵根據同樣的資料撰述，其間未有大差別。可是傳說中后稷的居地邰在哪裡？公劉邑居的豳在哪裡？太王跨越的岐山在哪裡？這些地方是周人祖先活動的舞台，史家考證地望，卻各有所指。由於不同的假設會導致對先周歷史不同的了解，我們不能不在若干假設中有其抉擇。但是，我們無妨對小小的差異放在一邊，在本文只討論兩個根本不同的假設；一派是周人祖先在陝西西部活動的假設；一派是周人祖先在山西活動的假設。

---

32 《詩經》〈大雅‧緜〉：「緜緜瓜瓞，民之初生，自土沮漆。古公亶父，陶復陶穴，未有家室。古公亶父，來朝走馬，率西水滸，至於岐下。爰及姜女，聿來胥宇。周原膴膴，菫荼如飴。爰始爰謀，爰契我龜，曰止曰時，築室於茲。迺慰迺止，迺左迺右；迺疆迺理，迺宣迺畝。自西徂東，周爰執事，乃召司空，乃召司徒，俾立室家。其繩則直，縮版以載，作廟翼翼。捄之陾陾，度之薨薨，築之登登，削屢馮馮，百堵皆興，鼛鼓弗勝。迺立皋門，皋門有伉；迺立應門，應門將將，迺立冢土，戎醜攸行。肆不殄厥慍，亦不隕厥問。柞棫拔矣，行道兌矣。混夷駾矣，維其喙矣。虞芮質厥成，文王蹶厥生。予曰有疏附，予曰有先後。予曰有奔奏，予曰有禦侮。」卷一六之二，頁一二一—一二四。參看本文前節及吳昊垂，〈殷周民族鬥爭始末〉（《文史月刊》，卷一，第三期，一九四一），頁二。為比較計，可注意安陽即同時有版築的地上宮室及半地下室出土，兩者都為居住遺址。參看石璋如，〈殷墟發掘對於中國古代文化的貢獻〉（《學術季刊》，卷二，第四期，一九五四），頁一四—一五。有人以為陶復陶穴，不當作平地穴建築解，如徐復觀先生所說並以為西安半坡的遺址及客省莊第二期文化已有房屋，而後者的下穴太淺，不可謂窑。（參看徐文〈從學術上搶救下一代〉，《中華雜誌》，卷六，九號，頁三五），按張家坡西周文化層既有比較客省莊第二期文化層土穴為深的深穴，（參看《灃西發掘報告》，頁七六），又客省莊西周文化層出土有瓦片，為目前發現最早的瓦，但發掘的人以為在客省莊未發現西周居住遺址，張家坡出土的兩座西周晚期小房屋也未見用瓦。可能客省莊燒製的瓦大約專供貴族建大型建築時用。（同上，頁二六—二七）。由此可見貴族與平氏的居住方式可能有差別。

33 《詩經》，卷一六之二，頁一七—二〇。參看石璋如，前引「周都」，頁三七七。張家坡西周早期居住遺址建設在黃土上，可見其時聚落雖已密布，聚落之間仍有大片未用之空地，足供新來移民定居。參看《灃西發掘報告》，頁七一。

以為周人祖先居地在陝西西部逐漸沿涇水渭水東移的說法。在中國史書上有了極久的傳承，甚至陝西有許多地名也還似乎很合乎古史，例如姜嫄嘴。這種說法顯然深入人心，不僅當地的居民視為典故，史書記載及實地調查也以此為據。例如石璋如先生即把邰放在雍水入渭的三角地帶，相當今日武功縣附近；邠放在三水河與涇水匯合的附近，在三水與邠縣之間；梁山放在乾縣，岐山放在武功西北；於是周人祖先活動的範圍為涇渭之間的河谷，威脅太王，逼使周人遷徙的狄人，則居住在涇水上游的慶陽。[34]

第二種假設卻把周人活動的地區放在今天山西省的汾水流域。錢穆先生持此說最力，他以為地名會跟著遷徙的人民移到別處，是以僅據今日相傳的地名作考證，並不見得可靠，錢氏在古書中爬梳剔選，務求調和《左傳》、《孟子》與《史記》中古史事跡發生地點的不同解釋，終於考訂為周人原先在山西省內活動。簡單地說，邰當在山西聞喜縣，邠地當臨汾水，以水改邑，成為邠字，太王受汾水上游戎狄的逼迫，才率眾渡河西遷陝西西部富平一帶。周初地名的西移，錢氏以為是由於周君封邑原來陝西西部的鳳翔一帶，以致這一個地區保存了許多古地名。[35]

第一說與第二說，空間距離太遠，任何調停之說都難兩圓，為做一選擇，我們必須借助於姜族地望的認定，在周人祖先傳說中姜人是經常出現的與國友族，后稷的母親是姜嫄，太王的配偶是姜女，後來，文王東征的主將是姜姓的太公望，因此姜與周有顯著的歷史關係。找到了姜活動地區，周人也總在其附近。

姜與羌的關係，傅孟真先生曾在〈姜原〉一文中從文字學上提出證據，其說可謂已成定論。[36]然而有人以為羌的居地即在漢世羌人活動的蘭州西寧諸地，也有人以為周以前的羌，即使不遠在西陲，仍應該在陝西西部武功更往西的地區。[37]錢穆先生以為姜氏先祖的故事如神農、許由以及四嶽，都似乎應該在山西省內尋找；然而證引恍惚，不能確認。[38]傅氏則歷考姜姓諸國遷徙痕跡，斷定姜姓與四嶽的關係：四嶽實是四座大山而四嶽諸國是山中部落，姜姓大國的甫與申，便由嶽神降生。至於姜之本原，傅氏考定在豫西渭南許謝迤西的山區中，也就是

34 石璋如，前引「周都」。各處帶歷史地名的古跡紀錄，出處已由石氏在文中徵引，可以複按，此處不贅述。由石氏所引資料看來，這一個地區的地名，早在漢時即已與古跡有關係。孫次舟也持傳統觀點，以邰為武功，邠為邠縣，岐在武功之西，而公劉豳境臣服的密與芮且在甘肅的靈台及平涼；參看孫氏前引文，頁四—八。

35 錢穆，前引文，頁一九五八—一九九二。吳昊垂全採錢氏考證，看吳氏前引文，頁二。

36 傅斯年，前引文。

37 孫次舟，前引文，頁二—四。又參看董作賓，〈獲白麟考〉（《安陽發掘報告》，第二輯，一九三〇），頁三三一—三三三。

38 錢穆，前引文，頁一九五九—一九六三。

《國語》〈鄭語〉所謂「謝西之九州」；其在山東的諸姜，則是周東封之後建立的。[39]按之《後漢書》〈西羌傳〉，范曄顯然把陸渾、陰戎、蠻氏、驪戎、義渠都當作羌人看待，而以為漢代羌人偏在西服是遷徙的後果。上述諸戎，除義渠偏在陝西西北部，其餘諸族都分布在渭南以至伊洛之間。[40]如果范曄在羌與春秋諸戎間拉上的關係，不是無的放矢，這些戎族的居地，即與傅氏指出的姜原甚為吻合。

更有一項證據，董彥堂先生據甲骨卜辭的資料，指出殷商王國與羌人之間頻有戰爭，時有婚媾，也常見和平的賓會交往，羌人有作為祭祀犧牲，也有作為奴僕的。[41]若羌人偏在西，由安陽四周的黃河平原遠征陝北隴右，中間須經過周人居地；殷羌之間的關係的記載，似乎不該比殷周交往紀錄更多。[42]比較合理的假定，是羌人故地離洹域也不遠，若姜（或羌）原如傅氏假設，在豫西山地，則各方面都說得通。本文第一節曾指明涇渭流域的考古資料，每顯示與豫西晉南的地方文化有其顯著的親緣，如果姜原在豫西山地，姬原在汾水流域的假定，也就可以順理成章。固然這種論證仍嫌間接推論，然而也還合理，於是我們無妨假定周人祖先在汾域發跡，公劉建國也在晉地，直到太王之世，周人才徙居渭域並在渭域建都立邑，但是周人的老伙伴諸姜，始終與周為鄰，只是相對位置先為南鄰，後在東南而已。

三、周人擴張

逼迫太王由邠遷岐的狄人，舊說以為昆夷，或以為獯鬻，徐中舒氏根據王國維氏的考證，認為即是鬼方，但並不同意王氏以三名同為秦漢時匈奴的說法。徐氏以狄人的隗姓就是鬼方的姓，而狄以山西境內部族部落最多。鬼方可能在武丁之世不堪殷人壓迫，轉而西侵，邠地的周人首當其衝，不能不折而南避，到王季之世，在渭水流域已能夠建國穩固，於是反而能夠把昆夷串夷降服收撫。徐氏此說，能把《易經》中高宗伐鬼方的事，太王避狄事與王季撫昆夷事，都配合解釋，並與前節周人起於山西的假設相合，誠可說發上古史未發之覆。[43]

39 傅斯年，前引文。

40 《後漢書集解》（藝文版），卷八六，頁一四。

41 董作賓，前引文，頁三三一—三三二。

42 孫次舟，前引文，頁四、九。

43 徐中舒，前引文，頁一三八—一四〇。參看王國維，〈鬼方昆夷玁狁考〉（《觀堂集林》〔藝文版〕）卷一三，頁五—一二。武丁代鬼方事，《易》爻辭曾兩次提及：「既濟」之九三「高宗代鬼方，三年克之」，及「未濟」之九四「震用伐鬼方，三年，賞于大國」。（《周易注疏》〔藝文版〕卷六，頁二一、二五）徐氏解釋「震」義為周以小邦而勝，又獲賞大國——商，故有震驚之意。其說稍嫌穿鑿，但無妨於高宗伐鬼方之實，據《竹書紀年》，王季曾伐西落鬼戎，俘虜了根據〈緜〉詩，混夷從命之後，虞芮也變成了周的屬國，虞芮都在今日的山西者。《史記》〈殷本紀〉記載武乙獵於河渭之間，被暴雷震死。雷劈觸電是異常變故，不能說必定沒有，但究屬非常。錢穆以為很可能是武乙耀兵河渭示威周人，反被周人所殺，正如昭王南征不復，而楚人諉諸水濱一般。[44] 此說若然，則周人在山西的發展實際已經循河拊殷王國之背，不需文王之時，周人勢力已惹起殷人注意了。卜辭中有不少「寇周」的句子，也有「令周侯」的記載，當即是周人在名義上仍為殷屬，在國力上仍比殷弱，然而殷人不能不時時侵軼，以圖禁止其發展。[45]

周人的力量不僅在北路向東方伸展，在南路也有相當的行動。與此處有牽涉的史事，主要見於《論語》和《左傳》的太伯讓國傳說，到《史記》時，吳太伯的故事已極具細節。據〈吳太伯世家〉和〈周本紀〉的記載，太王有太伯、仲雍和季歷三個兒子，據說是為了季歷的兒子昌——後來的文王——「有聖瑞」，太王有意讓季歷即位，以便未來由文王繼統，於是太伯、仲雍逃避「荊蠻」，斷髮文身，以全父志。武王克商以後，封仲雍之後周章於吳，另立周章之後於夏虛，號為虞仲。而吳與虞字，在古可能即為同一字。[46]

吳在春秋時，甚晚始入中國，是以中原每以蠻夷處之。吳自稱姬姓，也有人以為是冒充。徐中舒氏根據《左傳》記載，認為吳公室姬姓，應是事實，但是徐氏置疑於太伯仲雍以個人身分逃亡的傳說，認為吳離岐山太遠，幾個單身的亡命客難以在遙遠地區立國傳世。因此徐氏提二十位翟王，戎燕京之伐，卻大敗而回，及至王季克余無之戎，遂受命為牧師（以上諸條均見《後漢書集解》〈西羌傳〉引，卷八七，頁二。當是真《竹書紀年》佚文）。王季所與交戰的諸戎，殆即《詩經》〈大雅〉：「皇矣」「串夷載路」及〈緜〉：「混夷駾矣」的串夷混夷？參看錢穆，前引文，頁一九九五—二〇〇一。按高去尋先生以為近人陳慕祿頗疑《孟子》避狄事之不可信。即使避狄事可信，徐仲舒先生把與高宗伐鬼方兩事聯結在一起解釋也有問題。因為周文王與殷帝辛是同時人，由文王上推三世三王為太王，由帝辛上推七世十王為武丁，兩人中間相距四世七王，即便舊說武丁享國很久，又文王也年壽很長。但武丁也很難斷成與太王同時。歷史上民族的波動有時是逐漸形成的。但是如果鬼方與周人都原在山西，則武丁壓迫鬼方遷徙或移動，便可立即壓迫到了周人，不會費時很久，所以「太王的西遷是受武丁時代殷人努力的擴張的直接影響」的說法是可以再考慮的。

44 錢穆，前引文，頁一九九四。

45 卜辭諸條，見董作賓《殷曆譜》（《中央研究院歷史語言研究所專刊》，一九四五）：癸未，令旃族寇周古王事。（《前編》卷四，頁三二）貞，令多子族罪犬侯寇周古王□（同上，卷五，頁七；卷六，頁三〇）

□令旃從𢀛侯寇周。（同上，卷七，頁三一）

□令多俘犬侯□周□王□（同上，卷六，頁五一）

口令周□俘□獲（同上，卷六，頁六三）

貞，叀喜令從寇周。（《後編》下一三七）

中引𢦏周十二月。（《鐵》二六）

令周侯今月亡田。（《新》二七二）

46 《史記》，卷三一，頁九。九太伯遺跡在今日江蘇無錫縣境內。「荊蠻」之說，殆指太伯南來過程中的第一步。斷髮文身是吳越水居風俗，與荊楚無關。然則太伯南徙，或者先到江漢，再到吳地？此事見於《左傳》者，在閔公元年、僖公五年、哀公七年（《左傳注疏》〔藝文版〕卷一一，頁三；卷一二，頁二一；卷五八，頁七）。見於《論語》者在〈泰伯〉（《論語注疏》〔藝文版〕，卷八，頁一）。吳、虞古為同字異書，大約二國確有關係。

出兩個可能性：第一，太伯仲雍率領周人遠征之師經營南土，於是遠戍不歸；第二，太伯仲雍也許不見容於周轉而接受殷商卵翼以立國於吳。[47]傅孟真先生力主後說，以為《尚書》〈牧誓〉指責紂為「四方之多罪逋逃是崇是長」，及《左傳》昭公七年「紂為天下逋逃主萃淵藪」，即是坐實罪名。徐氏則主第一種假設，以為周人對於王季兄弟的友于之德，從無間言，而商人卵翼之國亦不應離周如此之遠。於是徐氏假定周人力量不足，在羽翼未豐以前，不能與商爭中原，只有向江、漢開拓，而可能又因楚地的抵抗力強，折而更向東南。[48]

本文第一節，曾說過張家坡西周遺址出土的帶釉硬陶，據專家分析，與南方帶釉陶及越窰青瓷有關係，甚至有人以為這種帶釉硬陶為東南輸入的外來貨。渭水流域與東南的交通，似乎不算稀少，同時東南考古所得，也顯示了與西周早期的關係。在長江流域，所謂「湖熟文化」遺物中，曾昭燏與尹煥章兩氏發現了陶器，器物形制與花紋，不少殷商與西周早期的影響，石器與殷周銅器也有同處。[49]西周早期銅器，也成群的出土於丹徒和宜城，器物形制都有西周早期特徵，而不同於殷。[50]曾、尹二氏以為凡此跡象，不僅說明長江下游在西周時代已有北方文化，而且那些與北方銅器極度相像的銅器，可能即由北方輸入。丹徒烟墩山出土的銅器有西周銘文，更說明此點。[51]

張光直氏又指出，這些意義重大的西周銅器，從考古紀錄看來是土著繩紋陶遍布地區的幾個孤立文化島嶼，很可能是少數西周殖民者在統治當地的土著。張氏並且特別提起太伯仲雍的傳統來解釋這個現象。[52]

張氏根據湖熟文化遺物所作的推論，加上張家坡帶釉硬陶的出現，實在已為徐中舒「吳為西周殖民」的假設提供考古學上的佐證，我們在前文第二節也引證傅孟真先生關於姜姓居地的假設。如果姬周的友族諸姜分布在渭南豫西，由此假道的西周殖民隊伍，極自然的可以取道漢水直達荆楚。若在荆楚遭遇的阻力太多，再折向長江下游，也是順理成章的事。殷商的根據地

47 徐中舒，前引文，頁一四二—一四三。

48 同上，頁一四三。按《西清續鑑甲編》（涵芬樓依寧壽宮寫本影印）云，在乾隆二十有六年「臨江民掘地得古鐘十一」，為吳王皮難之子者減所作（卷一七，頁四），臨江今當江西清江縣，也可能安徽和縣。顧頡剛以為吳國由江漢東徙，可能先至江西，參看顧氏前引文注一九。

49 曾昭燏、尹煥章，〈試論湖熟文化〉（《考古學報》，一九五四年第四期），頁五四。

50 Chang Kwang-chih; op. cit., 253.參看汪志敏、韓益之，〈介紹江蘇儀徵過去發現的幾件西周青銅器〉（《文物參考資料》，一九五六年第十二期），頁三一。

51 〈江蘇省丹徒對烟墩出土古代青銅器〉（《文物參考資料》，一九五五年第十期），頁五八—六二；尹煥章，〈南京博物院十年來的考古工作〉（《文物》，一九五九），第四期，頁四。銘文的年代問題頗有專文論及，如郭沫若以為係武王成王時器，唐蘭以為係康王時器，而且是吳與西周關係的佐證。參看郭沫若，〈失毀銘考釋〉（《考古學報》，一九五六年第一期），頁七。唐蘭，〈失毀銘考釋〉（《考古學報》，一九五六年第二期），頁七九—八三。

52 Chang Kwang-chih, op. cit., pp. 252-255.

在黃淮平原，當殷商勢力仍大時，今天的湖北省境大部分可能籠罩在殷王國直接干預的地區，西周殖民隊伍也許比較難以立足，不能不走得遠些。

總結本節，太王王季兩世經營，不僅在關中的涇、渭流域建立了國家，而且光復舊域，把山西汾水流域的故地重新收入勢力範圍，諸戎的聽命，使西周在今日山西陝西的山地建立了威權，循黃河北岸東達殷商所在的華北平原已無大障礙；另一面，西周結好諸姜，使渭南至於伊洛之間也歸入西周勢力範圍，南出一支殖民隊伍，卻未能成功地在江漢活動，不得不遠徙江南另立國家，在滅商的過程中也不能發揮具體作用。

四、文王時代的活動

王季時代經歷了兩世的慘澹經營，周人的勢力已頗不可輕視，照後世稱頌的詩篇來說，他已經「受祿無喪，奄有四方」。[53]奄有四方的語句，略涉誇大，至少當時還有強大的殷商在東方的平原上，文化高、國土大，不是周人可以比擬的。但是周人與殷商之間，大體上還維持友好的關係，王季自己的配偶就是由殷商來的，這位下嫁的「大任」，也就是文王的母親。[54]可是最後王季是死在殷商君主文丁的手裡。[55]於是這個開國的任務，就留給文王來完成了。

據《史記》〈周本紀〉：文王「遵后稷公劉之業，則古公公季之法，篤仁敬老慈少，禮下賢者，日中不暇食以待士，士以此多歸之」。[56]可是文王自己還要親自下田耕種。[57]以三世領主，奄有不少的疆域，文王可以不必自己下田，也許這種舉動，與後世籍田相似，只是一種象徵，象徵他「遵后稷公劉之業」？

周的鄰邦是犬戎、密須、耆、邘崇，先後都被文王征服，文王把國都遷徙到灃水之西，立邑曰豐，這一番征戰是重要的，也是辛苦的。從此以後，周人東討的正面已無阻力，而左右亦

---

53 《詩經》，卷一六之四，頁六下。

54 《詩經》〈大明〉：「摯仲氏任，自彼殷商，來嫁于周，曰嬪于京，乃及王季，維德之行，大任有身，生此文王。」（卷一六之二，頁二。）殷是子姓，任宿須句，都是大皞之族，（《左傳》僖公二十一年，卷一四，頁二七。）與殷商無關，何以要「自彼殷商？」，不甚易解。有以為「任」是氏，「摯仲」是名，當為商王或其本家的女兒，並以漢代以公主和親為喻。參看孫次舟，前引文，頁一〇。按，女子古時有姓無氏，恐不能如此解釋。

55 這是《竹書紀年》中很著名的一條，《竹書》在汲郡出土時，這一條記載即引起晉人注意（《晉書》〔開明版〕〈東皙傳〉，卷五一），自來史家也找不出可以反駁的證據。

56 《史紀會注考證》，卷四，頁一〇—一一。據說歸從他的名人有伯夷、叔齊、太顛、閎夭、散宜生、鬻子，辛甲，這些名字有的也見於《尚書》〈君奭〉：「惟文王尚克脩和，我有夏亦惟有若虢叔、有若閎夭、有若散宜生、有若南宮括。」（《尚書注疏》〔藝文版〕，卷一六，頁二三。）

57 《尚書》〈無逸〉：「文王卑服，即康功田功。」卷一六，頁一三。

無後顧之憂，國都遷豐邑，正是文王東方是謀的開始。[58]

另一方面在山西的虞和芮，已經明顯地服屬於周，所謂「虞芮質厥成，文王蹶厥生」，似乎虞和芮都送質於周，以求和平相處。[59]自此之後，周人在河東的力量也更形穩固了。有此外圍，周人遂自詡有了許多爪牙黨羽，所謂「予曰有疏附，予曰有先後，予曰有奔奏，予曰有禦侮」，得意之態溢乎言表。[60]

文王遷都於豐，大約也頗有經營，高築城牆，臨於水濱，而且說這是禹的故土。[61]從傅孟真先生的理論，這裡以大禹作招牌，大約也是文王西周的策略。周人自許為夏代的繼承人，夏代的復仇者。傅孟真先生指出周人自比於夏乃是政治口號，正如劉淵自稱漢裔，建州自稱後金，[62]其說甚確。周人確曾自稱為夏人，如《尚書》〈康誥〉：「惟乃丕顯考文王，克明德慎罰，不敢侮鰥寡，庸庸祗祗威威顯民。用肇造區夏，越我一二邦，以修我西土」；又如《詩經》〈周頌〉用「時夏」自稱。[63]周之採用夏后故號，當是企圖與晉南夏虞諸侯拉攏，而且為伐殷找一個藉口。殷、周為異民族，周人以夷戎稱殷，自比為華夏正統也許即自文王始。[64]

58《史記》，卷四，頁一三—一四。犬戎的地點不明，據錢穆意見犬戎原在周之東北，即在太行滹沱之北。參看〈西周戎禍考〉（《禹貢半月刊》，卷二，第四期，頁二—五；第十二期，頁二七—三二）。前文曾舉卜辭中有關周的記載，其中有「犬侯」，可能即是犬戎，伐密須是大事，《詩經》〈皇矣篇〉：「密人不恭，敢距大邦，侵阮徂共。王赫斯怒，爰整其旅，以按徂旅，以篤于周祜……依其在京，侵自阮疆，陟我高岡。無矢我陵，我陵我阿；無引我泉，我泉我池！度其鮮原，居岐之陽，在渭之將。萬邦之方，下民之王。」（卷一六之四，頁九—一二），大約密與阮都先挑釁（孔穎達《詩經正義》，卷一六之四，頁一一），而密在涇陽縣境，阮共皆在涇水下流豐鎬附近（錢穆，前引文，頁二〇〇四—二〇〇五），密邇引人首都，不先併吞，難以去除心腹大患。一旦除去榻旁隱憂，周人必以為完成一件大事，因此此役戰利品「密須之鼓」，變成了周人傳世之寶。（《左傳》昭公十五年，卷四七，頁一一。）崇在豐鎬之間，征崇之役也頗艱難，大約崇人城守甚堅，工事也好，圍城三十日不能下，最後則斬獲頗多，《詩經》〈皇矣〉：「帝謂文王，詢爾仇方，同爾兄弟。以爾鉤援，與爾臨衝，以伐崇墉。臨衝閑閑，崇墉言言，執訊連連，攸馘安安。是類是禡。是致是附，四方以無侮。」（卷一六之四，頁一三—一五）。又參看《左傳》，僖公十九年：「文王聞崇德亂而伐之，崇人三旬不降。」（卷一四，頁二三），這一段《詩經》是中國史上第一次描寫攻城戰的記載。

59 《詩經》，卷一六之二，頁二三。據《史記》〈周本紀〉，兩國有獄不能決，來周決平，《毛詩》（卷四，頁一二—一三）傳說法也相仿，只是明指二國為爭田而求文王判決（卷一六之二，頁二三），然而孫次舟解成為平，質為送質，並謂非文王時事（參看孫氏前引文，頁一一—一二）。

60 此是〈緜〉篇的續文，見《詩經》卷一六之二，頁二四。虞在今山西平陸縣，芮在故芮城縣西（參看《史記正義》引《括地志》，卷一六，頁一二）。

61 《詩經》〈文王有聲〉：「築城伊淢，作豐伊匹。匪棘其欲，遹追來孝。王后烝哉！王公伊濯，維豐之垣。四方攸同，王后維翰。王后烝哉！灃水東注，維禹之績。四方攸同，皇王維辟，皇王烝哉！」卷一六之五，頁一一—一四。

62 傅斯年，〈新獲卜辭寫本後記跋〉（《安陽發掘報告》，第二輯，一九三〇），頁三七五—三八五。

63 《尚書》，卷一四，頁三。《詩經》〈周頌・思文〉：「陳常于時夏」卷一六之二，頁一二。

64 關於殷周為對立的兩個民族系統，三十多年前有好幾篇名著論之，如傅斯年，〈夷夏東西說〉（《中央研究院歷史語言研究所集刊外編》，一九三五），及〈新獲卜辭寫本後記跋〉；徐中舒，〈從古書中推測之殷周民族〉（《國學論叢》，卷一，第二期，一九二七），說皆豐長。但「民族」「種姓」二辭，甚不宜於泛泛使用。若並無考古學及體質人類學的證據，我們最好不用易涉及種族含義的名辭。我們假定傅、徐二先生原意是指「不同的文化集團」，而且其「不同」之處，也不過是幾個地方文化彼此之間的差異。本文第一節已說明關中的新石器文化有其地方性，但是與東方文化有密切的關係，因此我們以為周人標夏自重只是一種政治口號。

周人可能曾經作殷的屬邦，即使其間關係未必一直很和諧，至少周人承認殷商是「大邑」，自己是「小國」。[65]沒有這一番宣傳，周很不容易與殷商翻臉；配合上夏殷對立的宣傳，周人又自己宣稱從到上帝特別的眷顧，周的天命是上帝棄商而畀予西方新國的。《詩經》〈大雅・皇矣〉：「皇矣上帝，臨下有赫；監觀四方，求民之莫。維此二國，其政不獲；維彼四國，爰究爰度。上帝耆之，憎其式廓。乃眷西顧，此維與宅。」[66]傅孟真先生提出，古代之上帝原為部落神，周人竟由商借去，[67]其最初目的可能也是為政治口號，然而一借之後，中國的上帝由部落的神轉變為道德的神，不可不說是思想史上一件大事。自茲以還，周人指斥殷商酗酒、接納逋逃……種種惡跡，都為了坐實「上帝棄汝」的口號，可是也為中國道德觀政治立下第一次定義。[68]

綜述本節文王時代，在武功方面清除了鄰近諸侯，使東征時前無阻隔，後無顧慮；在意識方面，也可能是文王時，開始把周自比為夏後，以建立與殷商對敵的身分；而可能也是文王時，周人自許為道德與天命的維護者，作為討伐殷商大國的藉口。

五、周人滅商

文王死後，武王繼續完成了周人數代以來的工作，把周室的政令推行到東方的平原上，據史籍的記載，武王奉了文王的神主，帶著軍隊到了今天河南孟縣的盟津，各處諸侯「不期而會」的有八百多位，可是周人終於沒有進一步開戰，卻又退了回去。[69]

---

65 例如《尚書》〈召誥〉：「皇天上帝改厥元子，茲大國殷之命。」（卷一五，頁六）。〈多士〉：「非我小國敢弋殷命。」（卷一六，頁二）。至於文王與殷商間之關係，除政治外，顧頡剛據《易經》「歸妹」之卦以為文王娶帝乙之妹，並以此解釋《詩經》〈大明〉，參看顧頡剛，〈周易卦爻辭中的故事〉（《燕京學報》，一九二九年第六期），頁九六七—一〇〇六。但顧氏以「大明」三章屬之二事，以為前咏殷女後咏莘女，其說頗涉穿鑿。「歸妹」卦辭，也可用地名釋「妹」，未必與嫁女為一事。參看孫次舟前引文，頁一二一—一三。

66 《詩經》，卷一六之四二，頁二一。之上帝原是殷商祖先之集合體，「天」可能是西周自然崇拜的對象。參看顧立雅，〈釋天〉（《燕京學報》，一九三五年第十期），頁五〇一—七一，及拙稿〈中國古代最高神的觀念〉（臺灣大學文科研究所碩士論文）。

67 傅斯年，前引〈新獲〉，頁三七五。

68 《尚書》，卷一一，頁八—一三。德之觀念為殷周之區分，參看重澤俊郎，《支那古代に於ける合理的思維と展開》（東京，東方文化講座會，一九五六），頁二—五。又參看張光直，〈商周文化與美術中所見人與動物關係之演變〉（《中央研究院民族學研究所集刊》，一九六三年第十六期），頁二五—一三〇。

69 《史記》，卷四，頁二一。據傳統説法，武王是「退而示弱」，我們不能考出武王退兵的理由，大約總是準備不夠之不久，在西元前一一二二年，武王再度統率西土的各邦軍隊，加上庸、蜀、羌、髳、微、盧、彭、濮八族的聯軍，據說總兵力是三百乘戰車，勇猛的武士三千人，甲士四萬五千人，到達離殷都安陽不遠的牧野（今河南淇縣南）。在戰場上，武王手執武器，揮舞著旗幟誓師，數說商王紂的罪名：聽信婦人的話，怠慢了神靈，疏遠了弟兄，庇藏四方的逃犯。武王自命為恭行天罰，這就是後世所謂弔民伐罪的戰役。軍隊在他的激勵之下，與商王的大軍接觸了。商王七十萬大軍，經不起勇猛的西軍衝突，而且前鋒的軍隊突然倒戈相向。殷商大敗，據說死傷之多，「血流漂杵」，惹起好問的人懷疑「仁義之師」的真實性。[70]

牧野之戰中，參加武王軍隊的成員，顯然有友邦領袖自率的友軍，及直屬周人的軍隊，[71]大約累世與周和好的姜族，出了很大的氣力，牧野勇將「鷹揚」的尚父，即是姜姓的領袖。庸、蜀、羌、髳、微、盧、彭、濮八族，自漢、唐以來，史家都以為是來自中國西南部四川、雲南各地的蠻夷。但近人考證，頗有使人信服的理由，指出這八族可能是漢中以至洛水的若干部族。[72]

在殷人方面，軍隊中可能有不少是東方的夷人，也就是太皞少皞之族。據說他們「離心離德」，可能由此才有了「前線倒戈」的事。殷人末代國君紂（或帝辛）原不是一位茸塌的人物，由史籍資料看來，帝辛之時國勢頗強，只是紂好大喜功，把國力消耗於與東夷的戰爭，一面西防周人，一面東伐東夷。兩面作戰，疲於奔命，而軍隊中的夷人又臨陣倒戈相向。卜辭中征人故，存疑。

70 《詩經》〈大明〉：「殷商之旅，其會如林。矢于牧野：『維予侯興。上帝臨女，無貳爾心！』牧野洋洋，檀車煌煌，駟騵彭彭。維師尚父，時維鷹揚。」卷一六之二，頁八—一〇。《史記》，卷一一，頁二一—二六。《尚書》〈牧誓〉：「王左杖黃鉞，右秉白旄以麾；曰：『逖矣西土之人。』王曰：『嗟！我友邦冢君、御事、司徒、司馬、司空、亞旅、師氏、千夫長、百夫長，及庸、蜀、羌、髳、微、盧、彭、濮人。稱爾戈，比爾干，應爾矛，予其誓。』王曰：『古人有言曰：「牝雞無晨。牝雞之晨，惟家之索。」今商王受，惟婦言是用。昏弃厥肆祀，弗荅；昏弃厥遺王父母弟，不迪，乃惟四方之多罪逋逃，是崇是長，是信是使，是以為大夫卿士，俾暴虐于百姓，以姦宄于商邑。今予發，惟恭行天之罰。今日之事，不愆于六步、七步，乃止齊焉。夫子勗哉！不愆于四伐、五伐、六伐、七伐，乃止齊焉。勗哉夫子！尚桓桓，如虎、如貔、如熊、如羆，于商郊；弗迓克奔，以役西土。勗哉夫子！爾所弗勗，其于爾躬有戮！』」卷一一，頁一五—一八。又《尚書》，卷一一，頁二二—二四，《孟子》，卷一四上，頁三—四。關於牧野之戰的年分，自古推算諸說不一，相當西元前一一一六、一一一一、一〇七〇、一〇六七、一〇六六、一〇五〇、一〇四七、一〇三〇、一〇二七諸年，董彥堂先生以為當是西元前一一一一年，參看董作賓，〈武王伐殷年月會考〉（《臺灣大學文史哲學報》，一九五一年第三期），頁一七八。又《殷曆譜》，卷四，頁一五—一九。Chou Fa-kao, "Certain Dates of the Shang Period," (*Harvard Journal of Asiatic Studies*, Vol.23 1960-61), pp. 103-133.此事應由年代問題之專篇解決，今暫從董說。

71 《尚書》，卷一一，頁一四—一五。

72 徐中舒以為彭在漢水流域，庸在漢水上游，濮亦在江漢地區，髳在漢北，但徐氏仍把羌放在隴西，仍把蜀放在四川。參看徐中舒，前引文，頁一五〇—一五三。錢穆則以為蜀在殷都近畿，髳在陝縣，微即微子啟之國，或在新安，盧在盧竇函谷之南，彭在黽池，濮在延津滑縣，羌在河東近殷，不在西北。參看錢穆，前引文，頁二〇〇七—二〇〇八。按：羌之地望已見第二節，據傅孟真先生考證為豫西山地。戰國時，四川之蠶叢，開明諸傳說與中原大殊，恐殷周之際未必與中原有如此密切的關係。雲南各族更屬山川遙隔。以前文第一節考古資料及第二節姜原所在來說，周人與國，以來自渭南以至伊洛各處者為比較可能。

方一事，也證實了紂在東方曾大有舉動，也許人方即是《左傳》的東夷。「紂克東夷，而隕其身」，大約可以解釋殷滅亡的原因，也正可說明周人在牧野一役能以少勝眾的緣由了。[73]

殷王紂戰敗自焚，周武王開始著手穩定對東方的控制。周的首都仍在灃水上的鎬京。周封建紂的兒子祿父（即武庚）統治殷商舊域，由管叔鮮與蔡叔度在旁監督，號為「三監」。[74]武王不久去世，周公執政，三監聯絡徐、奄、淮夷叛周。[75]經過征夫辛勞，暴露三年的東征，周公第二次征服了東土。從此周人不再侷促於渭水流域的故土。周公在今天的洛陽建設了一個東都成周，[76]在成周不僅有王室的軍隊，而且有投降的殷商舊軍「殷八師」和殷王國政府中的大小官員「胥伯小大多正」，[77]這些殷人的舊貴族，似乎仍保有他們自己的姓氏宗族組織和生活習慣，連墓葬的許多細節仍從殷俗。[78]周王室的姻黨宗族也紛紛封建立國，作為周室屏藩，這些分封的諸侯，也都分到一些俘虜的殷人，他們之中不僅有一般的百姓，顯然也有成族成族的舊貴族，以其專門的知識侍候新的主人。[79]

作周室屏藩的諸侯，在分布上也不是隨意的。據傅孟真先生的研究，有好幾個重要的藩

73 《左傳》昭公十一年，卷四五，頁一八。又昭公四年：「商紂為黎之蒐，東夷叛之。」卷四二，頁二八。徐中舒由此引《尚書》及金文，以為殷人為防周而在黎治兵，東夷猝發以為牽制，殷人返師東救，周遂興牧野之役，其說頗合情理。參看徐中舒，前引文，頁一五五—一五八。又參看董作賓，〈征人方日譜〉（《殷曆譜》，卷九），頁六一—六二。

74《史記》，卷六，頁二六—二九。〈逸周書〉（知服齋叢書版），卷九，頁二—三。

75《逸周書》，卷五，頁六—七。

76《詩經》〈東山〉、〈破斧〉，卷八之二，頁六；卷八之三，頁一。《尚書》，卷一三，頁一一—一三。

77「小臣謎簋」：「白懋父以殷八師征東夷」；「競卣」：「唯白屖父以成師即東，命伐南夷。」《兩周金文辭大糸》（東京，文求堂，一九三二），頁一三、五五。《尚書》，卷一七，頁一二。

78《尚書》〈多士〉，卷一六，頁七—八；卷一七，頁一一—一二。白川靜，〈釋師〉（《甲骨金文學論》，第三集）。郭寶鈞、林壽晉，〈一九五二年秋季洛陽東郊發掘報告〉（《考古學報》，第九期，一九五五）。李亞農，《西周與東周》（上海，一九五六），頁三三。

79《左傳》定公四年：「昔武王克商，成王定之。選建明德，以藩屏周。故周公相王室以尹天下，於周為睦，分魯公以大路大旂，夏后之璜，封父之繁弱。殷民六族：條氏、徐氏、蕭氏、索氏、長勺氏、尾勺氏，使師其宗氏，輯其分族，將其類醜，以法則周公，用即命於周。是使之職事于魯，以昭周公之明德。分之土田、陪敦、祝、宗、卜、史、備物典策、官司彝器。因商奄之民，命以伯禽，而封於少皞之虛。分康叔以大路、少帛、綪、茷、旃旌、大呂。殷民七族：陶氏、施氏、繁氏、錡氏、樊氏、饑氏、終葵氏，封畛土略，自武父以南，及圃田之北竟。取於有閻之土，以供王職；取於相土之東都，以會王之東蒐。聃季授土，陶叔授民，命以康誥而封於殷虛，皆啟以商政，疆以周索。分唐叔以大路、密須之鼓、闕鞏、沽洗、懷姓九宗，職官五正，命以唐誥而封於夏虛，啟以夏政，疆以戎索。三者皆叔也，而有令德，故昭之以分物。」卷五四，頁一五—一九。在金文銘辭中又提到分封，如〈大盂鼎〉：「王曰：……雩我其遹，相先王，受民受疆土，錫汝邦嗣四伯，人鬲自馭，至於庶人，六百又五十，又九夫。錫尸嗣王臣十又三伯，人鬲千，又五十夫。」（《兩周金文辭大系》，頁三二—三三。）又有一個可能，是錫衛侯以殷舊貴族的例子：「遈段」「王來伐商邑，誕命康侯鄙于衛。澮司徒遈及康侯鄙作厥考尊彝。」（容庚，《商周彝器通考》〔哈佛燕京學社，一九四一〕，頁四二）。李亞農以為與《三代吉金文存》三、一六，澮伯遈作寶尊彝為同一人，並且以為遈即是三監之亂後，遷殷頑民移交衛康侯的殷貴族，見李氏前引文，頁三五、五四。

屬，如齊、魯、燕，原本都建立於成周洛陽的南方，以輔翼成周，控御南方及東方。[80]這些封國犬牙相錯，在成周前哨列成一串拱衛線，而諸國能在殷商舊宅的邊緣立足，可能也賴諸姜的豫西舊勢力為後援。一直等到第二次東征直薄海嵎，周人才把幾個最重要的藩屬，也就是尚父的齊、周公後人的魯，和召公後人的燕，移到東方與東北，進一步鎮守在東方平原上。[81]到這個時候，中國核心區域已統一於同一政治體系，周室的封建網已經籠罩了主要的戰略據地，周人成功地號令了中國。

本文嘗試把考古資料，文獻史料與近人的考證融合在一起，以敘述周人滅商的史實，在敘述的過程中，至少我們可以看到：第一，周人的文化基礎也很古老，其程度與黃河下游的殷商文化相差不多，而且二者間有密切的關係；第二，周人經過好幾代的經營，逐步向東方進迫，過程是漫長的，其中必有相當密切的文化接觸，此點足以進一步支持殷周文化雷同的必然；第三，東方的夷人似乎未必與殷人合作來對抗西方的周人；反之，周人可能利用東夷造成對殷商包圍的形勢；第四，傳統歷史系統有其可信處，例如吳為姬周殖民、現在已獲得考古資料堅強的佐證。正是為了這個理由，本文也曾依賴傳統的史料，敘述無法利用考古資料的一些細節。

（原載《中央研究院歷史語言研究所集刊》，第三十八本）

80 傅斯年，〈大東小東説——兼論魯燕齊初封在成周東南後乃東遷〉（《中央研究院歷史語言研究所集刊》，第二本，第一分，一九三〇），頁一〇一。傅氏以為燕當在今日郾城；魯當在今魯山縣；而凡、邢、茅、胙、祭、周公諸子的封國，亦均在魯山東北，呈一線排列；齊則當為呂國，在苑南呂宛，與申、甬、許、四、獄諸姜相近；衛則在成周之北，據商舊地，與宋為鄰。

81 關於三國徙封説，參看傅斯年，前引〈大東小東説〉。其中燕之遷徙路途最長，但也可能曾先徙封山西，然後再遷河北，參看顧頡剛燕國，「曾遷汾水流域考」（《責善半月刊》，卷一，第五期，一九四〇），頁二。

周東遷始末

本文題目為周之東遷，然而為了追述原由，不能不包括西周末季諸王。同時東周王朝事跡，也將附帶敘述。至於全文重點，則仍在敘述與分析平王東遷的史事。幽王寵褒姒，以至亡國的故事，《國語》及《史記》均有之。[1] 茲以《史記》〈周本紀〉為代表：「幽王二年，西周三川皆覆，伯陽甫曰：『周將亡矣……』三年，幽王嬖愛褒姒，褒姒生子伯服。幽王欲廢太子，太子母申侯女而為后。後幽王得褒姒，愛之。欲廢申后，並去太子宜臼，以褒姒為后，以伯服為太子。……褒姒不好笑，幽王欲其笑，萬方，故不笑。幽王為烽燧大鼓，有寇至，則舉烽火。諸侯悉至，至而無寇，褒姒乃大笑。幽王說之，為數舉烽火。其後不信，諸侯益亦不至。幽王以虢石父為卿，用事、國人皆怨，石父為人佞巧，善諛好利，王用之。又廢申后、去太子也。申侯怒，與繒、西夷、犬戎攻幽王。幽王舉烽火徵兵。兵莫至，遂殺幽王驪山下，擄褒姒，盡取周賂而去。於是諸侯乃即申侯而共立故幽王太子宜臼，是為平王，以奉周祀。平王

1 《國話》提及幽、平之際史事者，有〈周語〉上、〈晉語〉、〈鄭語〉諸處。《史記》提及此事者，有〈周本紀〉、〈秦本紀〉、〈衛康叔世家〉、〈魯周公世家〉、〈鄭世家〉諸處。古本《竹書紀年》也約略說到此事。

立，東遷于雒邑，辟戎寇。平王之時，周室衰微，諸侯彊并弱，齊、楚、秦、晉始大，政由方伯。」[2]這一段敘述，極富傳奇性，但一個王朝的興亡，自然還有更複雜的原因。以下將分節試作解析。

一、西周末葉的外族

西周列朝史事，屈翼鵬先生已撰有專章，可以參考。此處所謂末葉，指夷、厲、宣、幽四王而言。其中厲、幽二代，國命再絕。夷王之世，通常認為是周衰的開始。但由《後漢書》〈西羌傳〉引古本《竹書紀年》，夷王曾經命令虢公率六師伐太原之戎，至於俞泉，獲馬千匹。[3]厲王之世，淮夷入寇，厲王也曾命虢仲討伐。[4]宣王中興，西北兩面，頻有戎事。據各項文獻所載，秦人的祖先秦仲，曾受命伐西戎，戎為之少卻。又先後伐太原戎及條戎、奔戎，王師都以敗績聞。晉人伐北戎於汾水流域，戎人卻滅了周屬姜侯之邑。王征申戎，破之。宣王三十九年，千畝之役，姜戎又敗周師于千畝。[5]但《詩經》〈小雅・六月〉及〈出車〉，詩人歌詠尹吉甫及南仲的功勞。則玁狁入侵，經過鎬及方，直侵畿輔附近的涇陽。尹吉甫「薄伐玁狁，至於太原。」在北方修築城堡；南仲也討伐了西戎。[6]幽王之世，除了最後西夷、犬戎入侵，殺幽王驪山一役之外，《後漢書》〈西羌傳〉引《竹書紀年》，還提到幽王命伯士伐六濟之戎，軍敗而伯士戰死。同時戎圍犬丘，俘獲了戍守西垂的秦世父。[7]

金文的記載，頗能補充文獻的不足。〈兮甲盤〉、〈虢季子白盤〉和〈不嬰段〉三器銘文，都說到周與玁狁之間的戰事。〈兮甲盤〉：「唯五年三月既死霸庚寅，王初格伐厰執于囂盧。兮甲從王，折首執訊，休亡敃，王錫兮甲馬四匹，駒車。」〈虢季子白盤〉：「唯十又二年正月初吉丁亥，「虢季子白作寶盤，丕顯子白。庸武于戎工，經纏四方。薄伐厰執，于洛之陽。折首五百，執訊五十，是以先行。趄趄子白，獻戓于王，王孔嘉子白義。王格周廟；宣廟爰饗。王曰：『伯父，孔顯有光。』王賜乘馬，是用左王；賜用弓，彤矢其央；賜用戉，用政蠻方，子子孫孫，萬年無疆。」〈不嬰段〉：「唯九月初吉戊申，白氏曰：『不嬰駿方，厰允廣

---

2 《史記會注考證》（台北影印本），卷四，頁六〇—六八。

3 《後漢書集解》（藝文影印本），卷八七，頁二。

4 同上，〈東夷傳〉，卷八五，頁二。

5 《國語》（四部備要本），卷一，頁八；《後漢書集解》卷八七，頁三；《史記會注考證》，卷四，頁五九。

6 《毛詩注疏》（四部備要本），卷九之四，頁一—三，卷一〇之二，頁一—五。

7 《史記會注考證》，卷五，頁一；《後漢書集解》，卷八七，頁三。

伐西俞，王令我羞追于西，全來歸獻禽。全命女御追于䍐。女巳我車，宕伐𡡥允于高陸，女多折首執訊，戎大同𨑖追女。女及戎，大𦎫戟。女休，弗巳我車圅于囏，女多禽折首執訊。』白氏曰：『不嬰，女小子！女肇誨于戎工，易女弓一、矢束、臣五家、田十田，用𨑖乃事』。」三器時代，考證家雖有異說，當以宣王之世為長。[8]

配合三器銘文，及《詩經・小雅》〈采薇〉、〈出車〉、〈六月〉、〈采芑〉四詩，玁狁與周人之間的戰事大約凡有二次。第一役在宣王五年四、五月至冬季。參加者是吉甫、南仲、張仲諸人。戰事在朔方、太原、焦獲、涇陽、鎬、䍐慮諸地。南仲戍方，以為偏師。吉甫一軍，敗玁狁於䍐慮，北追至太原；南仲一軍亦北至朔方，二人分別築城防塞。第二次玁狁之役在宣王十一年。參加者有方叔、虢季子白、不嬰諸人。戰事在䍐、西俞、高陵、洛陽諸地，均在王畿、西俞一隅。〈采芑〉詩中以荊蠻與玁狁連舉，大約二者之間多少有些呼應，是以〈采芑〉有「征伐玁狁，荊蠻來威」之句。〈虢季子白盤〉全篇敘述玁狁戰事，末尾卻加上「用征蠻方」字眼。方叔是主將，兵力有三千乘，故〈采芑〉云：「方叔涖止，其車三千。」虢季子白為其部將，殺敵五百人，俘虜五千人。不嬰又是虢季子白的部下，是以十二年周王賞虢季子白，次年不嬰受賞于白氏，誌其轉戰西俞、高陵的功績。[9]

由文獻與金文的材料，綜合言之，周對西北二方的外族，採防禦政策，即使追奔逐北，也只是對於入侵的反擊。「城彼太原」及「城彼朔方」都是建築北邊的要塞。而玁狁入侵的地點，可以深入到涇、洛之間，直逼京畿矣。[10]

周室對於東方與南方的外族，則採取積極的態度。開拓經營，不遺餘力。早在昭王之世即曾對楚荆有所舉動，傳說有昭王南征不復之說，今日新出土的墻盤更明白說到昭王廣笞楚荆，唯狩南行。大體言之，周征伐對象，包括徐方、淮夷和荆蠻。這些事跡，《史記》〈周本紀〉宣王一段失載，反倒是《詩經》中頗有記載。〈大雅・江漢〉歌詠召虎經營江、漢一帶淮夷「式辟四方」、「至于南海」。〈常武〉記載周王命程伯休父「率彼淮浦，省此徐土」。以致「鋪敦淮濆，仍執醜虜」。然後使「徐方來庭」了。出征的軍人才凱旋北還。〈常武〉詠淮浦之役在先、接下去方敘「濯征徐國」。似乎同一支軍隊，轉戰二役。形容師旅之盛，詩人以江、漢為比。若比興以有關之事為之，則徐夷、淮夷也在江、漢之間，正是後世荆楚之地。可能徐夷、

---

8 三器銘釋，均從白川靜，白川氏《金文通釋》，為周金研究最為特出的綜合性著作。為便翻檢，本文金文銘詞，均採自該書，各器時代之異說，亦見該書。本節三器銘文，均見《白鶴美術館誌》第三二輯。《金文通釋》一書，均以《白鶴美術館誌》名義出版，本文引用此書，均作《白鶴美術館誌》。勞貞一師指示：「兮甲盤」「惟五年三月，既死霸庚寅。」此器為宣王時器無疑，貞一師卓見，謹錄如上。

9 白川靜，《白鶴美術館誌》，第三二輯，頁八三四以下。白川氏基本上是採取吳其昌的意見，見《金文曆朔疏正》（上海，卷五，頁一六—三一，一九二六）。

10 洛之陽當指涇、洛而言，不是伊、洛之洛。見王國維，〈鬼方玁狁考〉，《觀堂集林》（《王觀堂先生全集》，第二冊，台北，一九六八），卷三〇。

淮夷諸族，犬牙相錯，住居相間，也未可知。[11]

周之「南國」範圍，主要是召伯虎經營的地區。據傅孟真先生的意見，南國當是在厲、宣二世逐步開拓的新疆土。地望在河以南，江以北，今河南中部至湖北中部一帶。其中諸侯即漢陽諸姬，而在謝地建立的申國，正處王畿與南國之間。南國文物，後來成為東遷後的文化憑藉。《詩經》中的二南及〈大雅〉、〈小雅〉，其中一部分當即南國文化的產物。傅孟真先生的意見殊為定論。[12]

金文中的史料，在周室對南方開拓的史事，也有文獻所未見的細節。大約在厲王之時，南方有一次極大規模的戰事。據〈禹鼎〉：「烏虖哀哉！用天大降大喪于下或，亦唯噩侯馭方，逨南淮夷東夷，廣伐南域東域，至于歷寒，王乃命西六師、殷八師曰：『囗伐噩侯馭方，勿遺壽幼，肄師彌宂匌匡，弗克伐噩。』肄武公迺遣禹，逨公戎車百乘、斯馭二百、徒千，曰：『于匡朕肅慕，擊西六師、殷八師、伐噩侯馭方、勿遺壽幼，』雩禹以武公徒馭至于噩，臺伐噩，休，隻厥君馭方。」[13]這一役，東國、南國全為戰場，周人動員了兩京的常備部隊。作戰命令中，居然可以有「勿遺老（壽）幼」的嚴峻語句，戰況大約也是殘酷的。最後則噩侯被擒，徐中舒推斷噩的地望為西鄂，即今日河南鄧縣。更由此推論，認為宣王中興時，方叔及召虎的經營南國，以至封申伯于謝，都由懲於這次大動亂的經驗。[14]

另一件虢仲盨的銘文，說到周王曾命虢仲南征，伐南淮夷。[15]可能即是《後漢書》〈東夷傳〉所說淮夷入寇，虢仲征討的同一件事。但《後漢書》說此役「不克」，則是否和擒噩侯之役是同一件史事，則未易確考。

在宣王之世，南淮夷曾內犯成周及於伊班，敔受命追擊，斬首百，俘虜四百餘人。由地名可考者言之，作戰的地區在淅川、商縣一帶山地。淮夷顯然沿著伊水河谷，深入到兩周之間了。[16]

淮夷在周室武力控制之下，大約以貢賦的方式，經常向周室進納東南的出產。金文中至少

---

11 唐蘭，〈略論西周微史家族窖藏銅器的重要意義〉；裘錫圭，〈史牆盤銘解釋〉；李仲操，〈史牆盤銘文試釋〉，均見《文物》，一九七八年第三期。《毛詩注疏》，卷一八之四，頁八—一一；卷一八之五，頁一—四。

12 傅斯年，〈周頌說〉（《中央研究院歷史語言研究所集刊》，第一本，第二分。又，召伯功業及南國事跡，也可看丁山，〈召虎傳〉（同上，第二本，第一分）；屈萬里，〈西周史事概述〉（同上，第四十二本，第四分）。

13 《白鶴美術館誌》，第二七輯，頁四五〇—四五六。

14 徐中舒，〈禹鼎的年代及其相關問題〉（《考古學報》一九五九年第三期）。

15 《白鶴美術館誌》，第二五輯，頁二七六。

16 「敔𣪘」的銘文，及地名考證，據楊樹達，《積微居金文說》（一九五九），頁二五。勞貞一師指示：上洛應即商縣、淅川一帶。這個地名，自漢代當沿用。不過據器文，是從上洛追至伊班，伊水即在洛陽之南，而上洛較遠，中間且隔了一座熊耳山。所以上洛的地方，是否即漢代的上洛，還只是洛水的上游盧氏、洛寧一帶，還有可以研討的餘地。倬雲謹按：上洛地望，未易確初斷定，二說俱存。

有兩處，在提到淮夷時，特別肯定這種貢納關係。〈兮甲盤〉：「王令甲，政辭成周四方賚，至于南淮夷，淮夷舊我貟晦人，毋敢不出其貟、其賚。其進人、其賓；毋敢不即餗即𡴆。敢不用令，𠟭即井𢊾伐。其唯我者侯百生，厥賓毋不即𡴆，毋敢或入蠻叜賓𠟭，亦井。」〈師寰𣪕〉：「王若曰：『師寰𢦏，淮夷繇我貟畮臣，今敢博厥眾叚，反厥工吏，弗速我東馘。今余肇令女，逹齊帀曩嫠，僰𡰥，左右虎臣，正淮夷。即質厥邦嘼，曰冉、曰𦱫、曰鈴、曰達。』師寰虔不㒸，夙夜卹厥牆事，休既又工，折首執訊，無諆徒馭，敺孚士女羊牛，孚吉金，今余弗叚組，余用乍朕後男巤障𣪕。其萬年、子子孫孫，永寶用享。」[17]

二銘內容，有許多地方尚不能甚解。可知者，周人視淮夷為利藪，索取的東西有資財及士女牲畜。這些財富，似乎集中在成周貯存（〈兮甲盤〉）。淮夷若敢反抗，周人即大兵壓境、俘虜其酋長首領。對照金文，則「小東大東，杼軸其空」的詩句，未必是譚大夫所獨具的感慨。倒頗可能是包括淮夷在內，東方人士對周人剝削的哀鳴。[18]

綜合言之，周室對於東、南兩面，採取積極的進取戰略。其態度迴異於對西北的守勢。周人侵略東南的行動，以成周為根據地。而侵略得來的貢賦積儲，也放在成周。

二、宗周與成周的消長

周初建立東都，原為了控御東方。周室的真正基地，毋寧仍在豐鎬。自從昭、穆之世，周對於東方、南方，顯然增加了不少活動。昭王南征不復，為開拓南方事業而犧牲了生命。穆王與徐人之間的一場鬥爭，大約可算是周公東征以後，周代又一件大事。西周末季，開闢南國，加強對淮夷的控制，採東南進取的政策。東都成為許多活動的中心。衛挺生氏由此創為新說，以為穆王以後，周室已經遷都洛陽。這個理論仍頗多可商榷之處，茲不具論。但衛氏指出許多在成周的活動——例如發兵、錫命……，則為對於古史的一個貢獻。[19]

以控制財富而言，至少成周有不少東方與南方的委輸。〈兮甲盤〉說到甲奉命管理成周的「四方責」，〈頌壺〉銘文也說：「隹三年五月既死覇……王曰：『頌，令女官嗣成周賈廿家，

---

17 二銘分別見《白鶴美術館誌》，第三二版，頁七九〇以下；第二九輯，頁六〇一以下。

18 《毛詩注疏》，卷一三之一，頁四—五。關於大東小東與淮奄舊居的關係，見傅斯年，〈大東小東說〉（《中央研究院歷史語言研究所集刊》，第二本，第一分）。

19 衛挺生，《周自穆王都洛考》（台北，一九七〇）。

監蒯新造賓用御。』」當指二十所儲存物資的倉庫。[20]有大量的委積，有常備的軍隊（成周八師），成周成為東南諸侯的活動中心。周王常來駐節，東南軍事行動常由成周發動，則也是可以想像的事了。

反過來看宗周的情形，西北的守勢，未必能完全阻遏戎狄的侵略。上節所敘述周室面臨的若干戰役，敵蹤都深入都城附近。幽王舉烽火以博妃子一笑，其事頗涉戲劇化，然而至少也反映了烽燧直抵都下的現象。

周人為了防守京畿，必須厚集兵力，有若干原在東方，而未必屬於周人嫡系的武力，大約也會調集畿輔左右。《史記》〈秦本紀〉記載秦人前世，是原世居東方的嬴姓，屬於風偃集團。祖先犬丘非子以善養馬見知於周孝王，非子遂主持汧、渭之間的養馬工作。非子的父親大駱曾娶申侯的女兒，生子成。其時已為大駱適子。申侯因不願周王以非子代子成為大駱適子的計畫，向孝王進言：「昔我先酈山之女，為戎胥軒妻，生中潏。以親故歸周，保西垂，西垂以其故和睦，今我復與大駱妻，生適子成。申、駱重婚，西戎皆服，所以為王，王其圖之。」孝王於是封非子為附庸，號為秦嬴，但不廢子成，「以和西戎」。可注意者，申侯、犬丘與西戎之間的婚姻關係，成為安撫西戎的重要因素。厲王之世，西戎反王室，滅犬丘大駱之族。周宣王以秦仲為大夫誅西戎，西戎殺秦仲。其子五人率周宣王授與的兵力七千人，破西戎而復仇，為西垂大夫。後來秦襄公又以女弟妻豐王——豐王據說是戎王荐居歧豐的名號。襄公伯父、犬丘世父曾一度被戎人俘虜，旋被釋放。犬戎、西戎與申侯襲殺幽王於酈山之下，秦襄公將兵勤王，戰鬥甚力。平王東遷，襄公以兵送平王，平王封以岐西之地，答應秦能攻逐戎，即有其地為諸侯。[21]

由這一大段敘述，可知周人戍邊的諸侯或將領，無論是申、是秦，都與戎狄有婚姻關係，邊疆因此可以平靖，但若是內外連結，周人也不免遭逢噬臍之患。上文述及西戎與申、秦聯姻，及戎王可以在歧豐立足。由這兩點推論，戎狄浸淫滲透大約已深入內地。其情勢可能與西晉末亂，胡、戎已在邊地繁殖的現象類似。《後漢書》〈西羌傳〉謂：平王之末，戎逼諸夏、自隴山以東，至於伊、洛。所謂渭首有狄豲、邽冀之戎（當在隴西天水一帶），涇北有義渠之

---

20 王國維及郭沫若均以貯作賜予解。但白川靜引〈兮甲盤〉賚賓併舉之例，及〈倗生𣪘〉的〈其賓州田〉，認為貯為徵賦的意思。白川靜之解較長。《白鶴美術館誌》，第二四輯，頁一五八－一六一。

21 《史記會注考證》，卷五，頁九－一二。勞貞一師指示：嬴氏不僅與戎為婚姻，其本身甚至可能為戎，具見蒙文通所考。秦的祖先非子，善養馬，幸於周孝王，孝王召使主馬於汧、渭之間，馬大蕃息。秦的族人造父為周穆王御，長驅歸周以救亂。造父六世孫奄父，為周宣王御。至晉獻公時，趙夙猶為晉獻公御戎。所以秦這一家是養馬、御車歷世相傳的專家。他的祖先應當出於西北草原地帶，把這一家列入風偃集團甚有問題，不僅秦未必出於東方，甚至於嬴姓另外一支的徐，也有問題，《書經》〈費誓〉：「組茲淮夷、徐戎並興。」在這一句之中，淮、徐並列，可見徐不是淮夷。況且淮夷稱夷，徐戎稱戎，還表示著徐是戎而非夷，原來是別處去的，而非濱海的土著。倬雲謹案：淮徐應為二族，惟其方位則均無妨都在東部。養馬御車，也可以是到西北後發展的文化特質。

戎，洛川有大荔之戎，渭南有驪戎，伊、洛間有揚拒、泉皋之戎，潁首以西有蠻氏之戎，誠可說處處有戎跡。雖然《後漢書》記載這些戎人的分布，屬平王之末。然而由上文申、秦與西戎的關係判斷，戎狄入居當不只在平王之世了。[22]

秦人先世為西垂大夫，兄弟、昆季、父子相繼與西戎周旋，當是以部族為戰鬥單位。周人軍隊中即有秦夷一種，與其他夷人同列。似乎都是戰鬥單位，或後勤服務的單位。金文中至少有兩器銘文，提到這種周人以外的族類。一件是〈師酉𣪘〉：「隹王元年正月，王在吳，格吳大廟，公族𤧟釐入，右師酉立中廷，王呼史牆，冊命師酉：『嗣乃且啻官邑人虎臣，西門尸、𩵦尸、𩃼尸、京尸、𢍰身尸。」另一器為〈詢𣪘〉：「王若曰：『詢，丕顯文武受命，則乃且奠周邦。今余令女啻官嗣邑人，先虎臣，後庸，西門夷，秦夷，京夷，𩵦夷，師笭側新，□華夷、由□夷、匽夷。』成周走亞，戍秦人、降人、服夷。」二器時代當在厲王、宣王之世。[23]〈詢𣪘〉提到的單位，比〈師酉𣪘〉更多，而且明說有降人、服夷。舉一反三，其中當也有不是降人、服夷，而是調來的少數民族戰士，如秦嬴之例。以後世史事推論，漢有胡騎、越侯，明有土兵、狼兵，清有蒙旗、漢軍。則周人部伍中，雜有諸種外夷戎狄，並非不可能之事。若周人為捍衛首都，大集東南降夷、「熟番」，以抵抗西北戎狄，則畿輔之內民族成分，難免複雜。與成周的興旺對比，宗周雖然號為京畿，周室反而未必能有堅實的掌握與控制。

此種情形可由〈散氏盤〉銘文觀之。〈散氏盤〉是周金中的名器，記敘矢人侵散失敗，於是夨人割地付散，正其疆界。地方均在渭南，包括眉、豆等處田地。然後與夨人有司十五人的名字，散人有司十人的名字（據王國維考證，其中可能包括製作善夫克鐘的克，及作鬲從盨的鬲攸从）。這些人名大約是隨從夨、散二主的官員。文末夨及有關人士盟誓，不再爽約。夨稱王號，以地圖交授史正仲農。全文三百五十字，文長不錄。[24]

王國維由〈散氏盤〉中夨、散兩國在厲王之世的情形，論及周室的式微。認為南山的古代微國，及周初所建井、豆、景諸國，已為散、夨兩國併為領地。天子親信大臣膳夫克，其分地跨渭水南北。鬲攸从也是能自達於天子的人物，而二者皆受脅於散氏，列名有司，失去獨立之實。夨器出土，銘文自稱夨王者，除此件外，還有數器，王氏以為周室及渭北諸國，困于西北玁狁，但能自保。夨、散兩國，依據南山，旁無強寇，遂得坐大，於是夨既僭稱王號。散人因夨人侵軼，而力能使之割地，亦不是弱者。邦畿之內，兼併自如。兩國簽約，也目無王室。是

22 《後漢書集解》，卷八七，頁三。岑仲勉以為戎狄入周，係伊蘭系民族的東遷，是歐、亞大陸民族大遷移的一波，此說頗有啟發性，但能否證實，須聯繫整個歐亞大陸民族移動史，始可討論，此處不贅論。參考岑仲勉，《西周社會制度問題》（上海，一九五六），頁九二—一〇〇。

23 《白鶴美術館誌》，第二九輯，頁五五五；第三一輯，頁七〇二。

24 《白鶴美術館誌》，第二四輯，頁一九三—二〇三。

以王氏嘆息「周德之衰，於此可知矣！」[25]

綜合本節，成周因東南的開拓而日益重要。相對言之，宗周原是周室的根本，卻因逼於戎狄，四郊多壘，仍難免戎狄的滲透，甚至有戎狄與邊將交通聯姻之事。畿輔之內的諸侯，也有專擅自恣者。周室在東南的成功，竟未能對王室的式微，發生強心的作用。

三、西周末葉的封建制度

西周立國，封建親戚，以藩屏周，此是中國歷史上封建的定義。封建的諸侯，在其控制的範圍內，也有級次的分封，是即卿大夫的氏和家。這個封建的金字塔，由天子而至士，有其一系列的相對權力和義務。由於諸侯各有封疆，我們往往遂以分封土地，為封建的要件。細審周人封建制度的發展史，「授民」、「授疆土」二者之中，在早期的封建。授民毋寧較之授疆土更為重要。借後世的史事以為引喻，滿洲初封八固山時，貝勒們各有領民，但未必有明白的疆界，周代替殷商為古代中國之主人，諸侯也不過各自率領若干姬、姜集團的戰士、配屬一些降服的殷商遺民，及若干土著，分別駐防於戰略要地。星羅棋佈，互相呼應，互相聲援，撐起一個以少數（周人）統治多數（非周人）的政治系統。當時駐防的要塞，即是築有城堡工事的都邑。所謂「國」，只是都邑，而不指四界之內的疆域。

《左傳》定公四年，追述周初分封魯、晉、衛三國的情形。「昔武王克商，成王定之，選建明德，以藩屏周，故周公相王室，以尹天下，於周為睦，分魯公以大路大旂，夏后氏之璜；封父之繁弱，殷民六族：條氏、徐氏、蕭氏、索氏、長勺氏、尾勺氏，使帥其宗氏，輯其分族。將其頭醜，以法則周公。用即命於周，是以使之職事於魯，以昭周公之明德。分之土田陪敦、祝宗卜史，備物典策，官司彝器，因商奄之民，命以伯禽，而封於少皞之虛。分康叔以大路、少帛、綪茷旃旌、大呂。殷民七族：陶氏、施氏、繁氏、錡氏、樊氏、饑氏、終葵氏。封畛土略，自武父以南，及圃田之北境，取於有閻之土，以共王職，取於相土之東都，以會王之東蒐。聃季授土，陶叔授民，命以康誥，而封於殷虛，皆啟以商政，疆以周索。分唐叔以大路、密須之鼓，闕鞏、沽洗，懷姓九宗，職官五正，命以唐誥，而封於夏虛，啟以夏政。」[26]

由於分封以授民為主，是以此處說到疆域，範圍極為空泛模糊。更須注意者，周初諸侯可以徙封，所管領土地也不必完整的集中在一個地區。徙封的例證頗多，傅孟真先生考訂，以為魯、燕、齊三國，最初皆封於成周東南。魯之至曲阜、燕之至薊丘、齊之至營丘，都是周公東

25 王國維，〈散氏盤跋〉，《觀堂古金文考釋》（《王觀堂先生全集》，第六冊）。

26 《春秋左傳正義》（四部備要部），卷五四，頁八一一〇。

定商奄以後的事。[27]若不是封建以授民為主體，孰可以一國遷徙千里之外？領土分散的情形，上引《左傳》定公四年一節中，已見康叔有兩個各別分開的封土。又例如魯與鄭交換土地的事，《左傳》隱公八年：「鄭伯請釋泰山之祀而祀周公，以泰山之祊祐易許田。」[28]魯在今山東省，而可遙領河南的許田。鄭居今河南省，而也可領有泰山下的祊。這種「飛地」，固不能形成完整領土的一部分。「國」以人民為主，卻不以土地為主。此所以平王東遷，鄭國也可以由今日陝西徙遷東土，建立新的鄭國於草莽之間——鄭事將於下文再詳說，此處不贅。

本文前節曾引厲、宣之世的〈師酉段〉、〈詢段〉二器銘文，列舉邑人虎臣及諸種夷屬，可知二人繼承的祖業，以領屬的部位為主要成分。邑人當指周人組成的「國人」。虎臣是虎賁，虎士一類的親衛。而西門夷之屬，即類似前舉《左傳》定公四年所列的殷民六族、殷民七族、商奄之民、懷姓九宗。

授民的封建，漸漸轉變為授土地的封建。揆以情理，諸侯在當地定居日久，不再以駐防自居。《禮記》〈檀弓〉言：太公封於營丘以後，五世反葬於周。[29]然而六世之後，顯然已與當地「認同」了。更重要的則是，諸侯由國都向四郊逐漸發展，城邑日多，田野日闢，由點而擴展為面。舊日國都與國都之間，榛莽遍布，點與點之間不必有清楚的邊界。一旦有了面的開展，諸侯之間即不免有了面與面的接觸，於是而必須有清楚的分界。西周末葉的封建，由詩經與金文的史料觀之，授土地的觀念，已比授民觀念為強烈。《詩》〈大雅・崧高〉與〈韓奕〉

兩篇，都是韻文的錫命策。〈崧高〉：「王命召伯定申伯之宅，登是南邦，世執其功；王命申伯式是南邦，因是謝人，以作爾庸；王命召伯徹申伯土田；王命傅御，遷其私人……王命召伯徹申伯土疆，以峙其粻，式遄其行。申伯番番。既入於謝，徒御嘽嘽……。」[30]其中固有「因是謝人」及「遷其私人」，代表授民的意義，也強調了「徹土田」、「徹土疆」的意義。〈韓奕〉：「王親命之，纘戎祖考，無廢朕命，夙夜匪解，虔共爾位，朕命不易，榦不庭方，以佐戎辟……溥彼韓城，燕師所完，以先祖受命，因時百蠻，王錫韓侯，其追其貊，奄受北國，因以其伯，實墉實壑，實畝實籍……。」[31]韓侯再受錫命，未見授民，倒是強調了地田畝與賦稅的權利。兩詩對土地與人民的語氣，已異於前引周初策命的偏於人民了。

---

27 傅斯年，〈大東小東説〉，（《中央研究院歷史語言研究所集刊》，第二本，第一分）。關於「邑」的演變及封建的關係，宮崎市定、Paul Wheatley及杜正勝均有研究，請參看拙稿〈周代都市的發展與商業的發達〉（《中央研究院歷史語言研究所集刊》，第四十八本，第二分）。又請參看宮崎市定，〈中國上代は封建制が都市國家が〉（《史林》，卷三三，第二期，一九五〇）。杜正勝《城邦國家時代的社會基礎》，（國立臺灣大學歷史研究所碩士論文，待刊）。

28 《春秋左傳正義》卷四，頁五。

29 《禮記正義》（四部備要本），卷七，頁一。

30 《毛詩注疏》，卷一八之三，頁一—六。

31 同上，卷一八之四，頁一—七。

西周末克氏作器傳世頗多。〈克盨〉：「隹十又八年，十又二月初吉庚寅。王才周康穆宮，王令尹氏、友史趛，典善夫克田人。」〈大克鼎〉：「王若曰：『克，昔余既令女，出內朕令，今余隹𤕌𦎫乃令，易女叔市，參回苒悤，易女田于埜，易女田于渒，易女丼家𦃃田于𨞪，以厥臣妾，易女田于康，易女田于匽，易女田于𨻰原，易女田于寒山、易女史小臣、霝龠鼓鐘、易女丼遈𦃃人𦭞，易女丼人奔于量，敬夙夜，用事，勿灋朕令！』」[32]另有易衣服、器用、車馬的〈師克盨〉，此處毋庸討論。但以〈克盨〉、〈大克鼎〉二器言之，土地人民都在賞賜之列。然而錫土地的仔細明確，竟是一片一片田土列舉不遺。據王國維考證，克的領土，建都渭水南岸。封地遠在渭北，北至涇水，奄有渭河南北，儼然歧下一個大領主。

白川靜以為克氏是原在東在東方的大族，似頗有可能。〈小克鼎〉以善夫克在成周「遹正八師之年」作為紀念。克自可能與成周八師有特殊關係。[33]〈克鐘〉：「王親令克，遹涇東，至于京師。」似是劃定歸克氏駐守的地區。[34]〈師克盨〉又稱克氏：「干吾王身，乍爪牙。」奉命「翩翔左右虎臣」，則克之職務又包括統領近衛武士，類似王宮宿衛了。[35]若克氏是成周調取來京的軍事長官，則「克盨」與善夫克田人，也許是指定克氏在宗周附近的產業民人。俟〈大克鼎〉錫以各處田，則更是賞賜大片領地了。克氏在宗周的發展，也類似秦人祖先的發展，都與宗周經常偪於西北戎害的緊張情勢有關。畿內駐軍，一片一片地取得王室能直接處理的土地，王室本身的逐漸削弱，是為不可免的情況。

上節曾說到〈散氏盤〉所記夨、散立界約之事，詳記各處分界線，由一個定點分述向東、南、西三方面的界限。以「封」為界標，以陵泉、道路為界線。顯然散、夨的田邑接壤比鄰，也為此才有侵奪的行為發生。

時代可能稍早的〈曶鼎〉，記載匡、曶爭訟的事。據說，「昔饉歲，匡眾厥臣廿夫，寇曶禾十秭。」[36]原銘中未記寇禾經過，可能是偷糧倉，也可能是搶割田中收成。如屬後者，則曶

32《白鶴美術館誌》，第二八輯，頁四八六、頁五〇〇—五〇八。貞一師指示：克盨「惟十又八年，十又二月初吉庚寅。」此器自為晚周所作。共和以後，宣王有十八年，而幽王無十八年，但宣王十八年十二月丁未朔，無庚寅。必在宣王以前，董氏設計厲王十八年為前二七七二年，是年十二月癸酉朔，庚寅在十八日，非初吉。亦不合，惟前二八〇六年十二月庚寅朔，若不從董袁以為夷王三十年，可以假設此年為懿王十八年。《御覽》八十四引《史記》（《史記》無，蓋《紀年》文），懿王在位二十五年，則前二七九九為懿王二十五年，前二七九八為孝王元年。《御覽》八十四，孝正在位十五年，則前二七八三為夷王元年，《御覽》八十四，夷王在位十五年，則前二七六八為厲王元年。厲王在《御覽》所引無年數，至共和元年，則厲王在位十六年，然後即共和元年，亦均合理。謹謝貞一師卓見。

33《白鶴美術館誌》，第二八輯，頁五一四。又參看白川靜，《金文の世界》（東京：平凡社，一九七一），頁一八三—一八四。

34 同上，頁五三三。

35 同上，頁五四五—五四六。

36 同上，第二三輯，頁一三一。此器時代也在懿、孝之世。但若與曶壺同一主人，則時代又當晚至夷、厲。

與匡之間的田地應接界，始有可能。原史料不詳，未宜妄說。

〈倗生毁〉文辭詰屈，不易通讀，但大意可知是格伯與倗生，以良馬一乘（四匹）交換州田的事。接下去是按行甸野，經過一串地名，均是山林、川谷，大約也是勘定四至。然後與〈散氏盤〉一樣，以契約存放史官。文末謂格伯的田已「典」，當指已經「登記在案」。[37]田地可以買賣，一則田地代表財富，二則領主已有充分的處置權。封建制度下，周王應是天下共主，一切封土的最高所有者。封君自己買賣田地，未嘗不表示周王最高所有權及封建體制，已經歷極大的轉變。

本節所說，大體謂周諸侯已由「點」的戍守，逐漸轉變成「面」的主權。諸侯戍守駐防，有賴於彼此的合作。諸侯各為領有地的主人。農田開拓，一旦兩片領地接壤時，比鄰之間的關係，即由互相支援轉變成彼此競爭。周代封建網維繫的秩序，於是也面臨嚴重考驗。宗周畿內，因有許多領主原為保衛京畿的駐防隊伍，其由駐防而變成割據，對於姬周王室的實際力量，當然也構成嚴重的影響。

四、周東遷的前後

《國語》〈周語〉記載一節厲王專利的故事：「厲王說榮夷公，芮良夫曰：『王室其將卑乎？夫榮夷公好專利而不知大難，夫利，百物之所生也，天地之所載也。而或專之，其害多矣！天地百物皆將取焉，胡可專也？所怒甚多而備大難，以是教王，王能久乎？夫王人者，將導利而也。使神人百物，無不得其極，猶曰怵懼怨之來也。故〈頌〉曰：「想文后稷，克配彼天。立我蒸民，莫匪爾極。」〈大雅〉曰：「陳錫載周，」是不布利而懼難乎，故能載周以至於今。今王學專利，其可乎？匹夫專利，猶謂之盜，王而行之，其歸鮮矣。榮公若用，周必敗。』既榮公為卿士，諸侯不享，王流於彘。」[38]

這一段議論，文辭含糊，所謂「專利」，並無正面的交代。但細玩文義，有數點可析出：第一，「利」大約指天然資源，是以謂之「百物之所生」、「天地之所載」。第二，利須上下均霑，是以王人「將導利而布之上下」。惟有以賞賜的方式廣泛的分配利源，始使「周道」延綿

37《白鶴美術館誌第》，第二〇輯，頁四二六—四三二。「典」字也見〈克盨〉，該銘已於本文前節說過。按：〈倗生毁〉也為西周末期之器。

38《國語》（四部備要本），卷一，頁五—六。

至今。第三，榮公專利的後果，是「諸侯不享」。循此推測，在周人封建制度下，山林藪澤之利，應由各級封君共享。即使以賞賜或貢納的方式，利源仍可上下分享。厲王專利，相對地也就使諸侯不享。榮公之政策，可能有其不得已之處。本文上節曾提出王室窘迫的可能性。外有國防需要，內有領主的割據。周室可以措手的利源大約日漸減少。費用多而資源少，專利云乎，也許只是悉索敝賦的另一面。這是時勢造成的情況，然而也意指封建領主間，寶塔式的階級分配制度，已瀕於崩解。

《國語》〈周語〉也記載了宣王料民的史事：「宣王既喪南國之師，乃料民於太原，仲山父諫曰：『民不可料也。夫古者不料民而知其少多，司民協孤終，司商協民姓，司徒協旅，司寇協姦，牧協職，工協革，場協入，廩協出。是則少多、死生、出入往來者，皆可知也。於是乎又審之以事，王治農於籍，蒐於農隙，耨穫亦於籍，獮於既烝，狩於畢時，是皆習民數也，又何料焉？不謂其少而大料之，是示少而惡事也。臨政示少，諸侯避之。治民惡事，無以賦令。且無故而料民，天之所惡也。害於政而妨於後嗣。』王卒料之，及幽王乃廢滅。」[39]

仲山父的議論，透露一些消息。一方面他指出「古者」如何如何，說明不必經過戶口調查，人口統計早在掌握之中。另一方面，他又指出，戶口的數字已經少了，何必再大舉調查以示弱。實則宣王為了喪師之後，要作一次「國勢調查」。若仲山父議論的古制仍未失去功能，宣王自然不必多此一舉。大約實際人口與官府紀錄，已有了差距，宣王始不得不料民。很可能仲山父也預見料民的後果是人口太少(或人口減少),因此有何必示人以弱的議論。由這一段史料推論,宣王時周室可能經歷了戶口減少的危機,至少也是周王直接控制下的戶口,比應有之數為少。

戶口減少總不外二端。或由自然災害,或由人為原因。人口增殖趨於負值,也可由人口的逃避登記。前者目前無史料可為討論依據,茲不論。後者的可能則有一段金文可為佐證。大克鼎的銘文列了一連串賞給克氏的田地人夫,其中有一條是「井人奔於𥳑」。白川靜以為可釋為逋播的僕臣。[40]如白川氏之解釋成立,則不僅有人逋逃,而且緝獲之後,逃戶可降為賞賜的東西。至於料民之舉是否也隱含緝捕逃戶,則史料不足,未敢妄說。

幽王即位後,寵信褒姒及一批近臣,又不巧發生極巨大的震災。天災、人禍,以至於亡國。布之上下者凡此,屈翼鵬先生在〈西周史事概述〉一文中,均已有生動扼要的敘述。屈先生指出《詩經》〈大雅.瞻卬〉及〈小雅.十月之交〉,描述褒姒及其黨羽的胡作非為,誠為確論。配合本文上節所述,周人封建度瀕臨解體的危機,以及若干領主割據的現象,則朝廷予奪之際,大致會背離封建原有體系的行為準則,政府惹人怨懟,也就是必然之事了。

---

39 《國語》,卷一,頁九—一〇。

40 《白鶴美術館誌》,第二八輯,頁五〇七。

西周遭遇天災，「十月之交」有生動的描寫。日蝕、地震、百川沸騰、山冢摧崩、高岸為谷，深谷為陵。[41]而且涇水、渭水、洛水三條河流，也因山崩而乾枯。伯陽父所謂「源塞國必亡，夫水土演而民用也。水土無所演，民乏財用，不亡何待？」[42]顯然意指因水源乾竭而造成旱災，妨礙了農業生產。西周地處陝西的黃土高原，土層深厚，而必須下達河谷，始及水源。若無灌溉系統，即須依仗黃土層的毛細作用，吸引水頭，上達地表。地震可使三川塞竭，岐山崩坍，地層變動。則地下水分布的情況，也必受極大的干擾。西周時代的農作物，以黍稷為主。黍稷即使比麥類耐旱，仍須吸收相當的水量。地下水不足，則須依靠天水。於是雨量稍不足，便造成旱災了，古人對天災極為畏懼，總認為這是天人交感下，上帝對下民的懲罰。心理上所受的打擊，往往比實際的經濟效果為沉重。〈大雅・雲漢〉一詩，據詩序屬之宣王之時。但其中提到的冢宰趣馬、師氏膳夫，大約與〈十月之交〉的近臣是同一批人物，而且「周餘黎民」一語，也像驪山之難後的口氣，不像是宣王中興氣象。如此則〈雲漢〉所說旱象，也當為幽王大亂前後的事。呼天不應，先祖的神靈也不施援手，詩人只有悲嘆「旱既太甚」、「饑饉薦臻」了。[43]〈召旻〉一詩，蹙國百里，必須是幽王之世的現象。詩人也提到「池之竭矣」、「泉之竭矣」。草也枯槁，以「癲我饑饉、民卒流亡。」描寫災荒，至為痛切。[44]

若只是西戎在驪山下襲殺幽王，一旦戎人退卻，新王即位，西周非不可收拾。然而王畿有領主割據，災饉薦臻，宗周故土遭盡天災人禍，人心惶惶，於是周王室必須棄茲西土，東遷到較為富足的伊、洛一帶。

西周末季，「逃難」的想法，似已很普遍。〈十月之交〉一詩「皇父孔聖，作都於向，擇三有事，亶侯多藏，不憖遺一老，俾守我王，擇有車焉，以居徂向。」[45]屈翼鵬先生解釋為皇父預先安排避難之所。[46]同樣的情景，也可由鄭伯早作東遷之計一事觀之。《國語》〈鄭語〉：「桓公為司徒，甚得周眾與東土之人，問於史伯曰：『王室多故，余懼及焉，其何所可以逃死？』史伯對曰：『王室將卑，戎狄必昌，不可偪也。』」[47]商量的結果，鄭伯在虢、鄶十邑之地寄孥，以為東遷之備。

有一些未做充分準備的西周貴族，大難來時，惟有倉促逃亡，而將重器寶物窖藏。若干窖

41 《毛詩注疏》，卷一二之二，頁三。
42 《國語》，卷一，頁一〇。
43 《毛詩注疏》，卷一八之三，頁八—一三。
44 同上，卷一八之五，頁八—一一。
45 同上，卷一二之二，頁五。
46 屈萬里，〈西周史事概述〉，頁一二。
47 《國語》，卷一六，頁一—六。

藏到今天重見，仍完整如新藏入土。早在民國二十九年，陝西扶風有農民發現一個深洞，內藏各種銅器百餘件。據說深洞是一有建築性的懸坑，不是埋藏的土穴。諸器整齊排列，金色燦爛，儼然如新。據推測是宗周貴族遭遇變亂之時的窖藏。[48]民國五十年，陝西長安的張家坡，出土青銅器五十三件。諸器時代不一，有早到成王時期的，有在西周中葉或以後的。諸器也非作於一家，有作於他姓，似係媵贈，坑中埋藏情況，不像殉葬，而是窖藏。據推測，若是厲王奔彘時所藏，宣王復辟，一切恢復正常，原主當會啟封。惟有幽王驪山之難，有些貴族倉促逃難，窖藏才永未啟復。最近扶風又出土銅器一百零三件，是微史家族窖藏，也是這一類性質。[49]

《詩經》大小雅中，頗有一些憂愁怨嘆之詞。若拋開詩序的刻板解釋，有不少詩句顯然是描述逃難的痛苦。這些「周餘黎民」，在顛沛流離之中的心情，頗可以〈小弁〉的幾章作為代表：「弁彼鸒斯，歸飛提提。民莫不報，我獨于罹。」自己的命運，比不上有巢可歸的烏鴉，難怪他要仰首向天，問自己「何辜于天，我罪伊何」。平易可行的王室馳道，已長滿了茂草，自己卻不得不離開桑梓，離開父母。流亡生涯，譬如河上漂浮的小船，不知何處屆止。末尾二句，「我躬不閱，遑恤我後」，大約所有流亡之士都不免有此體會。[50]在〈桑柔〉中難民們感嘆亡國之痛，無人能先去兵寇之害，「亂生不夷，靡國不泯。民靡有黎，具禍以燼。」人民棲棲惶惶，不知何往：「國步滅資，天不我將。靡所止疑，云徂何往。」「自西徂東，靡所定處。」[51]他們怨嘆天道的無情，降下災禍；他們也詛罵人謀的不臧，及執政的非人。例如〈瞻卬〉、〈雨無正〉、〈北山〉諸篇，都充滿了呼天不應，不免怨恨人事的情緒。[52]終日不能得一飽，流亡的人會興起「生不如死」之感，〈小雅・苕之華〉：「知我如此，不如無生」，正是這種心情的表現。[53]〈國風〉中也不少感嘆的詩篇。〈黍離〉形容役夫在過宗周時，宮室層為黍稷，中心傷悲，步履蹣跚的情形。〈君子于役〉形容征夫在路，歸家無日，其妻子在日暮牛羊歸牧雞棲於塒，不禁懷念寓人。〈中谷有蓷〉也詠嘆夫婦中道仳離的苦況。流亡的難民，無依無靠的哀鳴見於〈葛藟〉，對遭遇的命運怨嘆，則見於〈兔爰〉。[54]亂世之音怨而怒，亡國

48 「陝西最近發現的西周銅器」，(《文物參考資料》，一九五一年第十期)，頁一四三—一四四。

49 郭沫若，〈長安縣張家坡銅器辭銘文彙釋〉，(《考古學報》，一九六一年第一期)。又陝西周原考古隊，〈陝西扶風莊的一號西周青銅器窖藏發掘簡報〉，(《文物》，一九七八年第三期)。

50 《毛詩注疏》，卷一二之三，頁三—四。

51 同上，卷一八之二，頁二。

52 同上，卷一二之二，頁六—八；卷一三之一，頁一一—一五；卷一八之五，頁四—八。

53 同上，卷一五之三，頁七—八。

54 同上，卷四之一，頁三—四、六—八。

之音哀以思，這些詩篇所見，適是最好的例證。

至於平王遷徙的細節，不易詳考。後世固然以平王為正統，如《史記》〈周本紀〉：「於是諸侯乃即申侯而共立故幽王太子宜臼，是為平王，以奉周祀。平王立，東遷於雒邑，辟戎寇。」[55]但據《左傳》昭公二十六年：「至於幽王，天不弔周。王昏不若、用愆厥位。攜王奸命，諸侯替之。而建王嗣，用遷郟鄏。」[56]《古本竹書紀年》：「（晉文侯七年）幽王立褒姒之子伯服，以為太子。平王奔西申。（十年）伯服與幽王俱死於戲。先是申侯、魯侯及許文公，立平王於申。幽王既死，而虢公翰又立王子余臣於攜。周二王並立。（二十一年）攜王為晉文侯所殺。」[57]周二王並立，形勢大似唐玄宗奔蜀，太子與永王對峙的局面。晉文侯殺攜王，則所謂「吾周之東，晉、鄭是依」。由來久矣。

平王之東，大約也頗有一段顛沛之苦。據當世扈從之人的後裔自稱，「昔平王東遷，吾七姓從王。牲用備具，王賴之而賜之騂旄之盟曰：世世無失職。若篳門閨竇，其來東底乎，且王何賴焉？」[58]則平王的扈從不多，而平王頗依賴這些共患難的從亡之士。由此推測，平王未必十分依靠母舅申侯。若平王得大藩（如申侯）之援，牲用自有供應，無須從王的七姓貴族進御了。申侯在東周政治上，未見有突出的政治地位，也反映平王東遷，並無得到申侯的充分支持。

鄭國在平王東遷後，是王室的重要支持者，一則鄭國始封之君桓公，是厲王之少子，宣王之弟。論親屬關係，與平王頗為親近。——至少比晉、魯、衛諸國為親近。二則鄭原封在宗周畿內，也是在幽王之世才作東遷的打算的。本文前一節已引用《國語》〈鄭語〉，桓公作東遷打算的一段文字。據說史伯建議鄭桓公，以周室多難，寄孥與賄於虢、鄶等十邑。後來鄭桓公死幽王驪山之難，其子武公取十邑而為鄭。[59]

《國語》歸之於史伯的策略，頗有可疑之處。史伯預料春秋之世，秦、晉、齊、楚代興的預言，一一應驗。若在幽王之世，即能預言西垂附庸的秦人，可以蔚為大國，未免太過神奇。其實鄭在東方並非全無基礎。《左傳》隱公八年，鄭國以泰山之祊易魯國的許田。據說這塊土地是桓公在泰山下的湯沐邑。鄭在殷商時，已是東方的雄族。白川靜以為卜辭的「奠」，即是鄭，其活動範圍為今日河南鄭州一帶。殷亡，周徙鄭人於畿內，是以西方也有鄭地名。寰盤甚至有娶姬姓女子的鄭伯。桓公以厲、宣之親，獲封畿內的咸林，當是西鄭。鄭武公在東方再造

55 《史記會注考證》，卷四，頁六六。

56 《春秋左傳正義》（四部備要本），卷五二，頁四。

57 范祥雍，《古本竹書記年輯校訂補》（上海，一九六二），頁三三—三五。

58 《春秋左傳正義》，卷三一，頁七。

59 《國語》，卷六，頁一—六；《史記會注考證》，卷一二，頁五。

新邦，其實是鄭人返回故地。[60]

白川氏之說，甚有意致。《國語》〈鄭語〉：「桓公為司徒，甚得周眾與東土之人。」《史記》〈鄭世家〉：「友初封于鄭。封三十三歲，百姓便愛之。幽王以為司徒，和集周民。周民皆悅，河、雒之間人便思之。」[61]足見桓公與東方河、雒之間，頗有特殊關係。本文第三節曾討論封建以封人民為始貌，鄭桓公封鄭，可能即為授以舊鄭人之族。鄭人在西以咸林為居地，亦即鄭桓公的封邑。但東方的鄭人仍居河、雒之間，而與在西方的鄭人聲氣互通。鄭伯襲取十邑，鵲巢鳩占，若不得內應，勢難成功。

春秋鄭國商人與鄭國公室之間，有一重很特殊的契約關係。《左傳》昭公十六年：「子產對曰：『昔我先君桓公，與商人皆出自周。庸次比耦，以艾殺此地，斬之蓬蒿藜藋而共處之。世有盟誓，以相信也，曰：「爾無我叛，我無強賈，毋或匄奪，爾有利市寶賄，我勿與知。」特此質誓，故能相保，以至于今。今吾子以好來辱，而謂敝邑強奪商人，是教敝邑背盟誓也，毋乃不可乎！』」[62]

這一段說辭中，可注意者三。第一，在幽王驪山之難以前，桓公即有東來的安排。第二，這群商人並非鄭國舊有的臣屬，始須互立「爾無我叛，我無強賈」的盟誓。第三、鄭人立足的地方是蓬蒿藜藋遍地的原野，而不是已經有居民的都邑。由第一點言，《國語》史伯的議論中，有關桓公東移一節，基本上與《左傳》子產所說相符。由第二點言，幽王時代已有不少人作東遷打算，其中有貴族，也有組成隊伍的商賈。兩者可以合作創立基業。由第三點言，寄孥十邑之說，其真相可能是鄭人在河、洛、潁各國（邑）之間的甌脫隙地，開荒闢野，建立新鄭。至於選擇此地，則與居東鄭人有關。有了自己的基業，鄭武公始能逐漸侵奪虢、鄶諸國，蔚為東周大邦。東方地大，是以宗周畿內諸國（如夨、散）已因鱗次櫛比，而必須劃定界線時，東方仍有不少邦國城邑之間的隙地，可供鄭桓、武之屬開拓。想來當時東遷之人群，當也有不少如鄭之例，但具體而微耳。

總之，西周之末季，宗周舊地，天災、人禍，人心不安。東土有發展的餘地，平王東遷，不僅是王室行政中心的東移，也當意味相當數量人口的東移。由另一角度來說，西周的畿內原有許多由東方遷去的人口，其中有若干翩然遷返舊居，如鄭人。另一方面，也有些漸在西土定居了，如秦人。

---

60 白川靜，〈殷代雄族考——鄭〉（《甲骨金文爭論集》，京都，一九七三），頁三六七—四四〇。

61 《國語》，卷一六，頁一；《史記會注考證》，卷一二，頁三。

62 《春秋左傳正義》，卷四七，頁一〇。

五、東周列王概述

平王東遷後，宗周故地未嘗全失。秦襄公、文公兩世與戎戰鬥。秦文公十六年，終於盡收周餘民。歧以西已由平王封秦為諸侯，秦獻歧山以東於周。[63]是以周人舊有畿輔之地，只少歧西一帶。周人憑藉舊業，再加上東都儲積，有鄭、虢大藩，左右提挈，王室恢復聲威，應非不可能。但東周二十五王，全不振作，內亂頻仍，終於澌滅。東周史事，自有春秋戰國各章分別論列，此處以東周王室的歷史為限。

東周天王體制的敗壞，自然與周王直轄疆域的縮減有關。據顧棟高的估計，周東遷之初，土地仍可方六百里。當河南中部、跨黃河南北。藉虢國桃林，與西京聯絡。申呂南陽，以控御南方。襟山帶河，晉、鄭夾輔，其形勢足可中興。[64]據《左傳》隱公十一年，桓王取鄔、劉、蔿、邘之田，而予鄭人蘇忿生之田溫、原、絺、樊、隰、郕、欑、茅、向、圳陘、隤、懷十二邑，周壤地大削。[65]莊公二十一年，惠王因鄭、虢平子穨之亂，割虎牢以東予鄭，又以酒泉予虢。於是今日河南成皋、汜水一帶，為鄭所有，陝西大荔一帶屬虢。[66]周王畿本是沿著黃河的一條狹帶，經此東西兩端的削減，土地就極為局促，只有今日洛陽周圍十餘縣而已。晉滅虢（魯僖公五年），楚滅申、息（魯莊公十四年左右），於是西都、南國消息盡斷，周王僅當春秋一個小國了。[67]迄乎末季，周考王封弟於河南，是為河南桓公，以續周公之職。桓公孫又封於鞏。號東周惠公，河南號為西周。於是周王畿之內，一再分裂，分別為成周、西周與東周。戰國之世，趙與韓分周為二，東西各為列國，顯王徒抱空名，尚居成周。赧王又徙都西周（今河南王城），足知周王已無土地。秦昭王使將軍摎攻西周，西周君奔秦，盡獻邑三十六，口三萬。周之疆域，已不過一個小封君所有了。[68]

周王室之內，內亂不斷，王位之爭，不絕於書。莊王時，卿士周公黑肩圖謀殺王，而立王子克。謀泄，子克奔燕。惠王時，叔父子穨與邊伯等五大夫謀王位，召燕、衛之師伐惠王，惠王奔溫，鄭、虢合力伐子穨，復入惠王。惠王之子襄王時，弟叔帶與戎、翟謀伐襄王，叔帶奔齊。後來叔帶返周，又以翟人入周，襄王出奔鄭，叔帶自立為王，晉文公謀叔帶，襄王復辟。

63《史記會注考證》，卷五，頁一三。

64 顧棟高，《春秋大事表》（《皇清經解續編》本），卷四，頁一—三。

65《春秋左傳正義》，卷四，頁一四。桓公七年盟向背鄭，鄭不能有，其實十二邑可能均又重歸周有，是以僖公二十五年，周以陽、樊、溫、原、欑、茅賜晉。大約十二邑之地，終歸于晉，不復為周所有。同上，卷七，頁一；卷一六，頁二—三。

66 同上，卷七，頁一；卷一六，頁二—三；卷九，頁一〇—一一。

67 顧棟高，《春秋大事年表》，卷四，頁三、九、一四。

68《史紀會注考證》，卷四，頁七八、八三—八四、九四。

景王愛王子朝。景王死，但國人立長子猛為王，子朝攻殺猛，晉攻子朝，立子丐，是為敬王。子朝復作亂，敬王奔晉，晉人再納敬王於周。哀王時，弟叔襲殺哀王，自立，是為思王。但五月以後，少弟嵬又殺思王自立，是為考王。[69]東周由平王至赧王共二十五君。從平王與攜王爭位開始，兄弟叔侄，因爭立而兵戎相見者，凡七起，也可謂頻矣。而且每次亂事，必須勞動強藩伯君以武力干涉，不僅土地重寶賄贈出乎周而入於晉、齊、虢、鄭，天王體制，更盪焉無存。

周室之東，虢、鄭夾輔。虢在西周末季，已在王朝政治上占重要地位。鄭由桓公以王子之親為周司徒。武公、莊公二世，都曾擔任王室卿士。是以周東遷之初，王室宰輔，分別由大藩擔任。虢、鄭之間即使不睦，平王、桓王二世，向來由鄭伯、虢公分任卿士。至桓王十三年，王奪鄭伯政。鄭伯不朝，桓王以諸侯伐鄭。王卒大敗，桓王肩部也被箭傷。鄭伯的職務，始由周公黑肩代替。周公為畿內諸侯，並無外藩的實力。[70]惠王二十二年，晉滅虢。[71]此後周王卿士全是畿內世家，如周公、王叔，以至召伯、毛伯、單公、劉公之屬，王室全無外援可恃。

鄭伯擔任卿士時期，周王可以利用鄭人實力，鄭人可以利用周王室名義。即使雙方不外互相利用，周天子還可擺出共主的場面，號召勤王之師，討伐不守王制的諸侯。茲舉《左傳》所載為例。《左傳》隱公元年（平王四十九年），鄭共叔之亂後，共叔段的兒子公孫滑奔衛，衛人為他伐鄭取廩延。鄭人即以王師、虢師伐衛南鄙。此役邾子及魯大夫公子豫，也都將師往會鄭人。[72]隱公五年（周桓王二年），宋人取邾田，邾人告於鄭，鄭以王師會邾伐宋。[73]隱公九年，宋公不共王職，鄭伯以王命討宋。此後連年鄭率齊、魯之師伐逐宋、衛、郕不聽王命，反而與宋合作，鄭人仍能克宋、蔡、衛三國之師。齊、鄭聯軍，又討違命之罪入郕。[74]

虢國實力，遠遜於鄭，但虢公以卿士地位，也能合諸侯之力，維持周天子的威令。《左傳》隱公五年（周桓王二年），曲沃莊伯叛王伐翼，虢公以王命伐曲沃，立哀侯於翼。虢仲以王命立哀侯之弟緡於晉。魯桓公九年（周惠王十七年），虢仲以王命率芮伯、梁伯、荀侯、賈伯五國伐曲沃。曲沃是晉別子之國，以支庶篡奪大宗。虢公屢討曲沃，是為了維持周嫡長繼承的制

---

69 同上，卷四，頁六八—七八。《春秋左傳正義》，卷五二，頁四—六。《國語》，卷一，頁一五—一六；卷二，頁一，四；卷三，頁九。

70 《春秋左傳正義》，卷六，頁五—六。

71 同上，卷一二，頁一四。

72 同上，卷二，頁一五。

73 同上，卷三，頁一五。

74 《春秋左傳正義》，卷四，頁八—一〇。

度。[75]左傳魯莊公三十年（周惠王十三年），周大夫樊皮叛王，虢公以王命致討，擒至京師。[76]不久虢亡於晉。從此以後，所謂王命，多為霸主假借，王室不復能主動的號召諸侯。是以周室既東，非借力於鄭、虢雄藩實力，竟不克維持其共主之身分。

周室衰微，號令不行、尤不堪者，鄭伯以與虢公爭政之故。先則周、鄭交質，儼然敵國。繼而周、鄭兵刃相見，射中王肩。王朝已與諸侯等儕。鄭以周室輔佐，竟直接向周王威權挑戰。[77]周室在東遷之初，因人成事，其受人要挾玩侮，也是勢所必至。鄭離虢亡，周室無可依恃，不過在列強之間討生活。馴至晉文公召襄王往見，史官只有以「天王狩於河陽」解嘲，是周王的空架子已薄如紙糊了。[78]

然而封建禮儀，頗具有宗教性質。周王雖然已經形同告朔餼羊，其禮儀性的權威仍可長期不替。齊桓公屢合諸侯，一時霸主。葵邱之會，依舊拜受周胙。管仲平戎於王，也只敢受下卿之禮。[79]晉文公新有納王復辟的大功，周襄王寧可割地為賞，卻堅拒晉文公用王禮隧葬的請求。其目的也在於維護禮儀的特權。[80]周王在禮儀方面的特殊地位，延續甚久。不僅春秋之世在齊、晉霸權之下，有一些例行的尊王禮節（例如以王人列席各國會盟），而且晚至春秋之末，周禮至少在名義上，仍有其最高的權威。〈洹子孟姜壺〉是齊莊公三年（西元前五五一年）或是景公三年（西元前五四五年）所作，記載齊侯對喪禮的禮節有疑問，居然「命太子乘遽來敬宗伯，聽命於天子，曰期則爾期。」雖然此器銘文所指何事，解釋不一，未易肯定，齊侯請示周王是否應持期服之喪，則顯然無疑。而且以太子為使，乘遽求速，尊重可知。[81]

周王名義上的天子地位，至春秋末葉，猶在人心。「驫羌鐘」是晉國韓氏部屬紀功之器，有「賞于韓宗，令于晉公，卲于天子」的辭句。此器確實時代尚多聚訟，但韓宗已強，晉猶未分，則無疑問。[82]要之，「驫羌鐘」當是春秋將近結束時，疆場紀功。居然尚尊禮天子，則周天子仍不無餘威可假。

總結本節，周室自東遷以後，地方日削，內亂頻仍，實力不能維持封建制度天下共主的地位。依附強藩，也不過互相利用，威靈日損，終於澌滅。但周室尚能苟延殘喘，達數百年之

75 同上，卷三，頁一四；卷七，頁一、二、三。
76 同上，卷一〇，頁一〇。
77 同上，卷三，頁三；卷六，頁五—六。
78 同上，卷一六，頁九一六。
79 《春秋左傳正義》，卷一三，頁六、一〇。
80 同上，卷一六，頁二；《國語》，卷二，頁四—五。
81 《白鶴美術館誌》，第三八輯，頁三八九；又楊樹達，《積微居金文說》，頁五二一。
82 同上，第三六輯，頁一四一以下。

久，卻也不能不說是周室封建制度禮儀地位的延續。

（原載《中央研究院成立五十周年紀念論文集》，第二輯）

周代都市的發展與商業的發達

一、西周的邑與都

西周封邑，其經濟上的功能，大率只是配合封田的聚落，〈散氏盤〉的第一句即有散邑的名稱，接下去又說到「洒即散用田」，下文敘述疆界時，又提到接界的眉邑與邢邑，以及眉邢「邑田」。可見田統於邑，也許邑是有司治田之所，也許即是封君自己居住的封邑。「鬲从盨」牽涉的邑有十三個之多，也每提到「其田」附屬於「其邑」。「舀鼎」中更明說「必尚俾處厥邑田厥田」，足知田者屬於厥邑，則邑應相當於田者聚居的村落。邑也不會十分大，新出土的「宜侯夨段」有三十五個邑，可考的耕作人口數字是鬲有一千又五十夫，及庶人六百（□□）又六夫，合計為一千六百多人，分配在三十五個邑中，每邑不過五十人上下而已。[1]《論語》

1 散氏盤、鬲从盨、舀鼎諸器銘文，見郭沫若《兩周金文辭大系考釋》。宜侯夨段，則見郭沫若，〈夨段銘考釋〉（《考古學報》一九五六年第一期）。及唐蘭，〈宜侯夨段考釋〉（同上，一九五六年第二期）。

〈公冶長〉：「十室之邑必有忠信」的邑，若以一室八口計算，也只有八十口，與上文所得估計相去不遠，是以金文「巾尸鎛」及「素命鎛」可以有多到「錫縣二百」，「錫縣二百九十八」的記載。[2]《左傳》襄公二十八年，崔氏之亂結束後，晏子與北郭佐各別的由齊君賞賜六十個邑。這些邑是額外的賞賜，他們原有的邑數大率多於此數。《論語》〈憲問〉：「奪伯氏駢邑三百」之後，這位喪邑的伯氏只能飯疏食了，則三百邑之數即是伯氏全部或大部的封邑。[3]這種小型的聚落，是不能當作城市的。

大致封君自己住的地方，有城牆作為防禦工事，而且也有封建宗法制下象徵宗法地位權威的宗廟，則這種邑稱為「都」。據《左傳》莊公二十八年：「凡邑有宗廟先君之主曰都，無曰邑，邑曰築，都曰城。」[4]「都」是行政中心、宗教中心與軍事中心的三一體，也可能有較多的人口。若以上文一個封君擁有兩三百個封邑作估計的基數，一個「都」至少是管理封地上一兩萬人口的行政中樞，合計封君的家族、僕役、衛隊、若干有司的工作人員，以及支持這些人口的生產人口，則這個「都」當也有成千的居民。春秋初期，魯閔公二年，狄人滅衛，首都逃出來的難民只有男女七百三十人，「益之以共滕之民為五千人。」[5]由此推算，共與滕各別的人口只有兩千多一點，大約即相當於小封君的「都」了。《戰國策》：「古者……，城雖大，無過三百丈者，人雖眾，無過三千家者。」[6]《戰國策》所說的「古者」往往指西周或春秋初期，如以三百丈作為城的每邊長度計算，這種城仍比曲沃古城（東西一千一百公尺，南北六百至一千公尺）略小些。曲沃古城有內外之分，而且有漢代遺物夾雜，可知這個古城到漢時仍舊存在。若桓叔初封的沃國並無外郭，則其原址可能會比曲沃古城現見遺址更小。《戰國策》所舉成數，也就相去不遠了。[7]三千家人口以五口計，為一萬五千人；以八口計為兩萬四千人。取其約數，三千家當在兩萬人口上下。衛國為康叔之後，不為小國，其國都人口，當與《戰國策》所舉「古者」大城的數字相差不遠。衛文公復國於楚丘後二十五年間由革車三十五乘休養生息，又擁有了革車三百乘的兵力。[8]五千人可以維持三十乘，則三百乘至少也需五萬人口。衛新遷楚丘，旁邑未必甚多，首都當是唯一大城，但五萬人口中有多少在楚丘城？卻不易估計了。

2 容庚，《商周彝器通考》，頁五〇二、五〇九。

3 《春秋左傳正義》（四部備要本），卷三八，頁一五—一六；《論語》（四部備要本），卷一四，頁三。

4 《左傳》，卷一〇，頁八。

5 同上，卷一一，頁五。

6 《戰國策》，（四部備要本），卷二〇，頁一。

7 參考山西省文物管理委員會，〈侯馬工作站工作的總收穫〉《考古》（一九五九年第五期），頁二二二。

8 《左傳》，卷一一，頁八。

古史渺遠難徵，由上文推論，我們至多只能假定一個封國的首都有一兩萬人口，其下的旁邑，若是小封君的宗邑或都邑則有一兩千人口。周人兩都宗周與成周可能是特級城邑，又當作別論。

二、西周與春秋都邑的分布

古史學家頗有試圖研究古代城市的分布者。李濟先生是近代首次作此嘗試的考古學家。他根據地方志書的史料，找出五八五個周代的城邑，另外還有二三三個不易確定年代的城邑。這些古代城邑在西周時分布於現在的陝、晉、豫以及河北；到東周時才見於江漢淮濟（山東、湖北、江蘇）諸處。[9]另一方面，地理學家章生道氏根據陳槃先生補充的《春秋大事表》，作了古代城市的分布圖，卻只列了九十七個春秋時代的古城。誠如Paul Wheatley指出，大島利一由《春秋經傳》包括《左傳》及《公》、《穀》兩傳，已可找到七十八次在春秋時代築城的記載，若春秋時代只有九十七個城市，則西周勢必只有十九個城市。更何況《經傳》所記未必是當時各國的全部築城紀錄。[10]

Paul Wheatley自己也做了一番嘗試。以《史記》所見古代城邑為主，參以先秦文獻及古本

《竹書紀年》的資料，他假定了西周九十一個城市的位置。其中自然西周封建諸侯的國都占大多數。[11] Paul Wheatley的西周城市分布圖（附圖一），基本上與伊藤道治的地圖是一致的。誠如伊藤指出，西周封建諸國，主要分布於七個地域：第一，王朝首都的渭水流域；第二，黃河汾水地區；第三，洛陽——開封——安陽的三角地帶，成周的近畿；第四，山東半島，由鄒滕梁山以至濟水流域；第五，魯南、蘇北、豫東及皖北一帶；第六，豫南、鄂北；第七，鄂南、湘贛以至浙江。在這七個地域，文獻上的古城分布與考古學上的遺址分布，呈現相當高度的一致性。[12]

伊藤也發現至少在上述第二、三、四、六諸地域，姬姓諸侯的封國沿著殷周的古代交通路線分布。另一方面，西周諸國也分布在殷以來黃河流域的主要農業地域，西周的東進，似頗以

---

9 Chi Li, *The Formation of the Chinese People*（Harvard University Pres, 1928）, pp. 94-104.

10 Sen-dou Chang, "The historical trend of Chinese Urbanization," *Annals of the Association of American Geographers* 53:2,（1963）p. 113.大島利一，〈中國古代の城について〉（《東方學報》〔京都〕第三十冊），頁五三—五四。Paul Wheatley, *The Privot of the Four Quarters*（Chicago, Aldine, 1971）.

11 Paul Wheatley pp. op.cit., 164-167, Fig 13.

12 伊藤道治，《中國古代王朝の形成：出土資料在中心とする殷周史の研究》（東京：創文社，一九七五），頁二四八以下。

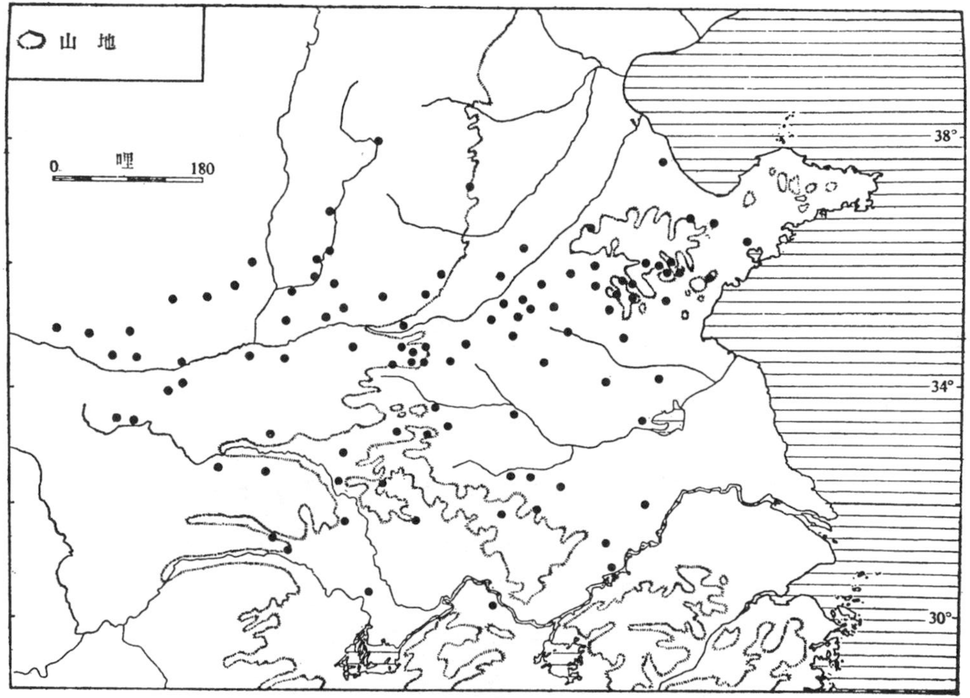

附圖一：西周城邑分布圖（採自Paul Wheatley，前引書，fig 13）

掌握農業生產地區為大目標。[13]

西周封國具有顯著的軍事功能。周以西隅小國征服了廣大的東方平原，成周的建設，構成了兩都輔車相依的形勢。上文第三地域因而有最密集的分布點。上文第二、四、六諸區的分布點，主要的作用是第三區的延展及其拱衛。第五、七兩區只是外圍的外圍，分布點自然少了。由於西周城邑的軍事功能，其分布於交通要道上，也是自然的現象。一則便於彼此呼應，二則扼制反側的聯絡。張光直氏特別指出，周代城邑大都位於近山平原，又接近水道，築城扼守，自可占盡形勢。[14]

Paul Wheatley的春秋時代城邑分布圖（附圖二）係主要根據《左傳》的材料。出現於附圖二的城邑有四六六個分布點，比西周的分布圖多出三七五個點。反映春秋時代極為活潑的都市化擴展過程。[15]

---

13 同上，頁二七六—二七八。

14 Kwang-chih Chang, *Early Chinese Civilization: Anthropologial Perspective*（Harvard University Press, 1976）。木村正雄認為中國古代城市，多在山丘上，似本於章炳麟舊説，見木村正雄，《中國古代帝國の構成》（東京：不昧堂，一九六五），頁七四—七六，但西周城邑的考古遺址卻罕見位於山丘之上，K. C. Chang，前引書，頁六七，附注五，又頁六六附圖四。

15 Paul Wheatley，前引書，頁一六八—一七三，又附圖一四。

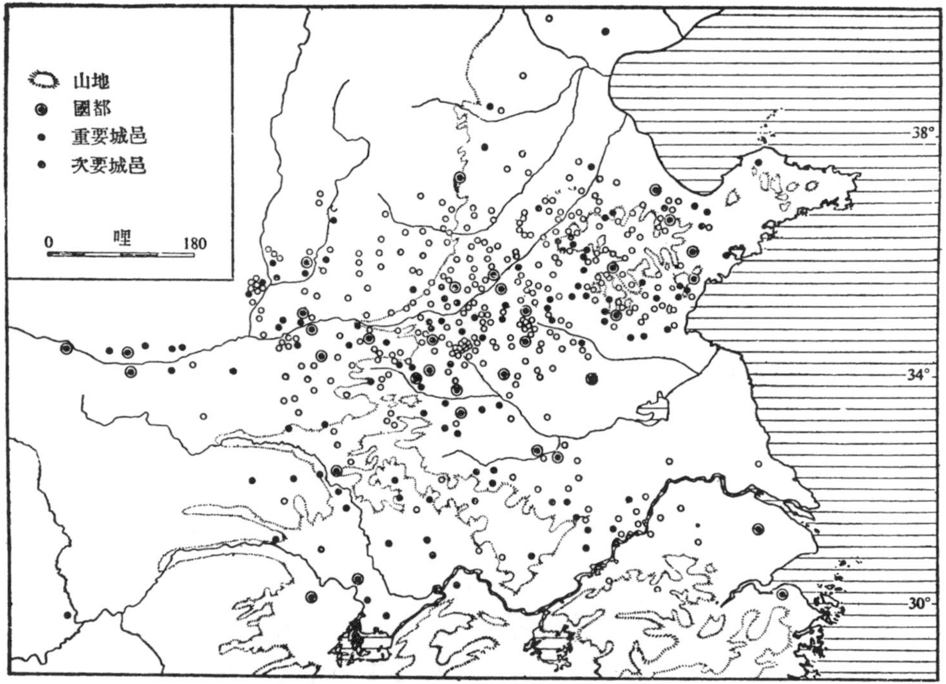

附圖二：春秋城邑分布圖（採自Paul Wheatley，前引書，fig 14）

春秋築城紀錄，見於《經傳》者有七十八起，其中魯築城二十七次，楚二十次，晉十次，鄭四次，齊三次，宋二次，邾陳吳越各一次。大島利一認為築城活動的主要原因是軍事上的防禦。魯國二十七次築城紀錄中第一期（西元前七二二至前五五四年）十九次，是為了對齊國的抗爭，第二期（西元前五五三至前五〇五年）無築城紀錄，第三期（西元前五〇四至前四八〇年）築城紀錄八次則是為了防備晉國的侵略。[16]

按之史實，《經傳》所載的築城活動絕非當時這一舉動的全部。不僅魯以外的各國的築城不可能全見於《春秋經傳》，即使魯國本身的築城也大有缺漏。魯國三桓的城邑：季孫氏的費、叔孫氏的郈，以及孟孫氏的成號為「三都」。但「城費」見於《左傳》襄公七年的夏天，「城成郭」見於襄公十五年夏天。[17]當時費為季氏都邑已久，費地也早已有專駐的邑宰。成的築城又是「城成郭」，亦即加築外郭，並非首次建立城邑。由此看來，三都之中，至少二都的城築或修葺，未入《春秋經傳》。以此類推，魯國的築城建邑，未必盡入記載。旁國的城邑建築，更不見得都入《經傳》了。僅以鄭國為例，據木村正雄的統計，鄭國有都邑一〇二處，而提及

16 大島利一，前引文，頁五五。

17 《左傳》卷三〇，頁五；卷三二，頁一二。

築城的只有四處：一次是城虎牢，一次是城郚、戈、錫。[18]鄭國如此，他國城邑建立多未入《經傳》者當可想見。

春秋二百餘年中，城邑的數字，依Wheatley的估計增加了三七五個。若由當時十幾個較大的諸侯分攤，每國可得二三十個城邑。春秋時每國卿大夫即有十餘家，每家世襲的貴族至少有一個城邑，則這些三七五個城邑，也很可能以貴族的都邑為主了。顧棟高的「列國都邑表」列了三八六個都邑：計周（四〇），魯（四〇），齊（三八），鄭（三二），宋（二二），衛（一八），曹（九），邾（九），莒（一三），紀（四），徐（一），晉（七一），虞（二），虢（二），秦（七），陳（四），蔡（四），許（六），庸（三），夔（一），吳（七），越（一）。[19]

春秋宗法制下，宗族有不斷分裂衍生為大宗小宗的現象。分出去另立大宗的宗族成員可以自設宗廟，建立城邑。這種新設的城邑，也適足反映人口增殖。新立的城邑，有取名與分封貴族的氏相同者，如周的劉、毛、甘、尹及齊的鮑、晏、崔、隰；也可與貴族氏名不同，如魯的費（季氏）、郈（叔孫）、成（孟氏），衛的蒲（寧氏）、戚（孫氏），及鄭七穆之邑，大率都仍沿用原有的地名。新立采邑，自然極可能是新興的都市；即使新封君仍襲用已存在的舊封，也仍可因為新封君之到來而使這個地區發展成為較大的聚落。另一方面，有了聚落，某一新貴族才被分封到該處建立都邑。無論上述哪三種可能性之任何一個，都直接的反映都邑數字的增加。

春秋初期鄭國共叔段先請求封於制，鄭莊公以巖邑為辭；改封於京，祭仲警告其中潛在的危險：「都城過百雉，國之害也，先王之制，大都不過三國之一，中五之一，小九之一，今京不度，非制也，君將不堪。」[20]晉國桓叔封於曲沃，其子武公於魯桓公八年滅翼，莊公十年遂并晉國。[21]魯閔公元年，晉侯為太子申生城曲沃，士蔿認為這是「分之都城，而位似卿，先為之極，又焉得立」；[22]狐突引用辛伯的話「內寵主后，外寵二政，嬖子配適，大都耦國，亂之本也」，深以為憂。[23]

看來春秋初期「大都耦國」已是相當引人注意的現象，整個春秋時代，處處是「末大必折，尾大不掉」引起的競爭。《左傳》昭公十年：「王曰：『國有大城，何如？』（申無宇）

18 木村正雄，前引書，六八。《左傳》，卷一二，頁一二；卷五九，頁三。

19 顧棟高，《春秋大事表》（《皇清經解續編》本），表七之一至七之四。

20 《左傳》，卷二，頁一〇。

21 同上，卷七，頁一、二；卷九，頁七。

22 同上，卷一一，頁一一。

23 同上，頁八。辛伯自己的話見於桓公十八年，但更為簡潔，卷七，頁一四。

對曰：『鄭京櫟實殺曼伯，宋蕭亳實殺子游，齊渠丘實殺無知，衛蒲戚實出獻公。』」[24]春秋末季，三都終於使季氏代政，六卿終於分為三晉。政柄倒置與大都耦國是一件事的兩個表相。整個春秋時代，始終有大夫執國命的現象，也就普遍的有新都邑的衍生。Wheatley認為在春秋方始成長的三百多個都邑，當有不少是新興的政治都市。

三、西周春秋交通路線

西周的交通路線，大抵以宗周與成周之間的一條大路為主軸，然後由成周輻射四及東方平原上的諸侯。所謂「周道如砥，其直如矢」，當即是主要的交通幹道。由成周四出的交通網，既有殷代王畿的舊規模為基礎，也可能遠及淮濟之間的廣大地區。董彥堂先生作〈征人方日譜〉，即顯示殷王足跡所至，深入黃淮平原的東半部，繞了一個大圈子。[25]不過周初東夷南夷常常不服，成康時期的伯懋父曾經因為「東夷大反」而率領殷八師東征，達于海濱。晚至中葉昭王時期。淮夷仍舊「敢伐內國」，彔伯必須率「成周師氏」遠戍鎮壓。而同期伯辟父伐南夷，卻是以「成師即東」。顯然在成周的東方與南方還有一條交通的孤線。[26]本文第一節提到的宜侯夨毀，係於一九五四年在江蘇丹徒烟墩山出土，這位虎侯在周王（可能是康王）東巡「商圖」

時，改封為宜侯，受賜「王人」及鄭的「七伯」，率領一批鬲及庶人，在宜立國。虎侯如即為殷代的虎方，其地域當在豫東淮河上游。則由淮上到長江下游，似也是東巡向南可以到達的一條路線。[27]

另一方面，南國範圍包括漢陽諸姬。申伯「于邑于謝」乃是南國之中最有名的例子。《詩經》〈二南〉，僅次於〈大小雅〉。但是更往南去，昭王南征不復，交通未必會很頻繁。大約江漢一途也就止於豫鄂之間的漢上而已。

往北去重要的諸侯有北燕與晉。但到春秋時代燕國仍不過問中原事，交通未便可知。「狄之廣莫，於晉為都」，晉孤懸北道也未與中原有很多的交往。

總合言之，西周的交通情形，仍只是在兩都間的軸線為主。各地區間的頻繁交通，仍有待於春秋時代方得開展。以王庭為中心的朝聘征伐，形同輻輳，而春秋諸侯間的戰爭會盟，成為

---

24 同上，卷四五，頁一二。

25 董作賓，《殷曆譜》（李莊：中央研究院，一九四五），卷九，頁四八以下。

26 分別見〈小臣謎毀〉、〈彔刻卣〉與〈競卣〉，白川靜，《金文の世界》（東京：平凡社，一九七一），頁八三、一一〇—一一一、一一五。

27 宜侯夨毀出處，參看本文注1，2；白川靜，前引書，頁九七。

多中心多方向的交通，情形就比較繁雜了。

春秋列國交國，由初期宋、魯、衛、鄭為中心，逐步進入宋、齊、晉、楚爭霸的局面，牽涉的諸侯越來越多。尤其是晉楚之從，不管是隨著霸主出征，抑是會盟，十餘諸侯齊赴會所是常見的事。輜重往返，聘幣運輸，無不足以促進交通的發展，最後必然會有幾條常走的大道出現。

中原用兵之地，四通八達。至於橫越中原的東西道路，黃河北岸太行南麓有一條齊晉之間的通道，經過衛國便在泰山之北，濟之南，直驅臨淄了。秦與東方的通道，當循黃河南岸的大道，秦晉之間卻走渭北汾涑流域，秦輸晉粟，自雍及絳，所謂泛舟之役，是水路，殽之戰則是兵車渡河的旱路。東平原上，齊魯宋衛與王室之間午道交叉，當仍以宋鄭為主要的交通中心。

南北之間，晉國向北開疆闢土，齊國也為了燕而伐山戎，中原北出，當有東西兩途，一在太行山東，一在太行山西。更重要的南北通道，毋寧是中原南出直達江漢的兩條路。一線為申呂、方城，經漢水而至鄭都，一線是經陳、蔡到漢東的東線。上述西線的上端，又可沿丹江、漢水的河谷延伸入關中。魯定公五年，吳師入鄭，申包胥秦庭一哭，秦師五百乘的兵力，經此東下，這一條路當也不能不有相當規模的交通量。

春秋末年新興的吳、越兩國，北出須經徐、淮、泗上，魯哀公九年邗溝連絡江淮，一端是今日的揚州，另一端則在淮陰縣境。為了黃池會盟，又有新的運河（黃溝）連絡濟、泗兩水，由外黃（河南杞縣東北）經定陶以迄今日江蘇的沛縣。由吳入中原，可以循邗溝、黃溝，打通江、淮、濟、泗，乘舟直達。這條人工運河另有支線北屬之沂，則又可北達曲阜，所謂商魯之間的一線。吳楚相爭，戰場似以淮水流域為主，魯定公四年，吳伐楚。淮泗、大別、小別、柏舉，一連串的地名，無不在淮河一線。吳徐承率舟師沂海入齊，越人沿海沂淮截夫差歸途，兩事說明沿海航行也是已知的交通線。[28]

四、春秋時代的商業

頻繁的列國交通，倒也不限於兵車來往及官方的使用。有眼光的領袖也會看出交通方便對於貿易的用處。本文作者在〈周代的衣食住行〉一文中，已說到周代國道系統有其理想的水準。路邊有行道樹，按時要修築橋梁，沿途有館舍，並且有驛傳的到度。今不贅述。春秋時代，在上節所述的主要交通線上，因為來往多了，官方為此修路，也是可想像的事。例如魯襄

28 以上交通路線的敘述，係節取史念海研究的大意。史念海，《河山集》（又名《中國史地論稿》），一九六二），頁六七—八〇。

公三十一年，鄭國的子產責備盟主晉國忽略了接待賓客的責任，其中有一條該做的事即是「司空以時平易道路」。魯昭公元年，秦后子過晉，其車千乘也曾「造舟於河」，使秦晉之間有了浮梁。[29]吳國為了參加中原會盟及用兵，可以不憚煩的開掘邗溝及黃溝，陸地開路工程比開運河方便，想來為了軍事及大批的運輸，交通線有較永久的道路，毋寧是合理的假定。

在這種交通線上，商販運輸，無妨與官方的用途同時有之。魯僖公三十五年秦師襲鄭，過周北門，顯然走的是一條大路，及滑，大軍卻遇上了赴周貿易的鄭國商人弦高。倉猝之際，弦高以牛十二作為犒師。若這些牛均由弦高的車隊中提供，則這一個商隊不能算小。同時他又「使遽告于鄭」，遽是傳驛，更足見商人也可以使用大路上的傳驛設備。[30]魯成公五年，晉國山崩，晉公以傳召伯宗。在路上遇見重載的運輸車。伯宗的驛車要求他讓道，這位駕車的「重人」則說「待我不如捷之速也」。大路上重載的車輛不易轉動讓路，官家的急傳以繞行為速，足見民間車輛在大道上行駛也是常事。[31]甚至官方還開路以方便商業為著眼點。晉文公新為晉君，經濟政策中即有「輕關易道，通商寬農」一項。平易道路並非僅僅戎車是利。[32]

方便的交通，可以導致各地區物品的交流。地方性的特產尤可變成「外銷」的貨品。齊國濱海，魚鹽為得天獨厚的資源。齊國始終富強，以魚鹽之利為主要的經濟原因。是以管仲「通齊國之魚鹽于東萊，使關市幾而不征，以為諸侯利，諸侯稱廣焉」。[33]魯國的紡織工業，在春秋的中國，大約是很特出的。魯成公二年，楚軍侵及陽橋，魯國送給楚一百名工匠，一百名裁縫，一百名織工，才換得和平。足見魯國的手工藝有其特長。另一段故事：昭公二十六年魯國季孫氏的家臣，賄賂齊國大臣高齮的是兩匹極薄的細錦，卷縛如瑱，只有小小一把，其工細可知。[34]楚國在南方崛起，寖寖乎問鼎中原，齊晉霸局，都以楚為主要敵手。但不論戰爭抑是和平，夏楚周旋的後果，誠如傅孟真先生指出的古代東西夷夏局面，一轉而為南北對峙。這一局面卻也使南方的特產為北方所用。楚材晉用，固不僅限於人材，原也包括物產在內。所謂「杞梓皮革自楚往也」。[35]晉文公得國以前，流浪在外十九年。他在楚國與楚君談話，說到未來將退避三舍以報楚國，也說到「子女玉帛則君有之，羽毛齒革則君地生焉，其波及晉國者，君之

29《左傳》，卷四〇，頁九；卷四一，頁九。
30 同上，卷一七，頁七—八。
31 同上，卷二六，頁五。
32《國語》，（四部備要本），卷一〇，頁一七。
33 同上，卷六，頁一四。
34《左傳》，卷二五，頁一二；卷五二，頁一。
35 同上，卷三七，頁七。

餘也」。可見至少楚國的羽毛齒革早已可能外銷晉國了。[36]事實上，春秋已有一些往還列國之間的國際商人。魯文公四年，晉國荀罃被俘在楚，鄭國的賈人打算把他藏在褚中走私出境，事情未成，荀罃被釋。後來這位賈人赴晉，又遇見了已成為重要人物的荀罃，待他甚厚。他不願居功，遂赴齊國。數其足跡，這位歷史上未留姓字的鄭賈人，顯然在楚晉齊鄭諸處貿易遷來往。褚絮為物不算貴重，仍可成為當時區間貿易的貨物，更貴重易運的貨品，大約尤為商人當作貿易物品了。[37]

當時各國以鄭衛宋居交通的衝要，是以發展了相當程度的商業。前面弦高，鄭賈人各條例證，都說明了鄭國商人的活躍於國際間。鄭國國內，商人與政府之間也有極密切的關係。《左傳》昭公十六年，記載一段政府與商人的協議：晉國使韓起在鄭國想要購買一只玉環，價錢已講妥了，韓起向鄭國的子產請求購置，子產回答：「昔我先君桓公與商人皆出自周，庸次比耦以艾殺此地。斬之蓬蒿藜藋而共處之，世有盟誓以相信也，曰：『爾無我叛，我無強賈，毋或匄奪，爾有利市寶賄，我勿與知。』恃此質盟，故能相係心至今。」[38]由這段故事推斷，鄭國的商人有某種相當於公會的組織，方可成為盟誓的主體。當年鄭桓公東來，鄭國的商人可能原來非其服屬，委質為臣，卻仍保持一定程度的自主性。鄭對於市易一途，確有專門的官員管理，號為褚師。公孫黑將死，還希望兒子能得到這個職務。[39]

五、春秋的都邑

各國都邑，以《左傳》所見的描述，約述如下：

鄭國都城，由散見的地名綜合，其規模似乎頗為可觀。城門有南門曰里門，通向成周王畿，東門曰鄟門，東走魯衛。西門曰師之梁，北門無別名。外面一層，楚伐鄭入於桔秩之門，然後入自純門，則南門至少有三重。純門之內有逵市，據說是郭內道上的市街。皇門之內仍有逵路，據說寬有九軌。城南另有時門，臨洧水之上，不知是否水門？宋伐鄭楚渠門入及大逵，則東門也有二重，而且也有很寬廣的大路。自西入城可經墓門之瀆入國，大約實在是水門了。北門有舊北門，相對而言，當有一個新北門？其內則又有閨門。東南門曰倉門，道路名稱，除上述逵路、大逵外，猶有周氏之衢，子產殺公孫黑，尸諸於此「加木焉」，必是來往行人不少

36 同上，卷一五，頁六。

37 同上，卷二六，頁三。

38 《左傳》，卷四七，頁一一。

39 同上，卷四二，頁三，其他各國有褚師一職為宋、衛，也是世官。與此相似的則是魯國的賈正。顧棟高，《春秋大書表》，表一〇，頁三一、三七。

的地方，始宜於陳尸示眾，公告罪名。住宅區有南里，處於桔秩之門外面，是以知伯伐鄭入南里門於桔秩之門，當得附郭的新擴區？《論語》有東里子產之稱，則東里也是城東的住宅區。[40]這個城市有三層城門，城外卻仍有南里，最可能是由於城市的膨脹，必須一次又一次的加築外城圈，使城外的人口也獲得適當的保護。逵市之稱，尤饒興味，當是大道漸發展為商業區。而鄭國大逵之寬廣，自然對交通有其作用。[41]

衛也是春秋時代重要的都邑，衛原都朝歌，因狄難而遷楚邱，魯僖公三十一年，衛成公又因偪於狄人之圍而遷都帝邱，地在濮水之上。自此以後，所謂衛只指此地。孔子過衛，大為讚嘆衛人口之眾多。[42]工商在衛，也有其舉足輕重的位置，衛侯以受辱而擬叛晉，王孫賈為了激怒衛人，宣稱「苟衛國有難，工商未嘗不為患，使皆行而後可」，終於激起衛人同仇敵愾的氣概。可見工商或占庶民之多數，或為國命之所寄。[43]其地除東西南北四門外尚有閱門，似是稍為偏側的城門。郭門有豚澤之門，近關及近郭的死烏，大路則有馬路之衢。[44]

宋都商邱，城門特多，正東曰揚門，東城南門曰澤門，其北門曰桐門，西門無別名，東南城門曰盧門，又有曹門，西北走曹，則當是西北門。蒙門，依蒙城方位定之，亦是東北門。外城門曰桑林門，關門曰耏門。里名有南里、新里、公里。華氏居盧門，以南里叛，則南里有可據以為叛的實力或建築物，當不是很小的地區。全城城門不僅在正方位上，也可在四個偏角。所謂東城南門，據《孟子》魯君夜間之宋呼於垤澤之門一事覘之，當是外城門。可能東城即是東郭的地區。這個城區大約也頗不小的。添設的外郭當也是為了保護膨脹的人口。[45]

魯都曲阜，地點不如鄭、衛、宋居四衝之地，但因《春秋》記魯特詳，對曲阜的描述也特多細節。城長委曲七八里，其正南曰稷門，僖公二十年更高大而新之號為高門，南門之西曰雩門，是南城西門。東門之左曰始明門，亦曰上東門是東城之北門，定公八年，公斂處父帥成人自此入城，與陽虎戰於南門之內。由此推論，東城也是一個子城型的外郭。東門之右鹿門，是東城南門。襄公二十三年臧紇斬鹿門之關出奔，則外此便別無城門，可見東城是一個外城。正西的史門，正北的圭門，又名爭門，西郭門曰子駒之門，東北郭門曰萊門。宮中若干處高台及廟寢。其內城曰中城。城外則有東郛西郛與中城對言。大路有五父之衢。季武子對國人詛盟於

40 顧棟高，前引文，表七之二，頁一一一〇。
41 關於城郭問題，討論古代城市有雙重城牆及其作用者，有宮崎市定，〈中國古代は封建制度が都市國家が〉（《史林》，卷三三，二號，一九五〇），惟城中人口固不必以農業生產者為主體，如宮崎所說也。
42 《論語》，卷一三，頁三。
43 《左傳》，卷五五，頁八。
44 顧棟高，前引文，表七之二，頁二〇—二三。
45 同上，表七之二，頁一二—一五。

此，可知是來往行人眾多之處。曲阜的大概情形，可以略知。[46]

齊都臨淄，城周五十里，有十三門，是春秋有名的大城邑。由已知的城門言之，其西曰雍門，南曰稷門，西南曰申門，西北曰揚門，東門曰東閭，東南曰鹿門，郭門曰郭關。官城外門曰虎門，城內大路曰莊曰獄。《孟子》所謂置之莊獄之間，以象徵滿是齊國口音的地方，當是人來人往的大街。魯襄公二十八年，陳桓子得慶氏之木百車於莊，道路而可停駐百乘木材，其寬廣可知。[47]

晉自穆侯以後居絳，考侯改絳曰翼，獻公又北廣其城方二里，命之曰絳，則翼與絳原是一地二名，但新闢的北城子城，襲用了舊名而已。晉於魯成公六年遷都新田，又名新都曰絳，自此迄於春秋末，都以新田為絳。其地「土厚水深居之不疾，有汾澮以流其惡」，當時另有可遷之地為郇瑕氏之地，離產鹽的解池不遠，韓厥卻以為「國饒則民驕佚，近寶公室乃貪」，主張不要遷去土薄水淡的郇瑕，而遷都土厚水深的新田。[48]足見韓厥原意只在發展都城附近的農業，而不主張讓人民有機會追求「末利」。絳既以農產為主，又不居交通要道，然而絳到底是霸主的都城，冠蓋往來，仍難免某種程度的商業活動，是以叔向說：「夫絳之富商，韋藩木楗以過於朝。唯其功庸少也，而能金玉其車，交錯其服，能行諸侯之賄，而無尋尺之祿，無大績於民故也」。[49]上文曾提過一位想私運晉俘離楚的「鄭之賈人」後來又曾在絳與當時已居顯職的荀罃晤面，這位賈人當即是能行諸侯之賄的富商一類人物。春秋末季，甚至晉國的稍次一級的城市，也可以成為相當的財源。尹鐸被委任治晉陽時，他向趙簡子請示究竟視晉陽「以為繭絲乎？抑為保障乎？」為前者，城邑可發展為經濟都會；為後者，則可發展為軍事基地。[50]

南方諸國，文獻資料不足，但知吳城姑蘇係闔閭所建，大城城周四十二里三十步，小城八里二百六十步，開陸門八水門八，均伍子胥所制，規模可想。[51]楚郢都為南方巨強的首都，雖不知究竟，但想來也當是一個大型都會。

考古學上的資料，點點滴滴也積聚了不少。其中有些古城可能從未具有商市功能，然仍不失為城邑。大部遺址經春秋至戰國繼續使用，而又以戰國遺址為多。惟洛陽西部東周古城當是

---

46 顧棟高，前引文，頁一〇—二〇。

47 同上，頁二二—二五。

48《左傳》，卷二六，頁七。近年考古發掘，在侯馬發現古城二處可能是新田的遺扯，出土有宮殿廢址，銅器和骨器作坊，和陶窰。兩個古城都不算大，牛村古城南北約一三四〇—一七四〇公尺，東西長一一〇〇—一四〇〇公尺，西北角與平望古城插接，殆即翼與絳的關係？參看山西文物管理委員會，〈侯馬工作站工作總收穫〉（《考古》，一九五九年第五期），頁二二二—二二八。

49《國語》，卷一四，頁二。

50 同上，卷一五，頁四。

51 顧棟高，前引文，表七之四，頁三二。

春秋王城故址。這個城址的城牆周圍約十二公里，比漢代古城大得多。臨淄古城，東西約四公里，南北四公里餘。曲阜古城東西約三・五公里，南北約二・五公里。較小諸侯的城邑則有薛、滕，前者東西二・八公里，南北三・六公里，後者的內城東西九百公尺，南北六百公尺，外城據估計東西一・五公里，南北約一公里。[52]

春秋古城遺址，幾乎無例外的，有大量土台基地，散布在城區較為中心的部分，由其建築遺存判斷，當是宮室宗廟。[53]核對文獻，春秋都邑中這種土台也不少。例如魯昭公伐季氏，季平子「登台而請」，此台當是季氏最後還可據守的地點。[54]曲阜又有泉台，觀台，黨氏台，武子之台，諸處。後者是為了墮三都，魯公及其臣子據守抵抗叔孫輒的地方，可覘見高台有其軍略上的重要性，也適足顯示春秋都邑的政治性。[55]

不過春秋城市中的貴族住宅，並非一定集中在內城或高亢的土台上。也許由於城市的成長迅速，也許由於市集的侵入住宅區，總之在貴族邸宅附近已有市場，例如晏氏在齊地位頗高，其住宅卻鄰近市區，《左傳》昭公三年，齊景公想為晏子換一處較好的住宅，理由是「子之宅近市，湫隘囂塵，不可以居，請更諸爽塏者」，晏子辭謝說：「君之先臣容焉，臣不足以嗣之，於臣侈矣，且小人近市，朝夕得所求，小人之利也，敢煩里旅。」[56]游氏在鄭，也是大族，而其廟在大路的南面，其寢在大路的北面，庭院都很狹窄。[57]廟寢通常相連，而被道路阻隔，自係不得已。大約城中已經擁擠，不得不爾。

由齊晉二例看來，有些春秋城邑已逐漸由純政治與軍事的功能轉變為兼具經濟功能了。

六、戰國時代的商業

春秋時代已發生的轉變，在戰國時代繼續而且加速。眾多小國的合併於七強及若干次等強國，使較大的地域統一於同一政府之下，對於改進道路及減少郡國間關隘限制，都會有相當程度的影響。戰國時代的行旅往返，可以說明此點。孟子以一個並無特殊職務的學者，可以後車

52 考古研究所洛陽發掘隊，〈洛陽澗濱東周城扯發掘報告〉（《考古學報》，一九五九年第二期）；大島利一，前引文，頁六〇；參看關野雄，《中國考古學研究》（東京，一九五六），頁二八一及有關名城調查諸篇。

53 Kwang-chih Chang, *Early Chinese Civilization*, pp. 67-68.關野雄，〈前漢魯國靈光殿の遺址〉（前引《中國考古學研究》）。

54《左傳》，卷五一，頁一〇。

55 顧棟高，前引文，七之一，頁一四—一六；《左傳》，卷五六，頁五。

56《左傳》，卷四二，頁六—九。

57 同上，卷四八，頁一〇。

數十乘，傳食於列國之間。而虞卿也可以挑著擔子單獨旅行。地居中原的大梁則可以有人民駕車來往日夜不休如三軍之眾。[58]

區間貿易的另一個相關問題，是地方特產的互相依賴。「禹貢」如係戰國作品，則各州的土貢適足以表示戰國時各國的特產。如兗州的漆絲；青州的鹽絺海物、絲枲、檿絲，徐州的蠙珠、魚、玄纖縞；揚州的金三品、瑤琨、篠、簜、齒、革、羽、毛、木材、織具、橘柚，荊州的羽、毛、齒、革，金三品、杶、榦、栝、柏、礪砥、砮丹、箘簵楛、菁茅、玄纁、璣組，豫州的漆、枲、絺、紵，纖纊，梁州的璆鐵銀鏤、熊羆狐狸、織皮，雍州的球琳琅玕。此中有天然產物，有人工製品。[59]《周禮》〈職方氏〉所舉各州特產，也與此相符：兗州與青州的魚產，揚州的錫銅竹箭，荊州的丹錫齒革，豫州的林漆絲枲，幽州的魚鹽，冀州的松柏，幷州的布帛，燕州的玉石。[60]大率言之，東方燕齊的魚鹽，南方荊楚的金屬木材，中原的絲麻紡織品，都是各地天然條件所賦與的特產，有全中國性的市場，卻不是各地都能生產。

以工藝方面言之，各地也自有特色。例如考古常發現的戰國漆器，似以楚國為主要產地。其藝術之精美，已為人所共知，不用此處介紹。[61]又如宋人的精細雕刻，大約獨擅勝場，《韓非子》舉了宋人刻畫藝術的例子。據說「宋人有為其君以象為楮葉者，三年而成，豐殺莖柯，毫芒繁澤，亂之楮葉之中而不可別」。[62]直到漢代仍有宋畫吳冶之稱。[63]這許多地方特產是可以為各地的消費者一體享用的。李斯〈諫逐客書〉即指出秦王宮中種種服御使用的珍寶玩好盡出自四方各地，例如昆山之玉，隨和之寶，明月之珠，太阿之劍，翠鳳之旗，靈鼉之鼓，夜光之璧，犀象之器，駿良駃騠，江南金錫，西蜀丹青，宛珠傅璣，阿縞之衣，錦繡之飾，……都不是秦國的土產而輻輳於秦庭。[64]

最足以表現活潑的商業活動者，厥為貨幣的出現，春秋時代的貨賄似仍以實物為主，而戰國時代則已有大量的銅製貨幣周流各地。文獻中提到用貨幣之處，多不勝枚舉。[65]

---

58 Cho-yun Hsu, *Ancient China in Transition*（Stanford University Press, 1965）, pp. 116-118.我國外交使節動輒以百乘出使，《戰國策》隨處可見，如《戰國策》（四部備要本），卷二二，頁六；《孟子》（四部備要本），卷六上，頁四；《戰國策》，卷二二，頁三。

59 《尚書今古文注疏》（四部備要本），卷三上，頁七；卷三中，頁一二。

60 《周禮正義》（四部備要本），卷六三，頁三；卷六四，頁四。

61 商承祚，《長沙出土楚漆器圖錄》（上海，一九五五）序，頁四。又可參看湖南省文物管理委員會，〈長沙出土的三座大型木槨墓〉（《考古學報》，一九五七年第一期），頁九九。

62 《韓非子》（四部備要本），卷七，頁四。

63 《淮南子》（四部備要本），卷一九，頁七。

64 《史記會注考證》（台北，藝文影印本），卷八七，頁八—九。

65 例如《墨子》〈經說〉下：「買刀糴相為賈，刀輕則糴不貴，刀重則糴不易，王刀無變，糴有變。歲變糴，則歲變刀。」

戰國貨幣的實物，傳世殊多。可分刀、布、圓錢、楚鍰四種，刀幣主要流行於齊燕趙，齊刀較大尖頭，燕趙的刀，十型，方頭或圓頭。布錢為三晉的貨幣，有方肩，圓肩，方足尖足，方袴，圓袴諸種。周秦用圓錢，楚用類似貝形的銅幣，而同時也有劃成小格金版，上書「郢乎」或「陳乎」，作為貨幣。凡此種種貨幣，多有鑄造地點，貨幣單位及價值，如刀布有「梁正尚全尚乎」，「垣釿」，「齊𠅘化」，「齊建邦造𠅘化」，秦圓錢「重一兩十二朱」之類，不勝枚舉。[66]

一國貨幣之出現於另一國，自可說明兩地之間有經濟交流。古代窖藝出土有包括諸種貨幣於同一容器中的例證，更可說明貨幣之無國界，正為了經濟上中國已是一個互相勾絡的整體。再以特殊情形言之，源於齊國的刀幣，能侵入燕國已可覘見齊國經濟力的影響於北鄰，而趙國兼用刀布，足知刀幣的力量已侵入布幣流通的三晉範圍了。[67]

總之，上述貨幣經濟的發展，與活潑的區間貿易互為倚伏，而兩者都相當程度的促進城市的發展。

七、戰國的城市

據漢代的《鹽鐵論》〈通有〉追述戰國的大都市：「燕之涿、薊，趙之邯鄲，魏之溫軹，韓之滎陽，齊之臨淄，楚之宛丘，鄭之陽翟，三川之兩周，富冠海內，皆為天下名都，非有助之耕其野而田其地者也，居五諸侯之衢，跨街衝之路也。」[68]以上各地都因位居交通中心而成為名都，其中只有小部分也兼具政治功能，如臨淄即為齊國的首都。若加上後一類，則大都市中尚須包括曾為國都的安邑，大梁、鄭、河南、洛陽、鄢郢、壽春、陳、濮陽、雍、咸陽各處。再加上定陶、鄧、宛、宜陽、吳會，大約戰國時代的中國有二三十個頭等的大都市。如以曾鑄貨幣的都市加進去，又可增加一批：例如魏的蒲阪、山陽、晉陽、共、虞、垂、垣、平周、皮氏、高都、宅陽、長垣；趙的柏人、藺、离石、晉陽、武安、中陽、武平、安平、中

《墨子》（四部備要本），卷一〇，頁一二；此是討論物價與幣值的關係了。

66 關於先秦貨幣的著作，王毓銓，《中國古代貨幣起源和發展》（上海，一九五七）及同氏英文著作，Wang Yü-Chuan, *Early Chinese Coinage*（New York, American Numismatic Society. 1951）.

67 Cho-yun Hsu，前引書。頁一二一；王毓銓，前引書；Cheng Te-kun, *Archaeology in China*（Cambridge, Heffer, 1963），Vol.III p. 70.夏鼐，《新中國的考古收穫》（北平，一九六一），頁六七。

68 《鹽鐵論》（四部備要本），卷一，頁六—七。

都；韓的平陽、高都、安留、長子、湼、盧氏；齊的即墨……。大約總數當在五六十個左右。[69]

戰國的行政都市，因郡縣制的確立，而使郡城縣治均具有構成都市的條件，可能郡城有數萬人口，縣城有數千人口，是以三萬戶是封太守的標準，而千戶是封縣令的標準。[70]也因此而有今千丈之城，萬家之邑相望」的說法。[71]上黨一郡，即有城市之邑十七，城邑相望，倒也未必是過分的誇張。[72]若干居交通要道的城市，當然可以有更多的人口，宜陽不過是一個縣治，但因其居南陽與上黨之間，具有戰略地位，兩郡的積蓄都集中在宜陽，以至可以號稱「名為縣，其實郡也」。宜陽的城周可有八里，軍隊可駐十萬，積粟可支數年，其大可想可知。[73]

戰國都市有單純由於經濟條件而發達的，最好的例子是陶和衛。陶在今山東定陶附近，春秋為曹地，無籍籍名，春秋末年，陶忽然成為繁榮的都會，陶朱公在陶卜居，即為了「陶為天下之中」，於此三致千金。近人史念海由歷史地理研究，認為吳開掘了邗溝及黃溝，使江、淮、濟、泗幾條河流可以聯絡交通。陶居這一新水道網的樞紐，又加上濟泗之間西至黃河平原都是古代重要的農業生產地區，是以陶占盡地利。鴻溝的開鑿，更使陶居於濟、汝、淮、泗水道網的中央，近則西迫韓魏，東連齊魯，遠則可由水道及於江淮。這一經濟都會的繁榮，竟可使強秦的權臣魏冉掠取陶作為自己的封邑。[74]

另一經濟都市為衛的濮陽，衛在戰國只是微不足道的小國，但濮陽可經濟水與陶聯絡，由秦經安邑向東通往定陶的北道，非經過濮陽不可，魏遷大梁，大梁邯鄲之間的交通也當經過濮陽。河濟之間農產亦富，也使濮陽具備經濟都會的資格。由於水道縱橫，新興的經濟都市尚有獲水睢水之間的睢陽、獲水泗水之間的彭城，和楚夏之間的壽春。[75]

此外，太行山東邊南北走向的大道連結了薊與邯鄲，「西賈上黨，北賈趙中山」的溫軹，「東賈齊魯，南賈梁楚」的洛陽，「西通武關，東受江淮」的宛，關中「南鄰巴蜀，北接胡苑」，而櫟陽更是「北卻戎翟，東通三晉」，咸陽又居關中的中心，鄭居江漢，上接巴蜀，下通吳會。凡此都是交通樞紐的地位。[76]

69 楊寬，《戰國史》（上海，一九五五），頁四七—四八、五三—五四。
70 《戰國策》，卷一八，頁九。
71 同上，卷二〇，頁一。
72 同上，卷一八，頁九，又〈韓策〉謂張翠稱病，日行一縣，（卷二七，頁一。）病而日行一縣，縣邑之相邇可知。
73 同上，卷一，頁二；卷四，頁四。
74 史念海，前引書，頁一一〇—一二〇。
75 同上，頁一二一—一二四。
76 同上，頁一二四—一三〇。

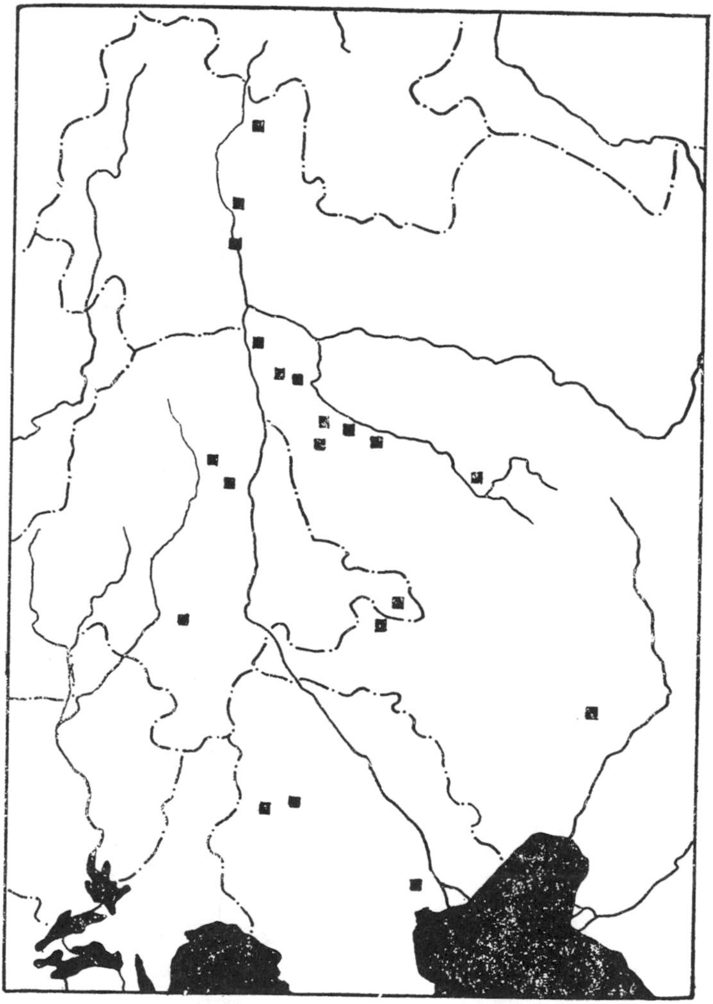

附圖三：東周古城遺址（採自Kwang-chih Chang, *Archaeology China*, fig. 96.據改製）

考古學家發掘得到的戰國城市遺址，已為數不少。張光直列舉了下列諸處及其概況（參看附圖三，但張氏所舉春秋時代遺址數例，則予排除）：

㈠周王城，在河南洛陽，大致呈正方形，北城城牆長二八九〇公尺，中央及靠南部分的重要建築，城西北有陶窰及骨器作坊，城中散見水溝遺址。

㈡魏安邑，在山西夏縣，城有外中內三層，中城居西北角，北牆長四五〇〇公尺，南端寬二一〇〇公尺，內城似是宮殿所在，正居大城圈的中央。

㈢魏魏城，在山西芮城，未全部發掘。不是很整齊的正方形，每邊約長一五〇〇公尺，有磚瓦遺存。

㈣韓宜陽，在河南宜陽，發掘得夯土圍牆，正方，每邊長一四〇〇公尺，有磚瓦散布遺址表面。

㈤趙邯鄲，在河北邯鄲，遺址有相連接的二城，旁邊可能有第三個城址。本城約略呈正方形，每邊長一四〇〇公尺，東城有一子城，以本城東牆為西牆，南北牆各延伸約本城的一半長度，北城也有一段向北延展的牆垣，可能是另一子城。本城南北中線上有一串土台基址，均有磚瓦散布，當是宮室宗廟的所在，城中有若干墓葬。

㈥趙午城，在河北午城，略呈方形，每邊長一一〇〇公尺，沿北牆有水溝，城中出土磚瓦、布錢、銅鏃。

㈦趙午汲，在河北武安，有古城遺址二處，西城約呈長方形，東西八八九公尺，南北七六八公尺，四城城門各有道路，城中有水井陶窰遺址。

㈧燕下都，在河北易縣，自一九三〇年開始曾多次發掘，城中出土遺址及遺存均極豐富，城呈長方形，東西長八公里，南北長四公里，中線另有一牆及水溝分割全城為東西兩區，東城北區又有一牆隔開，約占東城三分之一的區城，西城較為後築，東城北區有宮殿遺址的土台基址若干處。東城南區有冶鐵作坊、武器作坊、鑄錢、燒陶、製骨器諸般工廠。宮殿及作坊四周為居住遺址，東城的西北角則有墓葬群。城中有水溝數條。

㈨齊臨淄，在山東臨淄，城東西長四公里，南北則較四公里稍長。西南角另隔為小城，面積約一三五〇平方公尺。出土遺物有磚瓦陶版、刀錢、錢模、銅鏃、陶製鏡模、陶印。據估計，城中人口當有二萬戶。

㈩邾邾城，在山東鄒縣，城牆沿山而築，兩山夾輔，中間的谷地約一二〇〇公尺寬，即為城區。城中片土台長五〇〇公尺，寬二五〇公尺，當地居民稱之為皇台，城中有磚瓦陶片。

㈩㈠滕、薛兩城，在山東滕縣，滕城約呈長方形，東西約八〇〇公尺，南北約六〇〇公尺，薛城呈不規則形，南牆東牆約略直線直交，西北為曲折的弧線，南牆約長二公里，東牆略短。

㈩㈡秦櫟陽，在陝西臨潼，城呈長方形，南北長二五〇〇公尺，東西長一八〇〇公尺，有一條直街貫穿南北，兩條橫街，貫穿東西，城中出土磚瓦，井圈陶窰，下水道，遺跡北牆外面有灌溉渠及濠溝遺跡。

㈢秦咸陽，在陝西咸陽，地居渭濱，城的輪廓，因未全部發掘，尚不可知。城中有築在台基上的房屋銅器，骨器及鐵釘。有不少瓦管，可能為古代下水道的遺跡，水井、陶窰、窖穴，則所在都有。

㈣秦雍城，在陝西鳳翔，城長方形，東西四•五公里，南北二公里，出土磚瓦、陶水管。[77]

山西侯馬的牛村、平望兩古城是春秋時代遺址，但也繼續到戰國以後。平望城作長方形，南北最長部分約一七〇〇公尺，東西最寬部分約一四〇〇公尺，牆外有與城牆平行的濠溝，牆內有沿牆的車道。城中有宮殿遺跡的土台基址。城南郊分布許多鑄銅、燒陶及製骨器的作坊，當是手工業區。

此外還有一些較小的遺址，為韓魏趙燕楚的古城。大致均在近河地方，或作正方或呈長方，或隨地形建築，面積在〇•二五平方公里至一平方公里之間，每邊有一兩個城門及由此出入的道路，上述午汲古城的東西大街寬約六公尺，穿城而過，並有若干和大街垂直的小街

77 Kwang-Chih Chang, *Archaeology of Ancient China*（Yale University Press, revised edition, 1968）, pp. 280-305.

道。[78]

綜合言之，固然若干考古學上所見的戰國古城尚未發展為商市，大多數古城，則除了仍具有行政與軍事功能外，已有手工業作坊的普遍存在，城市方便整齊，橫街直衢，凡此均說明城市已有相當程度的工業生產與商貨貿易的功能。尤其前者，由其規模言，侯馬鑄銅工場的內範數以萬計，興隆冶鐵工場的農具鑄範重數百斤，凡此均可看出生產的數量相當龐大。而且侯馬鑄銅工場三處，多有專門的產品，也足見生產已有分化專業的趨向。[79]

戰國時代商業的發達，由前敘貨幣流通的情形已可覘之。《史記》〈貨殖列傳〉更有極為生動的描述。太行山以西的材竹穀（穀樹的皮）、纑（山間野紵）、旄、玉石；山以東的魚鹽；江南的柟梓、薑桂、金、錫、丹沙、犀、瑇瑁、珠璣、齒革；北邊的馬牛羊、旃裘筋角，都已商賈販運四方。[80]可以致富的行業包括畜牧、養豬、養魚、植林、果園、養竹、造漆、藝麻、種桑、顏料植物與香料植物的栽培。城邑之中，經營酒漿、醯醬、屠宰、販糧、燃料、運輸、建材、木材、冶鑄、紡織、衣料、合漆，甚至鹹貨、乾貨……均可成千單位的製作與出售，以致巨富。[81]

其他先秦文獻資料，固然只有零碎片段的提到城市生活。綜合言之，仍可得到一些有趣的消息。《史記》所說諸般行業，很多可以點點滴滴得到證實。一個城市之中，有政府官署，宮室台榭。可是在附近即可有依賴手藝度日的工匠作坊。[82]街市朝聚暮散，所謂「市朝則滿，夕則虛，非朝愛市而夕憎之也，求存故往，亡故去」。這種貿易區大約是集中百業的市場。[83]街市上面，大而珠寶銀樓，小而賣卜的小攤子，無不有之。[84]市井之徒更是可在酒樓賭場中與朋輩飲食流連，酒色徵逐。[85]城市中招徠了任俠姦人，也集中了高談闊論的學者名流。[86]

---

78 夏鼐，前引書，頁六八。

79 山西省文物管理委員會，〈侯馬工作站工作總收穫〉，頁二二二—二二八；鄭紹宗，〈熱河興隆發現的戰國生產工具鑄範〉（《考古通訊》，一九五六年第一期）。

80 《史記》，卷一二九，頁四五。

81 同上，頁三一—三七、四三—四四。

82 《呂氏春秋》記載宋國製輓的工人，住在貴族司城子罕的南鄰。《呂氏春秋》（四部備要本），卷二〇，頁一〇。

83 《戰國策》，卷一一，頁三。

84 關於珠寶店，如楚人賣珠，鄭人買櫝還珠的故事，《韓非子》（四部備要本），卷一一，頁三；關於銀樓有齊人往「鬻金者」之所奪金的故事，《呂氏春秋》，卷一六，頁一六；關於賣卜，《戰國策》，卷八，頁四。

85 關於酒樓，《韓非子》，卷一三，頁八；關於賭博及倡優，《史記》，卷一二九，頁二九、四三。

86 孟嘗君招致天下任俠姦人入薛，據說有六萬家之多，《史記》，卷七五，頁二六。又如信陵君也以監門屠夫為賓客，《史記》，卷七七，頁四—五，齊宣王在稷下集合了文學遊說之士數百千人，《史記》，卷四六，頁三一。

由於人口眾多，手藝工匠也可以有不惡的工資，據說竟可以「一日作而五日食」。[87]甚至殘廢的人只要有一技之長，例如浣洗縫補，或篩精米，也足以餬口了。[88]有許多的人口在都市中謀生，因此不僅城郊會有種水果蔬菜的「唐園」，有編打草鞋及草蓆的貧戶。[89]而每天出入城門的車輛，也足夠壓出兩條軌跡了。[90]

形容戰國頭等大都市的資料，以《史記》〈蘇秦列傳〉的一段最傳神：「臨菑之中七萬戶，臣竊度之，不下戶三男子，三七二十一萬，不待發於遠縣，而臨菑之卒，固已二十一萬矣。臨菑甚富而實，其民無不吹竽鼓瑟，彈琴擊筑，鬪雞走狗，六博蹹鞠者。臨菑之塗車轂擊，人肩摩，連衽成帷，舉袂成幕，渾汗成雨，家殷人足，志高氣揚。」[91]

臨淄是否真有這麼多人口，學者見仁見智並不一致。[92]即使只以《史記》所說三分之一計算，臨淄仍有十餘二十萬的人口，全國重要都會，若以六十個計，其中十個有與此相當的數字，其餘以「萬家之邑」為標準，則全國有二十萬戶以上住在頭等都市中，五十萬戶住在中等城市中。都市人口總數可達三四百萬，數目仍是很龐大的。

由數十家的邑，經過西周、春秋、戰國三時代的發展，古代中國具有了眾多大型都市。其中聚居了數以萬計的人口，從事諸種行業。戰國時代的都邑是十分符合多種功能的都市性格了。而街道的橫直正交，甚至還有下水系統，在在均足說明都市生活的水準已非常高。與戰國並世，在中東與地中海地區也都已有高度的都市文明，及繁忙的經濟活動。然而論規模，論總人口，論都市數字，中國古代的都市發展仍是罕有比倫的。

（原載《中央研究院歷史語言研究所集刊》，第四十八本，第二分）

87 《管子》，（四部備要本），卷一五，頁一四。

88 《莊子》，（四部備要本），卷二，頁一四。

89 《管子》，卷二三，頁一五。

90 《孟子》，卷一四上，頁六。

91 《史記》，卷六九，頁二七。

92 如Whcatley即極為懷起此數的誇大，Paul Wheatley，前引書，頁一九〇。關野雄認為以臨淄古城面積計算二三萬户是相當合理的估計。《中國考古研究》（東京，一九五六），頁一四一以下。中國學者則至今未有懷疑這個數字者。

兩周農作技術

一、主要農業作物

民以食為天，談農業，先當考察所種植的作物，春秋戰國時代的作物種類，須就文獻與考古資料兩方面討論。古代文獻中提到的作物，往往只具名稱，偶爾提到形狀性質，也往往過於簡略，憑之以認識作物品種，未免難為要據，是以學者們根據文獻資料盡力考證，其成績雖已極可觀，卻也常常有眾說並陳，莫衷誰是的困惑。[1] 惟近來農史學專家及植物學家也注意及此，並且頗有豐長討論，這些專家以自然科學的知識，用世界性的眼光，觀察各種栽培作物的傳播及變異，其結論往往可以超越文獻資料之限度，補訓詁考證之不足。本文亦即以此等資料

1 例如程瑶田，〈九穀考〉（《皇清經解》，卷五四八）；劉寶楠，〈釋穀〉（《皇清經解續編》，卷一〇七五）；丁惟芬，〈釋黍稷〉（《國學彙編》，第二冊）；錢穆，〈中國古代北方農作物考〉（《新亞學報》，卷一，第二期，一九五六）；何炳棣，《黃土與中國農業的起源》（香港：香港中文大學，一九五九），以及段玉裁，《說文解字注》；王念孫，《廣雅疏證》等各字書之諸種穀名本條之下所列。

為依據，介紹一些近來農史學家和植物學家們對於古代作物的解釋。[2]

古籍中常見的主食作物，大別之，可有黍、稷、粟、麥、菽、麻、稻、粱、菰諸種最為重要。

先說黍與稷的分別。今日北方農村中通常以稷為黍之不黏者。然而黍稷在古代是兩種截然不同的穀物，據慧琳的《一切經音義》〈雜穀〉條：

> 字統云，穀，續也。穀名百數，惣歸於五，所謂稷、黍、豆、麥、麻也，稷屬謂之穗穀，黍屬謂之散穀，豆屬謂之角穀，麥屬謂之芒穀，麻屬謂之樹穀，故謂五穀。[3]

是則在唐時，黍稷之間一為散穗，一為垂穗，分別甚為清楚，黍稷相混，當由陶弘景始，所謂「書多云黍稷，稷恐與黍相似」。[4]於是本草家相沿其說，復將疑似之句加以肯定，《本草綱目》〈穀部‧稷〉：

> 其苗與黍同類，故呼黍為私秫。[5]

稽之說文，凡禾之屬皆以禾，凡黍之屬皆以黍，則稷之非黍，甚為明白。

黍稷分別為兩種類，陸隴其說得甚清楚，他根據《詩經》〈良耜〉的鄭箋孔疏，〈黍離〉的孔疏，及《禮記》〈玉藻〉，各處解釋，歸納為「黍貴而稷賤，黍早而稷晚，黍大而稷小，黍穗散而稷穗聚，其辨甚明」。[6]

黍稷相混之原因，崔述以為黍屬中不黏者名穄，其讀音與稷相近，而北方方言無入聲，遂致相混，說亦明白。[7]

本文討論諸穀，即以黍稷為二類不同的穀物。

說稷。稷也許是中國最古老的作物，因此社稷連稱，而周人也尊后稷為始祖，[8] 中國古代田間有一種雜草，其名為莠，例如《孟子》〈盡心〉下：「孔子曰惡似而非者：惡莠，恐其亂苗也。」而《國語》〈晉語〉：「馬餼不過稂莠。」韋注：「莠草似稷而無實。」則稷與莠當

---

2 這一部分工作，台灣的學者中以國立臺灣大學于景讓先生最稱巨擘，本文介紹亦以于先生的見解為主。

3 慧琳，《一切經音義》（朝鮮海印寺藏版，京城帝國大學一九三一年刻本），卷一六，頁三。

4 李時珍，《本草綱目》（商務印書館，民國一八年石印本）集解引。卷二三，頁一。

5 同上。

6 陸隴其，〈黍稷辨〉，見《三魚堂文集》（同治七年武林蘅暑刊本），卷一，頁八—一〇。

7 崔述，《無聞集》（《石印本崔東壁遺書》），卷二，頁一三—一四。

8 《春秋》莊公七年：「秋無麥苗，不害嘉穀也。」杜解：「黍稷尚可更種，故曰不害嘉穀。」又程瑤田提出黍稷在禮儀上的重要性，即使稻粱，也只為加饌。程氏又指出，稷為疏食，參看程瑤田，〈九穀考〉（《皇清經解》，卷五四九，頁八四下）。稷既為疏食，卻又占五穀之首的位置，錢穆以為係由於中國古代諸穀先後成為栽培作物的程序中，稷最為古老。參看〈中國古代北方農作物考〉（《新亞學報》，卷一，第二期），頁二、五—一六。

極相似。[9] 莠俗呼狗尾草（Setaria italica virdis〔L〕, P. B.），與Setaria italica極為接近，二者染色體為2n＝18，甚易雜交。近來考古學新資料亦指出在陝西仰韶期村落遺址有穀粒出土，而經過鑑定，謂係Setaria italica，山西萬泉縣荊村的新石器文化遺址中，亦有Setaria italica。[10] 現在華北農村中謂黍稷為同類，只有黏與不黏之分，而「小米」的俗稱，其含義又因地域而異，其誤已見前文之辨。因此，本文不擬用「小米」稱Setaria italica；而從農學家的說法，以Setaria italica為稷。[11]

粟與稷的關係，可用《齊民要術》中一句總括之：「穀，稷也，名粟。穀者五穀之總名，非僅謂粟也，然而今人專以稷為穀，望俗名之耳。」亦即以粟等於稷。[12] 孟子所謂「粟米之征」，與「布縷之征」、「力役之征」為上下文，[13] 可能泛指一切穀類；然而若「布縷」、「力役」均非泛指，則粟米也可能以粟指稷實，以米指稻實。粱則又是粟中的精品，《史記》〈太史公自序〉索隱引《三倉》：「粱好粟」[14]。據王楨《農書》，粱秫的莖葉與粟相似，實粒皆大，與粟同時熟，收穫法亦同，米粒圓滑如珠，味道香美，勝於粟米，[15] 無怪為古代食物中的精品了。[16]

稷之以中國為原產地，可由其野生親屬莠之常見於中國為佐證。同時de Candolle即謂，在數千年前，Setaria italica已存在於中國、日本及印度群島，其說甚是。[17] 何炳棣先生以為稷需要的水分少，比較適宜於華北乾旱的黃土土壤，則與錢穆先生謂中國農業原為旱地農業的理論

9 吳其濬辨二者之相似甚明，參看《植物名實圖考》（民國四年刊本），卷一，頁四〇—四一。

10 天野元之助，《中國農業史研究》，頁三五；考古研究所西安工作隊，〈新石器時代村落遺址的發現〉（《考古通訊》，一九五五年第三期）；夏鼐，〈一九五四年我國考古工作〉（《考古通訊》，一九五五年第三期）；考古研究所，《西安半坡》（一九六三），頁二三；黃河水庫考古隊華縣隊，〈陝西華縣柳子鎮考古發掘簡報〉（《考古》，一九五九年第二期）；安志敏，〈中國史前時期之農業〉《燕京社會科學》，卷二，一九四九。

11 夏德瑛，《管子地員篇校釋》：「穀名中的稷，向有二說：漢人經注多以稷為粟（Setaria italica Buarv），是現在穀中產小米的一種；本草家多以稷為穄（Paincum miliaceum var, effusum, Alef），是現在黍中不黏的一種。」《管子地員篇校釋》（北平：中華書局，一九五八），頁八九—九〇。漢儒去古較近，其說自亦較長。勞貞一師曾列舉程瑤田、王念孫、段玉裁與吳其濬的諸種異說，並追溯漢儒經疏，對於黍稷高粱的混淆，作了有系統的分析與敘述。參看勞榦，〈黃土與中國農業的起源跋〉，頁一九六以下，見何炳棣，前引書，附錄。參看吳其濬，《植物名實圖考》，卷一，頁一八二以下。為此何炳棣先生在討論「小米」時，即不願分別粟和黍稷，但承認小米為中國地區最古老的作物，傾向於以為近年考古報告中所謂小米和粟事實上即Setaria italica，參看何炳棣，前引書，頁一二四—一二五。

12 《齊民要術》〈種穀〉第三。

13 《孟子》〈盡心〉下（四部叢刊本），卷一四，頁一一。

14 《史記會注考證》，卷一三〇，〈太史公自序〉。

15 《農書》〈百穀譜〉二「穀屬」（聚珍全書本），卷二八，頁二。

16 金文中稻粱對稱，如史免簠；叔家父簠，陳公子甗，曾伯簠。《國語》〈齊語〉：「食必粱肉，衣必文繡」（《孟子》〈告子〉上：「所以不願人之膏粱之味也。」（卷一一，頁一六）；《戰國策》〈趙策〉：「富不與粱肉期而粱肉至」（重刊姚氏本，卷二〇，頁四）。皆是例證。

17 De Candolle, *Origin of Cuitivated Plants*, pp. 378-380，譯文見于景讓，《栽培植物考》，頁九四—九五。

可以相互印證，二氏的理論都足以說明稷在中國是古老的栽培作物，「后稷」之為農神與農官的稱號，也就不足為奇了。[18]

綜合言之，可借吳其濬之說：「嘉穀之連稿者曰禾，實曰粟，粟之人曰米，米曰粟，今俗云小米是也。」穀類的許多通名如禾如穀，如粟如米，竟都由稷而來。[19]

黍是中國古代另一種重要作物，在殷代卜辭中即見其名稱，不下於百餘處，[20]以殷代農業在中國上古史論稿中另有專文，此處不贅述。黍中分黏者與不黏二類，前者稱黍，後者稱穄或穈。[21]齊思和先生以為，至漢時，黍屬始有此分別，九經穈無字，可能即以黍兼包黏與不黏二類。[22]在古代黍與稷同為民食之主，《詩經》與《左傳》中黍稷連舉者，隨處皆是；而黍又比稷貴重，祭祀以黍為上盛，待客也以雞黍為饌。「生民」之詩，以黍中的秬秠與粱中的穈芑同號嘉種。錢賓四先生以為：「黍為美品，然而亦僅是較美於稷耳，待其後農業日進，嘉種嗣興，稻、粱、麥諸品並盛，其為食皆美於黍，而後黍之為食遂亦不見為美品，然其事當在孔子前後，已及春秋之中晚期，若論春秋初年以前則中國古代農業固只以黍稷為主，實並無五穀並茂之事也。」錢先生此論，說黍稷關係及諸穀逐漸相代，甚有理致，堪謂的論。[23]

黍為Paincum Miliaceum，其原產地，據de Candolle說，是在埃及阿拉伯。也有人謂在印度，于景讓先生則採Varilov及E. Schleman以中國為原產中心之說。[24]然而，即使黍由外面傳入中國，其傳入時間也可早到新石器時代。在中國考古資料中，Carl W. Bishop以為山西萬泉縣荊村的穀類顆粒為黍，然而日本學者卻以為是稷粒及高粱，[25]但在河南鄭州村山砦的仰韶文化層一個灰坑底部則有厚約二十公分的深黑灰土堆積，其中有若干類似黍及稷的圓形顆粒，並已經過化學實驗證實。[26]由於黍的耐旱能力強，而味道也較佳，因此在商代以來成為中國普遍的作物，不僅卜辭中黍見百餘次，以《周禮》九州說，七州都可種黍，其為重要作物可知。[27]

---

18 何炳棣，前引書，頁一二八—一三二。錢穆，前引文。

19 吳其濬，前引書，卷一，頁四〇。

20 于省吾，〈商代穀物作物〉。

21 《說文解字注》，卷七，頁四二、五七。

22 齊思和，〈毛詩穀名考〉（《燕京學報》，第三十六本，一九四八），頁二七六—二二八。

23 錢穆，前引文，頁一〇。又參看陸隴其，前引文。

24 于景讓，《栽培植物考》，頁九二—九三；〈黍稷粟粱高粱考〉（《大陸雜誌》，卷十三，第三期），頁一；天野元之助，《中國農業史研究》，頁三一—一四。

25 Carl W. Bishop, "The Neolithic Age in North China," VII, 28（1933）, p. 369.天野元之助，前引書，頁四。

26 安金槐，〈鄭州地區的古代遺存介招〉（《文物參考資料》，一九五七年第八期），頁一六。

27 《周禮》〈大司馬〉（四庫備要本《周禮正義》，卷五五）。

程瑤田辨黍稷之別，甚為精當，但卻又把稷與高粱混，齊思和指出其錯誤，甚明白。[28]據瑞士植物學家de Candolle的意見，以為高粱（Andropogon Sorghum var Vulgaris）即是張華《博物志》中的「蜀黍」。[29]De Candolle究研高粱原產地，以為原產於熱帶非洲，史前已傳入埃及，逐漸東傳，最後始傳入中國。[30]然而近來考古資料顯示中國在史前時期即可能已有高粱，一九三一年山西萬泉縣荊村的新石器時代遺址出土有穀類遺灰，一九四三年據東京帝大高橋基先生鑑定為Setaria italica及高粱二種。[31]歷史時期的遺址中卻並無如此明確的資料，三里墩殷周文化層中，據說有高粱稈及高粱葉的遺跡。[32]石家莊市莊村趙岡遺址出土炭化高粱兩堆，遼陽三道壕西漢村落及洛陽金谷園村漢墓均有疑似高粱的殘粒，據發掘工作的關係人報導，洛陽的標本為Sorghum valgare brat，而三道壕的標本則與現代東北栽種的高粱無所差別，[33]植物學家J. D. Snowden等以非洲等處的野生高粱與栽培高粱比較其細胞中的染色體數字，發現蘇丹地區的野生種與中國東北的栽培種之間有密切的關係。但是另一方面，N. I. Vovilov以為在非洲發源的高粱經過印度為第二次的傳布中心，以漸及於亞洲東部。天野元之助亦謂蜀黍之名，即隱含由西南中國傳入中原的意味。[34]何炳棣先生指出，元以後高粱日見普遍可能即由於高粱在宋元之際傳入中國，而且成為重要作物。[35]無論如何，高粱與稷之差異，則甚為顯然。

麥在西方文化中為主要民食，是以研究其起源者甚多。近年來西亞考古工作已大致找出麥的原產地，可能即是高加索山麓及土耳其一帶。在Jarmo的考古工作指出，西元前七千年此地

即已開始栽培小麥大麥。[36]這一帶雨量極多，氣候與中國中原的乾旱黃土，甚不相同。至於大

---

28 齊思和，前引文，頁二七一。

29 于景讓，〈黍稷粟粱高粱考〉，頁二一六；程瑤田，前引文，此說至今通行，如本文審查人石璋如先生云在我國北方即以高粱為稷。勞貞一師曾列與程瑤田、王念孫、段玉裁與吳其濬的諸種異說，並追溯漢人經疏為對於黍稷高粱諸名混淆有的系統簡述，參看勞榦，〈黃土與中國農業的起源跋〉，頁一九六以下。見何炳棣，前引書，附錄。張華《博物志》：「莊子曰，地三年種蜀黍」，（中華書局影印士禮居本），卷二，頁一。然而《太平御覽》引《博物志》則無「莊子曰」三字，《太平御覽》（新興書局影印靜嘉堂京本），卷九四三，頁二。

30 參看何炳棣，《黃土與中國農業的起源》，頁一三五引Alphones de Candolle, *Origin of Cuitivatied Plants*, pp. 380-384.

31 天野元之助，前引書，頁二三；佟柱臣，〈黃河長江中下游新石器文化的分布與分期〉（《考古學報》，一九五七年第二期），頁七—二二。

32 南京博物院，〈江蘇新沂縣三里墩古文化遺址第二次發掘簡報〉（《考古》，一九六〇年第七期），頁二一—二二。

33 天野元之助，前引言，頁二三—二五；（尤應注意天野與夏鼐、李文信之通訊。）何炳棣，前引書，頁一三三—一三五。

34 于景讓，前引文《大陸雜誌》，卷一三，第四期，頁一七；天野元之助，前引書，頁二七—二九。程瑤田以為蜀黍之蜀，同於獨，指黍類之大者，天野氏則持異見。參看前引書，頁三三。

35 何炳棣，前引書，頁一三七—一三九。

36 同上，頁一六一。

麥的原產地，植物學家以為在西藏；燕麥及黑麥則為由雲南、西康、青海，經蒙古東抵韓國的古老作物。[37]

麥在中國考古資料中亦曾見紀錄，安徽亳縣釣魚台龍山遺址曾出土盛有一斤十三兩麥粒的陶鬲，經過鑑定，據說這批麥粒為古代小麥（Triticum antiquorum）之一種。[38]但是也有人以為盛麥的鬲本身很像是西周遺物，而不是龍山文化的產品，則這條證據也難算十分可靠了。[39]何炳棣先生特別指出，在中國數千處新石器文化遺址中，史前黍稷及稻穀的資料甚多，而史前小麥則至今尚無確實物證，兩相對比，適足反映麥類不像是中國原生植物。[40]

植物學家對於中國古代有無小麥頗持異說，《詩經》中的來牟，到了第三世紀時注疏家方分別解釋為大小麥，自然難以來牟之出現作為中國古代已有小麥的依據。[41]更早的史料則是氾勝之以大麥與小麥對立，時代為西元前一世紀。由此，小麥很可能在西元前第一世紀已進入中國。[42]以漢簡史料言之，也約在西元前第一世紀即有小麥的記載，而到了西元第二世紀時小麥和大麥已同是農村常見的作物了。[43]如此說來小麥之進入中國也在西元前第一世紀以前。

殷虛窖藏穀物中，也頗可能有麥。[44]麥字見於卜辭者為數不少，據于省吾統計，據說除用作地名外，僅十餘見，有關「來」字的卜辭也不過二十餘見，而黍稷類卜辭則有百餘見。據卜辭，麥似是新年的特別食品，殆不過為貴族的食物，未必是平民主食。[45]

據篠田統先生統計，中國古籍中麥字出現次數甚多，單舉或類舉，合計有三十八處之多，

37 于景讓，《栽培植物考》，頁八二。

38 安徽省博物館，〈安徽新石器時代遺址的調查〉（《考古學報》，一九五七年第一期），頁二一—三〇；何炳棣，前引書，頁一六〇—一六一。

39 楊建芳，〈安徽釣魚台出土小麥年代商榷〉（《考古》，一九六三年第十一期），頁六三〇—六三一。

40 何炳棣，前引書，頁一六一。

41 于景讓，前引書，頁二七；按，《詩》〈周頌・思文〉：「貽我來牟，帝命獲育。」據朱熹注：「其貽我民以來牟之種，乃上帝之命，以此徧養下民者」，如上帝之賜表示來源不明，則周人傳說中已透露麥是外來之消息？參看何炳棣，前引書，頁八三。

42 于景讓，前引書，頁八三、八九；《氾勝之書》：「小麥忌戌，大麥忌子。」

43 勞榦，《居延漢簡考釋》，釋文之部，卷二，〈簿錄・錢穀類〉：「糴小麥十二石」（四四五，二六〇，二五七），「□以□小麥麴二斗」（四二四，二八四，一七）；天野元之助，〈中國の麥考〉（《中國農業史研究》），頁六四—六五。參考《太平御覽》引《續漢書》桓帝時童謠曰：「小麥青青大麥枯，誰當穫者婦與姑，丈夫何在西擊胡。」《太平御覽》，卷八三八，頁八四—八五。

44 石璋如先生見告：窖藏的麥子壞了為綠色，豆及穀子（粟）壞了為黑色。（參看石璋如，〈綏遠的糧窖〉，《大陸雜誌》，卷五，第十二期。）安陽小屯的許多深窖下有灰綠土，可能為麥子壞了所致，此外在穴窖中常發現有麥稻和土和水相拌而成泥。日久麥稻腐朽而中空的麥稻穀尚留在泥塊上，雖然沒有直接發現殷代的麥粒，由以上兩證可推知殷代之有麥的可能性很大。

45 于省吾，前引文；郭寶鈞，《中國青銅器時代》（北平，一九六三），頁一一〇。

且麥的豐歉也每入史乘，足見麥在中國的地位。錢穆先生以為，西周以前，中國農業文化初啟，種植以黍稷為主，而自春秋以下至戰國，農作物始漸漸轉變為以粟（粱）麥為主。其說殊可解釋麥收豐歉常入史乘的原因。[46]

稻，現在是中國主食之一，至於其是中國原產抑是由外方傳入，至今仍在待決之中。大致言之，除在中國原產說外，一部分學者，主張印度為原產地，另有一部分則以為Ethiopia是原產地。[47]主張以中國為原地的學者，指出在廣東已有廣大區域可找到野生稻，而中國植稻也早於印度。[48]

以考古學的資料言，河南澠池仰韶村新石器時代遺址出土的陶器上壓印有稻粒痕跡，為華北有稻證明。[49]而江漢平原的京山屈家嶺朱家嘴、天門石家河、武昌放鷹台、長江流域的無錫仙景墩、錫山公園，及安徽肥東大陳墩也都有稻粒出土。[50]南方卑濕宜於種稻，雖然北方系統的典籍，如《詩經》有詠稻的記載，[51]《論語》也有「食夫稻」的譬喻，[52]稻大約在古代北方的食糧供應比重上不及黍稷普遍，而殷代種稻之說，也還難十分肯定。[53]

---

46 于景讓，《栽培植物考》（國立臺灣大學農學院，一九五七）；錢穆，前引文，頁二七。

47 同上，頁四—六；何炳棣，前引書，頁一四五以下。

48 于景讓，同上，頁四；丁潁，〈廣東野生稻及由是育成的新種〉（Ting Ying, "Wild Rice of Kwangtang and new variety bred from the Hybrids of wild rice with cultivated rice"）（《中山大學農業藝專刊》，第三號，一九三三）。

49 天野元之助，〈中國の稻考〉《中國農業史研究》，頁九四—九七。G. Edmar & E. Soderberg "Auffindungvon Reis in einer Tonscherte au seiner etwas funftausen djahrigen chinesischen Siedlung," *Bulletin of Getlogical Society of China.* Vol. 8, No. 4（1929）, pp. 363-368. 本文審查人石璋如先生以為：《論語》「食夫稻」「衣夫錦」相對，可見稻是一種比較貴重的食品，雖然未必是奢侈品，卻也非一般衣褐的老百姓的日常食品，稻的耕種，北方固不如江南普遍，但是並非由北而南傳播，按稻與水牛或有相關，在洹濱的小屯遺址中，在淇濱的寺村遺址中，均有水牛角的出土。這些水牛，不知是為食用或耕用。或者水牛與稻作無關，但這個現象很有參考的意義。

50 天野元之助，同上，頁九七—九八；丁潁，〈江漢平原新石器時代紅燒土中的稻穀考察〉（《考古學報》，一九五九年第四期）；〈江蘇無錫仙蠡墩新石器時代遺址清理簡報〉（《文物參考資料》，一九五五年第八期，一九五六年第一期）；安徽博物館，〈安徽新石器時代遺址的調查〉（《考古學報》，一九五七年第一期）；〈湖北京山朱家嘴新石器遺址第一次發掘〉，（《考古》，一九六四年第五期），頁二一五—二一九。

51 如〈鴇羽〉：「不能蓺稻粱」，〈七月〉：「十月穫稻」，〈甫田〉：「黍稷稻粱」，〈白華〉：「浸彼稻田」，〈豐年〉：「多黍多稌」，（《詩經》，藝文版，《十三經注疏本》，卷六之二，頁八；卷八之一，頁一九上；卷一四之一，頁一二上；卷一五之二，頁一五下；卷一九之三，頁三上）。

52 《論語》（藝文版《十三經注疏》本），卷一七，頁八下。

53 于景讓，《栽培植物考》，頁二八；天野元之助，《中國農業史研究》，頁一二八以下。甲骨卜辭中有無稻字，似可大別為正反兩方，唐蘭以為「□」即稻，胡厚宣從之，參看胡厚宣，〈卜辭中所見之殷代農素〉（《甲骨學商史論叢》，第二集，上冊，成都，齊魯大學，一九四五）。而反對者則如于省吾、郭寶鈞，都仍以為卜辭中有一「秜」字代表稻稿，何炳棣亦從之，並以為秜是野生稻。參看于省吾，前引文；郭寶鈞，《中國青銅器時代》（北平，一九六三），頁一一〇—一一一；何炳棣，前引書，頁一四八—一五〇。陳祖槼，〈中國文獻上的水稻栽培〉（《農史研究集刊》，第二期），頁六八—六九。

麻（Cannahis saitva, L.）的原生地可能在華北，也可能在東北，[54]在今日利用麻的纖維之外，其種子可以榨油，但在中國古代則種子也曾經作為食用作物，如〈七月〉：「禾麻菽麥」，〈生民〉：「麻麥幪幪」，[55]又如《周禮》〈籩人〉鄭注：「熬麥曰麷，麻曰蕡，稻曰白，黍曰黑。」[56]甚至用於嘗新祭中作祭品，[57]其列為九穀之一，也不為無因了。

大豆與小豆，在說文稱菽荅，菽在銅器銘文上的古作為尗，似乎著重在豆科植物的根瘤，也就是說，古人已對於豆科植物的特性頗有認識。但古人是否已認識根瘤吸取氮氣，以改善土壤的作用，則仍未能斷言。[58]在先秦大約貧瘠地區頗以菽豆為糧，如《戰國策》〈韓策〉：「韓地險惡山居，五穀所生，非麥而豆，民之所食，大抵豆飯藿羹。」菽豆之中又有戎菽一項，似乎是由北方山區傳入中原，則韓地所食的豆，也難乎確定究為《詩經》〈生民〉中已見的荏菽，抑是《管子》〈戒篇〉所見的戎菽。以考古資料說，山西侯馬春秋時代村落遺址出土儲糧的倉廩，其中有甚多黃豆，足見韓地及山戎同地區的山西，黃豆是主食之一。戰國之世，菽粟同為平民日常食物，是以《孟子》〈盡心〉上：「聖人治天下，使有菽粟如水火，菽粟如水火，而民焉有不仁者乎？」正與《禮記》〈檀弓〉：「啜菽飲水」，同指平民果腹之所需。[59]至於戎菽究是大豆抑是豌豆，則仍難作斷語。[60]

禾、粟常為通稱穀類的名稱，茲不論。[61]粟有時專指稷，已見前文。苽則是茭白米，見於荆楚，現在則已不是食用穀物了。[62]

54 同上，頁一一九，注四。

55 《詩經》，卷八之一，卷二〇上；頁一七之一，頁一一上。

56 《周禮》（四部備要《周禮正義》本），卷一〇，頁九。

57 《禮記》〈月令〉：「孟秋之月，天子食麻與犬。」（藝文版《十三經注疏》本），卷一六，頁一八上。

58 〈釋菽篇——試論我國古代農民對大豆根瘤的認識〉（《中華文史論叢》，第三輯，一九六三），頁一七。

59 《戰國策》（四部備要本），卷二六，頁二。《詩》〈生民〉：「藝之荏菽，荏菽旆旆」。《詩經》卷一七之一，頁一一上。《管子》〈戒篇〉：「北伐山戎，出冬葱與戎菽，布之天下。」《管子》（四部備要本），卷一〇，頁四。考古部分，參看〈侯馬工作站工作的總收穫〉，（《考古》，一九五九年第五期，頁二二五；《孟子》（藝文版《十三經注疏》本），卷一三下，頁二上。

60 《禮記》〈檀弓〉下（藝文版《十三經注疏》本）卷一〇，頁三。戎菽的名稱，據《逸周書》〈王會篇〉及《管子》，都與山戎有關，郭璞注《爾雅》即以此為據，釋戎菽為豌豆，但程瑤田持異說，以為：戎菽為大豆之別稱，大、戎同義，不當傅會為豌豆，謂（《爾雅》戎菽謂之荏菽，孫炎云大豆也，郭璞因《管子》北伐山戎出戎菽，布之天下，遂以戎菽之戎為山戎之謂，即今胡豆，蓋言豌豆也，是不以戎菽為大豆矣。不知《爾雅釋詁》「壬」「王」皆為「大」，「壬」與「荏」字相通，荏菽戎菽注為大豆之稱。郭璞不據周公之詩與《爾雅》之本訓，而傅《管子》以為豌豆，異矣。況山戎之戎菽，《列子》張湛注引之，言鄭氏云即大豆。孔晁《汲冢書》「王會篇」亦以巨豆釋之，皆不云是豌豆也。」（程瑤田，《九穀考》，卷五四九，頁二五。）參看何秋濤，《王會篇箋釋》（光緒辛卯年刻本），卷中，頁五九。《爾雅注疏》（四部備要本），卷八，頁二五。《春秋穀梁傳》（藝文版），卷六，頁一六。

61 天野元之助，《中國農業史研究》，頁三七。

62 于景讓，《栽培植物考》，頁一〇七—一一三。

綜上可見，除稻菰之外，旱地作物黍稷麥菽是古代北方中國的主食作物，水田作物稻菰似乎主要是南方的食物，而菰更似非普遍食用。換句話說，中國古代的中原當以旱地農作物為主要的經營方式，下文說到的農具也似乎為配合旱地農作而發展的工具。

二、農業經營的方式

《詩經》的農事詩，如〈噫嘻〉和〈載芟〉，都描述著相當規模的集體耕作，似乎有成千成萬的農夫，在田畯的監督下，一對一對的在田間耕耘。[63]這種大規模耕作，也許只見於封建主人直屬的田莊上，而這些由田畯督導的農人，也許就是封建主人直接管轄的奴隸們，相當於青銅器銘文中的「夫」和「鬲」。[64]

這種大規模的耕作，是否為中國普遍的形式，仍舊是疑問，至少在《詩經》〈豳風・七月〉中描述的是近於個體小農的經營，農夫有自己的居室，妻兒隨著農夫同去田間，而農夫對主人的義務似乎也是出於供獻實物勞力服務雙重配合的方式，除農作外，前者包括紡織品與獵物，後者包括修屋、搓繩、取水……，[65]關於本篇的時代，徐中舒先生以為在西周晚期以後至春秋時代；傅孟真先生也持相同看法。[66]天野元之助先生根據《詩經》中「室家」一辭出現的篇章，

認為在西周末至東周之間，共同耕作的大片田地才開始由私有的個別農場取代，而獨立的

---

63 《詩》〈周頌・噫嘻〉：「駿發爾私，終三十里，亦服亦耕，十千維耦。」（《詩經》，卷一九之二，頁一九。）〈載芟〉：「千耦其耘，徂隰徂畛」（《詩經》，卷一九之四，頁四下。）此詩著作時代，有以為是成王時代者，如李曄，〈試論噫嘻篇的著作時代〉（《詩經研究論文集》，一九五九）。有以為是穆王以後作品者，如大島隆，〈土田陪敦考〉（東京《支那學報》，一九五七年第三期），頁一一二。

64 天野元之助，〈中國古代農業の展開〉（《東方學報》，一九五九年第三十期），頁九五以下。參看貝塚茂樹，〈金文に現た鬲の身分について〉（《東方學報》，一九六二年第二十三期），頁一以下。

65 《詩》〈豳風・七月〉：「七月流火，九月授衣。……三之日于耜，四之日舉趾，同我婦子，饁彼南畝，田畯至喜。……八月載績，載玄載黃，我朱孔陽，為公子裳。……一之日于貉，取彼狐狸，為公子裘，二之日其同，載纘武功，我私其豵，獻豣于公。我私其豵，……十月蟋蟀，入我床下，穹室熏鼠，塞向墐户，嗟我婦子，曰為改歲，入我室處。六月食鬱及薁，七月亨葵及菽，八月剝棗，十月穫稻，為此春酒，以介眉壽。七月食瓜，八月斷壺，九月叔苴，采茶薪樗，食我農夫。九月築場圃，十月納禾稼，黍稷重穋，禾麻菽麥，嗟我農夫，我稼既同，上入執宮功。晝爾于茅，宵爾索綯。亟其乘屋，其始播百穀。二之日鑿冰冲冲，三之日納于凌陰，四之日其蚤，獻羔祭韭。九月肅霜，十月滌場，朋酒斯饗，曰殺羔羊，躋彼公堂，稱彼兕觥，萬壽無疆。」《詩經》，卷八之一，頁九上—一二上。

66 徐中舒，〈豳風說〉（《中央研究院歷史語言研究所集刊》，第六本第四分，一九三六）；傅斯年，〈詩經講義稿〉（《傅孟真先生集》，第二冊，一九五四），頁九五。持異見者，郭沫若以為〈七月〉在春秋中葉以後，參看「由周代及農事詩論到周代社會」（《青銅時代》），頁一一五，陸侃如、白川靜與甘大昕卻置之於西周中期，參看陸侃如、馮淑蘭，《中國詩史》（一九三五）；白川靜，〈詩經に見える農事詩（下）〉（《立命館文學》一三九，一九五六）；甘大昕，〈讀七月流火〉（《詩經研究論文集》，一九五九）。

「家」也由氏族析出成為以家族勞動作獨立小農經營的主體。[67]天野氏的演繹，其時代與徐、傅二先生考定的〈七月〉時代相當，再由其他史料看來，春秋以後，大規模的耕作不見記載。小農的作業則頗有例證，譬如孔子遇見的一對耦耕隱士，又譬如臼季所見冀缺耨地，其妻饁之的故事[68]因此，《詩經》〈七月〉描寫的，大約應當是春秋時代農業經營的方式。

中國古代有無井田確切性質，至今是紛拏難決的問題，自從《孟子》提起井田制度的構想以後，學者一直在努力彌縫各種互相抵觸的敘述。本文此處不擬糾纏在過分牽涉細節的技術性討論，因為每一種假設都只適於專門論文，而不宜於在這種綜合性論文中縷陳。[69]如果簡單一點說，井田制不過只是封建經濟下一種勞役服務的型態，封建主人分田給農民耕種以自贍，同時由農民耕種主人的保留地以為報償，其基本型態正相當於封建領主與從屬間的對等性權利與義務。上述勞役之中卻又不僅在於耕種，足可包括佐獵、修理，……諸般，如〈七月〉中說到的工作。如此了解井田制，即可了解其要點在於權利與義務相對，而不拘泥形式上的規定或分配上的劃一，各國與各地區農戶可分配到的土地與因此附帶的條件儘可因個別封建主人管轄地區的特殊情形而定，《孟子》所說也僅是一個理想化，整齊化的構想而已。[70]

隨著封建制度的崩潰，井田制下用勞役作為報償的佃租型態逐漸轉化為獨立的小自耕農或小佃農，其經營的方式都是個別的小農場，每戶可以耕種的面積大約為一百畝，因為在《孟

67 天野元之助，前引文，頁一〇五。

68 《論語》〈微子〉：「長沮桀溺耦而耕，孔子過之，使子路問津焉。」藝文版《十三經注疏》本，卷一八，頁三下；《左傳》僖公三十三年：「初臼季使過冀，見冀缺耨，其妻饁之，敬，相待如賓。」藝文版《十三經注經疏》，本卷一七，頁二九。

69 孟子主張井田是九宮格，中間為公田。四周人家共耕公田，《韓詩外傳》及《穀梁傳》解釋《詩》〈大田〉及〈信南山〉的詞句牽涉至廬舍井灶菜園的分配比例（《孟子》〈梁惠王〉上，〈盡心〉上，〔藝文版《十三經注疏》本〕，卷一〇下，頁一三下。《韓詩外傳》，卷四，及《穀梁傳》宣公十五年，〔藝文版《十三經注疏》本〕，卷一二，頁一六上）。再加上《周禮》中所討論的地方行政制度，井田更變得複雜了，（《周禮》〈地官・小司徒〉，卷二〇，頁七—八。）於是《漢書》〈食貨志〉提出公田按上中下授民的假設，《公羊解詁》又提出了三年換土的解釋（藝文版《十三經注疏》本，卷一六，頁一五下）。最完整的井田理想則見於《後漢書》〈劉寵傳〉，李賢注由《風俗通》引用的《春秋井田記》：「人年三十，其田百畝，以食五口，為一戶，父母妻子也。公田十畝廬舍五畝，成田一頃十五畝，八家而九頃二十畝，共為一井，廬舍在內，貴人也。公田次之，重公也。私田在外，賤私也。井田之義：一曰無洩地氣，二曰無費一家，三曰同風俗，四曰合巧拙，五曰通財貨。田井為市。交易而退，故稱井市也。」（藝文版，《後漢書集解》，卷七六，頁一三—一四。）但反對者也有不少，例如廬舍問題與中田有廬的解釋自來即有疑問，加藤常賢，〈書社民社考〉（日本社會學會年報《社會學》第九期，一九五三），頁七六；懷疑棋盤方格劃分土地之可能性，如胡適，〈井田制度有無之研究〉（一九三〇）；認為井田指灌溉用與田制無關，如齊思和，〈孟子井田說辨〉（《燕京學報》，第三十五期，一九四八），頁一〇一—一二八；張溥泉，〈關于井田制度制度問題之探討〉（《文史哲》，一九七五年第九期）；而李劍晨則以為井字象形溝渠縱橫的田畝，參看《先秦西漢經濟史稿》（一九五七），頁一一四。

70 關於井田綜合討論，可參看Cho-yun Hsu, *Ancient China in Transition*（1965）, p. 195, note 15. Lien-shen Yang, "Notes on Dr. Swann's Food and Money in Ancient China," *Harvard Journal of Asian Studies*, 13（1950）, pp. 431-543.請參看Nancy Swan, *Food and Money in Ancient China*（1950）, p. 144, note 116.又齊思和，〈孟子井田説辨〉。

子》、《荀子》幾乎都以一夫耕百畝為力之所極，一家食百畝為制度標準。[71]漢以前畝制不大，據說僅為百步，也就是一百畝相當於四．七五英畝，每戶制產或每夫力作可以耕作的面積是很小的，[72]因此小農場的耕作方式決定了古代中國走向精耕的發展方向。其他與農業有關的社會制度，如莊園組織等，上古史稿別有專文論之，不贅。

三、農具的演變

關於古代中國的農夫使用的農具，本文以耕地、中耕及收穫三個耕作的階段討論。

中國古代的耕地農具當以耒耜為最常見，據說是神農氏製作的，據《易經》〈繫辭〉下：「神農氏作，斲木為耜，揉木為耒，耒耜之利以教天下。」[73]《說文解字》的解釋則把耒認作「手耕曲木」，耜作為「耒端木」，[74]在古籍中耒耜有連用的，有分別使用的，[75]徐中舒先生根據古文字的結構，考訂耒耜有單齒與歧頭，對於使用耒耜的方法頗多發明。由此線索近人又已發展了若干新假設。[76]

由挖掘棒類的耒耜演化到用犁，中國古代農業，操作程序中大約曾經過用人力拉犁的階段。《詩經》和《論語》中有耦耕之辭，如《詩經》〈載芟〉：「載芟載柞，其耕澤澤，千耦其耘，徂隰徂畛。」〈噫嘻〉：「噫嘻成王，既假昭爾，率時農夫，播厥百穀，駿發爾私，終三十里，亦服爾耕，十千維耦。」[77]如《論語》〈微子〉：「長沮桀溺耦而耕，孔子過之，使子路問津焉，長沮曰：……是知津矣。問於桀溺……耰而不輟。」[78]如《左傳》昭公十六年，

---

71 Cho-yun Hsu, *OP. cit.*, pp. 110ff.,天野元之助，前引文，頁一〇六。如《孟子》：「百畝之田，勿奪其食；八口之家，可以無饑矣。」（卷一下，頁七）。《荀子》，〈王霸〉：「匹夫則無所之，百畝一手，事業窮無所移之也。（四部備要本，卷七，頁六）。同書〈大略〉：「故家五畝宅，百畝田。」（四部備要本，卷一九，頁七）。《管子》〈山權數〉：「地量百畝，一夫之力也。」（國學基本叢書本），卷七五，頁七四。足見百畝為一家之產，而為一夫力耕之極限。

72 Swann（lr.）前引書，頁三六二。

73 《周易》，（藝文版《十三經注疏》本），卷八，頁五上。

74 《說文解字》（叢書集成本），卷四，頁一三七。

75 連用之例，如《禮記》〈月令〉：「命農計耦耕事，修耒耜，具田器。」卷一七，頁二三下。分別使用之例，如《淮南子》〈主術訓〉：「一人蹠耒而耕，不過十畝。」（四部備要本，卷九，頁一四六。）又如《詩經》〈周頌・良耜〉：「畟畟良耜。」〈載芟〉：「有略其耜。」卷一九之四，頁六下、九上。

76 徐中舒，〈耒耜考〉（《中央研究院歷史語言研究所集刊》。第二本，第一分）。又參看關野雄，〈新耒耜考〉（《東洋文化研究紀要》，一九號，一九五九）及〈新耒耜考餘論〉（同上，二〇號，一九六〇）。

77 《詩經》，卷一九之二，頁一八下—一九下；卷一九之四，頁四下。

78 《論語》，卷一八，頁三下—四上。

鄭國子產敘述與商人的約定：「昔我先君桓公與商人皆出自周，庸次比耦，以艾殺此地，斷之蓬蒿藜藋而共處之」[79]如《國語》〈吳語〉：「譬如農夫作耦，以艾殺四方之蓬蒿。」[80]足見自西周至於戰國，耦耕都是常用的名詞。然而自古注疏，對於耦耕的確解，人人不同，有以為兩人共執一耜，併力發土，如鄭玄；有以為兩人各執一耜，一前一後合作發土，如賈公彥、孫詒讓；有以為兩人各執一耜，但並肩耕作，合力同奮，刺土得勢，土乃迸發，如程瑤田。[81]直至近世，方才有一人把耒，一人拉繩向前的解釋。即使有人以為拉的人與蹠耒的人一前一後同一方向，也有人以為兩人當相對耕作，其主要論點都是把拉耒作為拉犁的前奏濫觴。[82]假如耦耕可以解釋為兩人相對，一人扶耜一人拖著，則倒走可以逐漸改成正方向拉縴的方式；再進一步，繩索又可以演變為定轅，使上下蹠入的工具變成刺土鏵地，由間歇動作發展為繼續向前。[83]工具形制遂也變為犁蹈，有剗地破土的作用。

犁的發展史，由耜到鏵，似先演變為三角形，背面起三稜形，[84]發展至犁壁出現，則犁的結構更便於翻轉，加上推壓破碎土壤的作用，使深耕成為可能，犁的形制也逐漸變大，漢犁有大小二型，其大型者即約當戰國犁的一倍，小者與戰國犁相當。犁越大，刺土自然也可越方便有力。[85]

關於牛耕的時代，即使有以為晚至漢代，趙過始教民牛耕，[86]然而也有殷代已知牛耕的主張。[87]從文獻資料看，至晚在春秋末期，即有明顯的證據，說明牛已作耕田之用，如《國語》

79 《左傳》，卷四七，頁一九。

80 《國語》（四部備要本）卷一九，頁四。

81 孫詒讓，《周禮正義》〈考工記・匠人〉，卷八五，頁二；程瑤田，〈溝洫疆理小記、耦耕義述〉（皇清經解》，卷五四一），頁四三—四四。

82 陸懋德，〈中國發現之上古銅犁〉（《燕京學報》，一九四九年第三十七期）；孫常敘，《耒耜的起源及其發展》（上海，一九六四），頁五一以下。也有不贊成這種解釋的，如萬國鼎，〈耦耕考〉（《歷史研究集刊》，第一冊），何茲全，〈談耦耕〉（《中華文史論叢》，第三輯，一九六二），頁一〇一以下。不贊成的理由，均在耒耜的結構受不了向前拉的力量。但耒耜而可拉，當已經非復簡單的掘棒，必有結構上的演變，使其接近犁的作用。而「芟殺」蓬蒿雜草，當非復挖掘，而是剷除，也就近於犁的作用了。

83 孫常敘，前引言，頁六三；劉仙洲，《中國古代農業機械發明史》（上海，一九六三），頁八。本文審查人石璋如先生以為「以上耦耕的五種説法，恐怕沒有絕對的是非，看在什麼情形下，做什麼工作才用什麼方法，譬如挖深根的草或根、莖植物便需二人各持一耜，對面合作（先向深處插下，然後一齊用力向後一按，所要挖的東西便在中間躍上地面了。北方現在仍用這種方法。又如挖溝堆壟，即為二人併作，每人各持一耜，並列向後退著挖溝，挖出來的堆在中間便成壟了。怕潮濕的植物即在壟上種植，這都是較原始的方法」，本文作者謹謝石先生的提示。

84 陸懋德，前引文，頁二二。

85 劉仙洲，前引言，頁一〇—一一；郭文韜，〈中國古代農作制度發展規律探討〉（《中國農報》，一九六四年第一期），頁四五。

86 《齊民要術》序（四部叢刊本），頁二。

87 胡厚宣，〈卜辭中所見之殷代農業〉（《甲骨學商史論叢》，一九四五年第二集，頁二—三）。據史語所陳梨庵先生引張秉權先生語，謂卜辭「物」當讀「犁牛」，張先生將別有文考之。

〈晉語〉：「夫范中行氏不恤庶難，欲擅晉國，今其子孫將耕於齊，宗廟之犧牲為畎畝之勤，人之化也，何日之有。」[88]此處宗廟犧牲變成在畎畝之間工作，自非指牛耕不可。至於牛耕的上限，如以銅犁之出現作為牛耕同時，則可能在西周以下，最晚不過春秋。[89]而春秋中葉（西元前六世紀）齊國的銅器「國差罎」，四耳有穿鼻的牛，牛而穿鼻自作服勤之用。[90]牛耕的開始，當並未完全普及各處，也未全部代替人力。以地域言，漢代邊郡及江南仍有不知牛耕的地區。[91]而在孔子的時代也仍無妨有長沮桀溺一類用自己的勞力耕種的人。總而言之，大概春秋已有牛耕，戰國則逐漸普及。[92]

犁用鐵製，自然也增加了破土發土的方便，用鐵作犁的原料，大約在戰國已是日常習見的事，是以《孟子》〈滕文公上〉說到「許子以釜甑爨，以鐵耕乎」。[93]但是戰國冶鐵鑄造的犁可能也有技術上的限度，最近出土於河南輝縣固圍村的一具V形犁鏵，犁形窄小，僅長一七．九釐米，尖端鈍角達一二〇度，又無翻土鏵面。合而言之，這種鐵犁不過為木犁的鐵口，其大小不過漢犁一半，未必耐用，也不能耕得很深，正表現了鐵犁初期的原始型態。[94]

除犁之外，中國的農具中有不少較小型的整地土用具，這些基本上保留耒耜式樣的農具，大致不外一類柄與工具呈直線如鏟，及柄與工具呈直角如鋤。工作的程序則都是間歇的，這兩類農具的用途主要在鬆土，但更常用於中耕除草，構成中國農業的重要特色。所謂耨和芸，大約都是這一耕作階段的工作。中耕工作可以細分為間苗、鬆土、除草、培土和保持水分。所謂間苗即是除去冗生的苗，保持個別作物之間適當的距離。《呂氏春秋》〈辨土〉篇有很好的綜合說明：「苗其弱也欲孤，其長也欲相與居，其熟也欲相扶，是故三以為族乃多粟」，又說：「凡禾之患，不俱生而俱死，是以先生者為米，後生者為粃，是故其耨也，長其兄而去其弟。」[95]論其性質，耨不僅為間苗，也還須除去田中雜草。《詩經》〈小雅．甫田〉：「或耘或

88《國語》，卷五，頁七。

89 陸懋德，前引文；劉仙洲，前引書，頁一一－一二。

90 容庚，《寶蘊樓彝器圖錄》（一九二九），卷二，頁九一；又天野元之助，〈中國古代農業の開展〉（《東方學報》，一九五九年第三十期），頁一三〇。

91《後漢書》〈王景傳〉（藝文版，集解本），卷七六，頁六。

92 討論牛耕起源問題，頗有引用《論語》〈雍也〉：「犁牛之子騂且角」作為春秋牛耕證據者，如劉寶楠，《論語正義》（《皇清經解續編》本，卷七，頁六－七）。但何晏則釋犁為「雜文」，即毛色駁雜的牛。也有人援引孔門弟子冉耕字伯牛，司馬耕字子牛及司馬牛即司馬犁諸條說明牛與犁的關係。但王引之則以為「耕」當為「牼」，「犁」是「不純色的牛」，參看〈春秋名字解詁〉，《經義述聞》（《皇清經解》本，卷一二〇，頁二、三二）。

93《孟子》，卷五下，頁二上。

94 郭寶鈞，《輝縣發掘報告》，頁八二；黃展岳，〈近年來出土的戰國西漢鐵器〉（《考古學報》，一九五七年第三期），頁一〇五。郭文韜，前引文，頁四五。

95《呂氏春秋》，卷一四，頁一六三。

籽，黍稷薿薿」，傳統的解釋是「耘除草也，耔壅禾根也」，[96]即兼顧除草與培根。

春秋時對於除草的記載，其詳者如《左傳》隱公六年（前七一七）：「為國家者，見惡如農夫之務去草焉，芟夷蘊崇之，絕其本根，勿使能殖，則善者伸矣。」[97]而戰國時說到除草意義的，則可舉《莊子》〈則陽〉：「長梧封人問子牢曰：『君為政焉勿鹵莽，治民焉勿滅裂，昔予為禾，耕而鹵莽之，則其實亦鹵莽而報予，芸而滅裂之，則其實亦滅裂而報予。予來年整齊，深其耕而熟耨之，其禾蘩以滋，予終年厭殖。』」[98]又如《孟子》〈梁惠王上〉：「深耕易耨。」據趙岐注：「芸苗，今簡易也。」[99]《國語》〈齊語〉：「深耕而疾耨之。」[100]《韓非子》〈外儲說左上〉：「耕者且深，耨者熟芸也。」[101]《管子》〈八觀〉：「其耕之不深，芸之不謹……不水旱飢國之野也。」[102]同上〈小匡〉：「深耕坐種疾耰，先雨芸耨。」[103]

除了間苗與除草的作用，中耕還包括使土壤鬆疏，以保持水分及培土附根。所以耰字的解釋一直具有擊碎土塊和散土覆在種苗上的雙重意義。由於耕耰不止一次，《呂氏春秋》才說：「五耕五耨必審，以盡其深殖之度。」由於整個的土塊難以保持水分，農夫必須在破土以後盡快地耰土，使土塊鬆解，《國語》〈齊語〉才說到「深耕而疾耨之」。[104]在黃土平面細緻的土壤上，毛細管把地下水吸到表土，若不把毛細管切斷並加上一層覆蓋的細土，水分不僅不能保留給作物的根部吸收，反而會逃逸蒸發，有害於土壤的肥沃性。於是《管子》提到農夫的基本工具時，一半以上的農具是為了中耕的工作，「一農之事必有一耜、一銚、一鐮、一鎒、一椎、一銍，然後成農。」[105]完成這些工作的農具，大率可分為前推的錢銚類和後掘的钁鋤類。《詩經》〈周頌・臣工〉：「今我眾人，庤乃錢鎛，奄觀銍艾。」如〈良耜〉：「其鎛斯趙，以薅荼蓼，荼蓼朽止，黍稷茂止。」[106]又如《莊子》〈外物〉：「春雨日時，草木怒生，銚鎒於是

---

96 《詩經》，卷一四之一，頁一下。

97 《左傳》，卷四，頁三上。

98 《莊子》，卷七，頁一七一。

99 《孟子》，卷一上，頁一二上。

100 《國語》（四部備要本），卷六，頁三。

101 《韓非子》〈外儲說左上〉（四部備要本），卷一一，頁七。

102 《管子》〈八觀〉，卷一三，頁五八。

103 同上〈小匡〉，卷二〇，頁一〇一。

104 《呂氏春秋》，卷一四，頁一六一；《國語》〈齊語〉：「深耕而疾耰之，以待小雨。」卷六，頁三。又如黃侃，《論語義疏》，釋耰為先散後覆。《論語集解義疏》（日本寬永三年刊本），卷九，頁二七。《文選》〈長楊賦〉注引晉灼「以耒堆塊四耰」（四部備要本）。卷九，頁五。

105 《管子》〈輕重乙〉，卷八，頁一〇二。參看同書〈海王〉，卷七二，頁六五。

106 《詩經》，卷一九之二，頁一六下—一七上；卷一九之四，頁九下—一〇上。許慎，《說文解字》：「錢銚也，古農器。」

乎始修。」[107]《呂氏春秋》：「耨柄尺，此其度也；其耨六寸所以間稼也。」[108]都是描述春秋戰國時代中耕的情形。附帶在此一說，用水耨除草的記載，如《史記》〈貨殖列傳〉：「楚越之地……或火耕而水耨。」《周禮》〈地官‧稻人〉：「凡稼澤夏，以水殄草而芟夷之。」《禮記》〈月令〉：「季夏之月……土潤溽暑，大雨時行，燒薙行水，利以殺草」都為佳證。[109]據農具史專家孫常敘的意見，這一批鍬臿類農具也追源於尖頭掘棒。由古錢的型態推論，由古代單純的耒可以發展為除草工具的方和鎛（布），後者又由殷周的農具漸變為戰國的錢幣。[110]由耒下接插掘地版（鍬類）的一系工具，則漸漸發展為鍬臿一類的農具，耒端的踏足橫木變為肩，等到金屬廣泛用於農具時，更有了金屬的套刃，增強掘土與切割的作用，在考古實物中，這一類的套刃口頗多，輝縣固圍村戰國魏墓出土的套刃中包括V形及一字長方平口的各種鐵刃，據專家判斷，都是鍬钁這一類實用的工具，由作墓工人留下的。[111]近年來在洛陽、長沙、長治、鞍山、石家莊、邢台、滕縣等地也都有鐵钁、鐵鋤和鐵鏟的戰國時代實物出土。[112]比較最須注意的是河北興隆壽王墳出土的一大批鐵農具鑄模，其中包括二十五組四十七件鐵钁和一組三件鐵鋤，這一發現有力的指出鐵農具已大批鑄造，供給使用。[113]不過這種鐵口的木工具大約並未發展到完全可以取代石器和蚌器的地步。鑄鐵的特性為質脆易碎，而形體薄小也是鐵器初期難以避免的缺點。是以鄭州碧沙崗出土的大批平民墓葬隨葬工具仍表現春秋至戰國中期石製蚌製農具的使用。石家莊戰國遺址也有相同的情形。[114]

農業操作最後一個階段是收割，中國古代的收穫工具有割穗的銍、截莖幹的鐮和連根挖起的钁，自從新石器文化的階段，在中國已有小型石刀，或帶孔或不帶孔，農夫可以持刀割穗，

卷一四九，頁四六六。

107 《莊子》（四部刊要《莊子集解》本），卷二六，頁四〇六。

108 《呂氏春秋》，卷一四，頁一六一。本文審查人石璋如先生以為「現在河南尚有一種小鋤，其柄不過一尺餘，鋤頭寬約八至十公分、高亦如之，為婦女們用以鋤穀子，也叫『耨穀子』，也可以說是間苗之用」。

109 《周禮》，卷三〇，頁一六。

110 孫常敘，《耒耜的起源及其發展》（一九六四），頁一三以下，按孫氏以為耜是耒下的耜頭，而方則是雙尖的耒，此點與徐中舒的意見不同，徐氏以為耜即是雙尖的耒，參看前引「耒耜考」，頁一一—五九。關野雄，前引文。

111 孫常敘，前引書，頁四七；夏鼐，《輝縣發掘報告》（一九五六），頁八二、九一、一〇五。本文審查人石璋如先生謂在河南安陽侯家莊的戰國地層中也有這種器物，前為鋒利的刃，後為三角形的口，係套在木楸的前端，在民國初年，河南尚有這樣的農具，叫做「鐵刃木楸」，係剷平面用的，如挖窰院、挖墓等都用這種工具以剷平地面，這是比較貴重的農具。作者按：由此可見中國農業傳承性，而亦可知先秦用鐵刃木舉並非冶鐵技術不夠或鐵不足用的充分證據。

112 天野元之助，〈中國古代農業の展開〉，頁一二六—一二七；李文信，〈古代的鐵農具〉（《文物參考資料》，一九五四年第九期）。

113 鄭紹宗，〈熱河興隆發現的戰國生產工具鑄範〉（《考古通訊》，一九五六），頁二九—五五。

114 〈鄭州碧沙發掘簡報〉（《文物參考資料》，一九五六年第三期），頁二九。〈河北石家莊市莊村戰國遺址的發掘〉（《考古學報》，一九五七），頁八八—九一。

前文《詩經》及《管子》提到的農具中的銍，據《說文解字》是：「穫禾短鐮也。」[115]在戰國的墓葬中，有鐵銍發現，但同時也有蚌銍及石銍，至於形制，則戰國的銍與今日華北使用的銍無大區別。[116]

也惟其取穗留稿，田間的殘莖還必須有一番清理手續以便下一季作業的進行。如《管子》〈小匡〉：「及寒擊稿除田以待時乃耕。」[117]

截割作物莖部的收穫方法，主要工具為鐮。鐮的出現較晚於銍，但新出的工具並不排斥原有的銍。大約在新石器文化的晚期，鐮開始在中國出現，但在殷商的遺址中，石鐮和蚌鐮才逐漸增多。這種收穫法的好處可能由於田間工作的速度，收下的莖幹仍可作其他用途，而犁耕以前不須再做一番場圃的清理工作，留下的靠根莖，等到犁後翻入土壤之內，又可以變成草肥，增加土壤沃度。[118]河北興隆出土的戰國農具鑄模中，鐮是成對合鑄的，共兩對。輝縣固圍村也有實物出土，而在錦州大泥窪、貔子窩、鞍山羊草莊等處也有戰國的鐵鐮。[119]據農具史專家劉仙洲的研究，中國的荏鐮，由戰國到現代可說沒有很大的改變，大都以裝柄的短鐮為主，至於長鐮則在漢以後始有。[120]挖根的收穫工具是钁，在前文討論中耕農具時已談過，茲不贅。長柄的刈草工具是芟，如《詩經》〈載芟〉：「載芟載柞」，又如《國語》〈齊語〉：「耒耜枷芟」，都把芟作為工具之一。[121]芟可除草，則也有用於收穫的可能。芟無實物可證，但隨類及之，不贅。[122]

四、灌溉與農業

先秦農業之與灌溉關係，論者甚多，說亦龐雜，此處當簡略介紹灌溉之概況，而於灌溉與農業技術以外問題的討論此處將不涉及。灌溉可分機械灌溉及漫溢灌溉二方面考察。

---

115 《說文解字》，卷一四九，頁四六七。又《小爾雅》〈廣物〉：「禾穗謂之潁，截穎謂之銍」（四部備要本，卷八，頁一）。本文審查人石璋如先生謂：「石刀也有叫石鐮的，在新石器時代龍山遺址中，蚌刀是大量的出土物，也有作割用的蚌鋸，在河南安陽同樂寨遺址的龍山層中，蚌刀與打製石刀同出。」

116 劉仙洲，前引書，頁五八—六〇。

117 《管子》，卷二〇，頁一〇一。

118 劉仙洲，前引書，頁六〇。

119 天野元之助，〈中國古代農業の發展〉，頁一一七—一二九；鄭紹宗，前引文；夏鼐，前引文；李文信，前引文。

120 劉仙洲，前引書，真六〇—六二。

121 《詩經》，卷九之四，頁四；《國語》，卷六，頁三六。

122 《周禮》〈稻人〉鄭玄注：「今時謂禾下麥為夷下麥，言芟刈其禾於下種麥也。」（《周禮正義》，〔四部備要本〕，卷三〇，頁一六）。但此處稱芟刈其禾，也可能指芟刈殘莖而不收穫，如《左傳》隱公六年：「如農夫之務去草焉，芟夷蘊絕之，絕其本根，以使能殖。」卷四，頁七一。

先秦的灌溉機械比較單純，據戰國作品《莊子》〈天地〉：「子貢南遊於楚，反於魯，過漢陰，見一丈人方將為圃畦，鑿隧而入非，抱甕而出灌，搰搰然用力甚多，而見功寡。子貢曰：『有械於此一日而浸百畦，用力甚寡而見功多，夫子不欲乎？』為圃者仰而視之曰：『奈何？』曰：『鑿木為機，後重前輕，挈水若抽，數如泆湯，其名為槔。』[123]又如同書〈天運篇〉：「陳金……曰子獨不見夫桔槔者乎？引之則俯，舍之則仰。」從這兩段可知先秦灌溉用具的簡單：只有用人力抱甕及桔槔抽水二種。但桔槔在今日農村猶見使用。這種槓桿作用的簡易器械仍不失其簡便有效的長處。

漫溢灌溉則在先秦已頗著成績，在《孟子》中即說到利用人力使低水頭因蓄水而產生高水頭的位能，所謂「今夫水，搏而躍之，可使過顙，激而行之，可使在山，是豈水之性哉，其勢則然也」。[124]此處的激而行之，可能即指堰壩阻水的現象。中國古代對於水的控制有築堤防水，也有用堰蓄水，在各處建立蓄水庫是國家要政之一，如《左傳》襄公二十五年：「蔿掩書土田，度山林，鳩藪澤，辨京陵，表淳鹵，數疆潦，規偃豬，町原防，牧隰皋，井衍沃。」偃豬即是堰瀦。各項工作綜合說來，不外乎相度地形和土壤，做蓄水排水及灌溉的水道。但春秋時期各國也頗有廢弛水利者，子駟當國前的鄭國即溝渠淤塞，經界不明。然而田中溝洫或南或東，從其土宜，自然是常規，因此，齊桓稱霸，各國會盟的盟誓；也以無曲防為號令。戰國時代，國國自為，於是障谷壅泉，以鄰為壑。各國國內的水利也許因技術進步而大興，但受到國界與戰爭的人為因素的干擾，當也莫過於此時。[125]

《荀子》已是戰國時史料，所說的除灌溉系統如修粱外，更談到水的蓄積和宣洩，都可按時節制。《荀子》〈王制〉：「修堤梁，通溝澮，行水潦，安水藏，以時決塞，歲雖凶敗水旱，使民有所耘艾，司空之事也。」[126] 其中「以時決塞」是戰國以前討論灌溉的史料，與前文《左傳》中的儲水史料可互為呼應。[127]

由蓄水庫導水入田，又再排出廢水，《周禮》中有一段很好的構述，蓄水庫的水由堤防水壩障止，下濕之田不致受淫雨漫沒，由田首以溝渠導水均流，流入田中的水流又經甽道回流無

123 《莊子》，卷二二，頁一九三。

124 《孟子》，卷一一，頁二。

125 關於楚國的水利，見《左傳》，卷三六，頁一四上—一五下。關於鄭國的情形見襄公十年，同上，卷三一，頁五上。又成公二年：「先王疆理天下，物土之宜而布其利，故詩曰我疆我理，南東其畝。」同上，卷二五，頁八上。而《孟子》〈告子〉下，載齊桓公葵丘之會「五命曰無曲防」，《孟子》，卷一二下，頁一。按：此處承陳槃庵先生提示，謹致謝。

126 《荀子》，卷五，頁九。

127 戰國史料中提到水利的修護保養者頗為頻見，但也甚少說到以時決塞，如《呂氏春秋》〈季春紀〉：「循行國邑，周視原野，修利隄防，導達溝瀆，開通道路，有無障塞。」〈孟秋紀〉：「始收斂，完隄防，謹壅塞，以備水潦。」卷一七，頁一八三；卷二一，頁二一五。又如《管子》〈四時〉：「治隄防，耕耘樹藝，正津梁，修溝瀆。」卷四〇，頁七八。

滯，水不害田事，而水耨蕩滌的芟薙宿草可以隨水流入排水大溝，使田間可以治田種稻，夏天用水除草，其地即用於種植。[128]不過須加注意者，這一段史料似乎不在說明用水灌溉田地，而是用水耨法除草，並且由此清理田地以供稻麥生長，稻是水田作物，麥卻不是，因此這一段資料可能與水田灌溉無關，純粹是水耨的說明，其意義自然有了局限性。

再從考古學上及文獻上遺留的水利工程討論灌溉，從考古發現的溝渠言之，西安半坡的一條大溝兩條小溝似都不是用於灌溉。北方下隰之地，頗須仗溝渠排水，是以石璋如先生認為安陽殷代遺址的三十餘條水溝係用於排水他洩以減水患。《史記》〈河渠書〉記載不少水利工程，然而其中不少以防洪及運輸為目的，真正為了灌溉而興建的工程還是不算多，而重要者不過「漳水灌鄴」的工程、都江堰、鄭國渠等數處。[129]

西元前第七世紀至第六世紀間修築的芍陂係楚令尹孫叔敖所造，在安徽壽縣，今日稱為安豐塘，積淮河流域山地水源由「期思之水而灌雲婁之田」。[130]至漢又經王景修復，灌溉面積更大。[131]今日考古家發現了芍陂的遺址一部分，由遺物可證是東漢的工程，大約即是王景修陂的遺跡。《王景傳》指出王景就舊日工程修復，則這一個遺址在結構上當仍與孫叔敖所留下的舊陂相近。根據考古報告，這座閘壩是草土混合的散草法築成，生土之上是一層砂、硬石，石層之上則是層草層土，逐層修築，其作用可能為蓄泄兼顧，以蓄為主。在缺水時朝，塘內的水可以通過草層照常有少量的水滴泄滲流入，而塘內可以蓄水，灌溉附近農田，在洪水季節又可憑借草土混合壩本身的彈性和木樁的阻力，使水越過壩頂自外洩流入潭，再由擋水壩擋住，緩緩流出壩外。[132]

另一個重要的水利工程是西門豹與史越前後在漳水流域所建。時間當在西元前第四及第三世紀。這個工程的細節已難稽考，但由零碎的記載看來，其工程規模不過二十里，其中有十二條渠道引漳水灌田，所謂「磴流十二，同源異口」，[133]這些水利系統把河流中的沖積泥沙沉澱

128 《周禮》〈稻人條〉：「稻人掌稼下地，以瀦蓄水，以防止水，以溝蕩水，以遂均水，以列舍水，以澮寫水，以涉揚其芟。作田，凡稼澤，夏以水殄草而芟夷之，澤所生種之耘種。」《周禮正義》，卷九〇，頁一四—一七下。

129 《西安半坡》（一九六三），頁四九—五二。石璋如，《殷墟建築遺存》（中央研究院歷史語言研究所，一九五九），頁二六八。《史記會注考證》，卷二九，頁四—七上。

130 《淮南子》〈人間訓〉（四部備要本），卷一八，頁二〇。何炳棣以為當以《左傳》襄公十年鄭國子駟所建的灌溉系統為最早，參看何炳棣，前引書，頁一一九—一二〇。

131 《後漢書》〈王景傳〉，卷一六，頁一。

132 殷滌非，〈安徽壽縣安豐塘發現漢代閘壩工程遺址〉（《文物》，一九六〇年第一期），頁六一。

133 《史記》，卷一二六，頁三一，正義引《括地志》。左思，「三都賦」（《文選》〔四部備要本〕，卷六，頁九）。參看友于，〈管子度地篇探徵〉（《農史研究集刊》，第一冊，一九五九）。

在灌溉區，使自古鹻性的「斥鹵」土壤可以種植稻粱。[134]稻是水田作物，粱卻不必種在水田中，因此這個工程似乎也有一部分作用是為了供應肥沃的壤土，改造原來的瘠土，卻並不只是為了供應水田的用水。[135]與此相同的是鄭國渠，由韓國水工鄭國在關中修築，時間約在西元前第三世紀中葉，據說三百餘里的渠道，引涇水灌溉了四萬餘頃，結果也是使「填閼之水」把具有鹻性的土壤洗去鹽分，代之以沉積的客土，換句話說鄭國渠的作用也有一部分在於土壤改造而不全是供給水量之不足。[136]

四川平原的都江堰可能具有不同的作用。李冰父子在西元前第三世紀所造的堰壩至今仍不失其效用，然而在工程建構上說，「低作堰，深淘灘」的口訣與累鵝卵石築成的攔水壩特性都足以說明前文芍陂遺址所見的相同原理：讓水可以在淺水時滲流，而在洪水時在壩頂洩洪。[137]不過，成都平原宜種水稻，土壤也不具有必須洗去的鹻分，而郫、檢二江出自重山，也未嘗挾帶混濁的泥沙，這個工程因此大約是一個防洪與供水的系統，則功能與芍陂及鄭國渠並不全同了。由此可見戰國的幾個著名水利系統實具有不同的作用，其利用水資源的方式也各有千秋。再推而言之，戰國大規模水利工程與農業的關係並非單純的供應水田水源，同時，因為鹻土改良並非處處有其必要，我們即不能由此推論戰國農業必須依賴灌溉；像芍陂與鄭國渠一類的工程，其作用毋寧可能兼為荒地的大規模開墾，而不全在日常的耕作需要。[138]

實際上供給田間水的水源也許不是前面所說的大規模水利系統，而是田邊的井和水塘。中國人鑿井的經驗可以遠溯到新石器時代，而商代遺址和西周春秋遺址（張家坡）也都發現過長方形和橢圓形的水井。張家坡的井，井深達九米以上，在古代不能不算是很深的了。[139]井的深度再加上橢圓形或長方形的井口，足以並置兩只容器，合而言之，也許暗示兩只容器一上一下的轆轤的滑車裝置。[140]考古家在北平也發現過一群密集的陶井，其中有一部分是漢代遺物，也有一部分是戰國的遺物。井址極度密集，若作為食用水井未免太多，只能解釋為灌溉之用。井不深也不大，其能汲取的水量是有限的，[141]至於水塘灌溉，若由今日台灣桃園地區的陂塘推

---

134 《史記》，卷二九，頁六—七；《漢書》（藝文版補注本），卷二九，頁五。

135 天野元之助，〈中國古代農業の展開〉，頁一三九。

136 《漢書》，卷二九，頁五。本文審查人石璋如先生對於洗鹼之說持異議，以為渠水水平面低，不足以沖洗積鹼，而豬水無出口，反可使土地積鹼。石先生舉五原的水利系统為例，說明河水灌水，第一年土地肥沃，第二年開始生鹼。本文作者感佩石先生的卓見，但「斥鹵」自來解説作「鹹鹵」，若不用灌溉，改造土壤，甚難作別解也。

137 《漢書》，卷二九，頁四—五；方楫，《我國古代的水利工程》（一九五五），頁九—一七；翁文灝，〈古代灌溉工程發展歷史之一解〉（《慶祝蔡元培先生六十五歲論文集》II，一九三五），頁七〇九—七一二。

138 增淵龍夫，〈先秦時代の山林藪澤と秦公田〉（《中國古代の社會と國家》，一九五七），頁五五六。

139 劉仙洲，前引書，頁四六；又《灃西發掘報告》（一九六二），頁七七—七八。

140 同上，頁四八。

141 蘇天鈞，〈十年來北京市所發現的重要古代墓葬和遺址〉（《考古》，一九五六），頁一三六。

想，由於水塘構造之簡及面積之小，考古學家勢難發掘到古代陂塘的遺址。然而漢代陶製模型也有小型陶塘及陶水田。[142]借漢代遺物為喻，戰國以前的灌溉當也可能依賴田旁小型陂塘。

綜上文有關灌溉的情形言之，先秦的有些大規模水利工程也許用以漫溢河水，沖洗鹼地，加上肥沃的客土，其作用在開墾及維持土地的肥沃，不單在供應作物生長用的水分。四川多水田，卻也無妨於依賴水利工程引水灌溉。另一方面，水不僅用於灌溉作物增進生長，也可用於耨草的工作。至少在中原，旱地作物不必依賴多量的水分，田邊掘井或築塘，都已經是足夠的水源。中國古代大規模灌溉對於農業的重要性是不能與在兩河流域及尼羅河流域古文化的灌溉相提並論的。[143]

五、用肥及其他農耕技術

先秦農業的重要特點之一是土地的輪流休閑以養地力。不論實際情形是否如此整齊，大約土地是按肥瘠作一年或兩年的休閑。[144]不過古代農業也逐漸發展了用肥料的觀念。草燒法（包括燒草菁及「燒山」）是其中之一，同時前文水耨法也使宿草轉變為土地的肥料。動物肥的使用，可能在戰國時已普遍實行。肥田的動詞「糞」，也就是動物的排泄物，如《孟子》：「凶年糞其田而不足」，又例如《老子》：「天下有道，卻走馬以糞。」《韓非子》解釋為「以積力唯田疇，必且糞灌。」[145]而《荀子》〈富國〉也說：「掩地表畝，割草殖穀，多糞肥田，是農夫眾庶之事也。」[146]至於《周禮》〈草人〉所說的「土化之法」，應用不同動物的「糞」來改變不同的土壤，至少已反映了兩個基本觀念：第一，土壤有不同的性質；第二，不同的土壤可以用不同的肥料加以改變。二者事實上都是用肥知識相當發達後的結果。[147]用肥觀念的逐漸普遍，無疑將可使休閑田逐漸轉變為常耕田。用肥不特增加了單位面積的產量，也會增加耕地的

---

142 劉志遠，〈成都天迴山崖墓清理紀〉（《考古學報》，一九五八年第一期），頁九七，又圖版肆一、一三。

143 錢穆，前引文，頁二七；何炳棣，前引書，頁一〇。

144 《呂氏春秋》〈樂成篇〉（四部備要本），卷一六，頁一一下。《周禮》〈大司徒〉。《漢書》〈食貨志〉，卷二四，頁二。陳槃庵先生引惠士奇《禮說》，以為「其所謂休者，非棄之也」。而據《周禮》〈薙氏〉、〈草人〉、〈稻人〉諸節謂休田之時農夫仍所做種種整治的工作以備來歲之用，謹略舉此說，備參考。

145 《孟子》，卷五上，頁七。《老子道德經》（四部備要本），下篇，四十六章，頁上；《韓非子集解》，卷六，頁七。

146 《荀子》，卷六，頁五。

147 《周禮正義》，卷三〇，頁一一下—一二上。鄭注以為係用不同動物的骨汁浸種子，惟鄭注之說必須使草人「土化」更泛的意義，方可呼應。關於對土壤性質的認識，《管子》〈地員篇〉也將土壤分了五種不同的等級。《管子》，卷五八，頁二一一。

總使用面積。[148] 其後果殆與因水利灌溉而開墾荒地，同為在質與量的增進，對於古代農業的發展產生不可忽視的影響。

《呂氏春秋》是戰國末期秦相呂不韋門下所合編的雜家作品，其中〈任地〉、〈辨土〉二篇頗可說明先秦結束時期農業知識的綜合，下文逐節歸納之。

改良土壤：

凡耕之大方：力者欲柔，柔者欲力，息者欲勞，勞者欲息，棘者欲肥，肥者欲棘，急者欲緩，緩者欲急，濕者欲燥，燥者欲濕。（〈任地〉）[149] 墟埴冥色，剛土柔種。（〈辨土〉）[150]

用肥：

地可使肥，又可使棘，人肥必以澤，使苗堅而地隙，人耨必以旱，使地肥而土緩。（〈任地〉）[151]

深種：

五耕五耨必審，以盡其深殖之度。陰土必得，大草不生，又無螟蜮。（〈任地〉）[152]。故畮欲廣以平，甽欲小以深，下得陰，上得陽，然後咸生……厚土則孼不通，薄土則蕃而不發……（〈辨土〉）[153]

條播與適距的密植：

無與三盜任地。夫四序參發，大甽小畝，為青魚胠。苗若直獵，地竊之也。既種而無行，耕而不長，則苗相竊也。……慎其種，勿使數，亦勿使疏……莖生於地者五，分之以地，莖生有行故遬長，彊弱不相害，故遬大；衡行必得，縱行必術，正其行，通其風，夬必中央，帥為泠風。苗，其弱也欲孤，其長也欲相與居，其熟也欲相扶，是故三以為族，乃多粟……樹肥無使扶疏，樹墝不欲專居……（〈辨土〉）[154]

中耕除草及去冗苗：

148 天野元之助，〈中國古代農業の展開〉，頁一三九—一四〇。
149 《呂氏春秋校釋》（尹仲容校釋，中華叢書本），頁一六一。
150 同上，頁一六三。
151 同上，頁一六一。
152 同上，頁一七一。
153 《呂氏春秋校釋》，頁一六三。
154 同上。《大雅》〈生民〉：「禾役穟穟」，及《管子》〈小匡〉：「別苗秀，列疏遬。」均指禾苗為保持適當的間隔，其目的可能為著除草和壅苗的方便，但此處則顯然對於通風和通光有了清楚的認識。

五耕五耨必審……大草不生（〈任地〉）[155]

弗除則蕪，除之則虛，則草竊之也……（〈農夫〉）知其田之除也，不知其稼居地之虛也，不除則蕪，除之則虛，此事之傷也……是故其耨也，長其兄而去其弟，樹肥無使扶疏，樹墝不欲專居……（〈辨土〉）[156]

整地及畦種：

上田棄畝，下田棄甽。（〈任地〉）[157]

其為晦也，高而危則澤奪，陂則埒，見風則僦，高培則雕，寒則雕，熱則脩。（〈辨土〉）[158]

輪作觀念：

今玆美禾來玆美麥（〈任地〉）[159]

凡此種種觀念在精耕的發展過程中都是極重要的，而且為漢代的代田與區種兩種精耕方法開啟先河。中國早在西元前第三世紀即到達如此水平的精耕技術，在人類農業史上為極可注意的成就。

（原載《中央研究院歷史語言研究所集刊》，第四十二本，第四分）

155 同上，頁一六一。

156 同上，頁一六二—一六三。

157 同上，頁一六一、一六三。「上田棄畝」，當指高地種植應種在壟間的溝上，以保墒避風，「下田棄甽」，當係指低濕之地種植應在甽與甽間的壟上，以避水濕。參看《中國農學史》，頁九七。

158 《呂氏春秋校釋》，頁一六二。不用肥料連年在同一塊土地上栽培同一種作物，不僅耗盡該地區的某一種養分，而且也易招蟲害及滋長雜草。數種作物輪流種植，則所吸取不同的養分，病蟲及雜草也因生態環境改變，不致猖獗不止。《呂氏春秋》所說，尚是禾麥交互更作，中間尚非插入其他作物。《齊民要術》所說則不僅已知連作多草之害，而且也提到間種的豆科作物了。《齊民要術》（四部備要本）。

159 《中國農學史》，頁九五—一〇二。

兩周的物理天文與工藝

中國傳統的科學與工藝，在秦以前僅是發軔階段，因此當代治中國科學史最稱巨擘的李約瑟氏，對於先秦部份也不能給予很多的篇幅。先秦典籍以今日科學與工藝為範圍者，甚為稀少，不過「墨經」、《周髀》、「考工記」，及諸子學中的一些片斷而已。中國的學問一向以治平之道為主題，外此往往難入典籍，也往往難以保存流傳，是以上述史料的稀少，並不可推衍為古代科學與工藝之不發達；而這些史料保存的一些零碎的知識，反倒可以反映古代科技到達的水平。近年來考古發現層出不窮，因之也時有古人實物呈現今世，足與典籍記載互為佐證，然而我們對於古代科技水平的知識畢竟是零碎的，我們也惟有本「知之為知之，不知為不知」的態度，僅作一些片段的反映而已。本文內容採　李約瑟之意見處最多，其中取捨則多參以己意。特為聲明，庶不掠人之美。

一、墨經中的物理學觀念

此處所說明的《墨經》包括《墨子》中的〈經上〉、〈經下〉與〈經說上〉、〈經說下〉諸篇，其文字諸般錯亂，自來以艱澀難通著稱，經過孫星衍、盧抱經、畢沅諸人校訂，始堪閱讀，而以孫詒讓的《墨子閒詁》為集其大成。可惜畢、孫諸氏雖已注意到《墨經》中討論光學力學的資料，限於他們本身對於物理學的知識，他們多未能多所闡述。直到最近二三十年內，才有專於《墨經》物理學著手整理。治《墨經》的學者梁任公、胡適之二位先生在以墨學與近代科學觀念對比上有極大的開創之功。但專精之著，則在後起，如楊寬、譚戒甫、欒調甫、錢臨照、吳南薰諸先生。[1] 李約瑟在其鉅著中陳述，即以欒、吳之成果為主要依據。李氏以科學史名家，又得到物理學家的合作，其對於《墨經》物理學知識的了解及重建，自是後來者居上，最有系統。是以本節所論也以李約瑟重建的系統為依據，庶幾不致像《墨經》原文散漫的排列。

李氏在他的鉅著第四卷第一分（即全書第二十六節），開宗明義即介紹《墨經》對於時間、空間，與性質之聯續或不聯續，諸項觀念。列舉的諸節為：

〈經上〉：久，彌異時也。（孫詒讓，《墨子閒詁》〔台北藝文影印本〕，頁五九三。以下簡稱孫詒讓。）

〈經說上〉：久，古今旦莫。（同上，頁六二四。）

這是指抽象的時間，超越了，也包括了任何特定的時間片段，以說明時間範圍。

〈經上〉：盈，莫不有也。（孫詒讓，頁五九〇。）

〈經說上〉：盈，無盈無厚。（同上，頁六三〇。）

這是指抽象的體積，有所充滿，才能說到有厚度，易言之，是界說延伸性的空間。

〈經上〉：攖，相得也。（孫詒讓，頁五九〇。）

〈經說上〉：尺與尺俱不盡，端與端俱盡，尺與（端）或盡或不盡，堅白之攖相盡，體攖不相盡。（同上，頁六三〇—六三一。）

李氏以尺釋為線段，以端釋為點，以為兩線未必同長，是以未必能完全相合，而兩點可以重合，由於點的定義原就不占空間。點若落在線上即是相合。兩件有質量的物體相接觸，縱使性質完全相同，終究是各占空間的物體，無從相合。[2]

〈經上〉：纑閒虛也。（孫詒讓，頁五八九。）

---

1 楊寬，《墨經哲學》（新北：正中書局，一九四二、一九四九）。但楊氏原意實為反對以墨學比擬現代科學；譚戒甫，《墨經易解》（上海：商務印書館，一九五五）；錢臨照，〈釋墨經中光學力學諸條〉（《李石曾先生六十歲紀念論文集》，昆明：北平研究院，一九四〇）；欒調甫，《墨子研究論文集》（北平，一九五七）。吳南薰先生著有《中國物理學史》，但外間未見流傳，僅由李約瑟引文見到其大致面目，似對《墨經》文字及句讀，大大改訂修正過。

2 Joseph Needham, *Scitence and Civilization in China*, Vol. IV, Part 1（Cambridge University Press, 1962）, pp. 2-3.

〈經說上〉：纑閒虛者，兩木之間謂其無木者也。（同上，頁六三〇。）

李約瑟解釋這一節《墨經》文字，以為意指「面」不可能充分平滑，使以二木相接，終有縫隙。[3]也許比較適當的解釋不僅在討論面的平滑程度，而是更抽象的討論到「面」的性質，其實與前面討論線與點的差別是連類相屬的。

李約瑟在討論了這四節介於物理與幾何之間的問題後，又提出了波動理論與粒子理論。他以為中國傳統的物理觀念，偏於波動理論而與歐洲及印度的偏於粒子理論不同，然而他也承認任何文化都可因為人類切割木片的經驗而導致最小顆粒單位的觀念。古代中國也有過粒子理論，而《墨經》中的「端」，也就表達這一切割至最小單位的粒子。[4]《墨經》中亦有應用「端」的觀念分解時間至最小單位，而名之曰「始」，是以

〈經上〉：始，當時也。（孫詒讓，頁五九四。）

〈經說上〉：始，時或有久，或無久，始當無久。（同上，頁六二五。）

此等「始」即不作開端，而是當作時間的「點」——亦是沒有持續線段的「久」。

墨子非攻，他的遊說各國息爭，卻並非全仗口舌，他的弟子們禽滑釐之徒便有在圍城代籌戰守之事。《墨子》書末〈備城門〉諸篇固可能為後世著作，但其列於《墨子》書中自亦由於傳說中總以為墨家頗重防禦戰具的製作。《墨經》中討論器械，每涉細節，足見《墨經》作家不是坐而論說的理論家，而是親手操作的機械工人。《墨經》中的力學勝義特多，當即由此種

實際經驗抽繹的知識。

〈經上〉：力，刑之所以奮也。（孫詒讓，頁五九〇。）

〈經說上〉：重之謂下，與重奮也。（同上，頁六二〇。）

刑同形，畢沅之說甚是。與，孫詒讓以為當是舉之誤。若如此解釋，則此處所說是力與重量的定義，而且明確說出重量是向下的。

力學中的力矩觀念，也在一般《墨經》中有所論述。〈經下〉：「合與一，或復否，說在拒。」（孫詒讓，頁六〇〇。）這一段〈經〉沒有〈經說〉的闡述。李約瑟以為是說明若干「力」可以合而為一，而有時可能有反動力，有時可以沒有反動力，所謂或「復」或「否」。[5]

〈經下〉：契與枝板，說在薄。（孫詒讓，頁六〇九。）

〈經說下〉：挈，有力也，引無力也，不正。所挈之止於施也，繩制挈之也，若以錐剌之，挈長重者下，短輕者上，上者愈得，下下者愈亡。繩直權重相若，則正矣。上者愈喪，下者愈得。上者權盡則遂挈。（同上，頁六六三。）

---

3 Joseph Needham，前引書，頁三。

4 同上。

5 同上，頁一九。

這兩節文字，李約瑟根據吳南薰的解釋，以為是討論滑車起重的原理。孫詒讓也曾引述張惠言的意見，以為契即挈，枝即收，板字則孫氏謂是仮，與反同。孫氏又因經說有「權」，而疑薄為權之誤：對照〈經說〉，張孫之說當甚是。經說所述，鄒伯奇以為是升重法。按，這一段經說夾在說明「天平」與用輲車升重方法之間。則為用繩及重錘升重的滑車原理，亦殊為合理，凡此數節，當均係墨家在運用簡單器械時觀察得到的經驗。欒調甫以為此節論桔槔，似誤。[6]最近有人以為「不正，所挈之止于拖也」純指在斜面上移動重物，但劉仙洲仍以為由斜面發展為螺絲則在古代記載中未得到可靠的史料。[7]輲車可能是滑車與斜面配合使用的機械。

關於天平，據〈經說下〉：「衡加重於其一旁，必捶。權重相若也，相衡則本短標長。兩加焉，重相若，則標必下，標得權也。」（孫詒讓，頁六六一—六六二。）本節前半節意義不明，但至少在這一節的後半段，我們可以清楚地了解，是討論重量與支點距離越遠，其力越大，所謂本短標長重量相同時，標的這一端會下墜。中國俗語所謂四兩撥千斤，也不過運用這一點槓桿原理而已。

所謂輲車升重，只見〈經說〉有大段文字，卻不見於〈經〉，其連屬在滑車的下文，也許也只在說明上引〈經下〉文字中的「挈」字。〈經說下〉：

兩輪高，兩輪為輲，車梯也，重其前，弦其前，載弦其前。載弦其軲，而縣重於其前，是梯。挈，且挈且行，凡重，上弗挈，下弗收，旁弗劫，則下直，扡，或害之也。汖，梯者不得沵，直也。（孫詒讓，頁六六四。）

李約瑟根據欒調甫的解釋，作了一個示意圖如下：照圖意所示，則輪車的使用，基本上是應用滑車原理將重物（如雲梯）升高。

《墨經》討論到負重問題的還有兩處：

〈經下〉：貞而不撓，說在勝。（孫詒讓，頁六〇九。）

〈經說下〉：故招負衡木，加重焉而不撓，極勝重也，右校交繩，無加焉，而撓，極不勝重也。（同上，頁六六一—六六二。）

〈經下〉：均之絕不，說在所均。（同上，頁六〇一。）

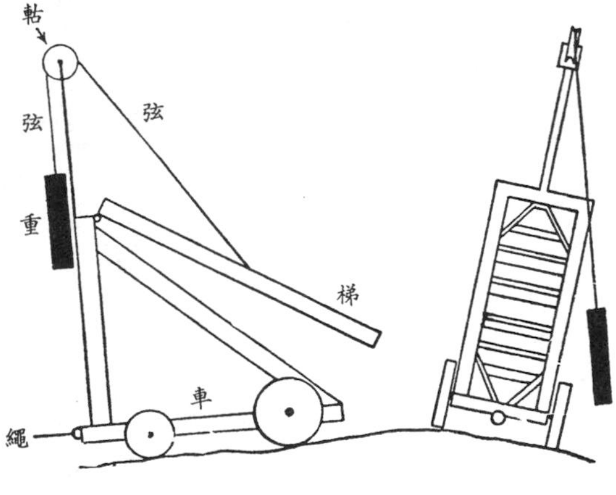

採自J. Needham, *Science and Civilization in China,* Vol. IV, pt. I, p. 21.

6 欒調甫，前引書，頁八九。

7 魏西河，〈滑車與斜面的發現和使用以中國為最早〉（《清華大學學報》，卷七，第二期，一九六〇）；劉仙洲，前引書，頁二二四。

〈經說下〉：均，髮均縣。輕重而髮絕，不均也。均，其絕也莫絕。（同上，頁六七八。）

孫星衍引《列子》〈湯問篇〉張湛注，以為指髮質均勻，則不致斷絕，否則即斷裂。若此，則《墨經》所討論是材料強度的問題，由後推論前節，「右校交繩」當也指重量因一方偏倚而使支點受力不勻，終於折斷。此句張惠言先釋校為連木，又釋校為急疾。孫詒讓則疑校為權之譌誤，以為挈權之繩相交絓。李約瑟據吳南薰，釋為「手搓的繩子」，似都因未與「髮均縣」一節相比，然而孫說仍差近，若懸重量的繩與其他繩索糾繞，也可以造成重量在支點上的軒輕，而使負重的衡木斷裂。欒調甫以為「負」一節也論桔槔俯仰原理。[8]按，桔槔亦是槓桿之一種，故其說亦可從。

關於物體的運動，《墨經》也有所論列，如：

〈經下〉：行循以久，說在先後。（孫詒讓，頁六〇九。）

〈經說下〉：行者，必先近而後達遠，遠近脩也，先後久也。（同上，頁六八三）

此處便將時間與空間的關係，交代清楚、換句話說，涉及了運動速度的問題。

〈經上〉：動，或從也。（孫詒讓，頁五九五。）

〈經說上〉：戶樞免瑟。（同上，頁六二六。）

〈經上〉：止，因以別道。（同上，頁五九六。）

〈經說上〉：止，無久之不止，當牛非馬，若夫過楹，有久之不止，當馬非馬，若人過梁。（同上，頁六二六—六二七。）

李約瑟以為這兩節所指殊與牛頓慣性定律相同，而在西方文化系統同樣想法的出現至早在第十世紀至十一世紀間，《墨經》的討論早了十三、四個世紀。[9]但我們細參原文，實在太過簡略，而原文若從其他學者的解釋，便可有極不同的說法，例如「從」若仍作「徙」，欒調甫即以為「墨子不謂世間有絕對之動，當亦不許其有絕對之止」。[10]按改字或增字以解釋古書，每難免「強作解人」似仍不如存疑為宜。

《墨經》中討論的光學問題，大多明白易解。論其內容不外在鏡鑑中成影的大小與正倒，

①〈經下〉：景不徙，說在改為。（孫詒讓，頁六〇六。）

〈經說下〉：景光至景亡，若在，盡古息。（同上，頁六五五。）

②〈經下〉：住景二，說在重。（同上，頁六〇七。）

〈經說下〉：景，二光夾一光，一光者，景也。（同上，頁六五六。）

---

8 欒調甫，前引書，頁八八。

9 Joseph Needham，前引書，頁五八。

10 欒調甫，前引書，頁七〇—七一。

③〈經下〉：景之小大，說在地缶遠近。（同上，頁六〇八。）

〈經說下〉：景，木柂，景短大，木正，景長小。大（光）小木，則景大於木，非獨小也。（同上，頁六五八。）

④〈經下〉：景到在午，有端，與景長，說在端。（同上，頁六〇七。）

〈經說下〉：景光之人煦若射。下者之人也高，高者之人也下，足敝下光，或成景於上。首敝下光，故成景於下。在遠近，有端與於光，故景庫內也。（同上，頁六五六—六五七。）

⑤〈經下〉：景迎日，說在摶。（同上，頁六〇八。）

〈經說下〉：景，日之光反燭人，則景在日與人之間。（同上，頁六五七。）

⑥〈經下〉：臨鑑而立，景到。多而若少，說在寡區。（同上，頁六〇二。）

〈經說下〉：遠近臨正鑒，景寡，貌能白黑，遠近柂正，異於光舉，景當俱就，去尒當俱，俱用北，鑒者之臭，於鑒無所不鑒，景之臭無數而必過正，故同處，其體具，然鑒分。（同上，頁六五九。）

⑦〈經下〉：荊之大，其沉淺也，說在具。（同上，頁六〇五。）

〈經說下〉：荊沉，荊之具也，則沉淺，非荊淺也，若易五之一。（同上，頁六八〇。）

⑧〈經下〉：鑑位，景，一，小而易。一，大而，說在中之外內。（同上，頁六〇三—六〇四。）

〈經說下〉：鑒中之內，鑒者近中，則所鑒大，景亦大，遠中，則所鑒小，景亦小，而必正，起於中緣，而長其直也。中之外，鑒者近中，則所鑒大，景亦大，遠中，則所鑒小，景亦小，而必易，合於中而長其直也。（同上，頁六五九—六六〇。）

⑨〈經下〉：鑑團，景一（在，一）大而必正，說在正。（同上，頁六〇四，據欒調甫前引書頁八七改訂。）

〈經說下〉：鑒，鑒者近則所鑒大，景亦大，亦遠，所鑒小，景亦小，而必正，景過正。（同上，頁六六一。）

這些光學的討論，在中國古籍中是很特殊的，而在《墨經》中卻又可算得上是文辭較明白的，因此注釋雖不為極困難，只是為何在《墨經》中獨有此種討論，仍是饒有趣味的事。挨次說來，第①②節說明景由光生，第③節說明物體與光源的相對部位決定影之大小，第④節似在說明倒影，李約瑟以為指針孔透影的原理，並且與「庫易也」（孫詒讓，頁五九五）相提並論。[11]然而後者以庫作障解，雖見孫詁，究屬揣測之辭，故本文不列。惟第④節所說，在日常

11 Joseph Needham，前引書，頁八二。

經驗中也不難觀察得之，第⑤節為反光成影，李約瑟歸之於平面鏡的原理，然而又不同意欒調甫、吳南薰指為討論角的意見。[12]第⑥節明白說到鏡鑑，也論及單鏡及一組平面鏡的區別。李約瑟從吳南薰的解釋，以「當」為二鏡相對的角度，臭為臬，解作鏡中成影的目標。[13]然亦難免強經就己之病，尤其經文中未見提到二鏡。李氏解釋則專論二鏡斜列的關係。第⑦節論折光作用，以說明荆枝在水面下似乎接近水面的現象。李約瑟甚至用吳南薰的解釋，認為本節經說當連下文「若易五之一」在內，並認為係指折光率一・二五或一・五（水的準確折光率當為一・三三）。[14]按，「若易五之一」，細繹文意，當屬下文，則與「荆沉」現象未必相關。第⑧節說凹鏡，第⑨節說凸鏡，確是說明成影正反大小與在焦點內外的關係，文字明白，無可猶豫。

古時鏡鑑多為青銅所鑄。中國古代早至西元前第六世紀或第四世紀已有玻璃珠，但用於鏡鑑僅作鑲嵌裝飾之用，並未用作透鏡，[15]是以《墨經》的光學原理，當均由反射鏡得來，事實上中國古代所謂陽燧取火，也是用反射凹鏡在焦點上集中日光而引起燃燒，是以《周禮》〈秋官〉「司烜氏掌以夫遂取明火於日」，《周禮正義》疏即以「窐經」釋「夫遂」。[16]

《墨經》中出現如許眾多物理學的討論，自是極奇特的現象，此事或當為由《墨經》之性質找說明，楊寬的《墨經哲學》基本上雖否定可用科學觀念解釋《墨經》，但是其中有一些見解，甚可有助於了解科學觀念之何以在《墨經》上出現。楊寬以為〈經上〉與〈經下〉不同，前者「命名舉實，文皆界說，其於宇宙人生及名實之理，無不通條連貫，蓋……墨家要旨之所在……〈經下〉文皆辯說，固後墨與他家辯難而作。」[17] 戰國時代諸家雜作，然仍以儒墨道三家最為顯學，此所以孟子攻墨與楊，莊子誅儒與墨，《墨子》中則有〈非儒〉專篇，而〈大取〉〈小取〉，又專以駁詰惠施一類詭辯家之學，所謂「夫辯者將以明是非之分審治亂之紀，明同異之處，察明實之理」。[18] 墨家尚同，是以主張凡事須有一定的準則，如〈天志下〉：

> 故子墨子置立天以為儀法，若輪人之有規，匠人之有矩，今輪人以規，匠人以矩，以此

---

12 同上，頁八三。參看欒調甫，前引書，頁八三。

13 同上，前引書，頁八三。

14 同上，前引書，頁八三—八四。

15 George Sarton, "Chinese Glass at the Beginning of Confucian Age" *JSIS*, 25 (1936), p. 23; C. G. Seligmin & H. C. Beck, "Far Eastern Glass: Some Western Origin," *Bulletin of Museum of Eastern Antiquities*,（1938）10, p. 1.

16 《周禮正義》（四部備要本），卷七〇，頁一〇。

17 楊寬，《墨經哲學》，頁二。

18 孫詒讓，《墨子閒詁》，頁七五八。

方圜之別矣。是故子墨子置立天下，以為儀法……。[19]

為此之故，墨家必須嚴格的下界說，仔細的辯說差異，不容許道家大而化之的混合同異，齊一生死。楊寬特別指出，墨家以知識為首要，事緣於知而絕於情欲。其對於知識的態度是嚴肅的。[20]墨家重理性，重經驗，當然與道家的棄知識主懷疑態度，處處相悖。前者必持知識之普遍性與必然性，後者則每以人對於事物之認識，各囿於其特定的空間與時間，逾此範圍，標準便當更易。莊子、惠施最能為後者代表。[21]欒調甫以為楊墨之辯係戰國子家圍繞著幾個大題目的辯論，如墨盈堅白，楊離堅白，墨別同異，楊則合之。而所謂「楊」者，實為道家之代表。欒氏之說實為墨學中一大發現，有關古代學術史甚鉅。楊寬的議論事實上與此相近，不過說得更細膩。

循此觀點，我們可以分《墨經》中的科學知識為二大類，一類為建立絕對的標準為目的，〈經上〉中的有關時空定義均可入此類。其記載�車之制、滑車原理等等，又係此類的應用於實際器械。另一類則為以實驗所得的知識破除世人妄說妄想，有關光學諸條，可能即為破除對於光影變化的錯誤認識，冀免導入真幻莫辨的懷疑論。雖然諸家辯論未見有圍繞於鏡中真幻的主題，但是莊子有蝴蝶之夢，公孫龍有離堅白之辯。前者以為真幻難分，後者以官感不可靠。[22]即以《墨經》言，也有專門指出睡夢與實際人生之不同，〈經上〉所謂「臥知無知也」，「夢臥而以為然也」（孫詒讓，前引書，頁五九一），則〈經下〉的光學諸節甚可能便是由廓清夢臥幻境的迷惑而延長及於另一可能導致真幻迷惘的光影之理。

二、天文與星象

中國古代天文學與曆法有不可分的關係，董彥堂師的〈殷曆譜序〉，對於古代曆法有深刻討論，故本節只就天文與星象二部著手。

中國天文學自始即與近東古代文化所發展的天文學不同蹊徑。以決定季節為目的，中國古代用作測候標準的星象，名之為辰；而辰則因時代不同，先後曾有參、大火、北斜、日月交會及太陽。埃及的標準是晨現東方的天狼，Chaldea則以五車二星為觀測標準。同時中國古代觀

---

19 同上，頁四〇七。

20 楊寬，前引書。

21 欒調甫，前引書，頁五九以下。

22 《公孫龍子》〈堅白論〉：「視不得堅，而得其所白，無堅也。拊不得其所白，而得其所堅，得其堅也，無白也。……且猶白以目以火見，而火不見，則火與目不見，而神見，神不見而見離。」（四部備要本，頁九。）即完全懷疑官感之可靠，更不論官感印象之結合。

測著重昏星，故「夏小正」有「一月初昏參中」，「斗柄懸於下」，「六月初昏斗柄正於上」的說法，說明昏時斗柄方向以決定四季。[23] 反之，古埃及則以天狼初現於東方作為一年季節的標準。

日食週期的不同，也足證明中國與近東古代天文學的差別。Chaldea人發現二百二十三月的「沙羅週期」為日食週期的近似值，中國在太初曆中可見的週期則為一百三十五個月。中國一年歲實早已為三百六十五又四分之一天，於是週天度數也相應的為三百六十五又四分之一度；而近東天文學週天度數為三百六十度，沿用迄今。[24]

先秦天文專書傳世的自以《周髀算經》為古。《周髀算經》不見於《漢書》〈藝文志〉，是以此書之時代頗滋人疑問，而且書中有引用《呂氏春秋》之處，更使人以《周髀》為漢時作品，然而細審引《呂氏春秋》文字，殊與上下文不屬，故注家趙君卿已斷定「非周髀本文」[25]。同時《周髀》中的〈蓋天說〉在漢時較〈渾天〉〈宣夜〉為早，顯然是古時的天文知識。《周髀》中的數學資料也較《九章》為古老，是以算學史家李儼列《周髀》為最古算書，並假定為戰國作品。[26] 李約瑟則比較《周髀》中的七衡圖，與古代巴比倫日行周天三匝的觀念極類似，而後者的時代早在西元前十四世紀，晚亦在西元前八世紀。於是李約瑟以為《周髀》中最古老的部分可能早至孔子時代，甚或更早。[27]

《周髀》中的「蓋天」說，實是中國最古老的宇宙觀念，所謂「方屬地，圓屬天，天圓地方」，「天象蓋笠，地法覆槃」，[28]天高八萬里，天地都向四周邊緣逐漸低下，中央高於四旁六萬里，是以日運行處到極北時南方夜半，極東時，西方夜半。[29]日周遊四至，而正北極的「北極中大星」是天之中正，所謂璿璣之中，天心之正。[30]璿璣徑二萬三千里，周六萬九千里，「此陽絕陰彰，故不生萬物，是以北極有不釋之冰。」[31]《周髀》以為日光有照射的極限，所及不過十六萬七千里，於是有黑夜，而月之生光，亦由借日，所謂「日兆月，月光乃出，故成

---

23 《大戴禮紀》（四部叢刊本），卷二，頁四、八。

24 陳遵媯，《中國古代天文學簡史》（上海，一九五五），頁一六—一八。

25 《周髀算經》（四部叢刊本），卷上，頁五七。

26 李儼，《中國算學史》（上海，一九三七），頁一五。參考《中山大學語言歷史研究所週刊》，一九二九，第九四至九六號，《天文學專號》，頁一—六九。及能田忠亮，《周髀算經之研究》（京都，一九六三）。

27 Joseph Needham，前引書，Vol. 3, p. 256, Note e.

28 《周髀算經》，卷上，頁一七—一八；卷下，頁二。

29 同上，卷下，頁一—二。

30 同上，頁四。

31 同上，頁七—八。

明月」。甚至星辰也因日月光華而能成行列。[32] Herbert Chatley曾作一圖，解釋「蓋天說」的宇宙與日行，見於“The Heavenly Cover’, a Study in Ancient Chenese Astronomy”（*Observatory*, 1938, No. 61, p. 10），茲複製如下圖：

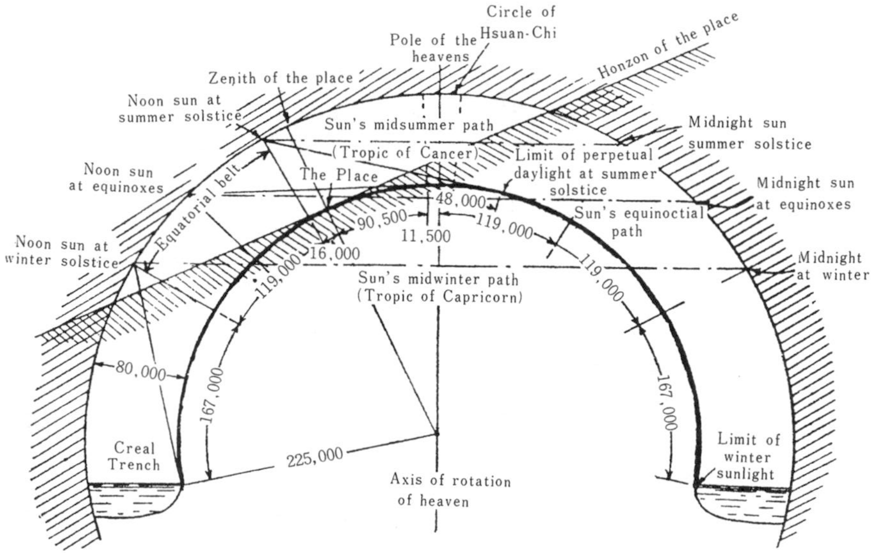

根據《晉書》〈天文志〉，蓋天說謂天地向左施轉如磨磑，日月星辰則向右旋轉，但天行速，日月行緩，日月終於隨天左旋。[33] Chatley圖中的天地軸心，即是璿璣，也就是天地旋轉的中軸。這一觀念，顯然與Mercia Eliad所謂古代神話中的天柱有關，天柱也就是共工氏頭觸的不周山。據李約瑟的意見，不周也正是不旋轉的意思。[34]《晉書》〈天文志〉提到蓋天說以為天如傘蓋，地如棋盤，則天如穹形，地卻是平正的。[35] 此說雖與「地如覆槃」之說不同，卻似更近古代「天圓地方」的原始觀念。

綜此數端，蓋天說顯然保留了不少民俗信仰中的觀念，而在《周髀》中合理化為這樣一個素樸的宇宙觀。但是到了後代蓋天說終於不能不讓位給渾天說。渾天說以宇宙變作雞蛋，而以大地居於中央，天體懷游四周。張衡即根據渾天的觀念作成了渾天儀。

次論宿的觀念。在中國天文學中，二十八宿是一個重要的觀念，二十八宿——角、亢、氐、房、心、尾、箕、斗、牛、女、虛、危、室、壁、奎、婁、胃、昴、畢、觜、參、井、

32 同上，頁一、三。

33 《晉書》（四部備要本），卷一一，頁二。

34 Joseph Needham，前引書，頁二一四。

35 《晉書》，卷一一，頁二；參看卷一一，頁一。

鬼、柳、星、張、翼、軫。——分別屬於四方，每方有七宿。

殷墟出土武丁時代的卜辭中曾見有鳥星及火星。據竺可楨的研究，鳥星當即南方的星宿，而火星是東方的房宿與心宿。竺氏遂謂殷商已有蒼龍、白虎、朱雀、玄武四象的劃分，而上述鳥、火二星則是南方與東方的中星。[36]在《尚書》〈堯典〉中提到鳥、火、虛、昴，作為四季的中星，天文學史家曾用這些中星當時的位置作為依據，嘗試確定〈堯典〉所記天文知識的年代。法國漢學家Biot所定的時代最早，可以遠在西元前二千四百年。但是定中星位置有二大困難：一則觀測時刻的早晚可以有位置的變移，二則這些七宿的位置也不甚一致：鳥可占七宿的位置，火也占不下三宿的位置。因此選擇的測定時刻與選擇的星位不同，即可逆測為種種不同的年代。據李約瑟的意見，諸家之中，以橋本增吉和竺可楨逆測的年代比較最有可能，即〈堯典〉四中星的測定可能在西元前一千五百年左右。[37]

二十八宿見於《詩經》者凡八，如「七月流火」的火，包括心房氐，「定之方中」的定，可包括室與壁，此外則有昴（即畱）、參、畢、箕，如

「七月」：七月流火。

「定之方中」：定之方中。

「苕之華」：三星在罶。

「小星」：維參與昴。

「漸漸之石」：月離于畢。

「大東」：維南有箕……維北有斗。[38]

「夏小正」中的天象資料，據能田忠亮的意見，反映西元前第四世紀的現象，而「夏小正」所見的二十八宿中的房、心、尾、昴、參與柳，其中柳與尾更是初次在古籍中出現。[39]「月令」中則二十八宿有二十三宿見於記載，只缺心、箕、昴、鬼、張，然而卻又多了孤與建，前者和牛接近，後者和斗接近。[40]「月令」的記載，如三月「日在房，昏虛中，旦柳中」，充分說明了以二十八宿記的太陽所在的觀念，李約瑟以為，中國古代天文學用可見的宿推知太陽位

---

36 竺可楨，〈二十八宿起源之地點與時間〉（《氣象學報》，一九四四年第十八期），頁一二；參看董作賓，《殷曆譜》（中央研究院，一九四五），第二冊，卷三，頁一下。按：房心均在十二歲次的「大火」之內。

37 Joseph Needham，前引書，卷三，頁二四五—二四六。參看橋本增吉，《書經の研究》（《東洋學報》，卷二，（一九一二），卷一三（一九一三），卷四（一九一四））；又同氏，〈書經堯典の四中星に就て〉（同上，卷一七三（一九二八）），頁三〇三；竺可楨，〈論以歲差定尚書四仲星之年代〉（徐旭生，《中國古史的傳說時代》（北平，一九六〇）），頁二七九以下。

38 《毛詩正義》（四部備要本），卷八之一，頁五；卷三之一，頁三；卷一五之三，頁八；卷一之五，頁三；卷一五之三，頁五；卷一三之一，頁八。

39 能田忠亮，《東洋天文學史論叢》（東京，一九四四）。又同氏，〈夏小正星象論〉（《東方學報》（京都，一九四二）。

40 能田忠亮，《禮記月令天文考》（京都，一九三八）。

置：凡某宿不見，太陽即在不可見的宿中。[41]

如果二十八宿為黃道赤道的二十八個據點，其相互距離及位置應當相當整齊，然而今日的二十八宿位置顯然有參差不齊之處。竺可楨以為，在西元前四三〇〇至前二三〇〇年左右，二十八宿中，十八到二十宿可以在一個環帶上，是以竺氏主張二十八宿的排列當係西元前三千年左右的觀念。[42]李約瑟即以為西元一千六百年前的赤道可經過二十八宿中的大部。換句話說，二十八宿的觀念當在殷商以前，李氏也比較了中國與印度的星象觀念，結論是兩者雖均有黃道赤道列宿，但是中國的列宿觀念顯然發生較早；然而中國古代天文學也可能受了古代的巴比倫月行赤道的觀念而修正，並且逢步發展為二十八宿。到「夏小正」與「月令」的時代。二十八宿無疑的早已完備。新城新藏早已認為二十八宿觀念在中國形成，經中亞傳入印度。但在中國天文學上，二十八宿經過幾次修正，而在印度天文上的二十八宿反停滯在其原始面目。陳遵媯也肯定新城新藏，以為二十八宿的發祥地，大概在渭水附近周人居住的地方，而且大概在周初已經使用，後來又經過不止一次的修正。[43]

星圖的製作，在中國也有很早的紀錄。

中國古代曾有過三位製作星圖的天文學家。巫咸的著作即以《巫咸》為名，戰國齊國的石申則有《天文》，楚人甘德則有《天文星占》。三書均尚著錄於《梁書》，但是隋時三書已均佚失。據《晉書》，三國時吳國的陳卓增依甘、石、巫三家作星圖。根據《隋書》，陳卓星圖上記載二百五十四官，星一千二百八十三顆，外加二十八宿及輔官附坐的一百八十二星。元嘉中錢樂之又據陳卓的圖鑄為銅圖，並以三色區別三家。[44]李約瑟根據大英博物館藏斯坦因取去敦煌卷子中錢樂之的星圖，得到的中外星總數為：星座二百八十四，星一千四百六十四。[45]三家星經所載星位都標明在黃道列宿內的度數及去極（北辰）的度數。李約瑟指出，中國古代天文學上星位的標位方法，與現代天文學所用的一致，卻與希臘和阿拉伯的方法大相逕庭。希臘的方法是以中天黃道和經度作座標，歐洲中古時期的天文學也因襲此法，直到近代天文學才有改

---

41 Joseph Needham，前引書，卷三，頁二四六。

42 竺可楨，〈二十八宿起源之地點與時間〉。

43 Joseph Nsedham，前引書，卷三，頁二四八、二五三—二五九；新城新藏，《東洋天文學史研究》（京都：弘文堂，一二九八），頁一九四以下；陳遵媯，前引書，頁八七—八九。

44 《晉書》（四部備要本），卷一一，頁七。陳卓總合三家的星數為二百八十三官，一千四百六十四星。《陳書》所載則為二百八十三官，一千五百六十五星，參看《陳書》（四部備要本），卷一九，頁一—二。藪內清以為石氏星經的年代應在漢代初期太初改曆後。但藪內清據渾天儀時代立說，只能謂錢樂之重建諸星位置係後出，似不能據此攻石氏星經本身紀錄星位問題，參看藪內清，《中國四天文曆法》（東京，平凡社，一九六九），頁一二、頁四六以下。又朱文鑫，《天文學小史》（商務印書館，台北重印本），頁一九。甘石星經所測星位，據上田穰意見，當係西元前三百五六十年時位置，新城新藏從之。新城新藏，前引書，頁二一六。參看藪內清，前引書，頁五〇。

45 Joseph Needham，前引書，卷三，頁二六五。

正。阿拉伯人則以高度與高度角為座標，更是因地面而異，難求精確。李氏以為只有中國的這種標星方法能導致虞喜發現歲差，而歐洲的天文學家要到一七一八年才有同樣的觀念。[46]

中國古代能夠有這樣進步的天文智識，當係由於對於天象有精密的觀測。是以中國歷史上只有世界最早、最詳，也最可靠的天象紀錄。以日食而言，這種極其驚心動魄的天變，自然引起其極大的注意，事實上在最早的中國文字記載——殷代的甲骨卜辭上，日食的記載，即為主要的項目之一，董彥堂先生的《殷曆譜》中有專記日月蝕的「交食譜」，董先生並且曾以卜辭紀錄的日食核對奧伯爾子日食圖表。月食的紀錄在卜辭更多，並且有殷都不能見，而由方國報告中央者。[47]

如果《書經》〈夏書・胤征〉記載的仲康日食確係實錄，這個在西元前二一三七年十月二十二日發生的日食可能是世界上最古老的日食紀錄了。[48]《春秋》在二百四十二年中記載日食三十七次，有三十三次可以證實的記載，其精詳可知。[49]

甲骨卜辭中有一片乙卯日食，提到「三留日食，大星」。[50]此處的三留，據陳遵媯解釋，當係指日珥的現象。而這次日食的日期當在西元前十四世紀，無疑是世界最古的日珥紀事。[51]

彗星在中國列入災異，然而中國因此對彗星紀事，頗稱詳盡，《春秋》魯文公十四年（前六一一）秋七月，有星孛入于北斗，據說是哈雷彗星最早的紀錄。[52]

中夜流星，疾飛而逝，自也引起人的注意。《春秋》魯莊公七年四月辛卯的「星隕如雨」

（前六八七年三月十六日），據推算是天琴流星群出現的最古紀錄。[53]

本節曾提到中國古代辰星定義的變遷，也足觀古人之重實測，方屢次改動觀測標準，以求精密。[54]

關於太陽系諸行星的認識，最早為人注意的當是木星。古人因木星繞天一周，遂創為十二

---

46 同上，頁二六三—二七〇。

47 董作賓，《殷曆譜》，下編卷三〈交食譜〉。

48 《書經》日食的問題，自古聚訟紛紜，中外古今推算這次日食的日期，頗不一致。據陳遵媯列舉，有西元前二一二八、二一五五、二〇七七、二一五六、二一三七、二〇七二、二一六五、二一二七諸種說法，但以奧伯爾子第一次所推西元前二一三七年十月二十二日最說方為人接受。參看陳遵媯，前引書，頁五五，注三；董彥堂先生亦主此說，見前引《殷曆譜》下編卷三，頁四。

49 錢偉長，《我國歷史上的科學發明》（北平，一九五四），頁三六。

50 陳遵媯，前引書，頁六〇注引。

51 同上，頁六〇。

52 同上，頁六五。

53 同上，頁七二—七三。

54 新城新藏，前引書，頁五—九。

次之法，甚至把地上的列國也分配為十二個分野，木星一年在一「次」，用來紀歲。陳遵嬀認為至遲到西元前四百年左右，古人已知其一周天不是整十二年。戰國甘德已有《歲星經》，當為關於木星的專著，惜已迭失。[55]

古人重視五星聯珠，日月合璧的現象，是以漢代的三統四分諸曆所測五星行度和會合週期，均已與今日所知相差不遠。推及先秦，既有木星的專門研究，漢代的精密實數，當也所來有自，不為突然矣。[56]

三、器械的使用

李約瑟根據器械的性質，簡約器械的作用為八類：1.槓桿，鉸鏈與其他開關器械；2.輪，齒輪，踏板；3.滑車，傳動器，傳動鏈；4.曲柄搖桿與其他偏心輪的作用；5.螺旋，旋軸，旋槳；6.彈簧類；7.管道；8.活塞，活門類。[57]

桔槔是最顯著的槓桿作用。《莊子》所提到的桔槔，顯然已是戰國常見的汲水器械。即使灌園老人拒絕使用，他也知道有此一物，《莊子》〈天地篇〉：

子貢南游於楚，反於晉，過漢，見一丈人方將為圃畦，鑿隧而入井，抱甕而出灌，搰搰然用力甚多，而見功寡。子貢曰：「有械於此一日浸百畦，用力甚寡而見功多，夫子不欲乎？」為圃者卬而視之曰：「奈何？」曰：「鑿木為機，後重前輕，挈水若抽，數如泆湯，其名為槔。」

又〈天運篇〉：

子獨不見夫桔槔者乎，引之則俯，舍之則仰。[58]

桔槔雖在中國出現很早，李約瑟氏卻以為古巴比倫有更早的桔槔紀錄，而且認為在歐亞大陸各處均有桔槔，卻也是傳布的結果。[59]然而在這一段有關桔槔的對話中，子貢卻給「機械」下了一個很好的定義，所謂「用力甚寡而見功多！」其定義的恰當，可概括一切工具的使用目的。這一個定義在中國古代顯然是很普遍的認識，因此《韓非子》也有過類似的說法：「舟車

---

55 陳遵嬀，前引書，頁九三。

56 同上，頁九五。

57 Joseph Needham，前引書，卷四，第二分，頁六八。

58 《莊子》（四部備要），卷五，頁六—七、二二。

59 Joseph Needham，前引書，卷四，頁三三一—三三五。

機械之利，用力少，致功大，則入多。」[60]

鉸鏈的使用在青銅器中頗多見，所謂金鋪與環紐即是今日的鉸鏈。小者例如銅器的蓋用鉸鏈連繫在把手上，大者例如傘架與車蓋的插架，都充分利用了鉸鏈的原理。附圖所示即是周穆王時代的銅盉與戰國的銅製鉸鏈。[61]

輪之使用自以車輪為最常見。從《周禮》〈考工記．輪人〉的記載，車輪的結構包括轂、輻與牙、輮，而各部分分別以榆木、檀木、橿木製作。製作過程也極複雜，一只車輪大約以三十輻為常度，是以《道德經》說到三十福，共一轂，當其無，有車之用。[62]據李約瑟的意見，歐洲在十五世紀始發展如碟形的內凹或外凸，但在中國則早在〈考工記〉中已說到輪的「綆」，鄭眾即釋為「輪箄」，[63]而考古實物也顯示輝縣出土的戰國時代古車有向內凹的車輪，長沙出土的戰國古車卻有向外凸的車輪。[64]

齒輪的使用可自實物得到證明，戰國晚期的墓葬中出現過若干小型齒輪。據說可能是弩弓的零件。[65]若沒有齒輪作用的知識，漢以後指南車、里鼓車、渾天儀一類工具將都難以製作。

滑車類的使用，在中國古代當以轆轤為最主要，《禮記》中記載公輸般以機封，當是使用豐碑和轆轤。[66]李約瑟以為轆轤太常見，以致本身未必常出現於典籍，其名稱反而見於借用作形容詞時，例如鹿盧劍之類。[67]

中國古代應用活塞的作用發展了世界最早的鼓風鑄鐵。即《左傳》昭公二十九年「一鼓鐵」

的記載固然也有以「鼓」為容量單位的可能，然而《老子》與《墨子》兩書中，提到的槖籥，楊寬以為便是鼓鑄金屬時使用的「風箱」，這種牛皮製的皮囊，配上一對活塞，即可往復充氣排氣，發揮鼓風作用。墨子所謂「橐以牛皮，鑪有兩缻，以橋鼓之百十」，由於牛皮囊是空的，是以老子稱為「虛而不屈，動而越出」。[68]這種橐籥在戰時可以用於熏灼地道中的敵人，

60《韓非子》，卷一五，〈難二〉第三十七（王先慎，《韓非子集解》，世界書局諸子集成本），頁二七二。這一對於機械的定義，劉仙洲是第一個認識其重要性的現代學者，見劉仙洲，《中國機械工程發明史》（上海，一九六二），頁四—五。

61 唐蘭，《五省出土重要文物展覽圖錄》（一九五八），圖版二八、六三、六四。

62《周禮正義》（四部備要本），卷七五，頁一以下。《老子》（四部備要本），上篇，頁六。

63 同上，頁三。

64《輝縣發掘報告》（北平，一九五六），頁四八—五〇，圖六一（一—二）。《長沙發掘報告》（北平，一九五七），頁二七，圖版集（1）。

65 暢文齋，〈山西永濟縣薛家崖發現的一批銅器〉（《文物參考資料》，一九五五年第八期），頁四〇。

66《周禮正義》（四部備要本），卷一〇，頁三。

67 Joseph Needham，前引書，卷四，頁九六。

68《墨子閒詁》，卷一四，頁四二。《老子》，上篇，頁三；參看楊寬，〈中國古代冶鐵鼓風爐和水力冶鐵鼓風爐的發明〉

銅盉

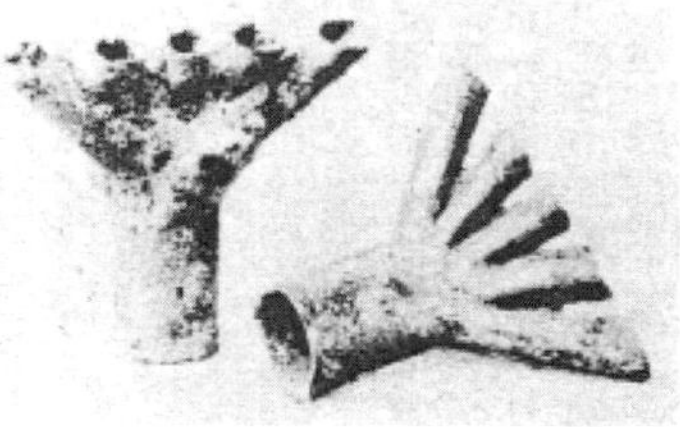

a.傘架

b.車蓋的插架

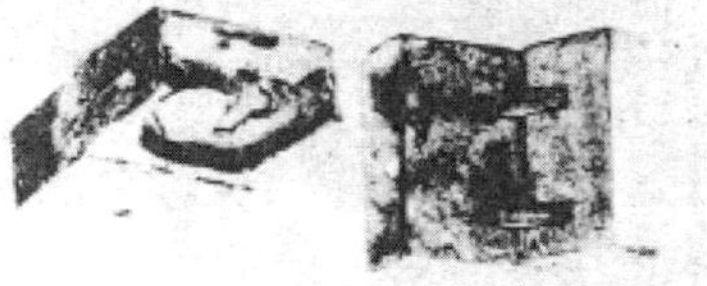

c.鉸鏈

對抗敵人的地道攻擊，但更重要的用途仍在鼓鑄金屬時，以鼓風提高溫度。《淮南子》〈本經訓〉所說「鼓橐吹埵，以銷銅鐵」當可認作冶鐵用橐鼓風的證據，正如高誘解釋，「冶鑪排橐」，「橐口鐵筒入火中吹火」。[69]據楊寬的意見，中國古代的冶鐵技術，因為排橐的使用，產生世界上最早的風爐。《史記》〈貨殖列傳〉中不少以冶鐵致富者，當即拜鼓風爐之賜。

四、車馬

古代中國的車，最早的實物證據為殷墟出土的車輛零件，而完整的車輛的出土當以輝縣琉璃閣和上村嶺虢國墓地兩次發現春秋戰國的古車為最重要。[70]車輪結構的討論已見於前節，據李約瑟對《周禮》〈考工記〉記載的描述，古車以方形車箱架在雙輪之間的軸上，車寬大約三

（李光璧、錢君曄編，《中國科學技術發明和科學技術人物論集》（北平，一九五五），頁七一。

69 《淮南子》（四部備要本），卷八，頁一〇。

70 石璋如，〈殷代戰爭的紀錄與車戰方法〉（未刊）。《輝縣發掘報告》，頁四六—五一；《上村嶺虢國基地》（北平，一九五九），頁四二—四七；馬得志、周永珍、張雲鵬，〈一九五五年安陽大司空村發掘報告〉（《考古學報》，一九五五年第九期），頁二五。

呎，輪高六呎，輪軸之間有金屬的釭、軑，或錧，其上裝設輨和轄保護，而以軨轄固定其位置。軸上車箱（軫）下部的轄和輹。軫本身則包括兩側的輢，較與扶手憑依的軾和軲。輈由車箱雙曲前伸，為衡，衡的兩端則架設一對車軛。[71]

古車的輈都是曲輈，成為（形的曲線。只有漢代以後的車才變化為棧車的直轅。[72]曲輈的使用，據李約瑟的意見，與中國古代套馬的方法有關。[73]李氏以為歐洲古代套馬的馬具套住頸部與腹部，馬在前拉時勢必有氣管窒息的痛苦，而中國古代卻是用胸帶和背帶，曲輈的使用即以下壓和前拉的力量分配在背部和胸部。李氏根據大司空村殷代遺址的車馬坑，判斷商代的軛仍架在頸部，但在戰國時代軛已有

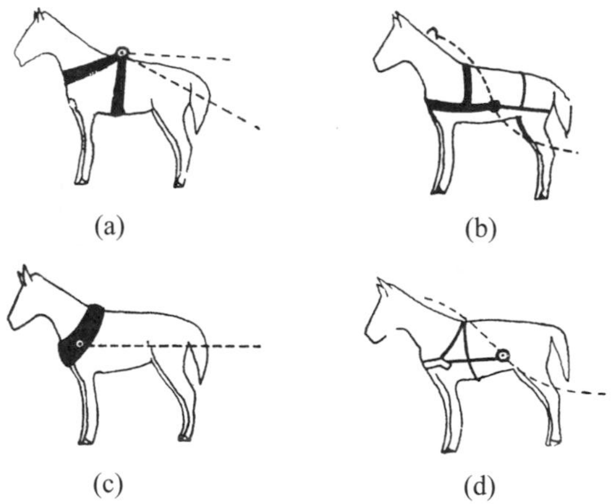

馬具勒帶裝置示意圖

a.西方古代　b.中國古代及中古早期

c.中國及西方中古晚期　d.長沙出土漆奩

頸部移置在前股兩側，也就是使用曲輈的設備了。[74]長沙出土的楚國漆奩上的馬車，顯示早期頸帶轉化為胸帶的過渡，胸前有軛帶，卻與輈的中點，聯繫在一起。[75]

附圖為Needham比較中國與歐洲的勒帶裝置（見Joseph Needham，前引書，Vol IV, Part II, p. 305, fig. 536及p. 311, fig. 548）。

五、「陶」「冶」的傳統

中國製陶的技術，在新石器時代即有良好的傳統。彩陶的描繪手法、用彩的調和美觀，以

71 Joseph Needham，前引書，卷四，頁二四九。

72 參看，《四川漢書畫像碑選集》（北平，一九五七），頁四〇以下。

73 Joseph Needham，前引書，卷四，頁二四八—二五〇。

74 同上，前引書，頁三〇四—三〇七。

75 同上，頁三一〇；參看常任俠，《漢代繪畫選集》（北平，一九五五），圖版一一；《楚文物展覽圖錄》（北平，一九五四），圖版四三。

及黑陶的形制，都有極高的工藝水平。龍山出土的蛋殼陶，陶質堅緻，古人必已有掌握高溫的能力方可製作。中國新石器時代遺址中頗有不少燒製陶器的窰。有一些窰在夯土牆中，而且有傾斜的角度。這種向上的火道，可以產生比較高的溫度。[76]從殷商出土的白陶，也可以看出高度的技術，而西安張家坡出土的帶釉陶片，已經專家檢定，其硬度之高，以及帶釉的現象，足證張家坡的硬陶已與瓷器距離不遠。[77]

製陶技術與冶煉的關係是很密切的。殷商出土大量陶範，即是鑄造青銅器的原範。史語所萬家保先生在此有專門研究，而且上古史論文集中也有李濟之先生的專篇，論述青銅工藝，故此處不贅述。到《周禮》〈考工記〉撰作的時代，青銅合金的成分，因器用本身的需要，有六種不同的比例，所謂：

金有六齊，六分其金而錫居一，謂之鐘鼎之齊；五分其金而錫居一，謂之斧斤之齊；四分其金而錫居一，謂之戈戟之齊；三分之金而錫居一，謂之大刃之齊；五分其金而錫居二，謂之削殺矢之齊；金錫半，謂之鑒燧之齊。[78]

而且青銅器上的花紋也用拍版印在陶範的內面，然後澆鑄在銅器的表面，這一發展本身，即可說明青銅鑄造已由個別的生產發展為大量的生產。[79]

青銅器在生產工具方面一直未占極大的重要性，由鑄造青銅器獲得的冶鑄技術卻為鐵製工具的生產鋪設了一條坦途。

鐵在中國出現的時間一直是一個聚訟的問題，梅原末治以為早在殷代即有用鐵的知識。[80]然而自殷商以至西周，生產工具仍以木石為主，青銅只占輔助地位，更遑論鐵器了。[81]自考古發現言之，鐵器在中國的大量出現，當在春秋戰國之交，是以前此的墓葬罕見鐵器出土，而戰國至漢代的墓葬則幾乎無不有鐵器，而且有時頗有相當數量。[82]折衷一點的說法，張光直以為鐵製工具的大量出現當在西元前六世紀，即春秋中期，但到西元前五世紀時技術已臻完美，而且已廣泛的為人使用了。[83]

---

76 Kwang-chih Chang, *The Archaeology of Ancient China*（Yale University Press, rev. ed, 1968）, pp.,97 100, 105.《西安半坡》（一九六三），圖版一一八。

77 周仁、李家治、鄭永國，〈張家坡西周居住遷址陶瓷碎片的研究〉（《考古》，一九六〇年第九期），頁四八—五二；又載《灃西發掘報告》附錄二（北平，一九六二），頁一六一—一六五。

78《周禮正義》（藝文印書館印行），頁七七七九。

79 張光直（Kwang-chih Chang），前引書。

80 梅原末治，《支那考古學論考》（東京，一九二九），頁一七九—一八〇。

81 黃展岳，〈近年出土的戰國兩漢鐵器〉（《考古學報》，一九五七年第三期），頁一〇六。

82 華覺明，〈戰國兩漢鐵器的金相學考查初步報告〉（《考古學報》，一九六〇年第一期），頁八二—八三。

83 Kwang-chih Chang，前引書，頁三一三。

在中國古代的製鐵技術方面，最大的特色是鑄鐵的出現早於世界其他地區，領先歐洲幾達一千五百年之久。[84]

李恆德以為中國在冶金技術上發展的方向與歐洲的冶鐵過程相反，歐洲由鍛鐵開始，而中國由鑄鐵開始。Vander Merse也具有相同的看法。[85]楊寬則以為中國冶金技術也曾經歷過原始的塊煉法。由於冶爐的溫度不夠高，鐵礦石不能熔成液體，只能呈現海綿狀，再經過鍛製成為器用。而且他舉《尚書》〈費誓〉的「鍛乃戈矛」和《詩經》〈公劉〉的「取厲取鍛」互證鍛即是鍛鍊的意思。[86]冶金學家對輝縣出土若干鐵工具的金相學考察，也證實了原始的塊煉法，遲至戰國仍有人使用，這六件鐵器有的成型並未經過鑄型，而是經過空鞘法，或則用錘打扁板金合攏，或則用模具作空鞘，反覆加熱，反覆加工而成。[87]附圖為戰國鐵器實例：

然而戰國鐵器已由鑄鐵製造，也是考古實物所表現的事實，大約由於青銅鑄造時獲得的高溫熔爐經驗，興隆出土的戰國鐵工具，不但有鑄範，而且是使用技術水準很高的冷鑄法，才能產生這種經過一千五百度高溫的灰口鐵。[88]範型實例見下圖：

以出土物的比例言，鑄鐵也是比較常見的，例如李文信根據對四十六件鐵農具的觀察，戰國諸件均是鑄造。而鍛製熟鐵的工具，須在漢代諸件中才出現。範型也在戰國時即已有較原始的單合範和進步的雙合範。[89]

戰國出土的鑄鐵工具和武器，無論在楚在燕，其技術水平都相當的接近。前述熱河興隆的遺址出土了八十七件戰國鐵範，包括鋤、钁、雙鐮、斧、鑿及車具，而且在附近發現大量紅燒土、木炭屑，和築石基址，此處應是戰國的冶鐵作坊。[90] 在山西長治分水嶺的兩個戰國墓葬

---

84 近來研究這個問題者，以楊寬、李約瑟、關野雄為最著。見楊寬，《中國古代冶鐵技術的發明與發展》（上海，一九五六）；Joseph Needham, *The Development of Iron and Steel Technology in China* (London, Noewcome Society, 1968)；關野雄，《中國考古學研究》（昭和三十一年，東洋文化研究所）。最近Nikoloas vander mense有一綜合的研究，其論點見Kwang-chih Chang, *The Archaeology of Ancient China*, pp. 314以下。

85 李恆德，〈中國歷史上的鋼鐵冶金技術〉（《自然科學》，卷一，第七期）。Kwang-chih Chang，前引書，頁三一五—三一六。

86 楊寬，前引書，頁二—三、一五—一六。《尚書》〈費誓〉的上下文為「備乃弓矢，鍛乃戈矛，礪乃鋒刃，無敢不善」。（四部備要本，《尚書正義》，卷二〇，頁四）。《詩經》〈公劉〉的上下文為「取厲取鍛，止基迺理」。（四部備要本，《毛詩正義》，卷一七之三，頁八。）

87 孫廷烈，〈輝縣出土的幾件鐵器底金相學考察〉（《考古學報》，一九五六年第二期），頁一二五—一四〇。

88 周則岳，〈試論中國古代冶金史幾個問題〉（《中國礦冶學報》，第一期）；鄭紹宗，〈熱河興隆發現的戰國生產工具鑄範〉（《考古通訊》，一九五六年第一期），頁二九—三五。

89 李文信，〈古代的農鐵具〉（《文物參考資料》，一九五四年第九期），頁八〇—八六。

90 鄭紹宗，前引文。

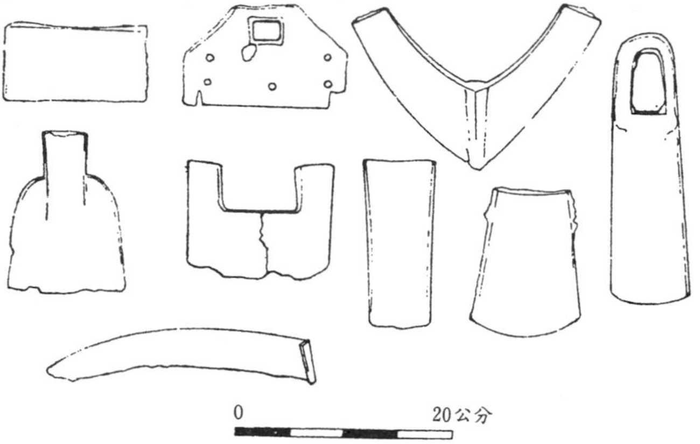

（採自《新中國的考古收穫》，1962, p. 61.）

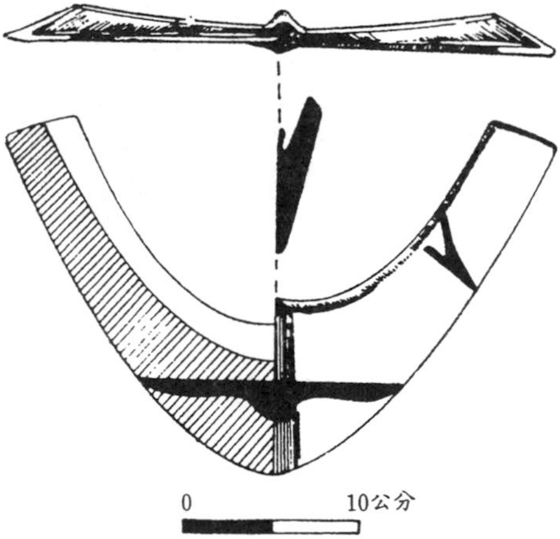

（採自夏鼐，《輝縣發掘報告》，1959, p. 92.）

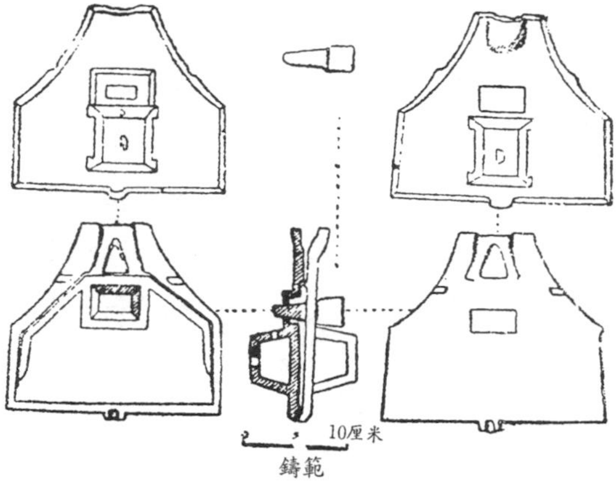

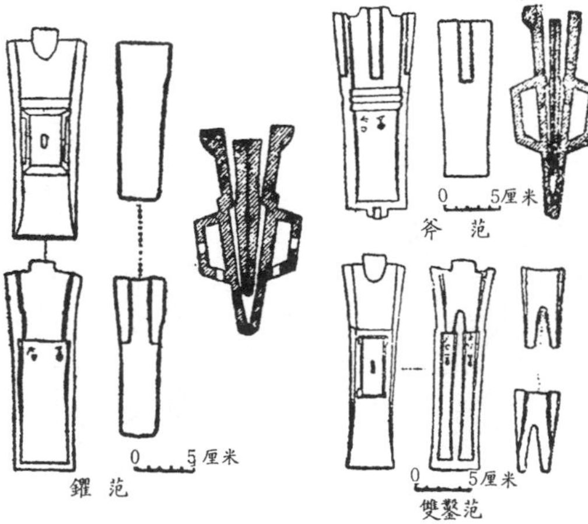

熱河興隆發現的戰國生產工具鑄範

（採自《考古通訊》1956年第1期，鄭紹宗，〈熱河興隆發現的戰國生產工具鑄範〉一文。）

中，也分別找到十一件和九件鑄鐵製成的工具，如鑿、鏟、钁、斧等。[91]又如長沙及衡陽出土的戰國楚墓，出土有鐵劍十四件，鐵戟二件，鐵匕首四件，鐵刀十件，鐵矛一件，還有些箭桿箭鏃等。[92]

中國古代冶鑄生鐵的技術，當與熔爐具有鼓風設備有關。本文前節曾提出鼓風用的排橐和囊橐。使用皮囊或一列皮囊鼓風入爐，可以集中燃燒的時間，使鐵熔成流汁，流出爐外。為了產生高溫，連續鼓風是必要的，因此冶鐵不僅需要大量人力在爐旁操作，也需大量人力採集燃料。《管子》〈輕重乙篇〉：

一農之事，必有一耜，一銚，一鐮，一鎒，一椎，然後成為農，一車必有一斤，一鋸，一釭，一鑽，一鑿，一銶，一軻，然後成為車；一女必有一刀，一錐，一鍼，一銶，然後成為女；請以令斷山木，鼓山鐵，是可以無籍而用足。[93]

也無怪漢代的「鐵官」動輒需要大量的卒徒從事冶鑄。而以冶鐵致富的實業家也往往擁有大量的家僮。[94]

以鐵礦石直接入爐冶鑄，鐵價自必低廉。是以在漢代鐵價只當銅價四分之一，有千鈞銅的商人其財富可與有千石鐵的商人同樣富有，而石是鈞的四倍。[95]也可能因此古代才以銅為美金，以鐵為惡金，所謂：

美金以鑄劍戟，試諸狗馬；惡金以鑄鉏夷斤斸，試諸壤土。[96]

生鐵易鑄而質脆，非再加工難以使用，戰國時鐵工已經知道了生鐵爐煉熟鐵的技術。楚國的鐵劍即可長達一四〇公分，若單用鑄鐵，如此長度的鐵劍勢非折斷不可。[97]

輝縣鐵器，據金相學的考察，固可能是塊煉法的產品，也有可能是生鐵加鍛的產品。是以才可能在同一件鐵器上出現高碳鋼口和純鐵的空鞘。[98]至於煉鋼，戰國當也已有「自然鋼」的冶煉技術。《吳越春秋》所載的古代名劍，干將劍身作龜文，莫邪劍身作漫理，楊寬以為即是所謂「布拉特鋼」。[99]楊寬解釋布拉特鋼是由純鐵和夾在純鐵內的碳化薄片所組成的東西，碳

---

91 山西省文物管理委員會，〈山西長治市分水嶺古墓的清理〉（《考古學報》，一九五七年第一期），頁一〇三—一一八。

92 湖南省文物工作隊，〈長沙衡陽出土戰國時代的鐵器〉（《考古通訊》，一九五六年第一期），頁七七—七九。

93 《管子》（四部備要本），卷二四，頁二。

94 《漢書》（四部備要本），卷七二，頁一 《史記》（四部備要本），卷一二九，頁五、一三—一四。

95 《史記》，卷一二九，頁一二。

96 《國語》〈齊語〉（四部備要本），卷六，頁八。

97 同上。

98 孫廷烈，前引文；又參看林壽東，〈晉北朝時期礦冶鑄造業的恢復與發展〉（《歷史研究》，一九五五年第六期）。

99 楊寬，前引書，頁八四。

化鐵質硬而脆，然也耐磨，外包軟而有韌性的純鐵，則剛柔相濟，成為有彈性又耐用鋒利的刀劍良材。[100]「禹貢」梁洲有「璆鐵銀鏤」，「鏤」據說即是剛鐵，而《荀子》說到楚的宛鉅鐵鉇，「鉅」也是剛鐵。楊寬以為古時稱利兵為白刃，即指帶鋼的白色刀。[101]證之輝縣鐵器的高碳鋼鋒刃，楊寬的說法是很有可能的。

六、土木建築

中國中原位居黃土地帶，黃土土質堅緻細膩，是以夯土成為中國建築上一大特色，早在新石器時代，夯土已在村落遺址出現。[102]逮乎殷商之世，夯土成為建築上不可缺的項目，用於築基、造牆、填塞墓穴，無不有之，[103]也許即為了夯土的方便易築，中國古代建築從未向石築方面發展，而只在土木建材方面發展中國建築特有的傳統。在佛教塔狀建築傳入中國以前，中國建築通常不向高處，而向平面發展，當也與土基土牆木架結構的特性有極大關係。

先秦城市遺址，幾乎無不有夯土築牆，早如鄭州的殷代城市，夯土版築的城牆有十公尺高，二十公尺厚，圍繞三・二平方公里的中央行政區域。[104]周代古城之有夯土城牆者如洛陽王城、平望、牛村、新田、晉陽、襄汾趙康鎮的古城、曲沃、聞喜、安邑、魏城古城、午城古城、武安古城、燕下都、臨淄、諸城、薛、滕鄒城、漂陽、邯鄲、咸陽、雍城，諸處古城遺址，幾乎均因發掘到夯土城牆而斷定為古代城市的。[105]

城市在社會經濟方面的作用，當別由專篇討論。純從建築方面著眼，中國古代城市也有可注意之點。上述夯土城牆是其中重要特色。同時中國城市往往具有行政中心的性格，都市的建設因之也是有計畫的。《周禮》〈考工記〉建國規模說到一個城市前朝後市的性格，都市的建設因之也是有計畫的。周禮考工記建國規模說到一個城市前朝後市，縱橫各有九條通衢大道。其說法固是理想的濃縮結晶，但在人類學上的觀察，此種以人主居中的觀念，未嘗不反映「大宇

---

100 同上，頁八五。

101《尚書正義》（四部備要本），卷六，頁一一引注疏；《荀子》（四部備要本），卷一〇，頁一〇，楊倞注；楊寬，前引書，頁八五—八六。

102 Kwang-chih Chang，前引書，頁八六。

103 參看石璋如先生論殷代建築的專篇〈殷代的夯土，版築，與一般建築〉。

104 Paul Wheatley，前引書，頁二〇五。

105 同上，頁二八六—三〇五。

宙」與「微宇宙」的交感。[106] 最近考古收穫至少有兩點證實了這種觀念在建築上的表徵。其一是中國古代城市大都採正南正北方向，偶爾有一些與地極歧異者，也可以用極星位置的變移，得到合理的解釋，例如臨淄與燕下都的位置都離正方向頗有幾度距離，可能即是因當時極星的位置與真極不甚相同之故。[107] 其二是宮殿宗廟建於夯土高台上，牛村古城的建築台地位於全城的幾何中心，平望的土台亦復如此。邯鄲有中央平行排列的兩列土台。臨淄與燕下都的夯土台地雖不在中央，卻也大致是集中的。[108] 官方建築物之高於平地，在殷墟即已有其例證，如石璋如先生按柱孔復原的宗廟，即在土築高台上。[109] 按照人

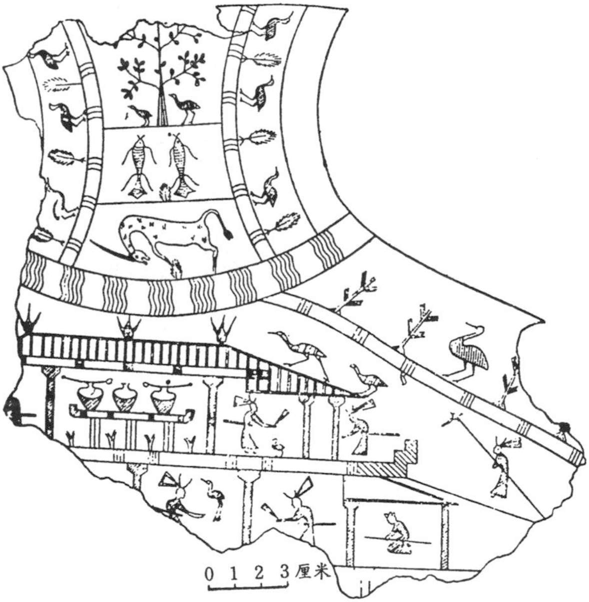

類學的說法，當與天柱天極觀念有頗深的血緣關係。[110] 然而高借重於土台，而不能像西亞古代文明之借重於石階，自然也受中國黃土平原自然條件的限制。夯土台上的木結構自是由殷商以來即有的傳統。[111]

平台上建築樓房當是更進一步的發展。長治分水嶺出土的戰國銅器上有樓房的建構。兩層樓房，有顯著的柱頭支撐柱形狀，應即是斗拱的濫觴。[112]

木架結構的發生，當與南方干欄傳統有關，北傳與夯土基礎結合而成為中國特有的建築特色。斗拱尤為木架結構中最重要的發明。至遲在西元前第六世紀，斗拱已是大型建築不可缺少

106 Paul Wheatley, *Pivot of Four Quarteters*（University of Edingberg Press, 1971）, pp. 441ff.參看《周禮正義》（四部備要本），卷八三，頁一—四。

107 Paul Wheatley，前引書，頁四二六。

108 同上，頁一八五。

109 石璋如，《殷墟建築遺存》（一九五九），圖版區IV，VI；同氏，〈小屯殷代的建築遺跡〉（《中央研究院歷史語言研究所集刊》，第二十六本），頁一六〇—一六一。

110 Paul Wheatley，前引書，頁四三六。

111 Kwang-chih Chang，前引書，頁二二〇。

112 山西省文管會，〈山西長治市分水嶺古墓的清理〉（《考古學報》，一九五七年第一期），頁一〇九。

的部分，《孟子》說到「榱題數尺」。這種伸展的簷頭，勢須借重斗拱的結構，方有可能。[113]

屋頂用瓦，在西周建築的遺址上已數見不鮮。瓦列之前使用瓦當，既可做裝飾，又可幫助排水。[114]更值得注意的是城市中的下水道，燕下都的遺址出土若干陶製水管，城中還有幾條水溝，有的可能是供水道，有的則是排水溝。[115]咸陽古城也有不少陶製水管出土，可能是地下道的殘餘。[116]

夯土的使用，不僅限於城牆及基地，中國歷來防洪的堤岸也是用夯土築成，至今黃河堤仍是如此。防禦工事與防洪工事都稱為防，二者在古代是合一的。夯土顯然也應用於道路，秦統一中國，遍築馳道，所謂「道廣五十步，三丈而樹，厚築其外，隱以金椎，樹以青松」。[117]即是以金屬椿柱打椿的路面。其寬廣堅實，堪稱當時最佳的公路系統了。

七、結語

總上所述，略可窺見中國古代科技的特色，在於理論和實用的結合，物理中力學突出，自然與創製器械有關，天文曆數，也與觀象授時的實用自然分不開。甚至光學的若干討論似也為說明官感作用的實證。這種現象，一方面反映中國古代文化中利用厚生的基本思想，另一方面也使中國古代科技有偏於一邊的趨向，忽略了純理論的探討。本文土木工程不涉塭堰，以已在〈農業技術〉一文中討論。青銅冶製則別有專文，也不在此重疊。

（原載《中央研究院歷史語言研究所集刊》，第四十四本，第四分）

113 鐵偉長，《我國歷史上的科學發明》，頁九一—九三。

114 Kwang-chih Chang，前引書，頁二六七、二八三—三〇五。

115 同上，頁二九九。

116 陝西省社會科學院考古研究所渭水隊，〈秦都咸陽故城遺址的調查和試掘〉（《考古》，一九六二年第六期），頁二八一—二九九。

117 《漢書》（四部備要本），卷五一，頁二。厚築，服虔以為築壁，師古以為築令堅實，與壁無涉，今從師古。

周代的衣食住行

本篇所及的範圍，以兩周為限，但是這一段漫長的時期中，古代中國由青銅時代轉變為鐵器時代，由家族的社會過渡為地緣的社會，由封建制步入官僚制，文化由中原擴展至四方，物質文化也勢必有許多相應的轉變與發展。本文所述種種，採自文獻與考古資料，難免是片段史料的綜合，由於史闕有間、也許會模糊了地域性與時代的差異，這是治古史者無可奈何的苦處。只有時時存了戒心，認識其中缺憾，庶幾不致以古代制度為一成不變。本文敘述程序則以衣、食、住、行四目為主要討論範圍，也旁及若干器用。

一、服飾與衣料

先說首服。古代首服有冕、弁、冠、巾、幘多種。冕是王公諸侯的首服，而弁卻是由天子至士的常禮之用。二者的差別，據《周禮》〈夏官・弁師〉賈疏：「以爵弁前後平則得弁，稱冕則首低一寸餘。」冕之中，又因服御者階級不同而有旒多旒少之分。[1]

冠是有身分的人共用的首服，小孩在成年時即須舉行冠禮，表示他已能肩負成人的責任，所謂「棄爾幼志，順爾成德」，從此這個孩子是有名字的成年人了。[2]平時冠的顏色用玄黑色，有喪服時則用縞素。[3]士大夫雖死不能無冠，是以子路臨死之際，還須把繫冠的纓在項繫緊，其重要可知。[4]

冠的形制，卻不易知。既須束髮受冠，冠必高聳，大約其基本形制，是「高帽子」，所謂峨冠，而中間用髮笄貫簪。傳統喪禮中服御的麻冠，雖是《禮經》注疏家考證的結果，當與古制相近。韓國老年人仍用高冠，也當與中國古制有關。然而《禮經》種種規定，也未必即是當世一律的形制，以地域差別言之，春秋時的楚冠，號為南冠，據說是秦漢御史的獬冠。獬豸似羊，則南冠當有兩角？[5]宋人資章甫則仍是殷商遺俗。[6]以時尚言之，子路好勇，年輕時以雄雞為冠。可能是冠形象雞。也可能以雞羽為冠飾。與雄雞同類的還有鶡冠，則以翠鳥羽作為冠飾了。[7]冠制與個人的愛好有關，是以范獻子遠道向魯國索取作冠的法制。雖然范獻子原意據說在「求貨」，魯國以「冠法」應付，也可觀見一則魯冠有其特處，二則取法仿製也不是罕見之事。若冠制如《禮經》所說的有統一規格，則這一套冠法也不能為魯國獨得之祕了。[8]

一般人則御巾幘，據說巾幘是卑賤執事不冠的首服。[9]然而士大夫也未嘗不能衣巾，例如《左傳》定公九年：「齊侯賞犁彌，犁彌辭曰，有先登者臣從之，皙幘而衣貍製。」[10]則戰陣之際，也許為了輕便，士大夫也可去冠而衣幘，與子路恪守的禮儀又不合了。考古發掘所得墓俑，有明顯衣巾幘者，如洛陽金村的銅俑，[11]另一方面庶人也未嘗沒有御冠者，例如〈郊特牲〉說到野夫蠟祭時即「黃衣黃冠」。野夫當指農夫野老，自然是庶人。[12]由此可見，《禮經》

1 《周禮注疏》（四部備要本），卷三二，頁一、三。
2 《禮儀正義》（四部備要本），卷二，頁一一。
3 《禮記正義》（四部備要本），卷二九，頁一〇。
4 《左傳正義》（四部備要本）哀公十五年，卷五九，頁一三。
5 《左傳》成公九年，卷二六，頁一四。
6 《莊子》（四部備要本），卷一，頁八。
7 《史記會注考證》（台北影印本），卷七，頁一〇；《左傳》僖公二十四年，卷一五，頁一二。
8 《左傳》昭公二十三年，卷五〇，頁一一。
9 尚秉和，《歷代社會風俗事物考》（新北：臺灣商務印書館，一九六六，台一版），頁二九。
10 《左傳》定公九年，卷五五，頁一二。
11 鄭振鐸，《中國歷史參考圖譜》四輯，一九、一一四；見郭寶鈞，《中國青銅器時代》（一九六三）圖版一五。
12 《禮記正義》，卷二六，頁六。

所謂君子庶人之別及封建階級之間的區分，都未必如何井然有序的。

風日雨雪，但憑冠巾不足以禦寒暑。古人有台笠，《詩》〈小雅〉：「彼都人士，台笠緇撮」，即指以莎草製的笠帽，加在緇布冠上。牧人長時在野，自然更須披蓑戴笠，所謂「爾牧來思，何蓑何笠」。[13] 笠而有柄，手執以行，便是所謂「簦」，戰國時虞卿躡蹻擔簦，遊說諸侯。簦是傘的祖型，已無復戴在頭上，卻仍是笠演變而來。[14]

次說衣裳。古人上衣下裳。上衣右衽，由胸前圍包肩部，戰國木俑，即係右衽，其服色在基本上與殷代石刻人像的短衣並無二致（圖一）。[15] 綠衣黃裳，上衣下裳是相配合的，裳的形制似是以七幅布條圍繞下體，前三幅後四幅，兩側重疊相聯，狀如今日婦女的裙子，不過折襇在兩旁，中央部分則方正平整。[16]

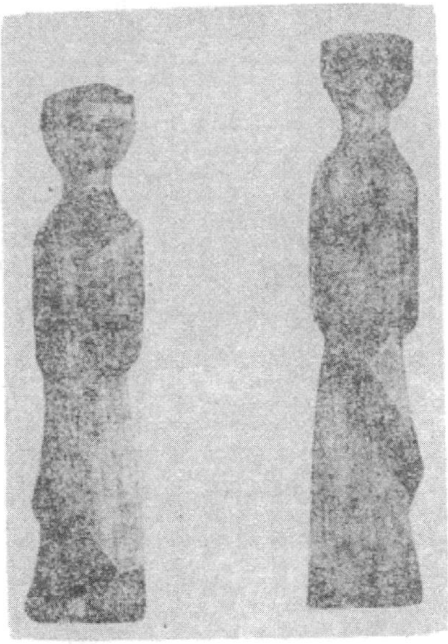

圖一　長沙出土之戰國木俑

蔽膝則有邪幅，據說是用條幅，緊緊纏繞在膝下的脛部，漢儒依當代名稱，比喻為行縢，其制類似今日行軍時的「綁腿」。[17]

春秋後葉，下服更有袴。褰袴的出

現，始見於《左傳》昭公二十五年，「微褰與襦」，[18]但古代的袴，分袴兩股。《釋名》所謂「袴，兩股各跨別也」，[19]因此刖足者不必著袴。[20]

衣裳芾幅，究竟不便，於是有深衣之制，衣裳相連，被體深邃，據《禮記》〈深衣篇〉的說明，這種衣服寬博而又合體，長度到足背，袖子寬舒足夠覆蓋到肘部，腰部稍收縮，用長帶

---

13 《毛詩正義》（四部備要本），卷一五之二，頁二；卷一一之二，頁八。

14 《史記會注考證》，卷七六，頁一一—一二。

15 考古研究所，《長沙發掘報告》（一九五七）圖版二八：四及一三。

16 《禮儀》〈喪服〉：「凡衰、外削幅，裳、內削幅。幅三袧。」鄭玄注，「袧者，謂辟兩側，空中央也。祭服，朝服，辟積無數。凡裳，前三幅後四幅也。」《儀禮正義》，卷二五，頁一三。

17 《詩》〈小雅・采菽〉：「赤芾在服，邪幅在下」，鄭箋：「芾，大古蔽膝之象也。冕服謂之芾，其他服謂之韠，以韋為之。其制上廣一尺，下廣二尺，其頸五寸，肩革帶博二寸，脛本曰股，邪幅如今行縢也。幅束其脛，自足至膝，故曰花下。」《毛詩》，卷一五之一，頁四。

18 《左傳》昭公二十五年，卷五一，頁八。

19 《釋名》（四部叢刊本），卷五，頁三八。

20 《韓非子》〈外儲說左〉：「危子曰吾父獨冬不失袴。刖足者不衣袴，雖終其冬夏無所損失也。」（四部備要本），卷一二，頁七—八。

束在中腰無骨處。在各種正式的場合都很有用。

深衣又謂中衣，[21]在家燕居固無妨，但在朝會之時，仍需有外衣，所謂「朝玄端，夕深衣」。[22]深衣固然舒適，但長大寬博，行動不便，是以家居以外，仍用衣裳，外加外衣，所謂袍或裘。單衣為禪泂，夾衣而無著為褶，加絲綿襯裡的時候，稱為繭袍，皮毛外衣則為裘。楚國漆器的車馬奩上，人物皆內御白衣，外披罩衫，露出衣領的白色。[23]不過著裘又有襲裼之制，亦即花皮袍子外面加上顏色適當的罩袍。據《論語》〈鄉黨〉，黑衣罩在麑裘上，黃衣罩在狐裘上。可是《禮記》〈玉藻〉的記載又全不相同。[24]證之史傳，狐裘可以有羔袖，紫衣可以加在狐外，似古時制度也未必如《禮經》所說之劃一。[25]不過裘的外衣，大約只是披罩而不全掩蓋，所以才有裼衣的可能，狀如披風斗篷，既可保護毛裘，又可不掩內美，披拂飄揚也極盡威風。[26]

最後說到鞋子，古人鞋分屨、舄兩種，據《周禮》〈天官・屨人〉鄭注複下曰舄，禪下曰屨，則顯然依雙底單底分別。複底的可能還有一層木板夾層，以避泥濘。[27]屨材，夏用葛，冬用皮。鞋面上有一層裝飾，其狀如同「刀衣」，而鼻在屨頭，則鞋形似是鞋尖上翹，中央有一條鼻縫，頗像老式手製的棉鞋。[28]長沙楚墓出土革履，則是複底鞋面平直，鞋口作三角形。[29]

另外有韈，但似與今日的襪不盡相同，《左傳》哀公二十年，褚師聲子因為有足疾，不便脫韈而登席，引起衛侯大怒。君臣雅會飲宴，卻必須去韈跣足登席，可知韈的著卸也不致十分因難，而且是屨的同類。大約屬於軟鞋之列，與襪在鞋內之襪有別。古人處室，似以跣足為常，《左傳》宣公十四年，劍及屨及的典故，即謂楚子投袂而起，鞋未著，劍未佩，從人持屨，追到寢宮門口，方始穿鞋。又如襄公三年，晉侯也為了魏絳徒跣而出。[30] 是以室內有人，可由室外之屨判斷。據〈曲禮〉，入室之前脫屨於堂外階下，俟辭退時再著屨，室外有兩雙屨

21《禮記正義》，卷五八，頁三—四。
22 同上，卷二九，頁一一。
23 同上，頁一二，商承祚，《長沙出土楚漆器圖錄》（一九五五），圖版二五。
24《禮記正義》，卷三〇，頁一—二。
25《左傳》襄公十四年，卷三二，頁九；哀公十七年，卷六〇，頁四。
26《禮記正義》，卷三〇，頁二。
27《周禮注疏》，卷八，頁一一。尚秉和，《歷代社會風俗事物考》，頁七一。
28《儀禮正義》，卷二，頁一三—一五。《楚文物展覽圖錄》，頁二五圖四四。
29《左傳》哀公二十五年，卷六〇，頁一〇。
30 同上，宣公十四年，卷二四，頁二；襄公三年，卷二九，頁八。

時表示室內有二人，即須揚聲，室內使入始入。[31]戶外屨滿即表示室內人多。《莊子》〈列禦寇〉：「無幾何而往，則戶外之屨滿矣，伯昏瞀人北面而立，敦杖蹙之手頤，立有間，不言而出，賓者以告列子，列子提屨，跣而走，曁乎門曰：先生既末曾不發藥乎。」台灣光復初期，日俗未除，室外屨滿，主人提屨跣足迎迓後來客人，宛然如此。[32]

衣著的附帶裝飾也不少。衣帶上有組有帶鉤，後者傳世實物極多，大致玉鉤及金屬鉤均有之。男子須佩劍搢笏，劍象威武，笏備錄忘，漢以後都成為朝服的一部分，但在古時則是日常服飾的附件。此外隨身攜帶的大小物件還有佩巾、小刀、佩刀、火石、火鑽，男子搢笏桿筆，女子帶針線包。雖然《禮記》〈內則〉指明是子婦事父母時隨身物件以便侍奉。平時大致也須有這些物件使用。[33]

衣服的材料，不外毛皮麻葛及絲製品。皮毛蔽體自古已然。在先秦正式服裝及冬季禦寒，仍多用皮裘皮弁皮履。《周禮》〈考工記〉，攻之皮工有五，函人、鮑人、韗人、韋人、裘人。偏偏製革的「韋人」及做皮衣的「裘人」兩節已佚。但由「鮑人」觀之，作革囊的革也力求其柔軟，由製甲的「函人」條言之，革甲經「鍛」的過程，則古時大約用連續的敲擊達到柔化。不過「鮑人」條形容革的顏色為「荼白」，據鄭注是芳茅之色。動物皮色不盡是灰色，其中當另有某種漂白的方法，至少可能有相當的澣洗過程。「鮑人」也提到以動物脂肪塗抹，也是相當柔化的一法。由此類推，製弁、製帶、製韝、（護臂），韠（蔽膝）及韤履各物的熟革，其製造方法，必也與此相仿。[34]若柔化不夠，也可用小塊皮革連綴縫製為革甲。例如長沙出土有一件皮甲上半部為皮革，下半部為絲織，全形似戰衣，其革製部分即以小片革縫緝拼綴而成。[35]長沙出土有戰國的皮包皮鞋，望之與今日的革製品也無大分別（圖二）。[36]裘之原料以經傳所載言之，則羔與狐最為常見，蘇秦所用黑貂皮，應是很考究的了。

用粗毛績成的毛褐，也是皮毛製品之一種，可能以其粗短觸人，顯然只用作工作服，《詩》

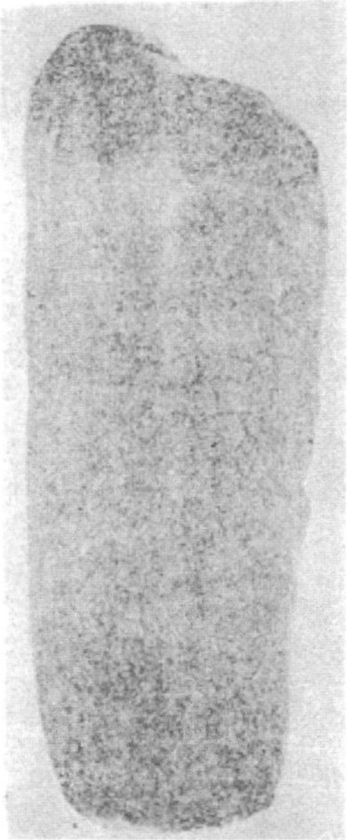

圖二　長沙出土戰國革履

---

31 《禮記正義》，卷二，頁二、七。

32 《莊子》，卷一〇，頁上。

33 《禮記正義》，卷一七，頁一一二。

34 《周禮注疏》，卷四〇，頁一一一一二。

35 湖南文物管委會，〈長沙出土的三座大型木槨墓〉（《考古學報》，一九五七年第一期），頁九六。

36 《文物參考資料》，一九五七年第二期，頁六一；及《楚文物展覽圖錄》，頁二五，圖四四。

〈豳風・七月〉：「無衣無褐，何以卒歲。」據鄭箋，褐為毛布。[37]孟子問許行的弟子，許行穿何種衣服，據答「許子衣褐」，趙岐注：「以毳為之，若今馬衣者也。」[38]足見褐是農夫常用的冬衣。

用絲是中國人對人類文化最重要貢獻之一。早在新石器時代，西陰村遺址即有家蠶的蠶繭出土，吳興錢山漾的新石器文化遺址出土了絲織品的殘片，其密度據鑑定為每平方吋一二〇根，當時紡織已能如此細密，令人咋舌。[39]文獻中提到絲帛錦繡，不勝枚舉，可說是常識範圍中事。以實物言之，長沙有絹殘片一片，有卷折縫絹痕跡，知是衣服的一部分。另一片殘絹，有繡花。有褐紫色綢片，上具菱形花紋。遺物中諸物甚多：有極脆的細紗片，可能為帽子的一部分；有絲織網絡殘片，以深褐細絲織成，其反面黏附黃褐色薄綢殘片；有絲織縹帶殘片，紫褐地，菱形紋及犬齒紋，迎光閃爍變色；有用黑褐兩色絲線編成褐底黑斑節的絲帶；還有絲棉被，蓋覆人骨架，卻只剩一段了。[40]由這些實物觀之，戰國時絲織品已能織斜紋織提花，也能刺繡。織物的技巧可以織成二匹長的錦卻捲成只有耳瑱大的細卷，其輕密細軟可知。[41]

治絲之法，據〈考工記〉「㡛氏」用溫熱的灰鹼水，浸泡七天，白日在陽光下曝晒，夜間懸在井上，七日七夜謂之水湅。治帛的水湅法，大體也相同。此法不外以灰鹼脫去生絲外面的蠟質，以陽光曝晒漂白。另有一節說到灰湅法，只是用欄灰直接用在帛上，然後用蜃灰增加白色，想來蜃灰是當作一種填充料使用，可以使帛較為密緻。[42]

僅次於絲帛的衣料為麻織品，吳興錢山漾新石器文化出土的苧麻織品殘片，經專家鑒定為平紋組織，密度有每平方釐米二四根、一六根和經三〇根，緯二〇根三種，已細密可觀。長沙戰國遺址出土的白色麻布殘片，也經檢定為苧麻纖維平紋組織，密度高達每平方釐米二八乘二四根經緯線。[43]其規格與古代所謂一升（或稯）相近。《說文》，稯為八十縷，按照《禮記》〈王制〉，精細的布是朝服之布，十五升，幅度二尺二寸，如按新莽嘉量及商鞅量周尺只當尺二三公分強，則經線一、二〇〇根，平均每公分中有經線二四根。如按古棺自標尺寸與實測相較，則古尺一尺只相當二〇・四七至二一・七五公分之間，則一、二〇〇根經線平均約為每公分二

37《毛詩正義》，卷八之一，頁五。
38《孟子》（四部備要本《四書集注》），卷三，頁七、八。
39浙江省文管會，〈吳興錢山漾遺址第一、二次發掘報告〉（《考古學報》，一九六〇年第二期），頁八九。
40《長沙發掘報告》，頁六三—六五。
41《左傳》昭公二十六年，卷五二，頁一—二。
42《周禮注疏》，卷四〇，頁一六。
43《考古學報》，一九六〇年第二期，頁八九；《長沙發掘報告》，頁六四。

十五至二十七縷。[44]這種標準的幅度，似乎是約定俗成，不僅見於《禮經》而已。至少在孔子的時候，細麻比純絲更昂貴，可見麻的價值因人工化得多而值錢。[45]《韓非子》載有吳起為妻子織組幅狹於度而休妻的故事。[46]訖於漢世，稷仍是量度布質粗細的單位。織物單位的標準化，歷時亙千餘年。此中原故，可能部分由於織器的功能，一部分可能由於紡織在某些地區已專業化，別處模仿，遂遵照某地已發展的規格，相沿成俗，規格也就沿用下去了。[47]

夏衣葛也有精粗之別，精者曰絺，粗者曰綌。也在衣著中占有一定的地位。《詩》〈周南・葛覃〉：「葛之覃兮，施于中谷，維葉莫莫，是刈是護。為絺為綌，服之無斁。」看來是採集野生的葛草纖維，作為衣料，葛絲緜緜，是以詩人在由〈王風・葛藟〉中比喻為斬不斷理還亂的鄉愁親思。據〈齊風・南山〉，葛屨是新娘送給新郎的禮物，可想必是相當精美之物，與草鞋不同，當是葛布製成的屨。[48]除麻葛以外，還有一些植物纖維也可用作代用品，是以《左傳》引《逸詩》「雖有絲麻，無弃菅蒯」，菅蒯是茅草之屬，據說宜於作繩索，蒯則可以為屨。但是粗是精，即不得而知了。[49]

冬日天寒，除毛裘外，絲麻衣服勢非有纊縕不可。據《禮記》〈玉藻〉，纊為繭，縕為袍。鄭注解釋，以為纊是新綿，縕是舊絮，長沙戰國墓中出絲棉被一段，亦是以絲棉作為填襯物。[50]子路「衣敝縕袍」站在穿狐貉皮裘的人旁邊而毫不在乎，是則舊絮的袍服價值是比較便宜的。[51]「三軍之士皆如挾纊」，可見新絮較為輕暖。散繭為纊，須用水漂洗，《莊子》〈逍遙篇〉，宋人有「世世以洴澼絖為事」，是有合族以洗絮為專業的人，其市場可知。[52]填寒衣的材料，也可能是麻縷，上引《論語》〈子路〉的縕袍，孔安國注謂是「枲著」，價格想來也是低廉的。甚至細草的纖維也可用來著衣。《大戴禮記》〈夏小正・七月莠雚葦〉，據說以茶、

---

44 《禮記正義》：「布帛精粗不中數，幅廣狹不中量，不粥於市。」卷一三，頁五—六，孔疏，卷一三，頁八；《禮儀》賈疏，八十縷為升，卷二一，頁四；郭寶鈞，《中國青銅器時代》，頁八四。古棺長度紀錄參看考古研究所洛陽發掘報隊，〈洛陽澗濱古文化遺址及漢墓〉（《考古學報》，一九五六年第一期），頁一九。周尺與漢尺之間似無大別，參看Nancy Lee Swann, *Food and Money in Ancient China* (Princeton Univ. Press, 1950), p. 362.

45 《論語》（四部備要本《四書集注》），卷五，頁一。

46 《韓非子》，卷一三，頁一一。

47 《左傳》成公二年，楚侵及陽橋，魯國請盟，以一批職業工人為賄，其中包括織縫百人，此是魯國高級技術輸出至楚國的例子。卷二五，頁一二。

48 《毛詩正義》，卷一之二，頁二；卷四之一，頁九；卷五之二，頁三。

49 《左傳》成公九年，卷二六，頁一四。

50 《禮記正義》，卷二九，頁一二；《長沙發掘報告》，頁六四。

51 《論語》，卷五，頁六。

52 《莊子》，卷一，頁八。

藿、葦之莠作為褚。《左傳》成公三年，荀罃被俘在楚，鄭國賈人曾計劃把荀罃放在褚中偷運離楚，這位賈人當是在草木茂盛的南方，大量收購裝衣資料北運。[53]

衣服顏色以緇素為主，但平時衣著也有硃黃綠紫諸色，經傳中不勝枚舉。其中青綠朱黃都可由植物染素如靛青，茜紅，梔黃染成，但《周禮》〈天官・染人〉鄭注提到「石染，當及盛夏熱潤，始湛研之」，是也用一些礦物質的染料了。[54]紫色的染料最為特別，紫的原料似產海中，《荀子》〈王制篇〉：「東海則有紫祛魚鹽也，然而中國得而食之。」[55]染紫之後，臭味腥惡。齊桓公好服紫，一國盡服紫，以致五件素衣不能換一件紫服。據說於是管子勸桓公以惡紫臭為辭，使國人不再以此為風。[56]然而紫的價格大約未必全出風尚，可能因紫色染料難得而致以衣紫為貴，甚至敗素染之後，也可以價十倍。[57]

《禮經》記輕衣服，每多涉及階級及各種不同場合的體制。長短豐殺及內外顏色，均有規定，但凡此與生活之實質無關，故本文不贅及之。所惜史料不足，無法考證各種衣服及質料的嬗變。以理推之，因為人口日多，田野日辟，山林及牧地日減，古人衣著為漸由動物皮毛轉變為絲帛及植物纖維。冬日挾纊著枲顯然是以此取代重裘了。中國自古不重視毛織品，古代的短褐始終是粗製，大約也與這個轉變的大方向有關。中國農業發達，牧業早就式微，對衣著方面也很有影響。

趙武靈王胡服騎射，是古代服裝史上一件大事。可惜我們不知道胡服究竟曾否十分流行，為此我們不得不略過這件有趣的史事。

二、飲食——食物與烹調

人類由茹毛飲血而至熟食。熟食之中，在中國傳統言之，至少又可分飯食、菜饌、飲料三方面討論。食具則分屬於這三項之下。

中國自古以來以穀食為主食，所謂飯食即指這一類主要的充飢物，因而現代軍中及學校的伙食仍有所謂主食以及佐餐的菜饌，所謂「副食」，中國古代有五穀九穀之稱，作者在〈兩周農作技術〉一文中曾嘗試考定主要穀食的品種，此處不贅。大致言之，中國古代的黍稷、粱、

53 《左傳》成公三年，卷二六，頁三。

54 《周禮正義》，卷八，頁九。

55 《荀子》（四部備要本）卷五，頁六。

56 《韓非子》，卷一一，頁一〇。

57 《戰國策》（四部備要本），卷二九，頁九。

大小麥、稻為主，菽麻（豆粒、麻籽）也可勉強列為穀食之中，但不占重要地位。南方江河湖沼星羅棋佈，菰米也曾列為穀食，然其產量不可能成為普遍的食物。重要的穀食，仍以黍稷稻粱及大小麥。其中又以黍稷為最普遍，粟（稷的一種）顯然更為普遍。黍又比稷貴重，祭祀待客都以黍為上盛。稻粱麥諸種漸盛之後，其為食又美於黍，是以各種穀實以次代興，卻又並未有所廢。簡言之，黍稷初擅勝場，但食物越來越美好，諸穀分化，新種也漸漸發展。[58]

稻之普及，可能比麥還早些。西周銅器有名為簠的長方淺器，往往自銘「用盛稻粱」，[59]則貴族宴席上已用稻粱。據《左傳》僖公三十年：「王使周公閱來聘，饗有昌歜，白黑，形鹽，辭曰：『……薦五味，羞嘉穀，鹽虎形，以獻其功，吾何以堪之。』」此中，白是「熬稻」，黑是「熬黍」。但由周公閱辭謝之詞看來，這仍是比較珍貴難得的食物。至孔子之時，「食夫稻，衣夫錦，」即使居喪不宜，卻已失去了階級性限制的社會意義，則至多價值貴點而已，普通人也吃得起了。[60]

麥比稻更適宜於中國北方，但顯然到西漢初年仍未普遍種植。是以董仲舒雖指出麥禾不成則《春秋》必書，但也指出「關中俗不好種麥」，而鼓吹由政府提倡推廣種麥。[61]

豆類也早見文獻，在戰國時期，豆類成為救荒及濟貧的食物。《孟子》〈盡心篇〉以菽粟連稱，當作最起碼的食物，比之如水火，[62]《禮記》〈檀弓〉說到貧民的日常食物，據說孔子指出「啜菽飲水」若盡其歡，也算是養親之道了。[63]豆在山地也能生長，韓國多山，《戰國策》

〈韓策〉：「韓地險惡山居，五穀所生，非麥即豆，民之所食大抵豆飯藿羹，一歲不收，民不厭糟糠。」[64]是則豆所以不為時人所重，主要由於能在邊際山地生長之故。

烹治穀物的方法，以古器物言之，有煮飯及蒸飯二種，前者用鬲，後者用甑甗。古人煮飯，大約近於今日的「乾粥爛飯」，穠稠的稱為饘，稀而水多的稱為粥。孔子的祖宗自稱「饘于是，粥于是，以餬於口」，顯然日常飯食，不外啜粥。孔子鼎銘，也不外虛己不肯自滿。[65]比較考究的人吃蒸飯，至少有地位的人以此為常。孔子周遊列國，侍食諸侯，大約天天吃蒸飯，有時急於離開，則接淅而行，淅是已浸濁未炊的米，煮粥不須經過這番手續，唯蒸飯則可

---

58 許倬雲，〈兩周農作技術〉（《中央研究院歷史語言所研究集刊》，第四十二本，第四分），頁八〇三—八〇八。

59 容庚，《金文編》（一九五九），頁二三九。

60 《左傳》僖公三十年，卷一七，頁三。

61 《漢書補注》（藝文影印本），卷二四，頁一六。

62 《孟子》，卷七，頁七。

63 《禮記正義》，卷一〇，頁二。

64 《戰國策》，卷二六，頁二。

65 《左傳》昭公七年，卷四四，頁九。

以取出已浸漬的米。[66]《詩》〈大雅・洞酌〉：「洞酌彼行潦，挹彼注茲，可以餴饎。」行潦是雨後地上的積水，若用來直接煮飯，未免不潔，但若夾層蒸煮，卻也無妨了，固然北方水源不及多湖泊水泉的南方，若只有高貴人家用蒸似還不必取諸行潦。由此推想，蒸治當也相當普遍。[67]但蒸飯究屬費時費事，而且粿粒鬆散，不能「漲鍋」，也就比較費糧食。也許為此之故，古人仍以煮食為主，蒸食的普及性，遠不如之。出土古物中，陶鬲所在皆是，而甑甗就相對言之，遠為稀少。其緣故大約即在圖省事。

穀類大多可以粒食，也可以粉食。若是粒食去皮揚殼的手續在所必經，杵臼之用自新石器時代即已常見。[68]粉食的明白記載，如《周禮》〈天官・籩人〉的「糗餌粉餈」之稱。據鄭玄注粉餈是稻米與黍米的粉合蒸曰餌，餅之曰餈，[69]也就是今日的蒸粉與糕。石磨在漢代遺址中為常見之物。先秦遺址則至今尚未有磨出土，雖然有公輸班發明石磨之說，苦於未能證實。[70]但研粉並不是非磨不可，用杵研磨，一樣可以製粉。早在新石器時代遺址中，已出土磨盤及輾桿，前者形制如鞍，以棒研壓，當是為了粉食之用，[71]則粉食之古，也已可證。

次言菜饌，肉類方面，據《禮記》〈曲禮〉所列，[72]祭祀用食物有牛、羊、豕、犬、雞、雉、兔、魚，《禮記》〈內則〉所舉公食大夫正式的宴客包括膷臐膮、牛炙醢、牛胾醢、牛膾、羊炙、羊胾醢、豕炙醢、豕胾、芥醬、魚膾、雉、兔、鶉鴽。不外乎牛羊豕魚及一些野味。平時燕食所用則範圍較廣，可以包括蝸、雉、兔、魚卵、鼈、腒、蚳、麋、牛、羊、豕、犬、雁、麛、麕、爵、鷃、蜩、范。其中頗多今日不食之物，例如蝸牛、螞蟻、蟬、蜂之類。[73]在不能吃的範圍內，又列舉了狼腸、狗腎、狸脊、兔尻、狐首、豚腦、魚乙、鼈醜，既然上述諸物僅為不可食部分，其餘也可充食物了。

以《禮經》以外的史料觀之，肉食項目就未必如此整齊了。例如熊掌及黿，都屬罕見的異味，因此楚成王臨死還想吃熊蹯，鄭君為了楚人獻黿而召宴卿大夫，[74]平時日常食物，即使貴

66《孟子》，卷五，頁一三。
67《毛詩正義》，卷一七之三，頁九。
68 天野元之助，《中國農業史研究》（東京，一九六二），頁八四三—八五〇。
69《周禮注疏》，卷五，頁一四。
70《說文解字段注》（四部備要本），卷九下，頁二一。
71 天野元之助，前引書，頁八〇—八一。
72《禮記正義》，卷五，頁一一；卷二七，頁七—八。
73《禮記正義》，卷二八，頁一。
74《左傳》文公元年，卷一八，頁四；宣公四年，卷二一，頁一一。

為諸侯，也可能不過一天兩隻雞，節省的人家如孫叔敖身為楚相，卻只以魚乾作羹。[75]

周代為中國農業漸盛之時，牧地及山林都不免漸漸闢為田野，肉食的供應來源相對的減少，因此大約只有富貴人家能餐餐吃肉，所謂「肉食者鄙」，則以「肉食」為卿大夫的代名了。即使如此，殺牛宰羊仍是大事，是以《禮記》有君無故不殺牛，大夫無故不殺羊，士無故不殺犬豖的說法。[76]其補救之法，大約漸以豖犬魚雞蛋為代替。孟子以魚與熊掌並舉，然而舍魚而取熊掌，由其語氣，魚是可欲之物，卻也是常常吃得著的。[77]孟嘗君食客中，中等的客人即有魚為食，也可見魚類不算十分難得之物。[78]《詩經》中提到魚類的例子甚多。黃河的魴與鯉，是陳人心目中的美味。〈小雅・魚麗〉列了鱨、鯊、魴、鱧、鰋、鯉，當作燕客的下酒。〈大雅・韓奕〉，鮮魚是送行盛宴時一道好菜，〈周頌・潛〉「有鱣有鮪，鰷鱨鰋鯉」，可作為享禮嘉肴。[79]

養猪養狗養雞，都不需牧地，飼料也不外糟糠飯餘，是以這種肉漸漸成為主要肉食，孔子的時候，已有出售熟肉的店家，所謂「估酒市脯」，《禮記》〈王制〉，禽獸魚鼈不中殺，不粥於市。[80]逮至戰國，孟子的井田理想，即包括農家飼養雞豚狗彘，至少可使七十歲以上的老人食肉。[81]市上屠狗殺猪的屠房，也顯然已是常見的行業，[82]街市有屠戶，一方面便利消費者，人家不必自己宰殺整猪整羊，另一方面也意味著飲食不再受社會階級的限制。有錢買肉，即可肉食。此中也可觀見生活條件的改善。輝縣戰國墓葬遺址，出土有鼎豆壺三器一組的標準組合。鼎中常有雞骨魚骨肉骨。顯然豆盛稻粱，鼎盛肉食，壺盛酒漿，象徵三種主要的食物。[83]石家莊市莊村戰國遺址，考古發現各種動物骨殖共五百四十七塊，可以辨認者有牛羊狗豬雞魚等，另處則有雞蛋殼及炭化了的高粱各二堆，可能為當時人們遺棄的食物。[84]輝縣之例尚可能係殉葬明器，代表理想的生活條件。石家莊之例則是古人生活的實徵，則食肉者已不限於上級社會。

---

75 《左傳》哀公二十八年，卷三八，頁一三；《韓非子》，卷一二，頁九。

76 《禮記正義》，卷二九，頁五。

77 《孟子》，卷六，頁八。

78 《戰國策》，卷一一，頁一。

79 毛詩正義》，卷七之一，頁四；卷九之四，頁五—六；卷一八之四，頁四；卷一九之三，頁五。

80 《論語》，卷五，頁一〇；《禮記正義》，卷一三，頁六。

81 《孟子》，卷七，頁七。

82 例如聶政是狗屠出身，其收入即可「旦夕得甘脆以養親」（《戰國策》，卷二七，頁六）。

83 考古研究所，《輝縣發掘報告》（一九五六），頁三八—三九。

84 河北省文管會，〈河北省石家莊市莊村戰國遺址的發掘〉（《考古學報》，一九五七年第一期），頁九一。

中國南北異俗，但從《楚辭》看來，戰國時代南方的肉食也未嘗與前述北方食物有甚大差別。宋玉的〈招魂〉列了肥牛之腱，胹鼈炮羔、鵠、鳧、鴻、鶬、露雞臛蠵；景差的〈大招〉列了臑、鶬、鴿、鵠、豺羹、鮮蠵甘雞、豚狗、鴰鳧、鶉鱝、臛雀。[85]其中多野味而少魚類，大約作者為了招誘魂魄，只舉了難得罕見的異味，反而把日常食物不提了。二文都著重當時理想的可欲之物，極富「國際性」，是以綜合當時四方各地的地方色彩，南方的本地風光也許反而不突出顯著。

蔬果方面，按照《周禮》〈醢人〉，朝事之豆，盛放有韭菹、昌本、菁菹、茆菹。四者都用來與鹿臡的肉醬相配。又「饋食之豆」則盛置葵菹及一些雜記菜肴，加豆之中有芹菹、深蒲、箈菹、筍菹。諸色蔬食中只有韭葵、芹、昌蒲、筍仍為今日常用食物，而菁可能為蔓菁，茆可能為茅芽，但自來注疏家也不能確定，我們自更不易說了。[86]

《禮記》〈內則〉所舉諸項食物中，蔬菜有芥、蓼、苦、荼、薑、桂，[87]調膾的蔬菜則有蔥、芥、韭、蓼、薤、藙作為調味的佐料。[88]諸色中以香辛味烈者為多，顯然當配料之用，也許為了上述史料主要敘述天子諸侯的食單，蔬菜上不了席之故？若以《詩經》作為史料，情形就不同了。〈關雎〉有荇菜；〈卷耳〉有卷耳；〈芣苢〉有芣苢；〈采蘩〉有蘩；〈采蘋〉有蘋、藻；〈匏有苦葉〉有匏；〈谷風〉有葑、菲、荼、薺；〈棘園〉有桃、棘；〈椒聊〉有椒聊；〈七月〉有蘩、鬱、薁、葵、菽、瓜、壺、苴、荼、樗；〈東山〉有苦瓜；〈采薇〉的薇；〈南有嘉魚〉有甘瓠；〈采芑〉有芑；〈我行其野〉有蓫葍；〈信南山〉有蘆、瓜；〈采菽〉有芹、菽；〈瓠葉〉有瓠；〈緜〉有堇荼；〈生民〉有荏菽、瓜；〈韓奕〉有筍蒲；〈泮水〉有芹茆。凡此諸品，有今日常用的蘿蔔、苦瓜、葫蘆、荏椒、葵、芹之屬，卻也有不少的採集的野生食物，而水生植物為今日蔬菜中較罕見者。大約周代園藝未必像秦漢以後發達，固然已有些瓜菜在田間培植，《禮》〈記月令〉：「仲冬行秋令，則天時雨，汁瓜瓠不成。」[89]除此之外，仍有不少菜蔬採自野生。

水果乾果之屬，《禮記》〈內則〉，列有芝、栭、蔆、椇、棗、栗、榛、柿、瓜、桃、李、梅、杏、楂、梨。[90]《禮記》〈籩人〉列有棗、㮚、桃、乾䕩、榛實及蔆芡。[91]大致這些果實

85 嚴可均，《全上古三代文》（世界書局影印本），卷一〇，頁一三、一五。
86《周禮注疏》，卷六，頁一—二。
87《禮記正義》，卷二七，頁七—八。
88 同上，卷二八，頁一。
89《禮記正義》，卷一七，頁一一。
90 同上，卷二七，頁八。
91《禮記注疏》，卷五，頁一三。

也以採集得來為主，是以《禮記》〈月令〉，仲冬之月，農夫收藏，牛馬不得散佚，而「山林藪澤有能取蔬食田獵禽獸者，野虞教導之，其有相侵奪者，罪之不赦」，[92]足見果蔬採自山澤而不在農夫種植範圍。總之果蔬的作用遠不及肉類，遂致〈月令〉中天子嘗新，除櫻桃一見外，僅有穀食肉類，而不及於時新果蔬。[93]據說魯哀公曾賜孔子桃與黍，孔子先飯黍而後啖桃，哀公左右都掩口而笑，哀公解釋，黍是用來「雪桃」的。孔子回答：「黍貴桃賤，前者祭先王為上盛，後者不得入廟，是以不敢以貴雪賤。」[94]《韓非子》所載可能為寓言。但由寓言也可看出，嘉果如桃，須至韓非子時方被重視，而果瓜在「先王」時是不入廟堂的。大約園藝至戰國始盛，已有專門「理園圃而食者」。[95]園藝的興起自然與城市的發達有關。有了相當數量的都市消費人口，才能有相當規模的市場胃納，才能導致園藝的專業化，終於刺激發展園藝品種的增加。但大規模的園藝事業當仍須在秦漢始出現，召侯之瓜及《史記》〈貨殖列傳〉所見的千畝菜蔬，在先秦可能尚未有之；也因同樣緣故，先秦的蔬果栽培種類仍是相當簡單的。[96]

烹飪的方法，古代較之後世，自然遠為遜色。中國食物整治與烹調同樣重要，因此伊尹以「割」、「烹」要湯，割與烹占相同的分量。以肉類的方法而言，有帶骨的殽，白切胾，碎剁的醢，[97]而雜有碎骨的又稱為臡，[98]考究而講禮的人如孔子，割不正則不食，足見切割不僅在便於烹調，還具有禮儀性的意義，也表現於進食時，各式各樣的菜肴有固定的位置，取食也有一定的程序。[99]

烹調之術，古不如今。古人不過用蒸、煮、烤、煨、乾臘及菹釀諸法，而後世烹飪術中最重要的爆炒一法，獨付闕如。[100]

《禮記》〈內則〉列有「八珍」的烹調法。既名為八珍，當可代表古人飲膳的最高標準。約次，炮豚：小豬洗剝乾淨，腹中實棗，包以濕泥，烤乾，剝泥取出小豬，再以米粉糊塗遍豬

---

92 《禮記正義》，卷一七，頁一一。

93 同上，卷一六，頁三。

94 《韓非子》，卷一二，頁六。

95 《管子》（四部備要本），卷九，頁一二。

96 張光直、李惠林二氏所舉的古代菜蔬種類，仍不過十三種而已。參看K. C. Chang "Food and Food Vessels in Ancient China," *Transactions of the New York Academy of Sciences*, Serics II, vol. 35 No. 6（1973）, p. 499.及 Hui-lin Li, "The Vegetable of Ancient China," *Economic Botany* 23, pp. 253-260.

97 《禮記正義》，卷二，頁一〇。

98 《爾雅注疏》（四部備要本），卷五，頁八。

99 《禮記正義》，卷二，頁一〇；《儀禮正義》，卷一九，頁一一。

100 K. C. Chang, "Food and Food Vessels in Ancient China," p. 500.

身，而言之如深油炸透，然後置小鼎於大鑊中央水蒸三日三夜，取出調以肉醬，費時費事，為八珍之最。擣珍：取牛羊麋鹿麕五種裡脊肉等量，用捶反覆擣擊，去筋，調成肉醬，此法不用刀切，不用火化，大約是相當古老的方法。漬：生牛肉橫斷薄切，浸湛美酒，一日一夜，取出與梅子醬同食。熬：牛肉捶擣去筋，加薑桂，鹽醃，乾透食用。糝：牛羊肉各一份小切，加上米六份，作餅煎食。肝膋：狗肝用油炙焦。黍酏：稻米熬粥，加狼膏。淳熬淳母：肉醬連汁加在黍米或稻米的飯上。[101]日常的饌食大約仍以「羹」為最重要，所謂羹食自諸侯以下至於庶人無等。[102]但蔬食菜羹比之啜菽飲水已高一籌，更非藜藿不飽的貧民可以相提並論了。

調味的佐料，太古連鹽也談不上，是以「大羹不和」即指祭祀大禮肉湯不放鹽菜，以遵古禮。[103]普通的羹，卻需多種調味品，《左傳》昭公二十年：「公曰：『和與同異乎？』對曰：『異，和如羹焉，水火醯醢鹽梅以烹魚肉，燀之以薪，宰夫和之，濟之以味，濟其不及以洩其過，君子食之以平其心。』」用梅為佐料與後世之俗大異。[104]惟其調味之道不精，古人不能不借助於香草香菜之屬，除昌韭之類外，所謂鉶芼，即肉羹中的菜類，「牛藿，羊苦，豕薇，皆有滑」，則配菜有藿苦薇，夏天還加上堇葵，冬天加上荁葉，三牲用藙也是帶一些苦辛的植物。[105]這些植物大都野生，由此也可看出古人園藝並不十分發達。

古人無糖，但已有麥芽糖可以製成甜品，例如棗栗都可用飴，以為甘蜜。[106]南方的楚國則用柘漿，蜜餌，可能即是蔗糖與蜂蜜。[107]

飲料方面：有醴酒、酏漿、醷、濫諸品，[108]醴酒大致是稻米黍粱的湯水，醷是果汁，凡此或是新鮮的或是稍微發酵的。濫或涼，據說是「寒粥」，當類似今日的「涼粉」一類凍結的澱粉。[109]

酒類則至少有五種，依其清濁而分等級，最濁的是泛齊，高一級是醴齊，汁滓相將，大約相當今日的酒釀，更高是盎齊（白色），緹齊（紅色），最高一級是沉齊，亦即酒滓澄淨的清酒了。[110]濾清沉澱用茅縮去滓，濾清後還可加上秬鬯之類香料，酒越放越陳，是以古人也有

---

101 《禮紀正義》，卷二八，頁四—五。
102 同上，卷二八，頁一。
103 《儀禮正義》，卷一九，頁一二—一三。
104 《左傳》昭公二十年，卷四九，頁七—八。
105 《儀禮正義》，卷一九，頁三〇—三一；《禮記正義》，卷二八，頁一。
106 《禮記正義》，卷二七，頁三。
107 《全上古三代文》，卷一〇，頁一三。
108 《禮紀正義》，卷二七，頁七。
109 《周禮注疏》，卷五，頁一〇。
110 同上，卷五，頁六。

「昔酒」之稱，相當於後世的陳酒。[111]古人不知蒸餾，上述各種酒類的醇度大約相當低。古代飲器比後世量大，然用來飲醇度不高的酒，也無不可。

食器方面：烹調用鼎、鬲、甗、甑、釜，進食用鉶俎置肉類，簋置五穀，籩豆置菜餚。[112]勺匕載食，箸則挾食。諸種器物，考古遺址累見不鮮，不贅述。

宴會之事，《禮經》記載極詳，但大都為大祭大賓的貴族生活，未必能代表一般的生活水平，其中禮儀的意義，大於飲食本身，故亦從略。

三、居室——建築與起居

中原土質，其性細密，加以緊壓便可堅緻，是以在新石器時代遺址中已見夯土的遺蹟。張光直列夯土為中國新石器文化特色之一，殊為定論。[113]在西周及春秋戰國時期，「夯土」仍是主要的建築技術。夯土築台，夯土築基，夯土築牆，夯土平地。大約除草頂及支撐草頂的梁柱以外，無一不仗夯土築成。《詩》〈大雅・緜〉描述宮室的情形：用繩子量劃地基的直線，然後運「版」來築牆，建築莊嚴的宗廟，運土的小車軋軋的響，夾雜著投土入版的轟轟聲，版築時的咚咚聲，削平牆上凸凹的砰砰聲，論百座宮牆築成了，鼓聲不絕，讓工人跟著節奏工作。[114]

版築的技術到戰國時，經過多年的發展，當已有一些相當特殊的方法。「版」的排列和位置，可能已有更高的安排。中原因為長期使用版築，其技術水平尤高。據《呂氏春秋》，吳起在楚國教當地的工匠用「四版」代替「兩版」，據說工習而築多。[115] 雖然細節不知，大約四版法是技術上的進步。版築之要在於輕重適當，又須築者耐久，是以有鼓聲為節奏的，也有以歌唱為節奏的。好手可以歌唱領導，不僅使行者止觀，築者不倦，而且可使功速而牆堅，堅固的程度可用利鎬刺入的深度為標準。[116]

夯土作牆，屋頂則葺草為之，清廟茅屋是其明證。葺屋時大約用濕泥作塗，一方面固定茅草，一方面也可借草泥相結，構成較為堅固的屋頂。《韓非子》記載一段故事，虞慶為屋，認

---

111 《周禮注疏》，卷五，頁七；《禮記正義》，卷二六，頁一三。

112 《儀禮正義》，卷一九，頁一。

113 K. C. Chang, *The Archaeology of Ancient China* (New Haven, rev. edition, 1968) . P. 86.

114 《毛詩正義》，卷一六之二，頁二一—二二。

115 《呂氏春秋》（四部備要本），卷一四，頁一〇。

116 《韓非子》，卷一一，頁一三。

為屋頂太聳，建築師回答：「此新屋也，塗濡而椽生。」虞慶不同意，認為：「夫濡塗重而生椽撓，以撓椽任重塗此宜卑，更日久則塗乾而椽燥，塗乾則輕，椽燥則直，以直椽任輕塗，此益尊。」建築師不能說服虞慶，據說不久屋仍壞了。[117]

想像中在降雨量不大的中國北方，徹底乾燥的一層泥面，是會比完全用茅草的草頂有用的。

瓦的使用，自然是建築史上一件大事。西安開瑞莊及洛陽南王灣的西周遺址，已有板瓦殘片出土，據考古家推測，這些瓦片也許只用於壓護屋脊或邊沿，有人甚至於以《左傳》隱公八年「盟於瓦屋」認為瓦屋可以作為地名的專名詞，則瓦的房屋在春秋的初期似乎仍舊不算普遍。[118]但是侯馬的春秋村落遺址，即使是普通平民居住的窨穴，也已有瓦片出現，則瓦的使用，春秋時期已相當普及，實物的出現足可矯正文獻造成的錯誤印象。[119]

瓦的使用到春秋末期及戰國時期，已極為常見。一些大規模的居住遺址，如洛陽王城、侯馬新田、牛村晉城、臨淄齊城、曲阜魯城、邯鄲趙城、易縣燕下都、鳳翔秦城……都有不可勝計的瓦片。[120]瓦的種類也有板瓦、筒瓦、瓦行、半瓦當及瓦當的分別，每一種有其各別的用途，瓦頂的結構顯然趨於複雜。[121]

屋頂用瓦自然比較葺屋為重，後者即使塗泥猶濕時重量雖不輕，一旦乾燥，則究竟輕於全是瓦片的屋頂。為了防止屋瓦下滑，瓦屋屋頂的坡度不能太陡，是以〈考工記〉有葺屋三分，瓦屋四分的分別。所謂葺屋之分屋脊的高度是屋深的三分之一，瓦屋四分，屋脊高度是屋深的四分之一。[122]其制示意如下：

斜面的重量全壓在柱頭，但斜面本身也須承擔下壓的壓力。斜面越長，壓力越大。這種結構上的難題，顯然極使古人困擾。前引《韓非子》所載虞慶的故事，即顯示當時人注意屋頂重量問題。

木結構的改造，也許與用瓦有相當的關係。木柱早見於新石器時代，商代遺址也有成列的柱孔出現。[123]只為了支撐草頂，殷商遺址的木柱，必須相當密集的

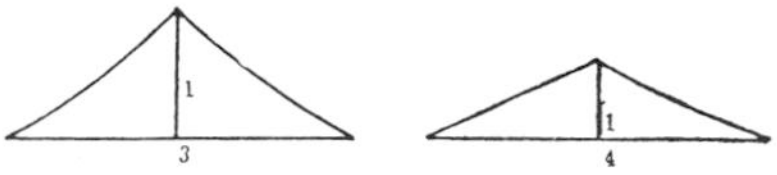

117 同上，卷一一，頁五。

118 郭寶鈞，《中國青銅器時代》，頁一三六。

119 山西省文管會，〈侯馬工作站工作的總收穫〉（《考古》，一九五九年第五期），頁二二五。

120 K. C. Chang, *The Archaeology of Ancient China*, p. 283-305.

121 郭寶鈞，《中國青銅器時代》，頁一三六。

122 《周禮注疏》，卷四二，頁五。

123 K. C. Chang, *The Archaeology of Ancient China*, p. 97, 196.

排列在四周以及中央。[124]若為了支撐比草頂沉重的瓦頂，木柱勢須排列得更為密集。中國建築中一大特色，斗拱即是為了承擔瓦頂重量而發明的。《論語》〈公治長篇〉：「山節藻梲」，據說「節」是柱頭斗拱，大約是關於斗拱最早的記載。[125]古代的斗拱實物固已無法保留至今，所幸由鏤刻描繪在古器物上的建築物，仍可看出古代斗拱的形制。輝縣趙固村戰國第一號墓出土銅鑑，其上刻紋有一座建築物，屋頂板瓦平鋪，束以筒瓦，四周有列柱十六根，柱頂肥大，二倍於柱徑。[126]長治分水嶺戰國古墓出土鎏金殘銅匜，流上淺刻圖案，其中屋宇為二層樓式，剖面為廊，列柱柱頂有斗拱。[127]長沙出土楚國車馬奩，漆繪路側一亭，獨柱支撐亭頂；柱頂也是四出斗拱（圖三）。[128]斗拱以力臂支撐橫梁的重量，使重量轉嫁於木柱，不僅承擔屋面瓦頂的重量，而且可以使外延的檐角也有所依託。中國建築的飛檐，成為一種特色。孟子所說「榱題數尺」[129]正是形容外延數尺的檐角。

中國古代的宮室宗廟，往往建築在夯土的高台上，其目的自然在於取其高爽。考古遺蹟中，夯土台址，所在皆是，而以易縣燕下都及邯鄲趙城為多。[130]以侯馬的古城為例，牛村宮殿遺址，縱橫各五十二公尺，台高六公尺五十公分，夯土堅實，頂積坍塌瓦片厚達一公尺許。平望遺址的台基可分三級，第一級平面正方長寬各七十五公尺夯土高於地面。第二級高於地面四公尺，第三層面積三十五乘四十五平方公尺，三層總高度八公尺五十公分，台頂有瓦片堆積約一公尺許。第二級兩邊有青石柱礎。[131]

這樣崇高的臺基，除了求高爽通風外，當然也有防禦功能。衛國內亂，太子踞台，子路在台下即以燔台威脅，卻攻不上去，終於被衛太子手下的石乞盂黶所殺。[132]台上的建築也有數層，以上述平望宮殿台基觀之，第二層有柱礎，第三層有瓦礫，則兩層均有建築物。這兩層建築可能是分開的，但也未嘗不可能有部分的重疊。如屬後者則這種架疊在一起的建築物，實為樓居的濫觴。前引輝縣銅鑑及長治銅匜上描刻屋宇，都顯示二層結構。輝縣之例，可能是二層平台的建築，而長治一例則上層疊壓在下層之上，樓上平台的欄杆也昭然可見。漢代樓觀已極

124 石璋如，〈殷代地上建築復原一例〉（《中央研究院院刊》，第一期），頁二六七以下。

125 《論語》，卷三，頁五。

126 考古研究所，《輝縣發掘報告》，頁一一六，圖一三八。

127 山西文管會，〈山西長治市分水嶺古墓的清理〉（《考古學報》，一九五七年第一期），頁一〇九，圖二。

128 商承祚，《長沙出土漆器圖錄》，圖版二五。

129 《孟子》，卷七，頁二三。

130 K. C. Chang, *The Archaeology of Ancient China*, p. 283-305.

131 山西文管會，〈侯馬工作站工作的總收穫〉，頁二二二—二二八。

132 《左傳》哀公十五年，卷五九，頁一二—一三。

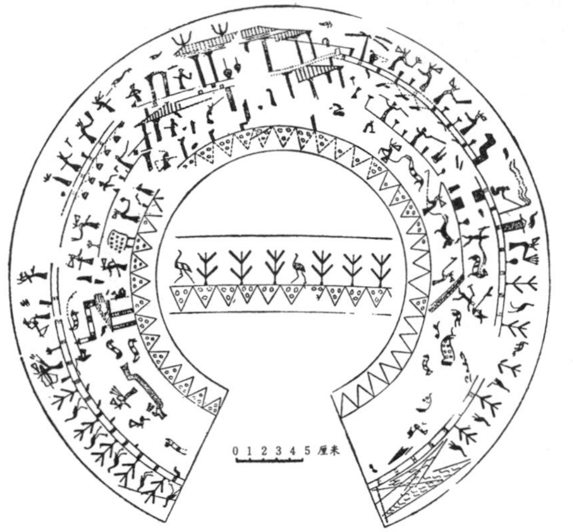

圖三之一　輝縣趙固村戰國墓出土銅鑑

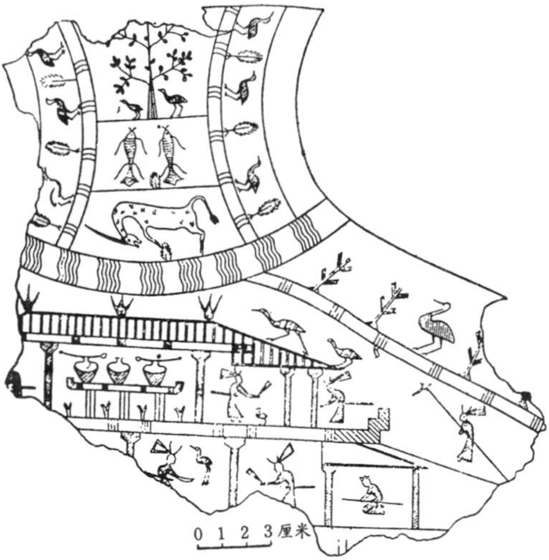

圖三之二　長治分水嶺戰國古墓出土鎏金殘銅匜流線刻圖案

圖三之三　長沙出土楚車馬奩漆繪路側一亭，
獨柱支撐亭頂；柱頂四出斗拱。

常見，戰國時代漸有樓居，自然可能。木架結構之斗拱，無疑對於樓台建築的發展，有不可忽略的關聯性。

木架結構的進步，相對地可以減少牆壁的功能。牆壁完全無須承受橫梁的重量，只須具有屏障及隔間的作用。夯土為牆，有堅實的好處，但本身太厚卻又不能過高。〈考工記〉所謂「牆厚三尺，崇三之」。高九尺的牆，竟厚至三尺，[133]十分浪費空間。編葦墁土的墁牆，原是很古老的建築方式，早見於新石器時代。可能由於墁牆比夯土牆節省空間，是以戰國初期的宮殿，竟也有用墁牆建築的。據說董安于經管晉陽，「公宮之垣，皆以狄蒿苦楚牆之，其高丈餘。」[134]燕下都的宮殿遺址，台上有木柱柱孔，磚、瓦、水管及編葦墁土的牆垣。[135]用竹條木片墁土的牆壁，至今還常用於屋內隔間。

133 《周禮注疏》，卷四二，頁五。
134 《戰國策》，卷一八，頁二。
135 K. C. Chang, *The Archaeology of Ancient China*, p. 297.

中國南方雨量比較黃河流域為多，而土質濕軟，不宜夯實。是以楚國建築，當不能不著重竹木結構。《楚辭》〈招魂〉，描述居室之美有：「高堂邃宇，檻層軒些，層台累榭，臨高山些，網戶朱綴，高方連些，」「冬有突廈，夏室寒些，」「紅壁沙版，玄玉梁些，仰觀刻桷，畫龍蛇些，坐堂伏檻，臨曲池些，」[136]形容得富麗堂皇，其中透亮曲折的屋宇，大約不會是夯土為牆，而是用木柱斗拱，上加瓦頂。長沙出土舞女奩，繪有二室，室皆洞達內外，頗可與「招魂」所描述的互相發明。[137]大約楚國建築，別有動人之處，以致魯襄公在訪楚之後，回國仿造了楚宮，甚至最後死在這「楚宮」之中。[138]我甚至懷疑，中原的夯土台觀與南方的干欄文化兩個傳統結合，成為所謂層台累軒的樓台木結構傳統。不過這一段結合過程，以目前的考古資料，還難以證明。

居室劃分，有堂、有室，固無庸論。有些房屋大約還有由兩翼伸展而成的東西廂，古人謂之个。但正寢卻有室而無東西廂。堂前有庭，基本上已形成後世一進院落的規模。[139]考究的房屋，丹楹刻桷，山節藻棁，紅壁龍紋，有種種的裝飾，自有一番氣象。然而春秋以前可能以樸素為莊嚴，是以魯莊公丹桓公之楹，刻桓公之桷，居然勞動史官在《春秋》記了兩筆。[140]一般高級房屋都用的蜃灰堊壁，所謂白盛，則為了清潔，未必算是裝飾。[141]

堂室都有窗採光，若以〈考工記〉所謂準，每室四戶八窗。[142]門窗未免太多了些，恐是宗廟制度，未必為居室寫實。居室大約前後有窗，前面的窗比較大，室外站著可以由窗與室內人談話。伯牛有疾，孔子自牖執其手，必須窗沿不太高，方可辦到。[143]後面也有窗，可能高而小，只是透光而已，由此可見天光，是以謂之「屋漏」。[144]室西南隅謂之奧，最是幽暗處，當

136 《全上古三代文》，卷一〇，頁一二—一三。

137 商承祚，《長沙出土漆器圖錄》，圖版二二。

138 《左傳》襄公三十一年，卷四〇，頁七。

139 明堂有一堂五室，其佈局自古為聚訟之點。以無關一般生活，暫置不論。《周禮注疏》卷四一，頁一五。以《尚書》〈顧命〉所見王室的佈局言之，有應門，門側有塾，有庭，登一階為堂，兩側有東西廂，東西序，東西垂；東西序也有堂。與四向相對的明堂，並不相同，而與後世的院落佈局幾乎完全一致。《尚書今古文注疏》（四部備要本）第二十五下。又《左傳》昭公四年：「使寘饋于个而退。」卷四二，頁一七。又《爾雅》〈釋名〉「無東西廂，有室曰寢」《爾雅注疏》（四部備要本），卷五，頁四。

140 《左傳》莊公二十三年，二十四年經。卷一〇，頁二。但楚國漆器舞女奩上，房屋的壁間有紅色為花的彩繪圖案，明晰可見；商承祚，《長沙出土漆器圖錄》，圖版二二。

141 《周禮注疏》，卷四一，頁一五。

142 同上，頁五。

143 《論語》，卷三，頁一一。

144 〈大雅‧抑〉：「相在爾室，尚不愧於屋漏。」《毛詩正義》卷一八之一，頁八。《爾雅》〈釋宮〉：「西北隅謂之屋漏。」然而屋漏之義，自古注疏未能確解。金鶚以為西北面小窗，始得其真。《求古錄》〈禮說〉（《皇清經解續編》）卷三，

由於離西北小窗頗遠，又不當戶之故。

屋面用瓦，排水情形已比葺墁為佳。瓦當攔在瓦列前端，既增美觀又可約束灰泥滑落。而且也不無約束瓦上流水流向仰槽的作用。城市中也有下水道設備。燕下都的遺址出土有陶製水管，城中也有水溝。其中可能有供水道，也可能有排水溝。[145]咸陽秦古城也有不少陶製水管出土，可能亦是地下水道的殘餘。[146]

室內設席，是以登堂入室須去屨，說已見本文第一節。古人量度房間面積，也以筵（席）為單位。一筵九尺，所謂「室中度以几，堂上度以筵，宮中度以尋」。[147]席以竹絲或莞草編製。以《尚書》〈顧命〉為例，有蔑席（以竹蔑製成），有底席（馬融謂青蒲，鄭玄謂細蔑致席），有豐席（竹席畫有雲氣圖案），有筍席（竹青皮製席）無非竹製品，[148]曾子臨終易簀，據說「華而睆」當是有彩繪的莞草席。[149]

夜間照明，室外為庭燎，室內手燭。但手燭也不過是一束細薪，而且以其燃速易盡，不可樹置燭架，只能用專人手執。上引曾子易簀時，童子隅坐執燭即是。即使貴族的夜間生活，也有賴執燭的人持燭照明，而不能有燭架燭台之類，如《左傳》哀公十六年「良夫代執火者而言」，便是渾良夫屏除執燭人，俾得密言，但是渾良夫自己只得代為執燭了。[150]庭燎可能是火炬，所謂大燭，但也可能是營火，所謂「夜如何其，夜未央，庭燎之光」，大朝會也不過多燃幾堆營火而已。[151]又《左傳》昭公二十年公孫卿聘衛，「終夕於燎」。可知燎火終夜不絕，若是火把，勢須有人終夜手執，未免勞費過甚。燃燭頗不便，是以宴會之際，若賓客未到齊，主人可能即不燃燭。客去之後，大約也就不再繼燭了。[152]到戰國末期，似乎富貴人家已改用油脂為燭，甚至加入香料，則不僅光亮耐久，更有芬芳氣息。實是古代照明一大進步。但此種設備，殆非人人可以為之。[153]

頁八一一一。

145 K. C. Chang, *The Archaeology of Ancient China*, p. 267, 283-365.

146 渭水隊，〈秦都咸陽故城址的遺址調查和試掘〉（《考古》，一九六二年第六期），頁二八一—二九九。

147 《周禮注疏》，卷四一，頁一五—一六。

148 《尚書今古文注疏》，卷二五下，頁一—三。

149 《禮記正義》，卷六，頁一〇，晥，據說指莞削節目，但《說文》：莞，草也，可以為席。則晥可能由莞而來，未必指刮治竹節而言。

150 《左傳》哀公十六年，卷六〇，頁一〇。

151 《毛詩正義》，卷一一之一，頁三—四；《禮記正義》，卷六，頁一〇。

152 《左傳》，卷四九，頁九。《禮記》〈少儀〉：「其未有燭而後至者，則以在者告」，又「凡飲酒為獻，主者執燭抱燋，客作而辭然後以授人」。《禮記正義》，卷三五，頁一四。

153 《楚辭》〈招魂〉：「蘭骨明燭，華容備些。」《全上古三代文》，卷一〇，頁一二。

以上所述，受史料性質之影響，大體為上層社會之居室狀況。平民貧戶，生活情形，自然未必能有這種水平。春秋中期，貴族譏訶微賤人家為「篳門閨竇之人」，[154]篳門猶謂柴扉，閨竇在夯土牆上鑿壁為戶。上銳下方，甚至未有窗框。戰國時形容貧民居室為「窮巷掘門，桑戶捲樞」，簡陋可想。[155]比較具體的形容，則可借《莊子》〈讓王〉：「原憲居魯環堵之室，茨以生草，蓬戶不完，桑以為樞，而甕牖二室褐以為塞，上漏下濕。」[156]總結這段形容陋室的文獻資料，我們可以想像小小土室，柴扉零落，窗子是土壁上鑿了個洞，也許有一個破瓦罐的圈作為窗框的代用品，用破麻布或破毛氈擋住窗外的寒風，屋頂只是一些草束覆蓋，漏雨固不用說，平時地上也是濕漉漉的。

再以考古資料言之，侯馬東離牛村古城約五公里處有一座春秋村落的遺址，居室大小，形制大致相同，均在地下。深一・四－一・五公尺，長方面積三乘二・四平方公尺或四乘三平方公尺。底部稍大四壁規則。底面平坦，方向坐北朝南，門口有上下台階。牆上均有小龕，有的龕分上下三層。根據柱洞及瓦片，房屋上部當用木料作架覆瓦。居室附近往往有窖穴或大儲藏室相連。有些居室旁有水井。窖穴形制大小不一，大致均作儲存室用。其中若干也有瓦頂及上下台階。有若干糧窖內儲穀物已經腐爛，但可以檢定其中有不少黃豆。村落遺址中並且出土不少蚌鋸、蚌刀、骨簪及少量銅錐。是當時使用的遺留。[157]這種半地下室的居住型態，上承新石器時代，在黃土地帶，土質乾燥細密，雨量又不大，半地下室有其存在的價值。貴族住宅中甚至也有地下室，作特殊用途。例如：鄭伯有好酒，特闢了「窟室」，在其中夜飲。又如宮廷的樂隊，可以在地下室演奏。以娛嘉賓。[158]不過若只是作為居室，以地下室與貴族富人的庭台樓榭對比其生活水準太懸殊了。

由居室當可附帶討論帷幄：古人外出旅次則張帷幕為幄。《周禮》〈天官〉列有掌舍，幕人，掌次三職。綜合三處敘述，旅次宿營，營外有拒馬架一類圍衛之物，並据土為垣，無土則以車馬為藩。圍內以繪製帷幄，在旁曰帷，在上曰幕；四合如屋，以象宮室。幄內以氈為案，重席為床。不僅大型的會盟、旅行，即使時間延長至一日的大祭祠也在野外設立這種帷幄。[159]帷幄四方如屋，則古人的帳幕顯然與圓形的蒙古包、低平的藏人黑帳篷，均不相似，當為中國特有的行帳。《禮經》以外的史料，也頗有提及帷帳者，例如《左傳》的昭公十三年，晉會諸

---

154 《左傳》襄公十年，卷三一，頁七。

155 《戰國策》，卷三，頁四。

156 《莊子》，卷九，頁一三。

157 山西省文管會，〈侯馬工作站的總收穫〉，頁二三一五。

158 《左傳》襄公三十年，卷四，頁四，又成公十二年，卷二七，頁三。

159 《周禮注疏》，卷六，頁四—七。

侯，鄭國〈子產命外僕速張於除〉，被子大叔延遲一日，次日已無處可張堆幕。此是大盟會的情形。[160]又如哀公十七年，衛為虎幄於藉圃，則是花園囿中造幄幕而以虎獸為飾。[161]

帷不僅施於旅次野外，宮室之中也在堂前設帷，以障隔內外，據說天子諸侯用屏，大夫用簾，士用帷，但又泛稱為帷薄。[162]《楚辭》〈招魂〉形容帷帳，「高榭修幕，侍君之閒些，翡帷翠帳，飾高堂些。」配合另一節「砥室翠翹，絓曲瓊些，翡翠珠被，爛齊光些」。[163]則帷幕之飾，似乎是壁飾的一部分，未必僅是懸掛堂前以分內外了。如果帷帳已成壁衣，甚可能是後世「壁飾」的前身。中世以後，中國建築以素壁白堊為特色，無復彩飾。

個別的居室集合則為聚落。當在另一專文中討論，此處不贅。

四、行道路與交通工具

周道、周行在《詩經》中數見不鮮，如〈周南・卷耳〉：「寘彼周行」，如〈檜風・匪風〉：「顧瞻周道」，〈小雅・四牡〉：「周道倭遲」，〈小雅・小弁〉：「踧踧周道，鞫為茂草」皆是。而最能形容透澈的莫如〈小雅・大東〉：「周道如砥，其直如矢；君子所履，小人所視，」及「佻佻公子，行彼周行」，由詩句即可看出，周道或周行是君子貴人車駕往來的大道，屈翼鵬先生認為是周的國道，其說甚確。[164]

參之其他典籍，《國語》〈周語〉也舉「周制」，據說「列樹以表道，立鄙食以路」，[165]而《左傳》襄公九年，晉國的軍隊還曾「斬行栗」，則以栗樹為表道樹。[166]

大約周初建國，封建諸侯以為藩屏，這些新建封國之間，有平直堅實的馳道相通，道旁並有「行道樹」及專司護路的人員。是以「周道」成為詩人寄興的對象，而且霸主們也以維持道路暢通為己任。無疑地，舊日周人的「國道」當仍能發揮若干功能。[167]

秦一中國，馳道四達，其盛當不下於所謂「條條大路通羅馬」的西諺。馳道情形：「道廣

160《左傳》昭公十三年，卷四六，頁六、九。
161 同上，哀公十七年，卷六〇，頁四。
162《禮記正義》，卷二，頁三—四。
163《全上古三代文》，卷一〇，頁一二。
164 屈萬里，《詩經釋義》（台北），頁一七二—一七三。
165《國語》（四部備要本），卷二，頁一二。
166《左傳》襄公九年，卷三〇，頁一五。
167《左傳》，成公十二年：「凡晉楚之從無相加戎，往來道路無壅。」卷二七，頁三。

五十步，三丈而樹，厚築其外，隱以金椎，樹以青松。」[168]則有堅實的路基，有廣闊的路面，有整齊的行道樹及護基路樁，自然又比周道高出一籌了。

雖然有官道，旅行恐仍不是易事，不僅衝冒風寒暑熱，而且往往無處投宿，無處覓食。古時官吏旅行，可能有所謂候館逆旅。如《周禮》〈遺人〉所謂「十里有廬，廬有飲食；三十里有宿，宿有路室，路室有委；五十里有市，市有候館，候館有積」。[169]有人認為這些委積的飲食薪芻，號為施惠，則甚至可能是免費供應。[170]然而《周禮》原義，施惠只是遺人職掌的一部分，在道路委積的上文，明指這種廬宿候館的佈置是為了賓客會同師役。[171]由此可知凡此設備，並非一般行人可以享受。是以《左傳》文公五年陽處父，聘於衛，返過寧，寧嬴從之。據說這位寧嬴是逆旅大夫，即是專司官吏過境事務的官員。陽處父代表晉國聘問友邦，方能得到逆旅的招待。

晚至戰國，隨著商業的發達，都邑的發展，大約以營利為目的的逆旅始出現。例如《莊子》〈山木篇〉，陽子至宋，宿於逆旅，又如〈則陽篇〉，孔子至楚，「舍於蟻丘之漿」，據說也是逆旅，但顧名思義，當是旅舍兼售飲料者。[172]至於商鞅立法，客舍不能不先驗明客人身分，則逆施行業已在治安人員監察之下，與後世的旅舍，並無二致了。[173]

旅行又須齎糧自炊。孔子在陳絕糧，如有處可以購買飯食，夫子也未必不能出錢購買。惟其行旅自備糧食，又無處購現成飲食，始有絕糧之事。又據《孟子》：「孔子去齊，接淅而行」，可見孔子出門不僅攜帶米糧，連釜甑也須自備。[174] 是以《莊子》〈逍遙遊〉：「適百里者宿舂糧，適千里者月聚糧」，遠行攜帶的糧食多，似乎沿途竟無法補充。[175]

以理推論，戰國時既有商業化的逆旅，市上又有沽酒賣肉的營業，行旅查糧，似乎多餘。但古代的市鎮分布不及後世繁密，也許旅人未必能容易每餐趕上「打尖」之處，也未必夜夜能適巧到達投宿之處。於是野宿自炊，均所難免。大約遠行千里，不須持糧，至唐初始習以為常。然而也仍煩詩人歌詠，足見當時也認為盛事。嘗憶抗戰期間，在內地轉徙數省，每每陸行數百里，旅途能有客舍的機會頗不易得，而持糧供炊，更是常見。由今言之，竟若隔世。以此

168 《漢書》，卷五一，頁二。
169 《周禮注疏》，卷一三，頁一二—一三。
170 郭寶鈞，《中國青銅器時代》，頁一五二。
171 《周禮注疏》，卷一三，頁一三。
172 《莊子》，卷七，頁一五；卷八，頁二六—二七。
173 《史記會注考證》，卷六八，頁二〇。
174 《孟子》，卷五，頁一三。
175 《莊子》，卷一，頁二—三。

及彼，則古人必須千里贏糧，也就不足為怪了。

驛傳之制，在中國自古有之。《左傳》文公十六年「楚子乘馹會于臨昌」，又成公五年，梁山崩，晉侯以傳召伯宗，又昭公二年，公孫黑作亂，駟氏與諸大夫欲殺之，「子產在鄙聞之懼弗及，乘遽而至。」無論傳遽或馹，均是更換車馬以求迅捷。[176]驛傳可分臨時及常設二種，為某事而專設者，如《左傳》昭公元年，秦后子享晉侯，「十里舍車，自雍及絳，歸取酬幣，終事八反。」[177]每十里置一站，竟可在山西陝西之間往還八次。是不僅待命的車馬多，路面也須極好。常設的驛傳，據《周禮》〈行夫〉，邦國傳遽，使者可以旌節調度。[178]近年壽縣出土的鄂君啟節四枚，銘文說明水路可以用船，一百五十艘，陸路可以用車五十輛。據說為楚懷王賞賜鄂君啟的金節。[179]凡此車馬船隻，可能即由常設驛傳供應。《韓非子》〈難勢〉：「夫良馬固車，五十里而一置，使中手御之，追速致遠，可以及也，而千里可日致也。」[180]此處「五十里一置」，大約是一日之程，如果常設驛站。當即以此為度。乘驛旅行，仍是非常的特權，普通平民必不能享受其便利。然而因置驛而使交通路線固定，平民也未嘗不能分沾餘利。

道路之上必有橋梁，由於中國建築以夯土及木架為主，磚石均至後世始常用，大約為此之故，古人對築橋頗覺困難。北方河川流量，受上游融雪及雨量影響，春夏為盛。水大時極目浩瀚，枯水時又只在河床有淺水一溜。木製橋架，在大水時不易修築，天寒水淺是修橋的時刻，一則易於施工，二則寒冷時徒涉太苦。秋冬之際修築橋梁，文獻似乎頗為一致。如《孟子》〈離妻〉，十一月徒杠成，十二月輿梁成，於是「民未病涉」。[181]又如《國語》〈周語〉：「故先王之教曰，雨畢而除道，水涸而成梁，」按「夏正」是九月除道，十月成梁，正與孟子所說的時節相當。[182]惟木橋梁只能施之小河川，江漢之上只能借用舟楫。《詩經》〈邶風・谷風〉的「方之舟之」，可能指用渡船（舟之）及浮梁（方之）兩種方法。造浮橋之事，如秦后子享晉侯，「造舟於河」，[183]然而一般渡水方法，恐怕不外乎「深則厲，淺則揭，」或者「泳之游之」。[184]晚至戰國，徒涉仍是常事。《戰國策》〈齊策〉，襄王立，田單相之，過菑水，有老人涉菑而寒，

176 《左傳》，卷二〇，頁二；卷二六，頁五；卷四二，頁三。
177 《左傳》昭公元年，卷四一，頁九。
178 《周禮注疏》，卷三八，頁八。
179 殷滌非、羅長銘，〈壽縣出土鄂君啓金節〉（《文物參考資料》，一九五八年第四期），頁三一一一。
180 《韓非子》，卷一七，頁三。
181 《孟子》，卷四，頁一四。
182 《國語》，卷二，頁一一—一二。
183 《左傳》成公元年，卷四一，頁九。
184 《毛詩正義》，卷二之二，頁四、八。

出不能行，坐於沙中，田單見其寒，欲使後車分衣，無可以分者，單解裘而衣之。[185] 其涉水的苦況可知。

交通工具，仍以車船為主，而至戰國則騎乘也是常事。先說車：《周禮》〈考工記〉，車制最詳，有車人、輪人、輿人、輈人，均詳說細節，是以〈考工記〉本身也說「凡一器而工聚者車為多」，[186] 自來注疏，對車制常有扞格。概括言之，〈考工記〉的制度，車以曲輈架馬，以直轅服牛，輪綆形成碟形的篳。乘車橫軫，有較軾可以扶持，牛車直廂，以載重物。車輪的結構用火定型，務求其勻稱。用材極講究，務選適當的木料，同時又很注重重量的限度，不使有贏不足。車各部相合，用鬪榫，用革用筋，用漆用膠，車制比例，因地形而異，也因用途而異。[187]

近來考古資料，古車遺跡遺物，數見不鮮。殷商車制，已有石璋如先生復原，周代的車制，有寶雞、洛陽、輝縣、汲縣、濬縣、上村嶺各遺址，均有資料。以復原的上村嶺春秋車與輝縣琉璃閣戰國車相比，基本的結構十分相像，也與殷商復原車原則上無甚改變（圖四）。[188] 以實物對證〈考工記〉，無論春秋或戰國的車，輈的曲度都極有限，多為直木而在前端上揚，春秋車上揚比戰國車更為顯著。比較各遺址車制，仍可看出若干進化痕跡。以輻數而言，其趨向如下：殷車十八輻，西周十一至二十二輻，春秋二十五輻，戰國二十六輻，輝縣琉璃閣（戰國）一車有央輔二條，故望之如有三十輻之多，而汲縣山彪縣（戰國）則有三十根輻的車痕，洛陽東郊西周車輻二十二至二十四根，介於濬縣辛村（西周）十八輻與琉璃閣二十六輻之間，充分說明輻數漸增的過程。[189]

以輝縣琉璃閣五輛戰國車為例，可以看出古車形制。轅分直轅曲轅兩種，車箱底部以木板或皮革為底，四周以粗木條為框，中央為轅木，縱貫車底。車篷大於車箱，狀似四阿式屋頂，篷頂有

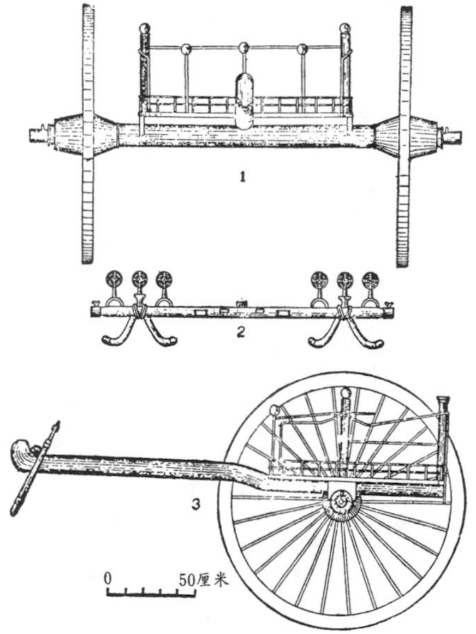

圖四　輝縣琉璃閣戰國車馬坑出土車原圖

185 《戰國策》，卷一三，頁三—四。

186 《周禮注疏》，卷三九，頁五。

187 同上，頁六—一四；卷四〇，頁一—一四；卷四二，頁七。

188 《新中國的考古收穫》（一九六一），圖二七；《輝縣發掘報告》，頁四三。

189 《新中國的考古收穫》，頁五七—五八；《輝縣發掘報告》，頁四七—五一；郭寶鈞、林壽晉，〈一九五二年秋季洛陽東郊發掘報告〉《考古學報》，一九五四年第九期），頁一一五。

橫梁，兩扇梯形蘆蓆向左右下披，兩扇三角形蓆遮蔽兩端。另以細木條為支架，縱橫編成格子，以骨扣縛住蓆篷。車最大的輪經是一四〇公分，軌寬一八〇公分，輿廣一五〇公分。最小的輪經九五公分，軌寬一四〇公分，輿廣九五公分，輿長四三公分，軾高二二公分，轅長一二〇公分，軸長一七〇公分，輻條均斜放成中凹碟形，對於車子傾仄時有平衡重心的作用。[190]大車站乘三人，還算寬裕，小車大約只能乘二人了。上述車形，也未必各地皆同，南方楚國的車制，由長沙黃土嶺木槨墓戰國漆器圖畫看來，一車有車輻十四根，側轅無輈，軸下有兩根支撐物後伸，防車向後傾。車蓋如傘，傘下乘坐二人，一御一乘。這種形制不同於輝縣車制凡三點：輻數較少，側轅而非曲輈；車蓋如傘，而非四阿；至於乘坐方式也與傳統立乘之說不同（圖五）。這種差異未必由於地方性的不同，而更可能由於兵車與普通乘車之間的異制，兵車須靈活輕便，是以曲輈，普通車中，不同於作戰，是以可以坐乘。[191]

車的種類，大約還不僅止於此。〈考工記〉以貴賤分辨有

圖五　長沙出土楚車馬奩漆繪，側轅無輈，軸下有兩根支撐後伸，車蓋如傘，乘二人，一御一乘。

無革輓的棧車及以革鞔的飾車。[192]以用途分，有澤行的短轂車及山行的長轂車。以載重的牛車言，有山地的柏車、平地載任的大車，及小型的「羊車」。[193]再從車子外形分。車蓋如傘，四面透空，似是正式的乘車設備。〈考工記〉所謂「蓋之圜也，以象天也」，而且有不用蓋，僅在必須時張笠者。[194]不過也有前後遮蔽，兩旁開窗的固定車篷，如輝縣車制，又如《左傳》定公九年陽虎逃亡用的「蔥靈車」，乘者可以寢臥其中。[195]

車的結構輕巧，如上乘者站立，遂不免重心偏高，車廂寬度大於深度，車軸特長，以及用碟形輪箄，大約都針對這個缺點而設。不過，也因車身輕，馬負擔不重，日行五十里，並非難

190 《輝縣發掘報告》，頁四七—五一。關於碟形輪箄，據說歐洲到中世紀始開始使用，參看Joseph Needham, *Seienceand Civilization in China*, Vol. IV, Pt. 2（Cambridge University Press, 1965），p. 77.

191 《長沙出土漆器圖錄》，圖版二五。

192 《周禮注疏》，卷三九，頁一四。

193 同上，卷四七，頁七。

194 同上，卷四〇，頁四；《左傳》宣公四年「以貫乏轂」，卷二一，頁一二。

195 《左傳》定公九年，卷五五，頁一一。

事。車轄用動物脂膏潤滑，自然更能增加速度。[196]

一般行車以二馬為常，《孟子》〈盡心〉所謂「城門之軌，兩馬之力與」，《左傳》哀公二十七年所謂「乘馬兩車」，[197]均可為證。有大事則除負軛的二馬外，可再加上挽靷的兩驂，[198]一般有車人家，可能只有二馬，在有事時，方向人借用二驂。[199]

牛車側轅，是以只須一牛將車。古時牛車僅為載重，長途運載，則用牛車。晚至戰國，竟有人以賃車為業者，《呂氏春秋》〈舉難〉，寧戚「於是為商旅，將任車以至齊」，大批的牛車伕在城門外燒起營火，居車下飯牛，車重牛緩，車隊又大。其一日行程，必不能與良馬輕車的情況相比。[200]

有時人力也用來挽車，所謂輦，南宮萬多力，能夠以乘車輦其母，由宋至陳只走了一天，挽引自是輕車。[201]若是三個人挽不動，必須五個人始克行動的「車士引車」，則大約是載重車了。[202]

服牛乘馬，中國用車當自草原傳來。晚至〈考工記〉寫成的時代，仍以胡地人人能製弓車為說。[203]驛馬之風，戰國始普及，戰國兵力，動輒千乘萬騎。趙武靈王胡服騎射，是知騎馬之俗也來自北方草原。但典籍中也偶有在戰國前已騎馬的痕跡。《詩經》〈大雅‧緜〉「古公亶父，來朝走馬，率西水滸，至於岐下。」只說馬，未說車。而踰越梁山，乘車未必方便。[204]正如後世晉國敗狄太原，也由於地形阨狹，不利乘車，必須毀車作行。那些原來駕車的馬匹，未嘗不可能改為騎乘。[205]魯昭公逃亡於齊，從者企圖解決僵局，曾想讓昭公乘馬返魯。既然用車非用馬不可，此處特別提出乘馬而不提車字，可能是建議騎馬馳返，一則出其不意，二則比乘車更迅速，是以劉炫以為「此騎之漸也」。[206]晉楚邲之戰，趙旃在敗軍之際，「以其良馬二濟其兄

196 同上，哀公三年「巾車脂轄」，卷五七，頁九。
197 《孟子》，卷七，頁九；《左傳》哀公二十七年，卷六〇，頁一三。
198 《左傳》哀公二年，卷五七，頁八；哀公十七年「衷甸牡」，卷六〇，頁四。
199 《戰國策》，卷三二，頁二。
200 《呂氏春秋》（四部備要本），卷一九，頁二〇。
201 《左傳》莊公十二年，卷九，頁三。
202 《戰國策》，卷三〇，頁九。
203 《周禮注疏》，卷三九，頁三。
204 《毛詩正義》，卷一六之二，頁九。
205 《左傳》昭公元年，卷四一，頁一〇。
206 同上，昭公二十五年，卷五一，頁一一。

與叔父，以他馬反，遇敵不能去，棄車而走林。」[207]此處未明言「良馬」是否用來騎乘，但這兩匹馬係由趙旃車上用別的馬換下來，若趙旃用車，其兄與叔父也用車，換馬遠不如換車（連馬）便捷，似無換馬必要。由此推想，那兩匹良馬可能用作單騎了。

不過戰國騎馬似仍以軍事為主，馬匹大約仍以駕車為常，《莊子》〈馬蹄〉，伯樂治馬的寓言，馴馬的最後階段仍是以「加之以衡軛，齊之以月題」是駕車，而非騎乘。[208]

水路交通的史料，遠比陸路為少。南方諸國荊楚吳越，多江海湖泊，水路用舟自然早已有之。不過最早文獻資料說到大規模的船運，仍是《左傳》僖公十三年汎舟之役，由秦輸粟於晉，「自雍及絳相繼」，從渭河轉黃河，入汾水，自是一番盛舉。[209]晚至戰國渭涇諸水大約仍為秦國主要運輸道路，被當時認為秦國可畏原因之一，「秦以牛田，水通糧，其死士皆列之於地，令嚴政行，不可與戰。」[210]齊國濱海，沿海航行早已知之甚稔。《孟子》〈梁惠王〉所述齊景公計畫，「遵海而南，放於琅邪，」當是沿著海岸的航行。[211]南方諸國爭霸中原，也利用水路，《左傳》哀公九年，吳國開了邗溝，直達江淮，實為後世南北大運河的祖型。[212]次年徐承且帥舟師遵海路入齊，更是中國最早的沿海航行紀錄。[213]越人拊吳之背，即由海運入淮，絕吳師歸路，又循江路攻入吳國首都。可見春秋末葉江、淮、河、海均已暢通舟楫。[214]至於戰國，則河渭水道已如前說，長江航行，可由巴蜀循江至郢。一船可載五十人及三月糧，其體積已不算小。[215]

壽縣楚墓出土的鄂君啟金節，其銘辭說明楚王允許鄂君啟使用一百五十艘船隻在江西湖南湖北運載貨物，也以江域為水運網。[216]

戰國都會，陶衛二地的發達，與東方水路網的溝通大有關係。繼邗溝之後，吳人又開了荷水，使江淮河濟四條水系，得以打成一片，鴻溝之開更使宋國的陶成為天下之中心。[217]水運的

207 《左傳》宣公十二年，卷二三，頁一〇。
208 《莊子》，卷四，頁八。
209 《左傳》僖公十三年，卷一三，頁一一。
210 《戰國策》，卷一八，頁九。
211 《孟子》，卷一，頁一六。
212 《左傳》，卷五八，頁九。
213 同上，頁一〇。
214 《國語》，卷一九，頁五。
215 《戰國策》，卷一四，頁七。
216 殷滌非、羅長銘，〈壽縣出土的鄂君啟金節〉，頁三—一一。
217 《水經注》（世界書局本），頁一一四有徐偃王通溝陳蔡；又參史念海，〈釋史記貨殖列傳所說的陶為天下之中兼論戰

發達可想而知了。秦一六國，始皇屢次東巡，二度浮江，一次到湘山，一次到浙江，又曾渡江循海北上琅邪。[218]自然是戰國水路暢通之後，秦皇才能循江遵海。所惜考古資料，僅得武進奄城出土的三只獨木舟，形制簡單，體積亦小，難以與古代已具規模的船制相比較。[219]如果徐市攜童男出海的傳說確屬殖民日本，則戰國末年的水運技術必已很高了。

凌純聲先生比較民俗學與文獻資料認為木栰、戈船、方舟、樓船四種水運工具，係環太平洋地區各文化所共有，可以載重致遠。而且凌先生認為這幾種交通工具在中國遠古即已發展，固然凌先生遠溯起源於傳說時代，其史料則大半為兩周秦漢的資料。[220]我們無妨說，兩周（尤其戰國時代）東南海洋文化與中原文化的融合。使中國掌握了遠航的能力，才有徐市之輩的出現可能。

總結行的部分。古代無論道路或交通工具，都還簡陋。早期徒涉河川，攜糧自炊野宿風露，大抵艱困非常。是以古人出門祖祓，無非以不可知的命運求托神佑。然而以戰國與春秋相比，交通工具的進步，可由輻數增多觀之，道路情況的改良，可由旅舍出現觀之。水運漸趨發達，載重行遠，不煩牛馬，也對中國的交通有重大意義。逮及戰國以後，秦皇築馳道，漢武試樓船，其濫觴實在仍由周行砥直，乘舟餘皇。

（原載《中央研究院歷史語言研究所集刊》，第四十七本，第三分）

國時代的經濟都會〉（《人文雜誌》，一九五八年第二期），頁七八—八〇。

218 《史記會注考證》〈秦始皇本紀〉，卷六，頁四一、六一、六五。

219 K. C. Chang, *The Archaeology of Ancient China*, p. 390.謝春祝，〈奄城發現戰國時代的獨木舟〉（《文物參考資料》，一九五八年第十一期），頁八〇。

220 凌純聲，《中國遠古與太平印度兩洋的帆筏戈船方舟和樓船的研究》（《中央研究院民族研究所專刊》之十六，一九七〇），頁二〇九。

周禮中的兵制

凡說到兵制，必須討論的不僅是編制問題，還須兼顧到兵源及訓練。所謂編制，即軍隊的組織，例如現代的軍、師、旅、團、營、連、排、班。兵源則是問在入伍前如何徵發，以及入伍後如何訓練。以下即就《周禮》中有關記載稍作整理及敘述。不過，下文中對天子和諸侯一視同仁，實因諸侯僅規模稍小於天子而已，故有些他書所述諸侯的制度，同樣引以證王室制度，而本文所討論的也並不專視為王室制度。

軍隊的來源自古大致不外兩種。一是募兵，亦即職業兵；但在上軌道的社會及未全脫原始部落風氣的社會則常用徵兵制，如並世各國及歷史上的蒙古滿洲之例。男子都有服兵役的義務，平時無養兵之費，有事時則兵源不竭。中國古代在戰國以前似乎都用徵兵制，人民平時必須習戎事。《論語》〈子路〉：

子曰：「善人教民，七年亦可即戎矣。」

子曰：「以不教民戰，是謂棄之。」

《左傳》中人民服兵役的記載極多，在以後討論別的問題時，將陸續引證，此處不贅，在《詩經》中，〈魏風・陟岵〉，〈唐風・蟋蟀〉，及〈秦風・無衣〉都是軍士行役在外念家之作，但不能確定這位軍士的原來職業。只有〈豳風·東山〉中所詠的景色都是農家風光，茲附錄於下：

我徂東山，慆慆不歸。我來自東，零雨其濛。我東曰歸，我心西悲。制彼裳衣，勿士行枚。蜎蜎者蠋，烝在桑野。敦彼獨宿，亦在車下。　我徂東山，慆慆不歸。我來自東，零雨其濛。果蠃之實，亦施于宇。伊威在室，蠨蛸在戶，町畽鹿場，熠燿宵行。不可畏也，伊可懷也。　我徂東山，慆慆不歸。我來自東，零雨其濛。鸛鳴于垤，婦歎于室。洒埽穹窒，我征聿至。有敦瓜苦，烝在栗薪，自我不見，于今三年。　我徂東山，慆慆不歸。我來自東，零雨其濛。倉庚于飛，熠燿其羽。之子于歸，皇駁其馬。親結其縭，九十其儀。其新孔嘉，其舊如之何。

《周禮》中材料所顯示的也是徵兵制，據〈地官司徒·小司徒〉：

乃均土地，以稽其人民，而周知其數。上地家七人，可任也者家三人。中地六人，可任也者二家五人，下地家五人，可任也者家二人，凡起徒役，毋過家一人。

可見《周禮》的徵兵大致以一家一人為原則。但由於地方組織的性質不同，軍隊徵發也有前後。於是《周禮》中王的六軍由「郊」(鄉)的壯丁組成，而「野」(遂)的壯丁只是後備軍。此外，都鄙有半獨立性的武力。貴族子弟又組成特種親衛軍。以上可說是《周禮》兵制的三大系統。以下分別予以說明。

先說正規軍。《周禮》六軍是由京畿近郊的及齡壯丁組成。服兵役的年齡和徵稅的年齡相同，據〈地官司徒・鄉大夫〉：

以歲時登其夫家之眾寡，辨其可任者。國中自七尺以及六十，野自六尺以及六十有五皆徵之。其舍者：國中貴者、賢者、能者、服公事者、老者、疾者、皆舍。以歲時入其書。

所謂七尺以及六十，賈公彥引《韓詩外傳》，「二十行役，六十免役」，釋七尺為二十歲；又引《後漢書》〈班超傳〉：「古者十五受兵，六十還之」，釋六尺為十五歲。易言之，國中的役齡有四十年，野更達五十年之久。不過壯丁並非人人納入編制，每家只須有一人入伍即可，其餘的作為後備役。但遇作為軍訓的圍獵及地方有盜賊時則全體出動，有大故時亦然。〈地官司徒・小司徒〉在「凡起徒役，毋過家一人，」下又云：

以其餘為羨，唯田與追胥竭作。（鄭注：鄭司農云：羨，饒也。田謂獵也。追，追寇賊也。竭作，盡作。）……凡國之大事致民，大故致餘子。

這種每家一人的壯丁號為正夫或正徒，相當於漢的正卒，如《左傳》襄公九年：

宋災……使華臣具正徒。

《左傳》襄公二十三年：

孟氏將辟，藉除於臧氏，臧孫使正夫助之。

根據《周禮》的說法，正夫組成的正規軍，其組織系統和地方行政組織是相合的。《周禮》

中的地方系統，據〈地官司徒‧大司徒〉：

令五家為比，使之相保；五比為閭，使之相受；四閭為族，使之相葬；五族為黨，使之相救，五黨為州，使之相賙；五州為鄉，使之相賓。

而軍隊的組織，據〈地官司徒‧小司徒〉：

乃會萬民之卒伍而用之，五人為伍，五伍為兩，四兩為卒，五卒為旅，五旅為師，五師為軍，以起軍旅，以作田役，以比追胥，以令貢賦。

又據〈夏官司馬〉敘官：

凡制軍，萬有二千五百人為軍，王六軍，大國三軍，次國二軍，小國一軍，軍將皆命卿。二千有五百人為師，師帥皆中大夫。五百人為旅，旅帥皆下大夫。百人為卒，卒長皆上士。二十有五人為兩，兩司馬皆中士。五人為伍，伍皆有長。

因此各級行政人員也就成為軍隊中的各級統率了。如〈地官司徒‧鄉師〉：

大軍旅會同，正治其徒役與其輂輦，戮其犯命者。……凡四時之田，前期出田法於州里，簡其鼓鐸旗物兵器，修其卒伍，及期以司徒之大旗，致眾庶而陳之，以旗物，辨鄉邑，而治其政令刑禁，巡其前後之屯，而戮其犯命者，斷其爭禽之訟。

又〈地官司徒‧州長〉：

若國作民而師田行役之事，則帥而致之，掌其戒令與其賞罰。（鄭注：致之，致之於司徒也。掌其戒令賞罰，則是於軍因為師帥。）

又〈地官司徒・黨正〉：

凡作民而師田行役則以其法治其政事。（鄭注：亦於軍因為旅師。）

又〈地官司徒・族師〉：

五家為比，十家為聯；五人為伍，十人為聯；四閭為族，八閭為聯；使之相保相受，刑罰慶賞，相及相共，以受邦職，以役國事，以相葬埋。若作民而師田行役，則合其卒伍，簡其兵器，以鼓鐸旗物帥而至，掌其治令戒禁刑罰。（鄭注：亦於軍因為卒長。）

以下的閭胥，比長自亦分別相當於兩司馬、伍長。全軍的統帥則或以大司馬任之，因為大司馬是全國的最高軍事長官，或以大司徒任之，因為各級軍將事實上也就是大司徒的部屬，而且大司徒有一條任務是「大軍旅，大田役以旗致萬民而治其徒庶之政令」。當然，也可能另派他人統領。

由於軍隊的組織和地方組織系統是相配合的，軍隊的員數又代表家數（每家一人當兵）。所以徵兵和賦稅都可在這一組織內行使，如《左傳》襄公十一年：

春，季武子將作三軍，告叔孫穆子曰：「請為三軍，各徵其軍。」穆子曰：「政將及子，子必不能。」武子固請之。穆子曰：「然則盟諸？」乃盟諸僖閎，詛諸五父之衢，正月作三軍，三分公室而各有其一，三子各毀其乘。季氏使其乘之人以其役邑入者無徵，不入者倍徵。孟氏使半為臣，若子若弟。叔孫氏使盡為臣。

這時是把魯國編為三軍，三家各專一軍，亦即專一軍的徵賦，季氏更假公濟私使役邑入己。到昭公五年，季氏又憑藉勢力併為二軍，獨占半個魯國，據《左傳》昭公五年：

春王正月，舍中軍，卑公室也。毀中軍于施氏，成諸臧氏。初作中軍，三分公室而各有其一。季氏盡徵之。叔孫氏臣其子弟。孟氏取其半焉。及其舍之也，四分公室，李氏擇二，二子各一，皆盡徵之而貢于公。

於是賦稅全入三桓，魯公只落得一點餘瀝，所謂「貢于公」而已。由此可見，這是一種純粹的寓兵於農制。

兵民合一制度下發生一個必然的問題，即武器如何保管及供給，（用現代的說法是後勤業務。）由《周禮》的記載看，這支民兵組成的常備軍的武器全部取之於官，小自戈盾弓矢，大至車馬皆有專司保管的人。據〈春官宗伯・巾車〉：

凡車之出入，歲終則會之。

又〈春官宗伯・僕車〉：

掌戎路之萃，廣車之萃，闕車之萃，苹車之基，輕車之萃，……凡師共革車，各以其萃。

又〈夏官司馬・司兵〉：

司兵掌五兵五盾，各辨其物與其等，以待軍事。及授兵，從司馬之法以頒之。及其受兵，輸亦如之。及其用兵亦如之。

又〈夏官司馬‧司戈盾〉：

掌戈盾之物而頒之，……軍旅會同掌貳車戈盾，建乘車之戈盾。

又〈夏官司馬‧司弓矢〉：

掌六弓四弩八矢之法，辨其名物而掌其守藏與其出入。

又〈夏官司馬‧校人〉：

掌王馬之政，……凡軍事物馬而頒之。

關於授甲、授兵的記載，史乘未嘗無之，例如《左傳》隱公十一年：

鄭侯將伐許，五月，甲辰，授兵於太宮，公孫閼與潁考叔爭車。

又《左傳》閔公二年

冬，十二月，狄人伐衛。……將戰，國人受甲者皆曰：「使鶴，……」

又《左傳》襄公九年：

春，宋災，樂喜為司城以為政，……使華臣具正徒，令隧正納郊保，……使皇鄖命校正出馬，工正出車，備甲兵，庀武守，……使司宮巷伯儆宮，……

又《左傳》昭公十八年：

宋衛陳鄭皆火。……城下之人伍列登城。……火之作也，子產授兵登陴。子大叔曰晉無乃討乎？子產曰吾聞之，小國忘守則危，況有災乎？國之不可小，有備故也。

又《戰國策》〈齊策〉：

甲兵之具，官之所私給也。

此外，還有不少貴族家授甲的記載，但以性質稍異，未錄。由此可見確係有事之際臨時授兵的。

兵民合一制還有一問題須討論，即如何訓練。但此事可在下節野的軍制中一併討論，暫不贅述。

以下有二問題必須附帶略加討論，一是天子和諸侯的等差問題。前面引述「夏官司馬」敘官：「凡制軍，萬有二千五百人為軍，王六軍，大國三軍，次國二軍，小國一軍。」按之史乘，這一個等差降數的比數似非無據。關於天子六師（亦即六軍）的記載，如《尚書》〈泰誓〉：

時厥明，王乃大巡六師。

又《詩》〈大雅・常武〉：

赫赫明明，王命卿士，南仲大祖，大師皇父，整我六師，以修我戎。

又《詩》〈大雅・棫樸〉：

> 周王于邁，六師及之。

關於諸侯建制由一軍以至三軍的，如《左傳》莊公十六年：

> 王使虢公命曲沃伯以一軍為晉侯。

曲沃甫立國，只是小國，所以命以一軍。至晉獻公時，晉始大，於是而有二軍，《左傳》閔公元年：

> 晉侯二軍，公將上軍，太子申生將下軍。

魯亦次國二軍，所以襄公十一年三桓作中軍，至昭公五年仍又毀之。《左傳》所述，並見前引。而《穀梁傳》襄公十一年：

> 古者天子六師，諸侯一軍。作三軍，非正也。

又《穀梁傳》昭公五年：

> 舍中軍，貴復正也。

又《公羊傳》昭公五年：

> 春，王正月，舍中軍。舍中軍者何，復古也。

晉至文公始覇，蔚為大國，故建三軍，《左傳》襄公十四年：

> 晉侯舍新軍，禮也。成國不過半天子之軍，周為六軍，諸侯之大者，三軍可也。

至於晉在僖公二十八年之作三行，僖公三十一年之作五軍，成公三年之作六軍，悉是亂世諸侯爭霸，擴張軍備的變例，不能概以常規。

另一問題則是軍隊的人數。卒、伍之稱頻見史籍，而照殷墟的墓葬看來，似乎在殷時已是「五人為伍，五伍為兩，四兩為卒」的編制。據石璋如先生的〈小屯C區的墓葬群〉（《歷史語言研究所集刊》第二十三本）：小屯C區有二十七個甗墓，共計一百二十五具人骨。其中M八六墓中有一具人骨，頭戴一個蚌花，兩邊各有一個蚌圓泡。M八八墓中有四套額帶，也具有蚌花及蚌泡，但莊嚴遜於M八六中那一副。此外有二十具著紅色的人骨。其餘都是斷頭白骨的俯身葬了。因此如以裝飾定他們的階級，M八六的一位可能就是卒長，下轄M八八四位兩司馬。每位兩司馬轄有五位紅骨的伍長，共二十位伍長。每位伍長又分得五名士卒，就是那一百位額既無帶，骨又不紅的斷頭鬼了。「卒」以下各單位的人數既與周禮相符，「卒」以上或亦不致有異。

其次是「野」的軍隊，其中又可分「遂」和「都鄙」（或丘甸）兩種。

由前可知，六軍由「國中」壯丁組成。說到「野」時沒有說明軍隊的編制，大約只是候補的後備軍。「國中」以外稱為「野」；和「郊」對稱。卿大夫的采地是「都鄙」，其餘仍納糧給王家，即「遂」。遂編制同於鄉，但遂人以下各級地方長官權力都大些。《周禮》稱「野」的人為「甿」，而稱國中為「民」，如〈地官司徒‧遂人〉：

凡治野以下劑致甿，以田里安甿，以樂昏擾甿，以土宜教甿稼穡，以興耡利甿，以時器勸甿，以彊予任甿，以土均平政。

在其他典籍中亦頗有此例，如《孟子》〈滕文公〉上：

願受一廛而為氓。（趙岐注：氓，野人也。）

又《墨子》〈尙賢〉上：

國中之眾，四鄙之萌人。

又《史記索隱》〈三王世家〉：

邊人曰甿。

可能由於國中和野的成分不同，因此君子、野人常是對待之稱，《論語》〈先進〉：

先進於禮樂，野人也。後進於禮樂，君子也。如用之，則吾從先進。

又《孟子》〈滕文公〉上：

無君子莫治野人，無野人莫養君子。請野九一而助，國中什一使自賦。

傅故校長斯年對於這種現象有過極精闢的見解，認為君子是統治民族，野人是被征服者。若果如此，孟子建議的不公平稅率也就不足為異了。同樣的觀點也可用來解釋《周禮》。據前引〈地官司徒・鄉大夫〉：「國中自七尺以及六十，野自六尺以及六十有五，皆徵之。」可見野甿服役徵稅的時期長於國中，而正式的建制軍只限於鄉郊的壯丁。但野甿出公差的人數較少，據前引〈小司徒〉：「上地家七人，可任也者家三人；中地家六人，可任也者二家五人；下地家五人，可任也者家二人。」可知野甿無論所受為上地抑中地下地，出差役一概只需按照最低標準，所謂「凡治野以下劑致甿」。

至於說到軍制，「遂」和「鄉」相似，也是每家一人，所謂「凡徒役毋過家一人」，由各級地方官統率，如〈地官司徒・遂人〉：

遂人掌邦之野，以土地之圖經田野造縣鄙形體之法；五家為鄰，五鄰為里，四里為酇，五酇為鄙，五鄙為縣，五縣為遂，皆有地域溝樹之，使各掌其政令刑禁，以歲時稽其人民而授之田野，簡其兵器，教之稼穡……。若起野役，則令各帥其所治之民而至，以遂之大旗致之，其不用命者誅之。

又同條：

以歲時登其夫家之眾寡，及其六畜車輦，辨其老幼廢疾與其施舍者，以須職作事，以令貢賦，以令師田，以起政役。

又同條：

凡事致野役，而師田作野民，帥而至，掌其政治禁令。

又〈地官司徒・遂師〉：

軍旅田獵平野民，掌其禁令，比敘其事而賞罰。（鄭注：平謂正其行列部伍也。）

又同上〈縣正〉：

各掌其縣之政令徵比，以頒田里，以分職事，掌其治訟，趨其稽事而賞罰之。若將用野民，師田行役移執事，則帥而至，治其政令。既役，則稽功會事而誅賞。

又同上〈鄙師〉：

各掌其鄙之政令祭祀，凡作民則掌其戒令。

又同上〈酇長〉：

酇長各掌其酇之政令，以時校登其夫家，比其眾寡，以治其喪紀祭祀之事，若作其民而用之，則以旗鼓兵革帥而至，若歲時簡器與有司數之。

又同上〈里宰〉：

掌比其邑之眾寡與其六畜兵器，治其政令。

由上面所引各節，可見由遂人以至里宰鄰長的職責正和鄉郊各級官員相當。若編成部伍「帥而至」，也恰好一軍有一萬二千五百人，另有帥長以次各級長官如數。其武器亦由官家供給，和鄉軍的情形相同。但由於身分不同（甿異於民），故遂軍的重要性是遜於鄉軍的。

都鄙，鄉大夫的采邑，是野的另一種組織，所謂「以公邑之田任甸地，以家邑之田任稍地，以小都之田任縣地，以大都之田任畺地」。（〈地官司徒・載師〉）。這些地方大約是有城池的，或稱都，或稱縣，如《左傳》隱公元年：

祭仲曰：「都城過百雉，國之害也，先王之制，大都不過參國之一，中五之一，小九之一。今京不度，非制也。」

又《左傳》閔公二年：

狐突諫曰：「不可，昔辛伯諗周桓公云內寵並后，外寵二政，嬖子配適，大都耦國，亂之本也。」（桓公十八年略同）

可見「都」者用以分封的，而《左傳》莊公二十八年：

凡邑，有宗廟先君之主曰都，無曰邑。

京師之外而有宗廟先君之主，自然是由分封貴族設的。縣作封邑的更多不勝舉，如《左傳》昭公五年：

晉人若喪韓起楊肸，五卿八大夫輔韓須楊石，因其十家九縣，長轂九百，其餘四十縣，遺守四千。

此一例，可概其餘。

這種都鄙縣邑的制度，據《周禮》〈地官司徒．小司徒〉：

乃經土地而井牧其田野，九夫為井，四井為邑，四邑為丘，四丘為甸，四甸為縣，四縣為都。以任地事而令貢賦。（鄭注……賦謂出車徒給傜役也）

由於采邑具有半獨立性，而且這些大小貴族自己須駕御兵車，因此采邑本身備有兵車以至兵刃等輕重裝備。鄭注似亦可通。但都鄙的武力在國家有事時也必須應召的。若出兵時，統率軍隊加入王師的責任屬之縣師、稍人，指揮者則是都司馬、家司馬。〈地官司徒・縣師〉：

若將有軍旅會同田役之戒，則受法於司馬，以作其衆庶及馬牛車輦，會其車人之卒伍，使皆備旗鼓兵器以帥而至。

又同上〈稍人〉：

掌令丘乘之政令，若有會同師田行役之事，則以縣師之法作其同徒輂輦帥而以至，治其政令以聽於司馬。

又〈夏官司馬・都司馬〉：

掌都之士庶子及其衆庶，車馬兵甲之戒令，以國法掌其政令，以聽國司馬。家司馬亦如之。

都司馬所掌有「士庶子」，這是鄉遂軍隊中所沒有的。可見都鄙武力中包括地方貴族，也許都鄙的兵車即由這些士庶子駕御。除此數則外，別書也頗有備齊車馬兵甲的記載，如前引《左傳》昭公五年的「長轂九百」。又如《左傳》定公八年：

壬辰，將享季氏於蒲圃而殺之，戒都車曰：「癸巳至。」

又《公羊傳》成公元年：

三月，作丘甲。何以書？譏。何譏爾？譏始丘使也。

又《詩》〈小雅・出車〉：

我出我車，于彼牧矣。自天子所，謂我來矣，召彼僕夫，謂之載矣。王事多難，維其棘矣。我出我車，于彼郊矣。設此旐矣，建彼旄矣。彼旟旐斯，胡不旆旆。憂心悄悄，僕夫況瘁。

可見《周禮》所述不為無稽。無論鄉遂都鄙的正卒餘夫本來都是平民。要把平民訓練成有作戰能力的軍隊，在古時大約借重打圍。據《左傳》隱公五年：

故春蒐，夏苗，秋獮，冬狩，皆於農隙以講事也。三年而治兵，入而振旅，歸而飲至，以數軍實。

據《周禮》的記載，春有蒐，〈夏官司馬‧大司馬〉：

中春教振旅，司馬以旗致民，平列陳如戰之陳，……遂以蒐田。有司表貉誓民，鼓遂圍禁，火弊，獻禽以祭社。

夏有苗，同官：

中夏教茇舍，如振旅之陳。群吏撰車徒，讀書契，辨號名之用……遂以苗田如蒐之法，車弊，獻禽以享礿。

秋有獮，同官：

中秋教治兵，如振旅之陳，辨旗物之用……其他皆如振旅，遂以獮田如蒐之法，羅弊，致禽以祀祊。

而最熱鬧的是冬狩，完全是演習的情形，同官：

中冬教大閱。前期，群吏戒眾庶修戰法。……乃陳車徒如戰之陳，皆坐。群吏聽誓于陳前，斬牲以左右徇陳，曰，不用命者斬之。……鼓戒三闋，車三發，徒三刺。……遂以狩田。以旌為左右和之門，群史各帥其車徒以敘和，出左右陳車徒。有司平之，旗居卒間以分地，前後有屯百步，有司巡其前後。險野人為主，易野車為主。既陳，乃設驅逆之車，……車徒皆作，遂鼓行，徒銜枚而進。大獸公之，小禽私之。獲者取左耳，……饁獸于郊，入獻禽以享烝。

《周禮》中這一段設載和《左傳》隱公五年所述頗稱相符，但《左傳》他處《公》《穀》及《詩經》又不甚一致，例如狩和苗可以連用，《詩》〈小雅‧車攻〉：

東有甫草，駕言行狩。之子于苗，選徒囂囂。

軍之出入即是治兵及振旅，不當分屬春秋二季。如《左傳》莊公八年：

春，治兵于廟，禮也。

又《穀梁傳》莊公八年：

春，王正月，……甲午治兵。出曰治兵，習戰也，入曰振旅，習戰也。

又《公羊傳》莊公八年：

春，……甲午祠兵。祠兵者何？出曰祠兵，入曰振旅，其禮一也，皆習戰也。

據《周禮》，中春蒐田，但有在秋季的，如《穀梁傳》昭公八年：

秋，蒐于紅，正也。因蒐狩以習武事，禮之大者也。

又《公羊傳》昭公八年：

秋，蒐于紅。蒐者何？簡車徒也。

又《左傳》昭公八年：

秋，大蒐于紅，自根牟至于商衛，革車千乘。

蒐也有在夏季的，如《公羊傳》昭公十一年：

夏，五月，大蒐于比蒲。大蒐者何？簡車徒也。

大閱應在中冬，但也有在秋季的，如《左傳》桓公六年：

秋，大閱，簡車馬也。

又《穀梁傳》桓公六年：

秋，八月壬午，大閱。大閱者何？閱兵車也。修教明諭，國道也。平而修戎，事非正也。

又《公羊傳》桓公六年：

秋，八月壬午，大閱者何？簡車徒也。

由此可見，蒐、苗、獮、狩及治兵、振旅、大閱並無特定的季節關係。前四者都是打圍，後三者都是演習檢閱，意義並無不同，也不一定限定某季訓練某種動作。但借打圍方式作演習及軍訓則是說得通的，也就是所謂「大田之禮，簡眾也」。（〈春官宗伯．大宗伯〉軍禮文）

除了鄉軍、遂軍、都鄙之師外，還有一個系統值得注意。這是由貴族組成的軍隊，包括公族及群臣家屬，平時宿衛王宮，有事時是王的親軍（在諸侯國中亦然），平時這些貴族子弟屬師氏保氏教育，所教的包括三德、三行、六藝、六儀，而射、御和軍旅之容，車馬之容也在內。至于統帥貴族子弟蹕衛也是師氏保氏的責任。〈地官司徒．師氏〉：

師氏掌以媺詔王，以三德教國子，……居虎門之左，司王朝。掌國中失之事，以教國子弟，凡國之貴遊子弟學焉。……王舉則從，……守王之門，注且蹕。朝在野外則守內列。

而〈地官司徒．保氏〉：

保氏掌諫王惡而養國子以道。乃教之以六藝；一曰五禮，二曰六樂，三曰五射，四曰五馭，五曰六書，六曰九數。乃教之以六儀；一曰祭祀之容，二曰賓客之容，三曰朝廷之容，四曰喪紀之容，五曰軍旅之容，六曰車馬之容。凡祭祀賓客會同喪紀軍旅，王舉則從，聽治亦如之，使其屬守王闈。

而總屬於諸子，〈夏官司馬．諸子〉：

凡國之政事，國子存遊倅，使之修德學道，春合諸學，秋合諸射，以考其藝而進退之。

這些侍從貴族有分班宿衛的任務，統率者是宮伯宮正，〈天官冢宰・宮伯〉：

> 宮伯掌王宮之士庶子凡在版者。

又〈天官冢宰・宮正〉：

> 宮正掌王宮之戒令，糾禁以時，比宮中之眾寡，為之版以待夕，擊柝而比之。國有故則令宿，其比亦如之。

凡王或國君出行，除了扈從者外，其餘貴族分別留守宮廟重地，前引《左傳》襄公九年〈司宮巷伯敬宮〉即此例。《禮記》中也有記載，《禮記》〈文王世子〉：

> 公若有出疆之政，庶子以公族之無事者守於公宮，正室守大廟，諸父守貴宮貴室，諸子諸孫守下宮下室。

貴族的名冊由司士執掌，以備隨時徵調。〈夏官司馬・司士〉：

> 司士掌群臣之版，以治其政令，歲登下其損益之數，辨其年歲與其貴賤，周知邦國都家縣鄙之數，卿大士庶子之數，……國有故則致士而頒其守。

一旦有事，即刻按籍編成卒伍，由太子率領，不受普通軍法約束，可說是一支特權的親衛軍，〈夏官司馬・諸子〉：

> 諸子掌國子之倅，掌其戒令與其教治，辨其等，正其位。國有大事則帥國子而致於太子，唯所用之。若有兵甲之事，則授之車甲，合其卒伍，置其有司，以軍法治之，司馬弗

正。

由於他們平時所受文武合一教育，娛樂是田獵，應接是校射，貴族都可說是武士。這支軍隊當然遠較民兵編成的鄉遂都鄙之師為精勇可用。因此常成為作戰的主力。例如城濮之戰，據《左傳》僖公二十八年：

子玉使伯棼請戰，……王怒，少與之師。唯西廣、東宮與若敖之六卒實從之。……子玉以若敖之六卒將中軍。

西廣是楚王親軍東西兩廣之一。（《左傳》宣公十二年：「其君之戎，分為二廣，……廣三十乘，分為左右，右廣雞鳴而駕，日中而說。左則受之，日入而說。」）若敖六卒是楚王若敖支下的王族。東宮則是太子之軍，亦即諸子「致於太子」的。又《左傳》文公元年亦曾一見：

冬十月，（楚太子商臣）以宮甲圍成王。

鄢陵之戰，晉楚的中軍也都是王族公族及貴族。《左傳》成公十六年：

伯州犁以公卒告王。苗賁皇在晉侯之側，亦以王卒告。皆曰國士在，且厚，不可當也。苗賁皇言於晉侯曰：「楚之良在其左右中軍王族而已，請分良以擊其左右，而三軍萃於王卒，必大敗之。」……（晉）欒范以其族夾公行。

足知公卒王族盡是精銳之師。

由上所述，綜合言之，《周禮》兵制分為三大系統：

（一）鄉的壯丁編為鄉軍，是常備軍，武器官給。遂的壯丁為其副選。

（二）都鄙之師自備車甲，也遵司馬調遣。

（三）貴族另編部伍，宿衛扈從，是一支禁衛軍，最精銳。

至於訓練之法則寓於蒐苗。統率之責委諸鄉官。此外，軍隊編制是軍師旅卒兩伍，軍為一萬二千五百人。天子諸侯，各有其度。至於車乘和徒卒的比例則眾說紛紜，莫衷誰是，姑予存疑。

（原載《大陸雜誌》，卷九，第三期）

從周禮中推測遠古的婦女工作

《周禮》這部書屬於古文家的系統，由於書出最遲，今文經師堅持門戶之見，一口咬定是假的，如何休、臨碩之流稱之為戰國陰謀之書，唐趙匡、陸淳以逮宋元諸儒，迄於胡五峯、季本、萬斯同、姚際恆都說《周禮》出於偽造。康有為的《新學偽經考》更羅織罪狀，說劉歆為了佐莽篡漢，有計畫，有用意的作偽，所謂：「歆欲附成莽業，而為此書，其偽群經以證《周官》者，故歆之偽學，此書為首。」

另一方面，自從劉（歆）、杜（子春）通之，馬（融）、鄭（玄）尊之，康成以為《三禮》之首，號為周公致太平之書，唐賈公彥、宋朱熹都極力擁護，朱氏以為「盛水不漏，非周公不能作」。清人孫詒讓仍說：「粵昔周公纘文武之志，……爰述官政，以垂成憲，有周一代之典，炳然大備，……此經上承百王，集其善而革其弊，蓋尤其精詳之至者，故其治躋於純太平之域。」

以上兩派意見各趨極端。若說《周禮》全由周公著作，未免有點拘泥。周公綜理萬幾，一飯三吐哺，一沐三握髮，恐怕也少有餘暇編如此完密的鉅著。而且《周禮》有許多部分過於整齊，在實際施行上尤有扞格之虞。因此，《四庫全書總目提要》認為可能有歷代增刪，竄入後世之法者。這話甚為公允、自然，也還可能有後世孱入烏托邦理想的。

反過來說，此書也絕不可能是劉歆偽造。吾鄉名史家錢賓四先生〈劉向歆父子年譜〉已闢解清楚了。就《周禮》本身言，其中也頗有與他書相符的，汪中所舉「六徵」就是這一類證據。而且，在《周禮》中，我們可以找到不少古代的材料，例如本篇所將討論的遠古婦女工作。惟其這些材料是古代的真面目，因此社會狀態已改變後的漢人不能了解。惟其漢人看不懂而只能作一種錯誤的解釋，因此可斷定這些材料不可能是後人偽造的。但是，必須用社會學及民族學的眼光加以分析，才能發現這些材料的真正意義。

例如，在《周禮》〈天官冢宰・內宰〉條：

> 內宰……以陰禮教六宮，以陰禮教九嬪，以婦職之法教九御，使各有屬，以作二事，正其服，禁其奇衺，展其功緒。……凡建國佐后立市，設其次，置其敘，正其肆，陳其貨賄，出其度量淳制，祭之以陰禮；中春，詔后帥外內命婦始蠶于北郊，以為祭服；歲終，則會內人之稍食，稽其功事，佐后而受獻功者，比其小大，與其麤良，而賞罰之；……上春，詔王后帥六宮之人而生穜稑之種而獻之于王。

在這一節引文中，所講的都是「陰禮」、「婦職」，但有關祭事喪事的一部分因與本文所論無干，已略去。此處所引的可說都是生產事業——立市、蠶桑、女功和獻穜。但為行文方便計，以下不擬按此次序討論。

關於蠶桑及女功，比較容易說清楚，茲先述之。引文極明白，自古以來，女子料理衣著，幾乎像是天經地義的事。孫詒讓疏：

凡蠶桑之事，通謂之蠶。

據《禮記》〈月令〉：

季春，后妃齋戒，親東鄉躬桑。（鄭玄注：后妃親採桑，示帥先天下也。）

《孟子》〈滕文公〉下：

夫人蠶繅以為衣服。

迄於近今，在機器紡織以前，養蠶或紡紗依然是婦女的主要工作。因此，在古時，皇后必須親自倡導，其意義與天子耕籍勸農並無二致。此處把蠶桑列為婦女的工作是極自然的事。

其次說到「婦功」，所謂「稽其功事」，據賈公彥疏：

稽，計也。又當計女御絲枲二者之功事，以知多少。

所謂〈獻功〉，賈疏說：

內宰佐助后而受女御等獻絲枲之功布帛。

而鄭玄注〈婦職〉說：

婦職謂織、紝、紃、縫、線之事。（孫詒讓疏：此即化治絲枲之事。）

足見「婦功」就是紡織一類工作。除此處所引解釋外，據《國語》〈魯語〉：

公父文伯退朝其母，其母方績，文伯曰以歜之家而主猶績，懼忓季孫之怒也，其以歜為不能事主乎？其母歎曰，……王后親織玄紞，公侯之夫人加之以紘綖，卿之內子為大帶，命婦成祭服，列士之妻加之以朝服，自庶人以下皆衣其夫。

「女織」一事自古而然，所以對於這一節，注家並無誤解。我們也不必多費篇幅作不必要的討論。

但另外兩節與前舉蠶織平行的記載，鄭、賈諸代注疏都不能令人滿意，反是越注越糊塗。以下將試為釋之。

先說所謂「獻種」，據鄭玄注：

六宮之人，夫人以下分居后之六宮者。古者使后宮藏種；以其有傳類番孳之祥，必生而獻之，示能育之，使不傷敗，且以佐王耕事，共禘郊也。鄭司農云，先種後孰謂之穜，後種先孰謂之稑，王當以耕種于藉田，玄謂黍稷穜稑是也。

天子必須親耕以為天下先，言之順理成章，因為耕種是男子的工作，所謂「男耕女織」也。然而，根據這一節記載，「穜稑之種」必須由王后藏于后宮，然後再獻之于王。鄭玄不明白王后牽涉在內的原因，所以只能勉強用「傳類番孳之祥」作解釋。其實由社會學的觀點看，農業大部屬於男子只是後來的事，在最初，男子的事業是打獵，種植的始祖應歸於婦女。

遠古之時，以採集為主，果實樹根，水濱的蛤蜊，泥中的蟲豸莫不是食物。逐漸，人類由拾取動物尸體及手搏小動物，進而至於用強弓長箭射獵或用標槍利刃追逐。人類的食物範圍擴大了，「茹毛飲血」是這時候的生活寫真。但是婦女為了生產上的原因，即使有些人「碩大且卷」，甚至體力不讓鬚眉，然而在做母親前後必有一個時期無法做劇烈運動。狩獵主要有賴於身手矯捷，在這一段時期，婦女自然勢必退出驅兔逐鹿生涯，仍回到比較輕易的採集工作。婦女和植物接近的關係因此遠較男子為多，她們也因此更有機會觀察萬物萌茁生生不息的情形。

也許，有一次，她們偶然把種核遺落在居處附近，或是把截枝無意插在地上。居然，種子成長了，截枝發育了。開始的時候，她們也許只知驚詫。但是屢次經驗的積累，她們悟透了生命的祕密。於是開始有意的撒種插枝，這便是農業的萌芽。

黍稷疏食以味論也許稍遜於兔肉鹿脯。但一則不必穿山越嶺冒生命危險和野獸搏鬥，二則農產品儲存的時間較肉類長久，所以，以生活安定論，農人遠勝於獵人。於是男子也逐漸放下獵弓，持起鋤犁。男子挾其體力上的優勢，寖假取婦女的地位而代之，把婦女逼進廚房內室。「男耕女織」遂成定局。但農業的始祖到底仍是婦女。

發明農業的榮譽既該歸於婦女（把這功績屬之黃帝、后稷只是男子掠美的行為），所以在早期或較原始的階段，即使男女已經合作耕作，婦女依舊負責較重要的一部分。例如毛奧利土人（Maori）雖然男女都下田，男子的工作只是伐木、砍樹、清除和掘土之類粗工；鬆土、下種等精細工作仍屬於婦女。自耘草以至收割全由婦女擔任，只是有時由奴隸在熟練婦女指導下工作。（Raymond Fith, *Primitive Economics of the Neszealand Maori*, p. 197.）

美洲印第安人婦女擔任田間工作，一年只須操作六七週，從耕到春，一手包辦。男力整年忙著打獵，常常跋涉百數十里，回來時仍是兩手空空。在南非，卡佛人（Kaffir）的婦女每年春天花三四週種玉蜀黍，兩三個月後，再花三四週耙土除草，以後就可以坐享其成了。西非克魯人（Kru）的每個女子都有米或薯類的種植地，雖然有奴隸，但婦女仍自願參加工作。諸如此類，不勝枚舉。（Briffault, *The Mothers*, Chapter IX, pp. 436-440.）

反觀我國典籍中也不無蛛絲馬跡可尋，雖沒有明白記上一條「農業由女子始」，但是婦女與植物的關係似乎比男子深，試看《春秋》莊公二十四年：

戊寅，大夫宗婦覿用幣。

據《公羊傳》：

宗婦者何？大夫之妻也。覿者何？見也。用者何？用者，不宜用也。（何休注：不宜用幣為贄也。）見用幣，非禮也。然則曷用？棗栗云乎，腶脩云乎。

據《穀梁傳》：

覿，見也。禮：大夫不見夫人，不言，及不正其行婦道，故列數之也。男子之贄，羔雁雉腒，婦人之贄，棗栗鍛脩；用幣，非禮也，用者，不宜用者也。大夫國體也，而行婦道，惡之，故謹而曰之也。

據《左傳》：

哀姜至，公使宗婦覿用幣，非禮也。御孫曰，男贄大者玉帛，小者禽鳥，以章物也。女贄不過榛栗棗脩，以過虔也。今男女同贄，是無別也。男女之別，國之大節也；而由夫人亂之，無乃不可乎。

所謂贄，就是見面禮。男子的贄，玉帛是貴重東西，而禽鳥則代表獵物；女子的贄中，脩是肉乾，但榛、栗、棗則都是代表婦女能得到的東西，即是採集或種植得來的，男女生產的方式不同，所以男女能拿得出來的禮物也不一樣，若相侵越，便是亂了「男女之別」的「大節」了。與前條相似的記載還有《禮記》〈曲禮〉下：

凡摯，天子鬯，諸侯圭，卿羔，大夫雁，士雉，庶人之摯匹（鄭注：鶩也）。童子委摯而退。野外軍中無摯，以纓拾矢可也。婦人之摯，椇榛脯脩棗栗。

所以男子聘妻，到丈人家都要獻上野鴨子，《儀禮》〈士昏禮〉：

昏禮下達納采，用雁。……納吉，用雁，如納采禮。……請期用雁……。

而新婦獻給舅姑的是棗栗，同篇：

夙興，婦沐浴纚笄宵衣以俟見，質明贊見婦于舅姑，席于阼……婦執笲棗栗自門入，升自西階，進拜奠于席……。

若舅姑既沒，則婦入三月乃奠菜。（鄭玄注：沒，終也。奠菜者，以篚祭菜也，蓋用菫。）

此外，男子之間的交往也用動物作贄，《儀禮》〈士相見禮〉：

士相見之禮，贄，冬用雉，夏用腒。……下大夫相見以雁。……上大夫相見以羔。

對於外賓，男子的禮物是皮，《儀禮》〈聘禮〉：

乘皮設。（鄭玄注：設於門內也，物四曰乘。皮，麋鹿皮也。張鳳歧疏：設乘皮以勞儐者。）

庭實皮則攝之。……（鄭玄注：皮，虎豹之皮。……凡君於臣，臣於君，麋鹿皮可也。）

卿大夫勞賓，賓不見，大夫奠雁再拜。

相反地，女子的禮物仍是植物，《儀禮》〈聘禮〉：

夫人使下大夫勞以二竹簋，……其實棗蒸栗擇，兼執之以進，賓受棗，大夫二手授栗。

祭祀時亦復如是，男子獻的是肉類，婦女獻的是蔬食。例如《儀禮》記載的，〈士虞禮〉中「主人」獻肺魚腊俎肩肝俎菹醢，「主婦」獻的是棗栗。〈郊特牲〉中「主人」獻的是俎肝魚腊，「主婦」獻的葵菹蝸醢，還有兩個「敦」，其中是黍稷，兩個「鉶」的芼。所謂「芼」，〈郊特牲〉記：

鉶芼用苦，若薇，有滑，夏用葵，冬用荁。

總而言之，都是植物。此外〈少牢饋食禮〉，「主婦」獻羸醢（羸即蝸）和稷。〈有司徹〉中，「主婦」荐的是韭菹醓昌菹醓麷蕡白（熬稻）黑（熬黍）。通觀《儀禮》中記祭禮的禮節，雖然偶有例外，大體有個原則，男子獻動物及其製品，婦女獻植物或其他小蟲豸如蝸肉之類。

再把《詩經》一翻，很多有關婦女的詩篇中，比興都是在田野水濱採集植物。比興類多眼前景物，本地風光，自此觀之，每多可觀，例如〈周南・關雎〉：

參差荇菜，左右流之。……參差荇菜，左右采之。……參差荇菜，左右芼之。（流，求也。芼，搴也。皆採擇之意。荇，音杏，水生植物，似蓴可食。）

〈周南・葛覃〉：

葛之覃兮，施于中谷。維葉莫莫，是刈是濩。（此婦人自咏歸寧之詩，刈訓割，濩訓煑。）

〈周南・卷耳〉：

采采卷耳，不盈頃筐。（采采，採而又採。）

〈周南・芣苢〉：

采采芣苢，薄言采之。采采芣苢，薄言有之。采采芣苢，薄言掇之。采采芣苢，薄言捋之。采采芣苢，薄言袺之。采采芣苢，薄言襭之。（此咏婦人採芣苢之詩。有，取也。掇，拾也。捋，以指壓取之也。袺，以衣貯物而執其襟。襭，以衣貯物而扱其襟於腰帶間也。）

〈召南・采蘩〉：

于以采蘩，于沼于沚。于以用之，公侯之事。于以采蘩，于澗之中。于以用之，公侯之宮。（此咏諸侯夫人祭祀之詩。）

〈召南・采蘋〉：

于以采蘋，南澗之濱。于以采藻，于彼行潦。于以盛之，維筐及筥。于以湘之，維錡及釜。于以奠之，宗室牖下。誰其尸之，有齊季女。

〈邶風・谷風〉：

采葑采菲，無以下體。（朱傳：婦人為夫所棄，故作是詩。葑，蕪菁也。菲，蘿蔔也。下體，根也。以，及也。）（按以上訓註，並從屈萬里先生《詩經釋義》。）

這些詩都是女子所咏或咏女子的，而又都借採集野生植物，聯想鋪張。這中間暗示著一樁事實：這時的婦女仍須採集野生植物作副食。但在〈豳風・七月〉的時代，男婦已共同下田操作，所謂「同我婦子，饁彼南畝」。因此，〈豳風・七月〉的時代離農業萌芽已相當遠。然而，狩獵在生活中仍頗占地位。如「一之日于貉，取彼狐狸，為公子裘。二之日其同，載纘武功，言私其豵，獻豜于公。」而貴族們更以田獵為娛樂，如〈鄭風・叔于田〉、〈大叔于田〉，和〈秦風・駟鐵〉三篇的記載。他們固然注意農業，有天子、諸侯「籍耕」的提倡，然而對於射箭的訓練毫不含糊。鄉射就是這種訓練的儀式化。貴族也以此為本領，所謂「儀既成兮，終日射侯」。所謂「舞則選兮，射則實兮」。（〈齊風・猗嗟〉）都是絕妙寫照。

由以上引，可見婦女常常擔任採集植物的工作。黍稷之類農產和婦女的關係也比較深。反之，男子和狩獵畜牧的關係也較密切。這中間透露出一點消息，最初男女的分工並不是「男耕女織」而是「男獵女耕」。不是男在田野，女在廚房；而是男在山林，女在田野。農業是屬於女子的。

其次，再看前文引文中「佐后立市」一節，內宰的責任在名義上是「佐后」，所以理論上「后」才是「市」的監督者。鄭玄注：

> 市朝者，君所以立國也。……王立朝而后立市，陰陽相成之義。

賈公彥疏：

> 王立朝，即三朝皆王立之也。后立市者，即此文是也。朝是陽，王立之；市是陰，后立之。獨陽不生，獨陰不成，故云陰陽相成也。

孫詒讓疏：

> 佐后立市者，以后命於北宮後周垣之外立三市，而兼治其市政，與司市為官聯也……后立市，謂建國之時，以后命立之，特取陰陽相成之義，其實市事非后所與也。

以王后之尊而干涉市場之行政，這是和「男子治外，女子治內」的觀念相悖的，所以孫詒讓特為闢之說「其實市事非所與」了。徵之典籍，《國語》〈魯語〉：

寢門之內，婦人治其業焉，上下同之。

公父文伯之母的話正足以代表正統思想。寢門以外非女子的事，王后當然管不到市場。鄭玄無法解釋，只得歸之於陰陽之理。其實由前面論到農業和婦女的關係一點觀之，商業與婦女有關正亦不足異。

狩獵生活最大缺點是不安定，有時固然大快朵頤，但肉類無法儲藏，有時即不免枵腹終日。而且每日忙於糊口果腹，除必要的武器外，根本無暇製作其他物品。因此，獵人的交易行為也只能限於用皮毛換弓矢之類。但在農人而言，有吃不完的食糧，又有從事工藝製作的餘暇。因此，農業社會的商業範圍必然遠比狩獵社會擴大。據前面論列的資料，農業和蠶桑紡織都屬於婦女。婦女手中掌有可靠而安定的衣、食兩項資源，則商業也由婦女掌握似乎並不足奇。她們有多餘的出產可以拋出，又有時間製手工藝品，她們自然可以藉此與人交換自己需要的東西。

據說初民社會的交易不少在婦女手中。布列佛氏（Briffault）在《母權論》中曾經收集不少資料：例如在非洲，蔬菜、籃子和陶器都由婦女帶進市場，全部交易過程由婦女進行。克古約人（Kikuyu）和馬塞人（Massai）的旅行商都是女子。開麥隆人（Caimeron）的婦女經營商站。在奈及利亞（Nigeria），市場上清一色是女兒國，市場由有勢力的老婦掌管，制定規則和章程。每一個市場有一位「女王」監督，輔以一個婦女會議，該會有權決定市價和工資，以及決定和哪些市場村鎮維持商業關係。（這一段記載宛然是《周禮》中「佐后立市」一節的注解。）在非洲鐵菩區（Tfbbu County），最大的交易是東北非運來的食鹽。運鹽是婦女的專利，男子看見鹽車就必須迴避。北美的印第安婦女負責製革，所以皮貨交易由婦女經營，男子不得過問。略舉數則，以見其餘。（Briffault, *The Mothers*, Chapter IX, p. 483.）

在《詩經》中，我們也找到一段記載，〈衛風・氓〉：

> 氓之蚩蚩，抱布貿絲；非來貿絲，來即我謀。……

這篇詩全文過長未錄，原詩敘述棄婦自悲自傷，歷歷自述從議婚到被棄的經過。此詩可算記載古代女子經商的絕好資料。此外，玄伯師示我二則記載，一是《左傳》昭公二十年：

> 內寵之妾，肆奪於市。

一是《戰國策》〈東周策〉：

> 齊桓公宮中七市，女閭七百。

可見晚至齊桓之時猶有宮市、女閭，其殆古俗之流風餘韻歟？

社會無時不在變動。一度實行而在既變復將亡未亡的社會制度大率一變而為例行習慣，再度而為純粹儀式，不再能和當時的實際社會狀況配合。繼續變化，後世的人數典忘祖，對於這種「告朔餼羊」無法解釋，就只能各安己意，勉強上一個理由。鄭玄身處文化極高的漢代，中原農業已進入精耕，商業也極發達，做夢也不能想像古時農商都屬婦女的情景。所以，他除了對仍在女子手中的「蠶桑」、「婦功」能作適當解釋外，對於「獻穜」、「立市」兩條就不得不乞助於玄而又玄的「傳類番孳之祥」或「陰陽相成」之義一類不著邊際的話了。

然而，這種似是而非的解釋反倒指出一條夾縫，由這夾縫中，我們看到了古俗的遺痕。我們借此也許可以推測一部分「可能的」古俗。本文所述遠古婦女工作中包括後世專屬男子的農、商事業，亦即採取這種方法。遠古的婦女倒的確不愧於「男女平等」的。

（原載《大陸雜誌》，卷七，第八期）

春秋戰國間的社會變動

春秋之世二百五十年間（西元前七二二至四六四年），實為中國歷史上最具決定性時期之一，社會由關閉的變成戰國時代開放的型態。春秋末年「君子」陵夷，政權易手，與春秋早期之封建秩序判然隔世；然而其變也漸，這兩個半世紀由始到終都經歷不斷的變化。先則有卿大夫的專擅政權，逐漸由公室轉入私家，繼則有士的崛起，陪臣也居然執國柄。叔向與晏子的對話明白地揭出當時社會已在劇變中；史墨更扼要的引用《詩經》〈十月〉：「高岸為谷，深谷為陵」以譬喻社會各階層已經在天翻地覆的狀態。[1]《國語》中也說到晉國的貴族很多已淪落在異國，自食其力。[2]

社會變動在當時已是人所周知的現象，但通盤的研討似對於全貌更可有所認識。研究春秋現象自非用《左傳》資料不可，然而《左氏》經緯萬端，所包括的人名無慮數千，一一臚列，勢在難能。因此本文選擇標準將以班氏「古今人表」作為依據。班氏表中列名者有一千九百九

1 《春秋左傳正義》（四部備要本），卷四二，頁五—六；卷五三，頁一四。

2 《國語》（四部叢刊），卷一五，頁八。

十八人，區為九等，自上上至下下，按人品列等。其中六百四十八人在魯隱之前，十三人在秦政統一之後。[3]班氏自然並未盡列古人於表；事實上見於表內的人物大致有事跡可述，否則班氏也無法把他們區為九等。本文既然並不研究人物的道德行為，班氏的臧否褒貶因此並不致影響本文的選樣。反之，班氏之表列人物正好可作為研究道德問題以外的任意選樣（Randon Sample）。同時，由於這些人大都不是碌碌無成之輩，選樣不免犯失之過高的偏差，在本文作為期間比較是可以的，與別的時期或別的社會比較，就不能不顧及偏差了。

班表中春秋及戰國的人物共有一千三百十七人。為求資料來源單純，易於比較計，只選了其中名字見於《左傳》者，五百十六人為春秋社會的研究對象，一百九十七人見於戰國典籍而時間可考者為戰國社會的研究對象。剔除在外的人物包括時間不可考者、婦女，及國君。國君未計入社會研究的主要原因係為了國君的社會地位無升沉可言，縱然國君的政治權力及經濟利益有得失之時，國君的地位始終是不變的。本文既係社會研究，尤係社會變動（Social Mobility）之研究，把這一群包括於選樣之內似無必要。婦女未被計入，實係由於人數過少難於計算之故。

見於《左傳》的五百十六人則列入九代，每代三十年，第一年始於隱公元年（前七二二），最後終於穆公四年（前四六四），起訖與《左傳》相終始。分代標準不能不是硬性而人為的。若某人只見記傳一次，其時代較易處理；若見過多次則以其第一次及最後一次之間取其中間數以定其年代；若無確切年代可據為定點者則取其同時代人之年代為其年代。凡此必然引起若干困難，但為標準劃一計，少數人物的參差，甚至錯列，也難於顧及了。

本文假定凡列表內的人物大率有事跡可述；有事跡可述者，在歷史上說來，應有某種程度的重要性。然而有些人物也可能碰巧闌入，例如偶然被帶到一筆的人物，這些人物自然難說有歷史重要性。但是，無論如何，列入研究範圍的人數越多，這種闌入人物的數目越接近固定的比例數，其引致錯誤結論的可能性也可以因此減少。

本文的研究方式係以不同的社會群體相比較，由其歷史性人物的多寡，及在諸群體總和中所占比例的增減，以覘見各該群體在社會上的相對地位。至於春秋的社會群體，以橫切面言之，分為公子、卿大夫、士三層；另有庶人、卜史工商等等，因人數過少只占全部百分之十五，聊備一格而不予討論。某人由某一階層升入或降下至另一階層時，其分類所屬仍用原屬階層，藉便討論。

公子之屬，身隸玉籍，職任親貴，入參密勿，出總師旅；君位之定，每須諮詢貴公子；國際會盟，也通常由身為卿大夫的公子擔任折衝樽俎的任務。在附錄人名分期表中，第一類即是公子集團。由他們在春秋的作為看來，早期的公子們直接參預政治，有的襄助國政，有的覬覦

3 王先謙，《前漢書補注》（長沙，一九〇〇），卷二〇。

君位；而在後期則直接有政治活動的公子越來越少。這種說法，由於活動的重要性難於以一定尺度衡量，當然顯得太籠統。以比較確定的說，未再見公子擔任正卿者。同期以下，公子列名於班表的也未見曾立卿族於母國者。[4]

公子集團人數比例和卿大夫及士兩個集團對比也顯示下降的趨勢。其比例數見附表一。自第七期（前五四二至前五一三）以後，公子集團的人數比每每在總人數百分之十以下。下降的曲線由第二期（前六九二至前六六三）即開始，由百分之五十三驟跌至百分之十九點五。由第三期到第六期，比率始終徘徊於百分之十至百分之十六間。在第四期時，比率跌落到百分之十，同時期也正好是卿大夫集團上升的時期。參見附表一。這下降的曲線似乎表示公子集團的重要性及活動性隨時遽減。政治活動的重心由統治的公室轉移入大夫集團。

家族與國家間密切連繫終止；公子王子不復因其身分自動的獲一部分統治權力，正以顯示此點。在春秋末世，除楚國外，諸國公子不復是各國的執政者。大多數的公子可能仍得到封邑，衣食可以無虞。但他們處理國事的重要性已不能與春秋初期同日而語。公子集團權力與重要性遞衰僅是秦始皇最後廢除封建的張本而已。

第二個集團是卿大夫集團（以後簡稱為大夫集團），包括貴族官吏的上層階級。他們享有領地封邑；對統治者而言，他們是封建臣屬，也是各種官吏。這一個集團雖然傳統的分為卿和大夫兩階，事實上兩者的分野微乎其微。大約大夫的執事較雜，常為卿的副介從屬而已。在本文卿與大夫將不再加區分。

習慣上，貴族的職與位和封邑都從父親傳襲而得。父親若不是公子，即是卿大夫。貴族的小兄弟不能得到同樣崇高的位置，不得不接受次一級的社會地位，有時做大宗的家臣家宰，有時即轉而服侍其他姓氏的强宗巨室。

大夫集團的人數當然超出公子集團多多。因此，班氏列表的人物中大夫最多也就不足為奇了。

由前節討論可知，公子集團逐漸由政治舞台上消失。經過春秋一代，大夫集團一天比一天活躍。附表二即列數班表中重要而負有責任官員。附表二所列的活動以下舉諸項為準。

一、曾為正卿或執政者；
二、曾經出總師旅者；
三、曾經參與國際會盟者；
四、曾獻替廟謨；國事時被諮詢者。
五、有重要官位者；
六、參與有決定性的政治事件，例如易立、弑君等。

4 各國強大卿族名單見本文下文。

三百三十五位大夫占了總數五百十六人的百分之六十五。在第一期到第三期九十年間，大夫集團的百分比在百分之四十四到百分之六十三之間上下。第四期（前六三二至前六〇三）時百分比即驟升，此後迄於西元前五一三年，百分比保持在百分之七十或更高於此數。最後兩期的百分比又回跌至百分之六十六（前五一二至前四八三）和百分之五十五（前四八二至前四六四）。因此，大夫集團上升的曲線正好和公子集團下降的曲線同時發生。最後兩期大夫集團進入低潮時，又正好是「士」集團開始抬頭的時候。

三百三十五位大夫中，二百十八人是活躍分子，其「活躍」的定義已見前述。活躍分子占大夫總人數百分之六十五，占全部總人數百分之四十二。活躍大夫的百分比在第一期到第三期（前七二二至前六三三）都低於其平均百分比。其次兩期（前六三二至前五七三）中，百分比驟升至大夫總人數的百分之七十七點五和百分之七十八，和全部總人數百分之五十四和百分之五十五。第六、第七，和第九期九十年間（前五七二至前四八三），全人數中的百分比下降至百分之四十六以下。春秋結束時，百分比下降至百分之四十一，稍低於平均數。可是活躍分子在大夫群本身的百分比於第六期（前五七二至前五四三）驟跌至百分之六十一後，在第七、第八、第九共三期（前五四二至前四六四）都重新上升，趨向百分之七十的標的。活躍分子在大夫群本身中百分比的上升曲線，和在總人數中的下降曲線對比，似乎表示在最後這七十九年中較不活躍的大夫越來越少進入歷史舞台正面燈光機會。他們早期的前輩則常常還有被別人提到的可能。這是一個很可注意的現象，意味著大夫集團在社會機能和重要性上比前衰退。

另一點也值得討論：即是大夫們集中於少數家族。大多數強宗巨室並不見於春秋初期。其逐漸出現似也遵循一定的格式。公子中特別得寵者，或特別為國君信任的大夫，可連續執政許多年。其子孫仍繼續政府職位。一代復一代，聲譽和權力都可到積重難反的地步。於是屢世赫奕的大族成矣。

個人的成功，或個別家族的成功都可歸之於其能力或機緣。但是在同一短短時期內，有許多這種的例子，原因就不能單純歸之於個人了。

下列是諸國的強宗大族：

周：召、單、甘、劉；

魯：季孫、孟孫、叔孫；

晉：趙、韓、魏、范（或士）、中行、智（或荀）、欒、郤；

衛：石、寧、孫、孔；

鄭：罕、駟、豐、羽、印、國、良；

齊：高、國、崔、慶、陳（或田）；

宋：華、樂、皇、魚、鱗、蕩、向；

楚：鬬、蔿、屈；

陳：夏。

周之召、單，齊之國、高，據說都早已建立，但苦於缺乏正面和反面的實證。[5]上列諸大家族中的大多數則均在春秋始建立；九期之中，家族出現的數目少至二個，多至二十三個。驟然由七個的總數增加到十四個則係在第三期（前六六二至前六三三）之間出現；同一時期也正是大夫集團和活動都達到高潮時。第四期和第五期出現的大家族包括晉之三家和魯之三桓。第六期雖然擁有大家族二十三個之多，卻也是下降趨勢的開始。這時齊之慶、崔和晉之欒氏都在其他家族的聯合壓力下崩潰。[6]大家族間的生存競爭使若干得勢，若干覆滅，最終殘存的家族寥寥無幾，不足構成一個單獨的社會階層。到春秋末葉，即第九期時，仍有活動的大家已只剩七個了。[7]

如前所述，大夫集團的成員高度集中於少數家族內。屬於前列大家族名單中的大夫平均占全部大夫總人數的百分之四十一。[8]分布的最高極峰在第五期、第六期、第八期和第九期諸期，僅第七期略低。曲線可以顯示在春秋後半期大夫的勢力增長，而公子集團則在中期即呈頹象。[9]顯然，勢力已由公子集團轉移入大夫集團。這種形勢的轉易若以公族家庭關係與國家政治開始分離視之，似乎可說大夫們得到權柄並不全仗其出生後的身分，由儕輩中脫穎而出仍多少須有一些才能。這些多少靠自己才能的大夫比之全憑身分得到地位的公子王孫自然要適於生存些。春秋末到末葉，大夫集團也已走上了下坡路，其數字參見附表一及附表二。大夫們的權力又將轉移到另一個人數更多，因此人才也更多的「士」集團。

次之即將討論士的逐步參預重要事項。士的身分為大夫的家臣和武士。士可能世代是士，也可能是大夫庶孽不能承宗而變為士。士可能在本宗本族服役，也可能被雇於其他宗族。以人數論，士應該超過公子和大夫多多，但是位置卑下，不足稱道，史家筆下很少帶到。在「古今人表」中，第一第二兩期不見士的蹤跡；直到第三期（前六六二至前六三三）以後，士方見於經傳。由第三期到第六期間，活動而見於記載的士都只是平平常常的家臣的武士。[10]可是在第七期（前五四二至前五一三），士集團包括了一位志在張公室而叛季氏和南蒯。一個邑宰可以

5 國、高二家素被稱為齊之二守。見《左傳》，卷一三，頁一。

6 《左傳》，卷三八，頁一三—一五；卷三五，頁六、一〇。

7 見附表三。

8 同上。

9 見附表一。

10 《左傳》，卷一五，頁九；卷二〇，頁七；卷二一，頁六；卷二八，頁一二；卷三一，頁二；卷三三，頁四、七；卷三五，頁一〇。

據邑稱兵，其實力就可想而知了。專諸刺吳王也開了後世戰國俠士的風氣。[11]第八期（前五一二至前四八三）有一位最了不起的人物崛起於士集團。孔子生於士的家庭，少時做過許多「賤事」，但是晚年顯然已升入不能徒行的大夫之列。他的弟子替他揚聲於天下，死時已成為魯國的元老，但是他自己的社會地位似乎從未超過下層的大夫。[12]孔門弟子中有為家宰的子路、有統率魯國軍隊半數的冉有，和他的車右樊遲。他們的出身則都是士。[13]家臣中最成話柄的自是陽虎。他以陪臣執國命，成為魯國實際統治者達五年之久；魯國的季氏在他掌握之中，孟氏和叔孫更不必提了。士集團中爬得最高的要算孔子和他。[14]

士集團在每一期的人數都不多，但是增加的趨勢則顯而易見。自第三期開始有士而後，士在每期全人數的百分比由百分之一至百分之八，最後兩期則達到百分之十六和百分之二十二。[15]不僅士集團在最後二期有上升現象，同時大夫集團有顯著的下降趨勢。這一尖銳的對比暗示部分的權力由大夫轉移到士的可能傾向。陽虎和董安于的個例正可補充說明這種一般性的結論。假使士集團和大夫集團重要性的相對地位繼續以同一軌跡發展下去，這兩條曲線大約可在第九期結束後不久相交。在這個交點應可看到春秋大夫集團的崩潰和士集團的獲得優勢地位。可惜春秋戰國間在左傳結束之後有一片空白，史闕有間，只好付諸缺如。國史上這一決定階段就不免成為難答的謎了。

戰國史料可考時，國史上出現完全與春秋面目不同的時期。重要的改變趨於完成。其中若干在本文將加以討論。班氏的「古今人表」將用來討論社會上的「新人」，或出身寒微者。

所謂「新人」的標準如次：第一，沒有正面的證據提起他是任何貴族家庭的成員或親屬；第二，姓氏不是巨家大族的姓氏；第三，姓氏中不包含官銜或稱號，因為很多「以官為氏」的人有貴族祖宗；然有一點必須記住，有貴族姓氏的人，或「以官為氏」的人，可能是沒落王

---

11 《左傳》，卷四九，頁三、四；卷五二，頁九。

12 《孟子》〈萬章〉下，卷一〇下，頁五。《論語》〈子罕〉，卷九，頁一、三；〈先進〉，卷一一，頁三。《左傳》，卷五八，頁一四；卷五九，頁三；卷六〇，頁一。根據《史記》的〈孔子世家〉，孔子在十七歲時曾經想參加季氏饗士的宴會。從此一直到他五十歲時，他似乎一直沒有很確定的職位。據說他後來成為中都宰、司空而至大司寇，夾谷之會時竟成為魯相。司寇之上是否冠一大字，曾引起《史記考證》的疑問，因為先秦之書未有記孔子為大司寇者，記其事的《左傳》、《孟子》、《荀子》、《禮記》及《呂氏春秋》都僅記他為司寇而已。《考證》雖曲為彌縫，卻始終除《韓詩外傳》的孔子為司寇命辭外，提不出別的證據來。孔子曾否任魯相，抑只是夾谷之會的相禮之「相」也是聚訟的問題。兩造理論，槃師曾列舉於其〈澗莊時習三錄〉，（見《大陸雜誌》，卷十七，第八期，頁二三七。）其究竟曾否為相，似乎兩造只是據理加以臆斷。若要判斷孔子的政治地位，似乎還需根據《論語》的材料。《論語》〈鄉黨〉所記孔子處世態度頗活靈活現，孔子在朝中時，據說他和下大夫的談話是「侃侃如也」，而和上大夫談話時則是「誾誾如也」。前者自然，後者恭謹。既其文意，孔子是自居為下大夫之列的。以上見《史記會注考證》，卷四七，頁一〇、二四、二六—二七；《論語》〈鄉黨〉，卷一〇，頁一。

13 《左傳》，卷六七，頁三；卷五六，頁五；卷五九，頁一二—一三；卷五八，頁一一。

14 同上，卷五二，頁一、二；卷五五，頁五、九。

15 參見附表一。

孫，早就淪為齊民，除了舊姓氏外已一無所有。本文設立第二和第三兩條標準，目的只是更為矜慎，避免不小心把貴裔算在「新人」之列，但是史闕有間，其未被發覺者當仍不少。

附表四是春秋戰國兩時代「新人」的對比。表中可以看出，在西元前四六四年以前，來歷不明者的百分比平均數為總人數百分之二十六；彼時以後則平均數達百分之五十五。如果在總人數中剔除不可能來歷不明者的公子，則春秋戰國兩時代來歷不明分子百分比平均各為百分之三十二及百分之六十。這個對比顯示戰國時社會上的流動性倍於春秋時代。尤須注意者，這個趨向，再加上春秋期大夫集團的衰落，或可表示不特在戰國初期社會有高度流動性，而且前一時代顯赫的大夫集團已完全崩潰。那些舊家的消失可以是列國兼併的後果；小國被合併於大國之後，其卿大夫的家族也就無所附麗了。不過，假如原來的社會秩序依然當令，新的家族應當由新貴繼續產生，以補故家留下的空缺。但是對戰國宰相的背景作一調查後，本文發現這種新興巨族的跡象實在微乎其微。簡而言之，在戰國似乎不僅是單純的存在著階級間更自由的流動性，而且尤須看作舊有社會分化層的消失和新分化層的形成。

以下將分國討論戰國時代的宰相。此處所列名單當然離完全的程度遠甚。最詳的是魏和秦，最簡的是燕和楚。甚至最詳的部分仍有不少待補之處。名單的排列則大致以年代為序，其年代不明者附列於後。[16]

趙國宰相：公仲連、[17]大成午、[18]趙豹、[19]肥義、[20]公子成、[21]樂毅、[22]魏冉、[23]虞卿、[24]田單、[25]趙勝、[26]廉頗、[27]皮相國、[28]張相國。[29]

16 齊思和發表的研究為本文提供一個初步名單，本文據之再作補充和修正。參看齊氏，〈戰國宰相表〉（《史學年報》，卷二，第五期，一九三八），頁一六五—一九三。年代考訂則借助於錢穆的研究結果，參看錢穆，《先秦諸子繫年考辨》（上海：商務印書館，一九三六），附錄一，頁六一—八八。

17 《史記集解》（四部備要本），卷四三，頁一一。

18 同上，卷四三，頁一二、一四。《戰國策》（四部備要本），卷二六，頁一。

19 《史記》，卷四三，頁一四。

20 同上，卷四三，頁一三、二〇、二三。

21 同上，頁二三。

22 同上。

23 同上，頁二五。

24 同上，卷七六，頁八；卷七九，頁一一。

25 同上，卷四三，頁二七；《戰國策》，卷二〇，頁一。

26 《史紀》，卷一五，頁二五、二九、三〇；卷七六，頁一、四。

27 同上，卷四三，頁二九。

28 《戰國策》，卷一八，頁一〇。

29 同上，卷二〇，頁一〇。

上列十三人中，三人為公子，兩人與其他國家的王室有關係（田單與魏冉）；餘者則與王室無關，各人彼此之間也無關聯，也找不出與任何大族有關係。虞卿更是白衣公卿的曲型實例。

齊國宰相：鄒忌、[30]田嬰、[31]韓眛、[32]田文、[33]呂禮、[34]淖齒、[35]田單、[36]后勝、[37]宗衛。[38]上列九人中，一人是公子，二人是宗室，一人是別國的公子，一人是齊王室的姻親，另一人是別國王室的親戚。只有鄒忌以鼓琴干君而躋身卿相，算是平民出身。

秦國宰相：衛鞅、[39]公孫衍、[40]張儀、[41]樂池、[42]樗里疾、[43]甘茂、[44]向壽、[45]田文、[46]

30 《史記》，卷一五，頁一八；卷四六，頁七。《戰國策》，卷八，頁五。

31《史記》卷七五，頁一；《戰國策》，卷八，頁二—三。

32《史記》，卷四〇，頁二三。在《戰國策》為韓珉，《戰國策》，卷二八，頁六。

33《史紀》，卷一五，頁二五；卷七五，頁四。《戰國策》，卷一一，頁二。

34《史記》，卷七五，頁五。

35 同上，卷四六，頁一三。

36《戰國策》，卷一三，頁三。

37 同上，卷四六，頁一五。

38 劉向，《説苑》（四部備要本），卷八，頁九。

39《史記》，卷六八。又卷五，頁一八；卷一五，頁一八、一九、二〇。

40 同上，卷一五，頁二一；卷七〇，頁一六。

41 同上，卷七〇；又卷一五，頁二二—二三。

42 同上，卷五，頁二〇；卷四三，頁一五。王先慎，《韓非子集解》（長沙，一八九六），卷九，頁一〇。

43《史記》，卷七一，頁一—三；卷五，頁二〇—二一；卷一五，頁二四。

44 同上，卷七一，頁三—七；卷五，頁二一—二二；卷一五，頁二四。

45 同上，卷七一，頁四、七。

46 同上，卷七五，頁三；卷五，頁二二。

王綰。[56]

金受、[47]樓緩、[48]魏冉、[49]壽燭、[50]范雎、[51]蔡澤、[52]呂不韋、[53]昌平君、[54]昌文君、[55]

上列十八人中只包括一位公子，兩位王室親戚，兩位異國公子。其餘的人背景各殊，登進方式也不同；大多以才能被秦國重用，秦得益於此等人處不少。

楚國宰相：吳起、[57]趙朝、[58]張儀、[59]昭魚、[60]春申君、州侯、[61]昭子。[62]

上列楚國令尹七人，其中一人為王子，兩人為宗室昭氏。最多色彩者為吳起，出身平民，又是來自異國，但仕悼王至令尹，制定許多改革法案，其命運頗與衛鞅在秦相似。昭氏二見，知春秋世族遺風仍存在於楚。

韓國宰相：俠累、[63]許異、[64]申不害、[65]張開地、[66]張平、昭獻、[67]南公疾、[68]樗里

47《史記》，卷五，頁二二。

48 同上，卷五，頁二三；卷七二，頁一—二。《戰國策》，卷六，頁二。

49《史記》，卷七二，頁一—五；卷七九，頁七—八。

50 同上，卷七二，頁二。

51 同上，卷七九，頁一二。

52 同上，頁一二—一七。

53 同上，卷八五；又卷一五，頁三〇、三二。

54 同上，卷六，頁四、七。

55 同上，頁四。

56 同上，頁八。

57《韓非子》，卷四，頁一四；《史記》，卷六五，頁三—六。

58《戰國策》，卷二二，頁八。

59《史記》，卷一五，頁二三；卷七〇，頁六。

60 同上，卷四四，頁九。

61 同上，卷七八。錢穆考定黃歇為楚國王子，見《先秦諸子繫年》，頁三七〇—三七一。

62《戰國策》，卷一七，頁一—二；《韓非子》，卷一〇，頁四。

63《史記》，卷四〇，頁二六。

64 同上，卷八六，頁六；《戰國策》，卷二七，頁六—七。

65《戰國策》，卷二八，頁四。

66《史記》，卷六三，頁四；卷一五，頁一八、二〇；並見卷五五，頁一。

67《戰國策》，卷二六，頁三。

68《史記》，卷五，頁二一。

疾、[69]韓珉、[70]韓成、[71]韓玘、[72]暴譴。[73]

韓國諸相，表中缺漏必不少；以目前所列而言，十二人中有四人為韓宗室。張氏父子相韓五世，然而除在張良傳中見及外，殊未有別人提到，其詳因此不得而知。張氏究為韓王室旁支，因避仇改姓；抑是晉國張氏之後，也不能有證據作評斷依據。[74]昭獻和樗里疾都是異國的宗室。十二人中對韓最有貢獻者是申不害；他的出身據本傳則是「鄭之賤臣」。

魏國宰相：季成子、[75]李悝、[76]翟黃、[77]商文、[78]公叔、[79]白圭、[80]惠施、[81]中山君、[82]田需、[83]魏太子、[84]張儀、[85]翟强、[86]公孫衍、[87]田文、[88]魏齊、[89]范座、[90]信安君、[91]長信

---

69 同上。

70 《戰國策》，卷二八，頁二、五。

71 同上，卷二八，卷五—八；《史記》，卷七一，頁四。

72 《史記》，卷八七，頁一五。

73 《韓非子》，卷一〇，頁六—七。

74 張氏在晉曾有數代擔任次級職務，如張侯，見《左傳》，卷二五，頁六。

75 《呂氏春秋》（四部叢刊本），卷一九，頁一九〇；《韓詩外傳》（四部叢刊本），卷三，頁三四。

76 《史記》，卷一五，頁一二。李悝、李克或為一人，參看錢穆，《先秦諸子繫年考辨》，頁一二一—一三三。然亦有不同意此說者，參看齊思和，〈戰國宰相表〉，頁一九一—一九二。李克亦為魏相，參看王先謙，《前漢書補注》（長沙，一九〇〇），卷三〇，頁二八、三〇。

77《呂氏春秋》，卷一五，頁二〇。

78 同上，卷一七，頁二〇。《史記》稱為田文，見卷六五，頁五。

79《戰國策》，卷二三，頁三。

80《韓非子》，卷一〇，頁六—七；《史記》，卷一五，頁一九。

81《呂氏春秋》，卷一八，頁一三—一六；《淮南鴻烈解》（四部叢刊本），卷一二，頁二。

82《史記》，卷四四，頁二、四、六；卷一五，頁二〇。

83 同上，卷四四，頁七；《戰國策》，卷二三，頁一—二、一〇。

84《戰國策》，卷二三，頁六；《史記》，卷四四，頁九。

85《史記》，卷一五，頁二二—二四；卷七〇，頁四、一四。

86 同上，卷七一，頁六；《戰國策》，卷一五，頁一。

87《史記》，卷七〇，頁一六。

88 同上，卷七五，頁五。

89 同上，卷七九，頁一、九、一〇—一一。

90 同上，卷四四，頁一二。

91《戰國策》，卷二三，頁六。

侯。[92]

魏國宰相列入此處者十八人，其中本國及外國的公子均有之。魏處四戰之地，列強無不想拉攏魏國，掌握魏國；因之，魏國宰相人選每成各強國關心的問題。魏國王太子之成為宰相，即是平衡各國均勢的一著。但無論如何，十八人中有九人是起自寒微。

燕國宰相：子之、[93]栗腹、[94]將渠、[95]張唐。[96]

燕國紀事，在七國中最為簡略，因此這裡列出四人中的出身對我們都是空白一片。然而，前面之人似並非宗室，而最後一人則被秦國派遣來燕，當然更與燕王室無關了。

以下則將把春秋與戰國的卿相略作比較。第一點，戰國的卿相既無一定的任期，也不是終身職。春秋之卿，若不是中路閔凶，被殺或被逐，大多在職終其身，或一直到他自願退休歸老為止。戰國卿相更迭頻繁，可看出國君權力大增，否則人主不能易相如此之容易；相對地，卿相權力大減，否則外國納相不能成為兩國結好的標準方式。第二點，戰國卿相的來源殊為龐雜。有時是異國的公子，有時是周遊列國的游士說客。二者都可能單純的為所在國國君賞拔，也可能由其他國家推薦而納入。生心外向的卿相自然不能在地主國生根；其中屢屢流動於各國間者尤甚。因此這種新型態的卿相並不隸屬於任何一國的社會，也因之不能構成傳統的階級。第三點，除少數例外，七國卿相若不是國君最親近的子弟姻親，即是出身寒微，缺乏大家族作後盾的人。春秋時政治上具有決定地位的強宗巨室似乎絕跡於戰國政治。

以實例而說，晉國的中軍最初只是中軍元帥，後來則成為執政。自西元前五八七至五四三年間，中軍十一人相當平均的分配於大家族內，欒氏一人，韓氏二人，荀氏三人，范氏二人，魏氏一人，中軍的遞嬗也似有一定的推移方式。能輪到的人早就可以知道他有輪到的一天。[97]春秋卿相中無別國的公子，（出亡而且無歸國希望的公子不在此例），更沒有周遊各國的游士；他們的出處則大率出於少數家族。戰國則事事反是。

兩時期的分別甚明顯，但變化也不起於驟然激變。本文前面數節已提到春秋時代本身已發生社會階層分化的變化。以政治活動言之，公子集團由樞紐位置衰落，讓位給勢力逐漸膨脹的大夫集團，更集中於少數大家族手中。等到實至名歸，權力和名義再度同屬於一人時，新的君主就產生了。同時，貴族的人數在自相殘殺的過程中也必然銳減。大夫集團及大家族數字的減

92 《戰國策》，卷二四，頁三—四；《史記》，卷四四，頁一一。

93 《史記》，卷一五，頁二三；《戰國策》，卷一九，頁六。

94 同上，頁三〇；卷三四，頁六。

95 同上，卷三四，頁七。

96 同上，卷七一，頁八。

97 顧棟高，《春秋大事表》（《皇清經解續編》本），卷二二，頁五—一六；參看《左傳》，卷二六，頁二。

少又正和士的興起相配合。春秋時士為家臣為武士；戰國的士即產生了不少大臣和將領。可是這些新型的大臣和將軍並未像春秋的大夫一樣構成傳襲的階級。整個戰國時代幾乎未見有春秋時代的那種巨室。若新貴沒有填補舊有貴族的社會地位，而且連可以對應的家族也找不著，本文似可說，新的社會結構已經取代了舊有的秩序。這種社會結構的變化不能不引起（或緣於）其他方面的變化，例如政治制度、經濟體系，和觀念型態等方面。但本文對這點將不予討論，這些問題將各成專文。

（原載《中央研究院歷史語言研究所集刊》，第三十四本，下冊）

附表一　春秋社會屬頻率表（資料參看附錄）

分期 年代（西元前）	社會地位														
	a公子		b大夫		c士		d史祝		e僕役		f平民		g不明身分及其他		
	人數	百分比	人數	百分比	人數	百分比	人數	百分比	人數	百分比	人數	百分比	人數	百分比	
I 七二二—六九三	一七	五三	一四	四四	○	○	○	○	○	○	○	○	一	三	三二
II 六九二—六六三	八	一九·五	二六	六三	○	○	一	二·五	二	五	一	二·五	三	七·五	四一
III 六六二—六三三	九	一六	三○	五二	一	二	九	一六	五	九	○	○	三	五	五七
IV 六三二—六○三	七	一○	四九	七○	四	六	三	四	一	一	一	一	五	八	七○
V 六○二—五七三	八	一二	五一	七四	一	一·五	二	二·五	一	一·五	一	一·五	五	七	六九
VI 五七二—五四三	八	一○	五七	六八	七	八	七	八	一	一	一	一	三	四	八四
VII 五四二—五一三	五	六	五六	七○	四	五	五	六	四	五	○	○	六	八	八○
VIII 五一二—八四三	五	九	三七	六六	九	一·六	二	四	○	○	○	○	三	五	五六
IX 四八二—四六四	一	四	一五	五五	六	二·二	○	○	二	七五	○	○	三	一一·五	二七
	六八	一三	三三五	六五	三二	六·五	二九	五	一六	三	四	一	三二	六·五	五一六

附表二　大夫重要性漸增表

分期	年代（西元前）	列表人數：總人數	列表人數：大夫數	列表人數：活躍大夫人數	活躍大夫百分比：與總人數比	活躍大夫百分比：與大夫人數比
I	七二二—六九三	三二	一四	八	二五	五七
II	六九二—六六三	四一	二六	七	一七	二七
III	六六二—六三三	五七	三〇	一六	二八	五三
IV	六三二—六〇三	七〇	四九	三八	五四	七七・五
V	六〇二—五七三	六九	五一	四〇	五八	七八
VI	五七二—五四三	八四	五七	三五	四二	六一
VII	五四二—五一三	八〇	五六	三七	四六	六六
VIII	五一二—四八三	五六	三七	二六	四六	七〇
IX	四八二—四六四	二七	一五	一一	四一	七五
總計		五一六	三三五	二一八	四二	六五

附表三　大夫集中於大家族表

分期	年代（西元前）	大家族數	大夫人數	大家族之大夫人數	大家族之大夫百分比
I	七二二—九六三	二	一四	二	一三
II	六九三—六六三	五	二六	五	一九
III	六六二—六三二	七	三〇	七	二三
IV	六三二—六〇三	一四	四九	二〇	四一
V	六〇二—五七三	一九	五一	二八	五五
VI	五七二—五四三	二三	五七	二七	四七
VII	五四二—五一三	一四	五六	二一	三七
VIII	五一二—四八三	一三	三七	一七	四六
IX	四八二—四六四	七	一五	八	五三
總計			三三五	一三五	四一

附表四　出身寒微人數對比表

分期年代（西元前）	寒微人數	總人數	百分比
春秋之世			
七二二—六九三	二	三二	三
六九二—六六三	一三	四一	三二
六六二—六三三	一四	五七	二五
六三二—六〇三	二一	七〇	三〇
六〇二—五七三	一七	六九	二五
五七二—五四三	一九	八四	二三
五四二—五〇三	二一	八〇	二六
五〇二—四八三	一六	五六	二九
四八二—四六四	一二	二七	四四
合計	一三五	五一六	二六
戰國之世			
四六三—四三四	一二	二一	五七
四三三—四〇四	五	一五	三三
四〇三—三七四	一〇	二一	四八
三七三—三四四	一四	二〇	七〇
三四三—三一四	二五	四一	六一
三一三—二八四	一六	三六	四四
二八三—二五四	一二	二四	五〇
二五三—二二二	一四	一九	七四
合計	一〇八	一九七	五五
總計	二四三	七一三	三四

所謂出身寒微者指其諸國巨家大族（其名單見正文）無關，姓氏中亦不附任何官稱或榮銜。

附錄：春秋戰國列表人名分類

注：本表次序係按照Wade-Giles拼音排定，俾便於翻檢哈佛燕京社出版之引得。

＋＝活躍大夫

✓＝大族成員

－＝出身寒微（所謂出身寒微者，指與各國之世家大族無關係，姓氏中亦不包括官銜部分）。

春秋時期

I 西元前七二二至前六九三年（隱元——莊元）

a：公子

屈瑕　公子黔牟　公子州吁　公子翬　公子呂　公子彭生

公子壽　施父　叔段　太子汲　鬭伯比　臧僖伯

左公子洩　王子克　蔿章　右公子職　御叔

b：大夫

展無駭＋　季梁　祭足＋　周公黑肩＋　熊率且比　華督＋✓

高渠彌＋　觀丁父－　孔文嘉＋　石蜡＋✓　隨少師＋　宰咺

臧哀伯　潁考叔－

g：不明身分

王子成文

II西元前六九二至前六六三年（莊二——莊三一）

a：公子

紀季　公子慶父　公子糾　公子完　公子牙　公子偃

公子御寇　子游

b：大夫

召忽　彊鉏－　仇牧－　歂孫　騅甥　單伯✓

傳瑕－　蕭叔大心＋　高傒＋✓　管至父－　召伯廖＋✓　連稱－

孟獲－　南宮牛　南宮萬＋　耼甥　鮑叔牙＋　邊伯

賓須無　石祁子＋✓　士蔿＋✓　曹劌－　蔿國－　養甥

鬻拳　御孫

d：祝史卜巫

申繻

e：僕奴

石之紛如－　寺人費－

F：平民

雍廩人－

g：不明身分者

虢叔　梁五－　東關嬖五－

III 西元前六六二至前六三三年（莊三二——僖二七）

a：公子

季友　公子奚斯　公子目夷　公子雍　太子華　太子申生

子般　子臧　王子帶

b：大夫

趙夙＋✓　冀芮　慶鄭　井伯－　屈完＋✓　仲孫湫＋

逢伯　富辰　韓簡＋✓　罕夷－　郤縠＋✓　隰朋＋－

先丹木　荀息＋✓　狐突　皇武子＋✓　管仲＋－　宮之奇＋－

公孫枝＋　虢射　鬻負羈　里克＋　梁餘子養－申侯

叔詹　宰孔　臧文仲＋　子文＋✓　原繁＋　轅濤塗＋

c：士

介之推－

d：祝史卜巫

內史過　內史叔興父　卜招父　卜齮　卜徒父　卜偃

史嚚　史華龍滑　史蘇

e：僕役

易牙－　豎頭須－　寺人披－　寺人貂－　圉人犖－

g：身分不明

辛廖　顛頡－　倉葛－

IV西元前六三二至前六〇三年（僖二八——宣六）

a：公子

叔武　宋朝　公子穀生　公子歸生　公子宋　公子蕩

公子伯廖

b：大夫

趙穿＋✓　趙衰＋✓　趙盾＋✓　鍼莊子　箴尹克黃＋✓　箕鄭＋

賈佗＋－　解揚　蹇叔＋－　舟之僑－　蠋之武＋－　單伯＋✓

鄷舒＋－　夏父弗忌　西乞術－　先軫＋　胥臣＋　胥甲父＋

狐射姑＋　狐偃＋　繞朝－　公孫敖＋✓　孔達＋✓　國莊子＋✓

國歸父＋✓　欒豫＋✓　欒悼子＋✓　孟明視＋　寧武子＋✓　百里奚＋

潘崇　邴歜－　申舟＋　石癸＋✓　叔仲惠伯＋✓　叔孫得臣＋

蕩意諸＋✓　鬬宜申✓＋　子哀＋　子玉＋　子越椒＋✓　王孫滿＋

蔿賈＋✓　魏犨＋✓　陽處父＋　閻職－　臾駢－　元咺＋－

C：士

祁彌明－　鉏麑－　公冉務人　靈輒

d：祝史卜巫

內史叔服　卜楚丘　董狐

e：僕役

豎侯獳－

f：平民

弦高

g：身分不明

鍼虎－　仲行－　狼瞫－　羊斟－　奄息－

V西元前六〇二至前五七三年（宣七——成一八）

a：公子

劉康公　公子欣時　公子班　公子申　公子偃　子反

子良　王札子

b：大夫

趙朔＋✓　季文子＋✓　慶克＋✓　單襄公＋✓　毛伯＋✓　范文子＋✓

逢丑父－　逢大夫　韓厥＋✓　韓無忌✓　郤至＋✓　郤犨＋✓

郤錡＋✓　郤克＋✓　池治－　先穀＋　胥童＋　荀庚＋

荀林父＋✓　華元＋✓　儀行父＋　管于奚－　孔寧　公孫歸父＋

公孫壽＋✓　工尹襄　欒伯　呂相＋✓　呂錡＋✓　欒書＋✓

苗賁皇＋　伯宗＋　鮑莊子＋　賓媚人＋✓　申叔時＋　士鍼＋✓
士會＋✓　叔孫僑如＋✓　叔嬰齊＋　孫良夫＋✓　孫叔敖＋✓　召伯載＋✓
蕩澤＋✓　唐苟－　臧宣叔＋　魏顆＋✓　巫臣＋　伍叁－
姚句耳－　魚石＋✓　郥公鍾儀

C：士
匡句須－

d：祝史卜巫
醫緩－　桑田巫－

e：僕役
穀陽豎－

f：平民
鄭賈人－

g：身分不明
長魚矯－　仲叔于美－　夷羊五－　叔山冉－　養由基

VI西元前五七二至前五四三年（襄一——襄三〇）

a：公子

季札　公子荆　公子鱄　公子騑　公子壬夫　子南

子囊　揚干

b：大夫

張老　趙武+✓　陳桓子+✓　陳文子+✓　程鄭+✓　藉偃+✓

祁奚　祈午　解狐　慶封+✓　慶嗣+　郗庶其

屈建+✓　蘧伯玉+　中行偃+✓　劉定公+✓　范宣子+✓　厚成叔

西鉏吾+−　向戌+✓　邢蒯−　荀罃+　華臣+✓　觀起−

公叔文子　公孫夏　公孫丁　樂喜+✓　樂王鮒　孟獻子+✓

寗喜+✓　女齊+　鮑國+　單靖+✓　中叔宇　石㚟+✓

士魴+✓　叔向+　叔孫豹+✓　孫蒯+✓　孫文子+✓　大叔儀+

鄧廖+−　崔杼+✓　醴蔑　子朱　子貢　魏絳+✓

尉止−　薳奄+✓　羊舌職　羊舌赤　晏桓子+　尹公佗−

游皈✓　右宰穀　庾公差−

C：士

杞梁— 殖綽— 秦堇父— 華周— 叔梁紇— 狄斯彌—

臧堅

d：祝史卜巫

祝佗 南史氏 師慧 師曠 太史氏弟兄三人

e：僕役

伊戾—

f：平民

絳老人—

g：身分不明

巢牛臣— 匠慶— 申蒯—

VII 西元前五四二至前五一三年（襄三一——昭二九）

a：公子

蹶由 公子招 公子比 太子建 子朝

b：大夫

趙景子✓　成縛－　藉談＋　季平子＋✓　椒舉＋　知徐吾✓

仲幾＋　詹桓伯＋　樊頃子＋　費無極＋－　馮簡子　韓起＋✓

郈昭伯　郤宛＋　夏齧＋✓　邢侯　荀吳＋✓　裔款－

榮駕鵞　觀從－　公孫楚＋✓　公孫黑＋✓　孔張　梁丘據－

原伯魯　孟僖子＋✓　孟丙－　南宮極　南宮敬叔✓　女寬＋

北宮文子＋　裨竈－　賓猛＋－　申亥＋　申無宇＋　士文伯＋✓

士鞅＋✓　叔魚　叔孫昭子＋✓　司馬烏＋　司徒醜　太叔疾＋

臧昭伯＋　子產＋✓　子家羈＋　子服昭伯＋✓　子服惠伯＋✓　子皮＋✓

子太叔＋✓　薳啟彊＋✓　薳罷＋✓　魏戊＋✓　伍奢＋　伍尚

晏平仲＋　雍子

c：士

專諸－　謝息－　南蒯－　宗魯－

d：祝史卜巫

醫和－　史趙　史朝　師已　左史倚相

e：僕役

齊虞人－　侍人僚相－　豎牛－　寺人柳－

g：身分不明

琴牢－　季公鳥　里析　申須－　屠蒯－　梓慎－

VIII　西元前五一二至前四八三年（昭三四——哀一二）

a：公子

公叔務人　公子郢　子期　子西　晏孺子

b：大夫

萇弘－　趙簡子＋✓　陳昭子＋✓　陳乞＋✓　季桓子＋✓　中行寅＋✓

劉文公＋✓　原伯＋　范吉射＋✓　逢滑　夷射姑－　高張＋✓

公父文伯✓　公孫彊＋　孔圉＋✓　國夏＋✓　欒大心＋✓　孟懿子＋✓

彌子瑕－　囊瓦＋　鮑叔＋　彪傒－　申包胥＋　沈尹戌＋

史皇　叔孫武叔＋✓　司馬彌牟＋✓　太宰嚭＋　鬭辛＋　子服景伯＋✓

子羽　王孫賈　王孫由于　魏獻子＋✓　伍員＋　閻沒＋－

鄅無卹

C：士
季路－　樊遲－　公山不狃－　孔子－　鑪金－　孟之反
董安于－　陽虎－　有若－
d：祝史卜巫
祝佗　蔡墨
g：身分不明
鍾建－　桑掩胥－　澹台子羽之父－

IX西元前四八二至前四六四年（哀公一三——悼四）

a：公子
子閭
b：大夫
趙襄子＋✓　陳恒＋✓　季康子＋✓　諸御鞅－　后庸＋－　荀瑤＋✓
公孫貞子　孔悝＋✓　白公勝＋　大叔遺　石圃＋✓　子我＋－
子行✓　蘧固＋✓　葉公子高＋
C：士

狐黶— 冉有— 石乞 東郭賈— 子羔— 子貢—

e：僕役

鉏商— 渾良夫—

g：身分不明

鄭魁壘— 熊宜僚 顏燭雛

戰國時期

I 西元前四六三至前四三四年

青幷子— 漆雕開— 知果 禽滑厘— 任章— 高共

公季成 公輸般 李悝— 樂正子春 墨翟— 司寇惠子

田子方 曾參— 段干木— 子張 子夏—

子游— 顏丁— 豫讓— 原過

II 西元前四三三至前四〇四年

趙倉堂 翟黃— 屈侯鮒 番吾君 西門豹— 泄柳—

任座— 公儀休 李克— 樂羊 南宮邊 甯越

申詳 大史屠黍 子思

III西元前四〇三至前三七四年

長息— 俠累 徐弱— 徐越— 荀欣 公仲連

公明高 列御寇— 孟勝 聶政— 牛畜— 駟子陽

太監突 太史儋 田襄子 王順— 吳起— 陽城君

陽豎— 嚴仲子 顏般—

IV西元前三七三至前三四四年

安陵君 昭奚恤 趙良 江乙— 屈宜咎 淳于髡—

肥義— 甘龍— 告子— 自圭— 龐涓— 商鞅

申不害— 孫臏— 大成午— 唐尚— 田忌 鄒忌—

杜摯— 子華子—

V西元前三四三至前三一四年

張儀— 陳軫 莊周— 屈原 馮郝— 許子—

薛居州— 惠盎— 惠施— 高子 匡章— 昆辯—

公仲明 公孫丑 公孫衍 樂正子— 閭丘邛— 閭丘先生—

孟子　莫敖子華　薄疑—　慎到—　沈尹華　史起

史舉　司馬錯　蘇秦—　蘇厲—　蘇代—　宋遺—

戴勝之　唐易子—　田駢　田嬰　鐸椒—　子之—

萬章—　王斗—　顏歜—　尹文子—　於陵仲子

VI 西元前三一三至前二八四年

陳筮　靳尙—　景差　涇陽君　荀卿　狐咺

華陽君　任鄙—　如耳—　甘茂—　公孫弘　公孫龍

郭槐—　李兌—　樂毅　孟嘗君　孟說　淖齒—

白起—　上官大夫—樗里疾　司馬喜　宋玉—　唐勒—

代君章　唐蔑—　田不禮　鄒衍—　子椒　子蘭

王歜—　王孫賈　魏冉　魏公子牟　烏獲—　雍門子周—

VII 西元前二八三至前二五四年

安陵君　趙括　趙奢　騎劫—　周最　朱亥—

莊蹻　莊辛—　春申君　范睢　侯嬴　信陵君

孔穿　廉頗ー　藺相如ー　魯仲連ー　馬犯ー　毛遂ー

平原君　縮高ー　田單　蔡澤ー　左師觸龍　虞卿ー

VIII 西元前二五三至前二二一年

將渠ー　秦舞陽ー　荊軻ー　朱英ー　劇辛ー　鞠武ー

樊於期　韓非　高漸離　栗腹ー　李牧ー　李斯ー

李園ー　樂間　呂不韋　蒙恬ー　太子丹　唐雎ー

王翦ー

春秋政制略述

春秋是周平王東遷以至三家分晉的時期，共三百二十年左右。當時王室卑微，諸國林立，如說有一個整齊劃一的政府組織，實在是不可能的事。本篇所述不過將見於載籍的一鱗半爪，略作揣度而已。當時制度的全盤面目恐將永難考知。

一、封建的特性

在討論各種制度前，必須先了解春秋政治的背景——封建。據說：周室列土分茅，以封子弟功臣及前代子孫，分為五種爵號，版圖以此為差，據《周禮》〈地官・大司徒〉：

諸公之地，封疆方五百里；……諸侯之地，封疆方四百里；諸伯之地，封疆方三百里；……諸子之地，封疆方二百里；……諸男之地，封疆方百里……。

但是這個數字和《孟子》的記載不同，《孟子》〈萬章〉下：

公侯皆方百里，伯七十里，子男五十里，凡四等。不能五十里，不達天子，附于諸侯曰附庸。天子之卿受地視諸侯，大夫受地視伯，元士受地視子男。大國地方百里，……次國地方七十里，……小國地方五十里。

其實，地形有高下，國勢有強弱，「五等爵」不妨存在，但不必一定有如此整齊的國土比例。揆之《左傳》及《國語》的記載，諸國的名號常有變動，而班序更以國勢為定。因此，凡國君都可統稱之為「諸侯」，而不必斤斤較量爵位高低。每個國家中都有卿大夫，享有采邑，卿大夫之下還有最低級的貴族——士。士之下才是庶人，所謂「王臣公，公臣大夫，大夫臣士，士臣皁……」[1]。

春秋互相兼併的結果，只造成了少數大國。周初的國家大多被滅，因此《左傳》襄公二十五年：且昔天子之地一圻（杜注：方千里），列國一同（杜注：方百里），自是以衰（杜注：衰，差降），今大國多數圻矣，若無侵小，何以至焉？

在這種情形，國土更不可能按照一定比例劃分。《周禮》及《孟子》所以有說不通處，在於以為把全國劃為若干棋盤格，然後按格子分封。事實上，春秋以前地曠人稀，分封一個國君，只是分給他一些人民，指定一片土地，由他們斬荊棘，闢草萊，開創國家。最初一國只不過具有一個堡砦——或城。逐漸以城為中心，向四周墾殖土地，遠些的更新闢較小都邑，才出現一個「國」。因此，建國的意思就是築城，〈冬官考工記〉：

匠人營國，旁三門，……左祖右社，面朝後市。

營「國」事實上只是營「都」。一國之內，都城的意義不僅在於是政府所在地，而在於是一國的中心，因此若有「大都耦國」，必將招致分裂。為了不致出現另一個中心，春秋時十分注意使旁邑不致過於重要，如《左傳》隱公元年：

祭仲曰：「都城過百雉，國之害也。先王之制，大都不過參國之一；中，五之一；小，九之一。今京不度，非制也。……」

由諸侯再分封出去的小封君，也各有城邑。這些大中心旁的小中心就是此處的「都」。春秋時有名的都邑，如魯國季氏的費、叔孫氏的郈、孟氏的成；衛國寧氏的蒲、孫氏的戚；鄭國太叔的京等，都是其例。

由此可見，春秋時封建的本質是點狀的城邑，而不是方格的棋盤；由城邑再控制四周的耕地，這是講到春秋制度前必須了解的一點。

此外，封建制是一個寶塔形的結構。前文已說過，貴族可分為天子、諸侯、卿大夫、士四級。下級必須服從上級，但道義上的責任大於法律上的責任，所以臣下出亡改事他國的事頗不少見。然而，即使如此，下級仍只對直接的上級服從，因此無論何等貴族，大自卿，下至士，都有其應當盡忠的「主」。所以《國語》〈晉語〉有一段故事：欒氏叛晉，晉國命令欒氏的臣

1 《左傳》昭公七年。

屬不得隨著出亡，偏有一個辛俞犯令，逮捕後，他申辯說：

執政曰無從欒氏而從君。是明令於從君也。臣聞之曰：三世事家，君之；再世以下，主之。事君以死，事主以勤。君之明令也。自臣之祖，以無大援於晉國，世隸於欒氏，於今三世矣，臣故不敢不君。

因此，大夫對於執政的卿也稱之為「主」，[2]至於屬大夫或曾經從屬的，更是敬禮有加，始終不改，如《左傳》文公六年：

改蒐於董，易中軍。陽子，成季之屬也，故黨於趙氏。

以至趙盾被選為中軍元帥。又如魯為了削弱三桓而墮三都，但是孟氏的采邑成卻為了孟氏而公然抗拒魯侯的命令。《左傳》定公十二年：

將墮成，公斂處父謂孟孫，……成，孟氏之保障也，無成，是無孟氏也，子偽不知，我將不墮。冬，十二月，公圍成，弗克。

這種分層服從，但未必服從更高一級的現象是封建制度的另一特色。

此外，與封建制度配合的是宗法制度。據《禮記》〈喪服小記〉，所謂宗法是：

別子為祖，繼別為宗。繼禰者為小宗，有五世而遷之宗，其繼高祖者是也。是故祖遷於上，宗易於下，尊祖故敬宗，敬宗所以尊祖禰也。

換句話說，一族的長房嫡長相承，有權祭祀始祖以下的所有祖先；各代的次子、三子等所謂

「別子」則另立一房，也以嫡長相承，自成大宗，祭祀立宗的別子以下；各宗的其他兒子也各成小宗。宗子對於庶子，大宗對於小宗，完全居於一種高高在上的地位，族人即使富貴，對於宗子宗婦仍須「祇事」，如進宗子之家時，車馬從者都必須「舍於外，以寡約入」，用具享受都「必獻其上，而后敢服用其次」。[3] 因此宗子對於自己支派的族人有相當大的權威，但進一步說，一個宗的宗子對所屬大宗的宗子又處於低一層的地位。所以，宗法是把一大族人都依次集結在本支的嫡長房下，最後全族都集結在最嫡長的一支下面。

周初建國，文武一支也為周天子；文王的兄弟，武王的兄弟，以及成王的兄弟等等，都分封為諸侯。以這些諸侯而言，周是他們的大宗。但他們自己也成為一宗，所謂「別子為祖」，嫡長的一支就成了別子的大宗，如魯公室即是臧、季等家的大宗。同樣情形，季氏也各有其別子，如公鉏氏對於季氏也須「祇事宗子」。憑藉這一重重的關係，周成了「天下之宗主」，猶如一株婆娑巨樹，由宗法關係把枝柯伸展到全國。因此周天子能支配姬姓諸國而控制天下，諸侯能支配同姓大夫而控制全國。前文所說封主與被封者之間的道義責任大部分有賴於宗法的力量維繫。換而言之，靠著宗法組織，封建制度的「上下之分」才能維持數百年之久。

---

2 《左傳》襄公十九年，士匄欒書均稱荀偃為「主」。

3 均見《禮記》〈內則〉。

宗法使周的封建寶塔等於擴大的家族制度，因此宗法的重要性遠非僅僅祭祀的權利所能表現，「周道親親」，殆即此乎？程瑤田〈宗法小記〉以為宗法只行於大夫士，不行於天子國君，以為既經「事之以君道」，就不再事之以「兄道」。程氏的說法頗有未妥。其實，「君道」的尊嚴就有賴於「兄道」。

二、官制

本節擬分別摘舉周魯晉楚宋等國的中央官制，但仍只能限於見於載籍的。

現在存在著一部《周禮》，有一部分人認為書中記載周公制度制定的「組織法」，但另一部分人卻認為是漢朝劉歆偽造的。其實兩說都略嫌過分些。大約以此書成於戰國時較近事實，錢穆先生曾有「周禮著作年代」說之。[4] 此書成書雖晚，但其中還保存若干早期材料，因此《周禮》中的官名和若干職事在別的書中還見過不少。

《周禮》中說，周有六部分職官，分屬天官大冢宰、地官大司徒、春官大宗伯、夏官大司馬、秋官大司寇及冬官大司空，所謂六卿。大冢宰總理一切，號為治官，轄下的屬官則主要是宮內官屬及府藏官員。司徒號為教官，轄下屬官管理教育、賦役稅收、資源、及各級地方官吏。宗伯號為禮官，負責宗教方面的事務，如祭祀占卜之類。司馬號為政官，專司軍事及全國版圖。司寇號為刑官，負責司法，轄下有審訊及刑獄官員，但也兼管賓客往來的事。冬官部分現已亡失，但據別處說，司空負責生產及工程。

這六部分的組織是否完全如此，不得而知。但六官的名稱常見於他書，如：司徒、司馬、司空三者見於《尚書》〈牧誓〉、〈立政〉、〈梓材〉諸篇；司徒及司空見於〈舜典〉及〈洪範〉；司寇見於〈立政〉；《詩》〈小雅・十月之交〉有司徒；〈大雅・緜〉有司徒及司空；冢宰見於《論語》〈憲問〉及《禮記》〈內則〉；宗伯見於《大戴禮》〈盛德〉。《國語》〈周語〉有宗伯、司徒、司空、司寇、膳夫、膳宰、司里、虞人、甸人等職，《周禮》中也都有的。《荀子》〈王制〉有六卿的名號及其執掌，和《周禮》的記載完全符合。而《大戴禮》〈盛德〉：

> 古之御政以治天下者，冢宰之官以成道，司徒之官以成德，宗伯之官以成仁，司馬之官以成聖，司寇之官以成義，司空之官以成禮。故六官為六轡，執此六轡以御天地，與人，與事，謂之六政。

官名及次序都合於《周禮》。照上述看來，六卿大約是有的。不過在春秋時，王朝的輔政官員稱為卿士。

---

4 《燕京學報》，第十一期。

在早期，卿士由大諸侯擔任，如《左傳》定公四年：

武王之母弟八人，周公為太宰，康叔為司寇，聃季為司空，五叔無官，豈尚年哉。

又《左傳》僖公五年：

虢仲、虢叔，王季之穆也，為文王卿士，勳在王室，藏於盟府。

又《左傳》隱公九年：

宋公不王，鄭伯為王左卿士，以王命討之。

不但執政官員由諸侯兼任，其他次要的職位也由諸侯擔任，如《左傳》隱公十一年：

滕侯曰：「我，周之卜正也。」

又如《左傳》襄公二十五年：

昔虞閼父為周陶正，以服事我先王。

但到後期，王的卿士，不再是大而有力的諸侯，如鄭桓公之類。王的卿士落在畿內的單、劉、毛、原等族，因此不特不能「夾輔王室」，還常有爭執。而王室的號令也只能行之於畿內了。

至於各部分的分職，由記載中知道每件工作都有專人負責，例如計算戶口一事，據《國語》〈周語〉：

宣王既喪南國之師，乃料民於太原。仲山父諫曰：「民不可料也。夫古者不料民而知其多少，司民協終孤，司商協民姓，司徒協旅，司寇協姦，牧協職，工協革，場協入，廩協出，是則少多死生出入往來者皆可知也。於是乎又審之以事，王治農於籍，蒐於農隙，獮於既烝，狩於畢時，耨穫亦於籍，是皆習民數者也，又何料焉。」

可以見到各司其事的情形。〈周語〉中另有二節，一節敘王親耕時百官的執事，一節敘述平時料理場工道路及賓客往來事宜。二節都是各官分別執行分內的業務。由此可見，周王室的組織已是極精細的分工制度。

其次再說周的子弟，魯國。魯國的政柄全在季孫氏、叔孫氏及孟孫氏——所謂三桓的手中。季氏世為正卿，昭公出亡後，更是「民知有季氏，不知有君」。季氏之邑占了半個魯國。關於三家職任的分配：孟氏是下卿，權最輕；季氏常守國中，叔孫常奉使四方，所謂「叔出季處」。三卿的官銜則據《左傳》昭公四年：

……吾子（季孫）為司徒，實書名；夫子（叔孫）司馬，與工正書服；孟孫為司空，以書勳。

因此，魯的三卿是司徒、司馬、司空。此外，魯哀公將以妾為夫人，命宗人釁夏獻禮（西元前四七〇年）[5]。文公要躋僖公於廟也須問宗伯夏父弗忌（前六二五）[6]。而孔子做過魯司寇。隱公十一年（前七一二），羽父想做大宰。[7] 由此看來，周的六官全見於魯。

次級的貴族如子服氏、叔氏、臧氏、南宮氏、公父氏諸家則分別執掌其他職務，如《左傳》哀公三年：

> 夏五月辛卯、司鐸火。……南官敬叔至，命周人出御書俟於宮，曰，庀女而不在死。子服景伯至，命宰人出禮書以待命，……校人乘馬，巾車脂轄，百官官備，府庫慎守，……公父文伯至，命校人駕乘車。……

可見南宮氏等家都有發號施令的權力，而在這一段記載中有宰人、校人、巾車等官，也都是《周禮》中的官名。

魯的官名最與周制相近，的確可說「周禮盡在魯矣」。

鄭國也是周的子弟國。根據《左傳》，鄭有司馬、司徒及司空。[8] 西元前五二三年，鄭國大火，子產命令各官執事，其中有司寇、祝、史、府人及庫人。[9] 這些官名也都與《周禮》的六官及其官屬相協，因此也不妨假定鄭國的官制同於周制。不過，鄭國的政府中常有一位代君攝政的「當國」（縱然國君的年紀並不小），再有幾位正式執政的卿。如西元前五六二年，子駟「當國」，子國為司馬，子耳為司空，子孔為司徒。同年，經過一次政變後，子孔「當國」，載書以位序，聽政辟。[10] 西元前五五三年，又一次政變造成子皮當國、子產聽政的局面，[11] 可見每經一次政變，鄭國必產生一位僭君，根本不理睬正式國君，而號為當國；再由其他卿大夫執政。這個局面遠比魯國三桓當政的情形為亂。直到子產，局面才算安定，但他統治的時代仍是相當崇尚權術的。

宋似乎也有六官，見於《左傳》的有司徒、司城（即司空、為避武公諱改）、司馬、司寇。[12]

宋制中有時叫大司馬、大司徒、大司寇；而同時又有少司寇及少宰，[13]這是《周禮》「天

5《左傳》哀公二十四年。
6 同上，文公二年。
7 同上，隱公七年。
8《左傳》襄公十年。
9 同上，昭公十八年。
10 同上，襄公十年。
11 同上，襄公十九年。
12 同上，文公六年、十六年，成公十五年，襄公九年，昭公二十二年，哀公二十六年。
13《左傳》成公十五年，昭公二十二年。

官」和「秋官」的官屬，輔佐大冢宰及大司寇的官員，秩中大夫。因此，宋國的官制也是和周制相合的。不過，宋的卿中有一個左師和一個右師，[14]而且權階特高，相當於執政的正卿，這是別國所無的。

晉是春秋最重要的一個國家。她雖然也是周的子弟國，但其官制比較特別。雖然晉也有司空，[15]但位高而權不重。六官的其餘五官又未一見。因此晉似並未採用周制。晉制中有兩個位置極高的官職——太師及太傅，其權可以選擇執國政的中軍帥，如西元前六二〇年，晉蒐于夷，使孤射姑將中軍而趙盾佐之，但太傅陽處父又改以趙盾為中軍帥，趙盾「始為國政」，立下規模，然後「以授大傅陽子與大師賈佗，使行諸晉國，以為常法」。[16]可見這兩個職位相當於元老。

晉官制是和軍事組織相合的。曲沃武公（前六七八）時，晉只有一軍。[17]晉獻公時是二軍。[18]晉文公時有三軍，[19]每軍各有將佐，共六卿，而以中軍將為元帥，從此以後，中軍帥就是晉的執政正卿，如前述的趙盾。卿是軍帥，而真正治軍的則是尉及司馬，[20]再加上御戎、右乘馬等官，合稱為「六正，五吏，三十帥，三軍之大夫，百官之正長」。[21]每軍的大夫也可稱為「輿大夫」。此外，卿的適子稱為「公族」，餘子稱為「餘子」，庶子稱為「公行」，統歸「公族大夫」管理教育。[22]由上所述，可見晉所行是徹底的政軍合一制。

說到楚的官制，因為材料缺乏，頗不可考。但從《左傳》及《國語》中楚的官名看來，楚雖有太宰、[23]少宰[24]及大司馬；[25]但太宰伯州犂是晉亡人，秩似不尊；少宰則沒有名字，似也非重要人物。「蔿子馮為大司馬」之下，還有「公子櫜師為右司馬，公子成為左司馬」，也與《周禮》及中原各國不同。楚的首相稱為令尹，別的貴官還有右尹、左尹、工尹、中廄尹、監

---

14 同上，僖公九年，文公六年，成公十五年，襄公九年，昭公二十二年，哀公二十六年。

15 同上，莊公二十六年有士蔿，成公十八年有右行辛。

16 同上，文公六年。

17 同上，莊公十六年。

18 同上，閔公元年。

19 同上，僖公二十七年。

20 同上，成公十八年，襄公三年、十六年。

21 《左傳》襄公二十五年。

22 同上，宣公二年，成公十八年。案：晉群公子在獻公時完全被殺，此後晉公子皆質居外國。因此晉的「公族」、「公行」只能由卿族充數。晉在春秋中獨無公族當國現象，此是一因。但晉諸卿強大，公室仍難免被三家所分。

23 同上，成公十六年。

24 同上，宣公十二年。

25 同上，襄公十五年。

馬尹、宮廄尹之類；而地方首長也有稱「尹」的，如蔿尹、連尹、沈尹，或則稱「公」，如鄖公、蔡公、白公之類。由這些名號看來，楚的官制截然不同於中原，完全是另一套。楚與中原是不同的民族，有此現象，實不足為異。

此外，其他國家，如秦齊，其官制可考者極少。但齊有國、高二卿，地位最高，管仲稱為「天子之二守」。[26]由此推考，大約周初分封建國，每國有一二卿是王室直接委任的，故地位較普通的卿要高些。

三、地方組織

上節說的是各國中央官制，本節則擬一說地方組織。由於春秋實行封建制度，因此在中央以下，可分卿大夫貴族的采邑，及地方基層的組織兩部分，分別加以探討。

大體說來，春秋時除王都近畿直屬於王，各國國都附近屬於國君以外，其餘地方都各有封主。王及國君除能享直屬地的收入外，只能分享到封主們進貢的瀝餘。封主可以收取封邑的收入，平民百姓自食其力或做公務員。《國語》〈晉語〉所謂：

公食貢，大夫食邑，士食田，庶人食力，工商食官，皁隸食職。

雖說按照規定，貴族封邑的大小有一定等差，所謂「上國之卿，一旅之田；上大夫，一卒之田」。[27]但事實上頗不一律，例如晉韓宣子貴為上卿，依然憂貧，叔向對他說：「昔欒武子無一卒之田，其宮不備其宗器，……郤昭子其富半公室，其家半三軍。……」[28]可見貧富相去之遠，其原因有的是兼併，有的是賞賜，因此晉國「五卿八大夫」的封邑廣達四十九縣，可出「十家九縣，長轂九百，其餘四十縣，遺守四千。」[29]祁人、羊舌二家的封沒收後，祁氏之田建有七縣，羊舌氏之田建有三縣[30]，其廣大可知。

如此廣袤的地區，簡直使每家卿大夫都等於一個小國，三家分晉就是這種局面的極端化。每家的封邑除了須納貢出軍外，封主有權自行委派地方官，如《左傳》成公十七年：

初，鮑國去鮑氏而來，為施孝叔臣，施氏卜宰，匡句須吉。施氏之宰有百室之邑，與匡句須邑，使為宰，以讓鮑國而致邑焉。

26 同上，僖公十一年。

27 《國語》〈晉語〉。

28 同上。

29 《左傳》昭公五年。

30 同上，昭公二十八年。

孔子的弟子中即有不少這種「宰」，[31]最有名的如子游，即做過武城宰，結果武城絃歌不輟，孔子因此大為高興，可見宰實是親民之官，所謂「有民人焉，有社稷焉」。[32]由於宰是封主委派的，因此邑宰只忠於主子而不睬國君，如《左傳》隱公元年：

> 夏四月，費伯帥師城郎，不書，非公命也。

又如前引《左傳》定公十二年，公斂處父為了忠於孟氏而拒命不墮成。這種情形下，封主常挾邑自重，如《左傳》成公十四年：

> ……孫文子自是不敢舍其重器於衛，盡寘諸戚而甚善晉大夫。

演變到後來，邑宰強大，甚至敢於反叛封主，如西元前五二九年，魯的南蒯城費之後叛季氏；[33]西元前四九七年，子路墮三都，公山不狃、叔孫輒也率費人以襲魯；[34]西元前四九九年，侯犯據郈叛叔孫氏；[35]西元前五五八年，成宰公孫宿也公然拒孟氏。[36]其演變之極，即所謂陪臣執國命，西元前五〇〇年左右，陽虎即曾成為魯國實際上的統治者，而其根據地之一，據《左傳》定公七年說：

> 齊人歸鄆、陽關，陽虎居之以為政。

換而言之，陽虎盤踞要地以挾制全國。這是魯國的情形，但其他各國的情形當然也可以類推了。

再說地方的基層組織，也許不論公邑采邑，其組織都差不多。因為據《周禮》說，王畿有六鄉六遂的組織，各國如何不得而知，但在他書中都可見到此類組織中的官名，因此似不妨假定各處的地方基層組織有相似之處。

據《周禮》〈地官・大司徒〉：

令五家為比，使之相保；五比為閭，使之相受；四閭為族，使之相葬；五族為黨，使之相救；五黨為州，使之相賙；五州為鄉，使之相賓。

各級的長官依次是鄉師、州長、黨正、族師、閭胥及比長。遠郊或「野」也有相同組織，但名稱叫做遂，據《周禮》〈地官・遂人〉：

遂人掌邦之野，以土地之圖經田野，造縣鄙形體之法：五家為鄰，五鄰為里，四里為酇，五酇為鄙，皆有地域溝樹之，使各掌其政令刑禁，以歲時稽其人民而授之田野，簡其

31 閔子騫、子羔做過費宰，子夏做過莒宰，子游做過武城宰。
32 《論語》〈先進〉。
33 《左傳》襄公七年，昭公十二年。
34 同上，定公十二年。
35 同上，定公十年。
36 同上，襄公十四年。

兵器，教之稼穡……。

各級的長官是遂師、縣正、鄙師、酇長、里宰及鄰長。

這些組織在當時似確曾存在。如《論語》〈里仁〉：「子曰，里仁為美。」〈雍也〉：「子曰，毋以與爾鄰里鄉黨乎？」〈子罕〉：「達巷黨人曰，大哉孔子！」〈鄉黨〉：「孔子於鄉黨，恂恂如也，似不能言。」〈衛靈公〉：「言不忠信，行不篤敬，雖州里行乎哉？」有了鄰、里、黨、州、鄉的名目。此外，又如《左傳》襄公七年：「南遺為費宰，叔仲昭伯為遂正，欲善季氏而求媚於南遺，謂遺，請城費，吾多與爾役。故季氏城費。」又襄公九年：「……令遂正納郊保，……二師令四鄉正敬享。」可見供役保鄉都是地方上鄉遂的任務，相當於現在鄉鎮公所常要應差的情形。

根據《國語》〈齊語〉，管子把齊國劃為二十一鄉，五家為軌，十軌為里，四里為連，十連為鄉，分劃的數字不同於《周禮》所說，但也可說是保甲式的地方組織。

大約，保甲式的組織在中國久有傳統，到了秦漢依然有亭以下的組織，而後世的「保正」也正是這類基層工作人員。因此，若春秋有這種組織也是可能的。

四、軍制

先說各級的軍備比例。春秋時一向有一個說法，認為天子是六軍，諸侯大者三軍，《左傳》襄公十四年：

> 晉舍新軍，禮也。成國不過半天子之軍，周為六軍，諸侯之大者，三軍可也。

因此《周禮》〈夏官〉敘官：

> 凡制軍，萬有二千五百人為軍，王六軍，大國三軍，次國二軍，小國一軍，軍將皆命卿。二千有五百人為師，師帥皆中大夫。五百人為旅，旅帥皆下大夫。百人為卒，卒長皆上士。二十有五人為兩，兩司馬皆中士。五人為伍，伍皆有長。

這種編制在左傳及他書中頗見其名目。「軍」字的例極多，如上文所引一節即是。師與旅，如「君行師從，卿行旅從」，[37]及「有眾一旅」。[38]又《詩經》有「我師我旅」。[39]卒及兩，

37《左傳》定公四年。
38同上，哀公元年。
39〈小雅・黍苗〉。

如《左傳》有「以兩之一卒適吳，舍偏兩之一焉」。[40]又有「鄭伯使卒出……」。[41]伍，如「伍列登城」，[42]俱足為證。

所謂「大國三軍，次國二軍，小國一軍」，也有其根據。魯國雖是周公之後，但春秋時不大不小，只可算次國，因此有二軍（魯立三軍是另一事）。晉在曲沃時只有一軍，所謂「王使虢公命曲沃伯為諸侯」。[43]獻公時是上下二軍，「公將上軍，太子申生將下軍」。[44]因為曲沃時始為諸侯，只能算小國；獻公時，晉始大，可以循次國的例立二軍了。

但是這種規定，事實上不易長久遵守，如魯三桓即為了分公室的賦役而作三軍，《左傳》襄公十一年：

> 春，季武子將作三軍，告叔孫穆子曰，請為三軍，各徵其軍。……正月作三軍，三分公室而各有其一，三子各毀其乘。季氏使其乘之人以其役邑入者無徵，不入者倍徵。孟氏使半為臣，若子若弟。叔孫氏使盡為臣。

叔孫穆子最初反對這事，理由即是「我小侯也，……若為元侯之所，以怒大國，無乃不可乎？」[45]可見三軍是「元侯之所」。這是西元前五六二年的事。二十五年後，魯又回復二軍的建制，但用意不在復古，《左傳》昭公五年：

> 初舍中軍，卑公室也。……四分公室，季氏擇二，二子各一，皆盡徵之而貢于公。

季氏竟乾脆占去半個魯國。

晉國更是由一軍、二軍，一變而為三軍（前六三二），加上「三行」（前六三二），再變為五軍（前六一八），以至增為六軍（前五八七），簡直就僭了天子的軍數。至於周天子則恰巧相反，在周初號為「六師」（軍、師散文則通），如《尚書》〈泰誓〉，《詩》〈大雅〉的「常武」及「文王」、「棫樸」都曾見之。東遷以後就不能如此排場了，西元前七〇六年，周伐鄭，以天子之軍加上蔡、衛及陳還敵不過鄭。這一役，天子中箭，周喪盡面子，從此王室一蹶不振，沒有再見過「王師」的記載，大約六軍之數早已不備了[46]。

前引《周禮》〈夏官〉的記載以人數為計。但在別書中看來，計算兵力似以車乘為單位，例如《詩》「采芑」：「其車三千」；〈閟宮〉：「公車千乘」；《論語》中動輒說「千乘之國」。

---

40 《左傳》成公七年。
41 同上，隱公十一年。
42 《左傳》昭公十八年。
43 同上，莊公十六年。
44 同上，閔公元年。
45 《國語》〈魯語〉。
46 《左傳》桓公五年。

以周六軍，魯二軍計算，大約每軍是五百乘。但揆之春秋中幾次大戰役，一國出動兵力很少超過千乘。如西元前六三二年，晉楚城濮之戰，晉軍力七百乘；[47]而西元前五八八年，晉齊鞌之戰，晉軍力八百乘；[48]西元前四八三年，吳齊艾陵之戰，齊全師覆沒，有革車八百乘，甲首三千。[49]可見春秋時各國使用的兵力並不算大。

前人對於車乘和人數的比例，即每乘配屬的人數，曾引起許多爭議，至今仍是聚訟之點。前人的說法很多根據車和徒同見記載時的數字推算，因此多扞格不通之處。若照殷墟發掘的殉葬車看來，每乘同時發現十具人骨，[50]因此，每車大約配屬十人。大凡作戰時除車兵外，使用步兵的數字須視地形而定，如晉伐狄，為了山地作戰即「毀乘作行」，吳越作戰向以步兵為主；故以戰役中步卒和車乘的數字相除，難怪不易有統一的結果。若根據天子六軍，諸侯三軍的編制推算，則更係忽略了一個春秋兵制的特點。其實，春秋時的軍數，其意義與其說代表作戰武力，毋寧說代表丁壯數字及隨之產生的賦役稅收。關於這點，在前引《左傳》襄公十一年及昭公五年，魯置舍中軍二節中足以充分表現，由這兩節可以看出三家的用意在於「徵」賦，而不在掌握若干軍隊。

為了解這一意義，必須先就軍制與地方組織的關係作一說明。據《周禮》的記載，人民有服兵役的義務，平時照前節地方組織中的系統編為鄉遂；若一旦有事，各級官長即刻轉為軍隊首長，如《周禮》〈地官・小司徒〉：

乃會萬民之卒伍而用之，五人為伍，五伍為兩，四兩為卒，五卒為旅，五旅為師，五師為軍，以作田役，以比追胥，以會貢賦。

這種編制，由殷墟殉葬衛隊的人數可以證「卒」以下在殷時似亦如此。[51]平時的地方首長，據《周禮》說，都有統兵的義務，例如〈地官・鄉師〉：

大軍旅會同，治其徒役與其輂輦，戮其犯命者，……凡四時之田，……簡其鼓鐸旗物兵器，修其卒伍，及期以司徒之大旗致眾庶而陳之以旗物，辨鄉邑而治其政令刑禁，巡其先後之屯，而戮其犯命者，斷其爭禽之訟。

其他州長、黨正、族師、閭胥、比長，以及遂人、縣正、鄙師、酇長、里宰、鄰長的職務中也都有相似記載，茲不贅引，可見在軍旅田役時，地方首長就搖身一變為民兵司令官了。

人民有服兵役的義務，因此平時對於人口統計必須徹底施行，前節官制中所引《國語》〈周

47 同上，僖公二十八年。

48 同上，成公二年。

49 同上，哀公十一年。

50 據石璋如先生，〈小屯C區的墓葬群〉（《中央研究院歷史語言研究所集刊》，第二十三本）。

51 據石先生文，其詳請參閱拙作〈周禮中的兵制〉（原載《大陸雜誌》，卷九，第三期，收入本書頁二八三—三〇三）。

語〉仲山父說，「不料民而知其多少」，即由於在四時田獵中加以統計。上引〈地官・鄉師〉也足以說明此點，而平時死生也須登記，因此《周禮》〈地官・鄉大夫〉：

以歲時登其夫家之眾寡，辨其可任者（案，指可以用的），國中自七尺以及六十，野自六尺以及六十有五皆徵之（案，唐賈公彥據《韓詩外傳》以為六尺是十五歲，七尺是二十歲）。其舍者，國中貴者、賢者、能者、服公事者、老者、疾者，皆舍。以歲時入其書。

可見人民服兵役及納稅的年齡是二十至六十或十五至六十五。應召參加軍隊編制的，則是每家一人，《周禮》〈地官・小司徒〉：

凡起徒役，毋過家一人，以其餘為羨，唯田與追胥竭作。

由此可知，軍隊的組織包含每家一個壯丁。這些壯丁平時還有服勞役的義務，有時為公家築城，如前引《左傳》襄公七年，叔仲昭伯派役城費。有時要替貴族打雜差，如《左傳》襄公二十三年：

冬，十月，孟氏將辟，籍除於臧氏，臧孫使正夫助之。

有軍籍的壯丁同時也代表力役之徵及貢賦，利之所在，也就難怪三桓要把持魯國的三軍了。

民兵是農民，必須加以適當的軍事訓練才能在戰時使用。根據史料看來，春秋時軍隊的訓練主要寓於田獵，前引《周禮》〈地官・鄉師〉的職務中就曾說到田獵時用軍法部勒。此外，〈夏官・大司馬〉中曾說到四季的田獵前先舉行軍事訓練。前節官制中所引《國語》〈周語〉

有「蒐於農隙，獮於既烝，狩於畢時，耨穫亦於籍，是皆習民數者也」一段，可見狩獵的意義在於點檢民兵。晉國每次改易軍帥必在大蒐之時，正由於大蒐或大閱即是全國軍力的總校閱。《詩》〈小雅・車攻〉所謂：「東有甫草，駕言行狩。」「之子于苗，選徒囂囂。」《左傳》桓公六年：「秋，大閱，簡車馬也。」《左傳》昭公八年：「秋，大蒐于紅，自根牟至于商衛，革車千乘。」《穀梁傳》昭公八年：「因蒐狩以習用武事，禮之大者也。」《公羊傳》莊公八年：「出曰祠兵，入曰振旅，其禮一也，皆習戰也。」都指的用田獵校閱訓練軍隊。

除了國中民兵外，貴族的釆邑遇有事時也須遣軍應召，《左傳》昭公十六年所謂：

為嗣大夫，……有祿於國，有賦於軍。……

即指此事。貴族封邑的兵力相當可觀，如晉卿韓及羊舌二氏，十家九縣即有長轂九百，而其餘五卿八大夫的四十縣也可「遺守四千」。因此貴族出些軍隊並不在乎。《詩》〈小雅・出車〉：「我出我車，於彼牧矣；自天子所，謂我來矣。」即是詠勤王之事。

此外，貴族子弟本身即須從軍，因此《周禮》〈天官〉中有「宮伯」：「掌王宮之士庶子凡在版者」。〈夏官〉中有「諸子」：「掌國子之遊倅，……國有大事，則帥國子而致於太子，惟所用之。若有兵甲之事則授之車甲，合其卒伍，置其有司，以軍法治之，凡國正弗及。」由最後二句可見這支近衛軍享有異常的特權，而其構成分子——國子——實即卿大夫的子弟。貴族子弟軍在國內守衛宮廟重地，《禮記》〈文王世子〉：

公若有出疆之政，庶子以公族之無事者守於公宮，正室大廟，諸父守貴宮貴室，諸子諸孫守下宮下室。

在出征時，這也是一支可信的部隊，如西元前六二一年，城濮之戰，楚軍主力是親軍東西兩廣之一——「西廣」、太子的衛隊「東宮」，及楚王若敖支下的王族「若敖之六卒」。[52]西元前五七四年，鄢陵之戰中，晉侯的左右是「欒范之族」，楚國方面也是「楚之良在其中軍王族而已」。所以苗賁皇建議晉侯「請分良以擊其左右，而三軍萃於王卒」。[53]貴族子弟軍的重要也就可知了。

五、司法

關於春秋時的法律觀念及制度，若照《周禮》說，簡直是非常進步的。如法律須公布十日，州長須時常讀「法」，有專門掌理司法的秋官官屬——各鄉遂都鄙有鄉士、遂士、縣士及方士主持審訊，諸如此類。

但凡此諸點都極成問題，春秋時似尚不見公布成文法及司法與行政分立的情形。《周禮》一書被人懷疑為烏托邦之作就在此等處。

春秋時與其說有法律，毋寧說有刑律，因此西元前五三五年，鄭人鑄的是「刑書」；[54]西元前五一二年，晉人鑄的是「刑鼎」；[55]叔向諫子產只稱「刑辟」，不見「法」字。[56]法的觀念直須到戰國法家起時才出現。講到「法」的老祖宗還當推魏國李悝的《法經》。刑的種類，據《國語》〈魯語〉有：

大刑用甲兵，其次用斧鉞，中刑用刀鋸，其次用鑽笮，薄刑用鞭扑：以威民也。故大者陳之原野，小者致之市朝，五隱三沒，是無隱也。

其中說到刑的用意是「以威民也」，充分說明刑律只是統治人民的工具而已。

據《周禮》〈大司徒〉、〈大宗伯〉、〈大司馬〉及〈大司寇〉等職文，都有「正月之吉，縣法於象魏」的話，但這點大約是戰國時法家重「法」、重「信」的事。在春秋時，「威民」的觀念下，法律的公布對統治者並不有利。春秋末期，鄭、晉兩國先後發生過兩件公布刑律的

52《左傳》僖公二十八年。
53同上，成公十六年。
54《左傳》昭公六年。
55同上，昭公二十九年。
56同上，昭公六年。

事，就惹動了許多批評，如《左傳》昭公六年：

二月，鄭人鑄刑書，叔向使詒子產曰：「始吾有虞於子，今則已矣。昔先王議事以制，不以刑辟，懼民之有爭心也。……民知有辟，則不忌於上，並有爭心，以徵於書而徼倖成之，弗可為矣。夏有亂政而作禹刑，商有亂政而作湯刑，周有亂政而作九刑，三辟之興，皆叔世也。」

而《左傳》昭公二十九年：

冬，晉趙鞅荀寅帥師城汝濱，遂賦國一鼓鐵，以鑄刑鼎，著范宣子所為刑書焉。仲尼曰：「晉其亡乎？失其度矣。……而為刑鼎，民在鼎矣！何以尊貴？貴何業之守？貴賤無序，何以為國？……」

叔向和孔子的議論最足以代表統治者的意見。

說到司法行政分立的問題，春秋時各國確有負責刑罰的司寇或司敗，但地方則似乎還沒有專理司法而與行政官員屬於完全不同系統的官員，例如前面提到的鄉士之類。舉例說，《左傳》昭公二十八年，晉梗陽人有獄，先由「梗陽大夫」魏戊審理，魏戊辦不下，才又把官司打到執政的魏獻子處。由這件事可以看出，「大夫」——即地方官——是有權兼理訴訟的。

春秋時，貴族和平民完全是差別待遇，所謂「禮不下庶人，刑不上大夫」。高級貴族之間發生爭執時，自己並不出庭，而由較低的臣屬為代表參加辯論，如《左傳》僖公二十八年，衛侯與元咺打官司，衛侯方面由「寧武子為輔，鍼莊子為坐，士榮為大士」。衛侯敗訴，代表們甚至代他受刑，殺士榮，刖鍼莊子。又如《左傳》襄公十年，周王叔陳生和伯輿打官司，也使「王叔之宰與伯輿之大夫瑕禽坐獄於王庭」。

貴族若真有了罪，大體自殺了事。若不由刑死，子孫仍能保留爵位和官職。所以西元前六六二年，魯子牙奉命自殺時，使者對他說：「飲此則有後於魯國，不然，死且無後。」[57]公子牙死後，子孫即叔孫氏，也為魯國次卿。公子牙的老兄公子慶父在西元前六六〇年也因罪自縊，[58]他的後代孟孫氏也世為魯卿。又西元前五九七年時，宋司城公孫壽請求把官讓給兒子意諸，「告人曰，君無道，吾官近，懼及焉。棄官則族無所庇。子，身之貳也，姑紓死焉。雖亡子，猶不亡族。」[59]這種情形當然只能歸之於「情」，而不能說是「法」了。

57《左傳》莊公三十二年。
58 同上，閔公二年。
59 同上，文公十六年。

六、總結

由上所述，本節可作一概述。

周的封建實是本時代的重要特性，周天子分封出若干子弟功臣作諸侯，諸侯建立一個城邑作為中心，再分封自己的子弟或功臣在附近建城，成為若干小中心，即是卿大夫的采邑，卿大夫還可把土地分給屬下的武士們。大夫向所屬的卿服從，卿向國君服從，國君又向天子服從，構成一個寶塔形的結構。下一級只對上一級服從，對自己的采邑之內則具有絕對的權威。自天子以達於士，上下之間的關係主要有賴於宗法上宗子的權威維持，周天子是天下的宗主，諸侯是一國的宗主，而卿大夫是一氏一家的宗主。周道親親，可作如是解。

說到官制，周及其子弟國似都有六官的建制。但更須注意的是政治上的現象而不是制度。此時政治上最常見的現象是政權握於若干巨室，而這些巨室又常是公族的子弟中某幾家世襲的。這一點與周的政治家族化——宗法有其淵源。至於晉，則由於公族盡被獻公殺光，而此後公子們也大都居住國外，因此政治已脫開公族化現象，而與軍事組織相合，但到底仍為幾個世族所保持。楚的官制較特別，原因是楚的民族和中原不同。

說到地方，封君對於采邑有絕對的主權，可以收稅徵役，編練軍隊，委任官吏，儼然一個小國家。地方的基層似有保甲式的組織。春秋時行徵兵制，而平時也須向人民徵取稅役，因此保甲式的組織是必需的。

說到軍制。按照制度說，天子和各國間的軍備有一定比例。但軍備比例之不易維持長久，大約古今中外並無例外。因此這一規定到後來可說完全沒有意義了。春秋作戰以車為主，《周禮》的軍卻以人為計，由魯三桓分公室三軍的故事看來，軍籍的意義也許在稅收而不在武力的編制。春秋行徵兵制（中國在東漢以前向以徵兵為主，募兵是東漢開始的），由於一家出一壯丁，因此軍籍恰可代表戶籍。民兵雖多，但作戰時最得力的是平素受武士教育的貴族子弟，貴族子弟常成族出戰的現象，這點大約也與宗法有關。

說到法律，由於這一時期有相當清晰的治人者及治於人者兩級，因此治人者完全以「威民」為目的。在這一觀念下，刑只不過統治的工具而已。對於貴族則不同，由於「親親」之誼，對於犯法的貴族用刑之外仍須顧到情面。至於不分等差的「法」，在春秋時是沒有的。

（原載《中國政治思想與制度史論集》）

戰國的統治機構與治術

討論到「統治機構與治術」，很容易引起「官僚制度」的聯想，因此必須先將「官僚制度」一詞加以界說。官僚二字，應解釋為官員及其僚屬，其中自然而然地隱含著一群人有組織的、按著一定規則、執行管理的工作。本文重點，即在考察在戰國時代，這種統治機構的特點及其濫觴，如果後世所謂「官僚制度」已有端倪，其發展程度又如何。下文除了一些似乎已付之實施的政制外，也討論若干戰國時代的政治理論，因為理論的出現至少表示了環境的需要；而且有不少時候，理論只是對於制度演化的一種說明及解釋。如果理論屬於後一類，理論將不再是烏托邦，毋寧更是現實情勢的反映。

遠在西周，由金文中的史料看來，中央的政府似乎已包含一些可以認為後世統治機構的特質，例如僚屬的存在，助手的可能升遷為主官、公室與私門的分野，以至職權的說明，但是跡象都若隱若現，不易據為定論。[1]東周以後，春秋列國的制度顯然不同於西周，其演變為戰國

1 Cho-yun Hsu, "Some Working Notes on the Western Chou Government"（台北，《中央研究院歷史語言研究所集刊》，第三十六本，一九六五）。

制度，似乎又經過了一番迂迴的途徑。

一、戰國政治的背景

戰國政制的背景，將詳見於上古史第四本各題及第五本的相關各題，尤其要緊的是「列國的相互關係」、「封建的解體」、「貨幣經濟與商業活動」諸題。為了行文清楚，此處只需將若干重要的節目點明，而且凡以春秋與戰國作對比時，並不意味為兩個時期間的制度有一突然轉變的轉捩點，凡所對比，都毋寧是各種特性最盛時的程度與性質。

第一個要注意的，是春秋時代世卿制度的變化。本文作者曾經對此有過專題討論，發現卿大夫的世家，自春秋中葉以後，數量逐漸減少。用數字來說明《左傳》中所見強宗大族，由西元前五七二至前五四三年的二十三個，逐步跌到西元前五四二至前五一三年的十四個，西元前五一二至前四八三年的十三個，以至西元前四八二至前四六四年的七個。[2]

這些世卿家族的式微，大半都是互相併吞鬥爭的結果。最具代表性也最具戲劇性的例子，是晉國各卿大夫家族的鬥爭：最先是狐氏的消失於政治舞台（前六二一）；[3]然後是三郤的一時覆滅；[4]范氏又出頭把欒氏趕出了晉國（前五五二）；[5]祁氏和羊舌氏在西元前五一四年覆亡，土地被韓、趙、魏及智氏瓜分了；[6]二十二年後，范氏、中行氏也完了，[7]最後，在西元前四五四年，韓、趙、魏又合力把最強大的智伯消滅。[8]這一類的爭奪，春秋各國所在多有，此處也毋須再作贅述。[9]

殆及戰國之世，春秋的世家大族，除了少數變成諸侯，做了真正的國君外，幾乎都已煙消雲散，不再見於史乘。[10]因此，春秋世卿的消失，在社會意義上說，是整個一個階層的絕跡；

2 許倬雲，〈春秋戰國間的社會變動〉（同上，第三十四本，下冊，一九六二），頁五六五、五七一。

3 《春秋左傳正義》（四部備要本），文公六年，卷一九，頁五上—六上。

4 同上，成公十七年，卷二八，頁一三。

5 同上，襄公二十一年，卷三四，頁八下；襄公二十三年，卷三五，頁五—六、一〇下。

6 同上，昭公二十八年，卷五二，頁一四上。

7 同上，定公十三年，卷五六，頁七—八；定公十四年，卷五六，頁九—一〇上；哀公二年，卷五七，頁五下—八；哀公五年，卷五七，頁一二。

8 《國語》（四部備要本）〈晉語〉，卷一五，頁七下—一〇上；《史記》（四部備要本）〈周本紀〉，卷四，頁二五下。

9 關於這一現象，作者曾有詳細的敘述，請參看Cho-yun Hsu, *Ancicnt China in Transition*（Stanford, Stanford University Press, 1965）, Chap. IV.

10 同上，Chap. V, p. 89.

也就是說社會階層結構的重新排列。[11]若以政府組織的觀點看，這些世家大族原占的統治階層，應當有一些新的成分加以代替。他們的性質及職權，自然都不同於世卿，下文將就這一點細加討論。

另一個要討論的背景，是戰國國家性質與春秋諸國性質的不同。春秋初期和中期的各個封建國家，一級一級分封，所謂「側室」、「貳宗」，把全國切割成無數的采邑，每一個大夫，都是采邑的領主，一身兼為地主和地方官。大夫私屬的官員，主要是邑宰和總管家務的家宰，此外還有一些史官、祝官，及管軍隊的司馬。[12]這些邑宰和管家，要掌握的地區不致很大，春秋的普通國家，如魯、衛之類，不過占今天二、三縣分的面積，而一個大夫的「邑」可以多達數百。據說管仲曾經削減過一位大夫的三百個封邑；一件銅器的銘文顯示了一次錫邑二百九十九個的事；另一件銅器也提出了二百個「縣」的記載。[13]由此推想，每一個邑宰管理的區域大都異常小，其範圍大致與普通的村落相去不遠。邑宰的職務，在春秋末葉以前，恐怕也不過是監督傜役、收集倉儲一類，性質上與管莊的莊頭相去也差不多。因此之故，即使大封君的家臣——「老」——，並不夠資格轉任小國家的大夫。[14]

比及戰國之世，分散的政治制度演變成七個大國及五、六個較小的勢力。每一個國家都有相當今日中原一、二省的疆域，大國滅國多達數十個，兼有數圻，[15]地域大了規模便與小國寡民時不同。簡單如運輸各處繳納的田糧，在數目大時，距離遠時，也會變成很複雜的事。舊日管家莊頭式的邑宰家臣，勢須面臨性質上的改變，改變成下文討論的官員與僚屬。

第三點背景，是春秋與戰國兩時期列國間關係的不同。春秋時期多的是列國相砍相殺，多的是攻弱兼小，然而至少在理論上，華夏諸邦是一個家屬的集團，所謂異姓是舅，同姓是伯叔，不為親戚，即為婚媾。春秋的戰爭，雖有逐漸變大拖長的趨向，在大體上說，規模不算很大，戰勝者也不為已甚。[16]因此，春秋時代各國的競爭，並不如戰國時代的競爭激烈。戰國時代，號為戰國者七，縱橫捭闔，波譎雲詭，在這種險惡的情勢下，各國都必須集中一切力量，

11 許倬雲，前引文，頁五六六。

12 張蔭麟，〈周代的封建社會〉（《清華學報》，卷五，第四期，一九三五），頁八二八。

13 《論語注疏》（四部備要本）〈憲問〉，卷一四，頁三上；容庚，《商周彝器通考》（北平：哈佛燕京學社，一九四一），頁五〇二、五〇九。

14 《論語注疏》〈憲問〉，卷一四，頁三上。

15 顧棟高，《春秋大事表》（《皇清經解續編》本），〈列國爵姓及存滅表〉，卷五，頁一—五。

16 顧炎武，《日知錄集釋》（台北，世界書局，一九六二）上冊，〈周末風俗〉條，說明春秋與戰國的差異，也正表示兩個時代精神的不同：「如春秋時，猶尊禮重信，而七國絕不言禮與信矣；春秋時猶宗周王，而七國絕不言王矣；春秋時猶嚴祭祀，重聘享，而七國則無其事矣；春秋時猶論宗姓氏族，而七國則無一言及之矣；春秋時猶宴會賦詩，而七國則不聞矣；春秋時猶有赴告策書，而七國則無有矣。邦無定交，士無定主。」卷一三，頁三〇四。Cho-yun Hsu, *Ancient China in Transition*, Chap. II, VI.

為生存而鬥爭，一毫的差池，會影響國家的命運，於是各國不能不極度注意、合理的使有才能之士發揮力量。貴族政治有許多成分不算是合理的，例如以出身任官，以地位決定權力，戰國時代的各國玩不起這一套花樣。一個合於理性的治理機構，也許就該數到官僚制度了。

第四點有關戰國官僚制度的背景，是一群職業性文士和武士的出現。在孔子的時代以前，雖然平民的幸運者，也未嘗不可能有若干機會進入統治階層的較低層位，絕大多數的學者和武士是貴族，而貴族通常必須是文武兼資的，[17]隨著春秋社會的變遷，許多世卿大族失去了地位，原本附屬於這些世族的「士」，失去了固有的職務，只好待雇於新的主人，他們的子孫，也許也從家庭教育獲得了「士」的訓練，然而不能像以前一般有所謂「定主」，於是構成一個近於游離的職業人士。[18]最初，這一集團中的分子，大約以武士為多數。晉國的貴族欒氏，在政爭中失敗了，他家的武士知起、中行喜、州綽、邢蒯都逃到齊國去，變成了齊君的帳下勇士，這一個例證，不僅說明了「士」在春秋晚期的轉移，由他們的氏名，還可以看出他們本來出自晉國其他貴族，如知氏、中行氏，這也恰可表示，庶孽子弟受雇於別的貴族，已是很普通的事。[19]戰國的官僚制度，須有一群有能力而缺乏本身社會地位的人士，這一群挾技以餬口於四方的人，自然正是各種政府職位的候選人。

事務的繁複與影響的重大，使君主不能不漸漸注意用人惟賢。封建制度的解體，也產生了待補之缺及一群等待補缺的人。然而待價而沽的觀念，雖然在孔子時代已有了，更發達的商業活動，無疑可以使這一個觀念更具順理成章的環境。城市的出現，使人口比較集中，這一群待價而沽的游士，在挾技未售的時候，可以有一個寄生的場所，雇主也可以有一個較為集中的人材市場，從中挑選適用的賢人。

二、戰國時國君的地位

國君是一國之首，然而在春秋時代的封建結構下，國君的主權似乎很有限。卿大夫們，在關係上是國君的宗親昆弟，在身分上與國君相去不過一肩。在《左傳》上因此有這種記載：

天子有公，諸侯有卿，卿置側室，大夫有貳宗，士有朋友，庶人、工、商、皂、隸、

17 張蔭麟，前引文，頁八一八—八二〇。

18 參看許倬雲，前引文；又本文注15。

19 《春秋左傳正義》，襄公二十一年，卷三四，頁一〇下；齊思和，〈戰國制度考〉（《燕京學報》，一九四八年第三十四期，）頁一九六—一九七。

牧、圉，皆有親暱；以相輔佐也。[20]

每一階都只比次一階高出一點點；國君的威權是相對的，不是絕對的高出群臣之上。演變的極致，就是衛國的「政由甯氏」，只把宗教權力保留給衛君。[21]魯君的地位也淩夷不堪，到昭公時，魯君已經四世不能掌握實權，昭公自己更是被逼出亡，老死客地。[22]晉國也免不了被三家瓜分，晉侯反而必須向韓、趙、魏朝貢。齊、鄭、宋諸國莫不曾有這個國君喪失主權於強臣的經過。[23]

戰國時代的各國，大都是這種強臣取代了故主建立的，例如晉的三家、宋的戴氏、齊的田氏。[24]這些國君曾經親身經歷過封建國君威權不足的局面；秦、楚兩國的王室，似乎仍然是春秋時代的統治者，然而他們看見春秋之世君權凌替的例子也夠多了。因此，甚至在春秋局面將要閉幕前的俄頃，新興國家的統治者，已經十分注意如何把威權維持在絕對的高度。據說，知氏圍攻晉陽不下，解圍之後，趙襄子賞賜五個有功的部下，而以一個名叫高赦的居首，有一位大不服氣的部下，詢問趙襄子為什麼把功勞不大的高赦居首功，趙襄子回答：

寡人之國危，社稷殆，身在憂約之中，與寡人交而不失君臣之禮者，惟赦，吾是以先之。[25]

這種尊主的態度，正是絕對君權所必具的要件。法家的理論家韓非，特別說明這態度的重要性：

臣事君，子事父，妻事夫，三者順則天下治，三者逆則天下亂；此天下之常道也，明王賢臣而弗易也，則人主雖不肖，臣不敢侵也，今夫上賢任智無常，逆道也，而天下常以為治。是故田氏奪呂氏於齊，戴氏奪子氏於宋。[26]

一個高高在上不可侵犯的君主，在性格上有時可能是神聖的教主，或者不做事的「虛君」，如現在英王之例，也有時可能是實權集中的專治君王。戰國的社會結構，與春秋不同，已經逐漸抽去了世襲貴族一層，剩下的只是君主與被統治者兩橛，沒有中間許多階層的逐級分

---

20 《春秋左傳正義》，襄公十四年，卷三二，頁一〇上；參看雷海宗，〈皇帝制度之成立〉（《清華學報》，卷九，第一期，一九四八）。

21 《春秋左傳正義》，襄公二十六年，卷三七，頁二上。

22 同上，昭公二十五年，卷五一，頁九—一一。

23 李宗侗，《中國古代社會史》（台北，中華文化出版事業委員會，一九五四），第十二章。Cho-yun Hsu, *Ancient China in Transition*, Chap. IV.

24 Cho-yun Hsu, *Ancient China in Transition*, Chap. IV, pp. 83-85.關於宋國的統治者，在戰國時代，也可能是皇氏或戴氏，見王先慎，《韓非子集解》（四部刊要本）〈內儲說〉下〈六微〉（卷一〇，頁一八一）；及〈忠孝〉（卷二〇，頁三五八）。

25 《呂氏春秋》（四部叢刊本）〈孝行覽・義賞〉，卷一四，頁一二下—一三上。

26 《韓非子集解》〈忠孝〉，卷二〇，頁三五八。

權。春秋時代的楚國，君權似乎比其他各國的君權為高。晉文初霸時，權力也當不小。戰國的君主就變成了權力的唯一來源，與毫無權力的被統治者適成對比。雷海宗指出，戰國的君主，雖然在血統上仍是古代的貴族，但在性質上已不代表任何階級的勢力，而僅僅謀求一人或一家的利益。[27]

這種性格，表現於戰國行事者甚為彰明較著。戰國最常見的是「裁抑世族，擴張公權」。於是勳舊宗室，在戰國能屢代尊榮的，實在很少。[28]說明這一現象最明白者，莫過於范睢與秦昭王的對話：

> 木實繁者枝必披，枝之披者傷其心；都大者危其國，臣強者危其主。[29]

因為這個強幹弱枝政策，戰國各國罕見有數世的貴族，趙國左師觸讋勸趙威后答應派遣少子出質時，《戰國策》記其對話如下：

> 左師公曰：「今三世以前，至於趙之為趙，趙主之子孫侯者，其繼有在者乎？」曰：「無有。」曰：「微獨趙，諸侯有在者乎？」曰：「老婦不聞也。」「此其近者禍其身，遠者及其子孫。豈人主之子孫則必不善哉？位尊而無功，奉厚而無勞，而挾重器多也。」[30]

其實此中涉及者，不僅諸侯子孫；親近的尚且如此，疏遠的更是必無倖免。除王室一系外，戰國諸國內，沒有人在制度上可以擁有權力，也就是說，權力的個人集中，固早在秦一宇內之前，早已成為列國政治的常態了。

平行於上述的現象，戰國的列強於戰國中葉以後，即紛紛把侯伯取消，改採擅國自有，專利害，制殺生的王號，即是進一步的否定了累進式的封建寶塔，由國君上躋於最上層的天子，與被統治者之間有了不可階而登的懸隔。[31]從此，整個國家已不能再有別人分享主權，國家是真正屬於一人或一家所有了。

專有一國的君主，權力不能「批發」式的假借給各級封建領主；但是一國的國政不能不有人分別代勞，於是君主必須把權力「零售」式的委託給各級官吏。官吏雖然擁有執行的權力，卻只是在一定時限內處理一定的事務，換句話說，權力的唯一所有人，必須保留分配的權力和對其執行的監督。二者都將在下文分別討論。

職務的分配，在封建權力分包制最盛時，未必談得到，然而在國君權力比較能運用自如時，春秋諸國也曾有過某種限度的分職。例如魯國的三桓，分別有司馬、司徒、司空的名

27 雷海宗，前引文，頁八五四。
28 齊思和，前引文，頁一九七。
29 《戰國策》（四部備要本）〈秦策〉三，卷五，頁七下。
30 同上，〈趙策〉四，卷二一，頁一〇下。
31 齊思和，前引文，頁二〇三—二〇七；雷海宗，前引文，頁八五四—八六一；《戰國策》〈秦策〉三，卷五，頁六。

號；[32]列國也各有相似的職銜，縱然人數及名稱未必相同。[33]甚至，我們還看見一些更相細緻分職現象的描述。[34]然而，這些職務的分配，似乎不像是一個制度化的措置。我們在《左傳》及其他材料中，看不出一個擔任司馬的大夫，可以在另一個擔任司徒（或其他職務）的大夫屬下領地內，行使司馬的職權。更須注意，春秋諸國的大夫職銜，恆在大夫們的聚會中自行推定，由國君任命的時候似乎比較少些。[35]只有在晉國，文公歸國以後，採用新的官制，以軍將為列卿，迥異於其他各國的舊制。[36]這些晉國官員的職務，據《國語》說，是由文公分配，列入他返國後的新猷之一，所謂「屬百官，賦職，任功」，顯然牽涉到組織統屬體系、規定職權，及責任績效三方面。[37]文公手下，還有一些不管事務的卿大夫，我們可以由此推測，也許始霸的晉國當時已有了職、級分別的觀念。[38]

殆及戰國，人主成為全國唯一的主人，百官由國君委任及協調，已成為戰國所習為故常，是以有荀子所謂：

> 治國者分已定，則主相臣下百吏，各謹其所聞，不務聽其所不聞；各謹其所見，不務視其所不見。誠以齊矣；則雖幽閒隱辟，百姓莫敢不敬分安制，以禮化其上，是治國之徵也。……主能當一，則百事正。夫兼聽天下，日有餘而治不足者，如此也。是治之極也。[39]

國君要能夠做到荀子所說的這個境界，自然必須六轡在手，方得控馭自如。《周禮》正說到這種駕馭的轡繩：

以八柄詔王馭群臣：一曰爵，以馭其貴；二曰祿，以馭其富；三曰予，以馭其幸；四曰置，以馭其行；五曰生，以馭其福；六曰奪，以馭其貧；七曰廢，以馭其罪；八曰誅，以馭其過。[40]

---

32 《春秋左傳正義》，昭公四年，卷四二，頁一八上。

33 李宗侗，前引書，頁二二八—二二九。

34 《春次左傳正義》，哀公三年，卷五七，頁九。

35 例如楚有令尹、司馬（《春秋大事表》，〈楚令尹表敘〉，卷二三），宋有大司馬、司城、左師、右師、太宰（同上，〈宋執政表敘〉，卷二四），郭、齊則都不見特殊的官名，鄭雖有當國與執政之號，似並不是官稱。

36 詳本文第三節。

37 《國語》〈晉語〉，卷一，頁一三下。

38 《春秋左傳正義》僖公三十三年：「以一命命郤缺為卿，復與之冀，亦未有軍行。」（卷一七，頁一〇上），足見晉制的職務並不與封爵俱來。

39 《荀子》（四部叢刊本）〈王霸〉，卷八，頁二〇。

40 《周禮正義》（四部備要本），卷二，頁七下；《周禮》一書，殆是唐《開元禮》一類「建國大綱」性質之作品，不特不會是周公致太平之書，也不可能是春秋以前的書籍。縱然其中頗不乏早期史料，基本的觀念，當是針對了戰國時代既有予奪廢置，自然須有考績核效，也就是監督的權力，這是集權君主分配職權時必須具備的控制，否則分配權力予官吏，將與封建制度的長期而不細辨的權力假借無異。為此，戰國的各國顯然發展了一套致送定期報告的辦法，所謂「上計」。

關於上計，在戰國的典籍中，實際行事與理論，兩者都頗不缺乏。然而自來論戰國制度的學者，很少討論此事，是以本文將把這幾段史料都列舉如下，先舉史事的記載，《戰國策》說：

> 靖郭君謂齊王曰：「五官之計，不可不日聽也，而數覽。」王曰：「說五而厭之。」令與靖郭君。[41]

在《韓非子》中，這一件事有更詳細的敘述：

> 田嬰相齊，人有說王者曰：「終歲之計，王不一以數日之閒自聽之，則無以知吏之姦邪得失也。」王曰：「善。」田嬰聞之，即遽請於王而聽其計。王將聽之矣。田嬰令官具押券斗石參升之計。王自聽計，計不勝聽。罷食。後復坐不復暮食矣。田嬰復謂曰：「群臣所終歲日夜不敢偷怠之事也，王以一夕聽之，則群臣有為勸勉矣。」王曰：「諾。」俄而已睡矣。吏盡揄刀削其押券升石之計。[42]

別有一條關於西門豹的記載：

> 西門豹為鄴令，清剋潔愨，秋毫之端，無私利也，而甚簡左右，左右因相與比周而惡

之。居期年，上計。君收其璽。豹自請曰：「臣昔者不知所以治鄴，今臣得矣，願請璽復以治鄴，不當請伏斧鑕之罪。」文侯不忍而復與之。豹因重斂百姓，急事左右。期年，上計，文侯迎面而拜之。[43]

魏、齊兩國的記載，碰巧見於這些零碎記載。其他各國的情形，以理推之，當也有與魏、齊相似的制度，否則這兩段提到「上計」時，不致如此的視若故常了。由齊王的故事看來，上

的國家型態而設計的治術政法。而且《周禮》一書內容太過整齊，規定太過煩瑣，員額太過眾多，凡此，都可看出其中制度未曾付之實現。至於《周禮》中的觀念，則甚多值得取作戰國政治思想的史料。參看張心澂，《偽書通考》（上海商務印書館，一九三九；修訂本，一九五七），頁三七九—三八八。

41 《戰國策》〈齊策〉一，卷八，頁二上。

42 《韓非子集解》〈外儲說右下〉，卷一四，頁二五九—二六〇。

43 同上，〈外儲說左下〉，（卷一二，頁二二五）。《韓非子》還記了另一件上計的記事：「李兌治中山，苦陘令上計而入多。李兌曰：『語言辨，聽之說，不度於義，謂之窕言；無山林澤谷之利，而入多者，謂之窕貨。君子不應窕言，不受窕貨，子姑免矣！』」（同上，〈難二〉，卷一五，頁二七八—二七九）。似乎這兩節記事，合併在一起，變成了一段在《淮南子》的記事「解扁為東封，上計而入三倍，有司請賞之，文侯曰：『吾土也非益廣也，人民非益眾也，入何以三倍？』對曰：『以冬伐木而積之，於春浮之河而鬻之。』文侯曰：『民春以力耕，暑以強耘，秋以收斂，冬間無事。以伐林而積之，負軛而浮之河，是用民不得休息也，民以弊矣，雖有三倍之入，將焉用之？』」（《淮南鴻烈解》（四部叢刊本）〈人間訓〉，卷一八，頁九上）。由這個上計母題的內容看來，地方官的考成，習慣上用收入為指標。然而文侯或李兌，顯然還以一般治績為更要緊的指標。

計是全國帳目的報告；由西門豹的故事看來，上計是一般治績的總結算，也正是任免賞罰的關鍵。戰國的政法議論，提到歲計或三歲大計的地方不少。《周禮》的作者特設「司會」一官，主計全國財用，登在「書契版圖」，留下副本，考核「群吏之治」；與「司會」同類的官員還有「司書」、「職內」、「歲職」等等，職務都在周知政治，以便國君及冢宰作為廢置的依據。[44]

不僅如此，《周禮》中的「冢宰」一條，也提到佐國君以成績考核群吏，每到年頭歲尾，一切官府都必須「各正其治，受其會」，由他們的報告，建議國君是廢是置，每隔三年，又須「大計群吏之治」，而加以賞罰。[45]《周禮》的制度，未必真見之實行，但是《周禮》作者提到的觀念和名詞，十分可能本是當時已有政府實際應用的，若不是如此《周禮》的作者很難盼望當時讀《周禮》的人能夠了解。

《荀子》一書中，也頻見國君考核群吏的觀念。〈王制〉一篇，即提到根據一定法制，按時稽考，度量功勞，加以適當的獎勵，庶幾「百吏」都克盡厥職，不敢玩忽職務。[46]〈王霸〉篇討論相職，也說到總理全國事務，分配百官的職任，記錄他們的功勞和慶賞，到年底「奉其成功，以效於君」，然後由國君來做最後的決定。[47]另一部政法家的要籍《管子》，更指明了要國君在孟春親自臨朝，論斷爵賞，「校官終五日。」[48]

由這些記載及議論看來，戰國的君主，不再被一般人認為是執行宗教義務的首席祭司，不再是以「兄道」宗法統率封建貴族的氏族長；戰國的君主是實際政治的操作者，是絕對權力的掌握者，是執行官吏的監督人。換句話說，戰國的君主是一個官員僚屬系統的權力來源，也是這一個系統的首腦。

三、君臣的關係

配合上一節說明的戰國君主的性質，君臣關係必須與春秋時期的諸侯卿大夫關係不同。春

44 《周禮正義》，卷一二，頁一二一一四上。

45 同上，卷四，頁一九。

46 《荀子》〈王制〉：「本政教，正法則，兼聽而時稽之。度其功勞，論其慶賞，以時順脩，使百吏克盡而眾庶不偷。」卷五，頁一七下。

47 《荀子》〈王霸〉，卷七，頁二一。

48 《管子》（四部叢刊本）〈立政〉，卷一，頁一三上；《大戴禮記》（四部叢刊本）〈盛德〉有相似的說法：「古者，天子孟春論吏德行能理功。」卷八，頁七上。管仲是春秋時人，但《管子》一書雖比附管仲，全部完成似乎是戰國時事，參見張心澂，前引書，頁八八七—八九六。

秋時期，卿大夫的身分與地位，大都與生俱來，不易獲得，也不能自動地放棄。國君若本來就未加任命，也因之就不能任意加以黜免。國君即使有心要按功勞定賞罰，恐怕也未必能辦到，有之，也只是一些訴諸非常手段的政變，如晉侯尸三郤，魯國圖季氏之類。[49]正常而制度化的方法，似乎未嘗見於春秋之盛時。

殆及春秋末季，如本文「背景」一節所說，貴族之間有了極激烈的鬥爭，其中亡命墜氏的貴族及邦國，都有一大批一時無固定主人的「士」，流散各處，尋找新的主人，尋找新的職位。只有在這種情況下，參加鬥爭的貴族可以找到一批待價而沽的助手。趙孟之所貴，趙孟能賤之，必須以這種情況來說明，方有意義。

由春秋轉入戰國，這一個「士」的階層，並沒有因為舊有社會結構的改變而趨於消失。世族卿大夫的階層由萎縮而終於不見，士的集團則在春秋末期本已活躍，[50]更因一些外在因素而人數增加，最重要的因素之一，即是學在私人，使一些過去不易有問學機會的人，也可以獲得教育。教育家中無疑以孔子為巨擘，他的「有教無類」的政策，他的兼重個人修養與從政實務，使儒家的學者成為當時有實力人士爭相羅致的對象。[51]當世有勢力的人向孔子詢問弟子賢否的頗不乏人，包括魯國當時實際的統治者——季康子。[52]《論語》提到的二十二位弟子中，九個曾經擔任過邑宰或其他職務。[53]所以《史記》〈儒林列傳〉說：「七十子之徒，散遊諸侯，大者為師傅、卿相，小者友教士大夫。」[54]

終戰國之世，出產這種有服務能力的職業「士」人者，除孔門以外，還有墨家以下的各家。很多戰國士人的出身頗不堪問，《呂氏春秋》舉了一些實例：

> 子張，魯之鄙家也；顏涿聚，梁父之大盜也，學於孔子。段干木，魯國之大駔也，學於子夏。高何、縣子石，齊國之暴者也，指於鄉曲，學於墨子。索盧參，東方之鉅狡也，學於禽猾氂。此六人者，刑戮死辱之人也，今非徒免於刑戮死辱也，由此為天下名士顯人，以終其壽，王公大人從而禮之，此得之於學也。[55]

入各位大師門下求學的人，有很多是為了純粹的求知欲望，甚至如顏淵一類，以至道為業的，但也恐怕有不少以學得出仕的能力為目的，孔子自己就曾感慨過：「讀了三年書，而沒有

---

49 《春秋左傳正義》，成公十七年，卷二八，頁一三下；哀公二十四年，卷五一，頁九下—一〇上。

50 許倬雲，前引文，頁五六四—五六五。

51 Cho-yun Hsu, *Ancient China in Transition*, p. 101.

52 《論語注疏》〈雍也〉，卷六，頁二下；比較同書〈先進〉，卷一一，頁六。

53 H. G. Creel, *Confucius and the Chinese Way*（New York: Hayer, 1960）, pp. 31, 67, 299, notes 9, 10.

54 《史記》〈儒林列傳〉，卷一二一，頁一上。

55 《呂氏春秋》〈孟夏紀・孟夏〉，卷四，頁六上。

想到俸祿的人，實在不容易找到。」[56]

戰國的朝廷上，是這樣一群職業的人士，其中當然不乏受人敬重而也自重的人，他們的出處進退，都有原則有分寸。同時，其中也定有不少純粹以求仕為業的「鄙夫」，孔子所謂「其未得之也，患得之；既得之，患失之」。[57]這種患得患失的人，無恆產可恃也通常未必有「恆心」，於是他們有時不免於缺乏原則，放辟邪侈，無所不至。[58]孟子的時代，這種以仕為職業的現象，已很普遍，所以《孟子》一書提到的「仕」風，與春秋時的士大夫情況已極不相同。孟子提到因貧而仕：

孟子曰：「仕，非為貧也，而有時乎為貧。娶妻，非為養也，而有時乎為養。為貧者，辭尊居卑，辭富居貧。辭尊居卑，辭富居貧，惡乎宜乎，抱關擊柝。」[59]

更解釋士之不仕，即等於失業：

周霄問曰：「古之君子仕乎？」孟子曰：「仕。傳曰：孔子三月無君，則皇皇如也。出疆必載質。」「公明儀曰：古之人，三月無君則弔。」「三月無君則弔，不以急乎？」曰：「士之失位也，猶諸侯之失國家也。禮曰：諸侯耕助以供粢盛，夫人蠶繅以為衣服。犧牲不成，粢盛不絜，衣服不備，不敢以祭。惟士無田，則亦不祭。牲殺器皿衣服不備，不敢以祭，則不敢以宴，亦不足弔乎？」「出疆必載質，何也？」曰：「士之仕也，猶農夫之耕也。農夫豈為出疆舍其耒耜哉？」[60]

他在前半段說到士與諸侯的比較，以祭祀為主題。事實上這是「古之人」的情況。以戰國情況說，後半段用農夫的耒耜作譬喻，毋寧更適切地表現了戰國「士」人的特質。

這種以仕為業的官員，顯然與世卿不同，世卿與國休戚相關，君主既不能免他們的職，他們也不能辭職，君臣之間的關係因而比較緊張。戰國的「異姓之卿」則不然，若是君臣合不

56《論語注疏》〈泰伯〉：子曰：「三年學，不至於穀，不易得也。」（卷八，頁三上），這個穀字，孔安國以為作善字解，說是勸人於學的意思。實則，《論語》〈憲問〉：「邦有道穀；邦無道穀，恥也。」其中穀字作俸祿解。（卷十九，頁一上）。我以為「三年學，不至於穀」的穀字，也只有如此解較妥。孔門之外，墨徒是一大集團，墨子似亦遭遇過惟祿是國的弟子，而墨子顯然以能推薦弟子出仕為號召，《墨子閒詁》（掃葉山房本）〈公孟〉：「有遊於子墨子之門者，身體強良，思慮徇通，欲使隨而學。子墨子曰：『姑學乎？吾將仕子。』勸於善言而學。期年，而責仕於子墨子。」（卷一二，頁一六。）墨氏弟子之由墨子推薦出仕者甚多。有些孟子的弟子，恐怕也為了可以隨老師受祿而跟他東奔西走。《呂氏春秋》〈不苟論・博志〉記有一個寧越的故事，說明讀書的動機是做官，庶幾免去耕田的勞苦（卷二四，頁九）。均參看齊思和，前引文，頁一八九—一九〇。

57《論語注疏》〈陽貨〉，卷一七，頁四上。

58《孟子》（四部叢刊本）〈梁惠王〉上，卷一，頁一五上。

59同上，〈萬章〉下，卷一〇，頁九下—一〇上。

60同上，〈滕文公〉下，卷六，頁三下—四。

來，頗不妨棄此他適，[61]君臣之間既然可以如此，其關係遂發展為契約式的或交易式的，君臣之間因此有一種相報施的關係，《孟子》也包括了一長篇討論：

孟子告齊宣王曰：「君之視臣如手足，則臣視君如腹心，君之視臣如犬馬，則臣視君如國人；君之視臣如土芥，則臣視君如寇讎。」王曰：「禮：為舊君有服，何如斯可為服矣？」曰：「諫行言聽，膏澤下於民，有故而去，則君使人導之出疆，又先於其所往，去三年不反，然後收其田里；此之謂三有禮焉，如此，則為之服矣。今也為臣，諫則不行，言則不聽，膏澤不下於民，有故而去，則君搏執之，又極之於其所往，去之日遂收其田里；此之謂寇讎，寇讎何服之有？」[62]

貿易關係支配了君臣的身分，君以爵祿作為貨價，而臣以能力作為貨品，臣若不能從國君得到貨價，君也不用盼望臣子會盡力；反之亦然。[63]實物的貨價，或貨幣的貨價，自然因其易於支付及沒有附帶權益兩大優點，代替了封建政權下的封地采邑，這就是俸祿制度的起源。春秋末季，似乎已有支付俸祿的記載，例如孔子的弟子原思，曾經領過邑宰的祿入「粟九百」。[64]而戰國的吏俸似乎已有了石數的等級，至少燕國的官秩高下，是以石數為斷，三百石（也許指歲入）應是中級的官吏。[65]戰國似乎沒有用貨幣支付俸祿的制度，其流風下逮於西漢，官秩仍用石數表示。[66]

一群以仕為業的官員，以俸祿為收入，與君主構成貿易的兩造，關係建立在報施觀念上。

由此，戰國的列國朝廷上出現了一種新的官吏，他們將為專制君主做最適當的工具：有服務能力，卻又可以隨時罷黜；以俸祿換取服務，卻可以免去占據封邑的弊病。這是一種新型的官僚制度，效率與忠誠於是代替了無法約束或改變的親屬與血緣。至少，君臣之間的關係單純了，單純得只剩雇主與傭工的關係。

---

61 《孟子》，〈萬章〉上，卷一〇，頁一五下—一六上。

62 同上，〈離婁〉下，卷八，頁二—三上。

63 《韓非子集解》〈六反〉，卷一八，頁三一九—三二〇；《淮南鴻烈解》〈主術訓〉：「君臣之施者，相報之勢也。是故臣盡力死節以與君計，君重爵以與臣市。」卷九，頁一〇。

64 《論語注疏》〈雍也〉：「原思為之宰，與之粟九百。辭。子曰：『毋以與爾鄰里鄉黨乎！』」卷六，頁二上。

65 《韓非子集解》〈外儲說右下〉：「燕王乃收璽，自三百石以上，皆效之子之。子之遂重。」卷一四，頁二五七。

66 Wang Yü-ch, uan, "An Outline of the Former Han Dyansty," in *Harvard Journal of Asiatic Studies*, XII (1949). 雖然搭支錢穀，也有行於西漢可能，見於制度則當始自崔實《政論》和《續漢書》〈百官志〉，參看陳槃，〈漢簡碎義〉（《大陸雜誌》，卷一五，第七期，一九五七），頁一〇三以下。

四、列國中央官制

春秋的中央官制此處毋庸辭費，但是為了與戰國制度做一對比，本節仍須指出一些春秋時代若干國家官制的特質。特質之一，是各國的制度異致。以《左傳》所見記載最多的魯國與晉國言之，魯國似乎缺乏一些制度化的政府系統。西元前四九二年，魯國一次大火災，燒去了桓、僖兩公的宗廟，救火的貴族紛紛來到火場，每一個人都下了一些不同的命令，接受命令的下級官員顯然各有專司，如周人管理典籍，宰人管理禮書，校人掌馬，巾車掌車；然而發布命令的大夫們之間，顯然沒有明確的協調，[67]至少比之鄭國在西元前五七三年大火災時的表現為遜色。那一次鄭國的大火，從火發到火熄，子產分配了一切的工作，儆戒的任務由貴族們率眾擔任，而小官也各有專司，包括司馬與司寇的防護外賓、列居火道、府人庫人注意府庫。[68]然而，鄭國的制度雖然在子產的統轄下稍覺有秩序，依舊未有組織化的指揮系統。

晉國的情形就不同了，自從文公復國以後，各軍的將佐是執政的卿，其中的中軍元帥是確定的主要行政官，[69]在將佐之外，每軍還有軍尉司馬一類官屬，及統兵的什吏——十夫長，因此西元前五六〇年時，由於新軍沒有適當的將佐人選，懷缺不補，讓新軍的「什吏率其卒乘官屬，以從於下軍」。[70]由這一段記載推論，晉國的軍是一個有組織的結構，即使沒有首長，這一個結構仍舊存在。晉國的行政組織就是軍事單位，但是首長既然就是政吏，軍也隨之可能發展為一個行政系統。軍的單位下有一些常設的僚屬，行政組織大致也會有一個常設僚屬系統的。晉國的政府大約包含了「六正、五吏、三十帥、三軍之大夫、百官之正長、師旅。」至於其詳，則史闕有間，無從徵考。[71]

晉國制度在官僚組織的意義上，還有值得稱道的一點，即是職務的遷轉略有規律性。春秋列國的卿位，通常由若干大貴族家包辦，以魯國為例，三桓之中，季氏總是高踞首席，全魯的權力分屬三家，而三家未有在一個職位上輪替的現象，所謂「叔出季處」，是魯國的常態。[72]宋、鄭、楚三國的卿位，也略可推究，普遍的跡象似乎是非制度化的任賢（或任力），換句話說，某一個職位因死亡或政變而出缺時，或以親，或以賢，或以勢，另一個貴族接替了這個位

67《春秋左傳正義》，哀公三年，卷五七，頁九。

68 同上，昭公十八年，卷四八，頁九—一〇。

69《春秋大事表》〈晉中軍表〉，卷二二，頁一。

70《春秋左傳正義》，襄公十三年，卷三二，頁二上；參看同書，成公十八年，卷二八，頁一六。

71 同上，襄公二十年，卷三六，頁四下—五上。

72《春秋大事表》，〈魯政下逮表〉，卷二一，頁一—二五。

置。[73]只有在晉國，各軍的將佐有一定的遷轉次序，除少數特例以外，躐等上升的情形不多，至少，每一個高級貴族都有過由較低職位升級的經歷。舉例來說，荀林父由中行，經過上軍佐、中軍佐，然後升為中軍元帥；欒書曾擔任過下軍佐、下軍將，因能超遷為中軍元帥；趙武始佐新下軍，稍遷將新上軍，升將上軍，然後由上軍將升為中軍元帥。[74]《左傳》及《國語》都記載了晉國郤至的故事，這位有功然而傲慢的貴族，立功時不過是新軍的將領，當時晉國有中、上、下及新軍，共四軍，他的位置據說是「位於七人之下」，而他妄想要做執政的中軍元帥，有人就警告他：「吾子則賢矣，晉國之舉，不失其次。吾懼政之未及子也。」[75]當別的國家未有任何顯而易見的規律時，晉國的這種制度化，即使偶有例外，終是值得稱道的。下文將提到戰國時不少發生在三晉的行政制度及觀念，晉國在春秋時代的發展方向，毋寧有其歷史上的親緣關係。

戰國政府與春秋時最大的差別，是將、相的分離。「相」之為專用的官名，在春秋及其以前，遠不及用作動詞為普遍。以相名官，《左傳》不過兩見。[76]將軍的名號，始見於晉國中軍元帥，六國以來，方才以將軍為一切統兵大將的稱號。[77]春秋時代，不論哪一個國家，執政的卿也往往即是出征時的大將；公子、公孫及其他卿大夫，也入參國政，出統師干。平時揖讓雍容，有事擐甲御乘。[78]終春秋之世，找不出職業的統兵官。

比及戰國，君權既重，軍政大權集中於王，國事叢雜，也若干倍於春秋時。於是權力分散的采邑管理方式，不復能適應戰國的中央集權，在中央必須有一個總理一切的官員，所謂宰相。相官的建制，戰國初有魏文侯擇相一事，此後韓、燕、齊、趙、秦也各有相國、宰相或丞相；只有楚國始終以令尹舊名稱呼其宰相。[79] 相的職任，如前所述，應該是輔佐國君，監督臣僚，所以荀子給「相」職的定義是：

君者，論一相、陳一法、明一指，以兼覆之，兼炤之，以觀其盛者也。相者論列百官之長，要百事之聽，以飾朝廷臣下百吏之分，度其功勞，論其慶賞，歲終奉其成功，以效於

73 同上，〈楚令尹表〉，卷二三；〈宋執政表〉卷二四；〈鄭執政表〉，卷二五。
74 同上，〈晉中軍表〉，卷二二，頁三下—一〇上。
75 《春秋左傳正義》，成公十六年，卷二八，頁一〇上；《國語》〈周語〉中，卷二，頁一四上。
76 《日知錄集釋》下冊，「相」條，卷二四，頁五六三—五六四。
77 同上，下冊，「將軍」條，卷二四，頁五六四。
78 以魯國為例，李宗侗先生嘗統計卿大夫征伐及盟會的參與者，由這些例證覘之，二者未嘗分別，見李宗侗，前引書，頁二三三—二三六。
79 齊思和，前引文，頁二〇八—二一〇；同氏，〈戰國宰相表〉（《史學年報》，卷二，第五期，一九三八）。

君。當則可，不當則廢。故君人勞於索之，而休於使之。[80]

從這個定義看來，相權雖重，若不是有虛君制配合，有最高實權的君主不會長久保持任何人做宰相的。所謂「當則可，不當則廢」，任何良相恐怕是早晚會因「不當」而廢的。由於宰相須以其成就為去留，顯然地，戰國的宰相不能像春秋列國卿大夫，可以任終身職。另一方面，這個擔任相職的人，往往是一個專業的政務官，較少由本身有其他身分關係的貴族擔任。由這種專業人員的身分，其中有一部分也許會離此就彼，或離彼就此，換句話說，若干相位就由一些職業性的游任之士擔任了。戰國的相職也有由本國或異國的王子或近親擔任：若由本國王室的親戚做宰相，卻也難得構成幾代的世家；若由異國的重臣或貴戚出任，任命大都出於外交的考慮，然而，容易想像到，他們未必真能掌握實權。[81]

因此，戰國的相職，或者缺乏實權，讓國君自己做實際的執政者；或者即須是有能力而無背景的專業人士。兩者都與春秋時代的世卿制度大相逕庭。

再說到將帥一職。戰國的戰爭遠比春秋時代為複雜，舉凡戰略、戰術、武器、訓練，都有極大的改變，[82]春秋時代的貴族武士自不能應付。職業性的武士，在春秋末期已經出現，已如本文第一節所述，戰國更產生了一些著名的戰略家，如張儀、樂毅；了不起的戰術家，如田單；大兵團的指揮官，如白起；練兵的能手，如李牧。這些專門人材，構成了戰國將材的主要部分，他們的專業知識，不是一般的貴介公子能掌握，也不是普通的文士能兼顧。

二十四位戰國曾經統兵的將軍中，只有四人是公子（其中還有一位是自己奪得兵權的信陵君），一人是貴戚，六人是將門之子，其餘十三人則或者出身不明，或者來自異國，後者也須依賴自己才能方得在客地占得一席，其困難也不下於出身寒微的人。於此戰國的將軍們似大多是有專長，或則有家學淵源，如秦國王氏、蒙氏及燕國樂氏。二十四人中，只有八人曾經在將軍之外，擔任過相職。然而，越是接近戰國末期，不兼相銜的將領越多，兼相銜的多半在戰國的中期，[83]這個趨勢，也足以表示職務的專門化，政府功能的分化。用具體的例子說明，則有齊威王「以鄒忌為相，田忌為將，孫武子為軍師」。[84]又如秦人以范雎、蔡澤為相，主謀議；

80 《荀子》，〈王霸〉，卷七，頁二一。

81 Cho-yun Hsu, *Ancient China in Transition*, pp. 51-52.許倬雲，前引文，頁五六五—五六八。

82 其詳見勞榦，〈戰國時代的戰爭方法〉（《中央研究院歷史語言研究所集刊》，第三十七本，上冊，一九六七）。

83 這裡的將領們都在《史記》有列傳。無列傳者，騎劫、淖齒，都從略。所列二十四人是孫臏、吳起、張儀、樗里疾、甘茂、魏冉、白起、王翦祖孫、田嬰、信陵君、春申君、樂毅（及弟間、乘）、廉頗、趙奢父子、李牧、田單、蒙驁祖孫。他們的時代都在戰國後半期，西元前第四世紀至第三世紀。戰國前半段的史事，因史料不足，似乎比較不清楚。也許太史公為此有詳近略遠的偏向。這種統計為此不易準確，但可覘見一般趨向而已。各將領事蹟見《史記》本傳，參看Cho-yun Hsu, *Ancient China in Transition*, pp. 75-77.

84 《史記》〈孫子列傳〉，卷六五，頁二。

用白起、王翦為將，主征伐。下文將要討論因能授官的觀念，本節討論的將、相分途，正是這個觀念的表現。[85]

有許多戰國的官名散見各種典籍，例如《七國考》一書〈職官〉一卷，即收集了為數不少的官號，然而除了可以看出若干與漢代職官名稱雷同處以外，現存的史料尚不足重建戰國任何一國的政府組織。為此，本文將不列舉這些官名稱銜。[86]

官僚制度的運行，有極重要的一個項目，即所謂「品秩」的存在。凡是非制度化的權威，例如父權，其中分工的要求是職務的分配，而不必有一定的品秩。制度化的權威，如君權，則必須用階級來保證節制和傳達命令；如果發展了業績考核及獎懲升黜的制度，明確的品秩更有必要，此時遂有職務和階級平行的兩套系統存在，以現代的情形解釋，科長、科員是職，薦任、委任是階。封建結構中的爵號，往往即相當於品級。中國古代的封建結構，在五等爵之下，也有卿和上、下大夫、嬖大夫、士之類的差別。春秋鄭國的一位貴族，職務是馬師，階級是亞大夫。而且各國的班列似乎也有相當，甚至相等的次序。[87]同樣是卿，春秋有一命、再命、三命之分，似乎也是階級的意義。至於戰國，這種職、階平行的現象更加明顯。以楚國的情形說，覆軍殺將之功，可以「官為上柱國，爵為上執珪」。[88]山東各國的品秩，大抵沿用卿、大夫、士的舊制。只有秦爵二十等，最足顯示品秩的系統化。據《漢書》〈百官表〉，秦爵由一級的公士，逐級到二十級的徹侯，大多為漢代所沿用。[89]其中有一部分爵稱，似乎與官名相同，如庶長一類，[90]實正足以說明品秩晚於官職，在發展的順序上也很說得過去。

總結本節，戰國各國都有將、相分開的趨向，而且越至晚期，這趨勢越明顯，由此反映戰國政府漸漸專門化、系統化；品秩的發達，也是同一趨勢的表現。關於專門化的觀念，將於另節細說之。

85 齊思和，前引〈制度考〉，頁二一〇─二一二。各國統兵官的名號，以將及將軍為多；秦制稱大良造；楚國有柱國及上柱國。參董說，《七國考》（吳興叢書本）〈秦職官〉，卷一，頁五；〈楚職官〉，卷一，頁二一。

86 關於各國職官，參看《七國考》，卷一，頁一─五九。

87 《春秋左傳正義》昭公七年：「罕朔奔晉，韓宣子問其位於子產。子產曰：『君之羈臣，苟得容以逃死，何位之敢擇？卿違從大夫之位，罪人以其罪降，古之制也。朔於敝邑，亞大夫也，其官馬師也。獲戾而逃，唯執政所寘之。得免其死，為惠大矣，又敢求位！』宣子為子產之敏也，使從嬖大夫。」卷四四，頁八。

88 《戰國策》〈齊策〉二，卷九，頁二上；同書，〈東周策〉，卷一，頁二上。

89 《漢書補注》（光緒二十六年王氏校刊本）〈百官公卿表〉，卷一九上，頁二五─二六上；同書，〈高帝紀〉，卷一下，頁五。參看守屋美都雄，〈漢代爵制の源流として見たる商鞅爵制の研究〉（《東方學報》，一九五七年第二十七期），頁五九─一一六。

90 《文獻通考》（萬有文庫本）〈職官〉注，卷六四，頁五九五；齊思和，前引〈制度考〉，頁二一二─二一三。

五、地方行政系統

過去的學者，總以為商鞅廢封建、立郡縣。自從清儒發其端，近人細證之以後，春秋即有郡縣制度已成大家承認的學說。[91]而且，也有不少的證據可以指出，郡縣制的最早紀錄，遠在春秋開始以前數年，發生於楚武王的縣權。[92]

楚秦的縣，大致均是滅國之後建立，顧頡剛以為是君主直轄地；晉、齊、吳的縣，則多是卿大夫的封邑，大致由都邑及鄉鄙所改。[93]實則晉之溫、原，又何嘗不是古來的小國。[94]齊縣太小，一個貴族可以享有百數的縣，自然不過是些鄉邑而已，其基本性質，當另是一格。[95]此處將以春秋晉、楚之縣為討論對象，齊縣或在采邑項目下討論，更覺恰當些。

楚國有多少個縣，至今不易有確實的數字，有以為是九縣者，但似乎「九」字未必只有這個呆板的解釋。大致，春秋的楚國把申、呂、唐、鄧一類沿著淮、漢一帶及豫南、鄂北的小國，都變成了縣，[96]這些縣由楚國所派遣的縣公或縣尹治理，出兵出賦，都作為一個一個各別的單位。因之，也可以說，這些所謂縣，未完全失去當初「國家」的地位。[97]比較恰當些的現代名詞稱縣公，也許是殖民地的總督。楚國的縣公是否世襲，至今不易有一結論。一方面，有一些以邑為氏的世家，如「申」、「申叔」。另外一方面，又有父子顯然不同官的記載。[98]不過，假如「氏」可以始終享有食邑，則楚國申氏之外，仍有申公一官，似乎可以解釋為食邑的貴族不就等於地方的行政官吏。[99]

91 清儒首發此覆的是顧亭林，《日知錄集釋》，下冊，〈郡縣〉條（頁五二—五一四）；接下去有姚鼐，《惜抱軒全集》中的〈郡縣考〉（四部備要本，卷二，頁一）；趙翼，《陔餘叢考》中的〈郡縣〉（《趙甌北全集》本，卷一六，頁八下—一〇上）；顧頡剛〈春秋時代的縣〉（《禹貢半月刊》，卷七，第六、七合期，頁一六九以下）；增淵龍夫，〈先秦時代の封建と郡縣〉（《中國古代の社會と國家》〔東京：弘文堂，一九六〇〕，頁三一八以下）。

92 楚武王縣權事，不知何年，但武王在位垂五十年（前七四〇至前六九〇），在春秋以前者十八年。《左傳》中未見權為獨立國，可能在春秋前即滅亡。此事見於《春秋左傳正義》莊公十八年，已是追記。卷九，頁九上。論楚為郡縣始創者，洪亮吉，〈春秋時以大邑為縣始於楚論〉（《更生齋文甲集》，〔一八〇二〕卷二，頁一—二〇。H. G. Creel, "The Beginning of Bureaucracy in China, The Origin of the Hsien," *Journal of Asian Studies*, XXIII（2），〔1964〕，pp. 155ff.

93 顧頡剛，前引文，頁一九七；參《論語注疏》〈憲問〉，卷一四，頁三上；又容庚，前引書，頁五〇二、五〇九。

94 增淵龍夫，前引文，頁四〇〇以下。

95 顧頡剛，前引文，頁一七七—一七八。

96 同上，頁一七〇；參看《春秋左傳正義》，宣公十二年，卷二三，頁二上。

97 增淵龍夫，前引文，頁四〇三—四〇六。

98 同上，頁四〇八；又梅思平，〈春秋時代的政治和孔子的政治思想〉（《古史辨》，第二冊中冊，香港，太平書局本），頁一六五—一六六。

99 梅思平，前引文，頁一六七。

晉國的縣數，較可推設，根據《左傳》昭公五年（前五三七），楚人對晉的估計：

韓賦七邑，皆成縣也。羊舌四族，皆彊家也。晉人若喪韓起楊肸，五卿八大夫，輔韓須、楊石，因其十家九縣，長轂九百，其餘四十縣，遺守四千。奮其武怒，以報其大恥，……其蔑不濟矣。[100]

由「其餘四十縣」一語推斷，晉國有縣四十九。這裡所說晉軍實力四千九百乘，是晉人車乘數目最大的一次。八年以後，晉國檢閱全國武力，參加校閱的有兵車四千乘。兩相比較，可知四十九縣大約已接近晉國全境了。[101]

至於晉國縣大夫是否食邑貴族，應當分別討論。在晉文公的時代，晉侯有明顯的控制能力，大約縣大夫是一些由晉侯委派的官吏，食邑的貴族不能直接治理，例如趙衰受命為原大夫，而原卻是先軫的封邑。[102]殆及晉國世卿力量強大之後，一些食邑即由卿大夫自己委人治理，前述昭公五年的情形，即說明各地的實力是在卿大夫手裡的，然而在名義上，各處的縣大夫仍要由晉的中央政府任命。西元前五一四年，晉國祁氏和羊舌氏的領地，被當時最有力的數家世卿瓜分，他們仍不能不用委任縣大夫的名義，把自己的屬下及子弟放在這些新成立的縣。[103]在這一群新任的縣大夫中，有一位梗陽大夫魏戊，是當時晉國執政魏獻子的兒子，他在梗陽遇見了一件很棘手的訟案，他處理不了，就把案子呈給魏獻子請示。[104]此事可以從兩方面解釋：一方面，魏戊請示魏獻子是因為魏獻子是中央的執政；第二個可能，魏戊視自己為魏氏封邑上一個行政官吏，而請示本氏。以前面一個可能性說，似乎晉國的中央對地方有了一些約束；以後面一個可能性說，將近形成為獨立國的魏氏，對於自己勢力範圍之內的地方官，有了一些約束。兩者相比，後者的可能性較大。然而不論是哪一項可能性，春秋末葉的晉國地方首長，似乎對上級有較大的依賴及從屬，其性質較不像列土分茅的封邑主人，較接近於執行命令，受任治事的地方行政官員。

逮及春秋、戰國之交，有些封君還可以派人去封邑做行政官吏，有如趙氏在晉陽的董安于，即是受命治理，卻不是據邑為己有。[105] 戰國仍有此風，如趙封孟嘗君以武城，孟嘗君根本不去封地，只選了一個舍人去擔任武城吏。[106] 由此推衍，戰國當仍有一些不在全國統一行政系

100 《春秋左傳正義》，昭公五年，卷四三，頁六下—七上。
101 顧頡剛，前引文，頁一七六；H. G. Creel, op. cit., p. 173, note 95.
102 梅思平，前引文，頁一六七。
103 《春秋左傳正義》，昭公二十八年，卷五二，頁一四上。
104 同上，昭公二十八年，卷五二，頁一六下。
105 《戰國策》〈趙策〉一，卷一八，頁二上。
106 同上，頁一一上。

統中的單位。

然而，戰國列國普行郡縣，已是很明顯的事。郡與縣，本不見得是相統屬的單位，也許只是兩種性質不同的行政區劃，至少，春秋的郡未嘗統縣，縣是否統郡，則不易判斷。[107]戰國的郡，普通比縣高一級，成為六國通制。以韓的上黨郡言之，轄有二十四縣，城市之邑七十；馮亭以郡降趙，趙「以三萬戶之都封太守，千戶封縣令，諸吏皆益爵三級」。[108]大抵郡原為邊防指揮區，縣為行政單位，支援軍事，由郡調度，因而產生統轄關係。以故，楚為加強邊邑而立新城為郡。[109]韓國的宜陽，有兵馬錢糧，為一方重鎮，於是也有「名為縣，其實郡也」的說法。[110]新占領的地區，不僅設縣，而且也必須有軍事性的郡，例如燕下齊七十餘城，就「盡郡縣之」。[111]

戰國郡縣統攝關係的建立，與清代總督由臨時指揮數省巡撫，以至變成定制的長官，過程如出一轍。等到統攝關係確實樹立了，遂有了以郡監縣的情形，例如本文第二節所舉苦陘縣令的上計於郡，即是監督關係的說明。

國君對於地方，也有直接的監督，如前面說過西門豹的例子，守令須按時上計。國君似乎也有派駐各地的監察人員；秦制，郡設監察御史，[112]其實在戰國也已見其端倪。《戰國策》〈韓策〉：

> 安邑之御史死，其次恐不得也，輸人為之謂安令曰：「公孫恭為人請御史於王。」王

曰：「彼固有次乎？吾難敗其法。」因遽置之。[113]

此處的御史須由王直接任命，當不是縣令手下的主書史一類佐雜，又如《韓非子》〈內儲說〉上：

> 卜皮為縣令，其御史污穢而有愛妾。卜皮乃使少庶子佯愛之，以知御史陰情。[114]

---

107 《春秋左傳正義》，哀公二年：「克敵者，上大夫受縣，下大夫受郡，士田二十萬。」卷五七，頁六上。可以看出晉縣的面積為大，但縣是否統郡，單憑《逸周書》〈作雒解〉的「縣有四郡」為以縣轄郡的證據，殊嫌未足，至多只能說縣有四個邊緣而已，參看顧頡剛，前引文，頁一七七。按縣與郡在戰國的一般情形，為以郡轄縣。若春秋時，這兩個單位原不統轄，戰國時可以發展為上述情形。若原以縣統郡，恐怕不易有完全倒轉的發展方式。齊思和則以為兩者不當相統攝，似較近真。前引〈制度考〉，頁二一五。

108 《戰國策》〈齊策〉二，卷九，頁三上；同書，〈趙策〉一，卷一八，頁九。

109 同上，〈楚策〉一，卷一四，頁四。

110 同上，〈秦策〉二，卷四，頁四下。

111 《戰國策》，〈燕策〉二，卷三〇，頁六下。

112 《漢書補注》〈百官公卿表〉，卷一九上，頁二六下。

113 《戰國策》〈韓策〉三，卷二八，頁八上。

114 《韓非子集解》〈內儲說上・七術〉，卷九，頁一七七。

這一個遭卜皮暗算的御史，似乎不是縣令的部下，且似乎與縣令居於對立的地位，縣令方才不憚煩的要操持其陰事。二例相參，戰國的御史是由王派來監察的可能性，大於由「史」字本義得來的文書吏一類人物。

總結由春秋末至戰國的地方行政制度：在新獲土地由總督式的縣公縣尹或縣大夫治理，似乎是與封錫采邑的制度平行，早到春秋時代的開始，在有些國家已有此制；邑宰式的地方行政官吏，也在春秋普遍有之；郡縣統轄，甚至加上御史督察，開秦漢郡縣制及監察御史制先河，則似乎肇端於戰國。

六、專業的觀念及控御的方法

在本文前面，討論將、相分別時，曾經提到專業化的現象。說到這一點，專業化一詞仍可分開兩方面討論，一是能力的專長，一是職務的分別。

先說能力的專長。春秋之世，卿大夫既均為貴族，處理的事務又相對的較少繁雜，是以春秋時代的政治人物，著重在原則，例如親親尊尊之類；技術性的知識，在春秋之世不甚被人重視。這也就是孔子有一次評論學生能力的背景；季康子問到冉求的能力是否可以從政時，孔子承認冉求很能幹，卻不認為這是從政的充分條件。[115]

春秋末季，仍有人以為從政可由在職學習，獲得服務的能力和知識。子路曾經推薦子羔為費宰，孔子認為這種作風害了子羔，子路卻以為有了人民和權力，治人者根本不必學習。[116]鄭國執政子皮，對於尹何也採取與子路相同的態度，然而子產則認識了沒有專門學識，根本不能從政，如不會用刀的人會被割傷手，也正如美飾必須由縫工裁製；他特別說明：

> 僑聞學而後入政，未聞以政學者也。若果行此，必有所害，譬如田獵射御，貫則能獲禽，若未嘗登車射御，則敗績厭覆是懼，何暇思獲？[117]

春秋、戰國之交，墨子或墨子的門徒，對於薦賢舉能，已有了明白的討論：

> 今王公大人有一衣裳不能制也，必藉良工，有一牛羊不能殺也，必藉良宰。故當若之二物者，王公大人未知（不失）以尚賢使能為政也。逮至其國家之亂，社稷之危，則不知使能以治之。親戚則使之，無故富貴，面目佼好則使之。夫無故富貴，面目佼好則使之，豈

---

115 《論語注疏》〈雍也〉，卷六，頁二下。
116 同上，〈先進〉，卷一一，頁五下。
117 《春秋左傳正義》，襄公三十一年，卷四〇，頁一一下。

必智且有慧哉！[118]

同樣的比喻，在戰國時也出現過。[119]「察能授官」是戰國非常普遍的觀念，說得最清楚的是《戰國策》歸之於樂毅的話：

臣聞，賢聖之君不以祿私其親，功多者授之；不以官隨其愛，能當之者處之。故察能而授官者，成功之君也。[120]

及《韓非子》〈外儲說左上〉：

韓昭侯謂申子曰：「法度甚不易行也。」申子曰：「法者見功而與賞，因能而受官。今君設法度，而聽左右之請，此所以難行也。」昭侯曰：「吾自今以來，知行法矣！寡人奚聽矣！」[121]

此處的「能」字，自然指的是做某一件工作的專門能力，與能兵法為將，知治術為相同理。戰國時有家家戶戶藏有「管、商之法」的說法，其是否家藏戶有，是另一問題，管商之法成為鑽研治術的課本，則似乎無甚可疑處。循此線索，《韓非子》中內外〈儲說〉與〈說林〉，殆也是此類教材；[122]至於《戰國策》，則更是遊說之士關於揣摩術的筆記手冊了。[123]

再說到職務的分別。《周禮》所列治官府的八法中，有討論官僚組織的「官屬」，有討論區分職權的「官職」，及討論各部門協調程序的「官聯」，三者都針對著職務的分化及配合。[124]一件很有名的個例，則見於《韓非子》〈二相〉：

昔者，韓昭侯醉而寢，典冠者見君之寒也，故加衣於君之上。覺寢而說，問左右曰：「誰加衣者？」左右答曰：「典冠。」君因兼罪典衣，殺典冠。其罪典衣，以為失其事也；其罪典冠，以為越其職也。非不惡寒也，以為侵官之害甚於寒。故明主之畜臣，臣不得越官而有功，不得陳言而不當；越官則死，不當則罪。[125]

此事不必真有，縱有，不必真如此；然而，其中揭出不得侵官的觀念，反映官僚制度運行秩序的重要性。

---

118 《墨子閒詁》〈尚賢〉中，卷二，頁九下—一〇上。此條由梅貽寶先生檢視，謹致謝。

119 《戰國策》〈趙策〉三，卷二〇，頁一一。

120 同上，〈燕策〉二，卷三〇，頁七下。

121 《韓非子集解》〈外儲說左上〉，卷一一，頁二一三。

122 同上，〈五蠹〉，卷一九，頁三四七。

123 張心澂，前引書，頁六四八—六四九，九〇七—九〇八；容肇祖，〈韓非子的著作考〉（《古史辨》，第四冊，香港，太平書局本），頁六五四—六七四。

124 《周禮正義》，卷二，頁三上。

125 《韓非子集解》〈二柄〉，卷二，頁二八。

由能力專業化及職務專業化兩點，配合上論功升賞的觀念，戰國時的一些治術學者，又引申出一種在本行內升遷或降黜的說法。所以「宰相必起於州部，猛將必發於卒伍」，即是由於試過此人的能力，而且按照功勞定等次的。[126]此無他，只因大將名臣，都必須在自己的一行獲取一些背景的訓練。據說以陽成義渠，身為名將，而「措於屯伯」；公孫亶回是名相，仍舊不能不承認，「關於州部」是不能免的步驟。[127]

法家一詞，常被人誤解為講究用刑罰的法律學派，事實上，法家最注意的是政學治術，[128]其中各派當然也各有偏倚，自來即有慎到重勢，商君重法，申子重術之分。細論各家思想，留待專門的篇章，此處不贅。單從官僚制度的論點說，商君一派似最不講求，商君目的在富國強兵，故著重於獎勵耕戰，治術則非其長，所以集法家大成的《韓非子》一書，特別指出商鞅用首功定官爵之不合理。韓非子以為執訊獲首是勇力的表現，而行政人員所須具備的是智能，用勇力之士做官，等於用斬首之功來衡量醫士的醫道，或工程師的技術。另一方面，申子則專門討論「治不踰官，雖知不言。」韓非子對「治不踰官」不加反對，然而反對「知而弗言」，[129]其實，後者不過是前者的推廣盡致而已。申不害理論的要點是「因任而授官，循名而責實；操殺生之柄，課群臣之能」[130]，也就是本文所謂專業化的基本要求。

督察考核的最後決定權在國君，既然國君須無所不管，他該管的職務也就因此而說不出；說不出比說得出要有更大的權力，正如無限大不能用任何度量名詞來說明一樣。這種無限大的權力，申不害和韓非子稱之謂「無為」，其源當溯自道家以靜制動，以無當有之用。[131]

在《莊子》〈天道〉，有一段即討論由職務分配，到考覈名實，最後按成果賞罰的原則。[132]尚賢尚能的觀念，與親親尊長的觀念，不是能十分相協調的。在戰國時，已有人檢討到僅憑親戚之不足，也了解用到賢能之士，就不能再顧忌到出身與關係，《呂氏春秋》〈求人〉說：

> 觀於春秋，自魯隱公以至哀公，十有二世，其所以得之，所以失之，其術一也。得賢

---

126 同上，〈顯學〉，卷一九，頁三五四。

127 同上，〈問田〉，卷一七，頁三〇二—三〇三。

128 參看H. G. Creel, "The Fa-chia: 'Legalists' or 'Administrators'"（歷史語言研究所《慶祝董作賓先生六十五歲論文集》），頁六三一—六三四；馮友蘭，〈原名法陰陽道德〉（《清華學報》，卷十一，第二期，一九六三）。

129 《韓非子集解》〈定法〉，卷一七，頁三〇五—三〇六。

130 同上，頁三〇四。

131 馮友蘭，《中國哲學史》（香港：太平圖書公司，一九五六），頁四〇二—四〇四；H. G. Creel, "The Meaning of Hsing-ming," in *Studia Serica Bernhard Karlgren Dedicata*（Copenhagen, 1959）.

132 《莊子》（四部備要本）〈天道〉：「是故古之明大道者，先明天而道德次之；道德已明，而仁義次之；仁義已明，而分守次之；分守已明，而形名次之；形名已明，而因任次之；因任已明，而原省次之；原省已明，而是非次之；是非已明，而賞罰次之；賞罰已明，而愚知處宜，貴賤履位，仁賢不肖襲情，心分其能，必由其名。」卷五，頁一四下—一五上。

人，國無不安，名無不榮；失賢人，國無不危，名無不辱。先王之索賢人，無不以也：極卑極賤、極遠、極勞。[133]

若是當真「天下之士」都來立於朝，[134]君主顯然不能盼望在封建制度下約束君臣的親密關係繼續發揮其效力，代替宗族親戚的感情，君主必須尋覓一套有實效的控制方法，維持這些本無關係的臣子對君主的忠誠。除去前文已敘及的對等報施關係外，威脅利誘及劫持人質，也似乎是戰國君主持用的手段，也就是韓非子所謂的「三節」——質、鎮和固。質是親戚子女，用來劫持賢者；鎮是高爵厚祿，用來投貪饕者所好；固是「參伍責怒」，用來窮詰姦邪。[135]三者之中，「質」雖然在中國行政史上，發展出很重要的一些制度：推薦人對被推薦者的連坐責任，在秦國是確立了的規矩；[136]漢世的郎官，也實際上是任子之法，雖然後來發生了人材培育訓練的其他功能。[137]至於「固」，似乎即是用多方面的報告互相核對，以稽核臣子的行為及成績，其中當也包括循名責實，以課群臣之能，以察群臣之姦。[138]

七、結語

在春秋晚季，以至戰國，封建解體，列國競爭日烈，政權須應付的問題日煩，於是專材日見重要，管理也日漸嚴密。古代中國以此由宗族父權式權威轉變為君主式的約定權威。在約定權威之下，職務的分配、俸祿的給付、升黜賞罰、職級品秩、督察計核，均逐漸發展；地方政府也漸以中央代理人的地位，取代了半獨立的小型中央。這些似乎就是古代中國官僚制度的若干性質。至於人材登庸的制度化、各部分職權的明確劃分與制衡、檔案與法典的正式化，都有待於秦漢以下各時代的演變，在古代中國，官僚制度不過是一個雛形。韋伯（Max Weber）的

---

133 《呂氏春秋》〈慎行論・求人〉，卷二二，頁八。

134 《孟子》〈公孫丑〉上，卷三，頁一三下。

135 「責怒」一般作「責帑」，此處從王先慎，《韓非子集解》之義（〈八經〉，卷一八，頁三三三）。按：此節大意與《管子》的〈三本〉似屬雷同。《管子》〈小問〉：「（桓）公曰：『守戰遠見有患，夫民不必死，則不可與出乎守戰之難；不必信，則不可恃而外知，夫恃不死之民，而求以守戰，恃不信之人，而求以外知，此兵之三闇也，使民必死必信，若何？』管子對曰：『明三本。』公曰：『何謂三本？』管子對曰：『三本者，一曰固，二曰尊，三曰質。』公曰：『何謂也？』管子對曰：『故國，父母墳墓之所在，固也；田宅爵祿，尊也；妻子，質也。三者備，然後大其威，厲其意則民必死而不我欺也。』」卷一六，頁六下—七上。

136 《史記》〈范睢列傳〉：「秦之法，任人而所任不善者，各以其罪罪之。」卷七九，頁一一下。

137 Yang Lien-sheng, "Hostage in Chinese History," *Harvard Journal of Asiatic Studies*, XV,3-4,（1952）.增淵龍夫，前引文，頁二二〇—二二九。

138 《韓非子集解》〈定法〉，卷一七，頁三〇四—三〇五。

「官僚」定義，[139]用中國古代的制度來考驗，可以看出其有用的程度。戰國的官吏，並不完全是自由的，即使可能比較秦漢以後的官吏多一些「此處不留人，自有留人處」的自由。官僚的結構，越到戰國後期，可能越近於整齊，越有組織。職務的分類也和專長觀念相配合，但是特定的資格，卻從未成為中國官僚制度的實際要求。戰國只有一些較粗淺的分類，殆及漢代以後，中國的官員始終是通材主義大於專材主義。考試，在戰國只是考察試驗，前者同於漢代的三年以考殿最，後者同於漢代真除以前的試職；都還說不上現在所謂考試二字的意義。戰國雖然已有了金屬貨幣，並且在交易行為中普遍使用，很奇怪的，戰國官員的俸給，似乎仍以實物——糧食——為主要的給付媒介，也許戰國時代列國貨幣單位的雜亂，影響了幣值的穩定，使金屬貨幣不能擔任這個角色。

至於官員的專業性及職位不歸任職者所有，都已是中國古代很明白的觀念。可是中國自古以來，除秦始皇一度廢除過宗室的貴族外，一直有皇親國戚、宦官佞倖一類人物，構成了官僚組織外面的一層不合理因素。戰國列國，以秦國之組織化，猶有穰侯；其他各國莫不有一些貴戚干政的現象，其故殆是強大的家族觀念在作祟？這一點，使中國的官僚制度，即使發源甚早，並且一開始即臻於很複雜的地步，卻始終不能發展為完全用能力及績效來考核，完全用功能聯繫來配合的統治機器。

中國向來以採用考試制度與監察制度的發明見稱於世，其淵源則當溯自戰國時代法家的理

139 官僚制度的性質，自從Max Weber第一個提出這個觀念以來，一般人都認為須包括下列若干點：

(一)官員除了有官方的任務外，他對於上官並無其他從屬關係；他是自由的。

(二)官僚之間，有其等級；整個系統則是有組織的。

(三)每一個職位，都有其特定的資格。

(四)擔任職位的人，具有一種契約關係；因此原則上任職的人有其自由的抉擇。

(五)候補者必須具備一定的「技術上的」能力，為了檢核此點，求職者須經過考試，或其他相似的方式；而任職者必須經過委派或任命，以異於選舉出來的官員。

(六)任職者支領薪水，通常是用當時通行的貨幣或其他代用品支付，以別於「食邑」報酬。任職者也可以有自行請辭的權利，以異於世職及奴僕。

(七)職位是專業的，任職者通常不是業餘的兼任。

(八)任職者以其上官的考績而得到按照一定程序的陟黜，以為賞罰。

(九)任職者並不是職位的所有人，職位高低也不能因人而異。

(十)整個系統中有一定的監督、指揮，與控制的制度。

Max Weber, The *Theory of Social and Economic Organization*（Trans. by A. M. Henderson and Taolcott Parsons, ed., Talcott Parsons, New York, Oxford University Press, 1947）, pp. 329-341. cf. editor's note 2.關於Max Weber的理論，重加檢討及界限者例如Carl J. Friedrich, "Some Observation on Weber's Analysis of Bureaucracy,"（in *Reader in Bureaucracy*, ed. By R. K. Merton, A. P. Gray, Barbara Hockey, and Harran C. Selvin, New York, Columbia University Press, 1952）, pp 27-33. Avlin W. Gouldner, "Discussion of Industrial Sociology," in *American Socilogical Review*, XIII（1948）, pp. 396-400. C. K. Yang, "Some Characteristics of Chinese Bureaucratic Behaviour," in *Confacianisim in Action*, ed. David Nivision and Arthur F. Wright, Stanford: University Press, 1959.參看H. G. Creel, "The Beginnings of Bureaucrcy in China: The Origin of Hsien," in *Journal of Asian Studies*, XXIIII（2）,〔1964〕.他對官僚制度的定義極為簡單，「官僚制度是一種行政系統，由職業性的幹部構成，其功能則或多或少經過約定的。」（頁六三一一六四）。我以為這個簡單的定義仍不夠此處的使用。不過Creel對於「標準型」與實際型態的差異，有頗佳討論，見同文notes 50, 52.

論。

（原載《國立臺灣大學文史哲學報》，第十四期）

先秦諸子對天的看法

「天」在中國人的思想中大半具有最高神的意義。直到今日「天老爺」三字在一般人心目中還是可敬可畏的。然而在春秋戰國時，雖然民間的思想仍把「天」認作神，有許多哲人卻已具有完全不同的見解。本文首先仍從一般人的思想開始。春秋時在一般人的思想裡，與過去相同，天仍是權力的中心，如《左傳》中所見，有許多足以說明當時人宗教情緒的史料，例如：

（鄭伯）曰：「……若寡人得沒于地，天其以禮悔禍於許，無寧茲許公復奉其社稷。……」……「……吾先君新邑於此，王室而既卑矣，周之子孫，日失其序。夫許，大岳之胤也。天而既厭周德矣，吾其能與許爭乎？」[1]

（季梁）曰：「天方授楚，楚之羸，其誘我也。……臣聞小之能敵大也，小道大淫。所謂道，忠於民而信於神也。上思利民，忠也；祝史正辭，信也；今民餒而君逞欲，祝史矯舉以祭，臣不知其可也。」[2]

1 《左傳》隱公十一年。

2 同上，桓公六年。

鬬丹獲其戎車與其戎右少師。秋，隨及楚平，楚子將不許。鬬伯比曰：「天去其疾矣，隨未可克也。」[3]

晉卜偃曰：「……亡下陽不懼，而又有功。是天奪之鑒，而益其疾也。」[4]

（宮之奇）對曰：「臣聞之，鬼神非人實親，惟德是依。故周書曰：『皇天無親，惟德是輔。』又曰：『黍稷非馨，明德惟馨。』又曰：『民不易物，惟德緊物。』如是，則非德民不和，神不享矣。神所馮依，將在德矣。……」[5]

（太子申生）告之曰：「夷吾無禮，余得請於帝矣。將以晉畀秦，秦將祀余。」……「……七日，新城西偏將有巫者而見我焉。」……告之曰：「帝許我罰有罪矣，敝於韓。」[6]

晉大夫三拜稽首曰：「君履后土而戴皇天，皇天后土，實聞君之言。……」……（秦）公曰：「……我食吾言，背天地也。……背天不祥。……」[7]

衛大旱，卜有事於山川，不吉。甯莊子曰：「昔周饑，克殷而年豐。今邢方無道，諸侯無伯，天其或者欲使衛討邢乎。」從之。師興而雨。[8]

夏大旱，公欲焚巫尫，臧文仲曰：「非旱備也，修城郭，貶食省用，務穡勸分，此其務也，巫尫何為，天欲殺之，則如勿生，若能為旱，焚之滋甚。」[9]

楚子曰：「天將興之，誰能廢之，違天必有大咎。」[10]

邾子曰：「苟利於民，孤之利也，天生民而樹之君，以利之也。民既利矣，孤必與焉。」[11]

季文子曰：「……禮以順天，天之道也。己則反天，而又以討人，難以免矣。詩曰：『胡不相畏，不畏于天。』君子之不虐幼賤，畏于天也，在周頌曰：『畏天之威，于時保之。』不畏於天，將何能保？」[12]

3 同上，桓公八年。
4 同上，僖公二年。
5 同上，僖公五年。
6 同上，僖公十年。
7 同上，僖公十五年。
8《左傳》僖公十九年。
9 同上，僖公二十一年。
10 同上，僖公二十三年。
11 同上，文公十三年。
12 同上，文公十五年。

王孫滿勞楚子，楚子問鼎之大小輕重焉，對曰：「在德不在鼎。……天祚明德，有所底止，成王定鼎於郟鄏，卜世三十，卜年七百，天所命也。周德雖衰，天命未改，鼎之輕重，未可問也。」[13]

伯宗曰：「……天方授楚，未可與爭。雖晉之強，能違天乎。」[14]

晉侯夢大厲，被髮及地，搏膺而踊曰：「殺余孫不義，余得請於帝矣。」……公覺，召桑田巫，巫言如夢，公曰：「何如？」曰：「不食新矣。」[15]

甲午晦，楚晨壓晉師而陳，軍吏患之，范匄趨進曰：「……晉楚惟天所授，何患焉。」文子執戈逐之曰：「國之存亡。天也。童子何知焉。」[16]

慶封為左相。盟國人於大宮，曰：「所不與崔慶者，」晏子仰天歎曰：「所不唯忠於君，利社稷者是與，有如上帝。」[17]

（叔向）對曰：「克哉，蔡侯獲罪於其君，而不能其民，天將假手於楚以斃之，何故不克？……」[18]

冬，有星孛于大辰，西及漢。申須曰：「彗，所以除舊布新也，天事恆象，今除於火，火出，必布焉。諸侯其有火災乎？」……鄭裨竈言於子產曰：「宋衛陳鄭，將同日火，若我用瓘斝玉瓚，鄭必不火。」子產弗與。……宋衛陳鄭皆火。稗竈曰：「不用吾言，鄭又將火。」鄭人請用之，子產不可。……曰：「天道遠，人道邇，非所及也。何以知之，竈焉知天道，是亦多言矣，豈不或信？」遂不與。亦不復火。[19]

齊有彗星，齊侯使禳之。晏子曰：「無益也，祇取誣焉。天道不諂，不貳其命，若之何禳之？且天之有彗，以除穢也，君無穢德，又何禳焉？若德之穢，禳之何損，……祝史之為，無能補也。」[20]

以上二十條例子取自最有價值的春秋史料——《左傳》。由這些例證中，可以看出春秋時大率可有兩種不同的態度。一類是人事決於天命的畏天論，一類是天命因於人事的修德論。以下將分別說之，而兼說到諸子思想中的天人之際。

---

13 同上，宣公三年。

14《左傳》宣公十五年。

15 同上，成公十年。

16 同上，成公十六年。

17 同上，襄公二十五年。

18 同上，昭公十一年。

19《左傳》昭公十七年、十八年。

20 同上，昭公二十六年。

前第一類畏天論者對天出之敬畏恭謹的態度，國家的興亡決於「有天命」，抑是「天厭之」，戰場上的爭戰須「唯天所授」。天將與之，沒有人能違背；天命未終，也沒有人能擅自滅之。報仇雪恨，都須經過上帝的批准；盟誓矢志，也須指著皇天后土或上帝。這種態度必是普遍流行於當時人的思想中，因此國家的大事除了國防外，就當數到祭祀，所謂「國之大事，在祀與戎」。[21]其中上帝的祭祀就是經常而重要的一個。但唯其是經常的，所以不大見於記載，不過以魯國為例，郊祀就會因偶然的緣故而見於記載，例如《公羊傳》有卜郊牛的事多次。[22]這些「郊牛」也叫「帝牛」，是祭天時的犧牲，比之祭魯祖宗后稷的「稷牛」要貴重得多。[23]若有一些差池，例如沒有一頭牛被占而得吉卜時，為了避免不敬，寧可停止郊祀。[24]祭天的郊必在「正月上辛」，[25]一切祀祭之先。所謂「先百神而最居前」。在家有喪事時，祖先的祀可以暫停，卻不能廢郊，一切祭儀中，確可說「莫重乎郊」了。[26]總之，這是一個大祭，所謂「郊者，并百王於上天而祭之也」。[27]據一般說法，僅天子才能郊天，[28]但此事似並非如此肯定。魯國固有祭上帝的特准，未特准的秦國卻也可祭祀上帝。如《史記》所說：

繆公壯士冒敗晉軍，晉軍敗，遂失秦繆公，反獲晉公以歸，秦將以祀上帝。[29]

楚國也自有其東皇太一的祭祀，所謂：

吉日兮辰良，穆將愉兮上皇。[30]

此外，到了漢初，除秦有四時祀上帝外，齊有「八神將」，其中包括一個「天主祠」，後來漢武封禪依舊跑到山東來，大約與齊人方士的舊信仰和聖地有關。下邽有天神之祠，梁有天地之祠，晉有五帝之祠。還有胡巫的九天祠。[31]凡此諸祠的對象顯然都是天神。也許他們不用「郊」禮，但卻無疑是祭祠天帝的信仰。總之這位天帝的威靈早已深中人心，因此不信天帝如

21 同上，成公十三年。

22 《公羊傳》僖公三十一年，宣公三年，成公七年、十年、十七年，襄公七年、十一年，定公十五年，哀公元年。

23 《公羊傳》宣公三年；《禮記》〈郊特牲〉。

24 同注22。

25 《公羊傳》成公十七年。

26 董仲舒，《春秋繁露》〈郊事對〉。

27 《荀子》〈禮論〉。據楊倞集解：「百王百神也，或神字誤為王。言社稷唯祭一神，至郊天則兼祭百神，以喻君兼父母者也。」

28 《禮紀》〈曲禮〉下。

29 《史紀》〈晉世家〉。

30 《楚辭集解》〈九歌・東皇太一〉。

31 均見《史記》〈封禪書〉。

莊周者，也把極一個崇高的觀念比擬於帝，如「精神四達並流，死所不極，上際於天，下蟠於地，化育萬物，不可為象，其為同帝」。[32]

這種畏天信仰下的天帝，其為人格化的神並無足奇，因此他不僅是趙的祖先和太子申生所請命的帝，而且和周初諄諄而命文王的帝一樣，可以在夢中派使者授命凡人，如：

> 公在廟，有神人面白毛，虎爪執鉞立於西河之下。公懼而走，神曰：「無走，帝命曰：『使晉襲於爾門。』」公拜稽首，覺，召使嚚占之。對曰：「如君之言，則蓐收也，天之刑神也。」[33]

這一類的故事極多，此徒一例耳。這種充分人格化的天神，顯然無所異於前章所述的信仰，而且下至今日，一般人的心目中的老天爺又何嘗不是如此。

總之，這派畏天的態度是普遍見於春秋時一般人的。在先秦諸子中，墨子是最畏天的，因此為行文便計，放在這裡先說一說，墨子的畏天不是神道設教，不是挾天自重。在他學說裡，天直是一切的最後依據，此處先從墨子最枝節的條目開始，逐步加以討論，墨子反對廣義的「樂」，其反對的理由在實用方面，所謂：

> 子墨子言曰：「仁之事者，必務求興天下之利，除天下之害，將以為法乎天下。利人乎即為，不利人乎即止，且夫仁者之為天下度也，非為其目之所美，耳之所樂，口之所甘，身體之所安，以此虧奪民衣食之財，仁者弗為也。」是故子墨子之所以非樂者。……雖身

知其安也，口知其甘也，目知其美也，耳知其樂也。然上考之不中聖王之事；下度之，不中萬民之利，是故子墨子曰：「為樂非也。」[34]

毛病出在使那些君子「廢君子之聽治」，那些賤人「廢賤人之從事」。而照歷史上看，其結果必致「上帝弗常，九有以亡。上帝不順，降之百殃。其家必壞喪」。所以這是「天鬼弗式」，「萬民弗利」的。[35]同樣的理由，為了不害民，墨子主張節用節葬，一切盡求其實用合適，不必多所興作或過度。[36]總之，應當「去無用之費」。[37]

所有這些毛病，墨子認為都出於人的不相愛，所謂「當察亂何自起，起不相愛」。人人都想虧人以自利，於是天下亂了。因此，他說：

若使天下兼相愛，愛人若愛其身，猶有不孝者乎？視父兄與君若其身，惡施不孝。……

32《莊子》〈刻意〉。

33《國語》〈晉語〉。

34《墨子》〈非樂〉（附話）。

35 同上，〈非樂〉上。

36 同上，〈節用〉上、〈節用〉中、〈節葬〉下。

37 同上，〈節用〉上。

> 故視人之室若其室。誰竊；視人身若其身，誰賊。故盜賊亡有。猶有大夫之相亂家，諸侯之相攻國者乎？視人家若其家，誰亂；視人國若其國，誰攻。故大夫之相亂家，諸侯之相攻國者亡有。[38]

而古之聖王有行了兼愛，而致王天下的，如禹、湯和文王，這是墨子所找到的歷史證據。[39]因了這種兼愛的立場，墨子自必非攻；「相攻」正是前節要糾正的一個項目，所以，他認為：

> 是故古之仁人有天下者，必反大國之說，一天下之和，總四海之內，焉率天下之百姓，以農臣事上帝山川鬼神。利人多，功故又大。是以天賞之，鬼富之，人譽之，使貴為天子，富有天下。……今王公大人，天下之諸侯，則不然。將必……為堅甲利兵，以往攻伐無罪之國。……意將以為利天乎？夫取天之人，以攻天之邑，此刺殺天民，剝振神之位，傾覆社稷，攘殺其犧牲，則此上不中天之利矣。意將以為利鬼乎？……則此中不中鬼之利矣。意將以為利人乎？……則此下不中人之利矣。[40]

而那些征誅的義戰卻都經過上帝的特命，例如：

> 昔者三苗大亂，天命殛之。……高陽乃命玄宮，禹親把天之瑞令，以征有苗，四電誘祇，有神人面鳥身，若瑾以侍，搤矢有苗之祥，苗師大亂，後乃遂幾。……至乎夏王桀，……天乃命湯於鑣宮，用受夏之大命。夏德大能，予既卒其命於天矣。往而誅之，必使汝堪之。湯焉敢奉其眾，是以鄉有夏之境，帝乃使陰暴毀有夏之城。少少有神來告

曰。……予既受命於天，天命融隆火，于夏之城間西北之隅。……則此湯之所以誅桀也。

還有周武王的事也相彷彿。[41]這些話中可以看出，墨子心目中的上帝是多麼活靈活現的。

兼愛的理由又何在呢？這就須歸結到「天志」了，所謂天志，據墨子說：

> 然則奚以為治法而可？故曰莫若法天，天之行，廣而無私，其施厚而不德，其明久而不衰。故聖王法之，既以天為法，動作有為，必度於天，天之所欲則為之，天所不欲則止。然而天何欲何惡者也？天必欲人之相愛相利，而不欲人之相惡相賊也。奚以知（云云）……？以其兼而愛之，兼而利之也。奚以知（云云）……？以其兼而有之，兼而食之也。今天下無大小國，皆天之邑也。人無幼長貴賤，皆天之臣也。……故曰，愛人利人者，天必福之。惡人賊人者，天必禍之。[42]

有如此兼愛之天志，人因此必須兼愛以上同於天。

38《墨子》〈兼愛〉上。

39 同上，〈兼愛〉中。

40 同上，〈非攻〉下。

41《墨子》〈非攻〉下。

42 同上，〈法儀〉。

> 天下之百姓皆上同於天子，而不上同於天，則菑猶未去也。今若天飄風苦雨，溱溱而至者，此天之所以罰百姓之不上同於天者也。[43]

是以墨子比天志為「輪人之有規，匠人之有矩」了。[44]

有這樣的天，墨子因此講「尊天事鬼」，治國的賢者若能勤政尙賢，則「國家治則刑法正，官府實則萬民富。上有以絜為酒醴粢盛，以祭祀天鬼」。又說「若昔者三代聖王。……其為政於天下也，兼而愛之，從而利之。又率天下之萬民，以尙尊天事鬼，愛利萬民。是故天鬼賞之，立為天子，以為民父母。萬民從而譽之，曰聖王。至今不已，則此富貴為賢，以得其賞者也。」[45]可使「天鬼賞之」。不過天和鬼都是賞善罰暴的，因此墨子不贊成命運之說，他認為歷史上的證據都沒有「福不可請而禍不可諱，敬無益，暴無傷」的訓誡。[46]而且「自古以及今。……亦嘗有見命之物，聞命之聲乎？則未嘗有也。」[47]由此防止許多人把禍福歸之於命運，而不知省察的心理。[48]把一切宿命論者的藉口推翻，仍把一切原因歸還給無上的天的意志，這既是極敬天畏天了，不僅如此，墨子還認為人的意志不能向天干求，因此他對祭祀的看法完全脫出功利的態度。例如：

> 魯祝以一豚祭而求百福於鬼神，子墨子聞之曰：「是不可。今施人薄而望人厚，則人唯恐其有賜於己也。今以一豚祭而求百福於鬼神，唯恐其以牛羊祀也。古者聖王事鬼神，祭而已矣。今以豚祭而求百福，則其富不如其貧也。」[49]

「祭而已矣」，這何等純潔，何等虔敬的宗教態度，不知可愧殺多少燒香拜佛，祈禱上帝，而只求一己福祉的人。

除了這一派有濃重宗教情感的態度以外，即是本文開端曾說過的修德論者，在「國之大事，在祀與戎」的時代，在遇旱要暴巫的時代，在鬼神的力量籠罩一切的時代，仍不乏有清明理性的人。例如宮之奇「鬼神非人實親，唯德是依」的說法，已把天的向背歸之於人事。又如邾子，以利民放在第一位，但是他們還多少帶一些宗教的情感。至於子產的「天道遠，人道邇」，卻完全採取一種冷漠的態度，至少把「天道」看得異常遙遠，而影響不到人間。這一種態度發展之極，就變成戰國末年荀子的「制天論」。天成為人可以積極加以制服的自然對象

43《墨子》〈尚同〉中。
44同上，〈天志〉上。
45同上，〈尚賢〉中。
46同上，〈非命〉上。
47同上，〈非命〉中。
48同上，〈非命〉上。
49同上，〈魯問〉。

了。

在說到極端的荀子前，必須先一說前於荀子的兩派非常不同的思想。對這兩派——儒家的孔孟和道家的老莊——的討論當可助於瞭解荀子的反宗教立場。

孔子的天道觀念，頗與子產的相似，他有時具有相當程度的宗教情緒，他頗自以為有天降的任務，有「天生德於予」，[50]「天之未喪斯文，匡人其如予何？」[51]一類話頭。可是他不喜歡討論抽象的東西，因為他從不說「怪、力、亂、神」。[52]縱然他對天命是畏懼的，所謂「君子有三畏，畏天命、畏大人、畏聖人之言。」[53]他日常的態度則通常是守舊的，因此他不敢欺天，「吾誰欺，欺天乎？」[54]他不敢怨天，說是「不怨天，不尤人，下學而上達，知我者其天乎。」[55]他對著天起誓，說「予所否者。天厭之，天厭之。」[56]他也在最傷心的時候說過：「天喪予，天喪予。」[57]所以他在五十歲那年，就認識了天命是不可抗的，[58]他甚至可能承認天是一個有人格的神，因此他說，「天何言哉」，[59]表面雖似視天為不能言，實際則有承認天能言而不言的意思。不過他缺乏濃重的宗教心，所以他否認祈禱的力量，「王孫賈問曰：『與其媚與奧，寧媚於竈，何謂也？』子曰：『不然，獲罪於天，無所禱也。』」[60]他認為平時的行為比祈禱更必要。

> 子疾病，子路請禱。子曰：「有諸？」子路對曰：「有之，誄曰，禱爾于上下神祇。」子曰：「丘之禱久矣。」[61]

因此，他對於鬼神的見解是「祭如在，祭神如神在」。[62]既用了「如」字，尚有些懷疑的成分。

50《論語》〈述而〉。
51 同上，〈子罕〉。
52 同上，〈述而〉。
53 同上，〈季氏〉。
54 同上，〈子罕〉。
55 同上，〈憲問〉。
56 同上，〈雍也〉。
57 同上，〈先進〉。
58 同上，〈為政〉。
59 同上，〈陽貨〉。
60 同上，〈八佾〉。
61 同上，〈述而〉。
62 同上，〈八佾〉。

他又說，「務民之義，敬鬼神而遠之，可謂知矣。」[63]另一次對話裏，孔子更把「人」放在抽象的「鬼」神之前。

> 季路問事鬼神，子曰：「未能事人，焉能事鬼？」曰：「敢問死？」曰：「未知生，焉知死？」[64]

總之，孔子雖然敬畏天命，寧願存而不論，卻把渺茫的天道放在遙遠的地方，把世人的眼光仍拉回現實的人世。

孔子之外另一個正統儒家是孟子。在孟子思想中，天有時則是定命，正與孔子無兩樣，至少是人力所不及的。所以他說：「若夫成功則天也，君如彼何哉，強為善而已矣。」[65]然似無甚宗教意味在內。他也曾把天當作一個統制的勢力。例如他曾說過堯舜禪讓的故事，說禪讓是「天與之」。可是並非「諄諄然命之」。而是「以行與事示之而已矣」。其「示之」的辦法仍是諸侯的朝覲、訟獄和謳歌。[66]因此孟子仍舊把天理拖回了人間。此外，孟子又弄出個哲學意味的天。

> 盡其心者，知其性也。知其性則知天矣。存其心，養其性，所以事天也。夭壽不貳，修身以俟之，所以立命也。[67]
>
> 夫君子所過者化，所存者神，上下與天地同流，豈曰小補之哉？[68]

把天與性合說，存心養性即是事天，直是把天理引入我腔子裡，其中何嘗有半點宗教氣息。君子所至神而化之，以至能與天地同流，其中更無半點畏天的謙卑心。此所以孟子自期「萬物皆備於我」了。因此，孟子終究是一個哲學家，與墨子的虔敬宗教心大相逕庭。

後期的儒家因為這種態度，也以一種重人事的觀點來解釋祭祀，以調和儒家「祭如在」的說法，所謂：

> 萬物本乎天，人本乎祖，此所以配上帝也。郊之祭也，大報本反始也。[69]
>
> 率而祀天子南郊，配以先祖，此所以教民報德不忘始也，率而祀于太廟，所以教孝也。[70]

---

63 同上，〈雍也〉。

64 同上，〈先進〉。

65 同上，〈梁惠王〉下。

66 同上，〈萬章〉下。

67 同上，〈盡心〉上。

68 同上。

69 《禮記》〈郊特牲〉。

70 《大戴禮》〈朝事〉。

這都是把祭天的意義賦予一層人事的色彩，但是這種態度到底是非宗教的。因此在虔敬的宗教家墨子，就不免譏之為「無客而學客禮」，「無魚而為魚罟」了。[71]

以上是人文主義的儒家的宗教觀，或者說，人事化的天道觀。

現在再說到另一派「蔽於天而不知人」的道家。

先說老子，在墨家學說中，天是一切的最後原因。已見上述。而老子卻另有一個「道」字作為最後的原因；

> 有物混成，先天地生。寂兮寥兮，獨立不改，周行而不殆，可以為天下母。吾不知其名，字之曰道，强為之名曰大。[72]

天地則只是默然存在，所謂：

> 天長地久，天地所以能長且久者，以其不自生，故能長生。[73]

但是天地又何嘗能長久呢？因此他說：

> 希言自然，故飄風不終朝，驟雨不終日，孰為此者？天地，天地尚不能久而況於人乎。[74]

老子的天是如此的沒有靈性，因此，天又何嘗運用其意志於人事呢？老子就不免說一聲，「天地不仁，以萬物為芻狗」了。[75]沒有意志力的「天」，所餘當然只有自然的、物質的意義了。

再說到「蔽於天而不知人」的莊子。他也以「道」為一切的最後原因，所以說：

> 夫道，有情有信，無為無形，可傳而不可受，可得而不可見。自本自根，未有天地，自古以固存。神鬼神帝，先天生地。在太極之先而不為高，在六極之下而不為深；先天地生而不為久，長於上古而不為老。[76]

這一個「道」，雖是「神鬼神帝，生天生地」的原因，雖可比之為「同帝」，[77] 到底不是有人格或意志的。道只是一個「無」字。[78] 在萬物之中，卻又任萬物自化。天也在這個「道」的籠罩下，所以天者，只是一個自然，所以說：無為為之之謂天。[79] 天甚至可以作為「自然」一詞

---

71 《墨子》〈公孟〉。

72 《老子》，第二十五章。

73 同上，第七章。

74 同上，第二十三章。

75 同上，第五章。

76 《莊子》〈大宗師〉。

77 同上，〈刻意〉。

78 同上，〈天地〉。

79 同上。

的同義詞，例如：

天在內，人在外。……牛馬四足是謂天；落馬首，穿牛鼻是謂人。[80]

公文軒見右師而驚曰：「如何人也，惡乎介也？天與？其人與？」曰：「天也，非人也……。」[81]

而把天看作大自然的一部分的，莫若在〈天運〉中：

天其運乎？地其處乎？日月其爭於所乎？孰主張是？孰維綱是？孰居無事推而行是？意者其有機緘而不得已邪，意者其運轉而不能自止邪？雲者為雨乎？雨者為雲乎？孰隆施是？孰居無事淫樂而勸是？風起北方，一西一東，有上彷徨，孰噓吸是？孰居無事而披拂是？[82]

然而莊子對於這些疑問都不加答覆，只說了順之以自然而已。

由上所述，可見老子莊子都沒有一點虔敬的心情，換而言之，老莊都以非宗教的觀點談及天或道，在他們的思想裡，天已退縮到單純的自然意義。

荀子即承受了這種自然觀的天道觀念，不過荀子究是儒家。儒家思想中人文主義是最重要的特色，因此荀子雖同意這種自然觀，卻不能同意莊子聽任自然的，謂：

莊子蔽於天而不知人。……由天謂之，道盡因矣。[83]

照楊倞的注解，「道盡因矣」，是「因任其自然，無復治化也」。換句話說，人完全不需有任何行動，然而荀子絕不能丟開儒家不可「未事人」的立場，是以荀子遂脫去孔孟若有若無的宗教情緒，用儒家慣有的「事人」手段，來制服已被莊子賦予自然意義的「天」了。荀子說：

> 故君子敬其在己者，而不慕其在天者。小人錯其在己者，而不慕其在天者。君子……是以日進也。小人……是以日退也。[84]

因此他認為「惟聖人為不求知天」。[85]而「道」也只是人道。

> 道者，非天之道，非地之道，人之所以道也。君子之所道也。[86]

既然只承認人，故荀子完全否認天對人有何控馭力量，認為所謂吉，所謂凶，都只是人自己作為的結果，無關於天的獎懲，說：

80《莊子》〈秋水〉。
81 同上，〈養生主〉。
82 同上，〈天運〉。
83《荀子》〈解蔽〉。
84 同上，〈天論〉。
85 同上。
86《荀子》〈儒效〉。

天行有常，不為堯存，不為桀亡。應之以治則吉，應之以亂則凶。彊本而節用，則天不能貧；養備而動時，則天不能病；循道而不貳，則天不能禍。故水旱不能使之饑，寒暑不能使之疾，祆怪不能使之凶。

凶亂之世，雖然「受時與治世同」，竟有不同的結果，但也「不可以怨天，其道然也」。這「道」字，即是前面所說，「人之所以道也。」也就是說，這些結果都不過自作自受，不用把原因歸結到「有常」的天。能明白這「天人之分」的，才是「至人」。[87]所謂天者，其實不外乎是自然，自然自有其運行的法則：

列星隨旋，日月遞炤，四時代御，陰陽大化，風雨博施，萬物各得其和以生，各得其養以成，不見其事而見其功，夫是之謂神。皆知其所以成，莫知其無形，夫是之謂天。[88]

人不必求知天，也不必費神推究天的本意，人的事只須明白「天有其時，地有其財，人有其治」。[89]若舍人事而要想知道天意，「則惑矣」。所以荀子的本意事實上只在「人有其治」，另外二者不過陪襯，在人加以利用而已。

對於初民最易受驚恐懼的怪異，荀子以為無可驚怪。所謂星墜，所謂木鳴，「國人皆恐」時，荀子卻說是「天地之變，陰陽之化，物之罕至者」。日月有蝕，風雨不時，或怪星黨見，俱足引起人民對自然的恐懼，因之發生宗教情感。荀子卻說「是無世而不常有之」。上明政平時，再多一些也無妨，上闇政險時，即使一次沒有，也無救於其敗亡。因此荀子認為人應懼怕的，不是這些天象怪異，而是「人祅」。所謂「人祅」，照荀子的說法。全是人謀之不臧。如：

楛耕傷稼，耘耨失薉，政險失民，田薉稼惡。糴貴民飢，道路有死人。夫是之謂人祅。政令不明，舉錯不時，本事不理，夫是謂人祅。禮義不脩，內外無別，男女淫亂，則父子相疑，上下乖離，寇難並至，夫是之謂人祅。[90]

因此他不主張白費心思在宗教性的思考，而應用心研究的東西仍在人與人的關係。所謂：

傳曰，萬物之怪，書不說，無用之辯，不急之察，棄而不治。若夫君臣之義，父子之親，夫婦之別，則日切磋而不舍也。[91]

更進一步，他不僅毫不禮敬墨子最崇拜的「天」，反倒要使「天」——也就是自然——置於人類的控制之下。說：

大天而思之，孰與物畜而制之。從天而頌之，孰與制天命而用之。……故錯人而思天，

87《荀子》〈天論〉。

88同上。

89同上。

90《荀子》〈天論〉。

91同上。

則失萬物之情。[92]

非宗教的態度，可謂已至於極點了。因之他對於宗教儀節的祭祀，也剝去了宗教意義，賦予一層著重人事的新觀點。例如求雨的雩，他說：

> 雩而雨何也？曰，無何也。猶不雩而雨也。日月食而救之。天旱而雩。卜筮然後決大事，非以為得求也。以文之也。故君子以為文，而百姓以為神。以為文則吉，以為神則凶也。[93]

所謂「文之」，即說只看作聊備一格的儀式。他又謂：

> 禮有三本：天地者，生之本也；先祖者，類之本也，君師者，治之本也。無天地惡生？無先祖惡出？無君師惡治？三者偏亡，焉無安人。故禮。上事天，下事地，尊先祖而隆君師。是禮之三本也。[94]

由上所述，荀子的天道觀是採了莊子的自然觀點，卻拋去了莊子的安於天命態度；著重加強了儒家的人文思想，卻拋去了孔孟的畏天態度；合起來，就形成了非常現實，強調人事，而非常反宗教的「制天」說。根本否定了有某種能影響人事的力量，反要用人的力量來利用自然。荀子的現實確是可驚的。

除了前述，畏天、制天，或自然之天等說法外，由戰國迄於漢初，還有一派陰陽五行的天道觀。這一派把天地間種種事物和現象，統歸入兩種勢力（陰陽）或五種勢力（五行）。陰陽與五行雖在漢初已成不可分，但最初似並非同一思想。如《周易》只說陰陽，而未及於五行。五行者，在戰國時騶衍始成一有系統的學說。司馬遷嘗介紹其思想謂：

騶衍睹有國者益淫侈，不能尚德，若大雅整之於身，施及黎庶矣。乃觀陰陽消息，而作怪迂之變，終始大聖之篇十餘萬言。其語閎大不經……稱引天地剖判以來，五德轉移，治各有宜，而符應若茲。……然要其歸必止乎仁義節儉，君臣上下六親之施，始也濫耳。[95]

五德而「治各有宜」，即說天地間有這五種勢力支配一切，其轉移有一法則，於是《呂氏春秋》遂有帝王各秉一德的說法：

凡帝王之將興也，天於先見祥乎下民。黃帝曰土氣勝。……禹曰木氣勝。……文王曰火氣勝。……湯曰金氣勝。……代火者必將水。……水氣至而不知，數備，將徙於土。[96]

天地間既有此固定的秩序，則當然無所用於再有一個有意志，有人格的主宰。是以《呂氏春

92 同上。
93 《荀子》〈天論〉。
94 同上，〈禮論〉。
95 《史記》〈孟子荀卿列傳〉。
96 《呂氏春秋》〈有始覽・名類〉。

秋》、《禮記》〈月令〉，及《淮南子》雖均有當祭的神或五帝，卻都配屬於五行之中。易言之，連神也受五種原始勢力的支配。這可以說是一種機械而秩序的自然觀念。宇宙而受某幾種勢力的支配，則必將最高主宰的權力打了折扣，此所以墨家站在相信有主宰的虔誠宗教立場，必須駁斥五行之說，故說：

五行毋常勝，說在宜。[97]

而其「經說」謂：

主，金水土火木，離然火鑠金，火多也，金靡炭，金多也，金之府木。木離水。

就是為了維護天或上帝的最高權威。

但除了墨家的反對外，五行說在春秋戰國時似是一個頗為普遍的宇宙觀。甚至遠在商末，卜辭中即可能有五行的端倪。[98]據說少昊時，即有「五工正」之官；[99]而至少《左傳》中常見五行之官，就以木火金水土為紀。[100]而且春秋時也已有五德轉移的痕跡，至少也已承認宇宙間有幾種勢力，轉移時能預先顯出徵兆，例如：

（楚）滅陳，……晉侯問於史趙曰：「陳其遂亡乎？」對曰：「未也，……陳，顓頊之族也。歲在鶉火，是以卒滅，陳將如之。今在析水之津，猶將復由。……」[101]

夏四月，陳災，鄭裨竈曰：「五年陳將復封，封五十二年，而遂亡。……陳，水屬也。火，水妃也，而楚所相也。今火出而火陳，逐楚而建陳也。妃以五成，故曰五年，歲五及鶉火而後陳卒亡，楚克有之，天之道也，故曰五十二年。」[102]

又如本章之首所舉裨竈預言四國將火，也由天象推得。凡此都表示有某種自然現象能影響及於人事。也有人把這些自然力量稱之為陰陽。如：

（周內史叔興告人）曰：「……是陰陽之事，非吉凶所生，吉凶由人。……」[103]

此等理論流行極廣，如儒家中子思與孟子，被荀子攻擊過，「案往舊造說，謂之五行。」[104]而莊子也說：

---

97 《墨子》〈經下〉。

98 陳夢家，〈五行之起源〉（《燕京學報》。第二十四期，一九三八，北平），頁四九—五〇。

99 《左傳》昭公十七年。

100 同上，昭公二十九年。

101 同上，昭公八年。

102 《左傳》昭公九年。

103 同上，僖公十六年。

104 《荀子》〈非十二子〉。

天有六極五常。帝王順之則治，逆之則凶。[105]

莊子不大討論到這些問題，但確主張安於天命，這個天命並非有人格、有意志的主宰的命令，而是自然運行的一套秩序。人力不用，也不能加以改變。至於儒家，雖然畏天，卻是敬而遠之。但孔孟都似乎頗承認某種既經決定的命運，例如孟子說：

莫之為而為者天也，莫之致而至者命也。[106]

因此他深信「五百年必有王者興」，而他自己就應當應了這句話。[107]這種命運若係確定的，則甚至上帝也未必能逞著意思加以改易。換而言之，具有這種思想的人其上帝也受制於某一定的法則，一定的命運。其上帝也不能是全能的。是以把上帝看作若有若無的儒家和莊子能同時具有這種觀念，而把上帝看作赫赫明明的墨家就不能不加以駁斥了。追根究柢，把宇宙分化為若干自然勢力，其源當仍來自天的物質義，方出之以數種物質為代表，有如五行者。無論如何，這種配成自然秩序的宇宙觀必不能具有高度的宗教性。

自騶衍把此種五行說加以整理後。五德轉移成了支配一時的思想，秦漢二代的開國者莫不斤斤於追究自己屬於水德，抑是火德。易言之，朝代的改易都只是五德的自然承襲。[108]馴至人事跟著當時的「德」而改變，如：

或曰：「黃帝得土德，黃龍地螾見。夏得木德，青龍至於郊，草木暢茂。殷得金德，銀自山溢。周得火德，有赤烏之符。今秦變周，水德之時。昔秦文王出獵，獲黑龍，此其水

> 德之瑞。」於是秦更命河曰「德水」，以冬十月為年首，色上黑，度以六為名。音上大呂。事統上法。……魯人公孫臣上書曰：「始秦得火德，今漢受之。推終始傳，則漢當土德，土德之應黃龍見。宜改服色，色尚黃。」是時丞相張蒼好律曆，以為漢乃水德之始，故河決金隄，其符也。年始冬十月，色外黑內赤，與德相應。[109]

人事而繫於德運。以至用解釋秦的嚴刑酷法為合水德，人事之完全屈服於自然律，也就可以想見了。

於是西漢的董仲舒以儒術陰陽的雙重身分出現，所謂「董仲舒治《公羊春秋》，始推陰陽，為儒者宗」。[110] 他採取了陰陽五行的宇宙觀：

> 天之常道，相反之物也。不得而起，故謂之一，一而不二者，天之行也。陰與陽，相反

105 《莊子》〈天運〉。
106 《孟子》〈萬章〉上。
107 同上，〈公孫丑〉下。
108 《漢書》〈郊祀志〉。又參看注96。
109 《史記》〈封禪書〉。
110 《漢書》〈五行志〉上。

之物也。故或出或入，或左或右。春俱南，秋俱北；夏交於前；冬交於後，並行而不同路，交會而各代理。此其文與？[111]

如金木水火，各奉其所主，以從陰陽。相與一力而並功，其實非獨陰陽也。然而陰陽因之以起，助其所主。[112]

他的歷史哲學也抄了五德轉運。而作為三統，或三正之說；所謂黑統、白統、赤統，其基本精神無殊於五德說，因此此處不擬詳錄《春秋繁露》〈三代改制質文〉的原文。總之也是把人事上應天統而已。

可是董仲舒是儒家，所以他終認為人世間還有人世間不變的一套，所謂：

今所謂新王不改制者，非改其道，非變其理，……今天大顯已，物襲所代而率與同，則不顯不明。非天志，故志徙居處，更稱號，改正朔，易服色者，無他焉。不敢不順天志而明白顯也。若夫大綱人倫，道理政治，教化習俗，文義盡如故。亦何改哉？故王者有改制之名，為異道之實，孔子曰：「無為而治者，其舜乎。」言其主堯之道而已。此非不易之效與？[113]

足知董仲舒仍是把人間事看作有其不變的常經。仍是儒家的看法，董仲舒這種態度的來源是他依舊重視人的地位。所以他說：

莫精於氣，莫富於地，莫神於天。天地之精，所以生物者，莫貴於神，人受命乎天也，故超然有以倚。物疢疾莫能為仁義，唯人獨能為仁義，物疢疾莫能偶天地，唯人獨能偶天地。[114]

其根本立場殆無殊於孟子的「萬物皆備於我」，「上下與天地同流」等語，故董仲舒把人抬到天地相參的地位。所謂：

天地人，萬物之本也。天生之，地養之，人成之。[115]

既然天地人是萬物之本，因此不僅人事須受天道的影響，例如：

聖人副天之所行以為政，故以慶副暖而當春，以賞副暑而當夏，以罰副清而當秋，以刑副寒而當冬。慶賞罰刑，異事而同功。皆王者之所以成德也。慶賞罰刑，與春夏秋冬，以類相應也，如合符。[116]

111 《春秋繁露》〈天通無二〉。
112 同上，〈天辨在人〉。
113 《春秋繁露》〈楚莊王〉。
114 同上，〈人副天數〉。
115 同上，〈立元神〉。
116 《春秋繁露》〈四時之副〉。

人事也同樣能影響天道。故謂：

天有陰陽，人亦有陰陽，天地之陰氣起，而人之陰氣應之而起，人之陰氣起，而天地之陰氣亦宜應之而起。其道一也。明於此者，欲致雨則動陰以起陰；欲止雨則動陽以起陽。故致雨非神也。而疑於神者，其理微妙也。非獨陰陽之氣可以類進退也。雖不祥禍福所從生，亦由是也。無非已先起之，而物以類應之而動也。117

所以董仲舒能相信用人事來救災異；能相信土龍可以求雨。其基本立場在於他相信「天人交感」，人也掌握了天人兩橛中的一橛。人並不是全然的受制於天，也可相對的互為感應。換句話說，董仲舒採取了陰陽五行說的自然秩序宇宙觀，卻配合上他自己的儒家人文主義，取回一部分主動權。

上面所述，只是若干哲人的思想。其中頗可看出，除墨家對天純作神化的天外，儒家就沖淡了許多。反而滲上些定命說，雖畏天卻俟命；老莊把主宰的力量看得更淡。然也承認人力無法改變天運，故不畏天，卻安命。荀子則強調人事，把天純然當作自然，且須用人定來勝天。陰陽家則相信宇宙間有一個確定的法則，無論何種現象都受服從這一個法則。而董仲舒則又用人事來影響天道，在確定法則的範圍內，人事仍有相當限度的選擇。以上諸說中，自然法則和天運的自然都和物質的天關係較深。故其中神化色彩甚淡，或至毫無，殆即因為自然秩序是起於人對自然的分類和解釋。而天運的自然則人又自居自然中之一分子了。

但以上所述盡是哲人們的思想，這個時期中——春秋戰國——普通人的思想仍是多多少少相信有一個主宰的天存在。以至連宗教色彩淡到幾乎沒有的莊子還舉「帝」作例，已見前；甚至非宗教如荀子者。也以「帝」「天」為喻：

如是，百姓貴之如帝，高之如天，親之如父母，畏之如神明。[118]

庶人隱竄，莫敢視望；居如大神，動如天帝。[119]

則民間對「帝」「天」的信仰也就可知了。

由這些材料可以看出，每一個時代都不乏睿智的先哲，而個人的影響在歷史上也不容忽略。無論誠摯虔敬的態度，或者清明理智的立場。在歷史上同樣能找著過去的先聲和未來的呼應。一般說來，天與帝在這時候，意義略有差別。如莊子荀子都把天當作自然的全體。由此可知天的原義必是自然的蒼天，神性只是後加的。在五德轉移說中，天帝也受制於同一的自然律，則天帝的權威顯然小極了。故五德說中的天也是指自然而言。本文說到董仲舒，因為他是總結先秦思想的人，在他的學說中，似乎應該注意其儒家重人事的成分。易言之，董仲舒把機械的天命又放在人的手裡，人不能改變天意，但天意將因人的行為而改變。

---

117 同上，〈同類相動〉。

118 《荀子》〈強國〉。

119 同上，〈正論〉。

不過春秋戰國雖有這些哲人的思想。大部分人民仍不外乎相信一個至高的主宰，操持著宇宙間一切事的最後決定。但也不敢抹煞較小神祇的威柄。加上賞善罰惡的道德意義。天老爺頗能滿足中國人的宗教情感。直到今日，一般人心目中的天老爺何嘗又不如此呢？

（原載《大陸雜誌》，卷一五，第二、三期）

西漢政權與社會勢力的交互作用

秦一宇內，憑藉武力結束了列國並峙的局面。然而秦以高壓手段治天下，激水過山，造成懷山襄陵的大亂，駛道四達，終究擋不住阿房一炬的結局。此無他，為了秦政權缺乏社會基礎而已。劉邦以泗上亭長，提三尺劍，卻能立四百年基業。在這四百年中，中國真正的鎔鑄成為一個完整的個體。這一段鎔鑄的過程，不在漢初的郡國並建，不在武帝的權力膨脹，而在於昭、宣以後逐漸建立起政權的社會基礎。在武帝以後，中國開始了政治至上的一元結構：權力的唯一來源是政治，而智勇辯力之士最後的歸結也唯有在政治上求出頭；一切其他途徑都只是政治勢力的旁支而已。所謂「士大夫」階級也在武、昭以後才開始取得其現有的含義，而不再是軍人與武士的別稱。[1] 一元的權力結構與「士大夫」在中國歷史上有極度密切的功能關係，有一位社會人類學家認為士大夫是中國社會變動的安全瓣，使中國社會史上減少了不少激劇的革命。[2] 士大夫一方面是未來官吏的儲備人員，另一方面也是社會上的領導分子，或以教育程

1 余英時，〈東漢政權之建立與士族大姓之關係〉（《新亞學報》，卷一，第二期，一九五六），頁二五九—二六一。

2 Fei Hsiao-t'ung, *China's Gentry*（Chicago: University of Chicago Press, 1953）, p. 12.

度，或以地位，或以富貲成為鄉里的領袖。[3]本文所要討論的也就是西漢「士大夫」的逐漸形成為一個特殊的群體，以及士大夫構成西漢政權之社會基礎的過程。下文將逐漸由三個角度考察這個問題：各個時期的政權性質、社會秩序，及地方政府結構；尤其最後這兩項與「士大夫」群的生根茁長似有密切關係。

一

西漢各個時期政權的性質由丞相來源即可看出其不同。自高祖至於景帝，丞相十三人，都是列侯，不為高祖從龍功臣，即是功勳子嗣。武帝朝在列侯之外，加上外戚、宗室，及一個臨時封侯的公孫弘。昭、宣兩朝的丞相則絕大多數出身郡縣掾吏，或公府僚屬，都是文吏。元帝以下，丞相多屬儒生，除王商是外戚外，多是經學之士，見下表。[4]

時代	丞相	功臣	功臣弟子	外戚（宗室）	掾史文吏	經學之士	其他
高帝	蕭何	×					
惠帝	曹參	×					
	王陵	×					
	陳平	×					

文帝	審食其	×					
	周勃	×					
	灌嬰	×					
	張蒼	×					
	申屠嘉	×					
景帝	陶青		×				
	周亞夫		×				
	劉舍		×				
	衛綰						戲車為郎
	竇嬰			×			
	田蚡			×			
	許昌		×				
	薛澤		×				
	公孫弘				×		
	李蔡						六郡良家子

3 Ho Ping-ti, *The Ladder of Success in Imperial China*（New York: Columbia University Press, 1962）, pp 34ff.

4 周道濟，《漢唐宰相制度》（台北，政治大學博士論文油印本）：頁二七三—二七六；周道濟，〈西漢君權與相權之關係〉，（《大陸雜誌史學叢書》，第一輯，第四冊），頁一四—一五。周君的〈西漢丞相一覽表〉是根據《漢書》〈百官公卿表〉編列的，參看《漢書補注》（王先謙，長沙，虛受堂本）卷一九下及各人本傳。昭帝以後，權在大將軍，但在此處為求標準一致計，我們仍用丞相作為參考指標。

	嚴青翟		×				
	趙周		×				
	公孫賀			×			
	劉屈氂			×			
	田千秋						高寢郎
昭帝	王訢				×		
	楊敞				×		
	蔡義				×		
宣帝	韋賢					×	
	魏相				×		
	丙吉				×		
	黃霸						富貲為郎
	于定國				×		
	韋玄成					×	
	匡衡					×	
成帝	王商			×			
	張禹					×	
	薛宣				×		
	翟方進					×	
	孔光					×	
哀帝	朱博				×		

	平當					×	
	王嘉					×	
	馬宮					×	
	平宴					×	

史家亦早已指出：漢初丞相專任列侯的事實。范曄在〈朱景王杜馬劉堅傅堅馬列傳〉末曾論贊：

……降自秦漢，世資戰力，至於翼扶王運，皆武人崛起。亦有鬻繒屠狗輕猾之徒，或崇以連城之賞，或任以阿衡之地。故勢疑則隙生，力侔則亂起。蕭樊且猶縲紲，信越終見葅戮，不其然乎！自茲以降，迄於孝武，宰輔五世，莫非公侯。遂使縉紳道塞，賢能蔽壅，朝有世及之私，下多抱關之怨。[5]

武帝的朝廷則又顯出另一番氣象，《漢書》〈公孫弘傳〉贊：

……是時漢興六十餘載，海內艾安，府庫充實，而四夷未賓，制度多闕。上方欲用文武，求之如弗及。始以蒲輪迎枚生，見主父而歎息。群士慕嚮，異人並出。卜式拔於芻牧，弘羊擢於賈豎，衛青奮於奴僕，日磾出於降虜，斯亦曩時版築飯牛之朋已。[6]

5 《後漢書集解》（王先謙，長沙，乙卯王氏刊本），卷二二，頁一二—一三。

6 《漢書補注》，卷五八，頁一四。

誠所謂異途競進，漢興以來號為得士。然而仔細檢核，這時期表面上似乎活潑的社會波動，事實上只是若干特例，影響只及於皇帝特選的個人，並沒有一個制度化的上升通道，從社會基層作普遍的選拔。易言之，從漢初的功臣集團獨占性質演變到武帝時的名臣出身龐雜，也許只是表示功臣集團的權力讓渡給皇帝一人，並不是政權的社會基礎有任何改變。

漢初功臣集團對於高祖本人的領袖地位，自從韓彭黥陳被削平後，始終確信無疑。因此王陵和申屠嘉才有「天下是高帝天下，朝廷是高帝朝廷」的想法。[7] 同時，他們也分沾高祖的所有。如前所說，丞相必自列侯中選任，到功臣老死殆盡時，申嘉屠以當年隊率之微，也居然擢登相位。郡守中以高祖功臣身份出任者也占不少。[8]

在這種狹窄的小集團觀念下，首都區域的關中並不把關東視為可以信賴的部份。文景以前的諸侯王始終是中央猜疑見外的對象。入關出關須用符傳，關防嚴緊，宛如外國。《新書》「益通篇」：

> 所謂建武關、函谷關、臨晉關，大抵為備山東諸侯也。天子之制在陛下。今大諸侯多其力，因建關而備之，若秦時之備六國也。……所謂禁游宦諸侯，及無得出馬關者，豈不曰諸侯得眾則權益重，其國眾車騎則力益多，故明為之法，無資諸侯。[9]

《漢書》「景帝本紀」中元四年：

> 御史大夫綰奏，禁馬五尺九寸以上齒未平者，不得出關。

「昭帝本紀」始元五年：

> 夏，罷天下亭母馬及馬弩關。（……孟康曰：「舊馬高五尺六寸齒未平，弩十石以上，皆不得出關，今不禁也。」）[10]

可知對東方防範之嚴，到昭帝時方才放寬。

「王國人」不得宿衛，不得在京師選吏，也就是說，王國的人民雖然也是大漢的百姓，卻不能和大漢諸郡的人民平等。[11]以李廣的戰功，和梁孝王的為漢力拒吳楚，終以李廣曾受過梁王的將軍印，而有功不賞。[12]武帝建立的阿附藩王法，禁止官吏交通諸侯王。[13]五經博士的舉狀中，據《漢官儀》，有「身無金痍痼疾，世六屬不與妖惡交通，王侯賞賜，行應四科，經任

---

7 同上，卷三，頁五—八；卷四〇，頁一八；卷四二，頁七。

8 同上，卷四，頁八、二六。文帝即位時，漢郡國六十二，而二千石以從高帝受封者至少有二十人之多。

9 《新書》（漢魏叢書本），卷三，頁八。

10 《漢書補注》，卷五，頁六；卷七，頁四。

11 同上，卷七一，頁一一—一二；卷七二，頁一六。

12 同上，卷五四，頁一。

13 《後漢書集解》，卷一下，頁一七。

博士」的句子。[14]

另一方面，諸侯王在景帝以前對於國內有相當大的權力，而諸侯王所封的地方又是關東文化傳統深厚的區域，再加上中央官吏鄙視「山東」人士，《鹽鐵論》〈國難〉所謂，「（丞相史曰）世人有言鄙儒不如都士，文學皆出山東，希涉大論。」[15]於是山東豪俊往往先在諸侯處試試運氣，《鹽鐵論》〈鼂錯〉：

日者淮南、衡山修文學，招四方游士，山東儒墨咸聚於江淮之間。[16]

《漢書》〈主父偃傳〉：

主父偃，齊國臨菑人，學長短從横術，晚迺學《易》、《春秋》、百家之言。遊齊諸子間，諸儒生相與排儐，不容於齊。家貧，假貸無所得，北遊燕、趙、中山，皆莫能厚，客甚困。以諸侯莫足遊者，元光元年，迺西入關。[17]

毛公、申公、莊忌、枚乘也莫不都先在關東諸侯處求出身的。[18]

誠如王毓銓所說，中央政府在制服關東諸侯以前，能直接掌握的區域實在只限於畿輔一帶而已。[19]在結構上說，西漢初中央政府能施之於諸侯王的制衡工具只是與王國犬牙相錯的諸郡及親子弟所封的王國，例如淮陽之設，據《新書》說：

今淮陽之比大諸侯，僅過黑子之比於面耳，豈足以為禁御哉。而陛下所恃以為藩悍者，以代、淮陽耳。[20]

這些郡守又大都由功臣、外戚，或出身郎署的親近人物擔任。嚴耕望先生《兩漢太守刺史表》的西漢部分列了武帝以前的太守共七十三任，其中四十四任是上述幾類人物，其餘二十九任來歷或身分不明。[21]似乎武帝以前，西漢中央與山東之間維持一種倚靠實力的穩定局面，而郡守的任務就在監督那些諸侯。於是郡守以軍人為多，嚴耕望先生以為不僅漢初守相為功臣，武帝

---

14 《後漢書集解》，卷三三，頁五—六，集解引《漢官儀》。

15 《鹽鐵論》（漢魏叢書本），卷七，頁六。

16 同上，卷三，頁一。

17 《漢書補注》，卷六四上，頁一六—一七。

18 同上，卷八八，頁一五、二〇；卷五一，頁九、二三。

19 Wang Yü-ch'üan, "An Outline of the Central Government of the Former Dynasty," *Harvard Journal of Asiatic Statdies* XII（1949）, p. 135.

20 《新書》，卷一，頁一七；《漢書》文略同，文句次序稍顛倒，見《漢書補注》，卷四八，頁三二—三三。淮陽與代都是文帝親子的封地。淮陽旋即於景帝四年恢復為郡，據錢大昕說，見同上，卷四七，頁七，補註引。「淮陽為天下郊，勁兵處」，故文帝初年守淮陽者為高帝隊率，功臣僅存者之一申屠嘉；景帝恢復為郡後，則以勇敢尚氣的灌夫守之。見同上，卷四一，頁六；卷五二，頁七。

21 嚴耕望，《西漢太守刺史表》（《中央研究院歷史語言研究所專刊》之三十，上海：商務印書館，一九四八）。

時也甚多以軍功補地方官，其多者竟可達當時郡國守相三分之一以上。無怪乎太守總治軍民，其軍權之大，威儀之盛，不是後世地方官以獄訟錢穀為專責者可以比擬。此所以郡守握虎符，號為「郡將」；而「守」之一詞，更足說明其職責的本意在軍事，不在治民。[22]由於不理庶務，西漢的守相是可以辦到「臥治」的，如曹參、汲黯之類。只要四境安堵，似乎一般性的日常公務竟可以完全放手不管。[23]由於郡國守相的注意力並不集中於日常地方事務，漢初中央政權對於地方的固有社會秩序幾乎可說未加擾動。

另一方面，漢初用人以軍功、蔭任、貲選諸途登進。[24]換句話說，這種方式吸收的人材仍大部局限於原已參與政權者，對於從全國普遍的吸收新血仍缺乏制度化的途徑。於是武帝以前的中央政權並不能在社會的基層扎下根，同時也沒有把原來的地方性社會秩序加以改變或擾動。

二

社會秩序中最重要的是地方的領袖，也就是所謂豪傑或豪俠之輩。以「游俠傳」中的人物為例，早期的郭解，「以匹夫之細，竊殺生之權」，可以指揮尉史，決定誰當繇役；又可以為人居間，排難解紛。然而，郭解也尊重其他豪俠的勢力範圍，不願「從它縣奪人邑賢大夫權」。[25]

直到武帝從主父偃的謀議，於元朔二年「徙郡國豪傑及貲三百萬以上者于茂陵」。[26]地方的社會秩序才第一次受到嚴重的干擾。關於人口遷徙，武帝並非始作俑者。秦始皇曾徙富人於咸陽，漢高帝也曾徙六國大族於關中。[27]一般人也往往根據班固〈兩都賦〉所說：「七相五公，與乎州郡之豪傑，五都之貨殖，三選七徙，充奉陵邑，蓋以彊幹弱枝，隆上都而觀萬

22 嚴先生對於此節有極具見地的一段討論，見《中國地方行政制度史》上編，上卷，「秦漢地方行政制度」部分（《中央研究院歷史語言研究所專刊》之四十五，台北，一九六一），頁七三—七五、九三—九六、三八八。參看王鳴盛，《十七史商榷》，卷四，頁一〇。

23 《漢書言補注》，卷三九，頁一一；卷五〇，頁九、一三。

24 嚴耕望，〈秦漢郎吏制度考〉，《中央研究院歷史語言研究所集刊》，第二十三本（一九五一），頁一三—一一三。

25 《漢書補注》，卷九二，頁一、四—五。關於游俠的性質，見勞榦，〈漢代的游俠〉，《臺灣大學文史哲學報》，一九五〇年第一期。

26 《漢書補注》，卷六，頁一〇；卷六四上，頁一九。

27 《史記會注考證》，卷三〇，頁六；《漢書補注》，卷四三，頁一三。

國。」[28]就以為西漢曾七次大事遷徙吏二千石，高貲富人及豪傑并兼之家。事實上，高帝所徙的只是六國王族；這些王孫公子與一般的郡國豪傑頗有不同，所集中的區域也比較有限。數字則有十餘萬人。[29]嗣立諸帝大率「募」民徙陵，顯然未用強迫手段。人數則多少不等，少的可少到安陵只有幾千人。[30]甚至武帝初立茂陵時，似乎也未用強迫遷徙。元朔二年（前一二七），第一批被徙的人口，包括貲三百萬以上及郡國豪傑。太始元年（前九六），又第二次「徙郡國吏民豪傑于茂陵雲陵」。理由則主父偃曾說了，「茂陵初立，天下豪桀兼并之家亂眾民，皆可徙茂陵，內實京師，外銷姦猾，此所謂不誅而害除。」[31]茂陵一縣人口，據〈地理志〉所載，多達二十七萬七千二百七十七人，超過三輔全部的總人口（兩百四十三萬六千三百六十）的十分之一；而當時三輔轄縣多達五十七個，茂陵不過其中之一而已。[32]

未經遷徙的地方領袖——豪傑之屬，當仍不少。然而他們也面臨並不更好的命運。〈酷吏傳〉中人物大多為武帝時郡守，或在霍光掌權時，這不能說酷吏獨出於此時為多，只能說武帝及其繼承遺志的人鼓勵郡守們以非常手段剷除豪彊。[33]增淵龍夫注意到一個現象：這些「酷吏」大多曾在中央政府擔任御史，他認為這一特點也並不出於偶然。「酷吏」中至少七人並非世家子，而是出於刀筆吏。這些出身寒微的「內朝」「近臣」正是執行武帝個人專制權力的最佳工具。[34]刺史制度的確立，也在武帝之世。刺史所察的六條中，第一條就針對著地方豪彊而設，所謂「強宗豪右，田宅踰制，以強凌弱，以眾暴寡」。其餘五條則以二千石為問事對象。

是以王毓銓以為刺史由中央派出，事實上是皇帝的直接工具。[35]由此，皇權的直接干涉地方社會秩序，既見之於皇權人格化的「酷吏」，又見之於制度化的部刺史制。中央勢力的伸張及於地方基層是漢初放任政策下所未見的。漢初汲黯、鄭當時之類學黃老，好游俠，任氣節，對於酷吏則深致不滿，[36]其對立態度並不純由於道德標準方面，毋寧說是由於雙方對地方社會秩序

28《後漢書集解》，卷四〇上，頁一〇。

29《漢書補注》，卷四三，頁一三。

30 同上，卷四〇，頁二；卷五，頁五；及卷二八上，頁三八注引《關中記》。

31 同上，卷六，頁三、一〇、三五；卷六四上，頁一九。

32 同上，卷二八上，頁一九、三八。

33《漢書補注》，卷九〇，十三人中在武帝朝的有九人。

34 增淵龍夫，《中國古代の社會與國家》（東京：弘文堂，一九五七），頁二三五以下。關於御史的性質，參看櫻井芳郎，〈御史制度の形成〉，《東洋學報》，（一九三六）及勞榦，〈兩漢刺史制度考〉，《歷史語言研究所集刊》第十本（一九四〇），第二章。

35 勞榦，〈兩漢刺史制度考〉，頁四三；嚴耕望，《中國地方行政制度史》，同前部分；Wang Yü-ch'üan，前引文，頁一五六以下。

36《漢書補注》，卷五〇；增淵龍夫，前引書，頁二四六以下。

採承認與干涉兩種不同的觀點。

豪傑之外，富人也是中央政權要壓抑的對象。戰國末及秦漢之交的貨殖人物確實有過一段相當自由的時期。他們以富役貧，使中家以下為之奔走；甚至還可借高利貸役使貴人，使封君低首，仰承意旨。[37]掌握社會勢力的豪傑，與掌握財富的富人，二者都構成對於政權的威脅，桑弘羊所謂：

> 民大富則不可以祿使也，大彊則不可威罰也。[38]

何況二者又經常結合，譬如採山冶鐵的事業可以致富，卻必須有集結千百人的能力方可從事。如《鹽鐵論》〈復古〉所說：

> 往者豪彊大家，得管山海之利，采鐵石鼓鑄煮鹽，一家聚眾，或至千餘人……成姦偽之業，遂朋黨之權。[39]

政權對於這種可能的威脅，必須盡一切力量加以壓制，於是而有鹽鐵專賣、平準均輸，以及算緡錢等等，與商賈競爭。甚至賣官鬻爵及輸穀贖罪的措施也是政府吸取民間剩餘資本的手段；政府以名位和法律作為兌易實際財富的本錢，這是一種只有具有強制力量（coercive power）的政治權力辦得到，民間無法具備任何足以對抗的實力。賣爵和輸穀的收入在文帝前元二年（前一七八）鼂錯建議時開始實施，十年之間，政府蓄積可以當北邊五年之用及全國十二年租稅之豐，顯然這一筆收入是一個很可觀的收入。[40]若這一大筆資金不曾被政府吸取，而用於工商生產事業，其對於經濟發展作用之大是可以想像的。何況這還只是西漢若干同樣措施中的一次而已。

對於工商業最大的打擊還是武帝時（前一一七）的楊可告緡，「得民財物以億計，奴婢以千萬數，田大縣數百頃，宅亦如之，於是商賈中家以上大抵破。」文景武三朝所收集的民間多餘資本為數之鉅，使漢初七十年間富積之厚盛於任何時期，大農、上林、少府蓄積足夠武帝開邊及種種用度。同時，由戰國後期開始發達的貨殖事業也從此一蹶之後，許久不振。[41]

剷除豪傑與富人，對於漢代的地方社會秩序有嚴重的後果。如前面已經說過，漢初郡國守

37《史記會注考證》，卷一二九。《漢書補注》，卷九一；卷三四上，頁一三—一四；卷二四下，頁一〇。

38《鹽鐵論》，卷二，頁一。

39 同上，頁六。

40《漢書補注》，卷二四上，頁一四—一五；卷二四下，頁七、一二—一三、四一九。關於晁錯上輸邊疏的年分，見 Nancy L. Swann（tr. and annotated）, *Food and Money in Ancient China*（Princeton: Princeton University Press, 1950）, p. 158, note 162.

41《漢書補注》，卷二四下，頁一六，春秋時期亦有過若干突出的商人，如子貢、足以結交諸侯卿相；又如《國語》〈晉語〉：「夫絳之富商韋藩木楗以過於朝，唯其功庸少也；而能金玉其車，文錯其服，能行諸侯之賄。」似乎春秋末葉商人已有某種勢力。然而工商業的全面發達是戰國時事，貨幣也須到戰國時才有大量的流通量。這一條附注承陳槃厂師指示，謹致謝。

相的職任偏重在監督可能向中央挑戰的諸侯王及「盜賊」，而不完全在於處理行政事務。[42]於是守相必須把日常行政事務，例如賦斂、解紛、捕賊一類的小事，都交託給鄉亭組織與三老。這些鄉官和低級鄉吏，事實上是政府與人民之間的中介，例如朱邑曾擔任過的桐鄉嗇夫。[43]三老與卒史在老百姓心目中的地位可由赤眉初起時稱號覘見，據《後漢書》〈劉盆子傳〉：

（樊）崇等以困窮為寇，無攻城徇地之計。眾既寖盛，乃相與為約：殺人者死，傷人者償創。以言辭為約束，無文書旌旗部曲號令。其中最尊重者號「三老」，次「從事」，次「卒史」，汎相稱曰「巨人」。[44]

即是由於老百姓習慣於聽取他們的命令。大致說來，發號施令的人與接受命令的人之間距離越遠，或通訊方法越困難，傳達命令的中介越有自由解釋命令的自由，也由之越有假借的權威，而上級對之也越具依賴性。漢世命令的傳達系統通常須經過丞相、二千石、（可能尙須經過縣令一關）、達於屬吏，而「卒史」一階則是執行命令的人，直接壓在小兵或百姓上面。如《居延漢簡》：

☒□大夫廣明下丞相，承書從事下當用者，如詔書，書到言。☒☒□郡太守諸侯相，承書從事下當用者，如詔書，書到明白布☒☒到令諸□□縣从其□□如詔書律令，書到言。丞相史□☒下領武校居延屬國鄯農都尉，縣官承書☒（六五六。卷一，第四葉）☒水都尉千人宗兼行丞事，下官，承書從事下當用者如詔書。☒月廿七日，一兼掾豐，屬佐忠。

（五〇三、七，四九五、九）

☐臚野王丞忠下郡，右扶風，漢中，南陽，北地太守。承書從事下當用者。以道次傳，別書相報，不報書到言。掾勤，卒史欽，書佐士。（二〇三、二二）

閏月丁巳，張掖肩水城尉誼以近次兼行都尉事，下候，城尉。承書從事下當用者，如詔書。守卒史義。（一〇、二九）[45]

在這種正式的結構以外，地方社會秩序的領導權還另有一個非正式的結構，也就是地方上的豪傑與游俠一流人物。其典型例子已見前節。漢之賢二千石，如趙廣漢、張敞，甚至酷吏如王溫舒，都必須借這些豪傑為耳目爪牙。[46]

也許有人會問，漢代豪傑游俠一類人物何以能成為一種社會現象。為答覆這一點，本文必

---

42 嚴耕望，《中國地方行政制度史》，同前部分，頁七四—七五。

43 嚴耕望，同上，頁二三七—二五一；謝之勃，〈先秦兩漢卿官考〉，《國學專刊》，三—五，（一九三六），頁八—一四。參看《漢書補注》，卷八九，頁九—一〇；卷七六，頁一〇。

44 《後漢書集解》，卷一一，頁九。

45 勞榦，《居延漢簡》，考釋之部，（《中央研究院歷史語言研究所專刊》之四十，台北，一九六〇）。〈考證〉，頁七、一四、一六、三三。

46 《漢書補注》，卷七六，頁一四、一五—一六；卷九〇，頁七—九。

須先考察西漢社會集團的性質。在一般的理論上說，總是以為中國的家族是社會集團最根本的形式。事實上，在西漢中葉以前，家族的團聚作用還並不如後世那樣有力。西漢的家族形態究竟是哪一種，至今未見定論。大致說來，西漢的豪族也並不是單純的由某一形態獨占。一切的證據都還不足以作全盤性的理論重建。[47]

漢初家族形態也許仍是沿襲商鞅以來秦國的小家庭制：子壯必須分異，另立門戶。不分異就必須加倍賦稅的罰則，似乎在漢代從未正式廢止過。縱然西漢後半期及東漢都以幾代同堂，幾世不分財為佳話，這條禁令卻似乎要等到曹魏時方被廢止。魏明帝時曾由陳群、劉邵等人定魏律，其中「序略」部分見於《晉書》〈刑法志〉：

> 正殺繼母與親母同，防繼假之隙也。除異子之科，使父子無異財也。毆兄姊，加重五歲刑，以明教化也。[48]

漢初去秦未遠，這條「異子之科」的處置並不全是具文。漢初動輒提到「五口之家」；〈地理志〉中戶與口的比數也平均為一比四．八八。凡此都足說明漢初分家是常態。[49]西漢並且確曾

---

47 日本學者在這一方面有頗豐長的討論。他們之中，有的以為漢時豪族形態為「三族制」，有的以為應是擴大型的家族。下列三篇文字對於在這條線上彼邦人士的討論有角度不同的分析與解釋。參看宇都宮清吉，〈漢代豪族論〉，《東方學》（一九六二）；同氏，《漢代社會經濟史研究》（東京，弘文堂，一九五五），第十一章。守屋美都雄，《漢代家族の形態に關する考察》（東京，ハーバード，燕京同志社東方文化講座委員會，一九五六）。另參見拙著，〈漢代家庭的大小〉，原載《慶祝李濟先生七十歲論文集》下冊（台北，一九六七），收入本書，頁五一五以下。

48 《晉書》（廿四史乾隆四年刊本），卷三〇，頁一二。此節守屋美都雄也作過註釋，以為「異子」二字指「分異」而言，又把「科」字誤釋為禁此之意；遂把整節釋為禁此「兒子分出去」。見守屋前引書，頁二二—二五。其實此句與「使父子無異財也」聯讀，即表示未除該條以前，父子應當是異財的；「異子」當指未分出去的兒子，是科倍賦的對象。關於漢人幾世共財的現象，以東漢為主，守屋氏曾做了很仔細的考察。見同書頁三三—三六、四四—四六。又參看越智重明，〈魏晉における異子之科について〉，《東方學》，第二十二期（一九六一）。

49 此點承嚴耕望先生提示，謹致謝。又參看守屋美都雄，前引書，頁三七；佐藤武敏，〈戰國時代農民の經濟生活〉（上）《人文研究》，卷十，第十期（一九五四），頁三〇。由居延漢書簡的資料看來，漢人的戶籍包括妻、子女及未成年弟妹；也有包括老母的例子，如：

俱起隊卒丁仁　母大女存年六十七用穀二石一斗六升大
　　弟大女惡女年十八用穀二名一斗六升大
　　弟使女肩年十八用穀一石六斗六升大
　　凡用穀六石（勞榦，《居延漢簡釋文》，四〇二七）

二隊隊長居延西道里公乘徐宗年五十
　　妻「妾」　宅一區直三千　妻一人
　　子男一人　田五十畝值五千　子男二人
　　男同產二人　用牛二直五千　子女二人
　　　　男同產二人
　　　　女同產二人
　　（同上，頁八三，四〇八五，二四、二B）

永光四年正月己酉橐佗延壽隊長孫時符
　　妻大女昭歲萬歲里□□□年卌二
　　子大男輔年十九歲
　　子小男廣宗年十二歲
　　子小女足年一歲

實行強迫分散一些大族的措施。如《後漢書》〈鄭弘傳〉注引謝承書：「其曾祖父本齊國臨淄人，官至蜀郡屬國都尉，武帝時徙強宗大姓不得族居，將三子移居山陰，因遂家焉。」[50]

由於家族形態是「核心家族」為主，個人並不像後世那樣容易以大家族作為社會團聚體，從大家族制尋求對於個人的保護與幫助。而戰國的社會由於封建的崩壞，個人從封建關係中解脫出來，游俠集團就發展為掩護個人的結合，由智勇之士集合一群人構成一個比較單獨個人強大的力量。[51]漢初游俠豪傑之盛，亦即繼承這一傳統。也就是說，漢初社會秩序的基層結構是由這種個人結合的集團來維持的。集團領袖成為帝國政治權威疑懼的對象。而漢武帝對於豪傑的打擊，尤其強迫遷徙郡國豪傑，正是以破壞這種結合為目的。地方社會秩序則難免因失去領袖而趨於混亂。下面一個年表可以顯示對於郡國的嚴條峻法與郡國變亂的關係：

西元	史事	來源
前一二七	徙郡國豪傑及貲三百萬以上者茂陵。	《漢書補注》，卷六，頁一〇。
前一二二	淮南衡山王叛，郡國豪傑坐死數千人。	同上，卷六，頁一三；卷四四，頁一三。
前一一九	榷天下鹽鐵，算緡錢。	同上，卷二四下，頁一二—一三。
前一一七	捕盜鑄錢者以百萬。大赦。博士褚大等巡行郡國以撫循百姓。	同上，卷二四下，頁一四；卷六，頁一六—一七。
前一一六	楊可告緡起，中家以上均破。	同上，卷二四下，頁一六；卷六，頁一八。
前一〇九	山東騷動，處處盜賊。	同上，卷六，頁三四；卷九〇，頁一二。

	嚴關門之禁。	《鹽鐵論》，卷三，頁一。
前一〇八	大赦。	《漢書補注》，卷六，頁三四。
前一〇七	徙郡國豪傑吏民及貲百萬以上茂陵。	同上，卷六，頁三五。
前八六	昭帝即位。	
	賢良方正請罷鹽鐵榷酤。	同上，卷七，頁五。
前八〇	齊王燕王交結郡國豪傑以千數謀反。	同上，卷六三，頁一一；卷七一，頁二。

昭宣時政府開始注意到這種不安，因此才逐步改變中央對地方的關係。昭帝詢賢良方正以民間疾苦，及宣帝的禁官吏暴虐，都反映這一顧慮。[52]

輔妻南來年十五歲
皆黑色（同上原片，二九、二，考證頁四）

50 《後漢書集解》，卷三三，頁一二。此條承同事金發根兄檢示，謹致謝。

51 增淵龍夫，《中國古代の社會と國家》，第一篇，第四章；參看Cho-yün Hsü, "The Transition of Ancient Society,"（International Association of Historians of Asia Second Biennial Conference Proceeding, Taipei, Chinese 1962）, pp. 13ff.

52 《漢書補注》，卷七，頁五；卷八，頁一一。

三

中央與地方間的橋梁中最要緊的一道是孝廉和博士弟子員的察舉。漢代賢良方正和其他特科的察舉在武帝以前及以後都有過許多次，勞貞一師已有豐長研究，茲不贅述。[53]武帝還曾在有名的元朔元年詔書中規定，每郡必須舉薦一人，「不舉孝」及「不察廉」的二千石都須受罰。[54]然而，武帝以前的賢良方正一類選出來的人物，雖也委任為常侍郎中，卻未必都擔任實際的職務，如《漢書》〈賈山傳〉：

> 今陛下念思祖考，術追厥功，圖所以昭光洪業休德，使天下舉賢良方正之士。天下皆訢訢焉。……今方正之士皆在朝矣，又選其賢者使為常侍諸吏，與之馳敺射獵，一日再三出。……今從豪俊之臣，方正之士，直與之日日獵射，擊兔伐狐，以傷大業，絕天下之望。[55]

顯然，這些由各方徵來的賢良方正只成為宿衛之臣，也就是說與「保宮」中的質子差不多，事實上並沒有成為政府構成分子的新血輪。兩漢各科的察舉似乎都不是定期的，往往每隔若干時候，政府下一次詔令，說明目前須察舉的何種人才及命令某種官吏負責察舉。若這些是定期舉行的常例，就不必每次特地下詔了。只有元帝永光元年曾有詔書：

> 二月，詔丞相御史舉質樸敦厚遜讓有行者，光祿歲以此科第郎從官。[56]

勞貞一師引〈漢官儀〉的西漢舊例：

> 中興甲寅詔書：方今選舉，賢佞朱紫錯用，丞相故事，四科取士。一曰德行高妙，志節清白；二曰學通行修，經中博士；三曰明達法令，足以決疑，能案章覆問，文中御史；四曰剛毅多略，遭事不惑，明足以決，才任三輔令——皆有孝悌、廉正之行。

勞氏據此以為「四科」即是孝廉的察舉標準，縱與永光詔書所列四條不盡一致，卻只為了前後衍變而有不同。勞氏雖未明說，顯然認為永光詔書也是指明孝廉的察舉科目。[57]永光詔書規定丞相御史以此舉士，光祿以此每年科第見在郎及從官。雖然丞相是否每年察舉，不得而知；由同一詔令光祿須每年考校，可以推知丞相察舉也當是每歲舉行的。更主要者，自此以後，詔書只書舉茂才、賢良、直言等項，未再見專以孝廉為對象者。也許，自永光以後，孝廉成為常科

---

53 勞榦，〈漢代察舉制度考〉，《中央研究院歷史語言研究所集刊》第十七本（一九四八）。

54 《漢書補注》，卷六，頁八—九。

55 同上，卷五一，頁六—七。董仲舒在其對策中請求「學貢各二人」，是否曾照其建議付之實施，殊未易知。見同上，卷五六，頁一三。此點承嚴耕望先生指示，敬謝。

56 《漢書補注》，卷九，頁七。

57 勞榦，〈漢代察舉制度考〉，頁八七—八八。

了。孝廉之成為歲舉恐怕還是由每年郡國上計的制度發展而來，如《漢書》〈儒林傳〉載武帝元朔五年詔書：

> 郡國縣官，有好文學，敦長上，肅政教，順鄉里，出入不悖者。所聞令相長丞上屬所二千石，二千石謹察可者，常與計偕，詣太常，受業如弟子。一歲皆輒課……其高第可以為郎中。

又如《漢書》〈黃霸傳〉，記宣帝時張敞奏：

> 「……宜令貴臣明飭長吏守丞，歸告二千石，舉三老、孝弟力田、孝廉、廉吏，務得其人。……」天子嘉納敞言，召上計吏，使侍中臨飭，如敞指意。[58]

計吏上京時，大約把察舉的名單一併帶去，於是孝廉就變成歲舉了。孝廉是可以即刻進入政府的，而與計吏相偕的那些博士弟子員，也可以算得上一條次要的人才登庸途徑。正式的博士弟子員額更經過昭帝由五十人增為百人，宣帝由百人增為二百人，元帝增至千人，成帝增至三千人；郡國並置五經百石卒史。中央的太學，配合上武帝以後郡國倣文翁在蜀所設地方學校，使西漢人才之在郡國者不僅有了孝廉的登庸機構，又有了正式的訓練機構。[59]

自此以後，地方上智術之士可以期待經過正式的機構、確定的思想，和定期的選拔方式，進入政治的權力結構中，參加這個權力的運行。縱然這時其他權力結構，如經濟力量，與社會力量，都已經服屬在政治權力結構之下了；一條較狹，但卻遠為穩定的上升途徑反使各處的俊傑循規蹈距的循序求上進。於是漢初的豪傑逐漸變成中葉以後的士大夫。對於任何權力結構，老百姓能否接受是這一結構是否能成為穩定和合法的第一要件；而老百姓中俊傑分子能否有公開的途徑被選參加這一機構，則是老百姓願否加以接受的要件。[60]

另一方面，昭宣以後嚴格實行迴避本籍的規定，對地方政府結構上起了根本性的影響。迴避本籍在漢代不算新規定，但是武帝以前執行並不嚴格，韓信、李廣、袁盎、朱買臣等等在本籍作長吏的頗不乏其例。據嚴耕望先生研究，自武帝中葉以後，限制日嚴，西漢二百八十餘任郡國守相的籍貫，絕無例外，都是外郡人。縣令縣長六十四令，丞尉七任，不但非本縣人，且非本郡人。刺史五十一任，其中四十五人籍貫可考，也都不是本州人。僅京畿部分長吏不在此限。地方掾史卻照例須用本地人，嚴耕望先生也作了很徹底的研究，證實顧炎武《日知錄》〈掾屬〉條：

58《漢書補注》，卷八八，頁四；卷八九，頁八。

59 同上，卷八八，頁六；卷八九，頁二—三。嚴耕望，《中國地方行政制度史》，同前部分，第七章。

60 關於這一部分所謂「選拔參與」（co-optation）的理論，參看Philip Selznick, *TVA and the Grass Roots*（Berkeley, University of California, 1949）. pp. 259ff.

《古文苑》注王延壽「桐柏廟碑」人名，謂掾屬皆郡人，可考漢世用人之法。今考之漢不獨此廟，蓋其時惟守相命於朝廷，而掾曹以下無非本郡之人，故能知一方之人情而為碑皆然，之興利除害。[61]

由於長吏不及掾史熟知「一方之人情」，長吏的依賴掾史是必然導致的後果，韓延壽治郡的方法，「所至必聘其賢士」及「接待下吏，恩施甚厚」，即是一個例證。〈酷吏傳〉中的人物，也一樣需要掾史的協助，王溫舒為廣平都尉，「擇郡中豪敢往吏十餘人為爪牙，皆把其陰重罪，而縱使督盜賊」。[62]其中素行不檢的掾史就難免借此聚斂，作威作福。如王尊任安定太守，即曾教敕掾功曹，「各自底厲助太守為治」，而處罰其中貪暴的張輔，《漢書》〈王尊傳〉：

「……五官掾張輔，懷虎狼之心，貪汙不軌，一郡之錢，盡入輔家。然適足以葬矣。今將輔送獄。……」輔繫獄數日死，盡得其狡猾不道，百萬姦臧。[63]

又如〈薛宣傳〉：

（櫟陽令）賊取錢財數十萬，給為非法，賣買聽任富吏，賈數不可知。[64]

掾史以其接近長吏，近水樓台先得月往往成為察舉的對象。文翁在蜀，先從郡縣小吏中選拔開敏者，遣詣京師，學成回郡仍為郡中右職，「用次察舉」，最後有官至郡守刺史。[65]文翁的設施的後半段，從右職中察舉，可說是郡吏與察舉兩個制度的自然連結。嚴耕望先生曾列表統計兩漢郎吏，其在西漢以孝廉除郎者只有十一人：王吉、王駿、蓋寬饒、孟喜、京房、馮譚、馮逡、師丹、班況、杜鄴及鮑宣。[66]以下是他們的出身：

王吉：以郡吏舉孝廉為郎。

王駿：以孝廉為郎。

（龔勝：為郡吏，三舉孝廉，以王國人不得宿衛。）

鮑宣：為縣鄉嗇夫，後為太守都尉攻曹，舉孝廉為郎。

京房：以孝廉為郎。

蓋寬饒：明經為郡文學，以孝廉為郎。

馮譚：奉世長子，太常舉孝廉為郎。

---

61 《日知錄集釋》（世界書局版）上，頁一八四—一八五；嚴耕望，《中國地方行政制度史》，同前部分，頁三四五以下，頁三五一以下。

62 《漢書補注》，卷八三，頁一〇、一二；卷九〇，頁七八。

63 同上，卷七六，頁二一。

64 同上，卷八三，頁三。

65 同上，卷八九，頁二。

66 嚴耕望，〈秦漢郎吏制度考〉，頁一三四。原表列十二人，馮野王係誤入，當除去。另補上龔勝。

馮逡：奉世子，通《易》，太常察孝廉為郎。
杜鄴：以孝廉為郎。
師丹：治《詩》，事匡衡，舉孝廉為郎。
孟喜：受《易》，舉孝廉為郎。
班況：舉孝廉為郎。[67]

其中不可考者四人，以外戚舉於太常者二人，以明經舉者二人；此外三人都由郡吏察舉，比外戚和明經各多一人。不過總數太小，不能由此抽繹任何結論。此外，賢良方正、茂才，或公車特徵中有六個人曾為郡吏：嶲不疑、魏相、趙廣漢、文翁、朱邑及樓護。早於武帝者只有文翁一人，在武帝世者只有嶲不疑一人，其餘均在武帝以後。[68]

四

綜合說來，西漢中葉以後的士大夫顯然已與察舉到中央的人士及地方掾史群，合成一個「三位一體」的特殊權力社群。也就是說，士大夫在中央與地方都以選拔而參預其政治結構，構成漢代政權的社會基礎。

一般情形，掌握權力的人與掌握財富的人一樣，都願意把這種基業傳留給子孫。[69]昭帝以後，已頗有些大姓的勢力往往可能與地方「三合一」的權力分子有關。如以何武為例：武詣博士受業，治《易》，以射策甲科為郎，光祿舉四行，選為鄠令，坐法免歸。兄弟五人皆為郡吏。「郡縣敬憚之」的結果，「武弟顯家有市籍，租常不入，縣數負其課，市嗇夫求商捕辱顯家，顯怒欲以吏事中商。」何氏一家有郡吏，有在外服官的，還有在家鄉仗勢做生意的；而得罪他們的人，可以用吏事中傷！以同樣方式發展，每一個地區將只能由幾家把持，而這幾家又很可能延續幾代，變為所謂世族大姓。彼此之間的奧援，自然又可促成權勢的延續。〈何武傳〉中又有一段可以為例子：

> 初武為郡吏時，事太守何壽。壽知武有宰相器，以其同姓故厚之。後壽為大司農，其兄子為廬江長史，時武（以揚州刺史）奏事在邸，壽兄子適在長安，壽為具召武弟顯及故人楊覆眾等，酒酣，見其兄子曰：「此子揚州長史，材能駑下，未嘗省見。」顯等甚慙，退

67《漢書補注》卷七二，頁三、八、一六、二〇；卷七二，頁五；卷七七，頁一；卷七九，頁六、八；卷八五，頁一九；卷八六，頁一五；卷八八，頁八；卷一〇〇上，頁二。

68 同上，卷七一，頁一；卷七四，頁一；卷七六，頁一；卷八九，頁二、九；卷九二，頁八—八。

69 Gaetano Mosca, *The Ruling Class*（tr. by Hannah D. Kahn, New York: McGrawhill, 1939）, pp. 59-69.

以謂武，武曰：「刺史古之方伯，上所委任，一州表率也，職在進善退惡。吏治行有茂異，民有隱逸，乃當召見，不可有私問。」顯、覆眾強之，不得已召見，賜卮酒。歲中，廬江太守舉之。[70]

又如〈薛宣傳〉：

薛宣字贛君，……琅邪太守趙貢行縣，見宣，甚悅其能。從宣歷行屬縣，還至府，令妻子與相見，戒曰：「贛君至丞相，我兩子亦中丞相史。」察宣廉，遷樂浪都尉丞。[71]

可知東漢時舉主與舉子的關係，在宣元之際也已有之。

這些世家大姓，盤根錯節，在地方上已有了不可忽視的勢力，此所以元帝永光四年（前四〇）詔：

安土重遷，黎民之性；骨肉相附，人情所願也。頃者有司緣臣子之義，奏徙郡國民以奉園陵，令百姓遠棄先祖墳墓。破業失產，親戚別離。人懷思慕之心，家有不安之意。是以東垂被虛耗之害，關中有無聊之民，非久長之策也。……今所為初陵者，勿置縣邑，使天下咸安土樂業，亡有動搖之心。布告天下，令明知之。[72]

成帝永始二年（前一五）又有昌陵不成，罷廢不事的記載。哀帝以後遂無復徙陵。[73]事實上，恐怕都是由於東方的大族不願遷徙，而他們此時已在中央有發言權，不再像武帝時一樣輕易地受人支配了。

世家大姓的勢力，在王莽時更顯得不可忽視。據余英時的研究，莽末郡國起兵，大都世族大姓為核心，大則主動進兵州郡，小則據守堡砦。據余英時統計，八十八個起兵集團中，有五十六個是世族或大姓。[74]

現在舉例說明這些大姓的實際情形。若是在平時，大姓的子弟可以預期在地方政府中受得一席掾史地位，《後漢書》〈馬武傳〉中記有光武與鄧禹的一段對話：

> 帝後與功臣諸侯讌語，從容言曰：「諸卿不遭際會，自度爵祿何所至乎？」高密侯鄧禹先對曰：「臣嘗學問，可郡文學博士。」帝曰：「何言之謙乎？卿鄧氏子，志行脩整，何

70《漢書補注》，卷八六，頁二一—三。又如《隸釋》所載「靈台碑陰」的諸仲，共三十一人，泰本為郡掾史，亦有外仕為司徒椽、鉅鹿太守，及呂長者，其主持人則爲廷尉（卷一，頁一一），「婁壽碑陰」，載南陽府掾以終、婁、陳三氏占絕大比例（卷九，頁一一）。

71 同上，卷八三，頁一。

72 同上，卷九，頁一〇。參看嚴耕望，《中國地方行政史》上編，中卷「魏晉南北朝地方行政制度」部分，頁三九七以下。

73《漢書補注》，卷一〇，頁一二；趙翼，《陔餘業考》，卷一六，頁一六：「成帝作初陵，繼又改新豐戲鄉為昌陵，又徙郡國豪傑，貲五百萬以上者，哀帝作義陵，始又詔勿徙。」

74 余英時，〈東漢政權之建立與世族大姓之關係〉，頁二二六前附表。

為不掾功曹？」[75]

又如〈寇恂傳〉：

寇恂，字子翼，上谷昌平人也。世為著姓，恂初為郡功曹，太守耿況甚重之。[76]

等到天下混亂時，這些大姓就變成地方的實際統治者；宗族人口多的更成為地方力量的結集中心。因此《後漢書》〈吳漢傳〉：

時鬲縣五姓共逐守長，據城而反。……（漢）乃移檄告郡，使收守長，而使人謝城中。五姓大喜，即相率歸降。[77]

同書〈馮異傳〉：

時赤眉、延岑暴亂三輔，郡縣大姓各擁兵眾。[78]

他們發展的過程，可以據〈第五倫傳〉說明：

王莽末，盜賊起，宗族閭里爭往附之。倫乃依險固築營壁，有賊，輒奮厲其眾，引彊持滿以拒之。[79]

同書〈馮魴傳〉：

（馮氏）遷於湖陽，為郡著姓。王莽末，四方潰畔。魴乃聚賓客，招豪傑，作營壍，以待所歸。是時，湖陽大姓虞都尉反城稱兵，先與同縣申屠季有仇而殺其兄，謀滅季族，季亡歸魴。[80]

王莽時的遍地世族大姓自然不能在王莽時方才開始發生，其肇端當在數世前。所惜漢世譜系傳下而可靠者甚少，遂致無法稽考各姓起源在何時。但至少元成以後，世族已成為羨稱對象，才有〈王吉傳〉中哀帝詔書所說，「以君有累世之美」一語。[81]

換句話說，世姓豪族，不僅如楊聯陞先生所說，是東漢政權的基礎；[82]而且也構成西漢中葉以後政治勢力的社會基礎。整個兩漢由漢初政治權力結構與社會秩序，各不相涉的局面，演變為武帝時兩方面激烈的直接衝突，又發展為昭宣以後的逐漸將社會秩序領袖採入政治權力結構，而最後歸定為元成以後帝室與士大夫共天下的情勢。光武中興，僅使這一情勢成為東漢明

75《後漢書集解》，卷二三，頁一一。
76 同上，卷一六，頁一七。
77《後漢書集解》，卷一八，頁四。
78 同上，卷一七，頁五。
79 同上，卷四一，頁一。
80 同上，卷三三，頁七。
81《漢書補注》，卷七二，頁九。
82 楊聯陞，〈東漢的豪族〉，《清華學報》，卷一一，第四期（一九三六）。

顯的制度而已。值得注意的是，士大夫與統治者共天下的情勢竟延續了許多世紀，成為中國歷史上的一大特色。

（原載《中央研究院歷史語言研究所集刊》，第三十五本）

秦漢知識分子

「知識分子」是現代的名詞，顧名思義，指受過教育的人。在古代，這一種人自命為「士」。士在先秦時期的演變，余英時先生已有所論述，此處自然不必多贅。此處仍須就秦統一中國前夕，「士」的情形稍加說明，以為討論秦漢的「士」的背景。戰國多游士，或則遊說於朝廷，以求售於諸侯，或則寄食於貴族，謀枝棲於一隅。范雎、蔡澤之屬，甚至雞鳴狗盜之徒，無非以一己的才能，作為謀生的本錢。論這批游士的知識性質，儒墨道法縱橫陰陽，以至兵農方技無不有之。論他們的出身，即使本業未嘗不可是農夫子弟甚至為沒落的貴族，一旦進入游士這一行，便成為知識的販賣者，無恆業，也無恆產。這一批無法認定為某一社會階層的人物，孟子只好勉強稱為有「恆心」的人。換句話說，只有在從事「心智活動」這一工作上，這些士是有所認同的。因此，這一大群受過教育，而習於心智活動的人物，充分符合所謂「流動資源」的定義。[1]

秦統一中國的過程中，游士們無疑為秦提供了不少服務，秦廷智謀之士，由商鞅到李斯，

1 S. N. Eisenstad, *The Political Systems of Empire*（N. Y.: Free Press of Glencoe, 1963）, pp.27-29.

都來自東方諸國，屬於游士人物。然而秦得天下之後，秦帝國以耕戰的兵農基礎，對於游士並不重視。新出土的雲夢秦簡有一條關於游士的律文：「游士在亡符，居縣貲一甲，卒歲責之，有為故秦人出，削籍，上造以上有鬼薪，公士以下刑為城旦——游士律。」[2]這條法律，目的似在減低流動的人口，以增加帝國的安定性。然而秦並未有妥當的方法，使「士」成為秦帝國權力結構的一部分，也沒有在以政治與生產兩橛相契的秦社會結構中，為「士」留下一個有發展的活動空間。

秦始皇曾設博士，掌通今古，參預廷議。這些博士及其候補人，也是由各地徵召；例如叔孫通即是以文學徵。大約秦廷至少有學者百餘人供職。始皇坑儒，死者四百餘人，然而仍有未坑者如伏生、叔孫通諸人，則在秦廷必有過相當數字的學者。[3]秦始皇甚至自稱：「吾悉召文學方術士甚眾，欲以炎太平。」秦始皇刻石也包括了一些以儒家理想為主體的詞句。[4]但是秦帝國需要的是一批稱職的官吏，而不是求知心切的知識分子。呂不韋的門客，合纂了綜合性的《呂氏春秋》。隨著呂不韋的坍台，這批知識分子也或徙或匿，不再能在秦帝國的結構中有任何的效用，焚書坑儒之後，書當然仍有藏於博士的典籍，而天下的教育則只是限於以吏為師，學習書寫。教育的目的只是為了在龐大的政府機構中擔任文牘記錄的工作。史籀《急就篇》是秦時從吏為師的教科書。其中全無深文大義，甚至單字也不外簿書期會公文文件中必需的辭彙，最近出土的雲夢秦簡，是秦吏（名喜）的隨葬文書，包括南騰守的一篇文告及標體「為吏之道」的一篇韻文，由此中可以覘見秦吏的典型：清廉奉法，恭謹奉職。為吏該注意的是為民除害興利，注意一切公共設施及百姓的生活。教導百姓的終極目的是「因而徵之，將而興之」，亦即為了訓練一批隨時可以徵發的國民。[5]秦帝國的教育不是為了造就知識分子，知識分子無所用於秦，折而為秦的敵人，是以孔子八世孫孔鮒，奔附陳涉，竟殉陳王。太史公評論此事：「陳涉之王也，而魯諸儒持孔氏之禮器，往歸陳王，於是孔甲為陳涉博士，卒與涉俱死。陳涉起匹夫，驅瓦合適戍，旬月以王楚，不滿半歲，竟滅亡，其事至微淺，然而縉紳先生之徒負孔子禮器，往委質為臣者，何也？以秦焚其業，積怨而發憤于陳王也。」[6]大約秦時的

---

2 《睡虎地秦墓竹簡》（北平：文物出版社，一九七七），第五冊，頁八六；又〈雲夢秦簡釋文〉（《文物》，一九七六年第七期），頁九。

3 關於坑儒一案，鄭樵即曾致疑，以為未必以儒家人士為對象。見《通志》〈校讎略〉（宋文景本），頁一五三六。這批被坑的學者，大約以方術之士為多。陳槃，〈我國秦漢簡方士考論〉，（《中央研究院歷史語言研究所集刊》，第十七本，一九四八）頁五一—五七。

4 沈剛伯，〈秦漢的儒〉（大陸雜誌編，《秦漢中古史學研究論集》，台北，一九七〇），頁一—六。（原載《大陸雜誌》，卷三八，第九期）

5 《睡虎地秦墓竹簡》，第三冊，頁一六—一八、一六六—一七九。

6 史記會注考證，〈儒林傳〉，卷一二一，頁四—五。

學者不得志於當世，遂隱匿待時。例如，張耳、陳餘、酈食其，都自匿於監門小吏的位置。又處半神話性的人物黃石公，夜半橋前傳書豎子。范增、李左車好智計之屬，在突然進入項明韓信幕府以前，當也是隱伏待時。魯國諸生為項王城守，為數當不在少。《史記》〈儒林傳〉中列舉五經在秦漢之際的傳授系統，歷歷可數。雖然學問之道不絕如縷，終究有一批學者在盡力為了學問與智識傳薪接火，為中國智識分子建立了一個值得欽佩的楷模。這一類型的人物，當可謚為知識的持守者。他們沒有發揚光大的機會，但其辛苦艱難處，若不是對於智識本身有極大的信念與誠意，這個在黑暗時期默默持守的任務絕難擔任。

秦漢之際及漢初，伏匿的學者紛紛復出。不過初出之時，知識分子早以學問知識為人見重。其中少數幸而得到機會參加新興政治勢力之中，也往往以他們縱橫遊說的能力，提供實用性的服務。酈食其見信於劉邦，不是以儒術，而是以馮軾說服齊國田榮歸漢的功勞。陸賈以客從高祖，善口辯；常為漢出使諸侯，尤以出使南越，說趙佗歸漢，以及晚年調和陳平周勃以安劉氏二事為畢生事業所在。陸賈曾以儒術陳說，高祖的著名答覆：「迺公居馬上得天下，安事詩書！」正代表當時重視實用，不重視學問的態度。又如張蒼，學有淵源，可是張蒼在漢初的主要貢獻，是領郡國上計，號為計相。張蒼又釐訂曆法及規劃百工程品（度量衡標準），也是在實用方面的工作。[7] 漢初聚士，不僅在於朝廷，諸侯王也往往養士。韓信之有蒯通，是其一例。張敖門下客多賢士，後來往往為漢二千石。陳豨賓客隨之者千餘乘，是皆漢初的事。這種

「士」大抵未脫離戰國游士的類型。[8]文帝以後，以至武帝，漢帝國政權逐漸穩固。雖然仍有主父偃、伍被一類縱橫之士，窺間乘隙，利用中央與諸侯之間的矛盾計謀策劃；更多的是一些文學之士，馳騁文采，如賈山、枚乘、嚴安、司馬相如以至東方朔之輩，都已離開了實用而為政治作點綴裝飾。這批人物大率都可稱為文學之士。[9]這批文學之士，也往往對國政有所建言，對皇帝有所諫諍。不過由於他們不過是被「養」之「士」，有智計，有文采，然而不能卓然以自立。漢代文學中的賦，承受屈原以來的風格，言多怨艾，十足反映漢代文學之士內心的鬱積及牢騷。[10]司馬遷感歎：「文史星曆，近乎卜祝之間，固主上所戲弄，倡優畜之，流俗之所輕也。」[11]試與〈東方朔傳〉相比，文學之士，也是「上所戲弄，倡優畜之」之列。東方朔善詼諧，具遭遇如此，或由自取。然而以文學待詔金馬門的知識分子，在帝王的眼中看來，實

---

7 《史紀會注考證》，卷九六，頁一一。

8 《漢書補注》，卷四五，頁一—五；卷三二，頁九；卷三四，頁二三。

9 《漢書補注》，卷四四，頁八；卷四七，頁二；卷五一，頁一—三〇；卷五七上，頁二；卷六四上，頁一—二一；卷六五，頁一—二三。

10 Hellmut Wilhelm, “The Scholar’s Frustration: Notes on a Type of Fu,” in John K. Fairbank（ed.）, *Chinese Thought and Institutions*（Chicago: University of Chicago Press, 1957）, pp. 310-319.

11 《漢書補注》，卷六二，頁二一。

在也未必高於其他以技藝待詔的人材。徐復觀先生謂漢代知識分子對專制政治壓力特多感憤，以為知識分子不能自外於皇帝權力的籠罩。其說甚有意致。[12]換一個角度看，文學之士自己感覺到在這個政治體制中失落無所用，也是感觸憤激的原因之一。

凡是以技藝與才能向統治者提供服務的知識分子，我們可稱之為專業性的知識分子，其技藝與才能實際上是一種商品，統治者以利祿為商品的代價。中國俗語，「學成文武藝，貨與帝王家」，正是很恰切的比喻。凡是商品交易，都將受市場供應律的決定。戰國時列國均須有人服務，「買主」多，則士貴。漢初有諸侯王作為中央政權以外的競爭者，士猶有可以抉擇處。到大一統的局面逐步形成，天下只有一個服務的對象，「買主」只有一個了，「士」的地位就低落了。因此，東方朔遂有一段著名的牢騷：「夫蘇秦張儀之時，周室大壞，諸侯不朝，力政爭權，相禽以兵。并為十二國，未有雌雄。得士者強，失士者亡，故談說行焉。身處尊位，珍寶充內，外有廩倉，澤及後世，子孫長享。今則不然，聖帝流德，天下震懾，諸侯賓服，連四海之外以為帶，安於覆盂，動猶運之掌，賢不肖何以異哉？遵天之道，順地之理，物無不得所；故綏之則安，動之則苦；尊之則為將，卑之則為虜；抗之則在青雲之上，抑之則在深泉之下；用之則為虎，不用則為鼠。雖欲盡節效情，安知前後？夫天地之大，士民之眾，竭精談說，並進輻湊者，不可勝數，悉力募之，困於衣食，或失門戶。使蘇秦張儀與僕並生於今之世，不得掌故，安敢望常侍郎乎？」[13]總之，士若只以知識為商品，其不受大一統的統治者鉗制，幾乎不可能。真正的知識分子必須自己爭取另一條安身立命的途徑。

真正的知識分子，只是社會的良知，為社會提供對於世間事物的解釋。知識不是商品，而是追尋解釋與貫穿組織散亂的解釋。沒有這種系統性的解釋，整個宇宙將在零亂之中，失去意義。人生價值也將因宇宙缺乏意義而無所附麗。[14]先秦的知識分子，據司馬談以學問重點分類，有陰陽、儒、墨、名、法、道德六家。《漢書》〈藝文志〉據劉歆《七略》又加上縱橫、農家、雜家及小說家。[15]司馬談的六家，選擇甚為有道理，都為了建立某種秩序，以統攝包容散亂的現象：陰陽家為了自然的秩序，儒家為了人倫的秩序，墨家為了宗教的秩序，名家為了邏輯的秩序，法家為了統治的秩序，道家反秩序，卻也有一種反秩序的秩序。相形之下，劉歆加添的四家。至少三家是實用的技藝或瑣碎的知識，（至於雜家另作別論，將在稍後及之。）換句話說，太史公「六家要旨」包括的幾派知識分子，原已有一定的規模與氣象，足當前述知

---

12 徐復觀，《周秦漢政治社會結構之研究》（香港：新亞研究所，一九七二），頁二八四以下。

13 《漢書補注》，卷六五，頁一七。徐復觀先生也以這一段議論與楊雄的「解嘲」，合而言之，以證明無政治自由時，士感受的壓迫。徐復觀，前引書，頁二八六—二八八。

14 參看Karl Mannheim, *Ideology and Utopia: An Introduction to the Sociology of Knowledge*, translated by Lowis Wirth and Edward Shils（New York: Harvest, Brace and World, 1936）, pp. 16-24, 79, note 2, 80-83.

15 《史記會注考證》，卷一三〇，頁七—一四；《漢書補注》，卷一〇，頁二八—八一。

識分子為社會提供解釋的任務。

中國的統一，在古代的東亞世界，幾乎就等於整個已知文明世界的統一。這個新局面同樣反映於知識界。是以知識界也有求統一的趨向。韓非子為法家完成了綜合工作。韓非子原出荀子門下，又吸收了若干老子的思想。《韓非子》在若干程度上，已是儒道法的整合。但是氣宇開闊的大規模整合工作，當以《呂氏春秋》為始。《呂氏春秋》博採儒道墨陰陽，甚至農家、名家的思想。對於法家則似乎故意不提。《呂氏春秋》的目的，「以為備天地萬物古今之事」，「上揆之天，下驗之地，中審之人。」[16]大抵其自然秩序，祖述陰陽家，其中天人相感的思想，則開董仲舒學說系統的先河。[17]《淮南子》是另一件大整合的成果，其目的也在為一切事務提出綜合的解釋。是以《淮南子》〈要略〉自揭宗旨：「夫作為書論者，所以紀綱道德，經緯人事，上考之天，下揆之地，中通諸理。」總結謂：「若劉氏之書，觀天地之象，通古今之事，權事而立制，度形而施宜……以統天下，理萬物，應變化，通殊類，非循一跡之路，守一隅之指，拘繫牽連之物，而不與世推移也。故置之尋常而不塞，布之天下而不窕。」[18]充分說明了《淮南子》的著作志趣是一個貫穿天人的理論系統，其內容則以老莊融合儒家的仁義禮教及為學態度，而仍以無為為主旨。全書是一個大整合。[19]不僅《呂氏春秋》、《淮南子》二書是大規模的整合各家思想，以期創造涵蓋宇宙的理論系統。馬王堆漢墓新出土的《黃帝四經》也是綜合道家與法家思想的作品，也加進了若干陰陽家的看法。〈經法〉以道為法的本體，然而立法之後，法有其權威：「道生法，法者引得失以繩，而明曲直者殹（也）。□執道者，生法而弗敢犯殹（也）。法立而弗敢廢也。」形與名必須相稱，「故天下有事，無不自為刑（形）名聲號矣，刑（形）名已立，聲號已建，則無所逃跡匿正矣。」是皆為法家辨名實的說法。[20]然而也有雌節雄節之辨，而又以雌節為勝，這又是老家守雌的理論了。〈十大經〉：「皇后屯磨，吉凶之常，以辯雌雄之節，乃分禍福之鄉。憲傲驕居，是謂雄節，□□暴儉，是謂雌節。……凡人好用雄節，是謂妨生，大人則毀，小人則亡。……是謂凶節，是謂散德。凡人好用雌節，是謂承祿，富者則昌，貧者則穀，……是謂絳德，故德積者昌，□殃積者亡，觀其所積，乃知禍福之鄉。」[21]陰陽家的影響則見之於天人相參之說，〈經法〉：「天有死生之時，國有死生之政，因天之生也以養生，謂之文，因天之殺也以伐死，謂之武。……人之本在地，

16《史記會注考證》，卷八五，頁一〇—一一；《呂氏春秋》〈序意〉（四部備要本），卷一二，頁九。
17 徐復觀，《兩漢思想史》（香港：新亞研究所，一九七五），頁五—六九。
18《淮南子》（四部備要本），卷二一，頁一、八。
19 徐復觀，《兩漢思想史》，頁八五—一七〇。
20〈長沙馬王堆漢墓出土老子乙本卷前古佚書釋文〉（《文物》，一九七四年第十期），頁三〇。
21 同上，頁三八。

地之本在宜，宜之生在時，時之用在民，民之用在力；力之用在節，知地宜，須時而樹，節民力以使，則財生。」又謂：「王天下之道，有天焉，有人焉，又有地焉，參者參用之，□□而有天下矣。」反逆天常，以致禍殃，「夏起大土功，命曰絕理，犯禁絕理，天誅必至。」[22]

這批可能是《黃帝四經》的古佚書，用黃老之說，支持法家的統治秩序，以天地之恆常，投射於萬民之恆位。結合了自然的秩序和社會統治的秩序，一旦法立道成，只須持守不失。漢初以黃老之術為政治思想的主流。蕭何為法，講若劃一，曹參代之，守而勿失。載其清靜，民以寧一。[23]因為自然秩序與人間秩序相結合，於是必然延伸為天人相參，人間必須服從自然秩序的約束。

漢初這種思想，大約已有流行的趨向。陸賈雖以舌辯成功勞，他的《新語》一書，卻是以儒家為主流的作品。〈本行〉：「□□德為上行，以仁義為本，故尊於位而無德者黜，富於財而無義者刑。賤而好德者尊，貧而有義者榮。」[24]表面上看來，《新語》有〈無為〉，似乎有黃老的影響，然而其內容則與黃老之寧靜持守又不一樣，他的「無為」，「是以君子尚寬舒以苞身，行中和以統遠，民畏其威而從其化，懷其德而歸其境，美其治而不敢違其政，民不罰而畏罪，不賞而歡悅，漸漬於道德，被服於中和之所致也。夫法令者所以誅惡，非所以勸善，故曾閔之孝，夷齊之廉，豈畏死而為之哉，教化之所致也……夫王者之都，南面之君，臣姓之所取法，□□舉措動作不可失法則也」，仍是儒家重教化致中和的說法。[25]

《新語》中卻有了一大段論災異與時政的關係，當也是天人相感的理論。〈明誡〉：「堯舜不易日月而興，桀紂不易星辰而亡。天道不改而人道易也。夫持天地之政，操四海之綱，□□不以失度，動作不可以離道。……故世衰道亡，非天之所為也，乃國君者有所取之也。惡政生於惡氣，惡氣生於災異。蝮蟲之類也，隨氣而生，虹蜺之屬，因政而見。治道失於下，則天文度於上。惡政流於民，則蟲災生於地。……易曰：天垂象，見吉凶，聖人則之，天出善道，聖人得之。……故曰則天之明，因地之利，觀天之化，推演萬事之類。」[26]雖然也是天道與人事的結合，但是天人感應的關係，由人事發端，自然的秩序也是動態的，其著重點與黃老的靜態秩序大相逕庭。

《呂氏春秋》、《淮南子》、《黃帝四經》，以及陸賈《新語》，無不反映時代的精神，設法

22 〈長沙馬王堆漢墓出土老子乙本卷前古佚書釋文〉(《文物》，一九四七年第十期)頁三一、三三一、三四。

23 程武，〈漢初黃老思想和法家路線〉，同上，頁四三以下；唐蘭，〈黃帝四經初探〉，同上，頁四八以下；《史記會注考證》，卷五四，頁一七。

24 《新語》(四部備要本)，下卷，頁六。

25 同上，上卷，頁七。

26 同上，下卷，頁七—九。

將當世的幾家學說結合自然的秩序與人間的秩序，構成大系統，以解釋人事。不過除陸賈以外，另外三家都未嘗賦人事以主動的力量。陸賈由儒家出發，雜談天人相感，終究是以人事為末。到董仲舒手上，天人感應的系統終於大成。董仲舒的學說，大家都很熟悉，不像《新語》與《黃帝四經》那樣隱晦，因此此處也不多徵引原文了。惟董仲舒的系統中，由公羊家的影響，不僅在天人之際加上了時間（歷史）一環，而且更將褒貶之權操之於知識分子手中。這兩點重要的貢獻，使董仲舒雖多引陰陽家語不為純儒，卻成為儒家系統的劃時代人物，也使儒家能超軼其他學派而居中國學術的主流。[27]

漢室建立大一統的政權，但是劉邦崛起民間，憑氣力以定天下，漢代初建時，天下喘息未定，未遑其他。一、二代之後，肯定政權的合法性，遂成為當務之急了。景帝時，儒家轅固生與另一位大約是黃老之徒的黃生有一番辯論：「轅固齊人也，以治詩孝景時為博士，與黃生爭論於上前。黃生曰：『湯武非受命，乃殺也。』固曰：『不然。夫桀紂荒亂，天下之心皆歸湯武，湯武因天下之心而誅桀紂，桀紂之民弗為使而歸湯武，湯武不得已而立，非受命而何。』黃生曰：『冠雖敝，必加於首，履雖新，必貫於足。何者？上下之分也。今桀紂雖失道，然君上也；湯武雖聖，臣下也。夫主有失行，臣不正言匡過以尊天子，反因過而誅之，代立南面，非殺而何？』固曰：『必若云，是高皇帝代秦即天子之位，非耶？』於是上曰：『食肉毋食馬肝，未為不知味也；言學者毋言湯武受命，不為愚。』遂罷。」[28]雖然這一場辯論是不了了之，由此也可見景帝時朝廷所關懷的問題。黃生所持的法家與道家的君權論，可是其自然與人事的大系統是靜態的「恆位」，不容許改變。這種亙古不變的秩序置漢室的合法性於無地。轅固生把天命歸結為民心，使漢室有了受命的合法根據。儒家理論，無疑地可以為當時政權提出一套最能取信於人的理論基礎。董仲舒的天人感應論；也正因為這一特點而能蔚為儒宗。

儒家的早期人物，未嘗不為漢室提供極有用的服務。叔孫通定朝儀，使漢高祖真正領略到天子的權勢，叔孫通雖為同時儒生所敝視，但也為儒家進入統治圈做了鋪路的工作。[29]賈誼博學能文，在文帝時，議改正朔、易服色、制法度、定官名、興禮樂。[30]這一番工作，也不外乎為漢室立下正統的規模，建立漢代的合法性。不過由傳世的《新書》看來，賈誼主要的議論，（〈過秦論〉，及論強幹弱枝及對付匈奴的戰略各篇），仍不出討論形勢及利害的範圍。基本上，賈誼依舊繼承了戰國策士的傳統，是一個政論家，與戰略家。賈誼並未在《新書》中提出

27《漢書》〈五行志〉：「董仲舒治公羊春秋，始推陰陽為儒者宗。」《漢書補注》，卷二七上，頁二。

28《漢書補注》，卷八八，頁一八－一九。

29同上，卷四三，頁一五－一六。

30同上，卷四八，頁一；參看金谷治，〈賈誼と賈山と經典學者たす〉《東洋の文化と社會》，第六輯，一九五七），頁二五－五五。

天人秩序結合的大系統。在這一點說，賈誼猶不及陸賈，更不能與董仲舒相提並論。因此，賈誼的正朔服色諸論，缺少理論根據，不免被當世大臣認為少年多事了。漢初儒生，叔孫通與賈誼均為漢室提供了若干實用性的服務。然而到底因為只是實用，而不能自免於役屬的地位。役屬的儒生演變為能特立獨行的知識分子，還必須擁有另一層憑藉，具備另一種信念。

董仲舒的大系統正是知識分子的精神憑藉，天人交感並不是由董仲舒新創的理論。如前所述，以自然與人間兩重秩序綜合為一，已是當時學術的共有的時代精神。不過以儒家為主體的系統，具有濃重的道德性。陸賈及董仲舒的系統，都有此特徵。而且董仲舒著重對於災異的解釋。有變即有常。所謂「常」，也就是一個理想的正常。操持這種信念的人，有了理想型作為尺度，必然會對於不完美的現實世界提出批評與指責。因此董仲舒由公羊學繼承了褒貶。他的「十指」據本篇：「春秋二百四十二年之文，天下之大事變之傳無不有也。雖然，大略之要有十指。十指者，事之所繫也，王化之所由得流也。舉事變見有重焉，一指也。見事變之所至者，一指也。因其所以至者而治之，一指也。強幹弱枝，大本小末，一指也。別嫌疑，異同類，一指也。論賢才之義，別所長之能，一指也。親近來遠，同民所欲，一指也。承周文而反之質，一指也。木生火，火為夏，天之端，一指也。切刺譏之所罰，考變異之所加，天之端，一指也。」[31]究其文義，實在是三類重點。第一類是選擇評斷對象的過程，按照重要性選擇評斷的事物，究察其原因，並確定矯治的方案。第二類是以社會關係等差作為尺度：1.强幹弱枝，2.別嫌疑定是非，3.論賢才用所長，4.親近來遠，分別中外。第三類是評斷事物時的方法：1.承文反質，2.明陰陽四時之理，3.切譏刺之所罰，4.考變異之所加。其中第二類是關鍵所在，理想的秩序有高低，賢不肖，遠近及是非之分。再據第三類依據理想的秩序比照自然秩序，考察其變異，追索其本質，而定責罰。至於第一類，則是選個案、考察、下判斷，三個評斷的一般原則。

董仲舒的褒貶，是根據一個理想的秩序作為標準尺度。他甚至把孔子放上王者的寶座上，執行褒貶的權力。所謂「故春秋應天作新王之事，時正黑統，王魯，尚黑，絀夏親周故宋」，硬把知識的道統放入政治的傳授系統中。[32]如此，儒生操持了批評論斷現世界的權力，而儒家的經典成為評斷事物是非長短的依據。儒家為漢室的政治肯定了合法性，可是也相對地把知識分子提升到與政權抗衡的地位。由此以後，漢代的知識分子脫離了役屬的身分，建立了新的信念和自覺。

當時天人感應的理論大約已是一代時尚，董仲舒有加以系統化的功勞，卻也未嘗為首創。前面已說過《呂氏春秋》即已有此觀念。與董仲舒同時的公孫弘應賢良文學之舉時，策問的題

31 《春秋繁露》，〈十指〉，卷五，頁四。

32 《春秋繁露》〈三代政制〉（四部備要本），卷七，頁三。

目已充分表現天人感應的觀念：「子大夫修先聖之術，明君臣之義，講論洽聞，有聲乎當世，問子大夫，天人之道，何所本始？吉凶之效，安所期焉？禹湯水旱，厥咎何由？仁義禮知四者之宜，當安設施？屬統垂業，物鬼變化，天命之符，廢興何如？」而公孫弘的對策，列舉人類為治之本，實際上儒墨法三家的大綜合，因能任官，賞罰，當是申韓之學；進用有德，不奪民時，是儒家之說，不作無用之器，則有墨家意識。公孫弘對於仁義禮知的解釋，也是綜合諸家之說。「致利除害，兼愛無私謂之仁」根本是墨家的名詞，「明是非，定可否謂之義，進退有度，尊卑有分謂之禮」不脫儒家本色，而「擅殺生之柄，通塞之塗，權輕重之權，論得失之道，使遠近情偽必見於上，謂之術」則全是形名之說申韓之學了。關於天人之際，公孫弘認為「氣同則從，聲比則應」，「天德無私親，順之和起，逆之害生」，必須「人主和德於上，百姓和合於下」可以導致「天地之和應矣」。天人感應的主動權，仍是操持在人間。[33]公孫弘曾為獄吏，四十餘歲以後乃學《春秋》雜說，因此「習文法吏事，緣飾以儒術」，正是外儒內法的漢家傳統。儒術為緣飾，當然因儒術對漢室的權力有其用處。[34]董仲舒治經術，以經義為褒貶標準，似乎也成為一時的風氣了。張湯出身掾史，任太中大夫時參與定諸律令，深文拘吏，全無儒家色彩。及為廷尉，朝廷有大議，每遣張湯就問於董仲舒。〈張湯傳〉：「是時上方鄉文學，湯決大獄，欲傅古義，乃請博士弟子治《尚書》《春秋》補廷尉史，平亭疑法，奏讞疑，必奏先為上分別其原，上所是，受而著讞法，廷尉挈令。」[35]是武帝時以經義治獄，已經過定律令而制度化了。著名的雋不疑以春秋大義斷決衛太子真偽的疑案，尤可看出經義已成當時判斷是非的標準。其意義幾乎等於以經義為根本憲法了。[36]

知識分子，尤其儒生，逐漸在漢代取得了裁決是非的權柄。這一新的情勢，使知識分子確實的以為他們可以用知識的力量改變政治的權力。董仲舒的學生眭弘在昭帝時用災異上書：「先師董仲舒有言，雖有繼體守文之君，不害聖人之受命。漢家堯後，有傳國之運，漢帝宜誰差天下，求索賢人，禪以帝位，而退自封百里如殷周二王後，以承順天命。」上書之後，及代上書人內官長賜坐「妄設祆言惑眾，大逆不道，皆伏誅」。[37]由眭弘以後，持災變議論政事得失，人事當否者，西漢學者追蹤而至。哀帝時甘忠可及夏賀良，又提出漢曆中衰當更受命。哀

33 《漢書補注》，卷五八，頁二一四。

34 同上，頁一、五。

35 同上，卷五九，頁一—二。關於漢代儒家建立學術正統過程中公孫弘與張湯二人的角色，參看Benjamin E. Wallaker, "Han Confucianism and Confucians in Han," David Ray and T. H. Tsien（ed.）, *Ancient: Studies in Early Civilization*（Hong Kong: Chinese University Press, 1978）, pp. 216-228.

36 《漢書補注》，卷七一，頁二—三。

37 同上，卷七五，頁一—二。

帝為自己起了一個古古怪怪的陳聖劉太平皇帝的稱號，最後王莽代漢，仍以天命曆數為言。[38]中國過去的歷史上，只有西漢有這種以自然法則的信仰向政權直接挑戰的個例。漢代天人感應學說，無疑是欠缺實證的形上學，但其持守者仍自以為是一個知識系統。這批人，今人視之為愚妄之士，在當時仍不失為知識分子，而他們對知識力量信念之摯，卻是難得的。

漢代知識階層漸有舉足輕重的力量。其可按據的理由之一，當是人數增多，而另一理由則是知識分子打開了參加決策階層的孔道。知識分子的頂層，一是中央的待詔、賓客、博士及其弟子員，另一群是以孝廉賢良方正等名稱察舉徵辟的地方雋英。博士為秦官，叔孫通就曾擔任過這個職務。漢初公卿皆武力功臣，博士大約備員而已。文景二世及竇太后執政時期，當局好刑名黃老，因此諸博士具官待問，未有進者，人數也不會增加。然而景帝時蜀郡已遣小吏詣京師受業博士。[39]田蚡任丞相時期黜黃老刑名百家之言，延用文學儒者以百數。其中公孫弘以治《春秋》為丞相封侯。於是「天下學者靡然鄉風矣」。這是中央知識分子人數第一次急劇地增加。[40]武帝元朔五年，公孫弘建議設博士弟子員，人數不過五十人，而二千石還可派遣「好文學，敬長上，肅政教，順鄉里，出入不悖」的青年人赴太常，受業如弟子。這時的博士弟子員總人數，若郡國各一人，加上本來的博士弟子員，大約也不過百人上下。昭帝時增加博士弟子員滿百人，當指額內的正員。宣帝末，博士弟子員加了一倍。元帝好儒，設員千人，郡國也置《五經》百石卒史，等於地方性的博士官，可謂鄉學的教官。成帝末，弟子員一度加到三千人。[41]哀帝時，司隸校尉鮑宣下廷尉獄，博士弟子濟南王咸舉幡太學下，號召同學挽救，「諸生會者千餘人」，則在學的弟子員人數，只有多於千餘人。[42]平帝元始五年「又徵天下通知逸經古記天文曆算鍾律小學史篇方術本草及以《五經》《論語》《孝經》《爾雅》教授者，在所為駕一封軺傳遣詣京師」，應徵的有「數千人」。[43]到西漢末年時，王莽奏起明堂辟雍靈台，「為學者築舍萬區」。據三輔黃圖，國學在郭內西南，博士舍有三十區，會市有槐樹數百行。諸生朔望會於槐市，或在樹下交遊議論，或則交易由家鄉攜來的土產及圖書。當時五經博士領弟子員三百六十人，設博士的經學三十科（相當於今日大學的學系），博士弟子員總數是一萬八百人。主事高弟侍講各二十四人。學合毗接，諸生在檐下行走，可以「雨不塗足，暑不暴

38 同上，卷七二，頁二三；卷七五，頁三一—三二；卷九九上，頁三五；卷九九下，頁一〇、一三。
39 同上，卷八九，頁二。
40 同上，卷八八，頁三。
41 同上，卷六，頁一一；卷九，頁六；卷八八，頁四—六。
42 同上，卷七二，頁二四。
43 同上，卷一二，頁九。

首」。[44]

由武帝時到西漢末，博士弟子員數增加二百倍。這是一個金字塔的上層而已。博士弟子員卒業以後，補為中外郡國卒史吏掾，於是基層行政人員，多為太學畢業的知識分子。是以《漢書》〈儒林傳〉謂自從公孫弘奏請以知識分子任吏以後，「自此以來公卿大夫士吏，彬彬多文學之士矣。」[45]前節曾說及郡國有五經卒史，實為鄉學教官。早在景帝時，文翁治蜀，已修起學官於成都市中，招下縣子弟為學官弟子，除免更繇的義務，高弟補郡縣吏。武帝令郡國立學校，實由文翁首創的制度。[46]這些由基層教育造就的知識分子，是博士弟子的候補來源，猶如金字塔的下層，其人數無疑更數十百倍於博士弟子員。郡國學官以前的階段，當也有預備教育，其受教育人數又當大於郡國學官；這是金字塔的底層了。綜合來看，到西漢末期時，在數量上，已形成一個不可忽視的社會力量，漢代初期政治權力掌握在功臣外戚集團手中，其後逐漸吸收文吏，以充實政府。但漢代政治權力的真正擴大到可以吸收全國的精英，實有賴於郡國察舉制度。由武帝察舉的名額，經昭宣元成四世，漢代的官僚組織與察舉制度已合而為一，由中央到地方，官員吏屬，均由孝廉進用。[47]於是知識分子在政治權力方面，以龐大的官僚組織，與專制君主平分秋色。漢代的外廷每受內廷牽制，[48]但外朝臣僚多諤諤之士，氣節為中國列代之首，推原其故，未嘗不因為漢代的官僚組織有眾多的知識分子為其後盾，有地方的精英為其基礎。如此，則知識分子能形成為不可忽視的社會勢力，一方面因人數多了，另一方面也因為充分地滲透了政權的權力機構之中，獲得了決策的發言權。王莽閏統，其興起固由外戚，但也有一部分原因是由於王莽取悅當世的知識分子。是以王莽政權始終假借儒家的經典及儒家的口號，如復古制，用《周禮》等等，均可認為是儒家的「符號語言」。其敗也，也由於以知識分子為主幹的反抗勢力，結合在保衛王統的旗號下，翟義發難起兵討伐王莽篡位，已是漢光武成功的先河。東漢的建立，則是以士族大姓合作的成果，是以光武佐命，大多為西漢的太學生，此事余英時先生已有詳細論說，茲不贅述。[49]

東漢知識分子的地位，因察舉的制度化而更形強大。郡國不僅每歲都須舉孝廉，而且按人

---

44 同上，卷九九上，頁八—一九；《三輔黃圖》，見補注沈欽韓引。

45 《漢書補注》，卷八八，頁四—六。

46 同上，卷八九，頁三。

47 許倬雲，〈西漢政權與社會勢力的交互作用〉（《中央研究院歷史語言研究所集刊》，第三五本，一九一四），頁二六一—二九一；池田雄一，〈中國古代における郡縣屬吏制の展開〉（中國古代研究會編，《中國古代所究》，第四冊，東京，雄山閣：一九七六），頁三一九—三四四。

48 勞榦，〈論漢代的內朝與外朝〉（《中央研究院歷史語言研究所集刊》，第一三本，一九四八），頁二二七—二六七。

49 余英時，〈東漢政權之建立與士族大姓之關係〉（《新亞學報》，卷一，第二期，一九五六），頁二一六—二四四。又參看宇都宮清吉，《漢代社會經濟史研究》（東京：講文堂，一九五四），頁三九三—三九六。

口有一定的配額，據《後漢志》〈百官志〉，郡人口每二十萬舉孝廉一人。據〈丁鴻傳〉，和帝時定制，郡人口二十萬歲舉一人，四十萬二人，六十萬三人，八十萬四人，百萬五人，百二十萬六人，不滿二十萬二歲一人，不滿十萬三歲一人，邊郡則口十萬歲舉一人，不滿十萬二歲舉一人，五萬以下三歲舉一人。[50]截長補短，仍以口二十萬舉一人為率。和帝時人口五千三百二十五萬六千二百二十九人，當歲舉二百六十六人。全國郡國凡一百零五，其中緣邊涼益并幽交五州有四十餘郡，有「保障名額」，則全國歲舉人數是三百人上下。如以三十年為一世代，每一代當有九千至一萬人可由察舉進入政治權力圈，從而獲得一定的社會地位。[51]至於太學，光武時四方學士懷挾，會集京師。明帝親自講學，表彰儒術，備致殷勤。順帝時太學學生人數增減至三萬餘人，比之西漢末年又加三倍。[52]知識階層人口金字塔的上層如此增長，其基盤自然也會成比例的增加。相對地說，東漢知識分子的社會影響力比較西漢尤為巨大。

這個龐大而有影響力的知識分子階層，在經濟上也獲得了特權的地位。西漢早期的地主，大率為地方豪強或強宗大族。武帝一朝尤其極力打擊這批對於政權有威脅性的地主。[53]利用原有地方勢力，由貨殖致富的富人，在強大的專制政權下，都不再能形成地主階層。在漢代政治力量壟斷利益與權力的情勢下，只有政治權力結構中的成員有力量占取利權，而在農業經營為唯一經濟形態時，土地成為主要的利權。因此只有帝室親貴（包括外戚、寵臣，與宦寺）與政府官吏能累積資金攫取土地。漢代俸祿頗厚，漢代的中高級官員以其俸餘，頗可購置土地。而且漢代在政府手裡的公田，數為不少。近水樓台先得月，官吏即使不在任所假借公田，在家鄉則頗有利用其種種人事關係占取公田的例子。因此，漢代在武帝打擊工商業致富的富人以後，土地集中的現象始終是漢代政治上的一個主要問題。中朝親貴占地多，自然成為側目而視的對象。但這種權貴人數究竟比較少，每一代不過可數的若干家。相對地，知識分子為骨幹的官僚組織為龐大，總人數超過親貴千百倍，而且因察舉制度而來自所有郡國。因此，論分布面及掌握土地的總面積而言，知識分子階層無疑是直接地把持土地財富的社會階層。到東漢時，崔實《四民月令》一書，最能代表這種士與農（地主）結合的情形。《四民月令》號為士農工商四民，實際上工商二字只象徵精耕制農業經濟下產生的市場活動。崔實正與其他東漢士大夫一樣，以農業經營為主要謀生方式，而以「士」為其社會身分。[54]

知識分子的社會影響，又表現於其群中的親和力。漢代有門生、門堂、弟子之稱，其中有

50《後漢志》，卷二八，頁四《後漢書集解》，卷四，頁一二—一三；卷三七，頁一二—一三。

51 同上，卷二三。和帝時人口數字，見卷二三，頁三一。

52《後漢書集解》，卷七九上，頁一—二。

53 T'ung-tsu Ch'ü, *Han Social Structure*（Seattle: University of Washington Press, 1972）, pp. 200-201.

54 Cho-yun Hsü, *Han Agriculture*（Seattle: University of Washington, 1980）, pp. 51-55.

受業師門，確實有師弟關係者，也有舉主與被舉者之間或長官與屬吏之間的主從關係，也有若干例子可以看出並無受業或薦舉的關係，大約只是依附名勢為門生。這第三類則甚至有宦寺在內，當然談不上受業云云。但前兩類到底是常態。知識分子固然也有獨學成功的例子，大都仍循師弟相承的教學系統獲得教育。漢代這種社會關係，頗被強調，弟子門人對於師門簡直有同父子之恩。察舉制下，又有保恩舉主的常例。儒家重倫常，門人弟子與故吏之於座師舉主，實在是家族倫理的延長，而成為知識分子階層團結凝聚的重要形式。[55] 演變至極，知識分子階層中若干得勢的成員，利用這種家族倫理的觀念，彼此奧援，連成少數世族把持權勢。[56]

東漢末年，原是維護知識階層團結及吸收新血輪的察舉制度，竟限制了社會流動的自由度，也造成了知識階層內部的分化，相對地削弱了知識分子在社會上的影響力。

由上面的討論，知識分子由漢初不足稱道的社會地位，先以實用價值為政治權力提供了若干必要的服務。繼而以天人感應的理論，知識分子獲得了代社會立言的發言權，及對政治的監督權，再經過教育機構的擴大，知識分子成為漢帝國龐大官僚組織的參與者，其人數也越來越多。東漢時，知識分子已與專制君主平分政治權力。在經濟方面，知識分子掌握了土地資源，而在社會關係上，知識分子用家族倫理的延展，取得內部的認同與團結。然而也正在這一環，知識分子為自己階層的僵化，種下了病根。

隨著知識分子群體影響力的增長，知識分子擔任的社會角色也有多種多樣的分化。根據角色的性質，下文將循政治性和學術性兩條線索討論知識分子角色的類型。

漢代知識分子既是先秦的諸子百家繼承人，而漢代政治儒法表裡，是以儒法二家尤為重要。儒家與法家都以改革政治為其使命，因此漢代知識分子對政治有無法割捨的興趣。正是儒家的士（知識分子），以天下為己任，政治的特徵。這是本文必須包括政治性角色的主要原因。

最早出現的政治性角色，是叔孫通一類人物，以其知識的實用價值為政治權威服務。此種人物可稱為政治權威的依附者，包括叔孫通之流，明禮儀知掌故的諸生，也包括明律法政令的文吏在內。事實上，這一類型是官僚制度的主要成員。符合韋伯所謂具有專門技能的專家。專家們並不具有任何個人的理想，可以為任何掌握統治機器的權威服務。規章條例繁雜苛細，不

55 《後漢書集解》，卷七九上，頁一—二。關於這個問題的討論，由歐陽修注意及之；顧炎武，《日知錄》（四部備要本），卷二四，頁二六—二七；趙翼，《陔餘叢考》（上海：商務印書館，一九五七），卷三六，頁七九八；又參看賀昌群，《兩漢土地占有形態的發展》（上海：上海人民出版社，一九五六），頁七六；T'ung-tsu Ch'ü, *Han Social Structure*, p. 207.

56 《後漢書集解》，卷三二，頁四；卷四九，頁二；卷六一，頁二〇。楊聯陞，〈東漢的豪族〉（《清華學報》，卷一一，第四期，一九三六），頁一〇〇七—一〇六五；謙田重雄，《秦漢政治制度の研究》（東京：日本學術振興會，一九六三），頁四五〇以下。

是普通人所能了解，處理政府簿書，已非專才不可。[57]因此漢代法律與經學一樣均多世家，父子相繼，家世傳授，西漢的于氏、東漢的郭氏，均是以律法傳家，甚至地方吏掾，也有世襲的情形。同理，禮學專家也多世襲，如普徐氏世為禮官大夫，也是由於禮儀複雜，非素習不能。[58]這一類型的人物，以知識為換取祿位的工具，夏后勝每講授，常告訴諸生：「士病不明經術，經術句明，其取青紫如俛拾地芥耳，學經不明，不如歸耕。」知識只是商品而已。[59]

第二類是理想型，如前文曾論述的董仲舒一類知識分子，努力建立一套理論，希望用知識多少約束節制政治的權威，此中第一流人物，如賈誼、轅固生等人，頗能因為有道德勇氣而不輕易屈服者，是以賈誼曾說：「主上遇其大臣如遇犬馬，彼將犬馬自為也；如遇官徒，彼將官徒自為屈服也。」[60]其中特出的極端人物，則是眭孟、夏賀良、京房諸人，持守理想，以至用理想要求皇帝退位。其次也可以儒家理想，糾彈現實政治，蕭望之、鮑宣之類為數甚多。然而漢代的理論系統仍以維護君主政體為前提，因此儒家理想往往不免遷就專制政體。即使大儒如董仲舒，以及第一個拜相的儒生公孫弘都不免以儒術緣飾。[61]西漢晚期的名相翟方進，以儒學起家，在朝方正，豪強畏服，然而仍不能自免於希旨以固位的毛病，所謂「知能有餘，兼通文法吏事，以儒雅緣飾法律，號為通明相」。[62]是以班固在幾位儒家丞相合傳的傳末感嘆：「自孝武興學，公孫弘以儒相。其後蔡義、韋賢、玄成、匡衡、張禹、翟方進、孔光，平當、馬宮及當子晏咸以儒宗居宰相位，服儒衣冠，傳先王語，其醞藉可也，然皆持祿保位，被阿諛之議。彼以古人之跡見繩，烏能勝其任乎？」[63]以上二類政治性知識分子，事實上均為官僚組織的一部分。漢代的知識分子中，這二類無疑仍是最主要的部分，只是眭孟諸人不多見耳。

在知識分子獲得極重大的社會影響力之後，有若干知識分子開始以理想的世界來繩墨現實世界，這是第三類的角色，可稱之為批評性的角色。在西漢時，這種人物不算多，但《鹽鐵論》是儒生集體批評。在東漢則有好幾位代表人物，如王符、仲長統、崔實，都能以在野的身分，論刺批評當世政治、社會、經濟各方面的弊病。[64]東漢由中期以後，社會危機，如土地集中，貧富懸殊，豪強顯貴橫行一時。王符、仲長統、崔實諸人的理論，確實是針對這些現象而

57《漢書補注》，卷四八，頁二〇。
58 同上，卷七一，頁五；卷七六，頁四；卷八八，頁二〇—二一。《後漢書集解》，卷四六，頁二、九。
59 同上，卷七五，頁五。
60 同上，卷四八，頁二九。
61 余英時，《歷史與思想》（新北：聯經出版公司，一九七六），頁三一—四三。
62《漢書補注》，卷八五，頁八。
63 同上，卷八一，頁二一—二四。
64《後漢書集解》，卷四九，頁五二，各人本傳；及王符的《潛夫論》、崔實的《政論》。

發。[65]然而若是知識分子沒有針砭當世的使命感，沒有一個衡量制度長短的尺度，沒有一個好惡分際的理想，他們不可能具有批評的能力與決心。同時，若沒有大批知識分子作為讀者聽眾，沒有別的知識分子為他們傳布和保存這些議論，他們名位不顯，批評了也不會傳留。因此，必須在知識分子群體已經成長到舉足輕重的地位時，有群眾，有影響，批評型的角色才會出現。

第四類的角色是反抗型的知識分子。東漢的黨錮事件，即是這一類的角色。由李固、陳蕃、李膺、張儉、范滂以下的知識分子，他們為了維持理想中儒家的君主政治，不畏強禦，與外戚宦官生死相搏。殉者視死如歸，生者前仆後繼，為中國歷史知識分子立一勇敢不屈的典型。他們之敢於如此，一則，京師又為人文薈萃，二則全國的知識分子經常接觸，形成了輿論，可以評論時政，月旦人物。范曄在〈黨錮傳〉序謂桓靈之間，主荒政繆，國命委於閹寺，士子羞與為伍，於是匹夫抗憤，處士橫議，遂乃激揚聲名，互相題拂，品覆公卿，裁量執政。又謂太學諸生三萬餘人，郭林宗、賈偉節為其冠；並與李膺、陳蕃、王暢更相褒重，自公卿以下畏懼他們的貶議。到動，然加以援手者比比皆是，破家三族在所不顧。[66]要言之，這批反抗型的知識分子有群眾，也追捕黨人時，天下騷有群體的認同，而更要緊的，他們具有知識分子善善惡惡的自覺。

第五類可稱之為隱逸型的知識分子。由漢初四皓不應高帝召命，漢代知識分子中已有了隱逸的典型。《史記》以伯夷、叔齊、魯仲連為第一等人物。多少象徵了司馬遷在專制壓力下無所逃死的精神避世所。先秦諸家中，道家原以隱逸為重，儒家用進退藏，或任或清原有入世出世兩條選擇。東漢重名節，不應召辟也是時論所尊重。漢代〈逸民傳〉中人物及終生不仕號為處士的學者，矯情沽譽的人不少，然而大多數知識分子若在目擊時艱明擺著理想世界與現實世界無法妥協時，逃世自匿，也是誠實的作法。[67]

第六類則是地方領袖型，這一類事實已兼跨上列各類中的若干人物，在其未仕前或退休後，大率都具有地方領袖的資格。第五倫是一個例證，他在王莽時組織宗族閭里以自衛。後為鄉嗇夫，得人歡心。中途退隱以販鹽自給，變姓名以自匿。及仕光武，職任修理，而糾彈貴戚，方正峭直為時所憚，一身具有第一類、第二類、第三類及第五類諸種身分。[68]〈逸民傳〉中的逢萌曾任亭長，後來赴長安學《春秋經》，王莽時隱居勞山，吏來捕捉，當地人民居然集

---

65 Etienne Balazs, *Chinese Civilization and Bureaucracy*（tr. by H. M. Wright, New Haven: Yale University Press, 1964）,pp. 213ff.

66《後漢書集解》，卷六七，頁一—三、一九；又參卷六八。

67 同上，卷七三；又謙田重雄，《秦漢政治制度の研究》，頁五一一—五一六。

68 同上，卷四一，頁一—六。

眾捍禦，儼然是當地的領袖。[69]又如〈獨行傳〉中的劉翊，家世豐給，守志臥疾，不屈聘命，是第五型人物，及遇种拂守郡，為名公之子，則起為功曹。在任抗拒朝貴為民全利，行為同於第三型第四型人物。黃巾亂時，劉翊救濟鄉里孤寒乏絕，資食數百人。則是地方領袖。[70]

綜合這六個類型。後面四型都以東漢為盛，其原故為由於知識分子階層已成氣候。知識分子以理想世界來衡量現實世界，遂產生有淑世以救世及逃世以全節的矛盾。以個人言之，對於意念與理想，越忠實越認真，其以理想責備現實越甚，則其對社會疏離的程度也越深。反之，對於社會現實及正統觀念越深，則淑世之志越切，於是投身政治直接參與。但因此一念之間，有太過遷就而損害其原有理想者，也有因抗拒而以身殉者。至於為鄉里表率，為地方領袖，仍是知識分子的雋英地位所必致的角色。中國儒家治天下的任務原由鄉黨親族開始；因此在無法治平時，為一方的福祉盡力，也是好的。再以知識分子群體意識言之，群體力量越強大，群體的自覺與使命感也越迫切。因此，上述六型中第三、第四及第五三個類型，只能廣泛地出現於東漢而罕見於西漢。大致中國的知識分子，時時都在淑世與自好兩端之間動盪，聖之任者與聖之清者都不能兩全，而聖之時者是一個高懸而難以達到的鵠的。[71]

知識分子的定義是受過教育的人士，因此知識分子必然有另一項社會功能，知識的追求及知識的傳授。本文將由知識分子的學術活動分析其類型。

第一類是文學家，如司馬相如一類人物，以辭藻之美為文學侍從，別無其他知性活動。不過在《後漢書》〈文苑傳〉中的文學家，則無復如西漢辭賦作者那樣的專業性了。[72]

第二類是經學家，其中當包括兩《漢書》〈儒林傳〉的全部人物，並兼及馬融、鄭玄、賈逵諸人。自從五經立博士以後，每經各有立於學官的幾家師說。經古文今文學派之爭，事實上涉及意識觀念少，涉及祿位利權者多。儒家典籍，因為相斥百家而取得了經典的地位（緯書是神聖傳統的衍生物，故不另論）。一旦成為經典，必有其相應而生的權威性與神聖性。於是經學家最重師承，以保持其神聖傳統。經學每多在一個家族中屢世繼承。西漢如此，東漢也如

---

69 同上，卷八三，頁三—四。

70 同上，卷八一，頁二一。

71 這裡涉及若干處理知識分子問題的一些觀念。關於知識分子內在的壓力，迫使知識分子追尋世界的意義，以及意義現實之間的距離，參看Max Weber, *The Sociology of Religion*（Boston: Beacon Press, 1963）, pp. 124-125. 關於知識分子與外在現實世界的緊張及知識分子與政治權威之間的拉鋸戰。參看Edward Shils, "The Intellectuals and the Powers: Some Perspectives for Comparative Analysis," in Philip Rieff（ed.）, *On Intellectuals*（Garden City: Doubleday Co., 1969）, pp. 25-48.關於知識分子勢須保持疏離態度，參看Lewis A. Cos, *Men of Ideas*（New York: The Free Press, 1965）,p. 360.而關於知識分子理想或正統理念之間的抉擇及知識分子與其整合的程度，參看Peter C. Ludz, "Methodological Problems in Comparative Studies of the Intelligentsia," in Aleksander Gella（ed.）, *The Intelligentsia and the Intellectuals*（Beverley Hills, Colif., 1976）, pp. 37-45.

72 《後漢書集解》，卷八〇上下。

此。歐陽氏傳《尚書》，一家擔任博士八世之久。經學傳統也因此一方面具有保守的特徵；另一方面，支派曼衍，越分越細，重訓詁辭章，而失落了經學義理的本旨。《漢書》〈藝文志〉有一段評論：「古之學者耕且養，三年而通一藝，存其大體，玩經文而已。是故用日少而畜德多，三十而五經立也。後世傳經既已乖離，博學者又不思多聞闕疑之義，而務碎義逃難，便辭巧說，破壞形體。說五字之文，至於二三萬言。」[73]

煩瑣之極必有反正。漢世兩次由皇帝召集經學會議，一次在宣帝甘露三年，「詔諸儒講《五經》同異，太子太傅蕭望之等平奏其議，上親臨制稱決焉。」又一次在章帝建初四年，也為了「《五經》章句煩多，議欲減省」，「大夫博士議郎官及諸生諸儒會白虎觀，講議《五經》同異」，最後皇帝「親稱制臨決，如孝宣甘露石渠故事，作《白虎奏議》」。[74] 均是由皇帝以政治權威肯定經典的權威。

另一方面，又有若干不拘守家法的通儒如馬融、鄭玄諸人都兼通數經，擔起綜合的責任，貫通各家異文，甚至打破今古文的界限，使經文通讀恢復本來面目。[75] 除鄭、馬二人以外，鄭興、鄭眾、范升、賈逵，也當屬於這一類綜合工作者之中。[76] 在經典因為信仰而居於神聖地位時，學者持守傳統甚嚴，這種綜合的工作殆不可能。但一旦經典因煩瑣而必須乞靈政治權威肯定其地位時，這一番整理爬梳的工作反而有其必要了。

經學家的職業大抵為講學教授。立於學官任博士的經學家講學於太學。其支派弟子則為私家講學。一位大師，弟子少則數百，多則逾千成萬。尤以東漢為盛。據《漢書》〈儒林傳〉贊：「一經說至百萬餘言，大師眾至千餘人，蓋祿利之路然也。」[77]《後漢書》〈儒林傳〉論：「其服儒衣稱，先王，游庠序，聚橫塾者，蓋布之於邦域矣。若乃經生所處，不遠萬里之路，精廬暫建，贏糧動有千百，其耆名高義，開門受徒者，編牒不下萬人。」[78]對比兩書，西漢大師中只有〈申生傳〉中有弟子千餘，眭孟有弟子百餘人，而在東漢〈儒林傳〉中，幾乎觸處均有成千累百的弟子。由此也可見東漢知識分子的眾多及活躍。

第三類為著作家，包括所有有創作的學者。其中當然又可大別為兩個分類。一是博學多聞，整理已有的知識。如劉歆之整齊舊書，班固、蔡邕之史學著作，甚至桓寬之《鹽鐵論》，

73《漢書補注》，卷三〇，頁二七。按此節後半與桓譚《新論》差近。《新論》：「秦近君能說『堯典』，篇目兩字之說十餘萬言，但說曰若稽古之萬言。」四部備要本，頁一一。《漢書》〈儒林傳〉中有秦恭，字延君，據云：「恭增師法至百萬言。」《漢書補注》卷八八，頁一三。

74 同上，卷八，頁二三；《後漢書集解》，卷三，頁六。

75《後漢書集解》，卷三五，頁一〇—一五；卷六〇上，頁一三—一四。

76 同上，卷三六，頁一—六。

77《漢書補注》，卷八八，頁二五。

78《後漢書集解》，卷七九下，頁一六。

桓譚之《新論》，都當歸入此類。另一類則是有創見的著作如：《淮南子》、董仲舒之《春秋繁露》、太史公之《史記》及揚雄之《太玄經》，甚至〈京房傳〉，延壽之卦氣理論，此類作者志在明天人之際；通古今之變，立一家之言。兩類相比，第一分類撰述為主，其方法是歷史性的；第二分類則往往是形而上學的著作，方法是哲學的。即如《史記》，明明是史學作品，但太史公的抉擇出於自己歷史哲學的觀點，組織也戛戛獨造，前無古人。凡此著作家，道於創造性的學術活動。揚雄尤為其中最有創作能力者。《太玄經》雖說仿《易》，但以玄代道，以數字象徵代表現象，組織一個以數字為語言的形上學以解釋宇宙的本體與變化。[79]

第四類則是方術之士，漢代的方術包括星象曆算醫藥以至風角占卜，《漢書》〈藝文志〉列有方術三十六家。其實還可加上農家如《氾勝之書》等。這些著作大抵可以相當於今日所謂科技類的作品（風角占卜在今日為迷信，在古代則也是原始科學的一部分）。其作者則只有張衡稍有事跡可考，他的天文理論及技術也足以稱道。論方術之士的社會地位，除張衡本身別有功業外，大致都不甚高，或倡優畜之，或在市肆逐微末之利。

第五類則是批評家，如王充，而揚雄、桓譚也常有對學術的批評。《論衡》一書無論其論據未必服人，攻擊精神則十分勇猛。王充不依傍學派，疾忌虛妄，重視知識。雖然其地位在中國學術史上不必如胡適之先生所強調的重要，仍不失為著重知性的知識分子。[80]

今日知識分子在學術工作上的任務，以追求知識最為首要。知識的累積是由已知求未知，其中包括整理舊學探索新知兩個階段。但是在第一個階段的工作，整理舊學（已知）只是為了由已知更邁進一步。另外一面，在任何神聖傳統下，學問不是為了探索未知，而是在肯定神聖傳統已經是圓足的前提下，重新組合神聖的內容，無目的在為先聖立言，搜尋未發揮的意義，以及引申神聖傳統未解釋經典未載的事物或現象。這種知性活動，當可稱為求智慧。智慧與知識實在是不同的。[81]智慧求圓足，知識則不以圓足為其持點。以此標準，漢代經學家一型的學術活動，當屬求智慧，只有創作家的分型，雖然往往是形而上學的思想家，其知性活動有求知識的趨向。不過董仲舒、揚雄的創作也在求取一個圓足的系統，其目的仍是為了智慧。王充對於神聖系統的知性活動取懷疑的態度。是有所破；但是他的《論衡》中並未有所立，這也是受其時代的限制了。至於文學及方術二類人物，前者追尋的是文字的表現藝術，後者以實用為目的，求知識只是手段而已。

漢代知識分子的主流，由其知性活動的性質說，與今日的知識分子並不同科，在政治活動的角度來看，漢代知識分子逐漸肯定了一個理想的秩序，因此可以自己懸道德為個人修養的鵠

---

79 《太玄經》（四部備要本）〈說言〉，卷一，頁一—三；〈玄圖〉，卷一〇，頁一—四。

80 關於王充的評價，徐復觀先生近作則比較落實；參看，《兩漢思想史》卷二，頁四二八—四四一。

81 關於智慧與知識的分別，可參看Richard Hofstadt, *Anti-Intellectualism in American Life*（New York: Knopf, 1963）, p. 25.

的，也因此可以用理想世界來督責現實世界。知識分子與官僚組織的結合，則一方面賦予知識分子擴大影響力的機會，另一方面也使知識分子的視野永遠被局限在政治活動的範疇內了。神聖傳統與政治視野相重疊的結果，漢代的知識分子雖有空前的影響力，雖有十分優越的教育機會受知識分子擴大與延續，然而知性的活動勢必表現為保守的與排他的，能「炒冷飯」而不能以大批受教育的知識分子，以開放與批判的精神，領導文化走向更高層次。漢代的知識分子因為濃重的政治趨向而獲得社會上無可否認的領袖地位，但是這番勝利也限制了此後的發展。這也是中國傳統知識分子的兩難之局，由漢代直到近代，中國的讀書人始終受困於這個難題。

漢代家庭的大小

討論漢代家族制度的學者，以日本最多，自從牧野巽首揭此題以後，有宇都宮清吉、清水盛光、守屋美都雄、加藤常賢等人。大率言之，牧野根據漢代戶口統計，一戶平均約五人，遂以為漢代頗行父生前即分居的小家庭制。宇都宮以為漢人家庭包括二丁以上的中型家族。清水以為社會上層分子採大家族制，下層採小家族制。守屋則先以為漢人行「三族制」，所謂父母、妻子、兄弟；也就是加藤所稱的「小宗制」。一九五五年宇都宮在《漢代社會史研究》中，又採取了守屋過去的立場。然而守屋自己卻又改變了觀點，以為漢世風俗頗不一律，有夫妻二口的小家族，有包括從兄弟的大家族，而父母於幼子分異後，大約習慣於與長子同居。[1] 這裡的所謂「三族制」和「小宗制」，也就是芮逸夫師所用的直系家族（lineal family），而守屋所謂父在與長子同居的制度，則是芮師所稱的主幹家族（stem family）：

1 牧野巽，〈漢代における家族の大きさ〉（《支那家族研究》，生活社，一九四四）；宇都宮清吉，〈漢代に於ける家と豪族〉（《史林》，卷二四，第二期，一九三九）；清水盛光，〈支那家族の諸結構〉（《支那家族の構造》，岩波書店，一九四二）；守屋美都雄，〈漢代家族の型體に關する試論〉（《史學雜誌》，第五二期，一九四一）；又見《漢代家族の形態に關する考察》，（ハーパート：燕京同志社，一九五六）；加藤常賢，《支那古代家族制度研究》（岩波書店，一九四〇）；宇都宮清吉，《漢代社會經濟史研究》（弘文堂，一九五五）。

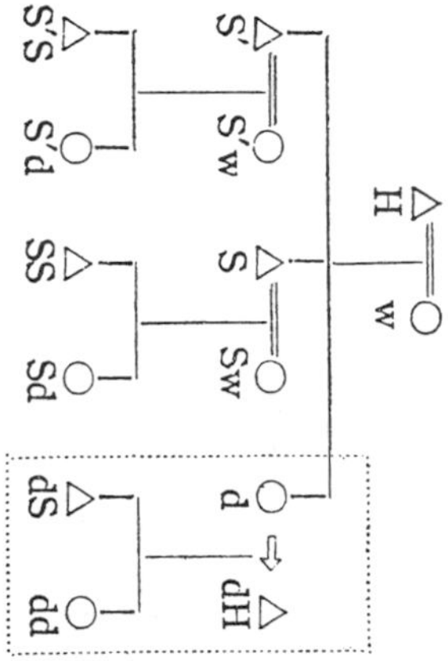

直系家族

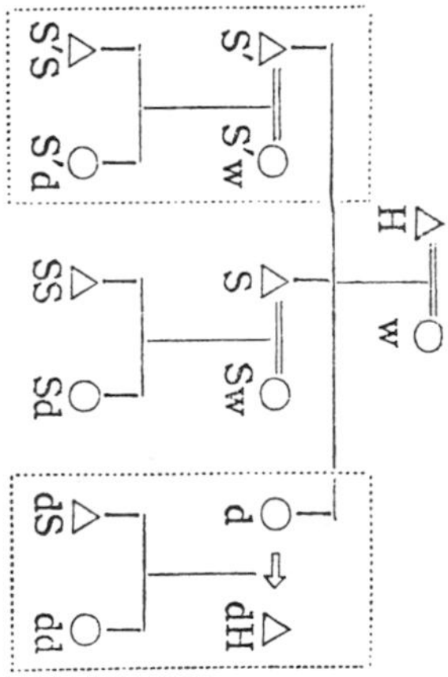

主幹家族

而芮師以為主幹家族優勢的時期，自秦漢至於隋末，歷八百年之久；然後演化為直系家族的時期，自唐迄清末。[2]

守屋的折衷之說，固然調停了若干困難，但是並不能解釋如何有前述差異的存在。本文作者則以為這些差異，至少部分是由於把親屬關係（kinship）和家庭形態（form of household）混淆不清。如宇都宮以為劉邦一家有十口，即由於他以為這十口人就是一個家庭的成員。[3]

我們以為，無論漢代家庭的大小，必須先把這種混淆加以區別。同姓宗族的關係當然應是親屬關係的最大圈子，但此處我們不予討論，因為其中的血緣紐帶還不及社會集團的關係重要。現在我們要探討休戚相關的親屬圈有多遠？同居共財的圈子內包括些什麼人？

先談一個人最大限度的有關親屬圈子，《後漢書》〈黨錮傳〉：

於是又詔州郡，更考黨人門生故吏父子兄弟，其在者免官禁錮，爰及五屬。光和二年，上祿長和約上書言，禮從祖兄弟別居異財，恩義已輕，服屬疏末，而今黨人錮及五族，既乖典訓之文，有謬經常之法。靈帝覽而悟之，黨錮自從祖以下，皆得解釋。[4]

換句話說，互相連坐的極限，只應達到從兄弟，其關係圖如下：

---

2 芮逸夫，〈遞變的中國家族結構〉（《國立臺灣大學考古人類學刊》，一七—一八合刊，一九六一），上述名詞的定義及來源，參看Frederic Le Play, *L'organization de la famille,*（1871）；Olga Lang, Chinese Family and Society（1946）；George P. Murdock, *Social Structure in Southeast Asia*（1960）.

3 宇都宮清吉，《漢代社會經濟史研究》，頁七七。其所載譜系如下：

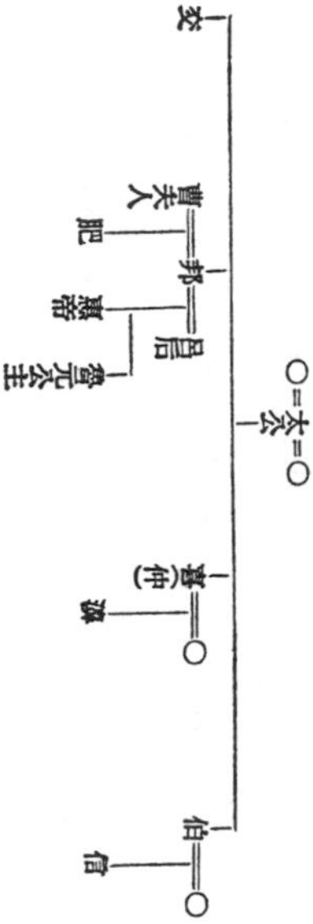

4 王先謙，《後漢書集解》（長沙，王氏刊本），卷六七，頁五。

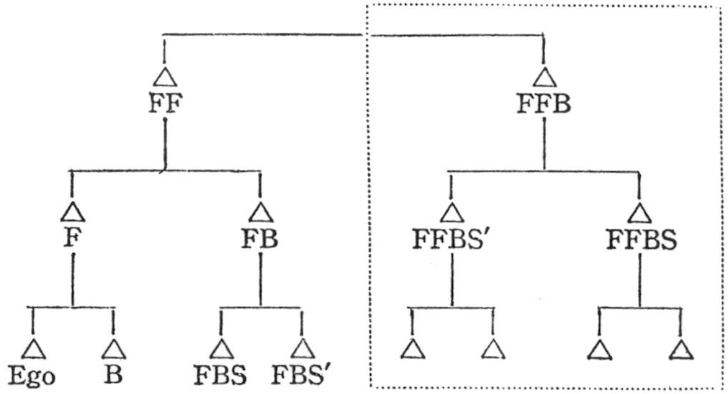

這個圖表，和芮師所說的intel family甚相一致。在這一層密切的親屬圈中，除去父母妻子外，就當數兄弟為最親近；因此，同產相坐是漢代法律中常見的字樣，如《漢書》〈刑法志〉：

孝文二年，又詔丞相、太尉、御史：「法者治之正，所以禁暴而衛善人也。今犯法者已論，而使無罪之父母妻子同產坐之及收。朕甚弗取，其議。」左右丞相周勃、陳平奏言：「父母妻子同產相坐及收，所以累其心，使重犯法也，收之之道，所由來久矣。臣之愚計，以為如其故便。」文帝復曰：「朕聞之，法正則民慤，罪當則民從。且夫牧民而道之善者，吏也。既不知道，又以不正之法罪之，是法反害於民，為暴者也。朕未見其便，宜孰計之。」平、勃乃曰：「陛下幸加大惠於天下，使有罪不收，無罪不相坐，甚盛德，臣等所不及也。臣等謹奉詔，盡除收律、相坐法。」[5]

事實上，這條法律並未完全廢除，所以武帝時，蕭望之又曾因為「坐弟犯法」，而不得宿衛。[6]到了元帝初元五年，又頒佈了命令：「除光祿大夫以下至郎中保父母同產之令。」並且「令從官給事宮中司馬者，得布大父母、父母、兄弟通籍」。[7]

由兄弟推而廣之，仍在近親親屬圈子中的，還有伯父和叔父。如以疏廣疏受兩人的關係來說，漢世叔侄也是以父子相稱的。[8]然而叔侄之間只算一代的關係，比較直系算到孫子，仍是稍遜一層的。例如，《漢書》〈兩龔傳〉：

> 二人以老病罷，太皇太后使謁者僕射策詔之曰……其上子若孫，若同產，同產子一人。[9]

叔侄之間有服喪的義務，所以〈繁陽令揚君碑〉：

---

5 王先謙，《漢書補注》（長沙虛受堂本），卷二三，頁一七—一八。

6 同上，卷七八，頁二。

7 同上，卷九，頁六。

8 同上，卷七一，頁四。

9 《漢書補注》，卷七二，頁一八。

> 將有命授，會叔父太尉公薨，委榮輕舉，投斁如遺。[10]

漢世重復仇，桓譚所謂「今人相殺傷，確已伏法，而私結怨讎，子孫相報，後忿深前，至於滅戶殄業，而俗稱豪健，故雖有怯弱，猶勉而行之」。[11]叔父無子，甚至從兄弟無子時，這個報仇的責任也就落在侄兒或從弟的身上，如《後漢書》〈趙憙傳〉：

> 從兄為人所殺，無子，憙年十五，常思報之，乃挾兵結客，後遂往報仇。[12]

又如《風俗通》：

> 汝南陳公思為五官掾，王子祐為兵曹，行會食下亭。子祐曾以縣官考殺公思叔父斌。斌無子，公思欲為報仇，不能得。卒見子祐，不勝憤，便格殺之，還府歸死。時太守吳廣以為公思追念叔父，仁勇奮發，手刃仇敵，自歸司敗，便原遣之。[13]

綜合言之，一個人的近親圈子可以包括兄弟及兄弟之子。但是這個圈子未必是同居的圈子。

而同居才是本文「家庭」構成的要件。

漢世法律中有匿犯不坐的條文，惠棟以為其範圍只及於直系親屬和配偶，《九經古義》：

> 律親親得相首匿，《漢書》地節四年詔曰：「父子之親，夫婦之道，天性也……自今子首匿父母，妻匿夫，孫匿大父母，皆勿坐；其父母匿子，夫匿妻，大父母匿孫，罪殊死，皆上，請廷尉以聞。」[14]

這一個圈子內即不再有叔侄與兄弟一類的旁系親屬。

同居共籍的基本親屬圈子，恐怕仍是配偶與未成年子女，父母同產可以同居，也可以不同居，在兩可之間。所以永平八年十月有詔書：

> 三公募郡國中都官死罪繫囚，減罪一等，勿笞，詣度遼將軍營，屯朔方五原之邊縣。妻子自隨，便占著邊縣。父母同產欲相代者，恣聽之。[15]

從居延漢簡中的戶籍看來，上面這一段話是對的。漢世戍卒不僅帶著妻子在邊，而且邊縣必注意要時時稽核戶籍，例如：

---

10 《隸釋》，卷九，頁一三。

11 《後漢書》，卷二八上，頁三。

12 同上，卷二六，頁一三。

13 《太平御覽》（台北新興書店印本），卷四八二，頁五；參看《後漢書》，卷四四，頁一〇。

14 惠棟，《九經古義》（槐廬叢書本），卷一三，頁一二；《漢書》，卷八，頁九—一〇；參看《後漢書》〈梁統傳〉注引，卷三四，頁二。

15 《後漢書》，卷二，頁一〇。

☒所移觻得書曰縣民為部官吏卒，與妻子在官。[16]

勞貞一師即以為係清校他縣在官者的名籍。

現在以簡文中戶籍條列舉如下：

①永光四年正月己酉　妻大女昭武萬歲里孫弟卿年廿一
橐佗吞胡隧長張彭祖符　子小女王女年三歲
弟小女耳年九歲　皆黑色
（一二七三）

②永光四年正月己酉　妻大女昭武萬歲里□□年卅二
橐佗延壽隧長孫時符　子大男輔年十九歲
子小男廣宗十二歲
子小女女足年九歲
輔妻南來年十五歲
（一二七四）

③武成隧卒孫青肩　妻大女謝年卅四用穀二石一斗六升大
子使女於年十用穀一石六斗六升大
子未使女女足年六用穀一石一斗六升

凡用穀五石

（二七四五）

④第五𠐊卒徐誼　妻大女職年廿五歲

子使女待年九　見署用穀五石三斗一升

子未使女男有年三

（二七五二）

⑤侯長觻得廣昌里公乘禮忠年卅

小奴二人值二萬　用為五匹直二萬　宅一區萬

大婢一人二萬　牛車二兩直四千　田五頃五萬

軺車一乘直萬　服牛二六千　凡貲直十五萬

（二八二〇）

⑥俱起隧卒王並　妻大女嚴年十七用穀二石一斗六升大

子未使女毋知年二用穀一石一斗六升大

---

16 勞榦，《居延漢簡考釋之部》（《中央研究院歷史語言研究所專刊》之四十，台北，一九六〇），頁五六，上引簡文為二二〇、五、一八八、一六。

凡用穀　三石三斗三升大

（三二八一）

⑦第七隧卒寧蓋邑　父大男偪年五十二

母大女請卿年卅九　見署用七石一斗八升大

妻大女女足年廿一

（三二八二）

⑧卒李護宗　妻大女女足年廿九用穀二石一斗六升大

子使男望年七用穀二石一斗六升大

凡用穀四石三斗三升少

（三二八七）

⑨妻大女佳年十八　用穀二石一斗六升大

（三二八三）

⑩第廿三隧卒王音　妻大女須年廿　居署卅日用穀二石一

（三二八八）

⑪妻大女待年廿七

子未使男偃年三　省茭用穀五石三斗一升少

子小男霸年二
（三二八九）
⑫妻大女君至年廿八　用穀二石一斗六升大
弟大女待年廿三用穀二石一斗六升大
（三二九五）
⑬子使男相年十用穀二石一斗六升大
（三二九六）
⑭第四隧卒張霸　弟大男輔年九
弟使男勳年十　見署用穀七石八升大
妻大女至年十九
（四〇六九）
⑮二墔隧長居延西道里公乘徐宗年五十
妻妻　宅一區直三千　妻一人
子男一人　田五十畝直五千　子男二人
男同產二人　用牛二直五千　子女二人
女同產二人　男同產二人

女同產二人
（四〇八五）
⑯俱起隊卒丁仁　母大女存年六十七　用穀二石一斗六升大
弟大女惡女年十八　用穀二石一斗六升
弟使女肩年十八　用穀一石六斗六升大
凡用穀六石
（四二〇七）
⑰制虜隊長張孝　妻大女弟年卅四用穀二石一斗六升大
子未使女解事年六　用穀一石一斗六升大
凡用穀三石三斗三升少
（四四六八）
⑱第四隊卒伍尊　妻大女女足年十五　見署穀用二石九斗少
（四四七〇）
⑲卒王褒　妻大女信年十八　見署用穀……
（四七八九）
⑳制虜隊卒張放　妻大女自予年廿五　用穀二石一斗六升少

㉑執胡隊卒高鳳

子未使男望年二　用穀一石六斗六升大

妻大女君以年廿八　用穀二石一斗六升大

子使女始年七　用穀一石六斗六升大

子未使女寄年三　用穀一石一斗六升大

凡用穀五石

（四九六三）

㉒第四隊卒虞護

妻大女胥年十五

弟使女自如年十二　見署用穀四石八斗一升小

□未使女賣者年五

（五二四二）

㉓夷虜隧卒徐□

妻大女南弟年廿八　用穀三石一斗六升大

子未使男益有年四　用穀一石六斗六升大

女曾年一　用穀一升　凡用穀四石六

（五三四五）

㉔制虜隧卒周賢

妻大女止耳年廿六　用穀二石一斗六升大

子使女捐之年八　用穀二石六斗六升大

子使男並年七　用穀二石一斗六升大
凡用穀六石
（五四六二）
㉕妻大女止女年廿一　用穀二石一斗六升大
弟使男陵年十二　用穀二石一斗六升大　凡用穀四石三斗三升少
（五四六一）
㉖□□妻大女母年五十二
（八九七九）
㉗母大女次二石一斗
妻大女再思□
（六八六一）
㉘奉世妻倚郎年十六長六尺五寸□□[17]
（七二二五）

由上面的史料作一統計，四口一戶者有十二戶，三口者六戶，兩口者八戶，十口與六口者各一戶，平均每戶得三·五口。但這是邊地，戍卒年齡又大半正在壯年或青年，戶稍微小些，也是意料中事。大約正常的家庭應是一戶四口，也是戶數最多的一種。

以家庭的組織來說，只有兩戶與父母或母親同居，而父母都已年老。十一戶有弟妹同居，但弟弟未有過十二歲者，妹妹則有十八、十九，甚至廿三歲者。子女中，最大的不過十九歲，未見一家有兩口壯丁，及兩兄弟均已婚而仍在同一戶的例子。

未成年弟妹隨兄居住，在史籍上也有例證。如《漢書》〈陳平傳〉：

> 少時家貧好讀書，治黃帝老子之術，有田三十畝，與兄伯居，伯常耕田，縱平使遊學。平為人長大美色，人或謂平：「貧何食而肥若是？」其嫂疾平之不親家生產，曰：「亦食糟覈耳。有叔如此，不如無有！」伯聞之，逐其婦棄之。及平長可取婦，……戶牖富人張負有女孫，……卒與女，……戒其孫曰：「毋以貧故，事人不謹。事兄伯如事迺父，事嫂如事迺母。」……陳涉起……平乃前謝兄伯，從少年往事魏王咎。[18]

從這個例子看來，陳平未婚前是與兄伯同住的。婚後如何，不易判斷；但在他投軍時，張氏新婦也許由兄伯照顧的。又《後漢書》〈竇融傳〉：

> 家長安中，出入貴戚，連結閭里豪傑，以任俠為名；然事母兄，養弱弟，內修行義。[19]

---

17 編號均見榮榦，《居延漢簡釋文》。

18 《漢書補注》，卷四〇，頁一二。

19 《後漢書集解》，卷二三，頁一。

同書〈班超傳〉：

永平五年，兄固被召詣校書郎，超與母隨至洛陽。家貧，常為官傭書以供養。[20]

這種情形，大概都是在父親已死之後，成年子女有養母撫弟的責任。諸弟自已成年後，情形也許就不一樣了。本文的後面，將提到若干兄弟的情形。

單以奉養母親而說，漢世認為是理所應當的事。未做到此點者會受到懲罰。例如《後漢書》〈臧宮傳〉：

宮永平元年卒，……子倍嗣。倍卒，子濃嗣。濃卒，子松嗣。元初四年，與母別居，國除。[21]

越智重明及桑原騭藏都解釋此條為漢代禁止親在分異的法律，守屋卻以為證據未足，至多只能是「母在別居」的禁令。[22]《漢書》〈孫寶傳〉有段記載可證實及推廣守屋的說法：

遣吏迎母，母道病，留弟家，獨遣妻子。司直陳崇以奏寶，事下三公即訊，寶對曰：「年七十，誖眊恩衰，共養營妻子如章。」寶坐免。[23]

因此，漢世家庭似乎是以核心家庭為主，但親老弟弱時，成年的兒子仍須接他們同門共居。居延簡中的徐宗一家有同產男女各二人，可能即是這種情形；而居延簡中幾家有同產一起居住的例子，其女子的年齡可以大到廿三歲，男子則均未成年，這也不是偶然的。

漢世有「累世同居」的美談，細繹之，我們也只不過找著四條而已：

1.石氏　「萬石君家以孝謹聞乎郡國。……以長子建為郎中令，少子慶為內史，建老白首，萬石君尚無恙，每五日洗沐，歸謁親，入子舍竊問侍者，其親中帬廁牏，身自澣洒，復與侍者。……萬石君徙居陵里，內史慶醉歸，入外門不下車，萬石君聞之不食，慶恐，肉袒請罪，不許。舉宗及兄建肉袒……。」[24]

2.樊氏　「重性溫厚，有法度，三世共財，子孫朝夕禮敬，常若公家。」[25]

3.蔡氏　「（蔡邕）與叔父、從弟同居，三世不分財，鄉黨高其義。」[26]

---

20 同上，卷四七，頁一。

21 同上，卷一八，頁一五。

22 越智重明，〈魏晉における異子之科について〉（《東方學》，一九六一年第二十二期），頁六；桑原騭藏，〈唐明律の比較〉（《支那法制史論叢》，頁一六一）；守屋美都雄，《漢代家族の形態に關する考察》，頁二一—二二。

23 《後漢書集解》，卷二七，頁一一—一二疏引。

24 《漢書補注》，卷四六，頁二。

25 《後漢書集解》，卷三二，頁一。

26 同上，卷六〇下，頁一。

4.仇氏　「仇福字仲淵，累世同居，州里稱述慈孝。」[27]

這四條例證中，萬石君一家是否共居，史無明文，但由「萬石君徙居陵里」一句看來，石家全家似乎一同遷徙。然而石家似否共財，則依然待考。另外三個例子，都是清清楚楚的，或同居，或共財，或同居而又共財。我們必須注意，這些明明白白不分家的記載，不在兩漢之交（樊氏），即在東漢（蔡氏、仇氏），這是一個值得注意的現象，我們必須考證一下，是否兩漢家庭有變大的趨向。由《漢書》〈地理志〉和《續漢書》〈郡國志〉的人口戶數，作一統計（見本文文末附表），全國每戶人數，在西漢元始二年平均為四．八口，在東漢順帝永和中為五．八口，而在全國可以比較的八十六個郡國，兩漢每戶數增減情形如下：

	增（郡數）		減（郡數）	
大於2人	16		3	
1.6至2人	6		4	
1至1.5人	9		9	
0.6至1人	13		5	
少於0.5人	10		11	
	54	＋	32	＝86郡國

由此可知，東漢的戶比西漢的口多者占三分之二弱，比西漢口少者占三分之一強。更須注意，

很多的戶，在東漢時加了不少人，加了兩口以上；而減少率最大的戶所減卻不到半個人。

這種現象，可以歸之於兩個可能的原因：1.人口增殖，每戶多生小孩；2.家庭組織有變化，把原來不列入一戶的親屬列入同戶。

先考察第一個可能性。東漢戶數口數，比之西漢，都有減無增。東漢的戶數，以〈郡國志〉為準，比《漢書》〈地理志〉少了二百六十三萬四千九百七十六戶；口數少了一千零四十四萬四千七百五十八人。人口增殖的現象，顯然是不可能的。

由第二點看，東漢戶數為西漢的百分之七八．六，口數是西漢的百分之八二．五。戶減得多，口減得少。也就是說，兩漢對比，東漢時每戶必須容納較多的口數。[28]

---

27 《隸釋》，卷一，頁一二，〈成湯碑陰〉。

28 此處須稍討論中國歷史上戶口數字的可靠性。附表為見於記載的中國歷代人口統計。晉東遷後及整個南北朝都只有部分的資料，有清一代，大多是有口無戶，二者均暫不具論。宋代戶口比例太過奇怪，一戶只有二人左右，恐未必可信，此中牽涉到逃丁問題，故李心傳《建炎以來朝野雜記》：「自本朝元豐至紹興，戶口常以十戶為二十一，以一家止於二口，則無是理，蓋詭名，子戶，漏口者眾也。」（聚珍叢書本，甲集，卷一七，頁二〇，當以金人之戶口之比為準。漢人戶口似相當詳細，有「貌閱」點名的措施，如《後漢書》〈江革傳〉：「建武末年，與母歸里，每至歲時，縣當案比，革以母老，不欲搖動，自在轅中輓車，不用牛馬。」（卷三九，頁七。）集解：「沈欽韓據鄭司農云，漢時八月案比，則一歲一閱。」據〈江革傳〉，真做到「疲癃咸出」了。關於中國戶口調查的弛緊，可參考張敬原，《中國人口問題》（台北：中國人口學會，一九五九），頁八四—一〇七。

以五口或六口一戶計算，仍舊難以容納已婚的兄弟及其子女，因之兄弟分異在所不免，上者為推財，下者為爭產；或推讓，或爭競，其不為共財則一。下面為若干例子：

1.《漢書》〈韓延壽傳〉：

民如昆弟相與訟田，……延壽大傷之，……於是訟者宗族傳相責讓，此兩昆弟深自悔，皆自髡肉袒謝，願以田相移，終死不敢復爭。[29]

2.同書〈卜式傳〉：

卜式，河南人也。以田畜為事，有少弟，弟壯，式脫身出，獨取畜羊百餘，田宅財物盡與弟。[30]

3.同書〈陸賈傳〉：

有五男，乃出所使越案中裝賣千金，分其子，子二百金，令為生產。[31]

4.同書〈王商傳〉：

文薨，商嗣為侯，推財以分異母諸弟，身無所受。[32]

5.《後漢書》〈樊宏傳〉：

外孫何氏兄弟爭財，重恥之，以田二頃解其忿訟，縣中稱美。……

6.〈儵孫梵〉，悉推財物二千餘萬，與孤兄子。……

7.準字幼陵，宏之族曾孫也。……以先父產業教百萬，讓孤兄子。[33]……

8.同書〈光武郭皇后紀〉：

父昌，讓田宅財產數百萬與異母弟。[34]

9.同書〈城陽恭王傳〉：

敞謙儉好義，盡推父時金寶財產與昆弟。[35]

10.同書〈郭丹傳〉：

及在公輔，有宅數畝，田不過一頃，復推與兄子。[36]

11.同書〈張堪傳〉：

29《漢書補注》，卷七六，頁一〇。

30同上，卷五八，頁八—九。

31同上，卷四三，頁七—八。

32同上，卷八二。

33《後漢書》，卷三二，頁一、五。

34同上，卷一〇上，頁四。

35《後漢書》，卷一四，頁九。

36同上，卷二七，頁九。

堪早孤，讓先父餘財數百萬與兄子。[37]

12. 同書〈劉趙淳于……列傳序〉：

安帝時，汝南薛包……父娶後妻而憎包，分出之。包日夜號泣不能去，至被毆杖，不得已，廬於舍外，旦入而灑掃。父怒，又逐之，乃廬於里門，昏晨不廢。積年餘，父母慙而還之。後行六年喪服，過于哀，既而弟子求分財異居，包不能止，乃中分其財，奴婢引其老者，……田廬取其荒頓者，……器物取其朽敗者。……弟子數破其產，輒復賑給。[38]

13. 同書〈李充傳〉：

家貧，兄弟六人同食遞衣，妻竊謂充曰：「今貧居如此，難以久安，妾有私財，願思分異。[39]

14. 同書〈繆肜傳〉：

少孤，兄弟四人，皆同財業。及各娶妻，諸婦遂求分異，又數有鬭爭之言。[40]

15. 《隸釋》，〈堂邑令費鳳碑〉：

內□祖業良田，畝直一金，推予弟媳，辭行讓財，行義高邵。[41]

16. 《太平御覽》：

昱年六十二，兄弟同居二十餘年，及為宗老所分，昱將妻子逃舊業，入虞澤，結茅為室，據獲野豆，拾掇蠃蚌，以自賑給。[42]

由上面十六條觀之，父在時，兄弟已有分異；父歸之後，財產更在兄弟間朋分。推財兄弟，推財兄子與弟子的例子，大多在父死時，至於父在時，父親是否與已婚之子同居，大是問題，至少從上面這些例子，不易判斷。兄弟同居者，例子甚為難得，最後或於娶妻後分異，或由「宗老所分」，是知分異仍是常例。《後漢書》〈許荊傳〉有明白的記載，兄弟之間，「禮有分異之義，家有別居之道。」[43]

據說，許荊在桂陽太季任內，曾因兄弟爭財案自劾，竟使「郴人謝弘等，不養父母，兄弟

---

37 同上，卷三一，頁六。

38 同上，卷三九，頁一一二。

39 同上，卷八一，頁一四。

40 同上，卷八一，頁一五。

41 《隸釋》，卷九，頁一八。

42 《太平御覽》，卷八四，頁九四一；又《全後漢文》，卷五六，頁一。

43 《後漢書集解》，卷七六，頁九。

分析，因此皆還供養者，千有餘人也」。[44]

其未在這一千餘家之中者，為數必然甚大。是以有兄弟各為一族的說法，如《漢書》〈王溫舒傳〉：

溫舒受員騎錢，它姦利事，罪至族，自殺。其時兩弟及兩婚家，亦各自坐它罪而族。光祿勳徐自為曰：「悲夫！夫古有三族，而王溫舒罪至同時而五族乎！」[45]

此處五族，顯然把王溫舒的兄弟及「兩婚家」，各自算作一族了。

兄弟分異，原與禮經甚合，《儀禮》〈喪服傳〉：

故父子首足也，夫妻牉合也，昆弟四體也，故昆弟之義無分，然而有分者，則辟子之私也。子不私其父，則不成為子，故有東宮，有西宮，有南宮，有北宮，異居而同財，有餘則歸之宗，不足則資之宗。[46]

細繹這一段禮經，竟可說父子之間也是分居的，只不過住在同一個大合院裡，而且有限度的通財而已。是以《抱朴子》〈外篇‧審舉〉記有靈獻之際，「察孝廉，父別居」之諺。[47]

綜合言之，漢世似乎不可能有父母與兩個以上已婚子女同居的事。也就是說，漢世似不至有芮師定義的直系家族；有之，也僅是近親的極限。前文所述，應足以證實芮師主幹家族盛行漢世之說。但似無妨再補充一點，主幹家族既只容一個已婚兒子與父母同居，其餘已婚及成年的兒子大約都分出去了。

據賈誼說：「秦人家富子壯則出分，家貧子壯則出贅。借父耰鉏，慮有德色，母取箕箒，立而誶語。抱哺其子，與公併倨。」又說：「曩之為秦者，今轉而為漢矣。然其遺風餘俗，猶尚未改。」[48]如賈氏所說，則秦及西漢都是行小家庭制。秦人「異子之科」似乎終漢之世存在，直至曹魏始廢除此律，所謂「除異子之科，使父子無異財也」。[49]然而，法律雖有如此規定，其約束力究竟如何，大是可疑。至少，東漢時每戶的口數大於西漢時，這個多出來的口數，既不能由繁殖得來，又不能由包括兄弟得來，則核心家庭擴大的唯一新成員只有求之於上代，也就是說，包括父母在內。若一家有兄弟二人，只有一人可以奉養父母兩口，平均每戶原以四口

---

44 同上。集解引《謝承言》。

45 《漢書》，卷九〇，頁九。

46 《儀禮》（叢書集成本），頁一六二—一六三。

47 《抱朴子》，（世界書局四部刊要本），頁一二七。

48 《漢書補注》，卷四八，頁一八—一九、二〇。

49 《晉書》（廿四史乾隆四年刊本）〈刑法志〉，卷三〇，頁一二。日本學者對這一句的注釋均誤，徒然把養子的問題牽入，殊無謂。其實「使父子無異財也」一話，明明是「除異子之科」的動機，「異子之科」明明是一家有二壯丁之科罰也。參看守屋美都雄，《漢代家族の形態に關する考》，頁二二—四四；越智重光，〈魏晉における男子の科について〉（《東方學》，第二十二期，一九六一），頁一一以下；並參看《中央研究院歷史語言研究所集刊》第三十七本拙作。

計，此時戶一有六口，一戶為四口，平均為五口。兩漢口數比例的差別，似即由於家庭結構由核心家庭變為主幹家庭的過程。

上述演變的過程，也許是兩漢時數百年儒家理論浸淫的影響，在官方的措施中，儒家重孝理想見之於察舉的標準，孝廉與父別居，終是被人譏笑的事。大約東漢逐漸以已婚長子或諸子之一奉父母同居為常。至於數世同居則仍是極端稀少的事，否則歷史上也毋庸大書特書，如蔡邕之例。至於核心家庭之普遍與持續，一方面可能因法律上有「異子之科」的舊例，（法律與實際情況的脫節是常事，其中有一部分原因是法律須有經常性，因之也難免保守，尤以成文法為甚。）另一方面也可能因為合戶未嘗有可見的實利。曹魏時，「異子之科」見廢，法律上的障礙遂已排除。另一方面，魏以戶為課稅對象，又使合戶共籍有顯著的實利可圖。曹操取得冀州後，即規定「收田租畝四升，戶出絹二匹，緜二斤」，成為晉世戶調之濫觴。[50] 漢以口賦算錢及繇役為平民最大負擔，其性質都是按人口計算的；田賦則按土地面積計算。[51] 由此，課稅方式的改變，造成了合戶共籍的有利條件。

以三國時實行以戶徵稅和無「異子之科」的魏晉，與保持舊日漢制的吳蜀對比，戶與口的比數顯示極有趣的現象。前者的比數竟高達後者幾乎一倍。（見附表）

至於兩晉南北朝的戶口，因為部曲庇蔭以及逃口遷戶等等原因，已成另一局面，本文不擬討論。

總結全文，我們也許可說，由於秦人遺風及秦律遺留的限制，西漢大約以小家庭，即核心家庭為多。直系家族的範圍，可能只是近親的關係，情感密切，可以服喪報仇，但未必同戶共籍。逮及東漢，因為漢世風俗的漸以儒家理想為依歸，遂漸有奉父母同居為主幹家庭。曹魏以戶為課稅對象，又無「異子之科」，家庭自然又更大了。

（原載《慶祝李濟先生七十歲論文集》，下冊）

50 《三國志》〈魏志〉，引《魏書》，卷一，頁二三。

51 勞榦，〈漢代兵制及漢簡中的兵制〉（《中央研究院歷史語言研究所集刊》，第十本），頁三八以下。

附表

時代	西元	戶數	口數	每戶人數	資料
西漢平帝元始二年	二	一二、二三三、〇六二	五九、五九四、九七八	四・九	《漢書》〈地理志〉
東漢光武中元二年	五七	四、二七九、六三四	二一、〇〇七、八二〇	四・九	《續漢書》〈郡國志〉注引《伏無忌注》
明帝永平一八年	七五	五、八六〇、五七三	三四、一二五、〇二一	五・八	同右
章帝章和二年	八八	七、四五六、七八四	四三、三五六、三六七	五・八	同右
和帝永興元年	一〇五	九、二三七、一一二	五三、二五六、二二九	五・八	同右
安帝延光四年	一二五	九、六四七、八三八	四八、六九〇、七八九	五・一	同右
順帝永和中		九、六九八、六三〇	四九、一五〇、二二〇	五・八	〈郡國志〉本文
同上		一〇、七八〇、〇〇〇	五三、八六九、五八八	五・〇	〈郡國志〉注引《漢官儀》
順帝建康元年	一四四	九、九四六、九一九	四九、七三〇、五五〇	五・〇	《伏無忌注》
沖帝永嘉元年	一四五	九、九三七、六八〇	四九、五二四、一八三	五・〇	同右
質帝本初元年	一四六	九、三四八、二二七	四七、五六六、七七二	五・一	同右
桓帝永壽三年	一五七	一〇、六七七、九六〇	五六、四八六、八五六	五・三	《晉書》〈地理志〉
魏 景元四年	二六三	九四三、四二三	五、三七二、八九一	五・八	《續漢書》〈郡國志〉引《帝王世紀》
蜀 炎興元年	二六三	二八〇、〇〇〇	九四〇、〇〇〇	三・四	《三國志》〈後主紀〉引王隱《蜀志》
吳 赤烏五年	二四二	五二三、〇〇〇	二、四〇〇、〇〇〇	四・六	《吳志》注引《晉陽秋》
晉 太康元年	二八〇	二、四五九、八四〇	一六、一六三、八六三	六・六	《晉書》〈地理志〉

（晉滅去吳後）		一、九三六、八四〇	一三、七六三、八六三	七・一	同右
前燕		二、四五八、九六九	九、九八七、九三五	四・一	《晉書》〈苻堅載記〉
宋　昇明二年	四七八	八〇二、二八四	四、七六七、九五二	五・九	《宋書》〈州郡志〉
北齊		三、三〇二、五二八	二〇、〇〇六、六八六	六・六	《周書》〈武帝紀〉
隋　煬帝大業五年	六〇九	八、九〇七、五三六	四六、〇一九、九五六	五・二	《隋書》〈地理志〉
唐玄宗開元一四年	七二六	七、〇六九、五六五	四一、四一九、七一二	五・九	《舊唐書》〈本紀〉
玄宗開元二八年	七四二	八、四一二、八七一	四八、一四三、六〇九	五・七	《新唐書》〈地理志〉
玄宗天寶一三年	七五四	九、〇六九、一五四	五二、八八〇、四八八	五・八	《舊唐書》〈本紀〉
代宗廣德二年	七六四	二、九三三、一二五	一六、九九〇、三八六	五・八	同右
穆宗長慶元年	八二一	二、三七五、八〇五	一五、七六二、四三二	六・六	同右
宋真宗大中祥符七年	一〇一四	九、〇五五、七二九	二一、九七六、九七五	二・四	《宋史》〈本紀〉
神宗元豐三年	一〇八〇	一四、八五二、六八四	五一、一五二、七六二	三・五	《通考》
哲宗紹聖四年	一〇九七	一九、四三五、五七〇	三三、四一一、六〇六	一・二	《宋史》〈本紀〉
徽宗大觀四年	一一一〇	二八、一八二、二五八	四六、七三四、七八四	一・七	《宋史》〈地理志〉
高宗紹興三〇年	一一六〇	一一、三七五、七三三	一九、二二九、〇〇八	一・七	《通考》
孝宗乾道二年	一一六六	一二、三三五、四五二	二五、三七八、六八四	二・〇	同右
光宗紹熙四年	一一九三	一二、三〇二、八七四	二七、八四五、〇八五	二・三	同右
金章宗明昌六年	一一九五	七、二二三、四〇〇	四八、四九〇、四〇〇	七・七	《金史》〈食貨志〉
元世祖至元二八年	一二九一	一三、四三〇、三二二	五九、八四八、九七六	四・五	《新元史》〈食貨志〉
明太祖洪武二三年	一三九〇	一〇、六八四、四三五	五六、七七四、五六一	五・三	《明史》〈本紀〉
太祖洪武二六年	一三九三	一〇、六五二、八七〇	六〇、五四五、八一二	五・七	《明史》〈食貨志〉

成祖永樂元年	一四〇三	一一、四一五、八二九	六六、五九八、三三七	五・九	《續通志》
孝宗弘治四年	一四九一	九、一一三、四四六	五三、二八一、一五八	五・八	《明史》〈食貨志〉
武宗正德四年	一五一四	九、一五一、七七三	四六、八〇二、〇五〇	五・一	《續通志》
神宗萬曆六年	一五七八	一〇、六二一、四三六	六〇、六九二、八五六	五・七	《明史》〈食貨志〉
清　乾隆一四年	一七四九	三六、二六一、六二三	一七七、四九五、〇三六	四・三	《清朝通志》

註：上表有部分係依據《中國人口問題》一書推得，參看該書頁八〇以下。

漢代的精耕農作與市場經濟

本文討論的主題是漢代的農業，尤注目於集約精耕與人口增殖的關係。精耕制與以銷售為部分目的的農戶經營，由漢代以至近世，始終是中國農業經濟的特色。茲先由漢代政府對農業的政策開始討論。

秦統一中國，廢封建，行郡縣，諸子不復分封。[1]由此，秦天子以下，天下莫非齊民，中間的只有代表皇權的守令，皇帝與臣民之間的關係是直接的。這也可說是韓非子理想的實現，使強宗大族不復能專隴斷賦役所自出的人力資源。《韓非子》：「悉租稅，專民力，所以備難充倉府也，而士卒之逃事伏匿，附託有威之門，以避徭賦而上不得者萬數。」[2]

商君變法，子壯則出分，家有二夫，則倍其賦。論其用心，商鞅大約為了防範宗族成為皇權與人民之間的一個權力個體，而使直接皇權的威勢打折扣。[3]秦始皇對於生產是頗為注意

1 《史記會注考證》，卷六，頁二五—二七。

2 《韓非子》（四部備要本），卷一七，頁一三—一四；又參看卷一八，頁一〇—一一；卷一九，頁八；卷二〇，頁四。

3 《史記會注考證》，卷六八，頁八、一一。

的，是以史記中所見幾條秦刻石的銘文，無不有僇力本業的句子。例如琅邪刻石：「勤勞本事，上農除末，黔首是富。」碣石刻石：「黎庶無繇，天下咸撫，男樂其疇，女修其業，事各有序，惠彼諸產，久並來田。」[4]《呂氏春秋》〈上農篇〉開章就說：「古先聖王之所以導其民者，先務於農，民農非為地利也，貴其志也。民農則樸，樸則易用，易用則邊境安，主位尊。民農則重，重則少私義，少私義則公法立，力專一。民農則其產復，其產復則重徙，重徙則死其處而無二慮。」[5]這一段說明了農民對皇權的價值，在於生產，服兵役，守法奉上，所謂農民樸重不徙，正是秦漢大帝國的最好國民。

漢高肇業，沿秦法不改，中國仍是一個官僚機構統治的社會。漢初諸帝，皇權逐步張大，廢功臣諸侯，削同姓列王，其目的都在消除對皇權有威脅的可能來源。[6]漢武帝盡一切力量打擊工商人士，桑弘羊筦鹽鐵酒酤，楊可告緡算賦，一方面固是為了籌措經費，另一方面則使國家權力直接掌握了經濟領域。這一連串的作為，基本精神仍是以政治力量干預並獨占社會的各項活動。[7]最與農業有關的，莫非以政治干預，使農業生產為漢帝國的經濟基礎。[8]

漢法重農抑商，地租極為輕微。文帝時（前一六六），稅率由十五稅一減半為三十分之一。正式宣布農為立國的根本，則是文帝在前元二年（前一七八）的詔書：「夫農，天下之本也，其開籍田，朕親率耕以給宗廟粢盛。」[9]

自此以後，漢廷屢次下詔，說明政府對農業生產的關懷。文帝前元十二年（前一六八）一詔尤其注意於糧食的不足。由此而有減稅一事，甚至有時完全免除地租的恩詔，目的在使「脫產」的農民，回到土地從事生產。[10] 文帝後元元年（前一六三）一詔，文帝竟懷疑是否因釀酒及飼料二項用途，造成了民食的不足，當然也懷疑是否有太多的農夫脫離生產的工作：「夫度田非益寡而計民未加益，以口量地，其於古猶有餘，而食之甚不足者，其咎安在？無乃百姓之

---

4 同上，卷六，頁三四—四六。

5 《呂氏春秋》（四部備要本），卷二六，頁四—一一。

6 許倬雲，〈西漢政權與社會勢力的交互作用〉，《中央研究院歷史語言研究所集刊》，第三十五本上冊。

7 《漢書》（四部備要本），卷二四下，頁八—一三。《鹽鐵論》（四部備要本）自然是討論這個問題的重要史料，近人著作，Ch'ü T'ung-tsu, *Han Social Structure*（Seattle: University of Washington Press, 1972）, pp.196-201.。S. N. Eisenstadt, *The Political System of Empires: The Rise and Fall of the Historical Bureaucratic Societies*（New York: The Free Press of Glencoe, 1963）,p.121 以下。

8 論漢代的租稅，吉田虎雄，《兩漢租稅の研究》（東京，一九六六），頁二五以下。關於以農立國，參看賀昌群，《漢唐間封建土地所有形式》（上海，一九六四）。

9 《漢書補注》，卷四，頁七。

10 同上，頁一一。

從事於末以害農者蕃？」[11]

上述文帝的詔書，顯然忽略了人口增殖的問題。漢代經過一個世代的休養生息，人民樂業，人口的數字也為之增加。[12]太史公則已經注意到這個現象，認為一個世紀的人口增加率，在有些地方可以多到不止二倍或三倍。[13]太史公的粗略估計可以提供增加率的大致趨勢，然而究屬太過粗略，我們仍無法據此而作推算。倒是《漢書》〈諸侯王表〉有若干有用的記載。這些諸侯大都在高祖初年就封，由立國到國除之間的年代是確定的，十九個國的戶數也見記載。[14]不過，這一類資料的可靠性，受兩項因素的影響：一則立國就封之初的戶數可能已是低估了，二則人口數字的增多也未嘗不可能因為人口移入，甚至國界有了改變而未能在史料中看到。反之，因史料性質單純，而且對比的資料出於同一來源，第一項顧慮可以因此減輕其嚴重性。諸侯的封邑分散地域頗不一致，可說全國各個人口密度不同的區域都有封國。區間人口移動在有些地區是增加，有些地區是減少。整體言之，由於取樣侯國分布各地區，因人口移動而導致的誤差，當可為之部分的抵銷。而且各封國增殖率的一致性甚高，大率都在百年左右二倍或三倍其原有人口。除這群十九個諸侯國的人口數字外，西漢後半也有三個郡國的人口增殖率可用，其趨勢與上述十九國例證所示頗為一致。[15]二十二個例案的增加率以幾何平均值言之，是每年百分之一點六，一個頗為合理的人口成長率。

漢代常有大量的流民，自然也是人口與耕地比率失去平衡的現象。武帝元狩三年（前一一九）有七十二萬五千關東貧民由使者部護，送到北邊新秦中安置。元封三年（前一〇七）又有移民二百萬實邊的建議。除這兩件犖犖大者，《漢書》記錄了移民的事不下二十件之多，移動的人口動輒成千累萬。東漢也有不下二十起人口移動的記載。[16]流民大約最後移往人口較稀的寬鄉，尤以北方沿邊及南方諸郡為多，[17]南方人口，增加添設郡縣，更是東漢常見的事。事實上，由漢代開始，中國人口南移是歷史上長期的現象，最後終於改變了整個人口的分布情

---

11 同上，卷四，頁一三。

12 前述詔書明白地指出了戶口紀錄不見增多。

13 《史記會注考證》，卷一八，頁三—四。

14 《漢書》卷一六。李劍農，《先秦兩漢經濟史稿》（北平，一九六二），頁二三六—二三七。漢代郡國人口密度，請參考勞榦，〈兩漢郡國面積之估計及口數增減之推測〉，《中央研究院歷史語言研究所集刊》，第五本，第二分（一九三五），頁二二五以下。

15 《漢書》，卷一八；卷七六，頁一四。勞榦，〈兩漢戶籍地理之關係〉，《中央研究院歷史語言研究所集刊》，第五本，第二分（一九三五），頁一七九—二一四。

16 王仲犖，〈關於中國奴隸社會的瓦解及封建關係的形成問題〉，《中國古代史分期問題討論集》（北平，一九五七），頁四五〇—四五二。

17 勞榦，前引〈兩漢戶籍〉，頁一九二—一九三、二〇八—二一四。

形。[18]

同時，也有相當數量的過剩人口，可能由政府開放前此未開的公田而得到耕地。整個漢代，開放公地公田的記載，史不絕書。其中包括山林園囿，或單純的「公地」，地區則包括近畿三輔、太常公田，以及所在郡國的公田。甚至王公大臣也往往奉命捐獻土地，以假給貧民。[19]大約「公田」來源，最主要的仍是山澤林藪，未開發的土地，依封建習慣是屬於封君的。在漢代，一切未開發土地當然就屬於皇帝了。這種山林之利，因此屬於少府，即皇室的私產收入，而不屬於大農，即政府的公收入。[20]第二類的公田是籍沒的私產。武帝一朝，法網繁密，公卿功臣都動輒得咎，財產入官。楊可告緡，中家以上破產不少。凡此構成漢室龐大公田的重要來源。第三類則是公廨職田，由該管單位放佃，收租作為公費。[21]

第二類及第三類的公田，事實上都是已經墾熟，而且有人耕種的田地。承種者往往不是佃戶，即是官奴婢。這兩類的公田，即使由貧戶承領，也不過趕走一批舊的，換上一批新的。對整個國家的耕種人口與耕地比率，並無改變，而且也不會使農業生產的總額有何改變。在山林藪澤假民耕種時，農業人口的歸返生產，自有裨益。但到王莽時只是由公卿大夫捐出土地，以給貧民，則其實際增產的意義，遠遜於政治性的均產姿態。最後可以放領的空地，也不過是邊地的一些新土地了。

假給未墾的公地，也只能有限度的解決人口增殖引起的糧食生產問題；[22]在人口密度特高的核心地區，人口增殖的壓力當更為可怕。漢代人口分布本不均勻；這種特殊擁擠的地區包括三輔地區、黃河中下游，及四川的成都盆地。[23] 向南的移民使南方增加了不少人口，但整個漢代的人口重心仍在北方。中原始終是人口壓力最大的地區。[24]

增加耕地面積是增產的一法。另一方法則是增加單位面積的生產量。漢武內外多事，封

---

18 Herold J. Wiens, *China Marches Toward the Tropics*（Hamden, 1952）; Hans Bielenstein, "The Census of China during the Period A. D. 2-742," *Bulletin of the Museum of Far Eastern Antiquities*, XIX（1947）, pp.125-163.。

19 天野元之助，〈漢代豪族の大土地經營試論〉，《瀧川博士還曆紀念論文集》（東京，一九五七），頁八。

20 增淵龍夫，《中國古代の社會と國家》（東京，一九六〇），頁二六五以下。

21 《漢書》，卷二四下，頁一二。《後漢書集解》（藝文影印），卷二九，頁一二上；卷一一，頁一四下；卷八〇，頁一一上。

22 若人口以每年百分之一的速度增殖，二十五年後，一百人可增殖為一二八人，而一百年後可增殖為二七〇人。E. A. Wrigley, *Population and History*（New York, 1971），頁二〇六，表六—一。

23 勞榦前引〈兩漢郡國〉，頁二一六以下。在若干地點，人口密度可以局部性的異常高，參看同氏前引〈兩漢戶籍〉，頁一九七—二〇一。

24 勞榦，前引〈兩漢郡國〉，頁二一六以下。比較該文所列兩漢資料，可發現兩漢十二個人口最密郡國中的十個，仍列入東漢十七個最密郡國之中。

禪、塞河、開邊，已將過去幾代的儲積用盡，食糧不足的現象比以往任何一代更為嚴重。[25]武帝末年，罷戍輪台，封車千秋為富民侯，象徵武帝轉而注意到農業的增產。[26]

根據正統的馬爾薩斯《人口論》，在生產技術達到一個水平時，人口也有一段穩定的時期。等到另一技術進步使食糧供應更多時，人口才再度喪失穩定。依此理論，人口是跟著經濟情況改變的應變變數。然而人口與經濟改變之間的關係似比馬氏理論所假定的情形更為複雜。新技術的傳播，甚至發明，往往可應人口增加而引起。人口學家 Wrigley 指出，人口與經濟條件之間的互應關係，往往有助於解釋何以在歐洲及其他地區工業化以前的社會，其經濟基礎的農業，仍可以緩慢地，然而逐步地改進。[27]

Ester Boserup 討論農業生產條件的名著，雖只是短短的一本小書，卻是對馬爾薩斯《人口論》的重要修正。近年來，經濟史家對這本小書，已有了不少辯論。她認為人口增殖是農業技術進展的主要因素。歷史上常見的情形，因人口密度高，農夫才以為集約式耕種可以在同一單位面積的農田獲得更多的利潤。換句話說，即使農夫已知道了精耕細作的技術，若人口密度不到一定的水平，農夫也犯不著在一塊小面積土地上用盡氣力。另一方面，人力供應充分，也由人口增殖而不成問題。人口密度高，土地供應少，農夫勢必著眼於單位面積產量的提高，也就是整個生產量的增加。[28]

武帝時，中原郡國人口密度已超過每平方公里一百人，而新開放的公田也很快地不夠分配。人口壓力已很明顯，趙過的「代田」法在武帝末年得到推廣，當與人口壓力的情形，有其對應關係。[29]在此以前，漢室已長期實行勸農政策。而政府中人對於農業知識的推廣，也未嘗不時時留意，例如董仲舒就曾建議鼓勵三輔關中農戶種植宿麥，董仲舒的奏疏說到「今關中俗不好種麥……，幸詔大司農使關中民益種宿麥」。[30]足見其目的為以增加一次冬季農作，庶幾因收入增加，而改善農戶收入，使農民不致脫離農業生產。

集約農耕的技術，在戰國時已到達相當的水平。《呂氏春秋》的〈上農〉、〈任地〉、〈辯土〉及〈審時〉四篇，[31]為先秦農作技術的基本觀念，作了理論性的綜合，其中包括選種、精耕佃

25《漢書》，卷二四上，頁七。

26 同上，卷二四上，頁一二—一三。

27 Wrigley，前引書，頁四六—五〇。參看T. R. Malthus, *First Essay on Population*（London: Royal Economic Society，一七九八，一九二六重印本）。

28 Ester Boserup, *The Conditions of Agricultural Growth*（Chicago, 1965）, p.4。

29《漢書補注》，卷二四上，頁一三。

30 同上，卷二四上，頁一二。

31《呂氏春秋》有關農作的四篇，自然不是農夫所作。但即使文人學士是真正的著者，仍須當時有有關這一類問題的存在，這些知識分子方可下手討論，何況先秦是有一批真正關心農業的農家學者，也親自操作，具有第一手農作經驗

作，合作輪種，防止蟲害，適應土壤條件，使用肥料，注意水源供輸，正條直行，以使空氣流通，但同時使作物疏密恰到好處。[32]

趙過的代田法，大約只是整合他所知的最佳耕作技術，編組成為完整的耕作程序。壠與甽的排列可以達到正行列的目的。作物根部因不斷隤土附根，也可有助於植根深入。行列正直，使耘田除草都比較方便。甽與壠的「歲代處」，亦即輪流作為作物生長的行列，也可算是就地換圃。趙過也提倡新農具的使用，所謂「便巧」的耕具。其中包括牛耕的犂，除草用的農具；還有一種輕便的耦犂，大約是播種用的耬車。據說代田法使單位面積的產量大為提高。趙過受命以代田法訓練三老及若干揀選受訓的力田。還有若干大農的工巧奴奉命在官設的冶坊生產代田法使用的新農具，[33]這次代田法的實驗與推廣，堪說是中國歷史上第一次有一系統的農技改革。

考古學的證據顯示，代田法似乎確曾廣泛地推行於全國各處。居延漢簡中即出現「代田」與「代田倉」等詞，其時間只在趙過在關中初試代田法之後二年，遠至居延邊地，代田法也已付之實行了。[34]代田法中用以播種的三足耬，在漢墓畫象石上也清晰可見。[35]

由代田法更上一層樓的精技術為區種法。區種的創始人據說為氾勝之（約在西元前第一世紀）。其法是在小面積作業區用上高度密集的勞力和肥料，以創造單位面積的高產量。植物種植於成條排列或呈方陣排列的小坎，謂之一區。區的面積、深度，及分布密度，視作物本身的需要而異。重要的是農夫必須繼續不斷地灌溉與施肥。區種法在於利用面積太小或不便耕種的邊際田地，達成高產目的。[36]

誠如石聲漢氏指出，氾勝之區種是一種用肥和保墒的耕作方法。[37]區種可以用勞力、肥料

的，如《孟子》中的許行之徒。

32 許倬雲，〈兩周農作技術〉，《中央研究院歷史語言研究所集刊》第四十二本，第四分（一九七一），頁八〇三—八一八；夏緯瑛，《呂氏春秋上農等四篇校釋》（上海，一九五六）；萬國鼎，〈呂氏春說的性質及其在農學上的價值〉，《農史研究集刊》，第二冊（一九六〇），頁一八二—一八五。

33 《漢書》，卷二四下，頁一三—一四。至於代田究竟立於在大面積農田抑小面積農田，仍是聚訟之點，參看伊藤道雄，〈代田法の一考察〉，《史學雜誌》，卷六九，第十一期，頁六一—七八；西嶋定生，《中國經濟史研究》（東京，一九六六），頁一六六以下。其實代田法對於大小農田都可使用。

34 Chang Chun-Shu, "The Colonists and Their Settlements on the Chu-Yen Frontier",《清華學報》，新二號，頁一六一—二一五。

35 〈山西平陸棗園村壁畫漢墓〉，《考古》，一九五九年第九期，頁四六三，圖版一〇四。

36 石聲漢，《氾勝之書今釋》（北平，一九五九）；大島利一，〈氾勝之書について〉，《東方學報》（京都），卷一五，第三期，頁八六—一一六。

37 中國的廄肥，以豬肥為最常見，也遠在漢代即可見之。漢代明器常見豬圈與廁所相連，漢代村落遺址，也見此種安排，〈遼陽三道壕西漢村址落遺〉，《考古學報》，一九五七年第一期，頁一二四。

和適當水分造成小單位的高產。不過，此法最適用的地方，大約也限於特殊的條件，例如地形崎嶇的山坡地，土壤易於流失，不能墾拓為大面積農田，即可用區種來補救弱點，但仍須具備大量的勞力，方可承擔密集的勞力要求。而肥源稀少，不能普遍施肥，則選擇重點集中用肥，也是不失為補救之法。否則，若在大面積農田上，以同樣方法種植，勞累太過，肥料的需要量也太高，勢必得不償失。至於《氾勝之書》所說產量的數字，據說二人耕種一年之收，可食二十六年；這個數字自然也誇大得不近常情，而原書別處的數字也與此大有差別。[38]

即使區種的成績不甚可信，代田與區種的基本原則卻很合理，大致可以合併為六項原則：

（甲）整地

子、正條種植，而不是漫種。

丑、相當程度的深耕。

寅、考慮到農田所在的地形。

（乙）種子。

子、選種。

丑、種子處理。

（丙）種植

子、「趨時」——趕上最佳的天氣。

丑、勤除草、除蟲。

寅、灌溉保墒。

(丁)改良土壤條件

子、施肥——包括動物肥和綠肥。

丑、作物輪種，以縮短甚至避免田地休耕。

寅、使用豆科作物以改良土壤肥力。

(戊)土地利用

子、一年多作，甚至套作。

丑、在邊際土地上種植蔬菜。

(己)農具

子、使用畜力，以代替人力。

丑、使用特定的農具，做特定的工作。

漢代農夫顯然已掌握集約耕作的技術和知識，可以合理有效地連續使用土地，而不須休

38 石聲漢，前引書，頁六四。清代頗有人想重新嘗試區種法，參看王玉瑚，《區種十種》(上海，一九五五)。一九五八年在河北河南兩省也曾有實驗，參看萬國鼎，《中國農學史稿》(北平，一九五九)，頁一七八。

耕。當然，這種高水平的農耕不是全國皆有之。在大漢天子治下的許多邊地，耕種技術仍很落後。在高水平集約與落後耕作之間，當然也因地因時及因其他條件，會有不同水平的農耕技術存在。在西元前第一世紀，中國的作物種類包括：黍稷，粱、粟、䵃、冬麥、春麥、大豆及其他豆類，麻枲、瓜、瓠、芋、稻、芝麻、苜蓿等類。肥料種類包括人肥，動物肥（羊、牛、豕、馬禽、蠶矢）及綠肥。水利的控制可以借助於溝渠井池陂塘，使農業由天水耕作轉變為灌溉耕作。凡此條件，均可有助集約農業的繼長增高，日趨更為複雜的境界。[39]

集約農作可利用婦女與兒童力從事較為不勞累的工作，如除草、除蟲、施肥之類。同時集約農作要求長期而繼續的工作。是以集約農作既可減少季節性的勞力閒置，又可使次級勞動力也投入生產。[40]一年多作更縮短了土地休閒的時間。然而，中國的北方究竟有相當長期的霜期。漢帝國的核心區域為關中與中原，冬季頗長，生長季節大受氣候的影響而縮短。於是一歲之中，到底免不了有勞力需求分布季節性不均匀的現象。春耕秋穫，最為忙碌，而冬季則不失為閒季。[41]

閒季中主要勞動力（男性）及全年中未完全使用的次要勞動力（女性及兒童）都可有相當的時間從事其他非農業性的工作。凡此多少吸收了一些季節性的勞力閒置。其成果不是農業活動的間接支援，即是生產可出售的貨品。有一些經濟學家稱這種非農業性活動為「Z」類活動。[42]

王褒的「僮約」是兩漢時代的幽默作品。髯奴便了，原屬於成都楊家，在王褒由原主買得便了時，便了要求將一應工作全部開單列出。「僮約」中列舉了一個假想農莊的各項農業活動，也包括了修繕漁獵畜牧負販製造，各項非農業性的工作。農業活動包括耕種、果蔬園藝各類，修繕工作包括修葺房屋溝渠農具，負販包括菜、家禽、雜貨等等，製造則包括編席結索及竹木器用。負販範圍可到主要道路及小路上的大小市聚。[43]而出售的貨品都不外由上述非農業活動生產所得。[44]上面討論的農舍生產無疑會由近村貿易逐步發展為一個貿易市場網，其網絡

39 石聲漢，前引書，頁四八—四九。

40 婦幼在田間的工作，東漢史料中頗常見，如丈夫耕田，妻子耘草，例見《後漢書集解》，卷八三，頁一五。

41 Boserup，前引書，頁五一—五三，但本文作者只借此注說明勞力分布不均的現象，並非意謂二十世紀中國的情形可用來證明漢代的情形。

42 Stephen Hymer and Stephen Resnik, "A Model of An Agrarian Economy with Non-agricultural Activities," *American Economic Review*, 59（1969）, p.492.

43 「僮約」全文可在嚴可均輯，《全漢文》中見之。日本學者宇都宮清吉對「僮約」內容有詳細的分析。見其《漢代社會經濟史研究》（東京，一九六七），頁二五六—三八〇。

44 Hymer and Resnik，前引文，頁四九二—四九七。

足以聯繫若干分散的聚落，使當地交易構成一種市場性質的農業經濟。[45]宇都宮清吉研究「僮約」，指出「僮約」中的當地貿易可達兩個範圍。一個大圈子以二百公里為半徑，一個小圈子以五十公里為半徑。[46]「僮約」本身列舉的貿易地點，也可分別為大都市、小城、市聚各級，符合網絡分枝的情形。[47]

既有交易，一定程度的專業性也就勢所必至了。東漢《四民月令》大約是搢紳之士的農莊生活，其中所說到的五穀交易，一年之中數度賣出買入，似乎不為消費性的購買，倒更像是為了營求利潤。同時，《四民月令》的農莊也生產酒酤、漿醋、藥物、醃漬食物；更不用說，還有絲帛織物。凡此各項，既可自家消費，也可供應市場。[48]中國的「月令」式時憲書，古已有之。但《四民月令》似是第一次把商業活動包括在內。由此可見，東漢時的市場經濟已整合於農業經濟活動之中，成為不可分的一部分了。[49]

《氾勝之書》也提到了經濟作物的種植，例如種植瓠，不僅瓠白可作飼料，瓠瓢可作水勺，瓠脂也可作蠟燭。凡此都可在市易之後變換金錢。[50]地區性的商業化，逐級提升，最後可以形成全國性的經濟網。倒過來，區間的專業化，也因區間貿易而更為發展。[51]《史記》〈貨殖列傳〉已列了不少各地的土產，例如安邑的棗、燕秦栗、蜀漢江陵的橘、淮南常山以南，河濟之間的萩、陳夏的漆、齊晉的桑麻、渭川的竹，凡此都是以運銷別處為目的而種植了。[52]

東漢史料未見如此全國性的資料，但趙岐即曾見陳留以種藍為業，彌望皆是，不植其他。

楊震也曾以種藍為業。[53] 織物的地域性專業化，在居延及敦煌的漢簡中也可看到。遠在西陲邊塞，戍軍使用的紡織品則來自河內、廣漢及任城。一帛之微，遠輸千里，而其品質也不過是尋常的貨品，並非什麼罕有的上品。[54]

近來發現的考古資料更說明此點。遼陽三道壕的西漢村落出土了至少七個燒製磚瓦的窰，

---

45 John C. H. Fei and Gustav Ranis, "Economic Development in Historical Pespectives," *American Economic Review* 59（1969）, pp. 386-395.

46 宇都宮清吉，前引書，頁三四九—三五三。

47 同上。

48 現存最佳本為石聲漢，《四民月令校注》（北平，一九六五）；又參看楊聯陞，〈從四民月令所見到的漢代家族的生產〉，《食貨》，卷一，第六期，頁八以下。

49 守屋美都雄，《中國古歲時代の研究》（東京，一九六三）。

50 石聲漢，前引書，四〇〇—四〇四。

51 Fei and Ranis，前引文，頁二九三。

52 《史記》，卷一二九，頁一一。

53 嚴可均輯，《全後漢文》（世界書局影印本），卷六二，頁五；《後漢書集解》，卷五四，頁一引《續漢志》。

54 陳直，《兩漢經濟史料論叢》（西安，一九五八），頁六八。

窰的容量足可燒製一千八百塊磚。據經手的考古學家報告：兩窰成一組，輪流生火，可以連續生產，不致中斷。在三道壕生產的磚瓦，不僅見於本村遺址，同樣的磚也見於遼陽地區的其他同時代遺址。村外有一條道路遺跡，卵石累積三、四層作為路基，高達〇、三五公尺。路面上有兩條大車的轍痕。路寬七公尺，足夠兩車並駛。[55]遼車在漢仍為邊地，經濟上絕非高度發展的地區。一個邊地的村落，可在農業之餘，有此專業化的燒窰生產，有此運輸道路，則非農業性的經濟活動，也就相當可觀了。

市場交易網把農業社會中的個別成員結合於一個巨大的經濟網之中。這種觀點多少不同於一般習見的看法。後者總以為中國的農業社會由許多自給自足的村落合成，彼此之間各不相涉。[56]事實上，漢代已有不下二、三十個具相當規模的城市，座落於聯絡各地區的大小幹道上。[57]漢代的生產力，足可產生繁榮的工商業。但是漢代的重農政策，尤其武帝時代殺鷄取卵的措施，使甫萌活潑生機的工商業，剛發芽即告夭折，夭折於強大皇權的壓力之下。[58]武宣以降，漢代的官僚機構漸漸形成氣候，士大夫不容政治之外的工商力量構成對其政治獨占挑戰。中國將發財與升官聯合為一個成語，即可見政治之外，甚至不再容許另一平行的致富途徑。[59]商業活動，是以在武帝以後不可能有全面發展的機會。於是生產食物的責任固已由農民擔任，連原可由工商專業擔任的其他貨品的生產工作，也不得不由農村擔任，轉而也吸引了農村中季節性的多餘勞力。

商業活動的水平隨著政治安定度而升降。國家統一，內部交通無阻隔，則貨暢其流，不僅局部性的經濟整合，易於做到，甚至全國性的整合，也並非不可能。反之，若國家分裂，伏莽遍野，舉步荊棘，則商旅裹足。在這種情形下，農村經濟的觸鬚，逐步縮回。第一步當為區域性的經濟自足，也就是區域性的經濟割據。逐步縮小，到最後一步即可能構成關著寨門的塢堡自給自足。這種小地區的自給自足，不能與當地的自衛分開。地方領袖即由此脫穎而出，成為地方豪强。光武舅氏樊宏父子，即是此等人物。[60]大約全國即已分割為許多經濟上獨立的小單位，凡事不假外求。[61]西漢末如此，東漢末的塢堡，也正是這種關閉性的單位。[62]其中農民非

---

55 〈遼陽三道壕西漢村落遺址〉，頁一一九、一二五—一二六。

56 例如Etienne Balaz, *Chinese Civilization and Bureaucracy*（Translated by H. M. Wright, New Haven, 1964）, pp.15-16.

57 宇都宮清吉，前引書，頁一〇九—一一九。

58 許倬雲，前引文。

59 同上。又Balaz，前引書，頁一五—一八、四一—四二。

60 《後漢書集解》，卷三二，頁一。

61 金發根，《永嘉亂後北方的豪族》（台北，一九六四），頁一一—一二、二八—三一。

62 William Skinner在十八世紀的中國社會，也發現這種現象。參看其"Chinese Peasantsand the Closed Community: An Open

農業性活動，遂不免由生產可赴市售賣的貨品，轉變為生產外來供應中斷後的代用品。然而，這種由互相隔離自給自足的獨立狀態，終究只是暫時的現象。到國家再度統一時，孤立的小單位會再度由交易而逐步整合，再度發展為一個全國性的經濟網絡。中國的集約農業，終究會使農民把非農業活動的資金與勞力，轉化為專業貨品的生產，讓農民在農業收入之外，享有可觀比例的農舍工業的收入。

（原載《屈萬里先生七十榮慶論文集》）

and Shut Case," *Comparative Studies in Society and History*, XIII（1971）, p.270 以下。但須注意者，漢代與十八世紀，政治制度各具，生產力也不能同日而語，率爾比較，仍須十分謹慎，並且不可忽視其中的差異。

三國吳地的地方勢力

兩漢金甌不缺，自是中國史上第一個全盛時期，在這四百多年中，中國幅員不僅廣大，而且日漸充實，由西京到東漢，長江流域逐漸成為國力所在，此點已成為一般常識，可無贅說。本文所擬討論的。則是人口移動以及南方居民與政權間的關係。

兩漢人口頗有詳細記載，以現存資料看來，此處可列表以覘人口增減的情形與人口耕地的關係：[1]

年代（西元）	人口（人）	墾地（畝）	比率（畝／人）
二	五九、五九四、九七八	八二七、〇五三、六〇〇	一三・九
二六	二一、〇〇七、八二〇		
七五	三四、一二五、〇二一		
八八	四三、三五六、三六七		
一〇五	五三、二五六、二二九	七三二、〇一七、〇八〇	一三・七
一二五	四八、六九〇、七八九	六九四、二八九、二一三	一四・二

1 《漢書補注》（藝文印書館影印長沙虛受堂本），卷二八下，頁四九；《後漢書集解》（藝文影印長沙乙卯王氏刊本）章懷太子注引伏無忌所記諸帝戶口墾田大數，卷二三下，頁三一—三二。

一四四	四九、七三〇、五五〇	六八九、六二七、一五六	一三・九
一四五	四九、五二四、一八三	六九五、七六七、六二〇	一四・〇
一四六	四七、五六六、七七二	六九三、〇一二、三三八	一四・五

由這一個表看來，兩漢人口的特點是：⑴人口越過越少；⑵每口分攤墾地，也就是上稅的田地平均數則未減，反而有些增加的跡象；⑶最後三列數字，時間相去只有一年，實數則頗有出入。

人口減少若是實質上的，大率由於死亡率高或食糧供應不足，後者又可歸結為三種可能：天災、生產不進步、可耕土地不足。以兩漢情形來說，天災雖常有，究竟只是局部的短期的現象。漢代的農業技術頗有改進，趙過的代田和氾勝之的區種，都足以增加單位面積的產量。[2]而由上表，顯然土地不僅夠用，抑且每人有分攤得比以前多些的現象。《後漢書》上也提到肥田未墾，例如〈章帝紀〉元和三年（八六）就有過詔書：

今肥田尚多未有墾闢，其悉以賦貧民，給與糧種，務盡地利，勿令游手。[3]

農業技術很好，土地又未見不敷，人口應該有自然的增加，然而東漢人口大致少於西漢，其中緣故當是由於人口與墾地的數字不代表真實數字，而僅代表納稅的人數和地畝。由此解釋，方易於了解一年之間人口與墾地的鉅額出入及人口耕田相當穩定的比率。

三國人口，方之兩漢，差額極鉅，所謂不及漢一大郡。[4]三國末季，全中國登記的戶口總和，戶一、四六三、四二三；口七、六七二、八九一，只占了東漢末年六分之一左右。三國龍爭虎鬥，殺人盈野，但也殺不了全國六分之五的人口，這個減少的數字實在多半是由於逃隱的戶口未計在內，是以「邑有萬戶者，著籍不盈數百」。[5]諸葛亮綜核名實，可以使荊州游戶自實，劉備以是強盛。[6]但諸葛亮死後，以蜀郡亡命即在萬餘口以上。[7]由此可見三國人口之數

---

2 趙過代田，實是一種就地輪耕和宿根堆肥的混合方法，參看《漢書補注》，卷二四上，頁一七—一九。氾勝之的區種，則是深耕密植法和灌溉系統的配合，參看《齊民要術》（四部備要本），卷一，頁一三—一五。

3 《後漢書集解》，卷三，頁一六。

4 如《三國志補注》（藝文印書館影印，長沙易氏本）《魏志》〈蔣濟傳〉：「今雖有十二州，至於民數，不過漢時一大郡。」卷一四，頁三一；參看陳嘯江，〈三國時代的經濟〉（《史學專刊》，卷一，第二期），頁二二三以下。

5 《後漢書集解》〈志〉，卷二三下，頁三〇上。《三國志補注蜀志》〈後主傳〉注引王隱《蜀記》，卷三，頁八。《三國志補注吳志》〈孫皓傳〉注引《晉陽秋》，卷三，頁二六。

6 《三國志補注魏志》〈袁紹傳〉注引《九州春秋》，卷四，頁二二。同上，《蜀志》引《魏略》：「亮曰：『今荊州非少人也，而著籍者寡，平居發調，則人心不悅，可語鎮南，令國中凡有游戶，皆使自實，因錄以自實可也。』備從其計，故眾遂強。」卷五，頁三。

7 同上《蜀志》〈呂乂傳〉：「蜀郡一都之會，戶口眾多，又亮卒之後，士伍亡命，更相重冒，姦巧非一，乂到官為之防禁，開喻勸導，數年之中，漏脫自出者萬餘口。」卷九，頁一〇。

字，事實上並不代表真正的人口。[8]同樣地，東漢人口數字，恐怕也不過是納稅數字而已。如果這個猜測近於真相，則兩漢人口的差額，可能不是人口的減少，而是藏匿的數字。如果東漢的人口有若干百分比的增殖率，隱匿未報的數字自然也就大了。可惜今天遺存的史料沒有數字可據之估計這個總和。

漢代亡命之徒，有部分以山澤為逋逃藪，其中有人安分地過日子，如黨錮人物中就有人以川澤為隱身，《後漢書》〈黨錮傳〉：

晊與牧遁逃亡，匿齊魯之間，會赦出，後州郡察舉，三府交辟，並不就。及李杜之誅，因復逃竄，終于江夏山中云（晊逃於江夏山中，徙居吳郡……）。[9]

其惡劣的就免不了做些打家劫舍的事業了，如《三國志》〈鄭渾傳〉：

（渾）遷左馮翊，時梁興等略吏民五千餘家為寇鈔，諸縣不能禦，皆恐懼寄治郡下……渾率吏民前登斬興及其吏黨，又賊靳富等脅將夏陽長邵陵令，並其吏民入磑山，渾復討擊破富等……前後歸附四千餘家，由是山賊皆平，民安產業。[10]

偶爾也有一些避入山地的人，在演變為山賊前被別人勸住，如《三國志》〈韓暨傳〉：

韓暨字公至，南陽堵陽人也（《楚國先賢傳》曰：暨，韓王信之後，祖術河東太守，父純南郡太守），同縣豪右陳茂譖暨父兄，幾至大辟，暨陽不以為言，庸賃積資，陰結死士，遂追呼尋禽茂，以首祭父墓，由是顯名。舉孝廉，司空辟，皆不就。乃變名姓隱居，避亂魯陽山中。山民合黨欲行寇掠，暨散家財以供牛酒，請其渠帥，為陳安危，山民化之，終不為害。避袁術命召，徙居山都之山。[11]

又如〈管寧傳〉：

建安十六年，百姓聞馬超叛，避兵入山者千餘家，飢乏，漸相劫略，昭常遜辭以解之。是以寇難消息，眾咸宗焉。故其所居部落中，三百里無相侵暴者。[12]

無論如何，這些進了山的戶口，顯然不再是國家戶籍所載，另一方面說，他們也就不在政府法令約束之下，韓暨一類人物，似乎就成為這些獨立社群的領袖，管寧在遼東也正是同樣的角色，[13]而這一類人物中最著名的是田疇，他在徐無建立的秩序未必是這一類中最典型的，但其過程接近最完美的自治社群。據〈田疇傳〉：

8 陳嘯江，〈三國時代的人口移動〉（《食貨》，卷一，第三期），頁一五。
9 《後漢書集解》，卷六七，頁二〇下。
10 《三國志補注魏志》，卷一六，頁二二。
11 同上，《魏志》注引，卷二四，頁一。
12 同上，卷一一，頁三〇，注引。
13 同上，頁二二。

疇得北歸，率舉宗族他附從數百人，掃地而盟曰：「君仇不報，吾不可以立於世！」遂入徐無山中，營深險平敞地而居，躬耕以養父母。百姓歸之，數年間至五千餘家。疇謂其父老曰：「諸君不以疇不肖，遠來相就。眾成部邑，而莫相統一，恐非久安之道，願推擇其賢長者以為之主。」皆曰：「善。」同僉推疇，疇曰：「今來在此，非苟安而已……疇有愚計，願與諸君共施之，可乎？」皆曰：「可。」疇乃為約束相殺傷犯盜諍訟之法，法重者至死，其次抵罪，二十餘條；又制為婚姻嫁娶之禮；興舉學校講授之業，班行其眾，眾皆便之，至道不拾遺。北邊翕然服其威信。[14]

也有一些人則以長江以南為逋逃之所。江南，遠離中央政權的核心地區，再加上土地肥沃，氣候溫和，其成為人口遷徙的目標，自然順理成章。此處只須舉一個例子，據《後漢書》〈逸民傳〉，梁鴻有志「隱居避患」，先隱居霸陵山中，又不巧在過京師的途中，對於宮室崔嵬的帝京作了一番感慨，感嘆世人的不免一死，感嘆帝王的享受只是建築在百姓的勞苦上；這一番牢騷，惹起了皇帝的不滿，梁鴻不能不逃到更遠的地方，先到山東，終於逃到吳郡，也老死在吳郡。在他南去時，口氣中有一些希冀「異州」的人會崇尚賢德，對於中原，他稱之為舊邦，[15]這一個態度把江南與中原對立，簡直就是孔子道不行則乘桴游於海的翻版。只有在中央對江南的控御力較薄弱時，這種態度才比較有意義。否則普天之下，莫非王土，梁鴻也不必多此一舉，想在「異州」可以擺脫漢室的統治。我們更須注意梁鴻在吳郡得到了「大家」皋伯通的庇蔭。皋伯通敢於收容庇蔭這個皇帝不喜歡的人，也多少透露一些中央力量相對削弱的地區，地方酋豪大姓的相對強大。[16]

長江以南，似乎有一些地區由這種逋逃人口發展為殷富的聚落，例如今天福建的昭武。在三國時有一個區域，據說「後漢時，此村民居殷富，土地廣潤……鄰郡逃亡，或為公私苛亂，悉投於此，因有長樂將檢二村」。[17]

由這些情形猜測，東漢以來，長江以南當有人口的增加，下表正顯示兩漢在江南諸郡人口的比較，[18]在東漢人口一般都趨於減少時，江南的人口增長是一個異常的現象。若以前文假設的情況說，東漢農耕技術進步，墾田不虞匱乏，人口應該是有增無減。如此，江南諸郡即使有了這種鉅量而普遍的增加，由增加比率的懸殊來看，這些人口數字仍有極大的隱匿；例如零陵

---

14 同上，頁九—一〇。關於大族率眾避居山間之詳細探討，參看龐聖偉，〈論三國時代之大族〉（《新亞學報》，卷六，第一期），頁一四九—一五二。

15 《後漢書集解》，卷八三，頁八—九。

16 同上，卷三三，頁九—一〇；參看陳嘯江，前引〈人口移動〉；又龐聖偉，前引文，頁一七七以下。

17 《三國疆域志補志》（洪亮吉著，謝鍾英補）引《建安記》，卷一一，頁二四下—二五上。按建安郡昭武的鄰縣是將樂，縣名與此處長樂將檢二村是否有關，不易懸斷，但其近似的程度，頗足玩味。

18 據《漢書補注》〈地理志〉及《後漢書集解》〈郡國志〉。

與武陵長沙地處相接，不該有長沙增四倍半，零陵增七倍，而介於兩者之間的武陵只增一又三分之一倍，換句話說，整個的江南應有大群未申報戶籍的人口。

	前漢	後漢	%
會稽（吳）	一、〇三二、六〇四	一、一八一、九七八	一一四・五
丹陽	四〇五、一七一	六三〇、五四五	一五五・六
江夏	二一九、二一八	二六五、四六四	一二一・一
豫章	三五一、九六五	一、六〇八、九〇六	四五七・一
桂陽	一五六、四八八	五〇一、四〇三	三二〇・四
武陵	一八五、七五八	二五〇、九一三	一三五・一
零陵	一三九、三七八	一、〇〇一、五七八	七一八・六
長沙	二三五、八二五	一、〇五九、三七二	四四九・二
南海	九四、二五三	二五〇、二八二	二八六・七
蒼梧	一四六、一六〇	四六六、九七五	三一九・〇
合浦	七八、九八〇	八六、六一七	一〇九・六
九真	一六六、〇一三	二〇九、八九四	一二六・四
日南	六九、四八五	一〇〇、六七六	一四五・八

這些逃匿的人口，在中原只逃到山地，也許只稱為山賊，在江南稱為山民，也許為此之故，有人把山民與「山越」合稱，近世學者就有把「山中名帥」認為就是江南少數民族的酋長，而宗部賨民也混為一談了。[19]

再換一個角度看，《三國志》的「山越」，幾乎是一個前無來龍後無去脈的名詞。自從漢武遷移越人以來，越人分散在關中淮上，故地已「虛」。[20]此後在漢代典籍中未出現過越族。東漢征伐五谿蠻是一件大事，蠻亂區域與所謂山越區域壤土相接，距離匪遙，也未見有挑動越人叛亂的事。默證雖不是史學上的好方法，但在如此情況下，如果越族果有《三國志》〈諸葛恪傳〉及其他各處所說的強悍山居部落，《漢書》《後漢書》都不該失記如此。更妥當一點的說法，毋寧是承認越族已漢化，再加上有若干「宿惡」「逋亡」的逃籍戶口。[21]關於前者證據仍不算多，有人把《後漢書》〈劉寵傳〉的山民作為山越。

> 拜會稽太守，山民愿朴，乃有白首不入市井者，頗為官吏所擾。寵簡除繁苛，禁察非法，郡中大化。徵為將作大匠。山陰餘有五六老叟，龐眉皓髮，自若耶山谷間出，人齎百

19 陳寅恪，〈魏書司馬叡傳江東民族條釋證及推論〉（《中央研究院歷史語言研究所集刊》，第十一本），頁一五—一六；周一良，〈南朝境內之各種人及政府對待之政策〉（《中央研究院歷史語言研究所集刊》，第七本，第四分），頁四四九—五〇四。近頃推衍此說的著作是高亞偉，〈孫吳開闢蠻越考〉（《大陸雜誌，卷七，第七、八兩期），發軔此說的是何焯，見《何義門讀書記》（石香齋刻本）〈後漢書〉，卷三，頁一三。

20 《史紀會注考證》敘越人分種關中水田。又《漢書補注》：「東越險阻反覆，為後世患，遷其民於江淮間，遂虛其地。」卷六，頁二四。參看同書卷九五，頁一六、一八。

21 唐長孺，〈孫吳建國及漢末江南的宗郡與山越〉，見《魏晉南北朝史論叢》（北平，一九五五），頁三—一三。

錢以送寵，寵勞之曰：「父老何自苦？」對曰：「山谷鄙生，未嘗識郡朝。它守時，吏發求民間，至夜不絕，或狗吠竟夕，民不得安。自明府下車以來，狗不夜吠，民不見吏。年老遭值聖明，今聞當見棄去，故自扶奉送。」[22]

細按原文，頗不見有任何越人痕跡，倒是一些逋逃戶口，卻有明證，《三國志吳志》〈諸葛恪傳〉：

> 眾議咸以丹陽地勢險阻，與吳郡會稽新都鄱陽四郡鄰接，周旋數千里，山谷萬重，其幽邃民人未嘗入城邑，對長吏皆仗兵野逸，自首於林莽，逋亡宿惡，咸共逃竄。[23]

這些「逋亡宿惡」是匿跡於山林，而山林中未嘗見郡朝的山民，除非有〈劉寵傳〉中所說去民間發求的催租吏，他們也未必會繳納賦稅。換句話說，這些都是政治權力不能及到的人民。

本文作者在〈西漢政權與地方勢力的交互作用〉一文中，曾討論到中央政權的下達地方，必須在地方大姓自覺在參與政權時，也就是說，必須由地方勢力選拔人材參加政府。[24]這些大姓是地方的實際統治者，所以在中央政權力量削弱時，原來構成郡縣統治機構的地方勢力，就難免成為一些半獨立的自治集團，著名的海昏上繚宗伍，可能即是這種自治集團——他們對於強有力者的需索，作有限度的肆應，但是絕對不容許部伍被人打散，所謂「有五、六千家相結聚作宗伍，惟輸租布於郡耳，發召一人，遂不可得。」[25]郡太守討穀討得太多時，宗帥們也只是打折扣應付。只有在領袖被殺後，宗伍才可能由地方政權掌握，變成割據首領的實力。[26]

由這一個角度看，東吳的民帥宗部，深險彊宗，都是以宗族為核心的舊族名帥；號為舊族，號為名帥，顧名思義，即是地方上的大姓與著名領袖，絕不是少數民族的酋長了。[27]

前面曾經顯示東漢人口向江南的移動，若是遷移到江南的是一些單獨的個人，自然很容易地為這些舊族名帥吸納入勢力圈內，正如梁鴻的逃避到吳郡後，必須託庇於大姓。天高皇帝

---

22 《後漢書集解》，卷七六，頁一三下—一四上。

23 《三國志補注吳志》，卷一九，頁二〇。

24 許倬雲，〈西漢政與地方勢力的交互作用〉（《中央研究院歷史語言研究所集刊》，第三十五本），頁二六一以下。

25 《三國志補注吳志》〈太史慈傳〉注引《江表傳》，卷四，頁八。

26 《三國志補注吳志》〈孫策傳〉注引《江表傳》：「（劉）動糧食少，無以相振，乃遣從弟偕告糴於豫章太守華歆，歆郡素少穀，遣吏將偕就海昏上繚，使諸宗帥共出三萬斛米以與偕，偕往歷月，才得數千斛。」卷一，頁一四。又如《魏志》〈劉表傳〉注引《戰略》：「表初到，單馬入宜城，而延中廬人蒯良、越、襄陽人蔡瑁與謀，表曰：『宗賊甚盛，而眾不附，袁術因之，禍今至矣！吾欲徵兵恐不集，其策安出？』……遂使越遣人誘宗賊，至者五十五人，皆斬之，襲取其眾，或即授部曲。」卷六，頁三六。按《後漢書》〈劉表傳〉有相似記載，只是被殺者只有十五人，見《後漢書集解》卷七四下，頁八〇。

27 《三國志補注吳志》〈孫策傳〉注引《異同評》：「深險强宗，未盡歸服。」卷一，頁一六；又《吳志》〈太史慈傳〉注引《江表傳》：「鄱陽民帥別立宗部。」卷四，頁八；又《吳志》〈周魴傳〉：「（魴）被命密求山中舊族名帥為北賊所聞之者，令譎挑魏大司馬揚州牧曹休。」卷一五，頁一一。

遠，江南的大姓，大概可以比輦轂下洛陽三河的大姓威風些。舉一個例子，《三國志吳志》〈步隲傳〉：

> 步隲字子山，臨淮淮陰人也，世亂避難江東，單身窮困，與廣陵衛旌同年相善，俱以種瓜自給，晝勤四體，夜誦經傳。會稽焦征羌，郡之豪族，人客放縱，隲與旌求食其地，懼為所侵，乃共修刺奉瓜以獻征羌。征羌方在內臥，駐之移時，旌欲委去，隲止之曰：「本所以來，畏其強也，而今舍去，欲以為高，祇結怨耳。」良久，征羌開牖見之，身隱几坐帳中，設席致地，坐隲旌於牖外。旌愈恥之。隲辭色自若。征羌作食，身享大案，殽膳重沓，以小盤飯與隲旌，惟菜茹而已。旌不能食，隲極飯至飽，乃辭出。旌怒隲曰：「何能忍此？」隲曰：「吾等貧賤，是以主人以貧賤遇之，固其宜也，尚何所恥？」[28]

征羌的一副土豪面目，宛然若畫，而這位焦征羌的履歷，不過是做過征羌令而已。[29]因這個例子，可以推想中央政權控御力較薄弱的地方，地方上的實際勢力，不屬所謂大族如金張之類，而在這些地頭蛇的小酋豪手裡。整個東吳所謂民帥，所謂山賊，可能即不外乎這種人。其紀錄大致如下：[30]

地區	敘述	來源
會稽郡	吳會、丹陽多有伏匿，……會稽山賊大帥潘臨。	〈陸遜傳〉
(1)剡	縣吏斯從，……族黨遂相糾合，眾千餘人。	〈賀齊傳〉
(2)漢興餘汗	賊洪明、洪進、苑御、吳免、華尚等五人率各萬戶。	同上
丹陽郡	賊帥費棧……扇動山越，丹陽山險，民多果動……莫能禽盡。	〈諸葛恪傳〉
(1)宣城	計六縣山賊……而山賊數千卒至。	〈周泰傳〉

28 《三國志補注吳志》，卷七，頁一七—一八。

29 同上，《吳志》襄松之注引《吳錄》，卷七，頁一七。

30 這種資料蒐集甚全者為高亞偉〈孫吳開闢蠻越考〉，但高氏以所有山賊民帥為山越，則頗有商之處，請參看唐長孺前引文前節。高氏以為這些民帥動輒數千戶數萬戶，係「山越」氏族組織之證據（請參看高氏原文，在《大陸雜誌》，卷七，第七期，頁一五）。按「氏族」二字為極模糊之中文名詞，在文化人類學上頗不易找到其定義，此處所指亦甚不清楚。以本文作者愚見，合戶服屬原是三國部曲之普通型態，例如《三國志》〈陳武傳〉：「初表所受賜復人，得二百家，在會稽新安縣。」（《三國志補注吳志》，卷一〇，頁八），關於部曲與領主的討論，參看楊中一，〈部曲沿革略考〉（《食貨》卷一，第三期）。易言之，此處「戶」之出現，正足說明下列諸「賊」帥之為地方豪強。

⑵陵陽始安	丹陽、宣城、涇陵、始安、黟、歙諸險縣大帥祖郎、焦己。	〈孫策傳〉引《江表傳》
新都郡	歙賊帥奎奇萬戶……毛甘萬戶……黟帥陳僕、祖山等二萬戶。	〈賀齊傳〉
	賊帥黃亂、常俱等出其部伍。	〈鍾離牧傳〉
建安郡	建安賊洪明、洪進、苑御、吳免、華尚等五人率各萬戶。	〈賀齊傳〉
⑴東冶	會稽東冶五縣賊呂合、秦狼。	〈呂岱傳〉
	會稽東冶賊隨春。	同上
⑵侯官南平	賊帥張雅、詹彊。	〈賀齊傳〉
東陽郡	陳表受賜復人二百家。	〈陳武傳〉
吳郡	錢唐大帥彭式。	〈周魴傳〉
吳興郡		
⑴烏程	彊族嚴白虎。	〈呂範傳〉
⑵餘杭	餘杭民郎稚合宗起。	〈賀齊傳〉
⑶永安	山賊施但聚眾數千人。	〈孫皓傳〉

豫章郡	海昏上繚宗帥。	〈孫策傳〉引《江表傳》
臨川郡	賊帥董嗣負阻劫鈔豫章、臨川。	〈周魴傳〉
廬陵郡	廬陵賊李桓、羅厲。	〈孫權傳〉
鄱陽郡	鄱陽賊彭綺。	同上
	鄱陽大帥彭綺作亂。	〈周魴傳〉
	鄱陽民尤突……化民為賊。	〈賀齊傳〉
	賊帥黃亂、常俱等出其部伍。	〈鍾離牧傳〉
	山中舊族名帥……。	〈周魴傳〉
武陵郡	大姓艾布、鄧凱等合夷兵數千人。	〈陸遜傳〉
高涼郡	賊帥錢博……以博為高涼西部都尉。	〈呂岱傳〉
	揭陽賊帥曾夏。	〈鍾離牧傳〉引《會稽典錄》
	交阯、九真夷賊？……高涼渠帥黃吳等支黨，三千餘家。	〈陸胤傳〉
	賊帥百餘人，民五萬餘家，深幽不羈。	同上

有地方大帥的區域，似乎集中在今天的浙、閩、皖、贛，夾在贛水和錢塘江之間的地區。只有武陵（在今天湘水與沅水）高涼（在廣東海濱）這兩個地區，史書說到蠻夷或夷兵夷賊；[31]其他地區都未有風俗或種族異於漢人的「大族」。

再把另一群統計來比較，其地區的分布，與上述「大帥」「山賊」的分布成一有趣的對比。東吳人物有世系三人以上可排列者，可有：

吳郡十二家：吳人　顧氏、陸氏、兩張（張布、張允）氏、朱氏、吳氏
錢塘　全氏
陽羨　周氏
富春　孫氏、徐氏
餘杭　凌氏
雲陽　殷氏

會稽七家：會稽　周氏
山陰　丁氏、鍾離氏、謝氏、賀氏
長山　留氏
餘姚　虞氏

丹陽四家：丹陽　紀氏、芮氏

故鄣　朱氏
句容　何氏
廬江三家：廬江　王氏
舒　周氏
松滋　陳氏
蒼梧一家：廣信　士氏
武陵一家：漢壽　潘氏

此外則有九江壽春蔣氏、九江下蔡周氏、慶陵張氏華氏、彭城嚴氏張氏蔣氏、臨淮魯氏步氏、汝南呂氏屈氏、沛郡薛氏、北海滕氏、琅邪諸葛氏，共十四家，不是江南土著。[32]那些江南土著大族共二十八家，壓倒、多數集中在吳郡、會稽、丹陽三郡，若把這三郡除去，則前面有地方大帥分布的地區將剩下新都、建安、東陽、吳興、豫章、臨川、廬陵、鄱陽、武陵、高涼諸郡。

31　《三國志補注吳志》〈陸胤傳〉（卷一六，頁一二—一三）、〈陸遜傳〉（卷一三，頁三）、〈薛綜傳〉（卷八，頁八—一〇）、〈潘濬傳〉（卷一六，頁二）、〈呂岱傳〉（卷一五，頁八）。

32　參照周明泰《三國世系表》王祖彝《三國志人名錄》合編（世界書局本）。

若把三國時新立郡縣作為人口集中已成聚落的指標，新設縣邑的地區，也正表示設治以前某些地區已有了不小的聚落。設治是政治權力的正式建立，如此則新設的縣治越多，似乎可以引申出兩重意義：⑴這一地區有了相當數量的人口；⑵這些人口在此以前並未置於政治勢力的統治下。以第二點再加申論，這些不在政權掌握下的人口，勢須另有一種地方勢力維持秩序。

下面是一個東吳新增縣邑的統計，並且把新分置的縣邑除以舊有漢縣，各得一個百分率：

荊州	舊	新	合計	新／全
南郡	六	入武陵之作唐、孱陵	八	二五％
宜都	二	改夷陵為西陵	三	
建平	二	分置興山、信陵、沙渠	五	六〇％
江夏	三	分浦圻、陽新 入豫章之柴桑	六	三三％
蘄春	二	入廬江之尋陽、安豐 （廢西陵、西陽、軑）	四	
零陵	四	分祈陽、觀陽、永昌	七	四三％
營陽	三	復置春陵	四	
昭陽	三	分高平、新域	六	三三％

		入長沙之昭陵		
始安	一	分尙安、永豐、始興、平樂 入蒼梧之荔浦	六	六七%
桂陽	六		六	〇%
始興	四	分始興、陽山 入交州南海之中宿	七	二九%
武陵	七	分龍陽、黚陽、後置舞陽 改漢壽曰吳壽	一一	一八%
天門	二	分漊中	三	三三%
長沙	五	分吳昌、建寧、劉陽	八	三七・五%
湘東	二	分梨陽、新平、新寧、陰山	六	六七%
衡陽	三	分湘西、新陽、衡陽、臨蒸 入零陵之重安、湘鄉	九	四四%
丹陽	九	復宣城 分永平、廣德、懷安、寧國、安吳、臨城、始安、泗陽	一八	四四%
新都	二	分始新、新定、梨陽、海陽	六	六七%

廬江	三	入九江之歷、全、阜三城	六	
會稽	八	改餘暨為永興 漢末分始寧	一〇	一〇%
臨海	二	分臨海、南始平、寧海、安陽、松陽、羅江	八	七五%
建安	一	分建安、吳興、將樂、昭武、建平、東安、南平	八	八七・五%
東陽	二	分長山、永康、新安、吳寧、豐安、定陽、平昌、武義	一〇	八〇%
吳	五	改丹徒（武進）、曲阿（零陽）、由拳（嘉興） 復錢塘 分建德、桐廬、新昌、鹽官、新城	一四	三六%
吳興	三	分永安、臨水 入丹陽之故鄣、於潛 分安吉、原鄉 省無錫 缺安樂	九	二二%
豫章	七	分上蔡、富城、永修、吳平、西安、陽樂、新吳、宜豐	一五	五三%
鄱陽	四	分廣昌、葛陽、樂安、新都、上饒	九	五六%

臨川	二	分西平、新建、永城、東興、宜黃、安浦、西城、南豐	一〇	八〇%
廬陵	一	改廬陵（高昌） 分西昌、東昌、吉陽、巴邱、興平、陽城、新興	九	七八%
廬陵南部	三	分楊都、平陽、安南、陂陽	七	五七%
安城	二	分新喻、永新、萍鄉 入長沙之安城	六	五〇%
南海	六	分平夷	七	一四%
蒼梧	五	分豐城、建陵、元溪、武城 入合浦之臨允	一〇	四〇%
臨賀	五	分建興、新寧	七	一九%
鬱林	三	改廣鬱（陰平）、領方（臨浦） 分新邑、長平、建始、懷安	九	四四%
桂林	三	分武安、武豐	五	四〇%
合浦	一	分珠官	二	五〇%
朱崖	二		二	〇%

高涼	一	分思平、安寧、石門	四	七五％
高興		領廣化、莫陽、海寧	三	
北部都尉		領平山、連道、昌平	三	
交趾	一〇	分吳興、武安、武寧、軍平	一四	二四％
新昌	一	分嘉魚	二	五〇％
武平	一	分吳定、武平	三	六七％
九真	三	復都龐 分建初、常樂	六	三三％
九德	一	分九德、陽成、越常、西安	五	八〇％

把上表百分率中超過六七％的挑出，計有始安、湘東、新都、臨海、建安、東陽、臨川、廬陵、高涼、武平、九德。其中與大帥出現地區相比，兩相疊合的計有六郡，後者中的豫章、鄱陽也各有五八％和五六％的比率。這種重疊，不能說完全是巧合。

更有進者，吳郡、會稽、丹陽的各個東吳統治分子的大族，論其籍貫，竟都不在新分各郡的新分縣邑內。這一現象更說明了建立新縣邑的特殊性，若把東吳統治大族的分布，地方大帥分布地區和增設縣邑的現象作一三分對比，以吳郡、會稽、丹陽作一區對立於其他各區，其情形如下面圖解：

	吳會丹區	其他各郡
統治大族的出現	＋	－
地方大帥的出現	－	＋
新設縣邑現象	－	＋

如前所設新縣邑象徵統治權的建立的可能，則上面圖解或可解釋為東吳政權以吳、會、丹的已開發地區為基地，剷除了在東漢政權還未曾確實建立地區的各種地方勢力。這些地方勢力，原先可能如焦征羌一類人物，是新到者望門投帖的地頭蛇；到了地方有事時，他們就可以糾集數千戶乃至萬戶的部曲，盤據屯聚於山谷之間。東吳與他們的衝突，是為了建立統治權，增加兵源與財源。因之，東吳才有以三郡大族為主要基幹的領兵制度，也就是一種變相的分封制度。[33]

蜀漢的情形與東吳甚不相同，根據《華陽國志》，幾乎漢中巴蜀和南中的每一個縣份都可以出現甲族大姓。[34]

33 唐長孺，前引文，頁一九以下；陶元珍，〈三國吳兵考〉（《燕京學報》，第十三期），頁六五—七六。

34 《華陽國志》（四部備要本）〈巴志〉、〈蜀志〉、〈南中志〉。

以蜀漢的中央政府及益州地方政府兩個系統言，中央政府的丞相尚書官屬，固以荊州及其他郡人士隨劉備入蜀者為多；地方掾屬卻仍由地方大姓充任。而且這些地方大姓顯然在東漢已逐漸形成，經過蜀漢以至晉代，始終為地方勢力的中心。[35]勸蜀漢政權少出兵作戰的是這種大姓中人物，如周群，如張翼；[36]勸劉禪投降的也是同一類人物，如譙周。

蜀漢政權中的重要人物，雖是來自益州以外的比率數字、遠大於孫吳的揚州以外人仕；益州本處出身人物，則頗為平均的分配在各郡。[37]以蜀漢世系三人以上的家族計算，有二十三家：

襄陽五家：　羅氏、龐氏、習氏、馬氏、向氏
右扶風三家：馬氏、射氏、法氏
汝南兩家：　陳氏、許氏
南郡兩家：　霍氏、董氏
義陽兩家：　鄧氏、來氏
零陵一家：　蔣氏
江夏一家：　費氏
南陽一家：　呂氏
常山一家：　趙氏

偃師一家：郤氏
陳留一家：吳氏
河東一家：關氏
東海一家：糜氏
琅邪一家：諸葛氏

另一方面，益州人氏有十一家：

巴西南充國兩家：張氏、譙氏
巴西閬中兩家：馬氏、周氏
犍為武陽兩家：李氏、張氏
蜀郡成都一家：張氏

35 狩野直禎，〈蜀漢政權の構造〉（《史林》，卷四二，第二期），頁一〇〇；宮川尚志，《六朝史研究》，頁二二一—二二二。

36 《三國志補注蜀志》〈周群傳〉：群論劉備伐關中，說是出軍不利。卷一二，頁二—三。按周群是巴西閬中人。又如《三國志補注蜀志》〈張翼傳〉：張翼累次廷爭，以為姜維歷年出兵，「國小兵勞，不宜黷武。」卷一五，頁五。按張氏自東漢以來即是犍為武陽名族。

37 參照周明泰《三國世系表》王祖彝《三國人名錄》合編。

蜀郡郫縣一家：　何氏
廣漢郪縣一家：　王氏
永昌不韋一家：　呂氏
建寧俞元一家：　李氏

前節曾計算過孫吳外來人士為十四家，土著為二十八家，其一比二的比率與蜀漢二比一的比率恰巧成為倒數。而益州人士的平均分布，又異於東吳集中吳、會、丹三郡的情形。以單一人物來說，楊戲〈輔臣贊〉所列人物有荊州二十二人、益州十九人、司隸五人、徐幽豫三州各二人、涼冀青襄各一人；其中益州十九人的分布為巴西六人、犍為四人、梓潼三人、廣漢二人、蜀郡二人、建寧永昌各一人。[38]

蜀漢地方大族的遭遇，可說由於劉備立國之初就有意於拉攏蜀才俊；立國之後，也並用諸葛亮李嚴以取悅蜀士；往前可以追溯劉焉初入益州時用地方勢力自重，往後推論又可看出諸葛亮用張裔以沖淡楚、蜀界線的苦心；[39] 同時，蜀漢地方政權的用地方大族，固為漢世州郡掾屬由地方察舉本地人擔任的常規，[40] 諸葛亮治益州，可能更要依賴大族維持政權，庶幾可以把全部武力用於伐魏防吳；在沒有大族的地區，他甚至還有意地扶植一些大族。南中平後，他把南中勁卒青羌萬餘家遷入蜀地，作為精銳的選鋒，同時在南中「分其羸弱配大姓焦、雍、婁、爨、孟、量、毛、李為部曲，置五部都尉，號五子。」而且以「夷多剛很，不賓大姓富豪，乃勸令出金帛，聘策惡夷為家部曲，得多者奕世襲官。」[41]

本文作者曾經討論兩漢中央政權與地方勢力間的關係，提出一個擬議，以為中央政府用察舉徵辟選拔地方人士，以建立橋梁，使地方勢力成為兩漢政權的基礎，[42]本文提出的孫吳與蜀漢的地方大族遭遇，適足為兩種不同情勢的例子：東吳的民帥是中央政權控制最弱地區的地方領袖，他們之中有些人可能根本沒有納入上述選拔的過程中，各個獨立單位間的共同秩序，沒有成例可以達成統一；孫氏本身是其中之一，因此只能聯合一些三郡豪右，用武力使其他地區的民帥降服；其維持政權的方法，也只有利用近似分封的領兵制度。蜀漢的情形則是漢制的延

---

38 《三國志補注蜀志》，卷一五，頁九－一八。參看狩野直禎，前引史，頁一〇一。

39 《三國志補注蜀志》〈劉焉傳〉（卷一〇，頁九）、〈張裔傳〉（卷一一，頁六）、〈楊戲傳・季漢輔臣贊注〉（卷一五，頁一二）。並參看何焯前引書中之〈三國志〉，卷二，頁九下。狩野直禎，〈後漢末之世相と巴蜀の動向〉（《東洋史研究》，卷一五，第三期）及同比蜀漢國前史（《東方學》，第十六輯）。

40 顧炎武，《日知錄》（世界書局本）「掾屬」條，頁一八四；嚴耕望，《中國地方行政制度史》（《中央研究院歷史語言研究所專刊》之四十五），第二冊，頁三五一－三八三。顧氏發其端，但嚴先生之文實為漢代官吏籍貫限制最徹底的研究。

41 《華陽國志》，卷四，頁四。

42 許倬雲，前引文。

續，劉備繼承劉焉劉璋的益州，地方行政系統並未經過摧毀，因此漢代選拔參與統治權的運行系統依然生效，地方大族也就因此仍繼續為蜀漢政權的主要基礎。這兩種型態恰好代表了兩種權威的形成：孫吳代表了用暴力建立的秩序；蜀漢代表了靠傳統權威建立的秩序。前者是草創的，後者是因襲的。

（原載《中央研究院歷史語言研究所集刊》，第三十七本，上冊）

說史德

劉知幾《史通》中曾經提出史才、史學、史識三者是良史之具，章學誠《文史通義》則更揭出「史德」，以為：

才、學、識三者，得一不易而兼三尤難。千古多文人，而少良史，職是故也。昔看劉氏子元蓋以是說謂足盡其理矣。……能具史識者必知史德。德者何？謂著書者之心術也。

他提出「慎心術」一事，由於他以為：史事必藉文字而傳，文字卻是人著作的。要「情深」「氣昌」，方能「文摯」，方才是良史。但情氣若是過了頭，則又將違理自用，汨性自恣，史文即不免忤於大道之公。因此他指出必須氣要平，情要正，方不至「害義而違道」。（並見《文史通義》內篇〈史德〉）

章氏的議論，確是不易之論。不過他用的字眼拗了些，讀起來有點玄。其實用白話來說，章氏不贊成以文害義，更不贊成把個人的偏見和情感夾帶進史事中，以免有意無意間把史實歪曲了。他主張保持「平」、「正」，換言之，係持一種冷靜而誠實的治史態度。

我們知道自從欒克以後，西洋史學界治史不夾雜任何其他目的，只是反璞歸真，「敘述曾發生的事實」，（Simple explain the event exactly as if it happened）其實欒克的話早在兩千年前就被修昔底德說過了，他在《伯羅奔尼撒之戰》的開端就告訴讀者，「我的歷史中沒有傳奇，我擔心因此而索然乏味。但是假若有人希望看見一幅寫真，描繪過去曾發生而將來也可能發生的事實，他會說我的著作是有用的，我也就滿足了。」

歷史的定義只是記述曾發生的史實。史實是已經發生，已經存在的；但是處理史實則是史家的事。在史料不足時，例如古代史，史家須憑著一二斷編殘簡，聯結貫穿，尋出最合於邏輯，最有可能性的答案。福爾摩斯能憑藉一個菸蒂，兩行車轍，推斷出現場曾發生的現況。考古學家能憑一個牙床，半片顎骨，重塑原始人的石膏頭骨。史家在史料缺乏時也享有同樣程度的想像自由。在史料過分豐富時，例如近代史，史家面對的史料有：報章的記載、當事人的回憶錄、各國的外交檔案……真是浩若煙海，史家就必得做一番篩檢的工作，挑選出其中的精華，作為依據。但史料太多了，因此史家可能遭遇到真偽各別，輕重迴異的若干資料；手段好，可能披沙揀金，手段差，就不免買櫝還珠。這一切都決於史家的一念，因此史家在此時擁有極大的決定權。

史家對於同樣的史料可能因上述想像不同或選擇不同而寫成不同的歷史。更不幸，史實在過去已發生過了，不可能再完全不變的重複一次。不像化學的理論可以再來一次實驗。因此，史家的著作很少可能被後世仔細地考核。歷史怎樣說，後世便怎樣相信，史家握有前述的兩項大權，但是，隨著來的是道義上的負擔，因為，大眾充分信任他。

現在讓我們說到史家不誠實的情形。最下等的人是為了個人利益而不誠實。陳壽為了米而作傳，魏收以著史為要挾之具，甚至韓愈雖自承是孟子以後一人，但為了稿費而寫了不少諛墓之作。廿四史中開國皇帝的本紀及末代的記載大多不是真歷史。等而下之，現在世上有不少人正在偽造各種歷史，有的為了名，有的為了利，也有的是為了和人恩怨。鐵幕中，此等現象最顯著。

另一種人則是為了遷就某種學說思想而作偽，其中有主動的，也有被動的。主動的：如有些史家為了替他自己所相信的學說找證據，不惜匿證造假。例如跟著唯物史觀走的史家總想盡方法要把歷史的經濟因素擴大，而把個人的個性和歷史上的偶發事件一筆抹煞。這批人的心目中往往先存有一個房架子，認為歷史「應當」如何如何，忘記了歷史「是」如何如何，只把合適的史料留下，不合的就假作不見。被動的卻更可憐，他們為了統治者的命令，不得不替欽定的說法找根據，找理由。例如清初的「我朝天命論」，納粹德國史家的阿利安族優秀論；還有蘇聯的史家為了共產理論而空口說白話，以支持其「世界革命」的理由；至於蘇聯發明家的故事只是克里姆林的神話。這一批木偶人只能跟著人學舌，還不及前述主動騙人的史家們只是作繭自縛而已，因此被動的比主動的更可憐。

再說到冷靜。史事對後世總多少有點影響，例如法國大革命不知破了多少人的家，又如中國近數十年的變動不知使多少人改變了命運。史家記述以前的事，但他可能直接間接受到這件事的影響。因此他的態度往往不免夾雜一點情感的成分，於是他的著作便不免流露出愛憎之情。在今日最容易犯上的是民族間的偏見和仇視，說坦白點，中日之間的關係恐怕至今沒有一篇真正公正的著作，這是由於兩國間的惡感太深了；法德間亦復如是。在共產思想到達的地方則最易犯上階級間的偏見。只有造成世界大同之路上的重重障礙。史家的任務是促進人與人間的了解，不應反為了各種偏見而增加人與人之間的隔閡。

從另一方面說，歷史仍有須用到情感處。若要寫一篇火災的記載，你雖是隔岸觀火，但你可以用一種同情的心觀看被燒者的痛苦和救火者的焦急，體會他們的情感，才能使你的記載近於真實。由於人類是情感的動物，尤其在面臨重大事件的決定時，當事人決不能免於衝動、偏見、感情用事，而偶發事件，變化和機會在這種場合下也具有莫大的影響力。因此史家必須時時設身處地，領會到當事人的喜怒哀樂，才能抓住歷史的真象，形之筆墨時文筆才能生動。

最後，良史必須有「貧賤不能移，富貴不能淫，威武不能屈」的氣概，方足以抵擋紛至沓來的誘惑、試探和壓迫。史家不能為了讀者的好惡而造歷史，不能為了潮流的時髦而造歷史，不能為了他人的青眼造歷史，更不能為了權貴的勢力而造歷史，若為了一己的思想而抹煞史實，其罪更不可恕。大家完全相信你，你忍心說假話嗎？兩千多年前，為了這種精神，晉董狐和齊太史曾經置性命於不顧。他們不僅是殉職，而且是殉道。

勇敢、冷靜、誠實，即是章學誠的「慎心術」。

（原載《事與言》，第五期）

一位二十世紀的史學家——比蘭

亨利・比蘭（Henri Pirrenne），是比利時人，生於一八六二年，卒於一九三五年。他的主要職務是根德大學的史學教授。他雖然以經濟史著稱於世。不過，他不僅對於經濟制度有深切的興趣，也敏銳地感覺到經濟因素，對社會結構的關係。他的志趣格局可並不局限於經濟問題一隅，若真要用史學史去分門別類的說法來說，他未嘗不能說是民族史學家，因為七卷的比利時史是他的畢生力作。他也可以歸類為自由主義的史學家，因為他的著作裡總是包含一個主題——人類思想與精神的逐步解放。我們也未嘗不可以稱他為科學的史學家，因為他是欒克（Leopold von Ranke）一系家法教出來的。事實上，他在二十世紀西歐史學界的地位也與欒克先生在十九世紀德國的地位相仿。

在描述他自己對於比利時歷史的解釋時，比蘭特別指出經濟發展和城市生活的重要性，而後者是前者的產物，也正是比利時歷史的特徵。他很注意當時德國的經濟理論，甚至專門討論資本主義社會史的「發展階段」，與 Bucher 及 Sombart 等人辯論。他也善於作推廣式的概斷；事實上，我們在下文就討論到他對於中世紀社會史的若干概斷性結論。然而，比蘭從不因為規模宏大的理論而忽視史實的切實基礎。他也很謹慎地不把史學家特有的方法和一般社會科學的方法混作一談。因此，比蘭並不完全抹煞機會和歷史人物的行事；認為對史學家而言，社會科學家研究的一般性和理想型的東西，只是一片基礎一片底色，是人在底色上塗出了永不靜止的色彩和圖畫，由這一點說，比蘭明白經濟因素的重要性，同時並不忽視思想與精神的力量，更不上唯物史觀的圈套。不過，在他看來，時勢才造了英雄，英雄絕不能造時勢。

比蘭被人認為是「智能圓足的學者」（un savant complet）。他的求學過程也許很可以解釋如何在城市歷史的研究上能踞首席。他進入列日大學原想學法律的，後來則改為了歷史，選修法蘭克民族史及「低地國家」（今日的荷蘭與比利時）；他的博士論文是一個中古工業城丁南（Dinant）的政府，時年二十二歲。在獲得學位前後，他周歷不少地方：在柏林學中古市鎮的發展和外交史，在來比錫學古文字學，在巴黎從遊於著名中古史大師，而注意的中心仍是中古的市鎮。一八八四年，比蘭開始執教於列日文科師範。可是恰逢比國的教育部，信天主教的部長不能容忍自由主義的比蘭；於是比蘭剛剛上任，就被解職。一八八五年，他開始執教於列日大學，奉命開創中古古文學和外交史的課程。第二年他轉到根德大學，教授中古史和比利時史；二十九歲時，升任正教授。自此一直到一九三〇年退休，他沒有離開根德大學（中間被德人俘虜一段，不由自願，不計）。

他在學生時代的興趣及他的第一本專著，都有關於第十世紀的比利時市鎮，由此決定了他一生的工作方向。他的早期研究多半是方法學和專業性的：例如編校中古典籍，評論學術論著，撰寫地方史的單篇論文。他也編了比利時史的資料書目，比利時外交史的史料手冊。他也做史學史的研究、史學的評論，還替大英百科全書撰寫這一類的文字。

十九世紀的浪漫學派史學家開始向中世紀尋找現代社會的起源。有鑒於中世紀的特徵是農村的，而近代歐洲的本質是城市的，史學家因之把問題集中在兩點上：第一，羅馬的城邦如何變成了中世紀的封建農業社會；第二，市鎮的自由制度如何由普遍不自由的中世紀復蘇。對於這兩個問題，史學家眾說紛紜，莫衷一是。最極端的一派認為羅馬的城邦制度一直未消失過。這一派離題太遠，今日已無人再談。W. Arnold 以為市府憲法是介公法的產品。K. W. Nitzsch 以為這是領主下面的階段分化現象，市民根本就相當於早期氏族長老。W. E. Wilde 以為市鎮是自由結合的組織；這一個說法開後來行會理論的先河。R. Sohm 以為城市法在基本上不過是市場法。G. von Below 則認為這些都不相干，市民即是地主，城市與鄉村的土地所有型態並無二致，城市根本就是由鄉村成長的。比蘭比較偏於 Sohm 的一派。他一方面認為每一個市鎮的歷史應該單獨處理，一方面緊抓住一個主題，強調交易中心或港口商人社會的建立。最初也許只是一些工商人士的居留地，逐漸又和附近的城堡和教區的居民混合。這種混合要到十九世紀才完成。為此，比蘭在〈中世紀市鎮憲法的起源〉一文中，根據比利時早期城市的發展，指出城市的基本性質是工商業，與四周農村呈強烈對照。這一個基本的理論，嗣後繼續不斷地出現在他的其他著作中。

比利時在今天是高度都市化的國家，而在中世紀時，比利時地區的市鎮又最早復蘇，於是比蘭在地方史和民族史之間架起了一座橋梁，其結晶即是《比利時史》一書（*Historie de Belgique*）。他由一八九二年起，開始為德國的《全日爾曼國家史》撰文，專論古典羅馬到十四世紀的《比利時史》，這部大書的第七冊則到一九三二年才出版，終止於一八一四年。每一冊書都建築在一些討論聚訟問題的專門著作上和史料的討論上。他希望自己的著作既是資料的叢編，也是理論的綜合。這是通史研究的最高境界，他是做到了，全文一氣貫注，不把不相干的細節糾纏不清。

大家知道，比利時是在近世（一八三〇）才成立的政治單位。這一特點給比蘭一個極其棘手的題目，幸而比蘭對比利時人有一個單一民族的看法，他的成功不能不說是來自這一觀念的妙用。只有在比蘭的第七冊《比利時史》中，比利時以獨立國出現，然而前面六冊卻並不是特長的序論。他以為，比利時不是在一八三〇年成立，也不是在一四三〇年成立，早在第十世紀的中葉，比利時已經存在；比利時的不祧之宗是古代的低地國家。

由八四三年羅德一世（Lothair I）到一八三一年的利奧波德一世（Leopold I），亙千年之後，比利時才成為一個政治單元。比利時處於法、德兩大之間，版圖時時改屬，血統、文化和語言也變成了兩大的混合物。在今天繆斯河及萊茵河下游的這一個地區，即使在政治上或地理上不像一個單元，當地居民無疑在經濟上是屬於一個系統的。這一個經濟上的紐帶，主要是工商業的發展。

比蘭追溯到早期法蘭德爾的手工紡織業，布根底王國時代的財閥，追溯到十六世紀使紡織工業發生大轉變的安德衛普黃金時代，以至於利奧波德二世（Leopold II）的海外殖民及工業化。比蘭也用了篇幅說明比利時在思想文學與藝術方面受到左右強鄰的影響，可是比利時人在模仿之外，又創造了屬於自己的東西。最要緊的，比利時民族為了經常抵抗強敵而發展的精神統一，敵愾之氣給這個民族、語言和文化上都中分各半的國家造成了一種強烈和自傲的民族主義。越是在兩種成分混合最雜的地區，越是在兩種語言都使用的地區，這種民族的自覺越是強烈。比蘭以此自豪。在德國人宣傳比利時只是一個「人為的國家」時，比蘭答覆這個說法，承認比利時在語言、文化等等各方面都不統一，但是他指出，法律、藝術、道德以至於整個人類的文明，無一不是「人為」時，而比利時正是這樣一個人為的產物。對比利時的熱愛。並不僅由於比蘭的愛國情緒，也有不少的成分是由於他對自己研究題目的熱愛。因此，比蘭的著作不僅是一些學說與理論，其中還可使人感到他的信念。

在最後兩冊比利時史裡面，比蘭又回到了上古和中古歷史的交點。不少學者總把羅馬帝國的覆亡歸結於所謂蠻人的入侵。比蘭則認為城市經濟還要延續得長久些，真正的改變應該在回教的擴展，而不在日爾曼的大移民。

他的一部名著，《穆罕默德和查理曼》（*Mohemetet Charlemagne*）是說明這個理論的主要典籍。比蘭筆下的羅馬帝國是一個政治經濟和文化的完整個體，而以地中海作為氣血流轉的通道。第三世紀以後，羅馬帝國國防系統的基礎是蠻族的傭兵。第四世紀的末葉，不少蠻族從邊界外面滲入。可是他們的動機是分潤羅馬帝國的富足，自認是羅馬人的從屬，不是排撻入侵的敵人。蠻族在帝國境內近海地區建立了不少「王國」，可是總自認由帝國取得許可的。新來的「蠻族」不及羅馬人多，因此他們接受了羅馬的生活方式，甚至連土地都依舊由原來的人耕種。羅馬和日爾曼的制度法律並存不悖，拉丁文事實上也用來作日爾曼法典的文字。第六世紀時，由於東西兩京的關係密切，政治上也可說是大致統一的。

羅馬帝國的貨幣是君士坦丁堡發行的金幣，在這一個時期照舊行使。與過去一樣，國際貿易操持在敘利亞人和猶太人手裡，地域性的工商業也依然發達。城市生活大致仍舊保持羅馬式的特點。自從基督教普及了，文學藝術和思想都有了改變，不過社會的世俗特質並沒有受很大的影響。我們可以說，到第七世紀為止，羅馬世界保持完整，而主要原因是地中海把各個地域聯結在一起，造成了局面的完整。

可是回教的擴張結束了古典的羅馬世界。自從六三二年，穆罕默德死後，回教徒以難予相信的速度滲入波斯帝國。敘利亞、巴勒斯坦和埃及相繼落入回教徒手中，各教派的內鬨也僅僅短暫地延緩了北非的遭遇。占領埃及之後，回教艦隊成了不可忽視的海上勢力，襲擊愛琴諸島和西西里以西的海域，甚至屢屢攻襲君士坦丁堡。到六九年，阿拉伯人在今天阿爾及利亞地區及摩洛哥建立了基地。在七一一年，柏柏人（Berbers）進入西班牙，東哥德王國覆滅；七二〇年，回教徒越過了庇里牛斯山脈。直到七三二年都爾（Tour）之敗，回教徒才放棄了北征的企圖。

回教艦隊不斷由北非基地劫掠西西里島；第九世紀，該島和沿義大利外圍諸島都被回教徒征服，地中海變成了回教的內湖。羅馬世界一向藉以交通的地中海從此失去了功用，東南西三面都在回教的控制之下，只有北面沿岸諸港還可以有些交通，其中包括拜占庭諸處、威尼斯和其他義大利港口。東西之間海上交通中絕，經過埃及敘利亞與巴勒斯坦來的近東姻遠東商貨，從茲絕跡不息。東部地中海從四五〇年起，西部地中海從七〇〇年起，不再有開基督徒的片帆航駛。既然馬賽港不再有東來商貨，金幣也就無所使用，高盧地區與東方的血脈自此斷絕。

外來商貨的斷絕切斷了美露溫王朝（Merowingian）的王室財源，比蘭以為此事與王朝的王權中落有密切關係。另一方面，以土地為收入來源的內地貴族卻並未受貿易枯竭的影響，相對地獲得了比以前為大的發言權。貴族間的內戰，由於王權已無力約束，變得更加頻繁，也因此更嚴重地損傷了一般的經濟。加羅林皇朝就是由這些內陸貴族中崛起。值得我們注意的是政治重心往北移，移入羅馬文化影響弱，城市化過程最淺的內陸，移入繆斯河和萊茵河之間的區域，離地中海很遠了。為了對抗拜占庭的勢力，教皇與加羅林皇朝連成一氣，原來的羅馬世界不再是統一的。羅馬世界分裂為三個互不相下的勢力——拜占庭、加羅林朝和回教徒。

比蘭以為中古時期應該由加羅林王朝開始，從此以後，歐洲才有迥異於古典時代的面目。中古的經濟是關閉式的，農業為主，出品為了當地的消費。幾乎沒有商業，也幾乎沒有城市生活。社會分化為三個層次：貴族、教士和農夫。政治結構是封建；經濟生活靠莊園；精神生活歸教會。

比蘭的回教勢力理論和國中古城理論互為表裡，是一而二，二而一的東西。兩者都關涉到社會結構的根本變化。兩者也都牽涉到商業的角色。由前者，比蘭修訂了中古的開始日期；由後者，比蘭提示了近代資本主義社會的張本。

《中古城市》（*Medieval Cities*）一書先包括了前面所說的發展背景，然後說到古典的城市生活已成絕響。人煙稀少，市面零落。城市的經濟功能萎縮到一無所有；所謂城市似乎就是主教駐地的同義詞。威尼斯使了與拜占庭和埃及的交通，也許是唯一的例外。

從第十一世紀起，政治局面又趨安定，與東方的貿易也重新開展。不過商路已不再經過地中海水道；分量輕而價值高的商貨，大多是奢侈品，不取道俄國和聶伯河線，即取道北海波羅的海線。只有南線經過威尼斯義大利的一路，稍近以前的海道。負販的行腳商也不再是直接來自東方的敘利亞人和猶太人。這些行腳商大約都是歐洲人，未嘗不可能是逃亡的農奴。他們肩擔手提，或者用一騎瘦馬，背負貨物，奔走天涯，以博微利。為了抵抗翦徑的盜賊，和不比盜賊好到哪裡去的貴族勒索，他們組成商團，成群結隊的旅行。由此產生了行會（Gild）組織。

這種商團由不定期的移動，變為定期，然後又演變為相當定居的型態；最後，定居的商業社團又引發了城市復活。

事實上，發生的程序尚是因地而異；不過義大利的情形則是例外。由於威尼斯和東方的一點點關係，也由於義大利還殘留很微弱的市鎮組織，城市復活遂最早見於倫巴底平原諸處。在北方則發生於萊茵和塞德兩河的下游。根據比蘭的意見，商人最初定居於防禦維京人或其他蠻族的堡壘的城腳下。有些城堡是舊日羅馬的市鎮，有些僅是防禦工事而已。因此，有些像唐宋以後的「草市」，這些市集位置在城市的旁近，卻不在城中。直到市集長大了，才加築城牆，而舊城與新城的區別，往往今日仍可以看見。地形有利或者政治條件良好的城市長得快些。到第十一世紀末、第十二世紀初，新的商人階級不再能忍受封建領主及教會的壓榨，其中有些揭竿而起，組織了新的獨立社區。也有些用金錢買到了自由。最後，市民取得了市區的統治權，他們的權利筆之於市憲。於是，在城牆保護下，自由的政府出現於封建農業，和教會三合一的環境中。

比蘭的兩大理論，在今天論之者見仁見智，意見不一。顯然市鎮起源的假設比另一個假設有較多的反應。即使比蘭只說這是局限於某一地區的理論，也有人已經把同樣的觀念應用到別的地區，斯蒂文森（Carl Stephenson）就據比蘭的觀念寫了《英國城市起源》一書，回教勢力的學說則至今毀譽參半，意見各趨極端。有些人不同意比蘭對羅馬社會的觀念，有的反對他對中古社會的意見，有的則對兩者轉變的過程持異義。好在比蘭自己並沒有以為他的理論已成定論。他認為每一個綜合的嘗試都只是「暫定稿」，而知識的進步則有賴這種嘗試。另一方面，即使這種嘗試看來幼稚，只要態度坦白，提出來的證據總是對別人有用的。他在《比利時史》第七冊的序文說明他的感受：「我的唯一目的是試求了解和解釋。」（My sole end has been to seek to understand and to explain）一句我們都應該記得的格言。

（原載《思與言》，卷三，第一期）

沈、趙合編《中華農業史論集》前言

中國是世界上最大的農業國之一。台灣土地改革後的農業發展，也創造了眾目共睹的成績。可是在台灣竟一直找不到一部敘述中國農業發展的讀物，不能不說是一樁憾事。所幸現在有了沈宗瀚、趙雅書兩位先生合編的《中國農業史論集》，這個缺憾終於得到了補救。

中國的農業發展有不少值得注意的特點。第一，中國具有極漫長的精耕細作傳統。遠在殷商時代，肥料使用已可能有之。春秋列國，時時以治溝洫為施政要目，可見農耕已脫離單純的天水農業，而注意農田給水。到了戰國時代，農耕知識可由《呂氏春秋》的〈務大〉、〈任地〉、〈辯土〉、〈審時〉諸篇覘見其水平。由這四篇的內容綜合，中國的古代農學者在西元前第三世紀已可歸納當時的耕作經驗，其中包括了最佳種株密度、最佳種植時機、通風、中耕除草、防治病蟲害、注意給水條件、注意土壤情況、用肥、輪作，諸項精耕農作的基本觀念。漢代的農耕水平。可由趙過的「代田」及氾勝之的「區種」覘見，頗注意耕具的專業分化，大量肥料與水分的集約使用，以及條播、壅根諸種高度的精耕技術。漢代以降，農具專業分化的現象繼續發展，而個別的改進與時俱進。以犂為例，由戰國的手犂，逐漸變為畜力拉動的作條犂，而發展出犂壁、犂鑱，以致演變為中世的翻轉犂，其中甚至衍生了作條播點種之用的三足耬。漢代已出現的水車田、中耕除草、收濁鳥，也漸漸推廣改進，到中世以後遂有使用人力、畜力、風力、水力的各種水車及龍骨車。整穫、舂磨等各階段工作的耕具也有相應的演進。單由耕具的複雜言，我們已可說明中國精耕細作農業，不僅有漫長的傳統，而且時時在求技術的改良。

值得注意的第二點是作物種類的眾多，遠在距今七千年前的新石器時代，至少已有北方的小米及南方的水稻，都可能是在中國馴化而為栽培作物的穀類，殷周以下，麥類顯然也成為重要的栽培作物。同時小米之中又分化為黍、稷、粟、粱諸種，是以先秦古籍早有五穀、九穀，甚至百穀的名稱，足見中國古代穀食種類之多。在長期的試驗過程中，有些現在不作穀食的作物（如麻，如菰米）在古代也曾列入穀食之中。中國的作物由外面傳入的也不絕於書。豆類中先秦有戎豆之稱，固然「戎」也作「巨大」解釋，但仍有由戎人傳來的可能。漢通西域，葡萄、苜蓿進入中國，中世以後，占城稻、玉米、蕃薯，諸項先後入華，則尤為犖犖大者。而且每次新作物的傳入，對中國人口的增殖及人口的分布狀態，都產生重大的影響。若無占城早熟稻的廣泛種植，南宋在南方的龐大人口勢難維持生計。明清傳入的玉米及蕃薯，使前此無法利用的山地及邊際土地，也能種植，造成清初人口劇增的原因之一。在中國栽培的果實與蔬菜，種植繁多，為世之冠。這也是中國利用厚生的重要業績，不僅反映中國人的食物來源豐富，而且為世界人口的食物來源提供許多潛在的發展餘地。

第三點是中國重視種植而忽略畜牧業。過去西方學者每以此故，稱中國式的農業為跛足的農業。其實由於中國人早在漢代即掌握了改良土壤的知識，運用輪作、施肥、保墒、灌溉，以及豆科植物的種植，中國的農田早就可以不須休閑而長期繼續使用。農田可用於連續耕作，則用休閑田作為牧場的土地自然沒有了。可是中國農業中不是沒有牧業，養豬、養鷄（及鵝、鴨），早在孟子提出井田理想時，已是農業上的必有之事。豬、鷄活動空間小，成長及繁殖都很迅速，於是中國農業所需動物肥，可以供應無缺。同時食物中的蛋白質也可由豬、鷄（肉及蛋）供應。水產類（魚、蝦、蚌、蛤）在中國不僅由漁撈來取，也常由養殖獲得，水產往往為農業副產，出自陂塘圩澤。正同豬、鷄一樣，水產提供了蛋白質食物，也同時可用作肥料（如蜃灰、魚乾之癟）。中國的農業傳統自成體系，都不是跛足的。

第四個特點是農村副業的重要地位。中國精耕農業在農忙的季節，需要大量勞動力密集工作，可是也有不少工作，如中耕除草，可由婦女及老弱分擔一部分。農村中必須結集大量的勞動力，而勞務又有顯著季節性的分配，因此農村中每有季節性的閑置勞力。這種勞動力自然而然地會轉移到副業生產。最普遍的一部分副業是紡織工作，男耕女織是中國農村的典型勞務分工。桑麻與稼穡同樣是農業的代用詞，此外農產加工業、食品工業、手工製造業都是農村的副業，由此農民可利用當地特別的資源，在農餘生產可銷售的產品，不僅供給自用，而且在市場銷售，獲得現金收入，這種非農業活動的收入，在農戶全部收入中占了不小的比例。中國農村在整體的市場經濟上是重要的一環。中國傳統的農村與傳統的城市構成一個巨大的貿易網；農村與城市是一個網絡上的環節，而不是彼此對立的兩個社會。傳統中國不能產生以城市為基地的生產工業，當與上述發展的特性相關。

第五點特徵是中國重農的傳統。自先秦以來，各朝代的政府無不強調勸農及對於農民的保護，歷朝地方官吏也無不致力於水利建設，勸獎農桑為務。農業號為本業，而工商則是末業。為了保護農業人口，自西漢限民名田以來，歷史上屢次有防遏土地過度集中的努力，庶幾農戶能保持相當的經濟獨立。固然理想的井田制似乎從未在中國出現，固然歷代也從未能完全免於大戶的兼併土地，但中國歷史上總是以小自耕農耕作制當作正常，未曾以農奴耕作的大農莊為正常現象。除了魏晉至唐代一段例外，歷代的佃農在法律是編戶齊民，他與地主只是經濟上的主客，不是身分上的尊卑從屬關係。中國歷史上均富的理想每每以為民制產為主要方式，個人置產也每每以投資於土地為主要形式。因此，農業在中國經濟制度上具有法律的與觀念的雙重優越地位。國家以農業為最基本的資源，也就是理所當然了。傳統中國的政府收入以田租、丁稅及勞役（或其代金）為主，可是歷經改變，賦稅制度每以收穫時節為徵課時候。清代康熙以後，丁稅併入田賦，則更是以農業生產作為主要稅源了。

凡此五項特徵，在本書前半部趙先生編輯的各章之中，可看出其脈絡。這五項特徵，與中國的人口龐大具有密切的相關性。人口密度大，勞力充沛，方可維持精耕細作，反之也只有精耕細作，土地充分利用，方可維持這樣龐大人口的生計。新品種的引入及推廣，更增加生產的潛能，全國市場的網絡足以促進資源的區間交易。重農政策則使統治機構充分注意農業的開展與推廣。凡此，一則使中國的農業經過數千年不斷的進展，成為傳統農業最具整合性的樣本。另一方面，中國以有限資源，維持了世界最大人口相當高的生活水平（印度生活水平遠不如我），實在是人類文明史上的重要業績。

中國的農業的五點特徵，不僅可見於傳統農業，甚至也相當程度的影響了中國近代農業的發展。本書後半部更說明了這五大特徵的延續。中國農業，半個世紀以前即肇始各項改革及現代化的工作，而以在台灣的這三十年為進步最速。沈宗瀚先生終生獻身於中國農業的改革工作，這五十年來的中國農業發展史，可說與沈先生自己的經驗不能分開。以此，沈先生編撰各篇，即不啻是沈先生親見的紀錄。以上述的中國農業五個特徵而言，由「三七五減租」到「耕者有其田」，不外中國保障自耕小農理想的實現。農復會推行的各項技術改進，仍在精耕細作的前提下精益求精。新作物的引進及農村副業之發展，在台灣也是普遍可見的現象。台灣雖也有畜牧及水產養殖的專業化，但以現代化學肥料代替了過去天然肥料，上述畜牧與水產養殖的分離獨立，不致影響農業的發展。只有一般製造品的專業及工業化，已造成工業與農業間勞動力的拉鋸戰。所幸現代農業的機械化，將可相當的減少勞力需求。然而我們仍願見若干小型工業在農村生根，一則可有助於防止農村社會的解體，二則也可厚植農村富力。中國的農村與城市原本就不是兩個對立而競爭的社會，願農業現代化的過程及工業經濟的建立，不要把這個和諧的相輔相成關係毀傷於一旦。願未來的中國農村仍是整個經濟的一環，希望未來中國的農村，是一個有小型現代工業（如農產品加工業；及不占大空間的輕工業，如在錶製配廠、成衣製造廠……），和教育文化設備的現代社區。工業與農業勞動力，可以靈活地互相挹注，社區也仍在鄰里鄉黨，互助合作的基礎上，運用現代工業的富力，發展其他的社會福利。

沈先生是農業前輩，也是我的父執，趙先生是農業同好，也是我的臺大校友。我忝為農業史園地中的一個小卒，奉長者之命作序，願以數行贅言，向作者致敬，祝本書出版，並願本書之問世，是此後許多農業專著的第一炮。

（原載《思與言》，卷一，第二期）

跋居延出土的寇恩爰書

一九七八年《文物》第一期，刊登了一九七二—一九七六年在居延漢代遺址出土大批簡冊的報告。發掘地點在今日額濟納旗南，納林伊肯河之間的戈壁灘上（俗名破城子）及額濟納河上游的河岸邊，前者在漢代為甲渠候官及甲渠第四燧遺址，後者是肩水金關的遺址。出土簡冊共一萬九千六百三十七枚，絕大多數是木簡。其中最完整的一冊，共三十六枚（EPF 22: 1-36）。出土甲渠候官遺址，是建武三年（二七）的一件錢財訴訟案卷，也就是本文簡稱為寇恩爰書的檔案。[1]全卷見本文附錄。[2]

全冊編排次序，包括1.卷宗標札，係案名的表題揭，2.乙卯爰書，3.戊辰爰書，4.辛未文書，5.縣廷移甲渠候官文。[3]這批材料是罕見的漢代法律文書。勞貞一師整理居延漢簡，考證

1 關於這批漢簡出土的情形，甘肅居延考古隊，〈居延漢代遺址的發掘和新出土的簡冊文物〉；又徐苹芳，〈居延考古發掘的新收穫〉，均見《文物》，一九七八年第一期。

2 全文錄自甘肅居延考古隊簡冊整理小組，〈建武三年候粟君所責寇恩事釋文〉，《文物》，一九七八年第一期，頁三〇—三一；圖版頁二〇—二三。

3 徐苹芳，前引文；俞偉超，〈略釋漢代獄辭文例〉，《文物》，一九七八年第一期。

簡牘制度，列有露布、版書、簿卷、契據、詔書諸項。[4]現在則可以增列獄辭爰書的體例了。而且以這篇爰書為範例，我們在戰前出土的居延漢簡中，可以找出一些似乎也是爰書殘文的簡牘。例如一件記載張宗、趙宣二人之間的錢財糾紛的文書：

> 書曰大庸里男子張宗責居延甲渠收虜隊長趙宣用馬錢凡四千九百五十，婦名宣詣官□如襲縣移故不實臧二百五十以上，婦延□□□□□辟趙氏，故為收虜隊長，屬士吏張禹。與禹同給延永始二年五月中禹病禹弟宅。自持騂北胡馬一匹來視禹，禹死其塞不審日。宣見月外有野橐馳□□□□宗馬出塞逐橐行卅餘里，得橐馳一匹，果未到隊，宗馬卒僵死，遂以一死馬及所得橐馳歸宗，宗不肯，使宣謂宗曰強使宜行馬卒萃死不以償官馬也□共平宣馬十千令宣償，宣立以□千六百付宗，其三年四月中宗償肩水功曹受子元責宣子利從故甲渠候楊君取直，三年二月盡六月。（二二九．一及二二九．二）[5]

文辭殘缺，有的人名也不知何以牽涉在內，但其中「縣移」及「故不實，臧二百五十以上」的辭句，與寇恩爰書第一第二兩簡「廷所移」及「故不以實，臧五百以上」是完全同類。稍後敘述案由、協議內容、執行協議的情形各節，也與寇恩爰書的體例相似，只是因為殘缺太甚，無法知道原案了。

另有四簡，也可能是爰書殘文：

1.三官賜居延書曰萬歲里張子君自言責改之隊長□□□□留止張子君□□□繒布□少千

八百五〇五。（一三一・三六）[6]

2. 候長張子恩錢五百□責不可得。（一五八・二〇）[7]

3. 秋里孟延壽，自言當責義候官尉史王□□□□。（一五八・三）[8]

4. 出百五十付當南候長賴宗以償就粟錢畢，不當復償。（一七八・八）[9]

凡此諸簡，內容不像是契約，倒像是敘述錢財糾紛時兩造中一造自陳經過。第四例也可能是裁斷的結果，正與寇恩爰書第三十一簡的語氣相似。居延漢簡中不少債務關係的簡牘，也許有一部分即是邊地訴訟案件的殘文。

寇恩爰書中首先提到甲渠令史華商和尉史周育二人當為候粟君載魚去觻得賣魚。二人不能行，於是分別出了牛穀以代役，當時穀價每石四千錢，這兩筆牛穀折合價格是4000×175＝

4 勞榦，〈居延漢簡考證〉，頁二—七；附見《居延漢簡》考釋之部（台北，一九六〇）。

5 同上，圖版之部，頁四四三，七二二二號；考釋之部，頁一四八。

6 《居延漢簡》，圖版之部，頁一四九，三〇九九號；考釋之部，頁六二。

7 同上，圖版之部，頁一九一，三七四二號；考釋之部，頁七五。

8 同上，三七四九號；考釋之部，頁七五。

9 同上，頁二八九，四九一六號；考釋之部，頁一〇一。

700000錢，比預盼賣魚的總收入四十萬錢更多，顯然不像是由二人與粟君合夥做生意。另一方面，由粟君的開支計算，則不過開銷捕魚工資，雇工賣魚工資及可能應計入的牛車開支而已。若華周二人只是為甲渠候官粟君私人服務，二人並無以牛穀代役的義務。後來在爰書中，粟君的上司也未責備粟君不應以私事役使下屬。我以為漢代官制，除了正式俸祿外，有一部分是以公家產業的收入供本官使費。居延簡中有一條記載所謂「小府」的職銜：「三月丙午張掖長史延行太守事肩水長湯兼行丞事下屬國農都尉小府縣官，承書從事下當用者如詔書。」（一〇・三二）[10]按，《漢書》〈百官公卿表〉，中朝有少府，「掌山海池澤之稅，以給共養。」是天子私用的府庫。又桓譚《新論》載少府主領的「園地作務」收入是為了供養宮室，給諸賞賜。加藤繁據此立論，以為漢室財政有公私兩項，而少府所掌是帝王私有的收入。[11]在郡國也有小府，如文翁在蜀，即「減省小府用度，買刀布蜀物齎計吏以遺博士」。顏師古謂「小府，郡掌財物之府以供太守者也」。[12]貞一師以為，小府雖供太守私用，而官則郡國，故詔書猶當下之。[13]循此推之，甲渠候官雖然官職頗低，到底也是一個主官，當也有其利用的收入。中朝的少府執掌園林作務的收入，則出售公家的魚產，當也正無妨是地方官的收入。以此假定，甲渠候官的屬吏有服役賣魚的義務，正值公私之間，也就不以為奇了。

再者，漢時主司與屬吏之間，猶存古代君臣關係的遺風，頗不能嚴格的劃清公私界線。漢簡中即有遺屬吏為候到家取物的記載：「永光元年，五月戊子觻得尉光即寫移過所關卒若取□

候往為候觻得取麥二百石遣就家取□官官丞徐就等日雨必詣肩水候官移行毋留止如律令。」（五六二・三A）[14]而屬吏自視，也類同廝養。居延簡中有一封署名為宣的信函，內稱「吏奴下簿賤，多所迫＝近官廷，不得去尺寸」。（四九五・四A）[15]則令史尉史為候粟君服役，即使為了私事，大約也不能推托的。

至於說到賣魚的事。塞上乾寒，是一般的印象，居延附近倒是例外。張掖在漢時頗多水澤河川。以《漢書》〈地理志〉所載，觻得有千金渠西入澤中，有羌谷水入海中，居延有居延澤（即海）。今日則為額濟納河及居延海。大而言之，河西四郡都在水草豐美之地，內陸池澤不少，敦煌的效穀，甚至有魚澤障地之名。如此看來，甲渠候官附近當也有可以捕魚的水流或池

---

10 《居延漢簡》，圖版之部，頁二八，五五六號；考釋之部，頁一一二。

11 《漢書補注》（藝文影印本），卷一九上，頁一五上；桓譚《新論》見《太平御覽》卷六二七引，加藤繁，〈漢代における國家財政と帝室財政との區別並に帝室財政一斑〉，《支那經濟史考證》，上冊（東京，一九五二）。

12 《漢書補注》，卷八九，頁二下。

13 勞榦，前引書，考證，頁一二。

14 同上，圖版之部，頁四七，九八五號；考釋之部，頁二〇。

15 同上，圖版之部，頁三七四；考釋之部，頁一二四。

澤。[16]

爰書中說到的五千頭魚，不可能一次載去觻得販賣。寇恩只用一頭牛拉一輛車，勢難盡載五千頭魚。寇恩的兒子欽，受雇為粟君捕魚，工作了三個月又十日，而開始工作的日期為建武二年十二月二十日，正好在粟君委託寇恩賣魚成約日期（十二月中）之後不久，想來這五千頭魚是寇欽在指定的一百日內陸續撈捕所得。寇恩大約也須分多趟運魚前往觻得出售。惟原文不載細節，即難以知道一次運售多少頭了。只是居延與觻得（即張掖郡治所在）距離不近，據何秋濤考證，兩地相隔千餘華里，勞貞一師以為行程需十二日。[17] 寇恩似難以在一百日內往返很多次。爰書所說季節，正是冬季，塞上天寒，雖經長途，魚當仍不致腐敗。若以五千頭魚分四次運送（這是百日之內最大限了），則一次運千條以上。

觻得是張掖郡治所在地，張掖人口在河西四郡中最為眾多。寇恩不遠千里，運魚到觻得出售，正足反映觻得可以吞下千餘頭魚的消費量。寇恩在歸途替粟君夫妻買了大麥二石，肉十斤，頗足說明觻得至甲渠間，至少還有「第三置」及「北部」兩個市集。依此推測，漢代河西走廊的大道上有玉門一關及四郡郡治，觻得是一個商業中心，籠罩十二日行程為半徑的地區，而在中間則有三日行程的一個小中心（北部）。漢代邊地似乎已有相當的市場行為，足以構成一個市集網的雛形了。

居延漢簡中也有一些市場行為的一鱗半爪，略可窺見上述的推測不無可能。例如「道鳴池里陵廣地為家私市張掖酒泉，眾口（行）食已住，今□門亭鄣河津金關毋苛止錄復使敢言之，如律令。」（三六・三）[18]當可說明「私市」在沿途大中心進行，必經過河西走廊的大道。轢得之為甲渠的市易中心，可由下列漢簡覘見：「戍朔癸酉甲渠鄣候說遣令史薛誼張宗為歲功私市轢得，唯府告。」（二七〇・二〇）[19]這片簡牘的資料，也正是對照寇恩爰書中渠候官屬吏有為候「私市」的情形。爰書中有寇恩買肉的「北部」市集，居延漢簡中則有「中部」，似為另一個次級市集：「第十二席隧長張宜迺十月庚戊擅去署私中部，辟買榆木賣宿。」（八二・二）[20]但究竟有多少市集，則無從考證矣。

寇恩這趟買賣，粟君出的本錢是一頭牛，值款六十石，一石四千錢，當二十四萬。寇欽的工資款二十石，當八萬錢，及寇恩自己的雇包，工錢二十七石，當十萬零八千錢，合計已有四

16《漢書補注》卷二八下之一，頁一五上—一六下；又，參看勞榦，前引書，考證，頁三二—三三。魚澤障地名，雖未必出自班氏原注，平空有個假造的地名，似也不大可能。關於這個問題，參看同上，頁二八—二九；《漢書補注》，卷二八下之一，頁一九上。

17 勞榦，前引書，考證，頁三二—三四。

18 同上，圖版之部，頁三四，六九一號；考釋之部，頁一五。

19 同上，圖版之部，頁三四〇，五五三四號；考釋之部，頁一一五。

20 同上，圖版之部，頁三三二，五四四〇號；考釋之部，頁一一三。

十二萬八千錢，但粟君要求寇恩包繳四十萬錢。[21]兩項核算，這是一項賠本生意！究竟粟君如何計較，我們已無從知道。也許他原本只想利用華商周育二人的無償勞力。而後來二人以牛穀代役後，他即不再把無償獲得的牛隻算在成本之中了。居延漢簡有一片簡牘記載賣粟四千石，每石賺了六錢，得利二萬四千錢。[22]漢時河西市場的利潤，似乎相當微薄，可能正是勞力不值錢的反映。河西是屯田為主的經濟：官方不計酬的勞力，所在皆是。這種變態經濟的商業行為，應當與內地的一般商業行為不同的。

總結本文，寇恩爰書，不僅是研究漢代法律制度的寶貴史料，也可由此管窺邊地的經濟型態。

附錄　寇恩爰書釋文

1.建武三年十二月癸丑朔乙卯，都鄉嗇夫宮以廷所移甲渠候為召恩詣鄉。先以「證財物故不

2.以實，臧（贓，下同）五百以上；辭已定，滿三日而不更言請者，以辭所出入，罪反罪」

之律辯告，乃

3.爰書驗問。恩辭曰：「潁川昆陽市南里，年六十六歲，姓寇氏。去年十二月中，甲渠令史

4.華商、尉司周育當為候粟君戰魚之觻得賣。商、育不能行。商即出牛一頭：黃、特、齒

5.八歲，平賈（價，下同）直六十石，與它穀十五石，為（據第二十二號簡，此處脫一

「穀」字）七十五石；育出牛一頭：黑、特、齒五歲，平賈直六十石，與它

6.穀四十石，凡為穀百石；皆予粟君，以當載魚就（僦，下同）直。時，粟君借恩為就，

載魚五千頭

7.到觻得，賈直：牛一頭，穀二十七石，約為粟君賣魚沽出時行錢四十萬。時，粟君以所

得商牛黃

---

21 「行錢四十萬」的「行錢」，蕭亢達以為指官鑄錢。參看所著〈粟君所責寇恩事略考〉，《文物》，一九七八年第一期，頁三三。按：此說未妥。我以為「行」當為經營之意，《史記》〈淮陰侯列傳〉贊：「然乃行營高敞地，令其旁可置萬家。」可為「行」「經營」解的旁證。

22 二〇・八。榮幹，前引書，圖版之部，頁三三，六五九號；考釋之部，頁一四。

8.特齒八歲，以穀二十七石予恩顧（雇）就直。後二—三（據第二十三號簡，脫「日」字）
當發，粟君謂恩曰：「黃特微庾所得
9.育牛黑特雖小，肥，賈直俱等耳，擇可用者持行。」恩即取黑牛去，留黃牛，非從
10.粟君借犅牛。恩到觻得賣魚盡，錢少，因賣黑牛，並以錢三十二萬付粟君妻業。
11.少八歲（應為「萬」）。恩以大車半㮨軸一，直萬錢；羊帶一枚為橐，直三千；大笥一
合，直千；一石
12.去盧一，直六百；輔索二枚，直千；皆置業車上。與業俱來還，到第三置，
13.恩糴大麥二石付業，直六千；又到北部，為業賣（應為「買」）肉十斤，直穀一石，石
三千；凡並
14.為錢二萬四千六百，皆在粟君所。恩以負粟君錢，故不從取器物。又恩子男欽
15.以去年十二月廿日為粟君捕魚，盡今（據第二十六號簡，脫一「年」字）正月，閏月、
二月，積作三月十日，不得賈直。時，
16.市庸平賈大男日二斗，為穀二十石。恩居觻得付業錢時，市穀決石四千。以欽作
17.賈穀十三石八斗五升，直得錢五萬五千四，凡為錢八萬，用償所負錢
18.華。恩當得欽作賈餘穀六石一斗五升付。恩從觻得自食為業將車到居延，
19.（積）（據第二十七號簡補）行道二十餘日，不計賈直。時，商、育皆平牛直六十石與

粟君，粟君因以其

20.賈予恩已決，恩不當予粟君牛，不相當穀二十石。皆證也，如爰書。

21.建武三年十二月癸丑朔戊辰，都鄉嗇夫宮以廷所移甲渠候書召恩詣鄉。先以「證財物故不以實，臧五百以上；辭以定，滿三日。

而不更言請者，以辭所出入，罪反罪」之律辯告，乃爰書驗問。恩辭曰：「潁川昆陽市南里，年六十六歲，姓寇氏。去年十二月

22.中，甲渠令史華商、尉史周育當為候粟君載魚之觻得賣。商、育不能行。商即出牛一頭：黃、特、齒八歲，平賈直六十石，與它穀十五石，為穀七十五石；育出牛一頭：黑、特、齒五歲，平賈直六十石，與它穀四十石，凡為穀百石；皆予粟君，

23.以當載魚就直。時，粟君借恩為就，載魚五千頭到觻得，賈直：牛一頭、穀二十七石，約（據第七號簡補）為粟君賣魚沽出時行錢四十萬。時，粟君以所得商牛黃特齒八歲，穀二十七石予恩顧（雇）就直後。二—三日當發，粟君謂恩曰：「黃牛

24.微庾，所將（據第八號簡，應為「得」）育牛黑特雖小，肥，賈直得等耳，擇可用者持行。」恩即取黑牛去，留黃牛，非從粟君借牛。恩到

觻得賣魚盡，錢少，因賣黑牛，並以錢三十二萬付粟君妻業，少八萬。恩以大車半櫓軸一，直萬錢；羊韢一枚為橐，

25.直三千；大笥一合，直千；一石去盧一，直六百；犕索二枚，直千；皆在業車上。與業俱來還，到北部，為業買肉十斤，直穀一石；到弟（第）三置，為業糴大麥二石。凡為穀三石，錢延五千六百，皆在業所。恩與業俱來到居萬後，恩

26.欲取軸、器物去，粟君謂恩：「汝負我錢八萬，欲持器物？」怒。恩不敢取器物去。又恩子男欽，以去年十二月二十日為粟君捕魚，盡今年正月、閏月、二月，積作三月十日，不得賈直。時，市庸平賈大男日二斗，為穀二十石。恩居

27.觻得付業錢時，市穀決石四千。並以欽作賈穀，當所負粟君錢華。恩又從觻得自食為業將車、莝斬來到居延，積行道二十餘日，不計賈直。時，商、育皆平牛直六十石與粟君，因以其賈與恩，牛已

28.決，不當予粟君牛，不相當穀二十石。皆證也，如爰書。」

29.建武三年十二月癸丑朔辛未，都鄉嗇夫宮敢言之。廷移甲渠候書曰：「去年十二月中，取客民寇恩為就，載魚五千頭到觻得，就賈用牛一頭、穀二十七石，恩願沽出時行錢四十萬，以得三十二萬。又借牛一頭

30.以為犅，因賣，不肯歸以所得就直牛，償不相當二十石。」書到，驗問、治決言。前言

解廷郵書曰：「恩辭不與候書相應」疑非實。今候奏記府，愿詣鄉爰書是正。府錄：令明處
31.更詳驗問、治決言。謹驗問，恩辭，不當與粟君牛，不相當穀二十石；又以在粟君所器
物直錢萬五千六百；又為粟君買肉、糴三石；又子男欽為粟君作賈直二十石；皆〔盡〕〔償〕
〔所〕〔負〕
32.粟君錢華。粟君用恩器物币（敝）敗，今欲歸恩，不肯受。爰書自證。寫移爰書，叩頭
死罪死罪敢言之。
33.・右爰書
34.十二月己卯，居延令守丞勝移甲渠候官。候〔所責〕男子寇恩〔事〕，鄉□辭，爰書自
證。寫移書〔到〕□□□□□辭，爰書自證。
35.須以政不直者法亟極。如律令。
掾黨、守令史賞。
36.建武三年十二月候
粟君所責（債）寇恩事

（原載《陶希聖先生八秩榮慶論文集》）

社會學與史學

一、史學與社會學的異同

史學與社會學的起源不同，演變各異，但是兩者的對象則相同——都以「人」作為研究的對象。兩門科學的學者，在過去往往互相輕視，原本應該攜手合作的伙伴，變成了猜忌的敵手。另一方面，社會學者對於只在一時一地收集的資料，輕易地用來推論一般性的結論；而史學工作者也往往自囿於小圈子的工作，忽略了可以從比較研究獲得的豐碩結果。社會學者常不能避免錯用因果律的毛病；史學工作者又往往不願借助於其他學科已經建立的理論，反而沾沾自喜地依賴直覺。於是本可以珠聯璧合的學科，在各自分道揚鑣的局面下，不免遭受離之兩傷的命運。

本文用不著列舉兩門學科的同異，因為兩門學科本身範圍內還有著許多性質各別的分枝，但從基本的性質說，史學的重點似乎集中在事件與行動的順序及發展線索，以事件的主人翁作為表象的焦點；而社會學毋寧著重在事件與行動的型態及其轉變，社會包含了許多個人，個人只是社會力量的產品。

既然學科間的差異主要基於處理的問題，不在於對象，社會學與史學之間的差異，自然也就很明顯了。所有的社會科學（包括史學在內）雖說都以人群及人際關係為對象，方法到底因為研究過去社會抑目前社會而有所不同。處理過去的社會，我們不能不使用文字、遺物，諸如此類已經定了型的啞巴資料，於是史學家必須學會披沙揀金，辨別價值的方法。不過當今之世，有許多資料，如貿易數字，人口統計⋯⋯，都可為明日史家用作重要史料；史學家似乎正應該與社會學家合作，收集這種資料，保存這種資料。

研究過去有其便利處，至少其透視的價值已經多少確定了。但是研究過去也有其不便利處，因為事件已成為記載，而記載與事實之間，不可免的，有極大距離，前者往往只能包含後者極小的一個成分。任何讀報紙的人都會同意，新聞的不盡不實是不可避免的現象。研究當代社會的人卻反而有材料多得無從措手的苦處。資料遍地皆是，但他必須從這些林林總總的現象中尋覓經絡所在。換句話說，社會學家不僅要自己找材料，還須自己找假定，從「假定」有關的部分去設計方法，讓材料說出話來。不僅啞巴材料要有意義，如何叫訪問對象說話也是一樁學問。同時，許多統計、選樣⋯⋯，諸如此類的方法，也有其本身的陷阱，學者一不小心，也會受材料的愚弄而不能自拔。不過從大體看來，社會學由於資料的豐富，無疑對於了解「人」的工作遠勝於史學的機會。

史學縱然在這一點上不及社會學的材料豐富，可是史學所涉的時間長度是整個人類群體生活的時期，其中現象多姿多彩，也是社會學家處理目前有數幾個社會所不能有。史學在比較研究的園地，毋寧為社會學家保持了一片大可馳騁的原野。[1]

有人以為史學是敘述的，社會學是分析的：其實這個分野頗稱勉強。敘述與分析兩者本身就必須相輔而行，要作分析，必須有可靠的敘述為依據；要作敘述，也必須先確知要講的項目和性質。史學家研究載籍，爬梳資料時，不能不先有分析的眼光，認明問題，才談得到從素材中提出鋪陳的內容；社會學家作統計或填訪問表格時，也必須把結果歸結為一種敘述，做次一步工作的基礎。兩者都認為一些「事實」的條理，有助於廓清某一個問題。

敘述與分析的相輔相成，可舉 Collingwood 的意見來討論。Collingwood 以為對於事件「適當的」敘述即是對事件的解釋。[2]在這一個 Ranke 式的定義中，Collingwood 加上了「適當的」三個字，所謂「適當的」敘述，至少應該包含某些因果的解釋及或顯或隱的一些假設。

1 參看P. Gardiner（ed.）, *Theories of History*（New York, 1959）; P. Gardiner, *The Nature of Historical Explanation*（London, 1952）; F. Stern（ed.）, *The Vavieties of History*（New York, 1960）; E. H. Carr, *What is History*（London, 1961）; W. J. Cahnman & A. Boskoff（ed.）, *Sociology and History*（New York, 1964），最後一本最新出，本文頗取材該書，特此聲明。

2 R. G. Collingwood, *The Idea of History*（Oxford, 1946）, p. 177.

Pirrenne的定義就更清楚了。他指出三點：[3]第一，不管是過去或現在，全部事實的全部敘述是找不著的；第二，為了在實際存在的空白之間架上橋梁，研究者不能不發展一些假設，而假設，在基本性質上，正是暫時性的分析，為工作方便而作的分析，這種分析當然要因證據而修正；第三，既然事件本身不會說話，史學家也罷，社會學家也罷，必須把資料整理成一個系統，使同行或一般讀者知道其中意義。這一種整理工作，無疑先要把某些隱含的或者假定的關係，加諸事件遺留的資料。敘述正是分析的萌芽，兩者由經過訓練、經過控制的想像，互相補充，互相配合，以產生所謂解釋。

也有人以為史學注重單一事件，社會學注重一般原則。這個誤解的產生，部分的由於誤解科學方法的程序和目的。所謂單一性或普遍性，並不是事實本身具有的特性，這些名詞僅是用來了解事實的分析型。假使要著重單一性，我們可以有無數片樹葉的單一性，各具異相；假使我們要著重普遍性，所有的柳樹葉具有同相，所有的樹葉具有同相，甚至所有的葉子具有同相。自其異點觀之，萬物莫不殊；從其同點觀之，萬物莫不齊。觀察者與研究者本身的立場，決定了對象的單一特殊性，抑普遍一般性。而過分的強調極端，只有導致難以解決的難題。以為諸物皆殊時，系統的知識將不可能；以為諸物皆齊時，整個知識又成了一片混沌。

史學家注重單一性著稱的，如Rankd，他不願接受這種兼重單一性與普遍性的態度，對於把普遍性加諸單一事物的想法，很不以為然，認為單一個體各有內在的性格決定其動向。[4]人類學家 Kroeber 也以為單一事件的重要性，在於構成諸相各異的型態，不應當由一個公式來表示。[5]換句話說，在全貌中建立與發展各種型態，事件的單一性與普遍性原則並無關係。然而，我們再申論一步，頗可看出研究者無妨於盡量找出事件的多種多樣性，以作為另一全貌體的對比，從而發現其中的同和異。對於單一性的注意，正是發掘普遍性的必要過程，兩者的配合方才可以產生解釋。單一事件，作為個案，只夠建立一般原則的基礎，只有合許多相關相連的個案通盤觀察，累積的例子方足以證實某一原則。但這個原則以社會科學性質說，終究只是或然的。

既然談到或然，我們不能不討論所謂自由選擇與必然決定的關係。有些人也用這兩點作為史學家與社會學家的區別標準，以為史學家的眼光專注於有自由選擇權的行為主人翁，而社會學家的眼光專注於個人難以擺脫的大趨向。換句俗話說，究竟英雄能造時勢，還是時勢能造英雄。理論上說來，英雄有許多可以選擇的途徑，他的抉擇是一種自由。從另一方面說，說到為

3 H. Pirrenne, "What are Historians Trying to Do," in H. Meyerhoff（ed.）, *The Philosophy of History in Our Time*（Garden City, 1959）.

4 G. G. Iggen, "The Influence of Ranke in American and German Historical Thought," in *History and Theory*, II, 1（1962）.

5 A. L. Kroeber, *The Nature of History*（Chicago, 1952）, p. 86.

什麼某一抉擇被選時，史學家不能不為我們的英雄找出一些理由，而這些理由正是所謂具有決定性的因素，有的來自環境，有的來自個性，有些來自其個性對環境中社會力量的估計。英雄似乎仍有許多牽絆，又似乎很難與時勢分開。

還有許多人，對於史學和社會學的分野，以為史學注重因果，社會學注重法則。說到因果，我們必須注意，「因」與「果」都是人挑選出來的東西，天然界既不存在其結晶，史家必須小心地從錯綜複雜的現象中分析解離。過程和結果都不能擺脫偏見，再加上人類的社會不是實驗室，這些分析解離後的果，不可能有一個「控制下」的單純實驗加以覆核。史學的對象，歷史的環境，毋寧是一大串互相倚伏的因緣，無始也無終。因無量數，果亦無量數。因生果，果生因，因果相逐，無盡無休。這一大堆因果關係，不容易簡化成單純的原則，但是，史學是對於變化的觀察，這些觀察本身則不僅可以描述，而且可以比較，可以評估。換句話說，史學家的對象林總萬象，情勢也變動不居，然而史學家仍可辨認出若干最重要的因素，因素造成的情勢未必都一樣，然而其中終有一些可以對比而引出某種解釋的東西。在限度之內，比較研究可以證實或否定某一因果解釋。

早期社會學，曾經認定了要追尋單一的因果原則，至今還有若干史學家為此對於社會學不無猜疑，也有人凡用到「社會學的方法」一詞時，總誤以為相當於社會經濟決定論。[6]事實上，社會學家早已放棄了追尋放諸天下靡不合的金科玉律。大多數的社會學家，只應用一些中距離的理論，找相當的社會，來研究其中諸變相的適度因果關係而已。一般言之，這一個態度牽涉了比較研究，而要求設立若干歷史上的重要類型。既然遵循某一單線解釋的方法不可靠又不可能證實或否定，也只有比較研究可以導致有限度的因果解釋了。史學家即使未必有意識的如此做，可是恐怕也不易有其他立場。

由前述討論，史學與社會學之間實在只有課題的不同，而未嘗有基本立場或方法的不同。反過來說，兩者應當輔車相依，社會學可以提供史學學理的觀念，史學可以提供無數倍於現存社會的歷史社會，以作比較研究的素材。史學家對發展的了解，無疑也有助於社會學研究的時間縱深。

二、史學與社會學合作的成績

在最近一個世紀內，社會學與史學的結合，曾產生了許多豐碩的果實。在兩個園地交界處工作的學者，似乎多多少少地牽涉到某幾個共同課題，有若干學者試圖了解一兩個特種社會型

6 Collingwood, op. cit., Part 5; K. Popper, *The Poverty of Historicism*（London, 1957）, chap. 2, 4.

態的出現與演變，尤其曾經有過人口、經濟及社會轉變的「都市化」，從事歐洲古典期或中古期的因果線索及社會結構的頗有著名人物，如 Coulanges 的《古代城市》，[7] Glotz 的《希臘城邦》，[8] Pirenne 的《中古城市》，[9] Maunier 的「城市起源」，[10] Maitland 的《都市與鎮集》，[11] Bloch 的《法國市鎮》。[12] 在美國，Adna F. Weber 則致力於十九世紀的都市，[13] 緊接下去的學者，對於美國十八、十九世紀的城市發展更有詳細的研究。[14]

同樣的方法也應用於當代都市研究，參加工作的有社會學家、人類學家、史學家、地理學家，各種各樣人物。用到的素材包括報紙、人口統計、日記及公家檔冊。這些研究都市化及工業化現象的學者們，有的由政治經濟諸種制度的歷史分析，追溯一個社區的發展；有的由追溯社會階層化及政治權力結構的大勢，作相當詳盡的探討。Lynd 對於「中鎮」（Middle Town）的兩部作品，即是利用史料作為四十年時間深度，對一個社區的考察。[15] Lynd 在一八九〇年、一九二四年、一九三五年，三度調查印第安納州一個小城的六個區域，主要目的在於了解工業化對於一個社區的研究。另外一個同樣著名的研究，是 Warner[16] 的楊基城（Yankee City），用麻省 Newburyport 作為對象。可是 Warner 不曾利用歷史性的資料，只憑一時的調查撰述，結果自然缺乏時間深度，一切都只能局限於當地居民當時當地的了解，在深度上，甚至在真實性上，都因為歷史資料未經應用，歷史演變觀念未被應用，了解自然比較浮淺。

第二個廣袤的天地是區域文化的個案研究，社會學家與史學家在這一種課題上，都同等需

要，這一方面也名家接踵而至，例如 Burckhardt 的《義大利文藝復興文化》，[17] Huizinga 的

---

7 F. de Coulanges, *The Ancient City*（New York, 1956）.

8 G. Glotz, *The Greek City and its Institutions*（New York, 1930）.

9 H. Pirrenne, *Medieval Cities*（Garden City, 1956）.

10 R. Maunier, *L'Origine et la fonction économique des villes*（Paris, 1958）.

11 F. W. Maitland, *Township and Brough*（Cambridge, England, 1898）.

12 Marc Bloch, *La France sous lex demiers Capetiens 1223-1328*（Paris, 1958）.

13 Adna F. Weber, *The Growth of Cities in the Nineteenth Century*（New York, 1899）.

14 B. Mckeloevy, *The Urbanization of America, 1860-1915*（New Brunswick, 1963）.

15 R. S. Lynd and H. M. Lynd, *Middletown*（New York, 1929）, *Middletown in Transition*（New York 1939）.

16 W. L. Warner and P. S. Lunt, *The Social Life of a Modern Community*（New Haven, 1940）. 參看M. R. Stein, *The Ecllipese of Community: An Interpretation of American Studies*（Princeton, 1960）.

17 J. Burckhardt, *Cinilization of the Renaissance in Italy*（B. Nelson and C. Trinkaus, tr., New York, 1958）.

《中古低地國家文化》，[18] Max Weber 的《西歐新教倫理與資本主義精神》，[19] de Tocqueville 的《美國民主之制度》，[20] 其中甚至還可以包括 Toynbee 的《希臘歷史研究》，[21] Riesman 的《美國民族性，所謂「寂寞的人群」》[22]，Wittfogel 的《東方專制論》。[23] 這一堆的名字中，Burckhardt 可稱為很好的代表，他以為他的動機不是作編年史，也不是一心想著進展觀點的歷史哲學，而是尋找「重現的」、「固定的」和「典型的」，因之 Burckhardt 未嘗縷述義大利十四、十五和十六世時代所見所聞，而注意到思想與動機的情況，注意到無拘無束的個人的出現是這三百年來的主調。我們不難看出，Burckhardt 的近古歐洲是單一的時空，但他由這一時期歷史引出的導論，則在近代的其他地區也有意義。

上述幾位學者的工作之間的關係也很有意思，代表了學問接踵繼武的累積。Burckhardt關於義大利文藝復興的研究，引起了 Huizinga 中古末期的研究，而對於基督教文化的探討，則推 Max Weber 的新教倫理為最重要。Weber 的一生著作，由他早期研究德國主佃關係，以至大部著作如中國宗教、印度宗教和古代猶太教，似乎都用來說明文化與社會的關係，尤其是文化中某一意識形態、社會結構與經濟模式之間的互相關聯，他的作品堪稱近代不朽之作，開啟了經濟史、宗教社會學、社會史各學科的新門徑，Weber 的方法學，提出了以理想的型態作為比較研究不可少的標準尺度，由這一個方法，研究人文及社會學科的人，開始可以藉助內容千變萬化的各種歷史型態，抽繹合理的「應該如此的」理想型，再將實際發生的歷史型態與這個標準尺度複檢，找出與後者歧異諸點的函數關係。經過這一番分解抽離的程度，史學及社會學有利用近乎實驗方法的可能，不過這個實驗不用試管儀器，用的是嚴格的理性思維。這個有準則的比較研究，絕不同於一般把貌似類同之點輕易比附的所謂「比較法」。Weber 的另一方法學上的貢獻，是提出某一單項因素來討論其他現象，這一個因素間的倚伏呼應，借用數學名詞，這方法的目的是建立函數關係；若借用生理學的名詞，卻又當稱為功能關係。[24] Tocqueville

18 Johan Huizinga, *The Waning of the Middle Age: A Study of the Forms of Life, Thought, and Art in France and the Netherlands in the XIV and XV Centuries*（F. Hopman, tr., London, 1930）.

19 Max Weber, *The Protestant Ethics and the Spirit of Capitalism*（T. Parsons, tr., London, 1930）.

20 A. de Tocqueville, *Democracy in America*（New York, 1959）.

21 A. J. Toynbee, *Hellenism: The History of a Cviliization*（New York, 1959）.

22 D. Riesman, *The Lonely Crowd: A Study of the Changing American Character*（New Haven, 1950）.

23 K. A. Wittfogel, *Oriental Despotism: A Comparative Study of a Social Power*（New Haven, 1957）.

24 關於 Weber 的著作，多如牛毛，最好的討論是 R. Bendix, *Max Weber: An Intellectual Portrait*（Garden City, 1960）。他的經濟史研究，*General Economic History*（F. H. Knight, tr., New York, 1950），他的方法學有他的 *The Methodology of the Social Sciences*（E. A. Shils and H. A. Finch, tr., Glencoe, 1949）。又有別人的分析，如 F. A. Hayek, "Scientism and the Study of Society," in *Economica*, new series I（1942）, II（1943）, III（1944）.

研究美國文化，也用的是同一方法，他在討論美國民主的著作裡，雖然涉及林林總總的制度與觀念，雖然追溯許多因果，可是他把這一切都歸結為一句話，認為是受了「人類處境平等的影響」，[25] 這種駕繁馭雜的手法，主要在於觀察一個整體——文化也罷，社會也罷——及其中各部分互相的作用。由此所發掘的主函數，並不等於單一原因決定論所持的某一根本因：這是讀者必須切記的區別。

與上述方法學相伴而來，有些學者們遂注意於探討某一個社會中，某幾個主要制度間的交互作用、及制度演變的方向與模式。最常見的研究，是討論經濟制度與政治制度間的關係，或者宗教與政治經濟間的關係，甚至宗教思想與科學間的關係。這一類的著作，著重在制度交互作用過程中的變動，及變動對社會所生的後果。變動的觀念，顯然符合史學的態度，同時社會制度的觀念，又顯然在社會學的領域內。這一個範圍自然成為史學與社會學的共同園地了。

這種史學與社會學結合的著名例子，是 Maine 的《古代律法》，[26] Coulanges 對於古代都市與宗教關係的研究，[27] Pirrenne 的中古及近古歐洲城鎮，[28] Max Weber 對於城鄉社會結構和他的宗教與社會經較研究，[29] Bloch 的中古法國封建制度，[30] Rostovtzeff 的古代希臘與羅馬帝國，[31] 其中甚至還可以加上人類學家如 Redfield 和 Milton Singer 共同促成的一連串各種文化的比較研究。[32] 凡此都代表學者對於文化與制度的興趣。

單取一個例子以覘其餘：Marc Bloch 把封建制度的研究和其他各地區的分別研究，合編成

25 A. de Tocqueville, op. cit., II, Prefance v-vi.

26 H. S. Maine, *Ancient Law: Its Connection to the Early History of Society and Its Relation to Modern Ideas*（New York, 1864）.

27 F. de Coulanges, op, cit.

28 H. Pirrenne, *Les Villes et les institutions urbaines*（Paris, 1939）; *Economic and Social History of Medieval Europe*（New York, 1937）; A. F. Havighurst, *The Pirrenne Thesis: Analysis, Criticism, and Revision*（Boston, 1958）.

29 Max Weber 的書除見於注24外，直接與這個課題有關的，如*Law and Economy in Society*（M. Rheinstein ed., Cambridge, 1954）; H. H. Certh and C. W. Mills（ed.）*From Max Weber: Essays in Sociology*（New York, 1946）Parts 3, 4.; Max Weber, *The City*（D. Martindale and G. Neuwirth tr. and ed., New York, 1958）. *The Religion of China*（H. Gerth tr., Glencoe, 1951）. *The Religion of India*（D. Martindale and H. Gerth tr., Glencoe, 1958）. *Ancient Judaism*（H. Gerth and D. Martindale, tr., 1952）. *The Theory of Social and Economic Organization*（A. M. Henderson and T. Parsons tr., New York, 1947）, *The Sociology of Religion*,（E. Fischoff tr., Boston, 1963）.

30 Marc Bloch, op. cit; 又同一作者，*Les caractéres originaux de l'histoire rurale franailse*（Paris, 1931）. *Feudal Society*（L. A. Manyon tr., Chicago, 1959）.

31 M. I. Rostortzeff, *Social and Economic History of the Roman Empire*（Oxford, 1926）. *Social and Economic History of the Hellenistic World*（Oxford 1941）.

32 R. Redfield and M. Singer（ed.）, *Comparative Studies in Cultures and Civilzations*（The American Anthropological Association 1954）.

一本專論歷史上封建制度的論集。[33]歷史是多數，屬於各文化，而不是單數，只屬於專一文化；由各處歷史發展抽繹的證據，正不必提示「一個」發展的方向。各種時間空間的人類活動業績，誠然是人類歷史的一部分，卻是其中多種多樣的異相。[34] Marc Bloch 對於封建社會的討論，即是把封建作為社會的一個型態，可是也是特定空間與時間下的一個複合體，包容了當時當地的歷史各部分。Bloch 處理的特定時間是第十到第十三世紀間，空間是包括英倫三島，德國法國及低地國家的西歐，他的討論也上溯到封建社會以前的親屬社會，及中古晚期封建社會的殘餘痕跡。

Bloch 採用 Durkheim 的比較方法，事實也正與 Max Weber 的理想型異曲同工。他不僅把中古封建歐洲以前的親屬社會及以後的式微時代，他也用歐洲以外的封建社會如日本封建制度來作比較，他的結論認為，封建在歷史上不是只發生了一次的特殊現象。可是他也說明，日本的封建與歐洲的封建有其接近之處，但不像歐洲的封建一樣，有強烈的契約性，而天皇的神性與整個領主從屬的結構無關。由此可見，Bloch 的比較方法，並不僅僅在尋覓一些平行現象來說明其雷同之處，更在尋覓相差之點及所以相異的原因。[35]

討論社會改變的研究還有一個旁支，即是比較同一文化的人群移殖到另一環境的發展情形，在這一個範圍內最重要的著作，包括 Znaniecki 對歐洲和美國的波蘭農夫的對比。[36]利用私信和自傳，建立家族史和個人史，來分析社會的和個人的解體過程、性格類型，及移民生活對家族結構的影響，凡此不大被人重視的資料，都需要歷史的深度，方才可以建立起譜系系統。移殖人群與當地土著文化的互相滲透，及由於種族衝突或種族集結而產生的影響，也可以造成經濟上及社會在階級上各種後果。在這一個課題下的重要著作，是 Freyer 對巴西階級社會的研究，[37] 和 Max Weber 對諸族冶爐的美國文化的闡述。[38]

工業化及現代化是社會學家和史學家都會插足其間的問題。自從 Max Weber 建立起新教倫理及西歐資本主義發生之間的關係，其他著作接踵而至，如 R. H. Tawney 進一步再討論宗教與資本主義的關係，[39] A. Fanfani 兼論天主教、新教與資本主義，[40] Pernoud 和 Lestocquoy 觀

---

33 R. Coulborn（ed.）, *Feudalism in History*（Princeton, 1956）.

34 K. E. Bock, *The Acceptance of Historyies: Toward a Perspective for Social Science*（Berkeley, 1956）.

35 Marc Bloch, *Feudal Society*, chap. 33. 參看 W. J. Cahnman and A. Boskoff（ed.）, op. cit., pp. 159-163.

36 W. I. Thomas and F. Znaniecki, *The Polish Peasant in Europe and American*（Chicago, 1918-20）.

37 G. Freyer, *The Masters and the Slaves: A study of the Development of Brazilian Civilization*（New York, 1946）.

38 M. Lerner, *America as a Civilization: Life and Thought in the United States Today*（New York, 1957）.

39 R. H. Tawney, *Religion and the Rise of Capitalism*（New York, 1926）.

40 A. Fanfani, *Catholicism, Protestantism and the Capitalism*（New York, 1955）.

察法國和義大利的城鎮和小市民階級，[41] N. Birbaum 研究德國宗教改革與社會結構的關係，[42] W. W. Lockwood 對於日本經濟發展的著作，[43] 都可說是其中的佼佼者。

對於傳統社會和現代社會之間的交互影響，我們不能不了解什麼叫做傳統社會。關於這一個問題，做得最好的是 Robert Redfield 在墨西哥一個村落的研究。[44] 由這個村落的社區結構，及支配其中成員的思考方式，他抽繹出一個所謂「民俗社會」的觀念，用來和所謂「都市社會」相對立，構成程度遞變的延續類型（Continuum）的兩極端，有了這一對純粹理想的類型，今天若干開發中地區逐漸受都市化及工業化衝擊後的狀況，可以有比較清晰的分析。

改變之中最劇烈的現象是革命，因此各種革命比較研究，也就成為社會史上重要的課題。歷史供給了比較的資料；社會學則供給了比較的觀念。在這方面有重要貢獻的人物，包括 Lyford Edwards、[45] Crane Brinton[46] 及Hannah Arendt。[47]

總結這許多問題的研究，我們可以看出：史學替社會學找到了時間的深度，使過去由平面研究社群的功能主義立場，進而為具有時間深度的演變與結構雙重解剖，對於「人」的了解，無疑有極大幫助；另一方面，社會學為史學開闢了新的蹊徑，使史家注意到政治、戰爭、外交以外的問題，利用官書、檔案以外的素材；社會史接觸的問題，使史學家不再是專記往事陳跡的兩腳書櫥，而成為共同努力了解人類本身的許多社會科學家中的一分子。

三、中國學者對中國歷史與中國社會的研究

在說到史學與社會學結合以前，我們必須提起一段對於中國社會史的初步嘗試。在北伐之後不久，中國的學術開始討論到中國社會的性質，其結構和問題，當時參加這一討論的人物，兼含左右各派，匯成所謂中國社會史論戰。首先出現的是對於恩格斯馬克斯理論的介紹，嘗試把中國社會史劃入他們的理論架子。不久，各理論家分為兩大派，一派是新生命派，以陶希聖為代表，另一派是新思潮派，則以共產黨的人物為主要陣容。由小篇論文辯論，逐漸演變為單

---

41 R. Pernoud, *Les origines de le bourgeoisie*（Paris, 1947）; J. Lestorquoy, *Les Villes de Flandre et d'Italie*（Paris, 1952）.

42 N. Birbaum, "Social Structure and German Reformation,"（Ph. D. Thesis, Harvard University）.

43 W. W. Lockwood, *The Economic Development of Japan*（Princeton, 1954）.

44 R. Redfield, *The Folk Culture of Yucatan*（Chicago, The University of Chicago, 1941）. *The Primitive World and Its Transformation*（Ithaca, Cornell University Press, 1953）.

45 L. Edwards, *The Natural History of Revolution*（Chicago, 1927）.

46 C. Brinton, *Anatomy of Revolution*（New York, 1938）.

47 Hannah Arendt, *On Revolution*（New York, 1963）.

篇的研究，例如郭沫若、嚴靈峯、任曙、陶希聖諸人，都有了專著出現，王禮錫主編的《讀書雜誌》，則成為往復論難的主要園地，後來陸續合編為三冊《中國社會史論戰》，其中辯論主題仍是中國古代社會的性質，例如「封建」社會是否在春秋時已經崩潰，殷周社會是「奴隸」抑「封建」，士大夫階級的性質，當前中國社會性質，諸如此類。從那文章的標題，就可看出這一團混戰中的參加人的觀點，都是由經濟著眼，使用的名詞都採自馬克斯理論及唯物辯證法。[48]由這一套符咒中只有封建社會，資本主義社會，及一個上不著天下不著地的所謂亞細亞

---

48 那些篇名，據鄭學稼，《社會史論戰的起因和內容》（台北：中華雜誌叢書，一九六五），頁六—九所記，抄錄如下：

「關於論戰的文章，就我所看到的《讀書雜誌》所載，如下表：

卷一第二期　朱伯康的中國社會之分析

卷一第四、五期　論戰專號第一輯

王禮錫的中國社會史論戰序幕
朱新繁的關於中國社會之封建性的討論
嚴靈峰的在戰場上所發見的『行尸走肉』
孫倬章的中國經濟的分析
劉境園的評兩本論中國經濟的著作
陳邦國的中國歷史發展的道路
劉夢雲的中國經濟之性質問題的研究
熊得山的中國農民問題之史的敘述
朱伯康的現代中國經濟的剖析

王宜昌的中國社會史短論

載行軺的中國官僚政治的沒落

周紹湊的對於『詩書時代的社會變革及其思想的反映』質疑。

卷二第二期

孫倬章的中國土地問題

卷二第二、三期

論戰專號第二輯

王禮錫的論戰第二輯序幕

王宜昌的中國社會史論史

李季的對于中國社會史論戰的貢獻與批評

劉鏡園的中國經濟的分析及其前途之預測

杜畏之的古代中國研究批評引論

田中忠夫的中國社會史研究上之若干理論問題

朱其華的動力派的中國社會觀的批評

張横的評陶希聖的歷史方法論

孫倬章的秋原君也懂馬克斯主義嗎

胡秋原的略覆孫倬章君並略論中國社會之性質

任曙的關於『中國的經濟的研究和批判』

朱其華的關於中國社會史論的一封公開信

卷二第六期

李麥麥的評郭沫若底『中國古代社會研究』

汪馥泉的中國農民的『生活線』

卷二第七、八期

論戰專號第三輯

王禮錫的中國社會形態發展史中之謎的時代

陶希聖的中國社會形式發達過程的新估定

李季的對于中國社會史論戰的貢獻與批評（續一）

任曙的怎樣切實開始研究中國經濟問題的商榷

鍾恭的劉鏡園的中國經濟新論

生產方式，於是我們只見討論古代社會的性質、及中國近代阻礙資本主義發展條件的一些討論。其實幾千年的中國歷史，雖說比較少戲劇性的高潮，其中變化依然不小也不少，在這一個論戰中，似乎對於中國歷史各個時代的處理，都只是浮光掠影的帶過，細密的研究頗說不到。在方法學上，偏於以借來的名詞主觀地解釋史料，馴至同一史料被不同的人引作證據，導引出截然不同的結論。因此，這一段熱鬧的討論並不能說是社會學與史學的結合，在基本性質上，只能算是中國學者們借用某一家的社會思想，來了解或說明中國社會的發展，說不上是比較研究。

這些人物中，也有人逐漸明瞭中國社會本身發展的特性，而想在這套符咒中脫身出來。王禮錫因此稱中國長期「不變」的社會為「謎的時代」，指出中國文化與公式不符之處。由其未發表的章節名稱看見，他已經擺脫了純粹的經濟決定論，開始注意到中國社會階層中官僚士大夫的性質、及北方游牧民族入侵的後果。

李麥麥對郭沫若《中國古代社會研究》的批評，採用了更謹嚴的史料解釋和比較研究，認為商代是封建制度的起源，西周是典型的封建社會，而秦的統一是專制王權結束了封建制，以駁斥郭氏認為殷是氏族社會、西周是奴隸社會、秦代始完成封建制度的公式。[49]

陶希聖氏雖然仍舊不能完全擺脫唯物史觀的立場，可是由於他在中國內地農村結構的觀察，他發現了中國社會不能切合馬克斯理論的分期，於是修正為氏族社會（西周）、奴隸經濟

(戰國到後漢)、封建莊園(三國到五代)、先資本主義(宋以後),其中所謂先資本主義,最

陳邦國的『關於社會發展分期』並評李季
胡秋原的亞細亞生產方式與專制主義
嚴靈峯的關於任曙朱新繁及其他
周谷城的現代中國經濟變遷論
王伯平的中國古代社會研究之發軔
熊得山的中國商業資本的發生之研究
梁園東的中國社會各階段的討論
白英的中國經濟問題之商榷
王宜昌的中國奴隸社會史——附論
鄭學稼的資本主義發展之中國農村

卷二第十、十一期　胡秋原的專制主義論
李麥麥的中國封建制度之崩潰與專制君主制之完成
沙蘇民的中國經濟研究

卷二第三、四期　陳邦國的中國歷史發展道路
論戰專號第四輯
胡秋原的中國社會文化史草書

又卷三第六期　胡秋原的秦漢六朝思想文藝史草書(此文上半為〈秦漢六朝社會史草書〉,刊於《國際文化》,未見。)」

關於這一段事情,本文主要借重鄭先生大作及另一參加者陶希聖的口述,一併在此致謝。

49 因原書均不見於台灣,此處所述均據鄭學稼前引書轉述。

表現修正而不能完全擺脫公式的苦處，不過在方法學上，他揭出三點立場：

第一是歷史的觀點，中國社會不是靜的，不是自然形成的；是動的，是幾千年歷史運動所造成的……。第二是社會的觀點，……大人物是社會的創造物……。第三是生活的觀點，……中國歷史是地理、人種，及生產技術與自然材料所造成，也是觀念的發展和思想的結晶……。[50]

這三個觀點中，第一點已經注意到公式主義的不合宜，第三點似乎是生態學的立場兼及意識形態的作用。他的《中國政治思想史》，也是由這三個觀點出發的作品。[51]不過仍具有過分強烈的政治性，在方法上具有過分公式主義的氣息。但是這一個工作不是完全沒有意義的，由其中產生了對中國社會做更深研究的欲望，而後來出版的刊物，如《食貨》、如《現代史學》，雖只是整理了經濟史和社會史的片斷資料，終究把史學家的眼，從單純政治史和史料校勘，擴大到文化史社會史。

在純粹史學家的陣營中，陳寅恪雖然未嘗自己聲明具有社會學的觀點，他對南北朝史、隋唐史的許多單篇著作，或以民族群的混合、衝突與協調為課題，或以社會階層中的變動為著眼點，[52]他的《唐代政治史略論稿》，更揭出中國中古門閥消失的大題目，把牛李黨爭歸結為世家子弟與新進士的鬥爭，雖然他的理論中有一部分已須修正（如武則天爭權是創造進士考試的主要原因），他的主要論點仍是中國中古分期的一個大據點。[53]

抗戰前夕及抗戰期中，史學家注意到社會問題的，為數頗不小；瞿同祖對於中國封建社會各階級的權利義務與禮制法律的研究，都夠精詳；[54] 齊思和對於戰國政治和社會經濟的討論；[55] 楊聯陞對於東漢豪強大族的探討，把中國社會的地方勢力做劃時代的研究；[56] 魏晉以下

50 鄭學稼前引書引陶希聖〈中國社會形式發達過程的新估定〉，此處所引述一段方法學的說明，則見於《中國社會與中國革命》（上海，一九三二；台北：全民出版社重印，一九五五），頁一—二。

51 《中國政治思想史》全四冊（台北：全民出版社，一九五四）。

52 陳寅恪，〈李唐氏族之推測〉（《中央研究院歷史語言研究所集刊》，第三本）、〈李唐氏族之推測後記〉（同上，第三本）、〈天師道與濱海地域之關係〉（同上，第三本）、〈元白詩中俸料錢問題〉（同上，第十本）、〈讀東城老父傳〉（同上，第十本）、〈讀鶯鶯傳〉（同上，第十本）、《元白詩箋證稿》。

53 陳寅恪，《唐代政治史略論稿》（重慶，中央研究院，一九四二）；又參看 E. G. Pulleyblank, *The Background of the Rebellion of An Lu-shan* (Oxford, 1955). 岑仲勉，《隋唐史》（上海，一九五七）；孫國棟，「唐宋之際社會門第之消融」（《新亞學報》，卷四，第一期，一九五九）。

54 瞿同祖，《中國封建社會》（上海：商務印書館，一九三七）。

55 齊思和，〈戰國制度考〉（《燕京學報》，卷二四，一九三八）。

56 楊聯陞，〈東漢的豪族〉（《清華學報》，卷一一，第四期，一九三六）。繼楊先生研究同類問題，有余英時，〈東漢政權之建立與世族大姓之關係〉（《新亞學報》，卷一，第二期，一九五六）；龐聖偉，〈三國時代大族〉（《新亞學報》，卷六，第一期，一九六四）；金發根，《永嘉亂後北方的豪族》（台北：中國學著作獎助委員會，一九六四）。

是中國門第最盛的時期，王伊同根據諸系重建了世家與世家的關係及婚宦特權與莊園經濟。[57]

近古社會中，重要成分之一是軍人，討論這一社會群體本身構成、及其對文化與政治影響的，有雷海宗、王毓銓、吳晗、潘光旦等人。[58]

社會學家使用歷史資料做中國社會研究，似乎比史學家做社會史研究，對於史學與社會學的結合，具有比較明顯的自覺，史學家如陳寅恪，即使所用的方法和觀念與社會學若合符節，實際上並沒有明白地說明採了社會學的方法或觀點。反之，社會學家如潘光旦、費孝通，則實實在在利用個案及量化了的歷史資料，研討傳統中國社會的結構；他們用社會學的方法駕馭史料，了解了明清迄於民國初年的地方紳士的形成、及人材藉科舉流動的情況與限度。[59]

這一類型資料的認識，使戰後四、五年內，學術界接觸到中國社會本身的結構、與結構內各成分的交互作用，張東蓀因此提出中國過去政治上所謂「兩橛」的現象，一橛是皇權，另一橛是地方組織的互助，認為這是龐大帝國能夠有靈活運用的因素。[60]費孝通則更明確地提出紳權的名詞，說明皇權與紳權是雙軌政治，由此有上下意見的交流與權力的節制，這種權力結構的討論，其焦點不在靜態的描述結構本身，而在於結構內的運行和作用。[61]費氏對於傳統中國的認識，事實上頗受影響於 Malinowski 和 Redfield 功能主義觀點。他的傳統中國農村經濟的討論，並不歸結在生產因素上，而是一個整個功能關係的綜合觀察，對於傳統社會的結構，意識形態與行為模式間的關係，盡納入一個複雜錯綜的理論網內。[62]

最後說到中國史學家自己承認使用社會學觀察的一些作品。這些工作在近來方開始出現，

57 王伊同，《五朝門第》（成都：哈佛燕京社專刊，一九四三）。與這一個問題相關聯的文章，有最近毛漢光，《兩晉南北朝士族政治之研究》（台北：中國學術著作獎助委員會，一九六六）；楊筠如，《九品中正與六朝門閥》（上海：商務印書館，一九三〇）。

58 雷海宗，《中國文化與中國的兵》（上海：商務印書館，一九四〇）；王毓銓，〈明代的軍戶〉（《歷史研究》，一九五九，第八號）；吳晗，〈明代的軍兵〉（《中國社會經濟史集刊》，卷五，第二期，一九三七）；潘光旦，〈軍與民的社會地位〉（《觀察》，卷一，第九期）。

59 潘光旦，《明清兩代嘉興的望族》（上海，一九四七）；潘光旦、費孝通，〈科舉與社會流動〉（《社會科學》，卷四，第一期，一九四七）。

60 這一問題的討論，多半在《觀察雜誌》上，如張東蓀，〈中國過去與將來〉（《觀察》，卷一，第一至六期）及〈我亦追論憲政兼及文化的證繼〉（《觀察》，卷三，第七期）；樊弘，〈與梁漱溟張東蓀兩先生論中國的文化與政治〉（《觀察》，卷三，第十四期）。

61 這一類的文章，最後集合成《皇權與紳權》一書，列入觀察叢書內，其篇目包含：費孝通，〈論紳士〉、〈論知識階級〉、〈論師儒〉；吳晗，〈論皇權〉、〈論紳權〉、〈再論紳權〉、〈論士大夫〉；袁方，〈論天高皇帝遠〉、〈論商賈與皇權〉；全慰天：〈論家天下〉、〈論兵與皇權〉；胡慶鈞，〈論保長〉、〈論鄉約——農村紳士的合作與衝突〉；史靖，〈紳權的本質〉、〈紳權的繼替〉諸篇，近來更嚴肅、更具學術價值的工作是 Hsiao Kung-chüan, *Rural China: Imperial Control in the Nineteenth Century*（Seattle, University of Washington Press, 1960）.

62 費氏的《鄉土中國》一書，顯然與 Redfield 的 folk society 觀點，桴鼓相應；《江村經濟》是稍早的一本作品，對於時間深度還缺乏足夠的使用。費氏的英文著作較易尋得，Fei Hsiao-tung, *Peasant Life in China*（London, Kegan Paul, 1943）及 *China's Gentry*（Chicago, University of Chicago Press, 1953）.

但預計不久將可能蔚為史學中的一個重要支派。個中方推翹楚為何炳棣的工作。何氏早期作品為揚州鹽商的研究和中國人口增長因素，因此籠罩稅制、農產、政府對產業的態度諸多方面。[63]何氏繼而研究中國明清兩代的社會變動現象，成《明清社會史論》一書，書中他明白地說明受了社會學上社會階層化現象理論的影響，他把社會變動用量化的資料顯示其大勢，又把許多個案附入顯示其個別的型態。他把科名分為進士、舉人、生員各個不同的群，來說明各種階層在社會變動中的機緣，及社會結構中的角色，較之過去一些學者囫圇吞棗式、借幾句文字史料即貿爾提出結論的方法，其間方法的精粗有顯著的不同。何氏用機緣結構來討論社會變動，顯然是功能主義的手法，把社會變動作為焦點，旋轉在社會結構各成分上。何氏書中又特別標出下降的社會變動，實是一般討論社會變動者未說到的。[64]

作者在利用社會學理論討論中國歷史上的社會，也是心之所好。作者受李玄伯師的啟示，注意到古代春秋間君子小人的凌替現象，[65]其後，又接受 Max Weber 利用理想型做比較研究工具的方法學，採用 Tonnoies Durkheim 和 Maine 的社會關係分類的觀念，以功能主義挑選一個變數，分析全體各函數關係的工具，駕馭量化了的文獻資料，同時用許多個案說明實際的升沉情況。作者的《先秦社會史論》，即以上述態度，把春秋社會與戰國社會作成兩個橫切面，從兩個時間平面間的差別為出發點，嘗試討論所以致異的動源因素（dynam elements）。[66]近頃，作者又嘗試用權力結構的觀點，來解釋漢代中央政權與地方勢力間的關係，用地方勢力與脫離中央管束的地方獨立社群，試求中國人口移到新拓地區時的社會結構。但均屬欠成熟的作品，猶待教於同好的師友。[67]

若同一來源社群在不同地區做比較研究，勢所難免的要牽涉到時間深度；如果史學的定義稍微擴大，則社區的比較研究也是史學與社會學的結合，最近在台灣頗有從事這類工作者，如中央研究院民族學研究所平埔村落漢化的研究，又如李亦園正在從事的台灣與南洋閩南社區的比較研究。

除上述所提的工作外，作者限於見聞，固有未嘗知道的，也有許多很有價值的工作，本文

---

63 Ho Ping-ti, "The Salt Merchants of Yang-chou: A study of Commercial Capitalism in Eighteenth-Century China," *Harvard Journal of Asiatic Studies*, XVII, 1-2（1954）; Early Ripening Rice in Chinese History", *Economic History Review*, Second series, IX, 2（1956）; *Studies on the Population of China, 1368-1953*（Cambridge, Harvard University Press, 1959）.

64 Ho Ping-ti *The ladder of Success in Imperial China, Aspects of Social Mobility, 1368-1911*（New York, Columbia University Press, 1962），筆者對本書曾有一篇中文介紹，見許倬雲，〈介紹何著明清社會史論〉（《大陸雜誌》，卷二六，第九期）。

65 李宗侗，《中國古代社會史》（台北：中華文化事業出版委員會，一九六四）。

66 Hsu Cho-yun, *Ancient China in Transiton*（Stanford, Stanford University Press, 1965）.

67 許倬雲，〈西漢地方勢力與中央政權的交互作用〉（《中央研究院歷史語言研究所集刊》，第三十五本）；〈三國東吳地區的地方勢力〉（《中央研究院歷史語言研究所集刊》，第三十七本）。Hsu Cho-yun, "The Changing Relationship Between Local Society and the Central Political Power in Former Han," *Comparative Studies in Society and History*, VII, 4（1965）.

限於題義，也只有割捨不提。例如純粹社會學的社區研究，其中值得介紹者頗多，但不能不保留給介紹社會學的專書。又例如外國學者對中國社會或社會史有功力的作手，如Granet、Balazs、Eberhard、Marsh、Kracke、Wilbur、Witfogel、Pulleyblank、宮崎市定、宮川尚志、加藤繁、青山正雄、增淵龍夫、西嶋定生……，都各有專長，然而一一介紹，勢須成一專文，此處不能不暫時擱置，以俟異日。

四、未來的挑戰與展望

前文已經提到不少史學與社會學結合後的成命，此中待做的工作依然不少。下面暫列若干題目，以供同好者參考，亦所以自勉：

1.社區研究：

過去半個世紀以來，社區研究雖然已有不少，但為數究竟有限。社區性質、結構甚多甚雜，我們還須對於不同時間、不同空間、背景各異、遭遇各殊的社區，做更多調查，庶幾可以觀察社區體積大小的關係，各個階段的重要因素，社區權力結構的變化性質，對其他社區的關係和對國家的關係。社區是人群的小單位，大於親屬群，小於政治群（如國家），表現文化特性最大，延續性也遠比親屬群大。由社區的解剖著手，在研究文化與人際關係都有裨益。

2.政治行為：

政治對於人群的重要性不言而喻，政治學家往往只研究政府結構、憲法等等靜態的東西，對於推動政治的力量卻不甚注意，這個動態的過程就必須由史學家與社會學家合作研究了。政黨與政治派系的興衰有其淵源，也有其動機，其中牽涉到文化的價值與社會的結構，兩者都須求之於政治之外。玩政治的手法，企求的目標更不能不由文化與社會方面找答案；而政治要解決的問題，常由當時當地的經濟軍事社會諸方面的情況而定，凡此又非由史學方面著手不可。

3.社會階層與動態：

過去對中國社會的研究，多偏於靜態的社會結構，然而近頃社會變動的研究，漸有人做升降陟沉的現象的闡明，對於結構中各成分的交織作用，有更深切的了解。我們猶須盡力的，還有好幾類問題：例如地位與權力轉變的主要變素，家族承襲的方式，生活方式與地位的對應條件，各種地位的人如何發生及實現其階級移位的方式；滄海桑田，高岸深谷，對於當時當地的影響，以及當時當地對這個現象的印象。凡此，仍須由史學家為社會學家找出某一相當長時期內的現象，由社會學的方法來解析。這種研究越多，越可幫助我們了解人群中的迴漩波浪。

4.知識社會學及宗教社會學：

思想、教義、藝術及科學，可以由各科目本身的發展作歷史的敘述，但是這些思想家、宗教家、藝術家、……也都是社會人。他們有所屬的階層，所具的經濟利害，後者又與社會的結構不可分離，他們表現於意識形態中的，有多少成分是專業的累積，有多少成分是個人對所具身分的認定或反抗，都可以作更深一層的探討。意識形態的傳授與散布，又須受決於教育機構的功能及大眾傳播工具的功用，同時受教育者的機會是否均等，也直接影響到社會變動的途徑和階層的形成。多做這一類的研究，可以考核現在的一些假定，把這一門新起的學科做得更精確些。

5.人群間的關係：

此中包括種族、地域群、信仰群，以及其他任何使人分為一群一群，具有特定個性的現象。人群與人群之間的競爭與合作，利害的衝突或協調，人群間地位的高下，群與其中個人的關係，這些問題可做的題目甚多，美國社會學界已注意到黑人、移民集團等等，但這一類題目實在不限於當代，在歷史上，這種種問題都曾困擾過那時候的當事人，其應付的方式也影響了歷史的發展。美國更不是具有這個諸族雜處現象的唯一地區，遠如希臘人與土耳其人在賽普勒斯，近如中國各省間的地方主義及華僑在海外的遭遇，無不值得社會學家提出觀念，史學家提出背景的了解，雙方合作，以求更深更公平的說明與解釋。

6.國民性及民族性：

所謂國情，在中國久已為政治家認識，不過意識形態如何形成，被認可的意識形態如何傳授於下一代，家庭結構與兒童求知的關係，隱藏欲望的逃避方向，被否定的觀念的抑制，凡此都或多或少的參與了性格的塑造。國民性格又直接間接的決定政治結構的形成，經濟的發展方向，國際事務的行為表現；這一個問題的材料，可求之於傳統史料的傳記，也可求之於不大被用的文學作品，更可求之於為正統史家所不取的民間傳說、戲曲、星相、謠諺，但沒有社會心理學及性格心理學的幫助，正統史家將無法掌握這些資料。

到此為止，我們暫列的問題已是多而且雜，將來更多的探討會引起更多的問題，知識的追尋本是如此，也只有如此，知識才有進展。

（原載《二十世紀之人文科學》，第九冊《史學》）

在史學領域漫步

一、歷史的定義

歷史這兩個字含有幾重意義。第一，歷史指曾經發生的事，大則所有曾發生的事的總稱類名，例如我們常在口頭上說，宇宙的歷史、人類的歷史……，小則許多個別的史事，例如，清華大學有過一門「人文社會科學概論」的功課。第二，歷史指史事的記錄，例如我國的起居注、大事記。第三，則是史學，指史學工作者（或史家）經過整理、思考和研究，然後形成的一套解釋。在本章中論到的，主要是指這第三重意義，也將順便討論到第二重意義。至於第一重意義，當然是史家處理的對象，卻不是史學本身。史事林林總總，往古追溯，不見盡頭，旁及推廣，也不見邊際。而且個別史事之間，往往並無確切可見的界限，如何在這許多史實中，切割出一件首尾具備的史事，這就是史家的工作了。舉一個切身的事例，各位上台北的書店買書，這是一件「曾經發生的事」，然而你不難發現，這件史事可以歸入「購買活動」項下，可以歸入「出遊台北」項下，也可能歸入「本月收支」項下。一個史家在面臨無數史事的記錄時，他往往必須當機立斷對史事的性質及界限做必要的裁決。因此，我們可以說，史事本身的存在，決定於史家（無論是記述者，或是解釋者）的抉擇。在上述上書店買書一事中，當事人本身，無論他是否有意的記下記錄，他自己對這件事的分類，已使他擔任了「史學工作者」的角色。史事本身可以客觀的存在——這是「已經發生的事」，但是這件史事的界定，以及這件史事與別的史事之間的關係，卻必須在有人加以記述或解釋，其存在的意義始能明顯。

歷史若只是許多孤立的史事，歷史勢不能具有意義。史事之中，若只有一連串的「俄頃」、「彈指」的時間分段，這件史事各階段之間的關係，也勢難具有意義，歷史的意義在追溯及分析「變化」的過程。「變化」本身的記述是為此目的，「變化」來龍去脈的因果分析，也是為了這個目的。中國史學的老祖宗——司馬遷，曾在給朋友任安的信中說到他撰寫《史記》的目的是為了「究天人之際，通古今之變，成一家之言」。「天人之際」指人事與環境的關係，即是分析史事發生的因素，「一家之言」是他對史事的解釋。而「通古今之變」，說明了史學的內容是了解這個「變」的過程。太史公的這三句話，千古顛撲不破，至今仍是對史學的明白定義。

二、史學的分工

史家的工作，也與其他學科一樣，非分工不可，分工的情形，可以有兩種：一為以專業興趣分，一為以工作的階段分。以專業分工的情形，明白易解。過去有很長一段時期，史學工作者，著重在少數上層人物的作為，尤其是統治階層的行為，於是史家以政治史為主體，思想史方面也往往限於有大影響力的思想家。中國的「史」中，以本紀為綱，以列傳分敘重要的歷史人物，正可代表政治史為歷史主體的態度。在「英雄造時勢」的觀念下，歷史變成了少數頂尖人物的舞台。逐漸，史學中出現了「制度史」及「專史」。中國史學傳統中制度史出現得很早，《史記》的八書，基本上是制度的演變或某一個專門範圍（如天文，如音樂……）的沿革。「三通」——《通典》、《通志》與《文獻通考》，也是專門史或制度史的大作。有了制度史的觀念，造歷史的「英雄」，多多少少須對制度作若干讓步和遷就。但到了近代，社會史、經濟史及文化史，逐漸獲得史學的重要地位，至少在有些學校中，社會史或經濟史已與政治史成了鼎立的三分局面，在社會史、經濟史、文化史的範圍內，英雄變成時勢的產品。史家的眼光專注於無數「小人物」的行為總和，甚至往往把歷史舞台上的一時名角，擱在一邊。史學界的嚴重病症，在於各個專門行業之間交流日漸隔斷，同系同事，若所治不同範圍，幾乎可以互相不通聞問。這是世界一般的情形，而尤以分工特別細密的美國學術界為甚。

另以工作過程中的階段分類，史學界也有逐漸「割據」的現象。史學工作的第一步與其他任何學科的情形相類似，必須取得「素材」。用史學家的名詞，這種素材，稱之名「史料」。取材失當，史家即無法在這個不穩的基礎上建築巨大的結構。是以對於史料的取捨別擇以及鑑定其真偽，判斷其有用的限度，每一個史學工作者都當仔細地從事。不過史料本身範圍極廣，上述許多工作又都極為繁密費時，其結果是有一些史學工作者在這一步驟，獨具功力，甚至以此名家。史學中遂有了以史料考證為專業的一群史學家。有時，這一類史學家工作態度謹嚴，十分符合學院傳統，竟可變成史學工作的主流。在中國，自乾嘉以下，在西方，自 Ranke 以下，無不表現同樣由史料上作者獨擅勝場現象。史料既經確定，第二步為組織史料。史家中也有不少是專門在這方面工作的，事實上，也可說史學工作新的大部分在做組織的工作。不過「組織」也可有多種方式。以年代排比，在史事為大事記、本紀，在人物傳記為年譜。從因果分析著手，則表現為專題的記述，如傳記、紀事本末等等。這一階段大多仍以記述為主要任務。即使記述之中有所分析，也主要為了記述的條理和邏輯。第三步的工作是解釋。章學誠在《文史通義》的〈書教〉篇說：「撰述欲其圓而神，記註欲其方以智也。」換句話說，史學的解釋工作，是對於史事本身找出明顯的意義。從事這一部分工作的史家，為數不多，倒是由哲學或其他專業起家的學者，頗有人對歷史提出他們的解釋。史學工作者從事於此的人，也不是沒有，卻往往只作比較局部的解釋，不敢跑得太遠。以上三個階段的工作，其實每一個史家或有意識或潛意識，都必須經過。可是由於分工之故，每人各有專精，日久也會因沉浸太深而忘了專精其他工作的同事。今日史學界，無論中外，常有黨同伐異的毛病，實在很像兒童故事中手、足、眼、耳、鼻各自誇功的情形。仔細想想，我們不難發現各階段工作是互相依賴的。有此認識，許多分歧可以消融於無形。

三、史料的研究

說到工作的實質，我們仍依史料研究、記述、解釋三個項目討論。大家可能以為史料即指文獻的材料，尤指檔案史料為主。這是一個比較狹窄的定義。今日對史料的定義，範圍極為廣泛。文字書寫的紀錄，不僅指檔案，幾乎也指一切著了文字的東西。實物的史料，範圍更廣，不僅周金漢瓦是史料，沉沙折戟，破瓶爛罐也都是史料。幾乎一切曾經人類手澤的東西，在某種意義下都可認為是史料。史家的工作，多多少少有點像偵探查案，所有看去微不足道的線索都不輕易放過，北京人洞穴中的一堆炭灰，可以讓中國古代史學家推論出「北京人用火」的重要結論。幾本舊賬目，若干教區紀錄，一些沉船的殘餘，加在一起，可以讓歐洲中古史的專家們勾勒描繪歐洲經濟體系的形成和發展。史料既如此的眾多和龐雜，史家從第一眼做史料搜集工作時，他實際上已經是有目的的，有假定的。甚至以整理史料為專業的史學工作者也在心目中存了某一目的，判定了這種史料對於解決某一項或某一類歷史問題有其用處，他才會以一定的尺度和標準，選擇他要用以考證的史料。在這一層意義言，作史料考證的專門家，大概多多少少也在從事進行記述和解釋的工作階段，他自己對這兩階段的工作，有體認，但未必有意義的發表，他的考證工作，也相對的限制了，甚至規定了下一步的記述和更下一步的解釋。從另一方面說，史料工作的史家也從眾人事記述和解釋的史家專業中，獲得其自覺的（或不自覺的）體認和見解，幫助他決定該選哪些材料作為研究對象。一般說來，除非大聖大賢，常人有了先入之見，即難免有所偏蔽。舉個日常生活中的例子，我們若在教室丟了雨傘，回頭再去可能遺失的地方尋找時，大概總是眼光往房角、門後、桌椅下面、各處搜索，這時對教室其他部分的現狀或變化，多半視若無睹，史家抉擇史料時，也難免被自己的先入之見偏蔽。史家總須常常警惕，始可免去這個偏蔽的毛病，才可不致遺漏重要的「破案」線索。大致人之偏見，自覺有偏見時，易於排除蔽障，保持心胸開放。若不自覺有偏見，往往會自詡客觀，則偏蔽如故，徒然自誤。是以史家既也難免於常人的通病，則自覺的偏見可能比不自覺的偏見，為害稍輕些。

四、史學中的記述工作

在記述的階段，組織史料自然是重要的步驟。史學工作者面臨許多不同性質的史料，其中有矛盾相斥的，有不完整而彼此可以補足的，當然也有若干可能全無用處的史料。史家必須在相斥的史料中判斷孰為可信，在相成的史料中截此之長補彼之短。但是最困難的工作，仍是決定勾勒某件史事中的那一部分輪廓。舉例言之，如果一位軍事史家要記述某一重要戰役，他若運氣好，會面臨種種史料：戰地司令部的戰報，當事人上自指揮，下至士兵的追憶，戰地記者採訪來的消息，敵方的情報紀錄，戰地的殘跡及遺留……。這些紛然雜陳的史料，各人有各人的說法，能叫人墜入五里霧中。可是這許多史料在當時血肉橫飛天地變色的實況中，還真只占極小的部分。最忠實的記述，自然是使整個戰役的過程，一刀一槍全部復現於天地之間。——然而這是不可能的事，即使拍攝電影也不過是史事某一角度的濃縮。史家必須選擇一些他認為重要的項目，濃縮戰役的經過。有些部分被誇大了，有些部分被遺漏了，有些部分被歪曲了。史家至多做到盲人捫象式的工作。誠實的史家必須謙卑地承認這些缺陷，這些無可奈何的遺憾。我們讀前人的記載時，因此必須十分警覺，也須十分寬恕。

五、「史事叢」與史事的解釋

由上述素樸的記述，更上一層則是對一連串史事的敘述。我們可以稱之為「史事叢」的處理，此中有綜合，也有分析，二者是不可分割的孿生子。究天人之際與通古今之變，都不外乎問一個大問號：「為什麼？」若干似分還聚，似斷還續的史事，若排在一起，其間因果關係往往並非明白可見的。我們尤須注意，無論討論哪一系列的因果關係，其答案已由問哪一種問題而有了限制。因此，史家的分析，實在只是分析他所關心的一些因素。古代的史學家，（無論中國古代或其他古代文化），總難免問到天意、神意和其他超自然的意旨，於是日蝕、月蝕都會成為具體的歷史因素，疑神疑鬼處也變成了真實的史事。在「英雄造時勢」的基本假設下，若干領袖個人的行為，可解釋為成敗的重要關鍵。在社會史及經濟史的領域中，一些重要的線索（如微幅度而長期的物價增落）卻未必在傳統性史家的注意範圍。《史記》、《漢書》都是第一流的史學著作。我們為什麼在有了《史記》、《漢書》後還要研究漢代歷史？既然，我們研究的素材往往有不少採自《史記》、《漢書》，我們為什麼不能即以《史記》、《漢書》為滿足？因為那些歷史是過去的著作，那些史家只問了他們所關心的問題，盡了他們的智能，提供了他們的答案。我們今天提出了一些新的問題，我們必須用另一個角度提供新的答案。歷史已經發生，其全部的「已然」已不會變了，但是每一代有自己關切而想從「已然」中尋找答案的新問題，因此每一代才必須有自己的史學工作者必須尋找新的工具和新方法，有了新工具和新方法，每一代的史學工作者又往往會發現新史料和新意義。（所謂新史料，其實可能早就存在於天地之間，只是一直被人遺忘而已。）歷史本身不會改變，但是史家永遠有做不完的工作。

單元史事是比較簡單的事件，例如：商君變法、九一八事變、徐蚌會戰、戰後通貨膨脹、最近石油危機……。史事叢即是比較複雜的一連串史事，例如：秦代統一中國、八年抗戰、二十世紀後半葉新經濟體系的形成……。有些複雜的史事叢，其中牽涉的因素眾多，周延廣大，史事發生的地域往往極為遼闊，時間也往往極為漫長。史學工作者處理這種史事叢，不能只停留在記述階段。單單用時間串連，史事發展的線索仍不能明白呈顯。史學工作者已必須擔任一些解釋的工作，尋找其中種種錯綜複雜的因果關係。在研究過程中，史家可能發現若干史事叢只不過是龐大冰山的水面部分，水面以下的冰山比水面上大得多，而洋流方向等等條件也還不能擱置一邊呢，舉一個例子說：大陸陷入中共的控制是我們最感切膚之痛的史事叢。處理這件事，大事年表，即使按日，按小時細密排列，絕對不能滿足的解釋這件大事的來龍去脈。責怪某些將領的貽誤，指責某些財經策略的失當，甚至歸罪於某些外國的背友資敵……。都不過在這個巨大冰山的水面部分搔爬，向深處檢討，我們會發現在思想方面，在社會發展方面，在經濟結構方面，在民族心理方面，在國際關係方面，在時間配合方面……許多許多啟人深思的因素，一時湊合，才造成這個大劫。（離開正題，插一句話，我們來台近三十年了，對這一大劫的分析，似乎並未盡心去做。按理說，我們痛定思痛，應該常常反省，努力找出一些答案，可是這一工作，似乎早隨著台灣的經濟起飛，隨風而去了，言之令人痛心。）

六、史學與其他學科的關係

再回到正題，分析史事叢，既不是單統的方法可以解決，史家勢非向其他學科借工具不可。別的人文學科是史學的姊妹科學，自然最先為史家借來，此中包括語言學、神話學、宗教研究諸項。其次，史家又向社會科學借工具，例如社會學、經濟學、人類學、地理學等等。這些工具還不夠，史家還須向數學借統計學，向物理學借碳十四定率法，向植物學借花粉學與年輪定率……以致今天的史學工作者往往不能不借助於電腦以處理許多人手計算太過複雜的問題。

若是把許多史事叢融會貫通，史學工作者有時會找到若干長時期的發展趨向及發展模式，也可能找到某一時代極為普遍的時代現象，或者某一個運動忽然呈現波瀾壯闊的氣勢。這些長時期或大規模的歷史現象，其內含的複雜又比單一史事叢更進一步，研究者更非借助其他學科不可，不僅借工具，還須借觀念，借資料。在這一階段，史學已不復是人文或社會科學中的一支，而變成綜攝人文社會學科的科系工作了。由史事叢的研究到複雜歷史現象的研究，其間不易有截然可見的界限，大抵史學工作者處理史事叢越多，他自己心目中漸漸會形成對歷史現象的若干理念，另一方面，理念漸漸成形後，史學工作者自己今後的工作也會受這些理念的支配。於是史家即使只是一件一件的處理較簡單的史事叢，其綜合的成果則是這位史家努力證明的一些理念，用司馬遷的話說，史學工作者可能窮畢生之力，只為了完成這個「一家之言」。

七、幾件史學研究的實例

我們必須舉若干實際的例證說明上述兩節的內容，先舉我國著名史學家傅孟真先生為例。傅先生在創辦中央研究院歷史語言研究所的初期，發表了一連串的論文；例如大東與小東的問題，《詩經》內容的問題，殷周兩文化的起源問題等等。每一篇論文處理一束史事叢。但合起來說，傅先生完成了東夷西夏兩系文化在古代分庭抗禮以及輪流為中國正統的理論。在工作過程中，為了求證這一假設，傅先生採用許多學科的工具。他借語言學來確定古地名的異同。他借神話學及民族學來判斷族群之間的親緣，他也用比較研究的方法將許多後世的史事作為例證。傅先生在中國古史上提出的成果，是他的「一家之言」，至今仍可認為是中國近代發展的史學的最重要業績之一。

第二件例子是美國本土史學的宗師 Frederick Turner。他以及他的弟子，窮數十年之力，研究一些美國城鎮的歷史。這許多地方史研究，個別的說都不過是相當簡單的史事叢。他們對地理、社會、經濟諸方面的研究工作，開創了美國今日史學傳統中著重社會史、經濟史的好幾個「流派」。最要緊的則是形成 Turner 學說本身，說明美國向西開拓的過程，其後果並不只是國土的延展擴大，而在對於美國文化中許多方面留下了長遠的影響。照 Turner 的話，簡直可說美國文化之不復為歐洲文化的尾閭，而自有其特色，其肇因主要在有一批一批的人群，前仆後繼地向西開拓。

第三件例子是 Joseph Needham 在中國科技史方面的研究。Needham 氏的中國科技史，最初只是他和少數同志的工作，現在則已是許多專家的合作成果，不同學科的專家參加他的隊伍，從事不同專業的研究。每一專題的研究，也許至多只能當作一個史事叢的工作，但由總體來說，Needham 的同志幾乎網羅了所有主要學科的專家，來整理中國文化中科學技術的成就。不過，Needham 自己並不視這許多獨立的專題為互不關聯的項目。他一直在想指出中國科技的特色。為此，他在《中國的科學與文明》的第二卷就指出中國文化中著重全貌而有機的理念，而希臘羅馬以至牛頓時代的長期西歐科學傳統則著重分析的和機械的理念。Needham 也一直在想解釋，何以近代的科學的發展，不發生於中國而發生於西歐。他有許多單篇論文，特別注目於傳統中國的社會制度，例如龐大的官僚組織。他也特別注意宋明理學對科技發展的影響，在討論「自然的法則」時，Needham 深入法理學的範疇，仔細地研討天意、神律、法條、自然律、社會律，諸項觀念在中國的含意及在西歐的含意。為了完成這一科技史的不世盛業，Needham 發展了若干統攝全書的理念，不少是借助於社會學、哲學及法理學的理論成果。

八、理論與證據的關係

上述數例說明了史學工作中理論結構的功用。有了理論，許多散亂的資料才可由一根線索貫穿，成為一家之言，使一些貌若孤立事件的大事，忽然有了生命。不過我們必須時刻記住，理論體系的建立與史料的研究，若車之兩輪，鳥之雙翼，不能敧輕敧重，更不能有所偏頗。饒是七寶樓台的好理論，仍須取決於史料證據的價值。最近有一件史學界的大事，堪為例證。西亞（兩河流域及其附近）及埃及的古代文明，一向被視為歐洲文明的源頭。多少年來，循此假定，離東地中海地區越遙遠的地方，史家釐定的古文化遺址時代越晚。自從古史學家借用了物理學上碳十四半衰期有規律遞減觀念後，許多古代遺物已可以用碳十四定率法測定其絕對年代。以西歐沿大西洋岸的若干古代巨石文化遺址來說，那些巨大的石圈，都有了比原來假定時代遠為古老的絕對時代，不過這些古代遺址及古代墓葬的年齡至多可與埃及與兩河古文化的年齡抗衡而已，這十年來，碳十四定率法的欠精確已引起不少疑問。清華大學的同學都是理工科高材生，當不用我來囉嗦，已可知道碳十四定率法不易有精確結果的原因頗為複雜，其中包含由放射性衰變的統計規律引起的統計誤差，有因使用半衰期值不同而引起的基率差別，有因工作人員測定時精密度不同而引起的技術誤差，甚至標本本身也因汙染或其生長環境而難免表現若干放射性數值的改變。最近經過 Hans Sness 等人的努力，比較了由樹木年輪和碳十四測定年代的差數，已有好幾種校正曲線，可以把碳十四定率法測定的年代校正為比較準確的年代。其結果使許多古代文化遺址的年代提前不少年，大致越古老的遺址可經過校正而往前提得越多，越近代則校正的差距越小。以西歐古代遺址的年齡說，最古老的可早到西元前四千年，而多瑙河流域一些出土青銅工具及黃金飾物的遺址也可早到西元前四千多年。請注意，埃及與兩河流域的古文化，也不過在西元前三、四千年而已，在這一節中，我們不費辭繁，只為了說明，史料本身的價值可以決定史學解釋的理論。幾片貝殼殘片，幾段焦爛木枝，是多麼不引人注目的小東西，可是借這些小東西確定了古代遺址的年代後，史學工作者勢須放棄百餘年來辛苦建立的文化由埃及兩河經東地中海向西傳布的傳統解釋！

　　順便一提，由已測定古代文化的絕對年代來看，好幾個意想不到的發現已相當的動搖了不少傳統的史學觀點，以中國古代史言之，過去一向以黃河流域為中國文化發源地，去年還有人以「東方的搖籃」為題，專門鼓吹此一說法，可是在江河流域的屈家嶺文化，在華東的青蓮崗文化、良渚文化以及稍晚長江三角洲的湖熟文化，代表了以稻米為特色的東南文化系統，其古老不下於黃河流域的黍稷文化，而且源遠流長，在東南儼然有其天地。中國古代史，為此，勢須有一個兩元激盪的局面，其多采多姿，自然尤勝於由文化中原輻射四方的舊理論。更進一步，若放眼南望，中南半島上也發現了很古老的青銅文化遺存，結合這許多現象，我們不能不逐漸承認人類文明可由多元。人類在古代為環境而創造的能力，大約遠非今日我們所能想像。「平行創造說」，在未來幾十年內，大約會取代許多「傳播說」的理論。我們也許竟可以對人類（當作一個整體來說）的適應能力和創造能力，給打一個高分。

九、史學與史觀

由這一段所謂「順便一提」的旁白，各位同學當能領會到，我們不僅必須對史料證據的重要性三復斯言，而且我們也可以體認由專門知識（古文化年代）到所謂「世界觀」（對人類能力的樂觀），其間的轉換是逐漸的，難以分割的。我自己往往覺得選習史學是個人的幸運，我可以不必把專業的操作和個人內在心性的成長，分為兩截各不相干的事。不過我們還是必須警覺：「世界觀」的形成，仍是「直觀的」智能活動，嚴格說來，終究不是史學領域內可以包含的部分。有人不能領略到謹嚴的理論與直觀之間，有一道很寬廣的鴻溝，於是他們會把自以為是的「史觀」硬當作也是謹嚴的學術產品，馬克斯的唯物論即是這樣一個以自己的史觀作為「科學理論」的例子，馬克斯的理論，建立於進化論上。其實物的進化論是一件事，文化的及社會的進化論是另一件事。馬克斯由十九世紀已有的史學知識抽演而為一套「史觀」，到今天，人類學家已早就將摩爾根的《古代社會》，修改得無復其原有面目。所謂原始共產社會——所謂原始公社，人類學家已不認為可作合理的證明，馬克斯主義的上面一節已經站不住了。馬克斯是資本主義早期的人物，他認為由封建社會轉變到資本主義是勢所必然，理所必至，可是最近 Wallerstein 在其《現代世界體系》一書中，研究十六世紀歐洲經濟體系的形成，指出地域性分工，使西歐能集中東歐、北非以及美洲的資源與富力，遂能為工業革命及資本主義發展的憑藉。Wallerstein 的理論，說明工業革命及資本主義在西歐的發展有其獨特的因素。這是可一而不可再的歷史事件。Wallerstein 之說成立——則馬克斯的歷史進化階段即不能成立了。於是馬克斯「史觀」的下半截又無所依附。人類命運是否一定「進步」；進步到某一個階段（如社會主義）即不再「進步」，而站住不走了。這兩個問題表現了原是矛盾的理念，更重要的是「進步」，不能由歷史證明其必然會發生。更遑論「進步」的方向了，由這一節討論，各位當可以了解，我不願各位輕率地由歷史的解釋一跳就跳到史觀和世界觀，而將直觀的產物與嚴謹學術的邏輯混淆為一件事。

十、中國傳統史學的發展

我們先談中國史學的發展。中國第一部有意保存下來的史料是《尚書》，在〈周書〉中，你可以看到周初告誡臣民的話及周人對於克商的解釋，這部文獻集子與同時代書寫在青銅器上的文字同屬一種檔案性的史料。周王朝建立以後，又在各地設立專門史官來記載史事，這些史官似乎兼負有保存紀錄和監察的任務。史官採編歷史的方式，把每天發生的大事記載下來，再按時間排列起（你可以從《春秋》這部書看到此體例）。這種寫在竹簡上的歷史，對一個想查核資料的人，顯然是十分不便的。因此到了春秋末戰國初的時候，《左傳》這類書就出現了，這類書不再是原始的編年大事記，而是大事記整理的結果——把事情發生的前因後果分散在許多年的記述中。因此在事情發生那一年的記載中常追溯原因到過去，這種方式可以說是以事情本身為主體，而仍放在編年史體裁中。中國史學真正的突破要到司馬遷的《史記》，在這部書中不但有本紀來編年，世家來記載列國的事情，書和表來處理個別的專題，亦有以人物描繪為主的列傳。這種處理方式對中國對西洋而言都是前無古人的。太史公之所以創作此體，依他自己的話說是求通古今之變，想寫一部通史。《史記》以下的二十四史，可以說完全沿襲了這種體例。不過《漢書》以下諸史已不再載以通史為目的，更是記斷代的歷史了；在風格上也以記述為主，而不像太史公以分析和論述為主。此外，二十四史的記載內容是以政治演變為主體。宋司馬光作《資治通鑑》仍本此原則，只是改以編年為主，把列傳、世家、書、表……都去掉了。中國史學另一個突破要到唐宋之際「三通」的出現——杜佑的《通典》、鄭樵的《通志》、馬端臨的《文獻通考》。這三部書為中國制度史開創新體，討論題材不再僅是政治的演變，而是經濟、社會、政治制度及文化現象（如語言、音樂、圖書目錄等），把中國歷史領域一下擴大了很大的範圍。唐宋之際尚有另一系統的出現，即史論——論史事及人物的得失。司馬光在《通鑑》，歐陽修在《新唐書》中的按語，均屬史論。史論最發達是在宋、元、明之際。《東萊博議》是最常見的討論歷史得失的著作。王夫之的《宋論》、《讀通鑑論》開始拿歷史作為一個項目，用來發揮他個人的文化觀念。王夫之以後，史論系統成為一個很大的支目，如顧祖禹的《天下郡國利病書》、黃宗羲的《明夷待訪錄》。前者以整個中國為線索，來檢討地形、地勢、交通及經濟地理。它並非討論地名的演變，而是涉想某地作為戰場、市集中心、稅收來源可以發揮什麼作用。後者寫於中國亡於滿洲之後，乃是痛定思痛心情下對中國整個制度的總檢討，如討論「君主專制」，指出它的毛病，並提出改進的建議。宋朝還出現了一種「紀事本末體」，以集史事為主體，人物、地理、政事均圍繞著史事的發展而羅列其中。袁樞的《通鑑紀事本末》即屬此體。這種體例的好處是以事情為主體，壞處是把此事與其他事情的相關性活生生地給切斷了。清朝的史學顯然又是另一種發展——偏於史料及歷史的考證考訂。其中最著名的一部書，是閻若璩的《古文尚書疏證》，指出古文尚書是偽的。此段的考證範圍尚包括經文、甲骨文、青銅器、音韻的研究。目前南港中央研究院歷史語言研究所仍沿此傳統，有一半的論文是屬於這方面的研究。西洋史學，基本上是以「紀事本末體」為最主要的體例。希臘的希羅多德（Herodotus）和修昔底德（Thucydides）即採此體。羅馬帝國定於一尊後，「編年體」出現，一躍而成為最重要的載史方法。整個中古亦以編年史為主，多由教士把當時政治上的大事按年記下，這種記載顯然是十分枯燥的。編年體例的打破要到西方民族國家出現以後，民族史無疑是對編年史有意的反抗，意在對個別民族的肯定，著重民族文化現象的描述。近代西方，顯然又以「紀事本末體」為主要體裁，幾乎各種歷史書籍均以載事為主（連傳記也一樣），這種體例傳入中國後，很快地就被中國人採用了。近二十年來，史家撰史的範圍也擴大許多，不僅描述政治層面的事情的經濟、社會、思想史也蓬勃起來。史學本身的發展的確反映了每個時代的需要及關懷對象的不同。例如「三通」的出現，即反映出當代之人對社會現象的重視，知道政治史不足以涵蓋人類文化全貌。朱子《通鑑綱目》的出現，與南宋偏安江南有關，因而不得不強調「正統」與「非正統」之別。我們可以說，每種史學體例的出現均非偶然，均有其時代的意義和價值。

目前中國的史學以「專題研究」為最常見的體裁。基本上，這是西洋史學傳統傳入中國後的產物。有些人因此以為中國歷史的舊體裁已經過時了。但是，我認為舊史新史兩種體裁，各有所長。舊式正史中的佳作，以《史記》來說，誠可謂中外獨步的曠世鉅構。體裁涵蓋之廣，古今罕見。這種體裁如果丟棄了，實在很可惜。現在中國史學仍應在史學研究之外，拾回已經忘了的歷史敘述和記載的工作。舊史中仍不少可供我們借鏡之處。

討論紀錄

一、史學方法、意義、限度及價 的討論

問：一個史學工作者如何處理原始的史料？如何判斷、衡量它的真偽、價值和意義？

答：首先我們要看史料是什麼種類。一般而言，最常見的史料是文獻紀錄。文獻紀錄又包括敘述性和非敘述性的史料，所謂敘述性的史料就是敘述一件事情發生經過的史料。處理這種史料，我們要做「內證」、「外證」及「互證」的工作。所謂「內證」即檢查史料因其敘述而可得的價值。假如該史料前言不對後語，時間也衝突，我[illegible]料。所謂「外證」，即由該史料的外在條件來衡量它是否可信可[illegible]

寫的史料，卻號稱是康熙年間所寫，那麼這就是十分荒謬的史料。當然一般偽造的史料不至於如此荒謬，總需經過史家很小心地檢驗，包括檢查紙張、印刷、避諱用語……，才能斷定出史料記錄的時間、地點和真偽。所謂「互證」，即衡量幾個來源不同而內容有異的史料，而判斷它們價值的高下。通常越不經意的直接史料，價值越高，不過不經意的一手史料也有誤聽、誤載或所見有限的時候，此時就可能比不上有意的二手史料了。其次，我們也以「一致性」（consistency）為衡量史料的基本原則，凡是幾件史料敘述一致的地方，我們就可以斷定它的真實性較高，而可以用它來作史實的骨幹，其餘的則作為輔助材料。非敘述性的史料多指一些統計性的資料。如歷代留下來的一些人口數字的記載，就屬於非敘述的量化資料。許多非敘述性的史料是需要我們自己去計算的。如《大清實錄》中有很多次水旱災的呈報實錄，此時我們就可以從這些未經整理的史料中算出它的次數，以五年或十年為一單位，嘗試做個曲線圖，而得到一個可以利用的統計資料。更複雜的處理法，是把可計量的東西湊合在一起，而給它一個價值。我個人曾做過中國上古史中戰爭次數的量化統計，把各年發生的戰爭次數、持續時間等計算出來，用來衡量中國上古的暴亂程度。以上所談的，大體是使啞巴史料說話的方法。你們可以看到，它的基本精神就好像法官判斷犯罪的證據一樣，是以多麼謹慎小心的態度排除不一致，而留下一致的史實！在這一層次的工作，歷史工作者必須心無主見，運用一切可以使用的工具，從事謹慎小心的查證工作。但是史料只是素材，史料本身並不等於史學。一般人沒有專業訓練，也未必能由樸素的史料中，觀見歷史變動的線索。

問：除了基本史料的處理，史家如何進一步對史料加以「解釋」和「分析」呢？

答：在整理、考訂、考證史料的階段中，可以說就已經有了解釋的成分了。因為它已奠定了下一步的敘述和更下一步解釋史實的基礎。十九世紀所謂「歷史可以完全客觀」的看法，是站不住腳的。因此一個史家應該在文章的開頭，就把解釋歷史的方法、態度及基本假定告訴讀者，在進行解釋的過程中，要繼續不斷告訴讀者依據的是些什麼理論和根據。舉例而言，我最近在香港中文大學曾有過一個討論會，討論到一個帝國（Empire）必須掌握自然資源和人力資源，才能穩固下去。此假定是基於埃森斯塔（S. N. Eisenstadt）的政治學理論，他是根據幾個歷史上大帝國的發展情形而演繹出來的結論。我之所以用他的結論來討論漢朝的政治經濟制度，並不是套用了他的理論根據，乃是自行找到了證據。而得出與他相同的結論，也等於幫忙了一個理論的證實。「解釋」的工作可以說是史家面臨的最大難題，因此必須從基礎的史料一層一層演繹給讀者聽，否則無法讓人接受他的理論和說法。大體上來說，解釋歷史亦是有好幾層次。最基本的是對史料的解釋和判斷。再進一層是對歷史事件作敘述性的描繪，也即是說故事。（一般社會人士以為史學的工作即此，實際上史家的工作不止於此。）更進一層是跳離敘述階段，而對錯綜複雜的歷史面相做因果關聯的分析，這是對整個史事叢的剖析和解釋。最後一個階段是綜合歷史解釋，找出文明演化的意義。這一個階段是很少史家肯去做的，因為它常進入歷史哲學的層次。一涉及歷史哲學，常難免有粗疏和武斷的概括之詞，這是史家不習慣的作法。史家自己不做這一層的工作。反而旁人會越俎代庖，弄出一些似是而非的理論，使歷史工作者看了更不順眼。

問：在歷史原貌的重建中，有否因為新證據的發現，而造成歷史解釋的全然變貌？

答：顯然是有的。我在正文中曾舉了一個例子，中國上古史中曾有「龍山、仰韶兩文化對立的說法」。這是當時史語所一系列考古發現所得的結論。史語所在山東發現龍山文化之時，正是瑞典人在河南西部發現仰韶文化之時，因此傅孟真先生就引用了這兩邊的考古資料提出了他的「夷夏東西說」，以為中國古史是處於東方平原和西方山地兩大文化及民族衝突的情況下。直到後來中原鄭州一帶發現龍山、仰韶的延續性，這種說法才被打破，大家才確定龍山不過是仰韶之上更進步的一種新石器時代的農業文化，兩者並不是對立的。此外，中國上古史上一度也有「中原文化先於中國其他地區之發展，是中國最古老文化」的說法，也因為考古資料出現有所改變。目前的考古資料指出中原新石器文化絕對年代可能比長江流域、淮水流域和江漢地區早一點，但早不了許多。（按：用碳十四法測出華北河南登封的新石器文化約5055±135 B. C.，河北陽原蔣家梁約4670±140 B. C.，長江下游餘姚河姆渡約4887 B. C. ±96，邱城下層約4746 B. C. ±125，淮水流域青蓮崗約4494 B. C.

±200，江漢地區屈家嶺約2650 B. C. ±100），因此中原文化輻射四處的說法就可能為「三元鼎立」或「四元鼎立」的說法所取代了。最近考古學家在大汶口發現的人骨，體質非常接近海洋系統的玻里尼西亞人，那麼中國古代與海洋是否有相當的關係？古史系統似乎益形複雜了。我自己覺得，中國成為中國是殷商以後的觀念，殷商以前，歐亞大陸進進出出的人群是很多的，中華民族的了不起就是可以容納不同來源之人，讓大家共同創造一個光明燦爛的文化來。以為中國文化從古到今是一致的，這種看法是錯誤的，若中國文化只是如此，豈非缺少創新能力，也不能吸收消化其他文化的特長了。有容乃大，江河不捐細流，能廣採博納，是中華民族的偉大處。其實，對外來事務的排斥，只有在民族自信心不夠時，最會出現。有人以為抱殘守缺，深閉固絕，即可以防衛持守文化傳統，殊不知這種態度常會扼殺了文化生命茁長的生機。

問：歷史的證據（evidence）是否足夠支持一個史家的理論（theory）？歷史既然無法重演（reproduce），其可靠性何在？

答：歷史的確不能reproduce evidence，然而我們卻可以有若干補救性的方法，例如用比較研究法（comparative studies），參照比較不同文化的經歷過程，而得以建立涵蓋較廣的理論。事實上，歷史工作者在做分析工作時，思考過程中往往無法避免作「如果A不發生，B是否仍會發生」的假擬語態。這種假擬，也就相當於假設史事了。說穿了，我們日常生活中何處無此經驗，例如，媽媽說：「小寶，假如你好好地走過來，這個花瓶也不會被你撞下桌子了。」

問：一個人窮畢生之力，是否真的能通古今之變而成一家之言？即使真的成了一家之言，是否會因著他取材、詮釋歷史的獨特方式，及他個人的道德價值觀念，而影響了「一家之言」的客觀性？史家在「善善、惡惡、賢賢、賤不肖」中是否也有顛倒是非的可能？

答：這個問題顯然牽涉到史學的意義及限度。史家研究的對象是遠超過他所能掌握之範圍的，「吾生也有涯，而知也無涯」，史家碰到的難題，是所有追求知識者都會碰到的難題。若不是歷代知識繼續累積，任何人窮一生精力如何能對一個最簡單的問題提出答案。「究天人之際，通古今之變，成一家之言」並非真正的能通一切知識，乃是在有限的範圍內，找出幾個涵蓋較廣範圍，包含較多現象的線索。可以提供給別人作進一步的考核、研究及探索，對別人這就是一種貢獻了。我承認史學工作經常是求不到真理的。但其重要性並不在「目的」，而是在於追求的「過程」，把追溯真理的過程完全攤開來可以說就是史學工作者的目的了。至於史家的道德觀念放到歷史上，是否會有不正確的褒貶，我想是有可能的。天下的「是和非」本來就沒有絕對的尺度可以衡量，史家與任何人一樣，是具有偏見的。但是一個史家如果素養高、警覺度高的話，他會了解這種偏見之所在，也可以盡量避免任何不當的偏見。有幾位同學提到董狐之筆。這是對事實記述的忠實，史學工作者在這一個任務上，必須有道德的勇氣。齊太史與董狐，都是以生命殉歷史真實的楷模，也是史學工作者應常放在心裡的榜樣。

問：一個史家除了研究、分析過去，是否能藉著對過去的了解而對現在與未來的問題有洞察性的真知灼見：古人所謂的「鑑往知來」究竟能做到多少？

答：在大範圍來講，「鑑往知來」是史家最主要的目的，否則過去的東西就用不著看了。但在細微的解釋上，會應時代而異。中國古代所談的「鑑往知來」，主要是強調政治方面的功能，讓歷史成為人君的鏡子，使善惡有所差別。這也是史家在歷史內容中加上道德的判斷，有褒貶之意。今天的鑑往知來，可以說有兩個目的：㈠確定自己，曉得目前人類到了什麼地步。也明瞭以前的若干站是如何走過來的。人要在時空中確定自己的所在處，必須要知道歷史。不知歷史就好像不知道自己的名字一樣。㈡從過去的演化途徑中看看現在所走的途徑是否正確，把過去、未來銜接在一起。譬如行路，知何所來，方可知何所往。這是「鑑往知來」的起碼意義。至於說到對未來的預測。在相當短的時距內，我們是可以做有限度預測的。大致說來，只要變數資料齊全，即可做一般趨勢的預測，亦可做稍為長程的推論。若變數資料不足，當然任何預測都談不上了。在日常生活中，我們實際上也無時無刻不是依據過去的經驗在做長程或短程的預測。史家的工作不過是做得更謹慎而已。

問：就「鑑古知今，究往窮來」而言，史學應偏重古代史還是近代史？兩者孰輕孰重？

答：這種比較是很困難的。古代史和近代史可以說都有研究的價值。研究古代史的好處有兩點：㈠古代史料少得很，而且往往真假莫辨，這是訓練一個史學工作者對史料整理、考訂和解釋的好場合。㈡研究歷史由古而今比較容易些。可以說由上而下，其勢也順。一個研究近代史的，欲往上溯，卻比較困難。不過近代史對現代人比較重要是無可諱言的，一個人必然對他置身的時代有著多一份的關懷。我認為一個研究近代史之人必須擴大他的眼界，使其角度盡量的寬廣，使自己思考的範疇可以從近代史以外的領域去獲得。目前處理近代史亦有國內和世界兩種作法。國內多偏於政治史和制度史的研究。然而我們應該明白政治現象常是社會和經濟現象的反映，真正影響大眾生活的常是社會和經濟的變遷。因此處理近代史必須要有比較性、國際性及超越政治史的眼光，這樣才能解決我們的問題，找出問題的真正癥結所在。歷史原是切不斷的。古代史也罷，近代史也罷，不外乎分工原則下的產品，治史的若干方法也不能說是哪一個時代所特有。不過，有時為了史料本身的性質，治某一斷代史，會要具備某些特性的研究工具。舉例說，治殷商歷史必不可缺的甲骨文研究，對治近代史的專家就無甚用處了。

問：您認為中國歷史應如何來分期？

答：這是很麻煩的，也是爭論很大的一個問題。目前國內多以朝代為分期標準，這是我個人不太贊成的。就上古史而言，以往學者多把先秦獨立為一個單元，把秦漢統一後作為另一局面，兩者分開來研究：然而目前的趨向卻把二者視為一個局面，一起稱為古代史，這是打破政治觀念，而視先秦到東漢為中國文化成形到成熟期的看法。至於中古期，多以魏晉南北朝（三國以下）到北宋稱之。（也有人把唐宋以前稱為中古前期，以後稱為中古後期），南宋開始，由於經濟成長及文化方向有很顯著的轉變，因此從南宋到鴉片戰爭可稱為近古史。鴉片戰爭以後自然是近代史了。至於現代史的劃分，則爭論較大。有以民國創立（一九一一）為劃分線，也有以抗戰作為劃分線。實際上中國政治、社會、經濟有顯著的改變應是民國三十八年（一九四九）以後（不管大陸、台灣均進入一個新里程），因此現代史似乎又可以以一九四九年為劃分標準了。歷史是一個延續的過程。抽刀斷水，終究不能切斷奔流不息的江水。分期是治史者為研究方便而設的工具。每一時代的特色，可因斷代分期而顯現。可是每一時代終究是承襲前一期，開啟下一期的轉變期。分期是觀念上的工具，卻不是目的。

問：您對台灣史研究的看法如何？其困難何在？目前台灣古物及古蹟保存的情形如何？

答：台灣史可以說是一段很短的歷史，如果從漢人移入說起，也不過才四百年。台灣史的演變，就我個人的看法而言，我認為它是一部濃縮的開拓史。這部開拓史的特色，是不靠武力而憑藉著人群的移植和文化的傳播來建立的。因此觀察這部濃縮的開拓史，就可以了解過去中國人是如何向北向南開疆闢土的。此外台灣近二十年來的經濟發展和成效，也可以作為其他開發中國家的借鏡和參考。目前台灣史研究的困難是不能毫無限制的接觸各種史料，也不能毫無約束的暢所欲言。台灣史蹟的保存工作可以說做得極差，史料的保存亦然，這與社會缺乏歷史自覺有關，自覺性不高，自然對保存的工作不重視了。我們今天身處在一個急劇改變的時代。人常常只往未來看，而不大想得往回頭看。於是史料的散佚，常由於漫不經心。舉例說，中國曾擁有最多的家譜，戰亂連年，大陸上又有共黨政權的有意毀滅家譜，是以一般人家已少見家譜之類的史料。台灣猶有一些家譜存在於若干舊族故家，今日若不注意保存，只怕不久因乏人保管也難免亡佚了。

問：目前科學史的研究情形如何？從事這種工作應受過什麼樣的基本訓練？

答：目前科學史的研究有兩條途徑：㈠討論科技本身演變的科學史。㈡討論科技演變外在因素（包括生態環境、意識形態、社會經濟背景……）的科學史。前者只需排比各種學說的先後，討論它們彼此的關係。這種研究方法顯然較簡單，但需要相當專業的知識，不是一般史學家能勝任的。不過一個專業的科學家卻往往願意將精力放在現在問題的研究上，而非過去問題的研究。而且即使研究出一些成果，也常常產生同行人不想看而外行人看不懂的結果，這顯然是吃力而不討好的。至於後者的研究較前者遠為複雜和困難，但較不需要太專業的知識。探討的內容主要是科技產生的外在需求和環境。如二次大戰中「雷達」的發明，是基於當時防空系統的需要。「盤尼西林」的出現，是由於大量戰時傷患的需要救助。諸如此類的研究，你可以追溯出無數個原因，而且每個人看問題的角度都不一樣，答案也就紛紜而歧異了。因此後者的研究也常是集體合作的，一個人做一部分。從事科學史的研究自然需要專業知識以外的一些教育和訓練，這樣才能看得遠看得深，解釋的涵蓋面才可以比較廣。我們今日對科技史研究更可加上中國科技史的一片園地。這一工作已由英人李約瑟開其端，然而其中天地甚大，仍有不少迴翔餘地。中國傳統科學思想有些與今日西方科學思想極不同的基本假設。單這一點，就大有可為了。

問：過去的史家為人作傳記時，常強調一個人特立獨行的性格，然而目前心理學卻指出一個人的性格常是外在環境塑造成的（即假定人出生時都差不多，只因為生存環境不同而形成不同的性格），依您看，許多傳記是否需要改寫？Psycho-History是否是一個可嘗試之途？英雄人物在未來的史學領域會扮演什麼樣的角色？

答：許多傳記當然可以重新改寫的。不過這也有相當的困難，如史料的闕缺。想為中國古人作傳記就特別面臨此難題。中國古人的列傳都是十分簡短的，要搜集一個人全部的資料是十分不容易的，而且可以看到的史料又有很多不能用（古人今人的日記、家書常是寫給別人看的），因此往往要從一個人不經意的作品如詩、詞、書信中去發掘當事人的性格。Psycho-History的作法的確可以嘗試，但需要具備一個精神醫師的學識和素養，否則寫出來的作品會流於附會。至於一個人的性格，究竟有多少出於外在環境，有多少出於他本身，也是很難定的。中國士君子由於受到儒家的薰陶，必具有某種程度的謙讓、忍耐及自省，但每個人的差異性還是存在的。過去的史學領域，英雄人物會成為史家的主要關懷對象，是因為過去社會中個人影響力較大之故（民智不開有關）。我相信未來歷史的發展，英雄人物扮演的角色將越來越小，平凡大眾的力量會越來越大。因此未來史學不太可能再走到英雄為主角的方向，而必須對「文化、社會、國家」有更多的探討。關於「褒貶」二字，我以為，在個人英雄的影響力大時，個人負擔的成敗是非責任也大。未來的世界，由於公眾傳播工具的普遍，由於民智的開展，由於群體的複雜，凡此都足以造成個人英雄影響縮小的趨向。要褒貶，是對於群體的評判，而不是對於個別人物作讚美或責備了。但是，只要有人負擔比一般群眾較大的責任，也就是所謂領袖人物，他就須同時負擔這個決定「是否對」「是否好」的責任了。

二、歷史問題的討論

問：應工具的發明而引起的歷史改變在清以前是否存在？

答：印刷術的發明也許很可以說明這個現象。印刷術由木板印刷演變到活板印刷，使中國很早成為知識普及程度最高的傳統社會。佛教在中國的流行，以及佛教中國化的過程，都與經文印刷流行有關。儒家經典的普及，也在宋以後使知識分子的人數急劇增加。這個轉變極具重要性，其影響是多方面的。最狹義方面，宋以後的文獻，數量多，流傳廣。書籍經過淘汰而留傳，都不再像宋以前有所謂「六劫」的大量亡佚。另一方面，教育因書籍方便而使中產階層也有受教育的機會。廣大的受教育階層不僅擴大了士大夫的儲備人數，而且甚至提高了其他職業從業人員的素質。廣大受教育階層的存在，無疑會促進社會流動，使人材流轉更自由，防止特權階級的長期壟斷特權。由知識累積的角度看，書籍便宜易得，流傳方便，一定會使知識的交流活潑，刺激新觀念。宋明理學的發展是中國近古以來的大事。印刷的書籍，使參加創造這新思潮的人數龐大，觀念多采多姿。而宋明理學思想的下達民間，著地生根，成為世界上最平民化的意識形態。宋以後的中國，只要是讀書人都有發揚聖學的責任，卻不把闡述經典的工作，委託給若干特別指定的人物。相形之下，原由民間起來的基督教，在中古歐洲必須依賴天主教會之中的神職人員擔任這個任務。二者對比，我們可說印刷術的發明使任何受過教育的人都能擔任儒家代言人的身分，廣泛點說，宋以後出現的中國，一切都與前不同，其中有不少因緣卻都可能和印刷術的發明有關。

問：中國歷史上何以沒有自己出現排他性及干政興趣較強，像回教、基督教的干政宗教？

答：中國宗教可以說有兩種形式：一種是本土發生的宗教，這是先秦就形成的宗教信仰，它主要包含敬天、祭祖兩個觀念。這兩個觀念可以說淵源久遠，是自然崇拜、祖靈崇拜合理化的解釋，也與儒家有某種程度的結合。另一種是外來的佛教。在中國社會中，儒家占有領導性地位，但它卻是一種寬容性極大的系統，它主張的不是極端，而是中庸，而且內中理性成分高，感情成分淡，故較不排他。佛教亦是同情心極強的宗教，到中國以後，中國化日益加深，「禪宗」及「淨土宗」之出現，幾乎完全本土化和平民化了。佛家所倡導的「放下屠刀，立地成佛」觀念與儒家「人人皆可為聖人」觀念近似，既不具限制，也不排斥他人。道教是反映佛教的本土宗教，早期曾與佛教競爭，原是具有相當排斥性的宗教。然而逐漸也變得非常寬容，這是由於它所依附的道家哲學是一種消極的哲學，不是積極與人相爭的哲學，而它的儀式也多借自佛教，更不好與佛教爭執太烈。此外中國宗教對政治都有兩個態度：上層權威人物與政治合作；下層人民與政治對抗，因此中國宗教在亂世會與政治抗衡，在承平之世則多與政治合作，而不敢在政治權威之外另立系統。這與西方社會是大不相同的。基督教在地中海發跡時，政治權威雖隸屬文化素養低的蠻族領袖，但基督教卻擁有一批識字的教士，可以說完全掌握了文化工具。因此能與政治權威分庭抗禮，甚至可以操縱政治。中古歐洲可以說是一個三鼎立的局面——武士拿劍，教士拿筆，商人拿錢。中國大一統政府是有筆有劍又有錢，自然無人能和它抗衡了。

從另一方面看。儒家是入世的思想學派。儒家在孔子的時代，就具有淑世救世的理想。由春秋晚期以後，儒生為諸侯師友卿相。漢代以儒術取士，從此以後儒生幾乎即等於候補官吏的代稱。士大夫階級一直由儒生組成，釋道無分。不過，儒生淑世，不限於從政一途而已。從政，是所謂「用進」；但「退藏」則並不單純是消極的遯世。有抱負的儒生，會本著修身齊家治國平天下的程序，自行負起教化鄉里的責任，至少也要向宗族輯睦的理想努力。儒生的淑世，因此不是單純由政治途徑下手，更從社會途徑從事教化的工作。以這一意義言，由於儒生的廣泛分布，而且儒家意識形態以訴諸理性為手段，儒家思想遂得在中國民間廣泛而深入的扎根。儒家不是排他性的思想系統，但由上述原因，儒家在中國文化中具有幾乎獨占的影響。

問：中國文化中「以夷變夏」的例子有哪些？

答：趙武靈王「胡服騎射」即是很顯然的例子。戰國中期以後，戰爭加劇，而過去四匹馬拉的戰車已不適當世之用，因此引進「胡服騎射」乃是勢在必行之舉。這種方式進入中國後，造成了中國戰爭形態的全然改變，秦帝國的統一天下，與此也有密切的關係。另一個以夷變夏的例子是新糧食品種的傳入。在中國歷史上，人口忽然的增加常與糧食品種的傳入有關。像南宋時，南方一隅之地，人口卻不少於全盛時，追究原因，發現是因為從高棉傳進了早熟稻；清初人口也突然大增，顯然又與玉蜀黍、蕃薯的傳入中國有很大的關係，中國東南沿海人民因有這兩種可在邊際土地生長的食物方得以吃飽。佛教的進入中國也是以夷變夏的例子。它對中國人的精神生活無疑有很大的影響。不但刺激了儒家，產生了「心性之學」「理學」，也刺激中國產生道教。中國的音樂及樂器亦然，以前中國雅樂的樂器是絲、竹、石、木，均是吹、敲及彈的。胡樂及胡琴等的傳入，才使中國出現新的音樂。現在我們稱之為國樂的樂具，胡琴即明白帶有「胡」字。順便再說到大家日常習見的事。明代衣冠是斜襟大袖，峨冠博帶。滿人入關，長袍馬褂成為男子的服裝。旗人女子的衣服，則仍不為漢婦衣著。民國以後，忽然旗袍成為一般女子的常服，而長袍馬褂則成為國定的男子禮服。固然滿族也是中華民族的一支，但是由狹義的文化定義說，這種服式的演變，以滿變漢，也是有趣的例證。

問：宋朝「心學」「理學」的發生是否與宋朝的「商業化」和「都市化」有關？

答：的確有關。「商業化」與「都市化」造成一般人民交往頻仍，知識傳播因而較方便；再者它們使得中國一般人生活較舒適，知識較普及，一般人才會對自己的存在有更多普遍意義的肯定，才會不把聖人視為高高在上的理想，而不斷追問：「我是否可以成為聖人？」終於最後出現了「人人皆可為聖人」一類的思想。總之，心學及理學這種意識形態是需要建立在一定經濟及社會基礎上的，能讓社會出現一批擁護這種意識形態的中產階級，也是宋明理學能夠發展茁壯的原因之一。不過宋明理學的發生，是一件極複雜的史事。我在前面已經提起印刷術的發明，也多少有助於宋明理學的發展，除已說過的幾個因素外，我們還必須考慮很多其他因素：例如佛教的挑戰，例如學術的平民化……諸項因素之間也具有錯綜複雜的關聯性。若單單舉出一二因素認為主因，每每會使一件複雜歷史現象失真。總之，宋以後的中國，一切均與以前不同，這是我前面已提過的現象。我們討論這些影響深遠的變化，多種因素的交互作用是不容忽視的。

問：宋朝「商業化」及「都市化」是否也造成了「以婦女作為財產」的局面？

答：如果比較世界各文化，你可以發現，在打獵、畜牧的社會中，男人往往以婦女作為財產，這是女人體力上不如男人之故。然而農業社會卻不然，農事是需要男女合力經營的，男女地位會比較平等。中國自漢以來都是精耕為主的小農社會，因此男女在工作上是互助合作的。男耕女織的分工甚至反映於牛郎織女的故事上，婦女不但不是寄生蟲，在生產數字上亦占有一個相當大的分量。因此農家的婦女可以說始終具有和男人平等的地位，這是歷代都差不多的。中國地位低落的婦女是在下列情況下：作為貴族家的僕役，即婢和妾。但是這個不公平並不限於女性，男性奴役和她們的數目是一樣多的，兩者同居卑下的地位，同為貴族的財產。當然，無可否認，宋朝的商業化，的確使不少富商大賈也有閒錢置婢妾，把婦女作為交換的財產。而且唐朝婦女享受的許多權利，到宋朝似乎泯滅不存了。但是這並不意味中國下層社會結構有任何改變，只是唐朝一群特殊的門閥貴族到宋朝完全消失了。比較傳統中國的婦女地位與傳統歐洲的婦女地位，中國的婦女，其實還是相當與男性平等的。

問：中國傳統社會雖是一個深受儒家薰陶的社會，但是我們經常可以看到一群恩怨分明，要打要殺任憑己意的俠義人物，他們是不太遵守儒家道德規範的。此外，中國神仙鬼怪故事一直很發達，而內中描述的情節亦不太符合社會禮教，如女鬼與書生相戀，甚至同居生子。依您看，他們是基於什麼原因而產生的？是否是儒家的一種反動？

答：我認為這兩種意識形態是具有不同的社會意義的，故需要分開來解釋。「俠義人物」可以說在戰國時代就出現了，出現的主要原因，是與社會解體有關。當舊社會逐漸崩潰，新社會尚未形成之際，社會上的動盪不安會特別大，人為了要保護自己的生存常常必須結集成一群群志願性的結合團體，以「互助、相保」來抵抗外來的侵擾和傷害，因此「俠」和「儒」基本上來講不是對抗的，而是處理不同的社會情境下產生的不同人物。儒家希望形成一個以親族倫常為社會關係的社會，著重的是全體，比較不重視個別成員之間的互賴與信任，因此強調的是個人對制度的信任。「俠」則常存在於兩個社會的轉型期或邊疆社會中（即中國儒家社會體系無法正常運作的地方），個人結合成為勢在必行之舉。所憑藉的也就是恩仇分明、肝膽相照的社會關係。因為唯此才能保障他們的生存。至於神怪妖狐的存在，倒可能是儒家制度的一種反動，用這種小說的確可以發抒一個人對社會禮教制度的反抗。當然這也是中國人發抒非理性成分的地方。日常生活中不可能的事，禮法觀念不容許的事，卻無妨在幽冥的世界，以本能與衝動作為原動力，人類之外的鬼狐，倒可以不受禮法約束，做一些常人可能想做而不能做的事。不過，我想提醒你：大多鬼狐故事中的主角最後仍不能脫離禮法的制裁。「白蛇傳」即是一個好例子。

問：中國傳統社會中，「士大夫」是占有領導性地位的，他們不但是道統的承繼人，也占有「君子之德風，小人之德草，草上之風必偃」的領袖境地，這種士大夫在今天的社會中是否泯滅不存了？當社會不再具有這種精神領導中心的形象時，是否會產生價值混淆，道德墮落的局面？

答：過去讀書人占有的特殊地位的確不存在了，而且我認為也不應再存在。每個社會都應有若干精英分子（elites），但是他們不該享受過多的特權。過去士大夫顯然享受的權利太多，盡的義務太少。在目前的社會中，受過教育而且有專長的知識分子可以說比過去社會為數更多，每個人可以從不同的領域中進入 elites 的範圍中。而且今天公共傳播網是如此發達，知識分子中思想是很容易帶給一般人的，一般人的想法也容易回饋給知識分子，因此今天的社會已不再是「君子之德風，小人之德草」的時代，乃是很大一群知識分子，他們能在各專業上得到別人敬仰，同時也能採納群眾意見的人，共同領導輿論之形成和創造新文化的時代。就今天知識分子的定義來看，過去的士大夫的確不存在了，但是作為公意代言人的角色，仍然與過去無別。至於知識分子的轉變對社會的影響為何，我認為是有得有失的。它的好處是造成意見的多樣性，而意見的多樣性對文化的持續是很重要的。價值體系的紛然雜陳，也可以使人多一些選擇機會，而不必盯著某一個定於一的價值走，這也不是頂壞的事。輿論最怕的就是跟著一個權威走，許多意見相激相盪才能孕造出文化的新花朵，新果實。

至於精神領導中心的問題。我認為不論哪一個大的思想體系，都有其崇高的理想與無私的境界。今日教育普及，人人可以由閱讀直接由人類歷史曾出現的最偉大的心靈攝取精神食糧。精神領導的中心，頗不必有求於現世的說教者。歷史上這樣的時代並非沒有，春秋戰國時代，舊封建系統崩解，社會上也有長時期的混亂，舊領袖階層也曾已消失。然而這一段時期是中國學術史上的黃金時代，百家爭鳴，為中國後世留下了各學派的思想，我們現在的條件比古代更好，一個短時期的轉型期，也許會帶來另一段光輝的時代。

問：知識分子不願與當道同流合汙，是否就會自我放逐？

答：在任何時代，真正的第一等知識分子，總可能會與同時代的想法有距離的。他能見人所未見，觀點難免與常人有異，因此「自我放逐」或者自居退隱，也是自然的事。精神上會有幾分寂寞，倒也不必一定是「放逐」，「大隱隱於槽室，小隱隱於山林。」並不一定要跑到山林野地，但是如果他真正關懷人群，他必定時時刻刻的想要了解四周的人群，他不會孤芳自賞，遠離芸芸眾生，他會持同情的態度、仁者的胸懷來感覺人群的脈動。先天下之憂而憂，後天下之樂而樂，原是中國知識分子的抱負，希望這個傳統仍有人接續下去。

問：置身於目前文化轉型期中，歷史對我們個人有什麼意義？我們如何能不盲目隨著眼前的潮流而進入一個新的時期？

答：這就是歷史教育應具備的功用之一了。一個人在年歲稍長後，多了閱歷，會培養成熟的性格，不憂不懼，淡泊寧靜。歷史記載的比一個個人生命的長度更長。由此獲取的經驗，由此看到的治亂興廢，應該可以讓我們身處轉型期中，不會過分驚惶恐懼，眼光放遠一點，我們會看到過去的轉型期，對其中過來人固是驚濤駭浪，但以時代大勢言，轉型完成後，天地更開闊，文化生活更豐富。這番了解，大約可以有助於心胸的寧靜。另一方面，歷史上無數人物為一己小利掙扎終生，煩惱嗔怒。到頭來，他們在歷史的大畫面上，連一點影子也沒有。這一番領悟，大約也可有助於個人放下一些患得患失的心情。精神境界能夠淡泊寧靜，則心有主宰，比較不會過分惶惑迷惘。說起來，這是人文教育的一環，也是人文教育（包括歷史教育在內），無用中之大用。至於新時代的締造，是無數社會個別成員的共同業績。任何人不能隻手擎天。然而，人人仍須嚴肅的關懷未來。若人人掉以輕心，這演變的方向就更不可知了。

問：目前在台灣的學生，由於對中國現代史了解膚淺和偏失，常常一到海外，看到一些這邊看不到的史料，就很快地改變政治立場，您以為這種不幸應如何避免？

答：這種情形就如同拿一個錯誤換另一個錯誤一樣。「不要持輕信的態度」是面對問題的好方法。盡量對雙方提出來的史料、解釋保持冷靜而不輕信的態度。在此我願意介紹一本相當不錯的近代史著作。即 C. Y. Hsu（徐中約）的 *The Rise of Modern China*（Oxford University Press, 1970. 台灣虹橋書店有翻印本），此書理論非常平實，各家理論都有介紹。大家不妨買來或借來看看。當然，國內的開放尺度如果大一點，讓學者們對若干多少有點忌諱的問題也提出討論，則由討論中見真相，對於反共任務只有好處。同時，學生及社會大眾對於辯論的幾個角度都有了解，則自然而然取得了抗疫性，就不容易輕信共方一面之詞了。

問：對於一個學理工的學生，應如何使自己具備人文素養？如何充實自己對史學的了解和認識。

答：人文教育應是人人可獲得的機會。為了基本的人文教育。至少中國、西洋一些經典籍的著作總應必須讀過。中國的經典著作如《四書》、諸子及各時代的代表作是應該看過的。（即使看不懂文言文，也該參照白話翻譯本來對照著看。）西洋的經典作品如《聖經》、神學著作以及近代的一些政治、經濟、社會論著也應該涉獵的。至於史學知識的充實，則可以讀一些好的通史和專史著作，中國通史方面如錢穆先生的《國史大綱》是一本非常值得看的書。專史雖然較深，讀起來較吃力，但也是可以看的。不過不易選出對人人有用的書籍。

〔按：許教授在同學們的要求下，又開了一個簡單的書目，這些書是許教授認為值得一讀的。

中國：《論語》、《孟子》、《荀子》、《禮記》（〈大學〉、〈中庸〉、〈禮運〉）、《朱子全書》（卷四二—五一）、《陽明全書》（《傳習錄》）、《明夷待訪錄》、《船山遺書》（《黃書》、《讀通鑑論》、《周易外傳》）、《日知錄》、《亭林文集》（前三卷）、《飲冰室文集》（〈新民〉）

西洋：可參考 Adler 所編的一部書——*Great Books* 內中所列出來的著作。〕

三、文化問題的討論

問：史賓格勒（Oswald Spengler）所著的《西方的沒落》（*The Decline of the West*），湯恩比（Arnold Toynbee）的《歷史的研究》（*A Study of History*）及索羅金（Pitirim A. Sorokin）的《社會文化動力學》（*Social and Cultural Dynamics*），這三本書均對人類文化過程做了廣泛的回顧和剖析，並提出演化的法則，彼等對目前西方文化也有不太離譜的描述和診斷，您對這種標諸法則可尋的文化史觀有些什麼看法？這種史觀是否包含命定的意味？此外許多對人類未來作預測性描述的書籍，如《一九八四》、《美麗的新世界》、《成長的極限》、《未來的震盪》……，這些書籍的可信度有多大？人類對於未來的演化方向，究竟能掌握到什麼程度？

答：首先我們談談這三本文化史觀的書。《西方的沒落》代表一種文化有機體的史觀，認為歷史像人的身體，有生、老、病、死的時候。這種比喻自然有些不恰當，文化並不像身體，身體是個自足的單位，在新陳代謝中必有衰老及死亡。文化卻非自足的單位，可加進新的成分，也可以減少舊的因子；可以傳播，也可以接受。尤其是兩個文化交界處，常可出現一種「邊際人」的形態（在這種人身上可以找到明顯的兩種文化），因此文化是無法劃出清楚界限的，有機體的生、老、病、死也不能用到文化上來。湯恩比的《歷史的研究》，是把過去人類的文化區劃成二十六個單元，並歸納出這二十六個單元的特性。基本上來講，他並沒有指出哪些特性必然會引導出某種結果，即使有一些推論，如：一個大帝國可能會與一個普世教會結合；一個文化和外來文化接觸後，不是適應就是死亡……的這些看法，也是基於若干條件綜合發生時的一種預估。至於他認為下一個循環的文化型態應是「宗教倫理文化」，這與他個人的宗教信仰有關，並不是一種命定論。至於索羅金的《社會文化動力學》，基本上是討論社會上的關係型態，並由三種關係型態來反映三種文化型態——理念、中庸、感性三大型態。同時也指出三型態有互相替代的可能。他的理論也不能算是命定論。因為他也強調必須具備某些條件才能進入另一個文化狀態中。有關未來學的推測，如*1984*、*Future Shock*……這些書，乃是按現在的科技能力而對未來可能發生狀況的一種預測，並不是憑空的幻想，所以也非命定論，基本上還是站在現有的西方基礎上做相當短程的推論。至於「人類未來文化是否可以為人所控制」這個問題，我個人以為，越到未來，個人對文化操縱的可能性是越小，這是由於社會文化發展的方向越來越複雜。人口數字越來越多，一個人要想影響社會的可能性越來越小之故。不過如果我們不警覺，使一些傳播工具為少數人所占有，輿論被某些政治權威或獨裁者所操縱，這些少數人的確有掌握社會的可能。然而，人對自己未來的方向應該是可以掌握的，這並不是說每個人能做同樣大小的掌握，乃是在他的範圍內做某種限度的掌握，使他的選擇方向可以影響到整體。未來如何並不能完全推測出來的，但是「多一分努力，就可多一分影響未來」卻是可以確定的。以近代史為例。德國在希特勒執政時，舉國若狂的擁護他，以致他一步一步把德國領向無理性的屠殺與征服。當時不是沒有一些有識之士，但是民族優越感把大多數德國人迷得失去了理性。若有足夠的學者和民間領袖，勇敢地發出理性的呼聲，扭轉納粹的方針，歐洲的一場浩劫未必不能免去。

問：在人類歷史中，世界文化最初頗有「群雄並起之勢」的多元性，而產生差異性極大的文化型態和結構，然而幾千年的演化結果，文化間的差異性似乎越來越小，共同性則顯著地增加，那麼人類文化是否正朝著一個大一統的文化邁進？在這種文化融合的過程中，是否存在著一些「弱肉強食」「優勝劣敗」的基本法則？

答：文化的差異性的確會因著文化越來越頻繁的接觸而逐漸減小，未來世界也極有可能出現一個大一統的共同文化。這種殊途同歸（Cultural Convergence）的現象，主要是由於每一個文化體系都必須採借其他文化的創造物（無論是物質的工具或精神層面的理念），來解決自己的問題。然而這種文化融合的結果並不會使人類文化越來越單調，在一個統一的世界文化下必然有地域差異性的存在，而且唯有允許和鼓勵這種「差異性」及「不同意見」，這個一統的文化才能越燦爛、越可取。一旦不同的意見消失，一個文化就只能用一個模式來應付各種問題，其後果將不堪想像，必落入「故步自封、刻舟求劍」的境地。至於堅持文化融合中必有「弱肉強食」的現象，這是社會達爾文學說的看法。這一種理論顯然是邏輯的類推多於實證的時候，因為社會體並不同於生物體，兩者是不能相類比的。所以長程的預料，世界會「殊途同歸」，但不一定會「弱肉強食」。就以帝國主義而言，我們可以發現二十世紀下半期，經濟帝國主義常面臨文化的貧乏，因此經濟性的強國也往往需要向別的文化吸取養料。總之，除非我們自願放棄不同意見的歧異性，自願定於一尊，那麼才有憑藉武裝力量、政治權威或其他方式把一己意願強加在別人身上的危機，造成文化、經濟、軍事三種帝國主義合一的局面。我個人認為這種情形發生的可能性是不太大的。我們目前有政治上的困境，經濟發展雖然一片好景，卻也只能一個小國而已。可是在文化發展上，我們倒有長遠的傳統為基礎，未嘗不可能發展為文化大國。印度在政治、經濟及軍事力量各方面，一無足取，單憑一些神祕主義的餘緒，就頗能自居文化大國。我們倒也不必妄自菲薄，輕易放棄大有可為的文化天地。

問：人類學家有所謂「中心文化」及「邊陲文化」的說法（即邊陲文化之成員會不斷認同中心文化中的社會價值）。很顯然地，近代西方科技發展及政經制度以空前未有的力量向世界各文化擴張滲透時，似乎已成為眾之所趨的焦點。那麼「文化多元」的理想是否在未來還有可能實現？即使未來文化會殊途同歸，邊陲文化在大一統的文化中是否只有一個微不足道的角色？中華文化在未來文化中會占有一個什麼樣的地位？

答：我認為未來殊途同歸的大一統文化應該是把各種不同的文化融合在一起的。換言之，未來的世界文化可能是個「雜碎」，任何個別的水滴都會產生作用，任何成分都會包含。要想在未來文化中占有較多的成分，必須要看你目前的努力。絕不是靠另一種懷古和抗拒的情緒而能把自己文化發揚光大的，中華文化具有相當多的特性和優點是無可諱言的，它是相當長期調適並和其他文化融合後的結果，因此與未來可預期的大一統文化可以說是十分相似的，因此中華文化在其中發生作用也是必然的，如中國的修齊治平之道，以鄉里為單位的福利政策，以人倫觀念以處理人際關係，都可提供未來統一文化若干有價值的參考。以最後這一點為例。中國的五倫觀念，統一了群體與個人。在歐洲文化體系中，群體（社會）與個人之間的對立與緊張，一直是無法解決的難題。有了以個人為中心的五倫，再加上逐層推廣（由身，而家，而國，而天下），個人與群體是協合的，而不是對立的。這個例子只是中華文化有價值處之一例而已。

問：一個文化受另一個文化的衝激時，人民的心態會如何變化？民國初年的文化論爭，至今還餘波盪漾，爭論屢起，尚有某些人堅持「中國近百年來的歷史是帝國主義的壓迫史」，並對西方經濟社會體制採取極端抗拒的看法，這種心態又是如何產生的？

答：一個文化的接受和給予，並非是全盤的，尤其對於一個內涵非常豐富的文化而言，取捨之間尤為複雜，牽涉的情緒因素也特別大。中國文化傳統久遠和深厚，在受近代西方文化衝激時，產生極大的波瀾是勢所難免的，內中夾雜的感情因素也會特別強烈。不過這種現象我並不以為是值得感嘆的，反而覺得可以欣慰，因為唯有在這種情形下，才顯出中國人在面對世界文化時是採取何等嚴肅的態度。由於我相信世界文化融合的勢所必至，無法避免，各種論爭的波瀾相信早晚是會過去的。強調近代中國歷史是帝國主義的壓迫史，並對西方採取極端抵制的人，顯然是源於一種極端的民族情感。極端的民族情感必會導致「本土主義」（Nativism），其特性是情感重於理性，委過他人，並誇大自己的無辜，同時拿一些人與物作為禍患的象徵，認為排除一些象徵性的東西後，就可以排除禍患。本土主義幾乎是各民族在挫折之下產生的必然反應。迨無疑義，中國近百年來的確受盡外國的凌辱壓迫，國力也受到相當大的耗損；但是在今天極端的排斥西方文物制度並痛罵過去的敵人是於事無補的。目前應該做的是從過去的悲嘆中站起來，積極開創新的局面。大可不必怒目全世界之人，或打倒一切象徵性的人或物。本土主義一方面是高貴的，因為它是自尊性的表現；一方面也是無用的，因為它牽制了自己向前的腳步。

問：西方十八世紀以後出現的社會主義及資本主義，在傳統中國是否也有類似的型態？如果答案是否定的，原因何在？

答：這兩種主義各別的代表了以群體為主的思想與以個體為主的思想。其對立也當看作上述兩種思想的對立。在歐洲的歷史上，社會與個人經常在對立的緊張狀態，我國歷史上沒有出現集體主義與個人主義的對立，因為在儒家的社會體系中，個人與社會是許多同心圓套在一起的延續體。個人經過修齊治平的步驟，把逐步擴大的關懷家、族、國、天下，圈子一層比一層大，關懷的對象一層比一層廣闊。用則進，退則藏。在無法兼善天下時，個人仍可以獨善其身。此中，個人與個人之間不是相競的個體。社會涵孕了個人，卻不是對個人的壓制。個人對另一個個人，也許仍讓步，但是讓與對象，仍以親疏遠近為差。權利義務的分配仍是建立在自然的親屬感情上。這種秩序，我稱之為個人與社會的延續模式。如此，中國自然不發生社會主義與資本主義對立的局面了。然而中國歷史上仍有另一因素的對立；我稱之為政權與社會的對立。中國歷史上時時有為擴張君權的理論與實施，可是也時時有以藏富於民為目標及維護百姓權益的理論與之對抗。儒家的理想，基本上站在維護社會一方面，向過分的君權抗爭，可是儒家的士大夫也正是政府的官吏。這種雙重身分，使儒家為主體的政府中時時出現兩種政策的衝突，甚至造成嚴重的黨爭。我們必須注意，在兩派衝突時，儒家正統的同情總在維護民生民權的一邊，稱之為清流，稱之為正人君子。向君主抗爭的大臣，也往往得到歷史的讚賞。甚至為了不願服事君主而隱退的士大夫，也留名在歷史上，留名在百姓的心目中，當作清節的象徵。由此看來，中國文化毋寧是把社會置於政權之上的。

（原載《人文學概論》）